秦翰才 著

# 左宗棠全傳

上冊

中華書局

**图书在版编目(CIP)数据**

左宗棠全传/秦翰才著. —北京:中华书局,2016. 6(2025.10 重印)

ISBN 978-7-101-11507-9

Ⅰ.左… Ⅱ.秦… Ⅲ.左宗棠(1812~1885)-传记 Ⅳ.K827=52

中国版本图书馆 CIP 数据核字(2016)第 017724 号

| | |
|---|---|
| 书　　名 | 左宗棠全传(全二册) |
| 著　　者 | 秦翰才 |
| 责任编辑 | 杜艳茹 |
| 特约编辑 | 张荣国 |
| 封面题签 | 徐　俊 |
| 封面设计 | 周　玉 |
| 责任印制 | 陈丽娜 |
| 出版发行 | 中华书局 |
| | (北京市丰台区太平桥西里 38 号　100073) |
| | http://www.zhbc.com.cn |
| | E-mail:zhbc@zhbc.com.cn |
| 印　　刷 | 三河市中晟雅豪印务有限公司 |
| 版　　次 | 2016 年 6 月第 1 版 |
| | 2025 年10月第12次印刷 |
| 规　　格 | 开本/710×1000 毫米　1/16 |
| | 印张 44　插页 4　字数 660 千字 |
| 印　　数 | 42001-48000 册 |
| 国际书号 | ISBN 978-7-101-11507-9 |
| 定　　价 | 88.00 元 |

# 序

　　《左宗棠全传》是秦翰才先生研究左宗棠诸多作品中最重要的一部。秦翰才（1894—1968），名之衔，字又元，号翰才，上海陈行镇人，毕业于松江县立第三中学，曾随黄炎培在江苏省教育会、中华职业教育社工作，1927年，受聘任上海市公用局秘书科长，抗战时期辗转于中国经济建设协会、交通部、甘肃水利林牧公司工作，抗战胜利后入中国纺织机械公司任职，1955年退休，1956年被聘为上海文史馆馆员。秦翰才先生的一生是平凡的，长期以来只是一位级别不高的文职人员；秦翰才先生的一生又是令人敬佩的，他并非专职的历史学家，只是一位文史研究爱好者，却倾其一生执着地收集有关清代大吏左宗棠的史料，沉浸于左宗棠的研究，形容他为此废寝忘食、呕心沥血，一点不为过。

　　秦翰才先生自述好读名人传记及其著述，年轻时浏览了左宗棠的年谱、家书、文集，倾慕他的功绩和为人，又遗憾世间颇多胡林翼、曾国藩、李鸿章等人的传记，同为中兴名臣，却独少左宗棠的研究著作，于是开始留意搜集左宗棠的史料、专心研究左宗棠的生平，日积月累，逐渐成了他职业之外一项最重要的工作。1936年，秦翰才先生开始动笔写有关左宗棠生平事迹的札记，这也是《左宗棠全传》撰述之始。1949年初，《左宗棠全传》结稿，前前后后写了十几年，四易其稿，期间正逢抗日战争，秦先生历经流离颠沛，南下香港、西走重庆、北赴甘肃，生活本已艰辛、搜集、保存资料更见困难，著述之难可想而知。抗战胜利之后不久，又逢解放战争，生活仍不得安定，秦先生自述："痛我生之不辰，亦慨是书之作，始终与鼙鼓为缘也。"让人倾佩的是秦先生并未因此放弃他的研究，他以一种百折不挠的精神，坚持他的这份事业。图书资料散失了，花钱再买；初稿留在香港不知下落，执笔重写。除了左宗棠研究，秦先生几乎心无旁骛，没有其他嗜好。他的子女曾回忆："他一生不讲究吃喝，不上酒楼，不进戏院，惟一的爱好就是买书、读书、写书。"左宗棠的曾孙左景伊回忆1949年秦翰才先生拜访他时的印象："约五十余岁，中小个子，戴副深度近视眼镜……他是位严肃而正直的学者，我们谈了约半小时，几乎没有见他露出笑容，只是全神贯注谈他的对文襄公的研究——他的毕生事业。"（左景伊著《我的曾祖左宗棠·自序》）这是一位老派的知识分子，也是一位可敬的学者。

作为一生呕心沥血研究而得的成果，秦先生共完成了5部有关左宗棠研究的著作。除《左宗棠全传》之外，还有《左文襄公在西北》、《左宗棠外纪》、《左宗棠轶事汇编》、《左宗棠集外文》，总计160多万字。其中最重要的就是《左宗棠全传》了。没想到《左宗棠全传》的面世竟然也是历经沧桑，充满坎坷。1941年10月，《左宗棠全传》完成第二稿，香港中华书局有意出版，遂送稿排印。不巧的是当年12月日本偷袭珍珠港，太平洋战争爆发，中华书局顾虑时局变化不测，书版保存困难，遂将书稿退还作者，并"约俟事定再印"。第二年，作者返抵桂林，由于路途不便，《左宗棠全传》书稿留在香港朋友处，未敢携带。战争期间，音信不通，书稿一度不知下落，但秦先生并未灰心，决意重写，后来得知书稿由香港朋友带至上海，大喜过望，犹如完璧归赵。由于二稿之后又觅到不少相关史料，秦先生自谓原稿有不少缺憾，一改再改，直至1949年1月，完成了本书的第四稿，也就是如今出版的这一稿。这期间由于时局动荡，书稿出版一直未能如愿。全国解放后，对左宗棠的评价总体趋于负面，左宗棠的传记无人问津，也是可想而知的事。一生呕心沥血之作，只能束之高阁，文人之痛，莫过于此。"文革"期间，秦先生又遭抄家之劫，家中所有藏书、书稿、文献资料悉数被洗劫一空。面对空徒四壁的居室，秦先生受到沉重打击，整日无所事事，喃喃自语，精神接近崩溃，1968 年含恨而逝。

秦先生所著研究左宗棠的 5 部书稿，命运最好的当属《左文襄公在西北》，此书 1946 年由商务印书馆出版，社会反响一直很好。王震将军由于长期驻守新疆，对左宗棠征战新疆、开拓大西北做出的历史功绩十分熟悉，并且有很高的评价。20 世纪 80 年代，历史学界对左宗棠的认识和评价有了很大变化。1983 年，时任国务院副总理的王震将军在会见左宗棠后裔左景伊时，谈及左宗棠的历史功绩，特意提到了秦翰才的著作《左文襄公在西北》，要左景伊找一找秦先生，显然王震将军对秦翰才先生和他的著作有很深的印象。遗憾的是此时秦先生谢世已有 15 年了。1984 年，苏州举办了第一次全国性的"左宗棠历史评价学术讨论会"；1985 年 11 月，又在长沙举办了"全国左宗棠研究学术讨论会"，秦翰才之子秦曾志应邀出席了长沙的"左宗棠研究学术讨论会"，会上，秦翰才被誉为"研究左宗棠历史的先驱者"。1986 年，秦先生的另一部著作《左宗棠轶事汇编》由湖南岳麓书社出版。

称秦翰才先生为"研究左宗棠历史的先驱者"，一点也不为过。在秦翰才动笔之前，已经面世的左宗棠研究著作只有清代罗正钧所撰《左文襄公年谱》一种（光绪二十三年刻本）。至于被称为左宗棠研究专著第一本的戴慕真著《左宗棠评传》，也是 1943 年才告出版。在这之前，秦先生与朋友拜访柳亚子先生，柳亚子得知秦先生正在撰写《左宗棠全传》，就题诗相赠，注中提及："翰才方写季高评传，其稿有十余册之巨云。"深表赞赏。文学艺术评论家郑逸梅先生在《艺林散叶》中如此描述："秦翰才早有左癖，后有谱癖。所谓左癖者，搜集左宗棠史料。所谓谱癖者，搜集古今各家年谱。"这个评语概括了秦先生的学术生涯，十分贴切。《左宗棠全传》虽然迟迟未能问世，秦先生研究左宗棠的名声却早已在外了。

郑逸梅先生提及秦先生的"谱癖"，是指他搜集、收藏人物传记、年谱资料的爱好。解放后，由于《左宗棠全传》出版一时无望，秦先生只能将手稿束之高阁，转而开始搜集、收藏人物传记，尤其是年谱。对此他一如既往地专注和执着，四处访谱，来源无论是公是私，篇幅无论是大是小，他都一视同仁，珍重收藏，并对收藏之谱逐一做好检索卡片，对破损之谱亲自修补装订，宛如自建一座家谱图书馆。据统计，这些年中他收藏的年谱资料多达 2000 多种，除了从书店购买之外，很多年谱并无单印本，或刊载于期刊杂志，或是某专著的一个附录，这些年谱，都是经秦先生借阅抄录而成，并以线装形式装订成册。以一退休老人的绵薄之力，孜孜不倦于这并无报酬的文献搜集工作，不无成就，被称有"谱癖"，自称"千谱楼主"，对秦先生来说，也是研究左宗棠之外一点小小的满足吧。

余生也晚，与秦翰才先生并未谋过面。了解秦先生，正是因为收藏在上海图书馆的这 2000 多种年谱资料。"文革"期间，这些年谱资料和秦先生的左宗棠研究著作手稿一起被抄没，遭此大劫，秦先生所受打击可想而知。幸运的是这些文献资料并未被毁，而是辗转被上海图书馆古籍部门收藏，包括秦先生为这 2000 多种家谱做的目录卡片。上海图书馆馆长顾廷龙先生慧眼识宝，妥善保管了秦先生这批花费了毕生心血搜集而得的文献资料。"文革"结束之后，有关部门告知秦先生家属，秦先生的所有手稿及年谱资料都收藏在上海图书馆，并询问能否捐赠？秦先生家属得知被抄之所有手稿、图书尚存于世，不禁大喜过望。秦先生虽然已经作古，但手稿、图书能被图书馆永久收藏，也是他的愿望，于是欣然同意，上海图书馆为此隆重举办了有上海市副市长张承宗出席的捐赠仪式。作为上海图书馆馆员，我亲手翻阅过这批年谱资料，深深为秦先生在历史文献搜集和研究过程中的执着精神和专注态度所打动。

20 世纪 80 年代之后，由于历史研究领域的开放程度越来越高，对左宗棠的评价也有了翻天覆地的变化，有关左宗棠研究的著作相继出版，得到社会的重视。想起秦翰才先生花费毕生心血完成的作品《左宗棠全传》手稿仍藏于图书馆书库内，一直没能出版，秦先生的子女深有父亲遗愿未了之憾。2004 年，秦先生之子秦曾期先生不顾八十高龄，亲自来到上海图书馆，希望能复印藏于上海图书馆的《左宗棠全传》手稿，帮助整理，寻求出版机会。笔者此时正主持历史文献部门的工作，欣然同意，并亲自参与了大部分书稿的整理。没想到手稿整理工作虽然颇费精力，寻求出版却更不易。真如白驹过隙，转眼又是 10 年，似乎出版仍然遥遥无期，秦曾期先生只能以自费打印的方法印出少量《左宗棠全传》整理稿，分送亲友。幸运的是中华书局得知此稿历史因缘后，欣然接收了书稿，《左宗棠全传》完稿 60 多年后终于可以正式问世了。秦先生地下有知，当可瞑目，秦先生已经九十高龄的子女，也可如释重负，放下一段心思了。自始至终，对于一个局外人来说，我只有感动而已。对那些执着于文化传承但求于世有用不求回报的"历史癖"、"文献癖"们的感动。忽然我又想起"缘分"之说来。1941 年，《左宗棠全传》最早就是被介绍给中华书局的，当时由于战争原因未能如愿出版。时间过去大半个世纪，历史却转了一个大大的圆，本书最终还是由中华书局出版，始于中华，终于中华，难道不是缘分吗？话又说回来，对中国历史文化传承的贡献，中华书局确实也有了一个多世纪的优秀传统了。

《左宗棠全传》虽然是一部 60 多年前的旧稿，今天出版，仍有其不容忽视的意义。其一，这是 20 世纪以来首部系统研究左宗棠的专著，在左宗棠研究史上应该有其地位；其次，秦翰才先生为撰写《左宗棠全传》参考了大量历史资料和前人著作，引用书目多达 360 多种，书中对历史史实的论述引用了大量原文，以证事有所本。对引文的出注十分严谨和专业，不仅注明作者、书名、篇名、卷数，甚至每条注释均写明引文所出页码。重要作者还在出注时略叙简历。为了查找史料，有一段时期，秦先生在上海鸿英图书馆查阅《申报》，将《申报》从创刊号始至左宗棠逝世止十多年的报纸逐日翻阅一过，在书中被引用的不过十数条。这种严谨的治学态度是极可称道的，也是本书的价值所在。就本人所见，以这种方式引文并出注的方法在其他左宗棠研究著作中无出其右。秦先生曾为本书设计过 34 幅地图，附于有关章节之前，可惜这些地图在书稿长期流转过程中丢失了，实为憾事。左宗棠曾孙左景伊 1993 年曾盛赞秦先生已经出版的两部著作《左文襄公在西北》、《左宗棠轶事汇编》对他撰写《我的曾祖左宗棠》的重要参考价值，而学术价值远在《左文襄公在西北》、《左宗棠轶事汇编》之上的《左宗棠全传》今天能够出版，当是幸事。本书对左宗棠研究以及近代史研究具有的参考价值，是不言而喻的。

　　秦翰才先生其他已经出版的著作有《开心集》、《满宫残照记》、《档案科学管理法》等。其中《满宫残照记》是一部叙述伪满洲国的历史小说，曾多次出版，也为众多读者所熟知。

上海图书馆　冯金牛

2015 年 12 月于上海寓所

# 目　录

编辑题记 ……………………………………………………………… 1

编辑再题记 …………………………………………………………… 5

编辑三题记 …………………………………………………………… 9


一　家谱一页 ………………………………………………………… 1

二　孝义清寒之家世 ………………………………………………… 7

三　一门风雅 ………………………………………………………… 12

四　别号与自谥 ……………………………………………………… 16

五　少年狂态 ………………………………………………………… 20

六　师友渊源 ………………………………………………………… 24

七　一攀丹桂三趁黄槐 ……………………………………………… 30

八　山川万里归图画 ………………………………………………… 35

九　湘上躬耕 ………………………………………………………… 40

十　课徒自给 ………………………………………………………… 47

十一　入山惟恐不深 ………………………………………………… 51

十二　幕府生涯之第一期 …………………………………………… 54

十三　幕府生涯之第二期 …………………………………………… 59

十四　功名所始 …………………………………………………… 70

十五　皖赣援师之前期 ……………………………………………… 77

十六　肃清两浙 ……………………………………………………… 81

十七　皖赣援师之后期 ……………………………………………… 88

十八　扫荡闽粤边境 ………………………………………………… 93

十九　平定浙闽时之涉外事件 ……………………………………… 98

二十　东征经费 …………………………………………………… 103

二十一　协剿西捻 ………………………………………………… 108

二十二　五年期之平定陕甘 ……………………………………… 117

二十三　平定镇靖堡 ……………………………………………… 122

二十四　平定董志原 ……………………………………………… 128

二十五　平定金积堡 ……………………………………………… 134

二十六　平定河州 ………………………………………………… 143

二十七　平定西宁 ………………………………………………… 151

二十八　平定肃州 ………………………………………………… 158

二十九　陕甘善后 ………………………………………………… 165

三十　盘旋曲折之新疆问题 ……………………………………… 177

三十一　平定天山北路 …………………………………………… 195

三十二　平定吐鲁番 ……………………………………………… 202

三十三　平定天山南路 …………………………………………… 208

三十四　缓进速战 ………………………………………………… 213

三十五　阿古柏称汗南疆所引起之国际交涉 …………………… 218

三十六　伊犁事件中之备战 ……………………………………… 225

三十七　新疆建省 ………………………………………………… 235

三十八　西征中之采运 …………………………………………… 245

三十九　西征中之屯垦 …………………………………………… 259

四十　西征经费之检讨 …………………………………………… 269

四十一　欲一唾四十年恶气 ……………………………………… 280

四十二　出师未捷身先死 ………………………………………… 289

四十三　遗恨在台湾……………………………………………… 302

四十四　楚军规模………………………………………………… 310

四十五　楚军与湘军淮军………………………………………… 320

四十六　整练制兵………………………………………………… 328

四十七　慎之一字战之本也……………………………………… 339

四十八　生财有大道……………………………………………… 345

四十九　禁革田赋浮收…………………………………………… 355

五十　　抽厘助饷………………………………………………… 366

五十一　官之买卖………………………………………………… 372

五十二　盐政改票………………………………………………… 377

五十三　茶务之解人……………………………………………… 389

五十四　举办外债………………………………………………… 397

五十五　五年计画之造船………………………………………… 410

五十六　自给自足之制炮计画…………………………………… 429

五十七　中国第一所机制国货工厂……………………………… 437

五十八　急宜仿效之泰西机器…………………………………… 446

五十九　对于洋务之一般观念…………………………………… 455

六十　　澄清吏治………………………………………………… 464

六十一　政在养民………………………………………………… 475

六十二　治水……………………………………………………… 484

六十三　兴教劝学………………………………………………… 499

六十四　筑路种树………………………………………………… 513

六十五　已饥已溺之心情………………………………………… 521

六十六　拔除妖卉………………………………………………… 528

六十七　能访人才而不容人才…………………………………… 535

六十八　寥寥之干部……………………………………………… 544

六十九　诸将……………………………………………………… 549

七十　　四君子…………………………………………………… 559

七十一　左氏浮夸………………………………………………… 570

七十二　田园乐境·······················577

七十三　惟崇俭能广惠·················582

七十四　尽其在我·······················589

七十五　不欲以一丝一粟自污素节·····595

七十六　暮年抑塞·······················600

七十七　寂寞身后事·····················612

左宗棠年表······························619

参考书目································663

# 编辑题记

　　有清同治中兴名臣，以胡公林翼、曾公国藩、左公宗棠与李公鸿章并称。顾在一般社会，对于左公，知之较鲜。余好读名人传记及其著述，颇怪若胡、曾、李三公世人传述其生平者甚多，何于左公独付阙如，即其遗著亦不多见也。

　　距今约二十年，有以阳湖史氏家藏左文襄公手札见贻者，读之始想慕左公之为人。其后获读左公年谱，又后获读左公家书。二十四年（一九三五）秋，在武昌复得左公文集而读之，始益知左公之生平。二十五年（一九三六）重读家书与年谱，作为札记，刊入拙著《开心集》。

　　二十六年（一九三七）抗日军兴，淞沪沦陷。十月终，余由上海赴杭州。十一月中，又由杭州赴首都。已而循公路西行，历芜湖、宣城、屯溪、景德镇、南昌，而止于长沙。一夕，忽有友人招至司马桥寓中晚餐。至则乃知友所居，即左公故邸也。庭院宏畅而已陈旧失修，盖左公之后人式微矣。前此读其书者，今于流徙中亲履其居，何幸如之。又尝访问书肆，知有左公全集，欲购而读之，则有一百数十本，以卷帙繁重，迟回未决。已而离长沙，赴香港，心中犹不无留恋也。

　　二十七年（一九三八）岁首，折回长沙，将有长期居留，蓄意必欲获致左公全集，顾仍迁延不果。侨居长沙三阅月，须赴汉口。濒行，方下一决心购之。同时，并得《左太傅与陈少保书》两册，挟与俱，满拟到汉口后一读。不久,徐州沦陷,武汉垂危,余须再度折回长沙,乃先将诸书往。已而余不去长沙而赴重庆,则复将诸书运经宜昌,转至重庆。十月中,余驰抵重庆,始发箧卒读之。因发现中有缺页,当函嘱余弟之在长沙者代为觅补。而十一月十二日长沙大火,全市成墟,闻此书原版犹存左公故邸,由其后人刷印出售。则念此版当已同付劫灰,而此书以后益复难得,余于飘泊中犹能拥此巨著,不可谓非厚幸也。

在余读左公全集之过程中,择其论议有意义者,别册记之。全书读竟,复于市上觅得左公家书,摘记之。积帙已不鲜,颇思分类编成嘉言录一种。已而念记载左公整个之为人者,尚无其书,余何不试为之。遂拟摘取书中事实,编成评传一种。惟左公一生事功繁复,为使属笔时检点时期,并照顾前后计,其间又参酌左公年谱,编成年表一种,而将不能叙入评传者附隶焉。然仅赖全集取材,自嫌不足。盖集中奏稿、书牍、批札,均以左公自作者为限,故每一事首尾常未能完具也。而旅次无从取得参考书,适余在长沙时,尚购有《曾文正公(国藩)全集》《胡文忠公(林翼)全集》(两种)及年谱、郭嵩焘氏《养知书屋诗文集》《郭侍郎奏疏》,及《玉池老人自叙》、郭崑焘氏藏《八贤手札》、王闿运氏《湘绮楼诗文集》及《笺启》、王先谦氏《虚受堂全集》、周寿昌氏《思益堂全集》《骆文忠公(秉章)自订年谱》《沈文肃公(葆桢)政书》等,幸已与左公全集俱来。其先固非为欲作左公评传而购,此时恰可供作左公评传之参考。许长卿君(元方)对于太平天国文献,颇感兴趣,有时人著作数种,举以见赠。未几,许君赴兰州,甘肃故左公立功地也,复承采示若干资料。更不足,则从蟾秋图书馆、巴县图书馆、交通部图书馆借取。惟见书既夥,又从稗官野史中刺取其有关左公者,辑为轶事篇一种。而间就左公全集中事实,引以为论断。至二十八年(一九三九)四月,全稿粗毕,评传部分凡得七十七篇,拟更为审订。而重庆自被一再空袭,公私藏书均移郊外,无法觅致,至七月而赴香港,遂益置之。

留香港半年,对于关系左公资料,仍不断搜集。在中国经济建设协会中,获阅《李文忠公(鸿章)全集》、薛福成氏《庸盦全集》,及史地书多种。并托友人在上海购得《湘军志》《湘军记》《平浙记略》《平定关陇记略》《戡定新疆记》《中兴将帅别传》《江忠烈公(忠源)集》《罗山(泽南)遗集》《彭刚直公(玉麟)奏议》、《曾惠敏公(纪泽)日记》及《湘绮楼日记》等书,均为在重庆欲见而未见者。所得既多,于二十九年(一九四〇)二月,发旧稿覆校,并补充评传十三篇,合成九十篇。嗣复于学海书楼、冯平山图书馆、华商总会图书馆等处,获见参考书多种,用以对勘,其年表亦校补数处,轶事篇则更增益不少。并将不载左公全集之作品,辑为集外文,与夫左公薨逝后故旧哀悼之作,辑为挽辞,均列为附录,此皆副收获也。此时,全稿较以往已加多百分之三十,则更发全集,复阅一过,逐加增改。然是书最重要之部分,自推评传。而余反复检校,发现不少缺点,爰重为删并,卒成八十五篇。评传之中,尤以叙述战事诸篇,头绪纷繁,略则不明源委,详则过占篇幅,极难着笔,往往再三易稿。终以此仅为全书之一小部分,不欲过事铺张左公武功,仍一以简要为主。然如此长篇作品,余实初度尝试,欲使前后贯串呼应,自知才力不足以副之,不禁时用慨叹。顾昔者王闿运氏撰《湘军志》,诩为杰作,其后自承书中叙光复江宁省城时,不著诸将帅封赏,为一大漏洞,因益感著述之难。夫以闿运为文坛宿将,犹有似此之遗憾,况不学如余者乎?

会余颈后生一疖,俗称落头疽,割治后,医戒静养,暂辍笔。逾月余,幸得保首领,继续整理;其中年表一种,向常滋觉不满,而颇惮于修正。至是发愤彻底改作,将原分五部门者,括为三部门,原仅按年记事者,更分月日系列。同时,就书中引述人物,按其仕履行谊可考者,各作一小传,以为读者知人论世之一助,并使益了然于与左公之关系。复就书中引述地名,于今已有变更者,作一考证。至全书每一部门之体例,与夫用意所在,别撰为说明若干条,分系于其后。

余编是书,罗致参考书,自信不可谓不尽力,大致具如另编参考书目。然既在战时,又值客中,得之亦綦难,至今欲阅而未获之书犹众,官书如平定粤匪、捻匪与回匪诸方略,即未能觅得。因又忆王闿运氏始草《湘军志》,尝托友力求平定粤捻方略,而又不欲必得,以为官书本不尽精详,且此志又不资公家言云云,余亦窃引以为解嘲焉!

离家三载,颇拟于岁尾返沪,一视妻孥,亟将是稿重行补正完成,为记其始末如此。

二十九年(一九四〇)十月,作者

# 编辑再题记

是稿既写成，沈君怡先生为介绍于中华书局刊行，幸承接受。会余中止返沪，复逐篇检校，为最后之修正，忽忽又一年矣。其中经过，更多可述者，作编辑再题记。

许长卿君归自甘肃。一日者，因王君绍斋之导，偕余访见柳亚子先生。谈及余是稿，极承嘉许。越日，赋诗记之："星轺驰许劭，史笔重秦嘉。双美忽然合，咸来集寓斋。长谈销永晷，逸事述名家。多谢王摩诘，招邀与子偕。"原注："长卿自兰州来，颇谙左季高故实，而翰才方写季高评传，其稿有十余册之巨云。"嗣长卿就旅甘两年之所闻见，参考余藏书，写成《忆兰州》一书，并为余述左公佚闻，余以辑入轶事篇。

黄伯樵先生知余是稿，为介见曾公后人约农先生。先生索观原稿，并畅谈曾左关系，谓左公晚年，虽与曾公绝交，然仍善待曾公之后。又谓左公为人，虽传其暴戾，实则尚不如言者之甚。因余欲得左公若干未见著作，嘱余往晤香港大学教授许地山先生。盖许夫人湘潭周氏，左公夫人之再女侄也。余初不识地山先生，往则一见如故，欣然谓余，周氏藏书本在彼处，比已移往湘潭，然当为余致之。逾数日，以电话见告，已得《慈云阁诗钞》一种，余亟走其校中取之，而先生忘携书，则复以电话嘱其男女公子取来。余得书，就左公夫人及诸女公子所作，录为一帙。还书之日，地山先生又欣然谓余，适在马季明先生（鉴）处，见有若干关于左公资料，遂引余晤之。季明先生藏清人笔记甚夥，余从而抄得左公轶事数则，乃曾不逾半载而地山先生忽焉殂谢，可胜悼叹。

约农先生又嘱余与左公之曾孙景鸿先生通讯。余发为问题若干求答。适景鸿先生病，由令十三叔罗隐先生代复。此次最珍贵之收获，为左公中式举人时之礼经文一篇。此作在当时甚驰誉文坛，并曾进呈宣宗皇帝御览。始余读陈夔龙氏花近楼诗，知左公乡试墨卷十四篇，犹存左氏。试求之，果幸获如愿。

余所需参考书，犹以在上海所得为多。此则悉仗陈仲瑜、姚仲良、王维文诸君搜求之力。余又默揣，余所需参考书，多属湘贤著作，还求之湘中，或易得当。爰托石君树德在衡阳刊报征求，顾杳无回响。石君转以浼左君余孟，左君为左公族裔，慨然承诺。时左君宗人以长沙之家毁于二十七年（一九三八）之火，散居宝庆、茶陵等处。左君广为征询，得书多种。尤为余欣慰者，为文襄仲兄之《慎庵文钞》，余往者仅得其诗钞，而文钞则久访未得，今得之左君，不禁距跃三百。余于左公功业，大致已了然，独于其家庭，所知尚感不足，今以是书合之《慈云阁诗钞》，又增加不少认识矣。

余在长沙所购书，已运至重庆，及来香港，不便携带，斥其一部分，托沈君振仁让售于人。嗣余仍需参考，而求之香港，无所获。复托沈君以原价收回，邮递至港，幸无遗失，是亦可喜者。

余表弟吴君缵先在福州，为余访获文襄祠照片两帧。其一为文襄塑像，犹是民纪二十年（一九三一）所摄。未逾月而福州沦陷，公私损失，当不可以数计，是此影者，吉光片羽，弥可宝贵。

余常欲使此稿得一二人前后遍阅一过，指示其得失，顾以篇幅繁重，字迹潦草，大抵仅能略一翻检。后曹君伯权由沪来港，君尝研史学，强于记忆。余恳以吹毛求疵方式，始终一阅，君诺之，提出推敲之处数点。其最重要之一点，为余记刘锦棠破金积堡马五寨事，一处谓在刘松山已故之后，一处谓在刘松山未故之前，显为矛盾。余覆校来源，则由于《中兴将帅别传》两刘传中原有此歧误，按之左公奏稿，乃在刘松山未故之前，即据以改正。

黄任之先生知余所作，屡屡询及。三十年（一九四一）五月，至自重庆，相见握手甚欢，题赠诗一首："一几林荫度十春，天涯重许话情亲。德门三代兼师友，遗恨君其问海滨。"并以是稿为问。余因持以求正。既回陪都，复来函问已否付印，且云前诗第二句改为"等身著作更无伦"，盖指是稿也。惟余未敢窃窥著作之林耳。

当余搜集左公故实时，发见若干哀挽左公之联语，因念曾、李两公之薨，均有挽词之集刊，独于左公未有所见。于是辑为一起，名曰挽辞，列入附录。后以询之左君余孟，见寄《左文襄公诔词》四本，内涵祭文、挽诗、挽联等数部门，始知当日固已有汇编刊行。以余所辑，与诔词所录互勘，仅有三数则为诔词所无，又有数则，文字颇有不同，似经点窜。惟既有诔词在先，则区区挽辞，已无多大价值，遂悉删去。

是稿叙战事处，每思辅以地图，指明动向，顾以余素不谙制图，未敢率然有作。且自辛亥（一九一一）革命，清代行政区域，迭有更易，而清代之府厅州县等地方行政单位，至今已仅存县之一种，其名又有若干改变，非得清代地图，亦无从着手。然以此事商之友好，均言必要。中华书局编辑所长舒新城先生来港，谓如有稿本，局中可以代制，最后余乃决意为之。邹郑叔先生之曾祖叔绩先生（汉勋）与左公为至交，尝随李公续宾与太平军战皖北，殉三河之难。其嗣沅驷先生（代钧），即郑叔先生之尊人，则为清季地学专家，在武昌首创舆地学社，始以西法制印中外地图。余知郑叔先生箧笥中尚藏有沅驷先生遗著，商承慨允惠借清代疆域图两种，遂参之申报馆所印中华民国新地图等，先勉为设计，再由中华书局制图家按之绘正。既于言战事各篇，均补一图，更于言水利各篇，亦均补一图，竭月余之力，构成图三十四幅。此工作原为按文作图，然行文时，只求简要，作图时难以贯串，于是有一部分不得不重检原始材料，先作为图，再按图将文改作。顾制图之意，仅在显示大势，故不甚求精确，只期免于重大之错误而已。

余为文论事，好纵横兼至，纵则穷源而竟委，务求其透彻，横则旁搜而远绍，务求其周密。余作是书，亦持是旨，虽是否能如所期，不敢自信，而固尝如是致力，则不敢自欺，然微友好之直接间接予以匡助，亦不能及此，敬附志谢忱。

三十年（一九四一）十月，作者

# 编辑三题记

是书作成，已送中华书局排印，而国际风云骤紧，书局恐变生不测，保存难必，将稿交还，约俟事定再印。已而太平洋之战果作，英国战败，港九不可复留矣。

三十一年（一九四二）一月，余徒步经东江返国。所有苦心搜集之参考书，全部放弃，是书稿本，姑交存友人处。任之先生知余安抵桂林，行李未失，以为《左宗棠》必在其内，损书为贺，不知《左宗棠》尚沦陷异域也。顾余并不灰心，决意重写。居桂林多暇，辄就广西省立图书馆，觅取资料。其书馆在七星岩下，岩内特筑楼房，较有价值之书，多就藏焉。读者遇空袭警报，即走避岩穴。余于此，得馆方特许，一读《新疆图志》、《曾忠襄公（国荃）全集》、《刘武慎公（长佑）遗书》等，均为在港访求未获者。余归国诗记中一绝云："频年作述不须论，得失浮沉有数存。且觅新知修旧稿，书林搜索石碑扪。"（此诗系和顾君震白元韵）即谓此也。余始意广西为太平军诞生地，其后湖南军事援桂，又为左公所策划，必有若干独特之资料，不料竟无所得。访问湘桂学人，亦复无可告语者。惟半年后，得知是书稿本，已承陈君彬龢设法运沪，钮君巽成寄存银行，不禁喜出望外。

时君怡先生主持甘肃水利林牧公司，招往共事，且曰：西北为左公立功地，史料其多，必能满君欲，盍兴乎来？余欣然从之。以十月抵兰州，会朝野方盛唱积极经营西北之论,欲因左公往事资启发。爰商定由余编纂《左文襄公在西北》一书,逾年书成,承君怡先生洽归商务印书馆刊行。在此时期,公司辟一图书室,收藏西北资料。同事赵君敦甫,与兰州诸书贾稔,常得巨帙孤本,充牣其中。余书之成,实受其赐。余又在国立西北图书馆、甘肃省立兰州图书馆、甘肃学院图书馆、甘肃科学院图书馆等,访读西北方志及西北人士之著述,不下数十种。而于左公所营建之节园、贡院、织呢局,所刊四书五经之原版,所写作之石刻,亦得纵观焉。又尝与地方父老晤谈,则于左公设施,如以机器开泾水等,知者甚鲜,仅能谓左公奏准陕甘乡试分闱,对于振兴甘省文教功绩最伟。余旅居兰州,凡两年三月,自忖于左公之经营西北,得有不少认识。左公一生史料,最丰富、最完备者,厥惟武功。一因左公本人有奏报,二因公私各家有记载,足资稽考也。独于政事部分,在左公著述中,仅一鳞半爪,未能窥其全。且此部分适以在西北为多,居六七十年后,欲求六七十年以前治绩,文献已鲜足征,惟余由于此两年三月中之搜索,益以其后之不断觅补,差得其大概。

三十四年(一九四五)二月,余随君怡先生至重庆,寻八年前治事之室,与夫寄居之屋,为是书创稿之所自者,均犹如昨日。适《左文襄公在西北》一书于是时出版,而复视所作,滋多瑕疵,为之赧然。胜利告成,余两度从君怡先生赴长春,拟转往大连,而两度莫遂。不得已,折回北平。当在重庆濒行时,叶君影柱自兰州寄余油画左公像一幅,即置行囊中。左公一生事功,直接间接关系各行省,独于东北一隅,初无因缘。今乃偕余一行,殆亦奇遇欤。第二次去长春,留匝月。伪满宫廷藏书散出,军事委员会委员长东北行营亦罗致伪满各机关图书,成立资料室。余得此机会,复就剌取左公史料。而于清代实录中之咸丰、同治、光绪三朝,尤有有价值之收获。如官文公欲借以诬陷左公之樊燮一案,清廷处置情形,各家记载,始末莫详。又如潘公祖荫保举左公,及清廷据以咨询曾公国藩之文书,即在《平定粤匪方略》与《咸丰圣训》,亦不全载,今皆得之于《咸丰实录》。又如左公变通甘肃绿营兵制,有办法数条,遍求未得,今亦见之于《光绪实录》。两次折回北平,先后客居月余,常日至国立北平图书馆、故宫博物院、太庙图书馆、松坡图书馆。于此得读《杨勇悫公(岳斌)奏议》、《刘襄勤公(锦棠)奏稿》等,为向所欲见而未见者。曾毓瑜《西征记略》、杨毓秀《平回志》、王家璧《狄云行馆偶刊》、欧阳利见《金鸡谈荟》等,为向所未知者。而于《平定粤匪方略》、《平定捻匪方略》、《平定陕甘新疆回匪方略》,与咸丰、同治二朝《圣训》,亦稍涉猎。又频至琉璃厂、隆福寺等处书铺,得访求已久之史念祖《弢园随笔》、黄鼎《彝军记略》等书,最后将左公全集及记载左公事功各书,重购一份。

三十五年(一九四六)四月,携书两箧,航海返沪。旧居被劫,战前所藏图书,几荡然无存。惟九年不见之妻孥,幸均无恙,而取回是书稿本,尤喜如见故人。休息数月,开始计划改编。同时,更事搜集资料。三十六年(一九四七)由夏及秋,承鸿英图书馆特许,于开放时间外,前往检录关系各书。又每日中午,在申报馆将自创刊以讫左公作古之十数年中全份报纸,检录一过。更承赵君敦甫介绍北平恒古堂书局李福云君,为余随时采购相需之书。有一部分湘人著作,则托余表弟张君岭松购之长沙。由是余之参考书,得稍恢复在香港时旧观,而更增出若干新书。

余反复检讨是书原稿,发现不少缺点。且自完稿,已越六七年。在此六七年中,更获不少新资料,一书已不能尽容,于是决定改编为如下之四种:

一、左宗棠全传 将原稿评传部分,删去七篇,自余亦略有析并,于是复由八十三篇,还为七十七篇,而以补正后之年表冠于前,易名曰全传,是为一种。惟篇数虽犹是,而内容则已大异,舍记述东征战事数篇外,其余约有百分之九十,均经重写。

二、左宗棠外纪 余在兰州时所得若干重要资料,为防日久散失,尝就一人或一事,作成较有系统之记述,凡为十七篇。其自原稿评传中析出七篇,性质相同,因亦大部分加以重写,并为外纪,是又为一种。其后复陆续作成十五篇,都三十八篇。

三、左宗棠轶事汇编 原稿轶事篇约二百则,此时又约得百数十则,自余零星记载,余又辑成左公杂事若干则,仍自为一种,而易名曰汇编。

四、左宗棠集外文 原稿集外文约三十篇,此时又约得百篇,亦自为一种,而以原稿中之嘉言录附于后。

通四种计之,约一百万言矣。

是书评传原稿属草时,因每一事实参考图书,恒有数种,惧太繁琐,遂未注出处。嗣写《左文襄公在西北》，遇引用原文处，已注明书名及卷页，此于读者，自犹感不足。故全传部分，于改编时，重行逐段加注出处。惟在六七年前引用之书，有记忆不真者，有原书未可得者，只能付之阙如。又原稿于评传中关系人物与地方，曾别作引述人物小传，引述地名今考，兹亦提出，分注每段之后。

是书系于二十八年（一九三九）六月初稿完成，二十九年（一九四〇）十月再稿完成，三十年（一九四一）十月三稿完成，至今四易稿矣。历时十载，不为不久，全传得三十万言，外纪得二十万言，不为不多，既非同时一气写成，且每一篇几经修改，坐是行文未能一贯，且前后或有牴牾之处，亦未可知，此则为才力所限，难以补救，为莫大之恨事。

三十七年（一九四八）十月，是书改编，行将竣事，而淮北战事骤张，烽火浸且及于里门，正未审来日之何似，乃竭公余可能利用之时间，加速写完，痛我生之不辰，亦慨是书之作，始终与鼙鼓为缘也。

是书原稿，未备副本，战局纷纭，时虑遗失，其后投诸沦陷中之孤岛，实为一种冒险。故此次改编，其全传与外纪两种，均随脱稿，随录副，初由余诸儿女曾志、曾期、小孟，及族弟禹才分任之，最后由张君用宾，并转托友人，赶为抄录，而沈君涤新亦为缮数篇，其友情弥可感也。

当余在兰州时，曾计划搜集左公经营西北文物，甘肃省政府谷主席纪常及君怡先生均表赞同。拟即以甘肃水利林牧公司已收藏者为基础，而更借公司之助力以成之。嗣君怡先生与余均去重庆，此事遂寝。三十六年（一九四七）春，余既开始改编是书，发愿以私人之力，重行征集左公文物。承康君竹鸣、杨君复初在兰州，高君长煊、陈君几士在福州、漳州，赵君敦甫、沈君奕因在南京，李君福云在北平，彭君谷声在苏州，多方协助。又承张君用宾托友在酒泉，吴君象山托友在平凉，张君怡生托友在崆峒、在会宁，张君仁滔托友在天水，共为访求。又承左公孙女婿夏剑丞先生（敬观）、曾孙景权指示，先得一百点，复悬一百五十点为目标。今幸已得一百五十三点，计其地区，西北为多，东南次之；计其品类，写作之拓本、刻本为多，遗迹之照片次之；而于左公故乡及家庭之文物，最为贫乏，盖左公在长沙之邸第，为余在二十六年（一九三七）冬所曾瞻仰者，已付劫灰，门首设一沧桑茶园，诚哉其海田已易。而左公后人又多散之四方,未易取得联络也。惟即此收集者,其有裨于改编是书,已非浅鲜。继自今,拟更悬二百点、二百五十点、三百点为目标,冀贫乏者逐渐充实之,尚幸各方同志有以玉成之也。

三十八年(一九四九)一月,作者

# 一　家谱一页

左宗棠之先世，自南宋时已为湖南湘阴人，世居县东乡左家塅，耕读为业。逮入清代，以弟子员附郡县学籍者，凡七辈。[①]

宗棠之三代。

曾祖讳逢圣，字孔时，一字仁鄉，县学生员，生平举止端严，所读经史，皆手录，著有《存塾文稿》数卷。妣氏蒋，宗棠生时，均已前卒。[②]

祖讳人锦，字斐中，一字松埜，国子监生，律躬严，闲家肃。妣氏杨，宗棠生三岁而祖妣卒，六岁而祖卒。[③]

父观澜，字晏臣，一字春航，县学廪生，以善书名。贫居教授二十年，循循善诱，数载之间，入学食廪，一时从游者甚众。其教人为文，必依传注诠经旨，不尚藻绘。其教于家者，必本于身，肃然翼然，尊卑相下，罔敢稍越。妣氏余，宗棠生十六岁而妣卒，十九岁而父卒。[④]

---

① 罗正钧《左文襄公年谱》（家刻本）卷一页1。《左文襄公文集》（家刻全集本）卷一页21《钱南园先生文存序》。

② 《左文襄公年谱》卷一页1。

③ 《湘阴县图志》（光绪六年〔1880〕纂）本传。贺熙龄：《寒香馆文钞》卷一页6《左斐中象赞》。《左文襄公年谱》卷一页3—4。

④ 《左文襄公年谱》卷一页6—7。《左文襄公文集》卷三页14《长沙徐君墓表》。《寒香馆文钞》卷一页6《左斐中象赞》。

宗棠兄弟三人。

伯兄讳宗栻,字伯敏,一字瑟卿,县学廪生,能文,年二十五而卒,嗣子世延。①

仲兄讳宗植,字仲基,一字景乔,亦尝自号珠岭樵夫。道光五年(1825)拔贡,十二年(1832)中式湖南本省乡试第一名举人,俗称解元。官桂东县教谕,改内阁中书。时祁寯藻方以大学士值军机处,宗植故寯藻在湖南学政任所取士,相知甚深。太平军起,宗植因为寯藻言曾国藩足当大任,并举江忠源朴干任军旅,其后二人果均以功名显。诗尚朴忌巧,务苦吟,为古文辞,先根底后枝叶,所著《朴学斋存稿》,宗棠为分刻之,曰《慎庵文钞》二卷,《慎庵诗钞》二卷。尤精天文,于中西法各有所取,尝考订《古开元占经》行世。工四体书,顾不常为人作。年六十九而卒。三子,澂字癸叟,官浙江定海厅同知;潜字壬叟,算学甚邃,亦能文章;浑字丁叟,号厚斋,又号彦冲,亦通天文,自其童年,即能指画星次,辨其经纬,自五经传注及史汉之书,皆为之正句读,辩伪误,写定之本,逾二三尺。②

宗棠其季也,故字曰季高,大排行十三。③

宗棠有姊三人。

长姊寿清。在室以书算操作自任,勤缝绩,侍父母起居饮食,疾痛扶持,殆无一日无一事不躬亲之。归长沙朱震旸,敬以事姑,和以接姒,勤俭以自处,族党称贤,无异词。而性方严,即在夫妇间,未尝见戏谑之色。家贫甚,艰于生计,因病咯血,不永其年。④

次姊归张。⑤

---

① 《左文襄公年谱》卷一页2、页5、页11。

② 《左文襄公年谱》卷一页2、页6、页10,卷六页31。《湘阴县图志》本传。左宗植《慎庵文钞》(家刻本)卷上页11《书张海门感兴诗后》,页47《上祁相国书》,页28—30《与季高弟书》。祁寯藻,字春圃,山西寿阳人,嘉庆十九年(1814)进士,官至大学士,同治五年(1866)卒,谥文端,著述有《鑂飦亭集》。江忠源,字岷樵,湖南新宁人,道光十七年(1837)举人,官至安徽巡抚,咸丰三年(1853)十二月,殉庐州三河之役,谥忠烈,著述有《江忠烈公遗集》。《左文襄公文集》卷一页13《慎庵诗文钞序》。郭嵩焘《养知书屋文集》(家刻本)卷二十四页1《左彦冲及妻郭氏合葬铭》。

③ 王闿运书中常称宗棠为十三丈,询据宗棠后裔云是大排行。

④ 《慎庵文钞》卷上页17—19《朱氏先姊墓志铭》。

⑤ 《左文襄公年谱》卷一页15。

三姊归巴陵周连舫,有懿则,为重闱所悦,惟处境艰虞,亦恒苦病骨支离焉。[①]

宗棠生于嘉庆十七年(1812)十月初七日。[②]

宗棠年二十一,娶于湘潭周氏,讳诒端,字筠心,与宗棠同年生,先宗棠卒,年五十九。夫人言动有法,治家有条理,教儿女慈而能严,待仆媪明而有恩。年三十五,始得子,爱怜之甚,然自能言以后,教必以正。儿甫三岁,即削方寸版,书千字文,日令识数字,检前人养正图,为之解释。坐立倾欹,衣履不正,必呵之。中年患肝疾,自是荏弱善病,斋食日多,非祭祀、宾客,不设鸡鹜,朔望分肉,必先仆媪。仆媪受雇久,辞归,临行,无不感且泣。尤能体会宗棠之心,有以曲成其志。宗棠不屑于功名利禄,故夫人从不以世俗语相聒。宗棠国而忘家,公而忘私,故夫人从不以家人生产琐屑相恩。当宗棠未遇时,夫人虽以富室千金,茹粗食淡,操作劳于村媪。及宗棠显贵,夫人亦未尝稍露骄矜,仍以节约自持,盖与宗棠黾勉同心,初终一致,不啻闺中之知己也。夫人之殁,宗棠方在甘肃之平凉军次,亲志其墓而为之铭曰:“珍禽双飞失其俪,绕树悲鸣凄以厉。人不如鸟翔空际,侧身南望徒侘傺。”往事重寻,诚不堪回首矣。[③]

宗棠年二十五,以伯兄所遗二子俱殇,仲兄年三十四,尚无子,筠心夫人连生二女,而体弱多病,遂纳副室张夫人。张夫人亦籍湘潭,固筠心夫人女隶,能佐筠心夫人内政,谨笃自将,米盐浣纫之事,举身任之。筠心夫人生男无乳,张夫人尝与己所生并哺之。筠心夫人所生男卒,遗孤又失母,张夫人抚之成立,故宗棠亦宾敬有加。然以感念筠心夫人故,特虚正嫡之位。光绪五年(1879)张夫人省宗棠于甘肃之酒泉,垂垂老矣,有尊以官太太者,宗棠犹为正其误,以为名义攸关,未容僭越。张夫人亦柔从听侍,执妾媵之礼以终身,后宗棠四年卒,年七十五。[④]

① 左宗植《慎庵诗钞》(家刻本)卷上页 15《巴陵别周氏妹》。

② 《左文襄公年谱》卷一页 2。

③ 《左文襄公年谱》卷一页 10,卷五页 44。《左文襄公文集》卷三页 15—16《亡妻周夫人墓志铭》。《慎庵文钞》卷上页 54《祭弟妇文》。

④ 《左文襄公年谱》卷一页 14。王先谦《虚受堂文集》(民十〔1921〕重刻本)卷八页 12《左母张夫人墓志铭》。《左文襄公书牍》(家刻全集本)卷二十三页 65《与杨石泉(昌濬)》。

之遗风。①

① 《左文襄公年谱》卷二页 23,卷七页 8。《左文襄公家书》卷下页 11。王鑫,字璞山,所部号老湘军,积功保至候补道员。咸丰七年(1857)七月,卒于吉安军次,谥壮武。著述有《王壮武公遗集》。《左文襄公书牍》卷十六页 74《答王莼农(诗正)》。闵尔昌《碑传集补》卷二十页 22—24。陈三立《清江苏提法使兼署布政使左公神道碑》。吴大澂,字清卿,号恒轩,又号愙斋,江苏吴县人,同治七年(1868)进士,官至湖南巡抚,光绪二十八年(1902)正月卒。著述有《愙斋诗文集》、《愙斋集古录》、《恒轩所见所藏吉金录》等。大澂为陕甘学政,宗棠方任陕甘总督,颇与交好,为大澂大父作传,见《左文襄公文集》卷三页 2,并尝奏准调用。黄遵宪,字公度,广东嘉应人,光绪二年(1876)举人,官至湖南按察使,三十一年(1905)二月卒,著述有《人境庐诗集》、《日本国志》等。程德全,字雪楼,四川云阳人。

忠孝节义,他不贵也。……①

而宗棠于保持之道,更自有其说:

　　……治家之道,与治国同,其规模不可以不宏且远也。鳏寡孤独月有饩,则穷宗之无告者有托矣。公田族仓岁有蓄,则贫难之遭荒者不死矣。胎养之谷、育婴之钱具,则子女之不能举者育矣。恤嫠之堂、孤儿之社成,则苦节之不自存者全矣。义塾之设,大课之程,试卷之资,奖赏之费备,则孤寒之不能读者勉矣。然后立族正宗长以督之,择子弟之能者经纪之,考冠婚丧祭之礼以整齐之,仲春仲冬大祭,祭毕而宴以联络之,宴毕揭家训而申儆之,察其贤者而尊奖之,察其不率者而训责之。诚如是,则其家亦庶几乎治也。事目虽多,然丁少之家,不过蠲数千金之产,即可集事,盖诸事非必并举于一时,有数千金之产在,则岁收其租入,积而累之,一事之经费足,再营一事,相其缓急为先后,不虞其不给也。天富一人,实以众贫者托之。祖宗佑一人,即以子孙托之。一时为之不足,则俟诸异日,一人为之不足,则俟诸众人。此盖有家者所必不可少之事,而保世承家,可大可久之道也。……②

　　其后宗棠捐办仁风团族仓,③捐建长沙左氏试馆,④捐修合族祠堂与家塾,⑤捐辑宗谱,⑥以及资助宗人,⑦要皆发于此一念。而筠心夫人与长子孝威均能任恤睦姻,慷慨无吝(参阅七十三节),可谓能继续孝义之家风,而尤难能可贵者,为一门至行。

　　筠心夫人夙有肝疾,闻其季女孝瑸殉婿之耗,遂不旬日而病发以殁。⑧而孝瑸之殉其婿也,绝食吟诗曰:

　　兢兢一念随夫婿,自是纲常大义存。寄语高堂休感悼,他生重与待

　　① 《左文襄公家书》卷下页44。
　　② 《左文襄公书牍》卷一页24《上贺蔗农(熙龄)》。
　　③ 《左文襄公家书》卷下页24。
　　④ 《慎庵文钞》卷下页56《湘阴左氏试馆记》。
　　⑤ 《左文襄公书牍》卷二十三页21,卷二十四页21,均《答西园族弟、作山族侄》。
　　⑥ 《左文襄公家书》卷下页37、页40。
　　⑦ 《左文襄公家书》卷下页55、页60、页63、页67。
　　⑧ 《左文襄公文集》卷三页27《亡妻周夫人墓志铭》。

晨昏。①

抑何从容不迫哉！宗棠长子孝威，奉母纯孝，尝于母病时，刲臂以进，及母之殁，旋亦哀毁以卒。而孝威之病也，其妇贺氏并尝刲臂以进，孝威既不起，忧伤甚，徒以儿幼，未遽殉，越两年儿稍长，仍以思大病卒。② 又宗棠仲兄宗植，晚年丧其爱子浑，亦以思子情切，不久病殁。③ 而当其子病时，妇郭氏亦尝刲臂和药以进。既卒，不食三日，屑金服之，皆不死。越四年而病，拒医药不御曰："死，我志也，何医为？"其姑谕之，为进一匕，已而竟卒。④

一门之内，既有女殉婿，有子殉母，有妇殉夫，复有父殉子，有母殉女，似非偶然。按以生物学遗传之说，殆先世孝义之风有以渐渍而致。夫谓刲臂可以疗所亲之病，本无是理。为所亲而殉，尤不足为训。所可称者，此种至行，乃发生于至性至情，苟发挥而光大之，可以为公殉职，为国殉难，即所谓见义勇为，与杀身成仁等牺牲精神，无不胚胎于是。昔称求忠臣于孝子之门，无非谓凡能孝于其亲者，必有一股真挚之性情，足以推于君而效其忠耳。即如妇孺共知之岳飞与文天祥，一方固为忠臣，一方亦为孝子，故用此原理，我人可以作为观人之一法。其在家庭有惭德者，即为人恐难信赖。汉光武废后，严光乃求去惟恐不速，诚以糟糠之妻，犹弃之如遗，更何有于贫贱之交也。

然孝义之家世，固赖此持续矣。而清寒之家世，则自宗棠贵而逐渐荡然。宗棠虽颇不欲以贵自居，且以贵为戒，当平定两浙，获封伯爵时，有训孝威书曰：

> ……辞伯爵第二疏，未承俞允，不敢不谢恩。然自惭德薄能浅，无以仰承恩眷，析薪未克，负荷更难。正恐渐流入纨绔一类，隳我家寒素耕读之风。即如闽东泉州一郡，五等之封均有，今之能世其家，号称无忝者，曾几人耶？言及此，尔当引以为惧，不可高兴以重我过。……⑤

---

① 《慈云阁诗钞（左氏家刻本）·淡如斋遗诗》页2《病亟口占奉寄翁姑大人》。诗题称奉寄者，因翁姑游宦在广东也。

② 《左文襄公文集》卷三页29《冢妇贺氏圹志》。

③ 《左文襄公文集》卷一页23《慎庵诗文钞序》。

④ 《养知书屋文集》卷二十四页1《左彦冲及妻郭氏合葬铭》。

⑤ 《左文襄公家书》卷上页61。泉州，今福建晋江县。

当筠心夫人既殁,觅地卜葬时,又有训孝威书曰:

　　……但得平稳夷旷之区,可避五患,即佳壤也。不必深求将来,亦
不必丰碑大冢,致遭异患。我前过北邙,仅见白杨数树,碑碣俱无。渡
渭而北,见陵墓尤多,陪葬大冢,亦复累累在目,然皆禾黍高低,牛羊践
履而已。千百年后,陵谷变迁,圣贤仙佛,均不可复问,几见体魄之长存
乎?……①

以此,宗棠常不欲诸子从事科名,以仕官承家,而再三谆嘱曰:"要守六
百年家法,有善策,还是耕田。"曰:"是好子弟耕田读书。"曰:"慎交游,勤耕
读。"晚年复为诸孙读书,以家书训二子孝宽、三子孝勋曰:

　　……我平生志在务本,耕读而外,别无所尚。三试礼部,既无意仕
进,时值危乱,乃以戎幕起家,厥后以不求闻达之人,上动天鉴,建节赐
封,忝窃非分。嗣后以乙科入阁,在家世为未有之殊荣,在国家为特见
之旷典,此岂天下拟议所能到,此生梦想所能期?子孙能学我之耕读为
业,务本为怀,我心慰矣。若必谓功名事业,高官显爵,无忝乃祖,此岂
可期必之事,亦岂数见之事哉。或且以科名为门户计,为利禄计,则并
耕读务本之素志而忘之,是谓不肖矣。……②

在宗棠鉴于世家大族之难以持久,故一以富贵为可惧,务欲仍以耕读维
持其清寒之世泽。然为子孙者,既承父祖高官厚禄之余荫,居移气,养移体,
其不能复续清寒之生活,亦势使然也。

---

① 《左文襄公家书》卷下页 23。
② 《左文襄公家书》卷下页 53。《左文襄公联语》(家刻全集本)页 1—2《左氏家庙家塾》。

# 三 一门风雅

　　左宗棠兄弟,并有时名。伯兄宗栻,不幸早亡,而仲兄宗植,尤以诗古文自豪,有湖南四杰之称,谓邵阳魏源,郴县陈起诗,益阳汤鹏,并宗植也。[①]宗棠作宗植《慎庵诗文钞》序,颇叙兄弟少壮时论文谈艺之胜概:

　　……道光十二年(1832),余与仲兄同举于乡,出与诸老先生游,尝以文学窃时誉,中间课徒自给,去家辄千百里,不常聚处。岁晚归,辄出所著录相眡,或夜谈国故,指列时事,不欲使外人知也。然学求心得,不尚苟同,尝各持所见相辩难,得失未析,辄断断然。余所学,不逮兄远甚,兄于余所业,亦少所许可。每剧谈竟夕,争驳不已,家人乃温酒解之。酒后,或仍辩难,或遂释然,虽谐语,常露憨态,回思多可笑者。时事方棘,兄处弟出,踪迹不可合并。同治六年(1867),余由闽浙移督秦陇,兄携子浑,视余汉上,相持而泣。时兄病嗽久,肌肤锐减,饮馔量腹而后进,余则诵兄所作诗文侑酌娱之。兄喜,每尽一觞,帐下健儿环听,

---

① 《湘阴县图志》本传。魏源,字默深,湖南邵阳人,道光二十四年(1844)进士,官江苏高邮州知州,咸丰七年(1857)卒。著述有《古微堂文集》、《清夜斋诗稿》、《圣武记》、《海国图志》等。宗棠曾为《海国图志》作序,见《左文襄公文集》卷一页10—12。陈起诗,字筠心,湖南郴州人,道光九年(1829)进士,官吏部员外郎,光绪二十一年(1895)十二月卒,著述有《四删诗》等。汤鹏,字海秋,湖南益阳人,道光三年(1823)进士,官户部郎中,道光二十四年(1844)卒,著述有《海秋诗集》、《浮邱子》等。

相睨而笑,盖非复曩者送疑推难喧竞之态矣。……①

而宗棠女兄三人,亦均能诗,其季适周氏者尤工,著有《幽香阁吟草》。②

当宗棠初度会试报罢而归也,悉举先世遗产,畀伯兄嗣子世延,而自携妻孥,寄居外家湘潭之隐山。逾年,耻不能自食,又乞外姑西头屋,别爨以居,所谓桂在堂西楼者也。于是宗棠键居楼中,肇事方舆家言,手画其图。易稿,则筠心夫人为影绘之。③ 筠心夫人夙娴翰墨,故宗棠作夫人墓志铭,颇及伉俪读书之乐事:

> ……常时敛衽危坐,读书史,香炉茗碗,意态翛然。每与谈史,遇有未审,夫人随取架上某函某卷视余,十得八九。……④

而筠心夫人妹茹馨夫人诒繁者,婿于张声玠,同僦居外家。宗棠作声玠子起毅墓碣,更叙两家往还之嘉话:

> ……余与玉夫时皆贫甚,同居桂在堂西,两宅中隔一院。两人旅食于外,每腊归,辄设茗酒相温,出箧中文字共评之,或道时务所宜为者。谐谑间作,嬉酬跌宕,兴甚豪,渐顾玉夫所生三儿,已参差绕坐矣。……⑤

筠心夫人与茹馨夫人均承母教,娴吟咏,已又传之诸女。宗棠长子孝威尝辑成《慈云阁诗钞》,宗棠为之序,而追记其传授之韵事:

> ……外姑幼工诗,归先外舅周衡在先生,倡随相得,吟事益兴。外舅殁后,孤就外傅,以诗课两女。长诒端,字筠心,次诒繁,字茹馨,适张君声玠。道光末,余移家湘上,外姑念女及诸外孙甚,时携孙女翼枒来柳庄,暇以诗课诸孙。每夜列坐,诵声彻户外。时茹馨夫人随张君官元

① 《左文襄公文集》卷一页12—13《慎庵诗文钞序》。
② 《慎庵诗钞》卷上页28《题碧芙蓉馆诗草》。
③ 《左文襄公年谱》卷一页11。
④ 《左文襄公文集》卷三页25《亡妻周夫人墓志铭》。
⑤ 郑振铎:《晚清文选》卷上页47《张声玠四十自序》。张声玠,字奉兹,又字玉夫,湖南湘潭人,道光十一年(1831)举人,官直隶元氏县知县,道光二十八年(1848)十一月卒,著述有《衡芷山庄诗文集》。宗棠为作墓志铭,见《左文襄公文集》卷三页15—17。张起毅,声玠子,字叔容,咸丰九年(1859)六月卒,著述有《过窗遗稿》,宗棠为刊之,并为作墓碣,见《左文襄公文集》卷三页23—25。

氏,亦常以诗宁母,外姑每顾而乐之。……①
《慈云阁诗钞》所涵,即母、若女、女孙,及外女孙三代之作也。筠心夫人与诸女诗如下:②

夫人《饰性斋遗稿》,古体八首,近体一百三十一首,录其《秋夜偶书寄外》云:"远听飞鸟绕树吟,银河耿耿夜三更。半窗明月吟虫急,一夜西风落叶清。身世苍茫秋欲尽,烟尘滪洞岁多惊。书生报国心长在,未应渔樵了此生。"时宗棠当犹在安化陶氏小淹书馆,故夫人于描写离别之情绪中,寓以慰勉之意。稿中有咏史七律四十九首,自秦始皇讫张居正,以一女子而上下议论数千年,实为特色。

长女孝瑜《小石屋诗草》,近体十四首,录其《送别德媗妹》云:"柳外惊啼鸟,花前倒玉缸。春风浓欲醉,别思远难降。细草城边路,轻帆水上艭。送君从此去,掩泪各成双。"德媗,翼枏字也。

次女孝琪《猗兰室诗草》,古近体共七十九首,录其《除夕独坐偶成》云:"寂寞深闺泪暗流,思亲今夜更添愁。庭梅细破东风暖,伴我低徊独倚楼。"时宗棠犹在西征,而筠心夫人谢世且三年,于是诗成不二月,而孝琪亦奄忽以去矣。

三女孝琳《琼华阁诗草》,近体五首,录其《寄静斋姊》云:"垂柳丝丝拂碧苔,梨花飞尽牡丹开。怀君正惜春将去,恼杀啼鹃不住催。"静斋,孝琪字,《猗兰室诗草》中对此诗有步原韵之作,想见当日姊妹酬唱之乐。

四女孝瑸《淡如斋遗诗》,近体十三首,录其《孤雁》云:"哀音遥度暮云宽,孤弱谁怜饮啄难。燕塞月明频夜梦,衡阳峰色几回看。情伤比翼飞偏后,意怯同群影自寒。念尔茕茕栖托苦,何如远鸷学青鸾。"言为心声,殆为殉夫先兆欤!

其后宗棠女孙又宜,字鹿孙者,亦擅吟咏,尤工倚声,归新建词人夏敬观为继妻。著有《缀芬阁词》一卷,且工刺绣,尝绣三村桃花图,缀敬观《蓦山溪词》其上,见者惊叹。按筠心夫人亦尝绣渔村夕照枕,寄宗棠,题诗云:"小网

---

① 《左文襄公文集》卷一页8《慈云阁诗钞序》。周系舆,字衡在,号立斋,湖南湘潭人,嘉庆二十年(1815)卒。

② 以下均录《慈云馆诗钞》。

轻舠系绿烟，潇湘暮景个中传。君如乡梦依稀候，应喜家山在眼前。"又宜之作，可谓家学渊源，而又宜更精畴人术，一多才多艺女子也。[1]

于是宗棠之姊、若妻女、若女孙，尽属女诗人，洵为一时佳话。惜诸人身世，或多病，或早逝，或婿家贫乏，类颇可悲，岂诚《幽香阁吟草》中所谓"福慧双修自古难"耶！[2]

---

[1] 《夏敬观继室左淑人行述》，见左又宜《缀芬阁词》。

[2] 《慎庵诗钞》卷上页 29《题碧芙蓉馆诗草》。

# 四　别号与自谥

国人对于子女命名称号，殆不外纪念、颂祷、诫勉与期望四义。及其长而自题别号，则自一二乃至十数不等。而国人所居之室，又好赋以名，如某某斋，某某庐，或本无此室，仅同引如别号。其意义亦不出乎上列四端，斯本殊无谓。然吾人于此，颇可发见其人思想、愿望，与夫境遇等等。人生历程之迁化，故亦可谓别号或室名者，即其人意志之表示也。

左宗棠一生所用自号与室名凡四。曰慎余阁，时则第三次会试报罢南旋，方分类抄辑经史，而亦以名其钞本者也。曰湘上农人，时则方移家柳庄，颇从事畎亩，无复功名意念，自期常为农夫以没世矣。以暇复为农家言，分类撰著，曰《朴存阁农书》，朴存其又一室名也，而亦尝以朴存为别号。[①]　及入湖南巡抚幕府，参赞军机，常自比于孔明，故喜自号葛亮，郭嵩焘尝叙其事：

　　……曾文正善诙谈，胡文忠公益之以谐谑，恪靖左侯独喜自负，尝自署葛亮。泪意城治军事，相与谓之老亮、新亮。周寿山侍郎丁巳（1857）病武昌，自顾身为僧，而嵩焘为南岳老僧，相见痛哭。既愈，言其

---

① 《左文襄公年谱》卷一页 16、页 22。

状于胡文忠公，又谓嵩焘为南岳长老。……①

文中所谓意城，即郭崑焘，嵩焘之弟，与宗棠同在湖南巡抚幕府者也。

宗棠之自拟于诸葛亮，一般人或以为指其能运筹帷幄，指挥若定，如世俗所谓军师者然。然若以宗棠一生与诸葛亮比较，即在其他出处与德性等方面，亦多相似，试列举之：

（一）史称诸葛亮未遇时，家于南阳隆中，逍遥而耕陇亩，苟全性命于乱世，不求闻达于诸侯。逮刘玄德三顾草庐，始为出岫之云。　　宗棠初亦躬耕柳庄故里，无心问世，当太平军既起，且深入白水洞避乱，经湖南巡抚张亮基与骆秉章②先后礼聘，复以友好劝勉，方为入幕之宾，终于出山而戡定大难。

（二）史称诸葛亮发教军事，文采不艳，过于丁宁，而经事综物，夙兴夜寐，罚二十以上，皆亲省览，又常自校簿书不辍。　　宗棠初在幕府，固已劳神案牍，无片刻之暇，当其出而典兵，仍复事必躬亲，即营帐中据白木案，手披图籍，口授方略，自晨至于日昃，矻矻不少休。纵军事旁午，官书山积，亦必一一省治，最下裨校寸禀尺牍，皆手自批答，示以要领。③

（三）史称刘备托孤于诸葛亮，诸葛亮涕泣言曰：“臣敢不竭股肱之力，效忠贞之节，继之以死。”及出师北伐，又表于刘禅曰：“成事在天，谋事在人，鞠躬尽瘁，死而后已。”卒至大星殒五丈原头，恰如所言。　　宗棠亦尝言：“凡事只能尽我心力图之，利钝固未可逆睹也。”又云：“利害死生之际，庸人畏避而不敢前，且或托为明哲保身，以文其懦，独慷慨仗节之士，义愤所激，其事之克济与否，举非所知，而必不肯澒洞韬晦，以求免其难，夫亦尽我心之所安而已。”曰尽我心力图之，曰尽我心之所安，皆鞠躬尽瘁，死而后已之精神也。

---

①　郭嵩焘：《八贤手札（湘阴郭氏摹刻本）跋》。郭嵩焘，字伯琛，一字仁先，号筠仙，晚更号玉池老人，湖南湘阴人。道光二十七年（1847）进士，官至兵部左侍郎，光绪十七年（1891）卒。著有《郭侍郎奏议》、《养知书屋文集》、《诗集》、《劄记》、《玉池老人自叙》等。郭崑焘，原名先梓，字仲毅，号意城，晚号樗叟，湖南湘阴人，道光二十四年（1844）举人，官内阁中书，光绪八年（1882）十月卒，著述有《云卧山庄文集》、《诗集》、《别集》、《尺牍》等。

②　骆秉章，字吁门，广东花县人。道光十二年（1832）进士，官至协办大学士。同治六年（1867）十二月卒，谥文忠，著述有《骆文忠公奏稿》、《自订年谱》等。

③　《左恪靖伯奏稿》（同治七年〔1868〕福州刻本），罗大春序。

夫然,故其西征也,不惮黄沙万里,身处绝域者十载,及其督师福州,与法抗战,虽未有所成,而临终梦呓,固犹不忘杀敌也(另详七十四节)。①

(四)史称诸葛亮用兵谨慎,司马懿畏之如虎,故有死诸葛走生仲达之妙事。  宗棠一生行军,亦处处力求质实,尝有"慎之一字战之本也"之语。推之一切,则谓"凡事慎之于始,庶可善其后"(另详四十七节)。②

(五)史称诸葛亮表于刘禅曰:"成都有桑八百株,薄田千亩,子弟衣食,自有余饶,不别治生,以长尺寸。若臣死之日,不使内有余帛,外有赢财。"

宗棠亦常教诸子以力田自给,虽仕官二十余年,出将入相,极一世之荣,而身后遗产寥寥。当其在陕甘总督任之晚年,拟处分所积廉余,仅有二万五千两,盖亦尝誓不欲以余帛余财自污素节也(另详七十五节)。③

综上所述,曰淡泊,曰勤劳,曰忠贞,曰谨慎,曰廉洁,两人固有相同者,夫诸葛亮允为我国第一流之政治家。故宗棠之自号葛亮,殆不必为夸大,亦不必为诙谐,倘正所以隐示其钦仰诸葛亮,而欲模仿诸葛亮乎。然两人性情,亦有其不同处,诸葛亮善用度外人,即不问其人是否与己同臭味,只问其是否有才。而宗棠用人,则每限于与己气谊相投者,范围较窄,此则宗棠之所以终不逮诸葛亮欤!

当宗棠之督师长征,驰驱王事也,又尝欲自谥曰忠介先生,见于致崑焘书:

> ……自巨寇披猖以来,办贼诸公,除涤、咏两帅外,绝少实心之人。兄以一书生,受特达之知,与众人异,当尽其心力所可到者为之。涤公谓我勤劳异常,谓我有谋,形之奏牍,其实亦皮相之论。相处最久,相契最深,如老弟与咏公,尚未能知我,何况其他。此不足怪,所患异时形诸记载,毁我者不足以掩我之真,誉我者转失其实耳。千秋万世名,寂寞身后事,吾亦不理,但于身前自谥曰忠介先生可乎? 一笑! ……④

---

① 《左文襄公批札》(家刻全集本)卷一页 31《蒋藩司益澧禀连日苦战获胜情形由》。《左文襄公文集》卷二页 9《善化张氏笃光堂题额跋尾》。

② 《左文襄公批札》卷三页 1《李道耀南等禀缮禀错误由》。《左文襄公书牍》卷四页 51《答王梅村(开化)》。

③ 《左文襄公书牍》卷二十页 16《与王若农(加敏)》。

④ 《左文襄公书牍》卷五页 63《答郭意城(崑焘)》。咏公指胡林翼。

曰忠,曰介,确足状其一生,实则忠即可以包括上述之勤劳、忠贞与谨慎,介即可以包括上述之淡泊与廉洁,其意仍是一贯。宗棠之殁也,清廷赐以美谥曰文襄,宗棠如有知,当不愿以彼易此也。

宗棠与人书,又尝自署柳庄居士及退宜轩主人,则为故不欲留真姓名,盖偶一为之者。①

---

① 《道咸同光名人手札》(商务印书馆辑印)第二集,有一通称柳庄居士;又新建夏氏家藏宗棠手札,有一通称退宜轩主人。

# 五　少年狂态

　　左宗棠自幼为家庭中宠物,祖父尝携之步上宅后小山,掇鲜栗盈掬,归贻兄若姊,不自食。因喜曰:此子幼时分物能均,又知让而忘其私,异日必能昌大吾门。①

　　始受学,每听父讲授生徒及长、次两兄诵读之书,辄默志不忘。偶属对,颖悟异人。一日,父课长、次两兄读《井上有李》文,至"昔之勇士,亡于二桃,今之廉士,生于二李"句,因问二桃典何所出,宗棠在侧,应声曰:古诗《梁父吟》有之。时方四五岁,盖即平日所闻两兄诵读者也。父为之喜,逆知其不凡。然宗棠恃爱,日诵所授书毕,便跳踉嬉戏。②

　　稍长,读史,慕古人大节,工为壮语,视天下事若无不可为。年九岁,始学为文,每成一艺,恒自诧,以示侪辈。③ 既娶筠心夫人,僦居外家,会试三度报罢,可谓穷愁潦倒,犹自为楹帖云:

　　　　身无半亩,心忧天下;

　　　　读破万卷,神交古人。

　　　　————————

　　① 《左文襄公年谱》卷一页3。
　　② 《左文襄公年谱》卷一页4。
　　③ 《左文襄公书牍》卷八页17《答吴桐云(大廷)》。《左文襄公文集》卷三页14《长沙徐君墓表》。

其卓荦不羁，天性使然也。后督师西征，重书此楹帖，悬之家塾，以示诸子，并为跋语：

> 卅年前作此语，以自夸，至今犹时往来胸中，试为儿辈诵之，颇不免惭赧之意，然志趣固不妨高也。安得以德薄能鲜，谓子弟不可学老夫少年之狂哉。①

细味其词，仍挟有狂态，而宗棠是时，年且六十矣。

宗棠家书："每一念及从前倨傲之态，诞妄之谈，时觉惭赧，尔母或笑举前事相规，辄掩耳不欲听也。"②是为少年狂态自画供状。宗棠家书，均作于出山之后，居然忏悔前尘，侃侃教子矣。不知此咤叱风云之英雄，在筠心夫人眼底，正犹留其少壮时代不少妙人妙事也。

宗棠年二十二，参与会试被摈，有《燕台杂感》八首，其前四首云：

> 世事悠悠袖手看，谁将儒术策治安。国无苛政贫犹赖，民有饥心抚亦难。天下军储劳圣虑，升平弦管集诸官。青衫不解谈时务，漫卷诗书一浩叹。

> 纥烈全金功亦巨，李悝策魏术非疏。公孤自有匡时略，灾异仍来告祟书。不惜输金筹拜爵，初闻宣檄问仓储。庙堂衮衮群英在，休道功名重补苴。

> 西域环兵不计年，当时立国重开边。橐驼万里输官稻，沙碛千秋此石田。置省尚烦他日策，兴屯宁费度支钱。将军莫更纾愁眼，生计中原亦可怜。

> 南海明珠望已虚，承安宝货近何如。攘输啙俗同头会，消息西戎是尾闾。邾小可无惩蛮毒，周兴还诵旅獒书。试思表饵终何意，五岭关防未要疏。③

批评时事，发抒己见，此即所谓壮语，亦即所谓狂态。然吾人于此，颇可窥见宗棠一生抱负。以后治军、理财、安内、攘外，殆亦无不由此时之感想，演化为异日之事功。

---

① 《左文襄公联语》页1《家塾》。
② 《左文襄公家书》卷上页42。
③ 《左文襄公诗集》页1—2《燕台杂感》。

又当鸦片战争时,所谓五岭关防者,形势骤形严重,宗棠适在安化陶氏家塾,愤慨之余,致书其师贺熙龄,表示所以应付:

> ……窃念彼族包藏祸心,为日已久,富强之实,远甲诸蕃,兵威屡挫之余,尤足以启戎心而张敌胆,诚欲勾当此事,非但不能急旦夕之功,而亦并不能求岁月之效。故今日情形所最急者,必在一省之力,足当一省防剿之用,而后可以省兵节饷,为固守持久之谋。其策如练渔屯,设碉堡,简水卒,练亲兵,设水寨,省调发,编泊埠之船,设造船之厂,讲求大筏软帐之利,更造炮船火船之式,火药归营修合,兵勇一体叙功,数者实力行之。画疆为守,明定约束,天子时以不测之恩威行之,庶几在我无劳费之苦,而海上屹然有金汤之固。以之制敌,即以之防奸,以之固守,即以之为战,天下事其终可为乎。山斋无事,每披往昔海防记载,揆度今日情形,敢谓帷幄之筹,似无以易此。……①

此亦即所谓壮语与狂态。然鸦片战争而后,海防日急,四十年后,宗棠两度督师闽浙,一度总督两江,其对于海防之设施,多本此时所研究,则似未可概以少年狂态例之。

又如《题孙芝房苍筤谷图》有句:

> 频年兵气缠湖湘,香杳郊坰驱豺狼。避地愁无好林壑,桃源之说诚荒唐。还君兹图三叹咨,一言告君君勿嗤。楚人健斗贼所惮,义与天下同安危。今缚湘筠作大帚,一扫区宇净氛垢。②

此亦即所谓壮语与狂态,然其后果以楚军平天下,最后四句,转若预言。

抑为人气质变化最难。宗棠之狂,年事已大而后,纵力自抑制,且以教子,然即就家书以观,仍多自然流露。如长子孝威中举后,宗棠不欲其遽赴会试,诚谢绝宗人赆赠,为预拟一启事,嘱榜诸宗祠,其文曰:

> 奉到浙江大营来谕,明岁且缓北上。凡宗族戚党惠赠程仪者,概不敢领,孝威敬白。③

① 《左文襄公书牍》卷一页 11《上贺蔗农(熙龄)》。

② 《左文襄公诗集》页 5—6《题孙芝房苍筤谷图》。孙鼎臣,字子余,号芝房,湖南善化人,道光二十五年(1845)进士,官至翰林院侍读学士,咸丰九年(1859)三月卒,著述有《苍筤集》。

③ 《左文襄公家书》卷上页 38。

竟以浙江大营为父之代名词,抑何诞妄可笑也。又为两江总督时,出省巡阅,抵上海,家书记其事:

> ……到上海时,中外官绅商民陈设香案,亲兵及在防各营列队徐行,老稚男妇,观者如堵,而夷情恭顺,升用中国龙旗,声炮致敬,较上次尤为有礼。胡雪岩及印委各员与随行员弁皆窃谓从来未有也。……①

想见其又得意忘形矣。是时宗棠年七十二,是书为家书中最后一通,少年狂态,到老未化。

---

① 《左文襄公家书》卷下页79。胡光墉,字雪岩,浙江仁和人。自宗棠东征,即为办理军需与军运,积功保至道员、布政使衔,光绪十一年(1885)九月卒。并见四十八节。

# 六　师友渊源

　　左宗棠年四岁,始随祖父读书梧塘,五岁以后,均随父读书,不名他师。① 年十九,父殁。次年,方就外傅,读书长沙省城城南书院。主讲席者,宿儒贺熙龄。熙龄之为教,辨义利,正人心,谕多士以立志穷经,为有体有用之学。于宗棠并授以汉宋儒先之书。② 而于宗棠之志大言大,未尝不致伟重。后熙龄入都,宗棠与同门诸子送之江干,熙龄答诗有云:"看子狂澜回障手,老夫犹觉气纵横。"舟过九江,又有怀宗棠诗云:"六朝花月毫端扫,万里江山眼底横。开口能谈天下事,读书深抱古人情。"自注:"季高近弃词章,为有用之学,谈天下形势,了如指掌。"盖深许之也。然亦寓书告以《论语》一书,每于容貌辞气之间,兢兢致谨,隐微幽独之中,戒慎必不容缓,则又深诫之矣。③ 宗棠亦自知气质粗驳,动逾闲则,认为先儒"涵养须用敬"五字,真是对症之药。爰上书表示,愿深自刻厉,严为课程,先从寡言与养静两条,实下功夫。④

---

　　① 《左文襄公年谱》卷一页 3。《左文襄公诗集》页 5《题罗权如读书秋树根图》。
　　② 《左文襄公年谱》卷一页 7—8。《寒香馆诗钞·附崇祀乡贤录》页 8。《正谊堂全书》(同治六年〔1867〕福州刻本)卷首页 5《与杨雪沧(浚)》。
　　③ 《寒香馆诗钞》卷一页 3。《左文襄公书牍》卷二十四页 18《答陶少云(桄)》。
　　④ 《左文襄公书牍》卷一页 10《上贺蔗农(熙龄)》。

熙龄兄长龄，亦喜宗棠，一见推为国士。尝语以天下方有乏才之叹，幸无苟且小就，自限其成。时宗棠方弱冠，颇好读书，苦贫乏，无买书资，适长龄居忧长沙省城，发所藏官私图书，备之披览。每向取书册，必亲自上楼检授，数数登降，不以为烦。还书时，必问其所得，互相考订，孜孜矻矻，无稍厌倦。长龄尝纂《经世文编》一书，为清中叶以前名臣巨儒发表其对于学术与政事之思想之结集。宗棠于是书研讨甚深，其原书存于家者，后人犹见丹铅满纸焉。长龄又尝著《区田说》一篇，亦为宗棠所笃嗜研究者（详见九节）。长龄在云贵总督任，刊布古本六经，教民饲育柞蚕，尤为宗棠以后施政所尝取法。①

是两贺者，赏识宗棠最早，宗棠亦引为生平最早之知己也。熙龄主于性理之学，长龄优于经世之学，而其影响于宗棠一生之德性与事功，均非浅鲜。

嘉庆与道光两朝名臣，允推陶澍与林则徐。两人者，恒以奖进天下士为己任，而宗棠正先后为两人所延誉。

宗棠与陶澍相识，事出偶然。陶澍任两江总督，以巡阅江西，乞假就便回安化故里省墓。道出醴陵，宗棠方主讲其地渌江书院。县令筹备行馆，烦宗棠代拟楹帖，其一云："春殿语从容，廿载家山，印心石在；大江流日夜，八州子弟，翘首公归。"印心石者，陶澍故乡胜迹。入觐时，宣宗尝垂询及之，并为题字。于是陶澍见联，大为击赏。问知为宗棠作，当嘱县令延致一见，目为奇才，纵论古今，为留一宿。及宗棠第二次会试入京，获识胡林翼。林翼，陶澍女夫也，益为揄扬于陶澍。报罢南旋，遂纡道江宁省城晋谒，陶澍款接颇殷。已而陶澍卒，宗棠馆其家，为课遗孤桄。陶澍家富藏书，而尤以所庋清代宪章为最完备。宗棠以暇浸渍其中，一生政事上丰富之学识益臻成熟。②

陶澍之为两江总督也，则徐任江苏巡抚，长龄任江宁布政使。三人者，皆谙于施政，精于察吏，且彼此同心，期于共济。三吴治绩，一时称最。于是林翼

---

① 《左文襄公奏稿》（家刻全集本）卷五十七页 29—30《请将前任云贵总督贺长龄事绩宣付史馆并准入祀湖南乡贤祠片》。贺长龄，字耦耕，号西涯，晚号耐庵，嘉庆十三年（1808）进士，官至云贵总督，道光二十八年（1848）六月卒，著述有《耐庵诗文集》。

② 《左文襄公年谱》卷一页 14、页 16、页 19。

请于陶澍，密保则徐，以为两江总督替人。宗棠夙慕则徐，而素不通问，及则徐之任云贵总督，林翼为贵州黎平府知府，荐宗棠为则徐幕府。宗棠覆以不赴：

> ……仆久蛰狭乡，颇厌声闻，官保固无从知仆。然自十数年来，闻诸师友所称述，逮观官保与陶文毅往复书疏，与文毅私所记载数事，仆则实有以知公之深。海上用兵以后，行河、出关、入关诸役，仆之心如日在公左右也，忽而悲，忽而愤，忽而喜，尝自笑耳。尔来公行踪所至，而东南，而西北，而西南，计课程且数万里。海波沙碛，旌节弓刀，客之能从公游者，知复几人？乌知心神依倚，惘惘相随者，尚有山林枯槁，未著客籍之一士哉。来书谓官保爱君心赤，忧国形瘝，巨细一手，勤瘁备至，望仆有以分其劳。陈义至大，所以敦勉而迫促之者甚切。仆之才之学，固未足以堪此。虽然，如仆本怀，岂不亟思稍出所长，以佐万一者哉。欧阳公辞范文正记室之辟有曰："古人所与成者，必有国士共之，非惟在上者以知人为难。士虽贫贱，以身许人，固亦未易。"仆诚无似，然得府主如官保者，从容陪侍，日观其设施措注之迹，与夫莅官御事之心，当有深于昔之所闻所见者。纵不能有当于公之意，然其有益于仆，则决可知矣，尚何疑而待执事之敦促也。顾事固有未能如我意者，孤侄年已十七，嫂急欲为之授室，期在今年。又陶婿去冬来书，预订读书长沙之约，仆以小女故，未能恝然。且此子从学八年，资识尚正，冀有所就，以延文毅之泽。渠夫妇现来山中，不数日，当偕之长沙，前书具陈大略，想已得览。坐此羁累，致乖夙心，西望滇池，孤怀怅结，耿耿此心，云何能已。愿我公益坚晚节，善保体素，留佐天子，活百姓，毋遽言归。文书奏笺，在于幕府，苟不乏人，尚以时优游斋阁，节劳简思，永保终吉，天下之幸，亦吾侪小人爱慕公者之幸也。未敢冒昧致词，借通款曲，寸衷惓惓，末由自释，执事倘能为鲰生一达此旨乎？……①

① 《左文襄公年谱》卷一页 24。《左文襄公书牍》卷一页 49—50《答胡润之(林翼)》。林则徐，字元抚，一字少穆，晚号俟村老人，嘉庆十六年(1811)进士，官至云贵总督，道光三十年(1850)十一月卒，谥文忠。著述有《林文忠公政书》、《云左山房文钞》、《诗钞》、《荷戈纪程》、《滇轺纪程》、《畿辅水利议》等。则徐长子汝舟，号镜帆，道光十八年(1838)进士。次子聪彝，号听孙，宗棠均与交好，入浙时，以聪彝知衢州府。

情致娓娓，诚有如所谓神交者矣。未几，则徐引疾还闽，道出长沙省城，遣人至柳庄相邀。宗棠谒之舟中，则徐一见，诧为绝世奇才。则徐既卒，宗棠以书唁其子林汝舟：

> ……十一月二十一日夜午，在黄南坡长沙寓馆，忽闻宫保尚书捐馆之耗，且骇且痛，相对失声。忆去年此日，谒公湘水舟次。是晚，乱流而西，维舟岳麓山下，同贤昆季侍公饮，抗谭今昔，江风吹浪，舵楼竟日有声，与船窗人语，互相响答，曙鼓欲严，始各别去。何图三百余日，便成千古，人之云亡，百身莫赎，悠悠苍天，此恨何极。……①

追为谈燕之欢，情景如画，并致挽联云：

> 附公者不皆君子，间公者必是小人，忧国如家，二百余年遗直在；
>
> 庙堂倚之为长城，草野望之若时雨，出师未捷，八千里路大星颓。②

所谓出师未捷者，其时太平军已起金田，清廷特起则徐，驰往剿办，乃遽中道而殂也。

宗棠与陶澍及则徐两人之投契，影响于其后之功业者甚大。陶澍与则徐均以善治理盐务、水利、荒政为名督抚，而宗棠开府闽浙与陕甘，亦无不于此着意，且常以成效自诩。及其莅任两江，则更显欲上承陶澍及则徐之遗绪。尝就江宁建祠，合祀两人，而制联帖以张之：③

> 三吴颂遗爱，鲸浪初平，治水行盐，如公皆不朽；
>
> 卅载接音尘，鸿泥偶踏，湘间邗上，今我复重来。

其所私淑，盖有自矣。宗棠尝与书吴观礼云："陶文毅与林文忠两公，当日亦各相倾倒。一雄伟，一精密，非近人所可及。"④然以余观宗棠，则雄伟而精密，殆兼两人之长。至宗棠在新疆之作为，或亦受则徐一言之刺激。则徐尝

---

① 《左文襄公书牍》卷一页53《唁林镜帆（汝舟）》。黄冕，字服周，号南坡，湖南善化人，官云南迤西道。

② 《左文襄公联语》页8《挽林文忠公（则徐）》。

③ 《左文襄公奏稿》卷六十页6—7《已故督抚遗泽在民恳合建专祠春秋致祭折》。《左文襄公联语》页5《江宁陶文毅（澍）林文忠公（则徐）两公祠》。

④ 《左文襄公书牍》卷十九页53《与吴子俊（观礼）》。吴观礼，字子俊，号圭盦，浙江仁和人，同治十年（1871）进士，官编修，光绪四年（1878）卒，著述有《圭盦诗录》、《效蜀日记》等。并见七十节。

语人曰："终为中国患者，其俄罗斯乎？"①此宗棠所以锐欲引恢复新疆自任乎？而则徐在新疆，尝开坎井以兴垦殖；宗棠则力助张曜办毡工以利灌溉。则徐在新疆教民纺棉织布（则徐以东南所用纺车授土人，遂名曰林公车）；宗棠则教民育蚕缫丝，尤为规模则徐。又则徐尝创议储备西洋船炮，以御外侮，兴办畿辅水利，以解决北方民食问题；而宗棠在福州省城，开办船政局，晚年复拟拓制大炮，自西北入觐时，建议以所部协治顺直河道，均不啻即为贯彻则徐之主张。想见当日湘江夜话，则徐于所蕴蓄，无所不谈，而所予宗棠之印象特深也。

则徐朋僚中，有奇才异能之士三人，均为宗棠友好。而宗棠后此之事功，亦与三人之思想才能，有深切之关系。

一为魏源，长于著作才，长龄之《经世文编》，即为魏源相助辑成。则徐为两广总督时，曾命人译《四洲志》与《造炮图说》，魏源时在则徐幕府，后遂根据此两书，并采录其他资料，编成《海国图志》一百卷。包括四部分，一记述当时所谓西洋、南洋、东洋各国之历史、地理，及政治近况；二记述制造与使用西洋大炮之方法；三记述制造西洋轮船、水雷与其他各种西洋实用技艺之方法；四辑录当时朝野人士与魏源本人应付西洋各国之方略。是书初成于道光二十二年（1842），增订于咸丰二年（1852）。魏源主张："以夷攻夷，以夷款夷，师夷长技以制夷。"请于广东虎门外之沙角、大角二处，置造船厂一，火器局一，行取法兰西、美利坚二国，各来夷目一二人，分携西洋工匠三人至粤，司造船械，并延西洋舵师，教行船演炮之法，而选闽粤巧匠精兵以习之。工匠习其制造，精兵习其驾驶攻击。又主张"守外洋不如守海口，守海口不如守内河"。此两项主张，殆支配中国政府社会对外之政策与思想者，凡数十年。而其书流入日本，更成为明治维新之一大关键。魏源又尝著《圣武记》一书，历叙清初平定外蒙古、新疆与青海之事实。魏源又与当日齐名之龚巩祚，同主新疆建省，而各有方案提供。魏源所作为《漠南北建置行省议》，巩祚所作为《置西域行省议》。宗棠于此数种著述，多有体认。魏源于盐漕两务，均有深切研究。陶澍在江苏，实现漕米改海运，淮盐改票制，魏源

---

① 李元度《天岳山馆文钞》卷五页 1《林文忠公（则徐）别传》。

实参与筹议。宗棠习闻其说,故其后总督两江,亦以恢宏淮盐票制为首务。①

一为王柏心,尝居则徐云贵总督幕府,后尝与宗棠同居张亮基湖广总督幕府。柏心尝周历陕甘各郡县,熟知回、蒙、藏各民族习俗性情,又贯通历代兴亡成败得失之源,写成《枢言》一书,发表其政事之主张。清廷命宗棠为陕甘总督,他人皆劝宗棠弗往,独柏心鼓励其西征(详见七十节)。②

一为黄冕,尝从两江总督裕谦治海防,从陶澍办漕米海运,亦为则徐在江苏时之属吏。后因案戍新疆,则徐在新疆兴办水利,即命黄冕为助。迨先后蒙赦归,则徐过甘肃,奉命平蕃,黄冕素善制造,尝体会西法,发明爆炸炮及地雷等,则又留为则徐铸炮。黄冕于造炮确有心得,为当时之专家。太平军既起,宗棠入湖南巡抚幕府,襄赞防守机宜,亦引黄冕造炮及子弹。③

由是,吾人可知宗棠师承两贺,而上受陶、林两氏之知,下结林翼之好,联之以道义,申之以婚姻、学术、政事、友情、亲谊,自成一系统也。

---

①　龚巩祚,原名自珍,字璱人,浙江仁和人,道光九年(1829)进士,官至礼部主客司郎中,著述有《定盦诗文集》。魏源《海国图志》(光绪二年〔1876〕甘肃平庆泾固道署重刊本)自序,卷一《筹海篇》页1。魏源《古微堂集》,有讨论漕运票盐诸篇。《左文襄公书牍》卷一页39《上贺蔗农(熙龄)》,卷二十四页18《答陶少云(桄)》。

②　《左文襄公奏稿》卷五十四页35《已故军务人员志节可传恳宣付史馆折》。王柏心,字子寿,湖北监利人,道光二十四年(1844)进士,官刑部主事,同治十二年(1873)五月卒,著述有《百柱堂全集》。(并见七十节)

③　《养知书屋文集》卷十八页22—23《黄南坡事略》。裕谦,姓博罗忒氏,原名裕泰,字鲁山,蒙古镶黄旗人,嘉庆二十二年(1817)进士,道光二十一年(1841)八月于镇海自尽,谥靖节。

# 七　一攀丹桂三趁黄槐

　　清代以科举取士，故士人图上进者，自以应试为惟一正途。然宗棠之出身，则颇特殊。

　　宗棠年十五，始应童试，次年应府试，知府张锡谦奇其文，拟以冠军，旋以某生年老，抑置第二名，而宗棠亦以母病遽引归，未与院试。① 已而母卒，逾二年，父又卒。因连续丁忧，遂未获再应院试，故宗棠非秀才也。

　　年二十一，服阕，纳资为国子监生，经与仲兄宗植应湖南本省乡试，宗植中式第一名举人，宗棠中式第十八名举人，然已失而复得。故事，乡试同考官以各省州县官由科目进者为之，凡试卷先经同考官阅荐，而后由考官取中，同考官所摒斥，谓之遗卷，考官不复阅之。宗棠卷，故已被摈，惟是科宣宗有特命，令考官郑重搜阅遗卷。于是考官阅荐卷毕，先搜第一场遗卷，得六人，而以宗棠卷为首。自余吴敏树与罗汝怀二人，后均以古文辞名家。当宗棠卷取中时，考官命同考官循例补荐，不应。比以新奉谕旨晓之，旋又调次场经文卷传视各同考官，始无异议。其礼经文，尤为考官所击赏，题为"选士厉兵，简练杰俊，专任有功"，后并进御览。顾自内帘监试官以下，仍颇疑

―――――――――――

　　① 《左文襄公年谱》卷一页6。张锡谦，字益舟，号侍桥，湖北黄安人，嘉庆十年(1805)进士，官至湖南辰沅永靖道。

为温卷。按唐之举人，先借当世显人，以姓名达之主司，然后以所业投献，逾数日，又投，谓之温卷。故所谓温卷首，意即暗通关节之卷也。及启糊名，知为宗棠，群疑始释。盖宗棠文才，早已闻于三湘七泽间矣。于是监临湖南巡抚吴荣光亦揖考官贺得人，此考官何人，则徐法绩也。宗棠以有此知遇之感，故当任陕甘总督时，既引致其文孙韦佩于戎幕，保为知府，复就其在泾州故里土门徐村之墓，特加修葺而永禁樵采。①

陈夔龙《重宴鹿鸣赋诗》有云："年比看羊苏典属，才输倚马左文襄。"自注："湘阴左恪靖侯相国壬辰（1833）乡举三场试卷朱墨本十四卷，至今完好，近日文孙乞余题词。"②云云，此实为士林嘉话。其驰名之礼经文一篇，录得如下：

选士厉兵，简练杰俊，专任有功。

人与器俱精，得其将而戎政毕举矣。夫选士厉兵欲其精，简练杰俊欲其严，由是择有功而任之，而戎政不已毕举哉。

且军旅之故，难言之矣。率不习之师，执不利之器，而驱之于万死一生之会，其心不固，其器不豫，是将以其士与敌也。官无别择之识，将有猜疑之意，而责之出生入死之交，是君以其将予敌也。

天子何以命将帅哉？

一曰士，士不欲其众，欲其精。一曰兵，兵不欲其多，欲其利。老者怯，少者愤，几事不密，其识惑。当事不前，其气夺。见事不察，其几昧。临事不惧，其神溃。惑而夺者走之机，昧而溃者危之道也。制欲慎，用欲审，凡金之刚虞其折，凡木之性虞其脆，凡火之性虞其散，凡革之用虞其裂，折与脆者制之过，散与裂者用之过也。选之哉，厉之哉，形无强

---

① 《左文襄公年谱》卷一页9—10。《左文襄公文集》卷二页3《徐熙庵先生家书跋后》。吴敏树，字本深，号南屏，湖南巴陵人，官浏阳训导，同治十二年（1873）八月卒，著述有《柈湖诗集》《文集》等。罗汝怀，字念生，一字研生，湖南湘潭人，官龙山训导，光绪六年（1880）九月卒，著述有《绿漪草堂文集》《诗集》《尺牍》等。吴荣光，字殿垣，一字伯荣，号荷屋，又号石云山人，嘉庆四年（1799）进士，官至湖广总督，道光二十三年（1843）闰七月卒，著述有《石云山人文稿》《绿伽南馆诗稿》《历代名人年谱》《筠清馆金石录》《吾学录》等。徐法绩，字定夫，号熙庵，嘉庆二十二年（1817）进士，官至太常寺卿，道光十七年（1837）八月卒，著述有《东河要略》。徐韦佩，字讱庵，举人，官平凉等府知府。

② 陈夔龙《花近楼诗》。

弱,惟视其力。壮而猛者,强可用。精而悍者,弱亦可用也。器无轻重,惟其便,止而斗者,重为可用,行而防者,轻亦可用也,则选厉之道也。

一曰杰俊,官不惟其备,惟其人,人不惟其全,惟其表。善山战者宜夫步,马轻夫车,车轻夫人,虽高必逾,虽险必涉,此攻险之才也。善野战者宜夫车,前有其冲,后有其继,其来如风,其止如山,此夷敌之才也。善略远者宜夫外,熟边地之形,悉外荒之利,虏其名王,平其土地,此疆场之选也。善抚镇者宜于内,得士民之心,谙险夷之势,调剂其丰歉,预制其盈虚,此封疆之寄也。简之哉,练之哉,职无大小,唯视其才。罢软而无能者,大可退,果勇而有方者,小可进,分无疏戚,唯视其能。庸懦少识者,虽戚宜疏,忠锐而多勋者,虽疏亦戚也,则简练之道得也。

至于膺专阃之威,受中外之托,则必有缓急可恃之人焉。其在开创之日,披垦草莱,以起皇图,削平群奸,以襄王事。若此者,可多得哉。德能服众,位列元戎之上而人不争,职居亲戚之前而尊莫贵,故能总群力群才以赴功名之会焉。而举动系天下之安危,其在中兴之时,神州著克复之勋,孤忠可托,宗社有灵长之庆,安不忘危。如此者,有几人哉?端凝者其度,无故犯之而不惊,神妙者其心,多方感之而悉应,故能立业树功,以应乾坤之运,而进退每关天下之乐忧。

若是而戎政不已毕举哉!

读此文,可知宗棠早年对于军事学识,已有鲜明坚定独特之见解。其后参与戎幕,躬临战阵,凡所措施,几无不由此文发挥,以原理见诸事实。文之末段,论中兴命将,尤若自为一生勋业写照,其人奇,其文奇,其事奇,可作传奇观已。

顾宗棠虽一举成名,嗣应礼部试,乃三度名落孙山。第一次备中而未售。第二次卷在同考官温葆深房中,极力呈荐,总裁亦亟赏之,评为立言有体,已取中第十五名。将揭晓,以湖南溢中一名,遂易以他省卷。葆深争之不得,仅获挑取为誊录。葆深家江宁,后宗棠督两江,适葆深以侍郎退休里居,重叙师生之谊。及葆深卒,宗棠于代递遗疏时,为之请谥,致以违例议处,盖亦衔一荐之恩也。第三次仍荐而未取,是时宗棠年二十七,决计不复会试,故宗棠亦非进士也。①

宗棠制兰州省城甘肃试院一联曰:"重寻五十年旧事,一攀丹桂,三趁黄槐。"②实为宗棠一生从事举业之信史。

咸丰元年(1851),清廷诏举孝廉方正科。郭嵩焘请于湘阴儒学,拟以宗棠保送,儒学并允免收一切费用,宗棠坚辞不就。③ 是时宗棠年已四十,殆自嗟老大,决然无志于功名矣。

宗棠之于科举,其本人历程既如是,其对于科举之见解,可见于训子之书。长子孝威中举人后,急欲与会试,宗棠谓之曰:"我之教汝者,并不在科第之学。"又曰:"作一个有用之人,岂必定由科第。"孝威言:"欲早得科第,免留心帖括,早为有用之学。"宗棠更谓之曰:

……科第一事,无足重轻,名之立与不立,人之传与不传,并不在此。科第之学,本无与于事业,然欲求有以取科第之具,则正自不易。非熟读经史,必不能通达事理,非潜心玩索,必不能体认入微。世人说,八股人才毫无用处,实则八股人才,亦极不易得。明代及国朝乾隆二、三十年(1755—1765)以前,名儒名臣,有不从八股出者乎?罗慎斋先生(典)以八股教人,其八股亦多不可训。然严乐园先生(如煜)从之游,卒为名臣。尝言得力于先生,在一思字,盖以慎斋教人作八股,必沉思半日,然后下笔,其识解必求出寻常意见之外,乃首肯也。今之作者,但知涂泽敷衍,揣摩腔调,并不讲题中实理虚神,题解题分,章法股法,与僧众诵经念佛何异?如是而求人才出其中,其可得哉?如果能熟精传注,则由此以窥圣贤蕴奥,亦复非难。不然,则书自书,人自人,八股自八股,学问自学问,科第不可必得,而学业迄无所成,岂不可惜。……④

及诸孙长成,宗棠又于训子书中,指示其趋向:

---

① 《左文襄公年谱》卷一页11—12、页16。温葆深,原名葆淳,字子函,号明叔,江苏上元人。道光二年(1822)进士,官至户部侍郎,光绪十四年(1888)卒,著述有《春树斋丛说》。
② 《左文襄公联语》页3。
③ 《左文襄公书牍》卷二页1《上谭张两学师》。
④ 《左文襄公家书》卷上页58。罗典,字徽五,号慎斋,湖南湘潭人。乾隆十六年(1751)进士,官至鸿胪寺少卿,著述有《凝园五经说》及《诗文集》。严如煜,字炳文,号乐园,湖南溆浦人,孝廉方正,官至陕西按察使,著述有《乐园诗文集》、《洋防备览》、《苗防备览》等。

……诸孙读书，只要有恒无间，不必加以迫促。读书只要明理，不必望以科名。子孙贤达，不在科名有无迟早，不过望子孙读书，不得不讲科名。是佳子弟，能得科名，固门闾之庆，子弟不佳，纵得科名，亦增耻辱耳。……①

综括宗棠之意，求科名，须副以实学，方为有用。然有实学，能致用，即不必有取乎科名。宗棠于中举人前，即已致力实用之学，即中举人后，仍致力实用之学，故其所持以教子孙，始终一贯。

宗棠致力实学之旨趣，见于其上徐法绩书：

……宗棠早岁孤贫，失时废学，章句末技，且鲜所窥，每观古今蓄道德，能文章，卓然为时论不可少之人，天地不数生之才者，即其英妙之年，类皆能坚自植立，不为流俗所转移，其始亦未尝不为世诟病也。及其功成事就，而天下翕然归之。如贾谊、诸葛亮、陈同甫辈，可指数乎。夫人生无百年之身，大业非百年可就，小时嬉弄跳梁，不能遽责以学问之事。老而龙钟衰惫，非复可用之人，求其可用，其惟壮时乎。而又以妻子室家科举征逐故，阻其来修。乃至割其余景，以为读书求道之日，其何而成矣。比者春榜既放，点检南归，睹时务之艰棘，莫如荒政及盐、河、漕诸务。将求其书与其掌故，讲明而切究之，求副国家养士之意，与吾夫子平生期许之殷。十余年外，或者其稍有所得乎。然其成与不成，则仍非今日所能自必者也。敢附孔氏各言尔志之义，敬陈所怀，小子狂简，吾夫子其何以益之。……②

按此书作于道光十三年(1833)，宗棠时年二十二岁，正所谓英妙之年，少壮之时。以其能坚自树立，不为流俗所转移，终于以实学见诸事实，及功成事就，天下翕然归之，遂为时论不可少之人，天地不数生之才，亦可谓不负素志者矣。

---

① 《左文襄公家书》卷下页53。
② 《左文襄公书牍》卷一页1《上徐熙庵(法绩)》。

# 八　山川万里归图画

　　左宗棠家书与兄子澄云:"人生读书,得力只有数年,十六以前,知识未开,二十五六以后,人事渐杂,此数年中放过,则无成矣。"①虽勉子弟之语,亦自道其一生得力所在也。

　　宗棠仲兄宗植,精于天文之学,而宗棠则精于地舆之学,可谓二难。宗棠初步研究地学,在十八九岁时,尝于书肆购得顾祖禹《方舆纪要》一书,潜心玩索,喜其所载山川险要战守机宜,了如指掌,系以评语:

　　　　顾氏之书,考据颇多疏略,议论亦欠斟酌,然熟于古今成败之迹,彼此之势,魏氏源谓其多言取而罕言守,言攻而不言防,乃抢攘策士之谈。此论大谬,大凡山川形势,随时势为转移,至于取守攻防,则易地可通也。

嗣得顾炎武《天下郡国利病书》,与齐召南《水道提纲》诸书,复于可见之施行者,另编存录之。② 更尝绘制皇舆图,时则傗居外家,即宗棠创作,而笃心夫

---

① 《左文襄公家书》卷上页3。
② 《左文襄公年谱》卷一页7。顾祖禹,字景范,江苏无锡人。顾炎武,字亭林,江苏昆山人,康熙二十一年(1682)三月卒,著述有《日知录》、《亭林文集》、《诗集》等。齐召南,字次风,号琼台,又号息园,浙江天台人,乾隆元年(1736)举博学鸿词科,官至礼部右侍郎,著述有《史汉侯第考》、《后汉公卿表》、《历代帝王年表》、《宝纶堂集》、《赐砚堂文集》、《诗集》等。

人所影绘。夫人有诗云："山川万里归图画。"自注："近制舆图成。"殆指此也。① 宗棠对于图之设计，见于致贺熙龄书：

……窃意古今谈地理者，索象于图，索理于书，两言尽之矣。然而陵谷之变迁，河渠之决塞，支源之远近，疆索之沿革，代不侔也。又土宇有分合，则城治有兴废，于是疆域杂错，攻守势殊。故有古为重险，今为散地，彼为边荒，此为腹里者，如此则图不能尽记也。广轮之度，山川所著也，山川脉络，准望所生也，于是方邪迂直高下，均于是乎凭之，然而一言东，则东南，东也，东北，东也，果何据以为此郡此县之东乎。既辨其为东南矣，又或以东兼南，以南兼东。或东南各半，始以毫厘，终以千里，果何据而得其东南之数乎。既得其东南之数矣，或自某省量至某府，某府量至某县，又自所界之府州县治忖之，或饶或减，歧出不定，果何从而折衷至是乎。如此，则书亦不能尽告也，亦不能尽信也。宗棠不揣，窃自思维，以为欲知往古形似，当先据目前可据之图籍，先成一图，然后辨今之某地，即先朝之某地。又溯而上之，以至经史言地之始，亦犹历家推步之法，必先取近年节令气候，逆而数之，乃为有据，故千岁日至，可坐而定也。欲知方位之实，当先知道里之数，欲知道里之数，当先审水道经由之乡。凡夫行旅舆程之记，村驿关口之名，山冈起伏之迹，参伍错综以审之，直曲围径以准之，以志绳史，以史印志，即未必尽得其实，其失实也，亦寡矣。古书流传绝少，贾图李志，恒不多见，诸书引注，除蔡沈、王伯厚、胡身之数家外，类多牵凿，而外间所行诸图，位置乖舛，尤无足观。大率先画疆域大界，稍依各书，填载方向，展转增窜，不求其安，譬犹凿趾以适其履，诚不知其不可也。宗棠才识昏陋，讵能办此，又僻处深山，虽稍有书籍，究鲜友朋讨论之益，良用慨然，惧不自克，以为儒者羞。辰下左图右书，以日以夜，拟先作皇舆一图，计程画方，方以百里，别之以色，色以五物，纵横九尺，稍有头绪，俟其有成，分图各省，又析为府，各为之说。再由明而元，而宋，上至禹贡九州，以此图为之本，

---

① 《左文襄公年谱》卷一页 13。《慈云阁诗钞·饰性斋遗稿》页 6。

以诸史为之证,程功浩荡,未卜何如,窃有志焉。①

逾年,图成。复取《图书集成》中康熙舆图并乾隆内府舆图,悉心考索,以订正其脱误。②

绘图之外,摘抄《畿辅通志》,以次及西域图志,各直省通志,于山川关隘道里远近,分门记录,凡数十巨册。已而复从事地学图说,拟于山川道里,疆域沿革外,但条列历代兵事,而不及形势,以为地无常险,险无常恃,攻守之形,不可前定,非仅不欲居策士之名已也。时罗汝怀亦好地学,宗棠与书研讨:③

> 承谕从事地理之学,甚感甚感。此学历少专门为之者,大都钞掇旧书方志,以矜博炫多耳,齐次风《水道提纲》,乃矫其弊。惟据目今之形势,而不援袭古人一字,数千年来,言地学者,奉为典册。然其中舛错颇多,不可一一。李申耆(兆洛)于肥水条,力纠其误,而亦不知其所据之何书,孰知此公乃并无书可据耶!盖仅据仁庙时西士之图成书,其于此学,未尝窥其一二也。大抵吾辈著述,必求其精审,可以自信,然后可出以示人。若徒以此为啖名之具,则其书必不能自信,不能传久,枉用功夫,殊无实际,何为也。顾景范书,较胜于阎百诗、胡朏明诸人,而其间亦不免时有所失。仆尝论古今言地之书,《禹贡》而外,无一完书,亦无一书不可备采,此在有志而专精者,自为择别而已。……④

其对于地学之自负如此。

同治初,宗棠任闽浙总督,总理各国事务衙门征取各省地图,宗棠覆陈其主张:

> 查地理之学,百闻不如一见。近时地方文武所呈各辖舆图,率皆照

---

① 《左文襄公书牍》卷一页 2。

② 《左文襄公年谱》卷一页 19。

③ 《左文襄公年谱》卷一页 16。《左文襄公书牍》卷一页 8《上贺蔗农(熙龄)》。

④ 《左文襄公书牍》卷一页 36《答罗研生(汝怀)》。李兆洛,字申耆,江苏武进人。嘉庆十年(1805)进士,官安徽凤台县知县,道光二十一年(1841)卒,著述有《李氏五种》、《养一斋集》等。阎若璩,字百诗,号潜邱,山西太原人,康熙四十三年(1704)卒,著述有《四书释地》、《潜邱札记》、《日知录补正》、《毛朱诗说》、《博湖掌录》、《眷西堂诗集》等。胡渭,字朏明,号东樵,浙江德清人,著述有《禹贡锥指》、《易图明辨》、《周易揆方》、《洪范正论》、《大学翼真》等。

据旧本临模,于地方道里方向,曲直广袤,山之险夷,水之深浅,均无体会,惟填用颜料,模山范水,以取美观,究竟地之真形,全不相合。若此,与俗画山水,何以异乎?我朝舆地之书,如顾祖禹之《方舆纪要》,胡渭之《禹贡锥指》各图,皆用开方法,每方百里。然限于篇幅,所注地名之口岸及府县名字,占去实在地形,故不免舛错之弊。惟康熙、乾隆年间内府舆图最为精当。虽未开方计里,而山水方向,道里远近,较为确实,顾外间绝少流传,无从稽览。今拟由各道给各府红方格纸十张为式,每方两寸,一方准平地五十里,其山路崎岖,水道迂曲,所占里数,概行折算。譬如人行之路,上山若干里,下山若干里,由某港汊经过,只有若干里,绕过若干里,均须照地形平准计算,其由崎岖迂曲占去若干里之数,概须除去,其方向应用罗盘之二十四字,始较精密,否则一言东,而东南东北无分,一言南而东南西南无分,皆令地失其形,难于省览。各县画成后,将稿汇由各府联合,始填用颜色,总绘为一府沿海舆图,各府又呈该道,总绘为一道舆图。其色山用黄兼绿皴写,高峻处用墨点;溪港用青,阔处淡青,深处浓青,海用黄色,潮水所到之处用赭,衙署、祠庙、村庄、津渡,均只注其名,不必画屋。惟商海船只所泊埠头,及官兵营汛,与洋面岛屿礁石,均须画其本形,贴说其下,以备省览,庶几与时手摹照旧本者,稍为精核。地方官不能一到了然,须择各处绅士,携带罗盘,同往相度,但须屏去舆从,免骇听闻。其夫马不无费用,准其开销,由司给领。此件非同寻常索取舆图,如该守令等不认真遵办,仍潦草塞责,本部堂即严饬掷还,勒令更正,方准销差。总以确实地形为主,不取美观也。

又以函申其说曰:

……其《豫乘识小录》、《河南林县志》所言图说之式,与晋司空裴秀分率表望诸法,宋括《笔谈》所载取飞鸟数之说相仿,故一并引申之。俾各守令有所依仿,务得山水真形,而有图以明其象,有说以明其数,或较之寻常官式应酬者,稍为确核耳。……①

---

① 《左文襄公咨札》(家刻全集本)页3—5《咨覆总理衙门绘县舆图情形》。《左文襄公书牍》卷七页1《上总理各国事务衙门》。

良以宗棠于此道究之甚精，故能言之真切，不同虚应故事。前宗棠自制皇舆图，系欲由今而推之古，令所属绘呈之图，乃欲由县而合为府，由府而合为道，彼时测绘之术未精，宗棠所具计议，不能不谓为别具只眼。

光绪初，宗棠任陕甘总督，帝俄兵官索思诺福齐（Sosnovsky）访之兰州省城。其人舌辩有才，谈次，每自诩其地学之精。宗棠细玩其所携之中国地图，果细微异常，山川条列备具。因问，客游中国日浅，未经身历各郡县，何能周知山川形势，凭何绘成全图。则云，此就康熙图摹绘而成也。宗棠乃晓之曰，康熙舆图，是测度定地而成，故为古今希有定本。后此拓地渐多，乾隆中，随时增入，并令何国宗携带仪器，遍历各处，详加覆订，是为乾隆内府舆图，则精而又精者。因取影刊大图示之，索思诺福齐嗒然，自此希言地学。①

尝考宗棠一生勋业，泰半在军功，而其用兵之神奇，与夫料敌之精审，无不得力于早岁舆地之学。今读其奏疏、书牍、批札，言及山川形势，与军事进退关系，历历如绘，且援古证今，俯拾即是，诚足见其对于地学素养之湛深。顾当宗棠之青年时期，凡为士人，无不以八股文、试帖诗及律赋为惟一学问，见宗棠独耽地学，无不目笑存之。讵知以后伟大之成就，即植基于此耶！亦犹前明之王守仁与孙承宗，因偶精地理，遂为儒将也。

抑清自道光中叶而后，中外形势剧变，故宗棠自彼时起，益精研西洋各国地学。凡唐宋以来史传、别录、说部及本朝志乘载记、官私文书，有关海国故事者，靡不考览。② 其后总督陕甘，并督办新疆军务，对于中、俄、英交涉，每能洞中肯綮，亦得力于此。然不无误会之处，如鸦片战争后与人书，以为米里坚即明之洋里干，西洋海中一小岛。③ 又如收复新疆时与人书，以为安集延人所有锐利之兵器，乃来自乳目国，其国则在俄、英之西。④ 凡此云云，自以为是，颇觉可笑，则以当时言海外地理之书，究属尚多隔阂，故有认识不足之憾。

　① 《左文襄公书牍》卷十五页33《与谭文卿（钟麟）》。何国宗，字翰如，顺天大兴人，康熙五十一年（1712）进士，官礼部尚书，降侍郎。
　② 《左文襄公奏稿》卷十八页15《拟购机器雇洋匠试造轮船折》。
　③ 《左文襄公书牍》卷一页34《上贺蔗农（熙龄）》。
　④ 《左文襄公书牍》卷二十页26《答王孝凤（家璧）》。

# 九　湘上躬耕

左宗棠于地学外,尤精农学。先是,宗棠既以湘阴先人遗产,悉畀伯兄嗣子,仅僦外家一庑以居。① 历九载,举积年修脯,于湘阴东乡柳家冲,置薄田七十亩,并筑屋数间,移眷属于此。自是始自有其家,署其门曰柳庄。② 每自书馆归,督工耕作,以平日所讲求古农法试行之,日巡陇亩为乐,自号湘上农人。益种茶,植桑竹,以尽地利。湘阴本无茶,其产茶,实宗棠为之倡,而每载茶园收入,差可了清田赋。桑既长成,又教家人饲蚕治丝。宗棠此一时期之生活,颇为快意。《二十九岁自题小像》诗有曰:"有女七龄初学字,稚桑千本乍堪蚕。"筠心夫人和诗亦有云:"清时贤俊无遗逸,此日溪山好退藏。树艺养蚕皆远略,由来王道重农桑。"③饶有梁孟之遗风。宗棠更有致贺瑗书曰:"山中小笋新茶,风味正复不恶。"又曰:"兄东作甚忙,日与佣人缘陇亩,秧苗初苗,田水淙淙,时鸟变声,草新土润,别有一段乐意。"④宗棠好以诸葛亮自况,此情此景,倘不殊隆中高卧时乎?

---

① 《左文襄公年谱》卷一页 11。

② 《左文襄公年谱》卷一页 22。《左文襄公文集》卷三页 35《亡妻周夫人墓志铭》。

③ 《左文襄公年谱》卷一页 23。《左文襄公书牍》卷一页 36《答罗研生(汝怀)》。《左文襄公诗集》页 4《二十九岁自题小像》。《慈云阁诗钞·饰性斋遗稿》页 7《和季高夫子自题小像》。

④ 《左文襄公书牍》卷二页 1《与贺仲肃(瑗)》。贺瑗,字仲肃,熙龄子,官浙江慈溪县知县。

宗棠以为农事乃人生要务，思为一书以诏农圃，乃分类撰著曰《朴存阁农书》。① 惜此书只有稿本，未完成，仅传《广区田制图说序》一文。

区田之制，农书传之。创自伊尹与否，未可知。若语农务之精良，古近无以过，盖论农之理，具六善焉，论农之事，兼三便焉。

今法，田必秋种，宿水积谷，夜凉昼沉，畜酿郁蒸逼使芽。甫芽，布诸秧田，春阴多雨，秧悴不耐，谚谓之酣。晴乃起，否竟汜澜不成。苗长二寸以上，始分栽，并手忙插，一夫日毕二三亩。嫩绿数茎，欹卧白水中，贵种贱植，于兹甚矣。夫嘉禾视乎种，未有种不善而禾善者。一谷三移，元气屡泄，亲下之本，既久去地，伤母之体，岂能全天。儿在胎中，贼其天和，堕地而哭，尪悴善疴，良媪其将如尔何？世传撮谷种，宜稼而丰苗，利较恒田倍。然指撮谷，足踏水，水漾，谷不安簇耘荡艰，且托根已浅，不耐酣病，差与秧种等。区田法，布谷于区，手覆按令着土，足履区旁高土，水不绐，谷不易其所，有撮谷之利而无其病，善一也。

凡农之道，厚之为宝。土宜禾，粪益土，粪欺土者穰，土欺粪者荒。是故上农治田，先治粪，粪与田称，禾之良也。今农田一亩，粪多十数箕而止。农粪之薄，禾亦报之薄。徐文定公称张宏言，以粪壅法治田，今田一亩，亦得谷二十余斛，多恒田三之一。区种法，区用熟粪二升，一亩一千三百五十二升，旁土不粪，土受粪者，止亩四之一。实土戴粪，粪围禾，质取其熟，力取其多，以视恒田，倍十有加，善二也。

禾畏旱，畏风。今田竟亩不为畎，费水多，宿水尽，辄翘首望泽，不时则损。区种法，费水止今田四之一，水易足，又禾根深，禾叶茂，雨泽虽迟，实土常润，荫谷能旱。凡灌稼，沟纳外水，自区角斜入递注之，岁甚旱，五六番足矣。区深一尺，禾自出叶已上，至结实时，旋助区土壅之，无虑七八寸，振林之风不损，善三也。

禾畏虫。今农田一亩，为禾二千余科，疏者千数百科，禾长掩亩，气不得利，郁蒸所至，并钟五贼。积热在土，盛雨卒加，外湿里燥，根则受之，是生蟊。日正烈，忽小雨，自叶底流注节间，或当午纳新水，热与湿

---

① 《左文襄公年谱》卷一页 22。《左文襄公书牍》卷一页 36《答罗研生（汝怀）》。

薄,厥病均,是生贼。露未晞而朝暾红,雾未散而温气蒸,着叶而凝,是生蟊。热附于根,湿行于槁,时雨时旸,二气交错,是生螟。不雨不旸,蕴气难泄,日霾宵暍,是生螣。凡厥五贼,贼禾之渠,未化之先,遇风乃除。区种法,空四旁,风贯行间,洒洒然,郁者通,结者解,虫类无由滋。书曰,上农治不萌,此故胜也。惟蝗与蝝,未由独免,然耕道交互,足不践稼,卯午之间,勤扑逐,视他田便,善四也。

有农焉,地饶而粪强,苗长而叶光,望之非不油油然,蕃且良矣。逮日至,实暍叶丰,十谷五空,于谚为肥暍,美其始而恶其终者,何也?纤根旁出,遇浮泥而滋,直根力衰,遇实土而止,得浊气也多,得清气也微,阳极阴绌,叶繁而心不充。拙农不知,乃专咎夫风,旨哉,周辪之论稼也。耨禾时,足蹑禾四旁,令浮根断,如是者再,其谷倍丰,其米耐舂。区种,务勤锄厚壅,禾生叶马耳已上,即锄,比稼成,数不啻十遍,陨土附根,深可七八寸,旁根断,正根王,穗蕃硕而长圆,粟而少糠,米饴以香,多沃而食之强,善五也。

先农尽地力,又惧地力乏,息者欲劳,劳者欲息,棘者欲肥,肥者欲棘,岁易之法易其田,代田之法易其甽,禾不欺土,土不窃谷,上之上也。今农为田,宁普种而薄收,地稀种则诧,禾稀谷则无究之者,嘻,其惑矣。区田,岁易其所,不甚其取,旋相为代,地气孔有,善六也。

非惟六善,是有三便。

今农,惟壮丁治田,老弱妇稚供馈饷小运,鲜以充耦。区田,用力虽频,不甚劳累,力小者亦任。开区,治田,担粪,引水,壮夫任之。和土,布谷,锄草,土壅根,余丁力可给。地近,足力省,锄小,手力省,陇高,体不沾,足不涂,犁既废,省牛牧与刍,肩不重负,腰脚便无前牵后拽之劬。老自六十以下,稚自十岁以上,主妇童女自治馈应饷外,皆量力而趋。循行耕道,来徐徐,尽室作活如嬉娱,人无冗而力无虚,其便一。

贫农赁田,先奉田主上庄钱,岁租多寡,视此为差。我乡上田,亩约钱二千许,岁租石五斗。湘潭西南乡上田亩十金,或减其二,岁租一石,大率湘潭上农赁耕一亩,得谷可四石,岁租一石,一石充粪值,庸钱、杂费、上庄子钱应除一石,余乃为佃农利。吾乡上农,赁耕一亩,得谷三石六斗有奇,岁租石五斗,一石充粪值,庸钱、杂费、上庄子钱应除斗许,余乃为佃农利。他县郡佃例不一,兹固其概也。岁歉收,或丰而谷贱,佃农撋撋终岁,仅及一饱。次亏子钱,又次乏耕资,负租不能偿,或以上庄钱抵,或径谢赁地,还取上庄钱,弃耕图暂活,中下农与田,更无论尔已。区田法,治田少而得谷多,壮丁一人,但佃二三亩,上庄钱少,租不外科,余丁合作,自庸其家,粪虽多,准恒年广种所需,又何加焉,其便二。

旧说,区获四五升,亩计三十石,食五人,糠少粒圆,斗得八升,总为米二十余石。初年学种,以半计,即以半计,计亦非左。数口之家,力作不惰,凶岁能飧,丰年大可,既高吾廪,复通人货,易乏为饶,反瘠为沃,效莫捷焉,其便三。

是故,读书养素之士,世富习耕之家,末作趁食之民,游手无俚之子,皆能自营转雇,称力而食。一家为之一家足,一邑为之一邑足,天下为之天下足,聚民于农,人朴心童,几蘧之理,于焉隆矣。嗟乎,我言区田之利,我农重思之,不诚如此乎!乃惊其土省而获多,又畏其烦数不易治,辄置之。嗟嗟,人心无古今,习故安常,莫适为倡。或间为之而不悉其法,或厌其烦数而意为增损,利不及古,则倦生矣。嗟乎,此区田之制所为旋作旋废,彼作此废,孤良法于数千百年而未能多睹其验也夫![1]

按区田者,“一亩之地,广一十五步,每步五尺,计七十五尺,每一行占地一尺五寸,该分五十行,长十六步,计八十尺,每行一尺五寸,该分五十四行,长广相乘,划为二千七百区,空一行种,于所种行内,隔一区,种一区,除去隔空,可种六百七十五区。”[2]然如宗棠言,区用熟粪二升,一亩一千三百五十二升,则以为亩可种六百七十六区也。

又尝致贺熙龄书云:

……宗棠于农事,颇有所窥,尝问之而得其事,亦学之而得其理。以为今之农者,与今之学者,弊正相等,皆以欲速见小,自误而以误人,

---

① 《左文襄公文集》卷一页 2—5《广区田制图说序》。
② 黄辅辰《营田辑要》(同治三年〔1864〕成都刻本)外篇页 6。

其关系天下不少也。……①

所谓欲速见小者,即谓循俗密种而不知采用古区田法也。光绪三年(1877),宗棠方总督陕甘,会大旱,与两省官绅商善后,复致书帮办陕甘军务刘典:

> ……秦中宿麦,未及播种,已种者,不能出土,殊为可虑。此时亟宜仿照陈文恭公(宏谋)抚陕时救旱之政行之。开井一法,是崔前中丞(纪)已行有效,而文恭奏请照办者。鄠县名儒王丰川先生(心敬)当时亦极以为然,并有区种一说,与凿井同为救荒善策。以陕中名官乡贤遗法,救陕西之灾,地方人情,均无不合。施之于今,以工代赈,费不外筹,尤为便利,而此法一行,秦中可永无旱荒之患矣。……

以为开井与区种,两法本是一事。非凿井无从得水,非区种何能省水。两事并举,方能有益。刘典请推行于甘肃,宗棠力赞成之。但以为庆阳治旱,自以开井区种为宜,平凉则川地甚多,俗称为粮食川,与其开井区种,尚不如多开引地,其利更普。② 时谭钟麟为陕西巡抚,宗棠益与书讨究区种与区田之差别,其一曰:

> ……区田之法,传自伊尹,其说固不可考,然周秦农书已有之。汉儒氾胜之于农学,最为博通,其言亦堪互证,是古法流传,非汉代后赝作,此可知也。王丰川先生《区田圃田说》,去今不远,其言区田,意以为难行而多费周折,不如划为种禾之沟,按时灌注之,法省而工捷,是变通古区田为区种,非复隔一区种一区之旧,可免负水浇种之繁,汲井水入总沟(如南中所呼包田圳),由总沟分入各小沟,即所言种禾之沟,故云法省工捷,但丰川原说未及明晰耳。……

其二曰:

> ……丰川氏区种之法,改区田之隔一区,种一区,为间一行,种一行,与赵过代田相同。特代田者,今年种此行,明年种彼行,而区种只就

---

① 《左文襄公书牍》卷一页40《上贺蔗农(熙龄)》。

② 《左文襄公书牍》卷十九页33《答刘克庵(典)》。刘典,见六十八节。陈宏谋,字汝咨,一字榕门,广西临桂人,雍正三年(1725)进士,官至东阁大学士,乾隆三十六年(1771)卒,谥文恭,著述有《陈文恭公全集》。崔纪,原名珺,字南有,号虞村,一号定轩,山西蒲州人,康熙五十七年(1718)进士,官至吏部左侍郎。王心敬,字尔缉,著述有《丰川集》《关学编》《四礼宁俭编》《丰川易说》《江汉讲义》《语录》等。

一年种法言之,谓其改区田而兼用代田之意则可,谓其即是区田,即是
代田,均之不可也。……①

又宗棠拟劝民用区田法,种米棉,以代罂粟,有凤翔府知府原峰峻者,尝致力
于区田,因复与书研究,其一曰:

……曾阅豫中所刻区田编加注中言,该守兄弟,于咸丰八年
(1858),在东乡平皋,试种区田有效,足见留心本计,一行作吏,凤翔何
异于温县之平皋乎。近因罂粟为害最烈,思课民种棉,艺百谷,芟除恶
卉,易以本富,该守试详举区种各法示我,俾得广为刊布。……

其二曰:

……区田图,与古农书不合。古法,第一行一陇一区,第二行一陇
一区,第二行如第一行,区陇无相并者,意取四面通风,根不相交也。先
正陆桴亭虑其不能犁耧,改为一沟一陇,已失本法。兹改为区陇相并,
似更非宜耳,区法宜于人稠地狭之处,非陕甘所急,惟宜种棉耳。
……②

由此可知宗棠虽早岁一主区田之说,及其见于施政,仍贵因地制宜也。

大抵宗棠少壮读书,虽尝潜研汉宋儒先之书,并尝以寡言与养静二端自
课,趋向于理学之途径(参阅六节),顾仍以时务为主,地学、农学而外,于荒
政、漕政、盐政、河工、海防,尤所究心(参阅七节)。③ 今按宗棠于二十一岁
中举后,仅在耕读中度其淡泊之生涯,至四十一岁始出山,而四十岁以前之
素养,正为四十一岁以后功业之基础,故家书与其长子孝威云:

……学问日进,不患无用着处,我频年兵事,颇得方舆旧学之力,入
浙以后,兼及荒政、农学,大都昔时偶以会心,故急时稍收其益,以此知
读书之宜预也。

---

① 《左文襄公书牍》卷十九页 61、页 64,均《答谭文卿(钟麟)》。谭钟麟,字云觐,号文卿,湖南
茶陵人,咸丰六年(1856)进士,官至两广总督,光绪三十一年(1905)卒,谥文勤,著述有《谭文勤公奏
稿》。

② 《左文襄公批札》卷四页 34《凤翔府原守峰峻禀陈到任察看地方情形由》,页 41《凤翔府原
守峰峻禀呈区田图折由》。原峰峻,河南温县人。

③ 《正谊堂全书》卷首页 5《答杨雪沧(浚)书》。《左文襄公书牍》卷一页 12《上贺蔗农(熙
龄)》,页 1《上徐熙庵(法绩)》。

又一书云：

> ……古人经济学问，都在萧闲寂寞中练习出来，积之既久，一旦事权到手，随时举而措之，有一二桩大节目事，办得妥当，便可名世。……①

盖仍自道其一生得力所在。

---

① 《左文襄公家书》卷上页 65。

# 十　课徒自给

往昔士人出路，大抵不外三途，一仕宦，二游幕，三教读。左宗棠之生涯，亦不外是，其次序则先教读，继游幕，最后乃仕宦，而宗棠之教读凡三度。

吴荣光为湖南巡抚时，与本省士人贺熙龄等合力创设湘水校经堂，以经学课士，宗棠与焉。且资膏火自给，尝于一岁中列第一名者凡七次。宗棠之中式本省乡试举人也，荣光又适为监临，对宗棠夙器重。其再度会试报罢归来，遂聘以主讲醴陵之渌江书院。院在县西渌水南靖兴山，邻李靖之祠，傍红拂之墓，固为名胜之区，实宜潜修之所。院中分六斋，东三曰主敬、正谊、明道，西三曰存诚、进德、居业。① 学生住斋者近六十人，妻弟周诒晟亦从学。宗棠之为教也，凡诸生晋谒，各给日记一本，令将工课随时记载。日入，头门下钥，即查阅工课。如旷废不事事，及虚词掩著两次，将本课除去膏火，加与潜心攻苦之人。计七十余日，熟《毛诗》一部及《尚书》二卷。作文每课约改六七篇，本本批点详细。又念先儒所谓制外所以养中，养中始能制外，二义互相圆足，因于小学节文内，撮取八则，订为学规，以诏学者。月朔望，会订工课日记，为之引掖而督勉之。其有不率，则扑责而斥逐之。醴陵故山

① 《左文襄公年谱》卷一页8—9、页14。《左文襄公文集》卷二页7—8《吴荷屋中丞衡岳开云图跋后》。《醴陵县志》卷四页11。

川僻狭,先辈又绝少宏达儒宗,闻见未广,故风气较闭。以往书院讲席未得其人,黠者益其奸,拙者诲之惰,少年无俚之人,竞以訾薄相长益,以故父兄少娴礼教者,辄以子弟入院为非幸事。自宗棠主讲,各生俱知强勉学问,士习文风,为之丕变。① 是为宗棠教读之第一次,凡一年。

陶澍之卒也,胡林翼与贺熙龄(陶与贺,故有姻娅之谊)邀宗棠课其子桄。宗棠以陶澍生前与有一日之雅,直任弗疑。② 携伯兄嗣子世延以往,顾以为世家子弟修身立名之难,较寒士百倍。盖缘先世之禄,足以自赡,凭席余业,刻厉之志不生,内志不生,外缘益盛,其入非僻之路,较便于凡人,其求成立之心,倍宽于素士,浸至志钝名败。惟桄于其时,方当就傅之年,私识未开,新机乍启,正谚所谓"素丝无常,惟其所染"。故宗棠之教育方针,重在小学幼仪,求淑其身,以淑诸人,初不必以寻常世宦子弟掇科名,博雅望,以翩翩见誉。③ 是为宗棠教读之第二次,凡八年。

宗棠早年所受于父师之教育,重在以程朱之学,涵养德性,陶铸人格,故其后所以教育人者,亦以此为宗。如同治十年(1871)批答平凉王知县禀设义塾条规云:

> 古人八岁入小学,十五入大学,次第节目,一定不可易。故小成大成,各有规模,经正民兴,人才从此出,风俗亦从此厚矣。……须知自洒扫应对至希圣希贤,下学上达,皆是一贯。今日入塾童子,先宜讲求幼仪,弟子职,而归重于《小学》一书,才为得之,薛文清公(瑄)有云:"《小学》一书,我终身敬之如神明。"以其为人作榜样,表里精粗,全体大用,无不具也。……④

又如光绪九年(1883)跋江阴南菁书院题额云:

> ……易曰:"君子以朋友讲习。"夫子以学之不讲为忧,盖明于心而不宣于口,则旨趣未畅,其必往复辩论,而后人已共浃洽于中也。博学、审问、慎思之后,继以明辨,义亦如此。惟自顷士习凌夷,狃于科第利禄

---

① 《左文襄公书牍》卷一页 5《答周汝光(诒昱)》;又《上贺蔗农(熙龄)》。
② 《左文襄公年谱》卷一页 18。
③ 《左文襄公书牍》卷一页 9《上贺蔗农(熙龄)》。
④ 《左文襄公批札》卷四页 1《平凉县王令启春禀设义学条规由》。

之说，务为词章，取悦庸耳俗目，而不探其本原。其有志于学者，又竞于声音训诂校雠之习，以搏击儒先为能，或借经世为名，谀闻动众，取给口舌，博声誉为名高，而学术益裂。求如李申耆先生暨阳讲席，训诲后进，恪以程朱为宗旨者，百不一二也。……愿承学之士以程朱为准的，由其途辙而日跻焉。升堂入室，庶不迷于所向矣夫。①

尊重汉宋儒先之学说，排除功名仕宦之俗念，乃至词章考据之士风，盖犹在小淹课陶氏孤儿，在醴陵主渌江书院时之思想与方法也。

宗棠在陶氏家塾，宾主情谊极笃。其间贺长龄为贵州巡抚，尝以书币邀往，宗棠坐是作书辞之：

> ……文毅夫人时遣所亲预定明年之约，因请至数十次，殷勤诚恳，不懈如初。学子在侧，窃闻有辞谢之说，则诵读益勤奋，倍他时。闻其母夫人尝戏语之云："儿不力学，先生将舍汝去矣。"彼误以为诚然，故如此，其痴益可念也。宗棠鉴此，已心诺之，来命虽殷，成言敢食，且辞少就多，避寒就暖，寸心可念，十噱难辞。……②

陶夫人母子求师之笃，与宗棠行止之宜，并足称焉。逾年，复申之以婚姻，其事成于陶夫人之坚请，与贺熙龄之力劝，宗棠之态度，则见于其覆熙龄一书：

> ……长女姻议，辱荷师命谆谆，宗棠何敢复有异说。然其中委曲极多，此议始于戊戌（道光十八年——1838）之秋，旋复中止。今夏王师璞为述文毅夫人之意，必欲续成前议，并代达一切。宗棠初颇不以为然，盖实有碍难处措之势也。……知者以为童蒙之求我，不知者必且疑宗棠之就此馆，及今日之欲辞此馆，皆隐有求系求援之意。窃维君子之处事也，与其欲人之我谅，不如示人以无可疑。且此间人各有心，难期协一，订姻之后，尤难自处。……但闻文毅夫人催备纳采礼物甚急，足征其用意之诚。宗棠既有俟我师一决之约，自不能复有他说，许之却之，一听我师之命而已。但成否两议，意在速决。盖此议知之者多，而宗棠

---

① 《左文襄公文集》卷二页10《江阴南菁书院题额跋尾》。
② 《左文襄公书牍》卷一页30《上贺蔗农（熙龄）》。

又现馆此间，过于迟延，殊无以相处耳。①

以师生而进为翁婿，可谓一时嘉话。然在此书中，可见宗棠所求自处者，如何郑重。

八年而后，陶桄成婚，宗棠乃去职。越一载，赴长沙省城，就朱文公祠，设馆授徒，桄仍受学。此外从游者，有黄冕三子，黄瑜、黄上达、黄济，及周开锡。② 为时虽仅一年，然于未来功业，雅有关系。开锡先于咸丰八、九年（1858—1859）间，在小淹陶氏，课宗棠诸外孙，嗣从宗棠戎幕，为得力之一人。黄济当宗棠西征时，方官四川资州知州，宗棠当令助运军米。此为宗棠教读之第三次，名为设馆授徒，实仍为桄之故，于是又辞云贵总督林则徐之招（参阅八节）。

<hr>

① 《左文襄公书牍》卷一页 27—28《上贺蔗农（熙龄）》。王育燿，字师璞，湖南安化人，陶澍女夫。

② 《左文襄公年谱》卷一页 24。周开锡见六十八节。

# 十一　入山惟恐不深

　　鸦片战争之作,英军沿海北上,连陷定海、镇海、宁波、乍浦、上海,两江总督牛鉴①自吴淞遁走。又溯江西上,陷镇江,而直捣江宁省城。时清廷筦中枢者,为大学士穆彰阿,②主和,褫主战之林则徐两广总督职,戍之伊犁,遣琦善③继其任。琦善与英媾和,遽徇其严刻之要求,遂逮问。复与英战,战不利,始复言和。左宗棠方在安化陶氏家塾,闻之忧愤甚,上书其师贺熙龄,论战守机宜,为料敌、定策、海屯、器械、用间与善后诸篇。又贻函黎吉云为御史者,谓“非严主和玩寇之诛,诘纵兵失律之罪,则人心不耸,主威不震”。④又尝作感事诗四首,发抒其愤懑,其末首云:

　　　　海邦形势略能言,巨浸浮天界汉蕃。西舶远逾师子国,南溟雄倚虎头门。纵无墨守终凭险,况幸羊来自触藩。欲效边筹裨庙略,一尊山馆共谁论。⑤

---

　　①　牛鉴,字镜堂,甘肃武威人,嘉庆十九年(1814)进士,官至两江总督,咸丰八年(1858)卒。宗棠西征,鉴孙端昳以鉴藏成亲王墨迹,宗棠跋而还之,见《左文襄公文集》卷二页4。

　　②　穆彰阿,姓郭佳氏,字鹤舫,满洲镶蓝旗人,官至文华殿大学士。

　　③　琦善,姓博尔济吉特氏,字静庵,满洲正黄旗人,官至文渊阁大学士,咸丰四年(1854)闰七月卒,谥文勤。

　　④　《左文襄公书牍》卷一页10、页11、页15、页17、页18,均以《上贺蔗农(熙龄)》。

　　⑤　《左文襄公诗集》页4—5《感事四首》。

则颇自负其才,而自惜其不用。今考宗棠之策,见于与熙龄书者,如练渔屯,设水寨,编泊埠之船,设造船之厂(参阅第六节)。晚年筹办海防,大抵仍此一番议论。

《江宁条约》成,宗棠以为时事竟已至此,梦想所不到,古今所未有。[1]于是益思入山归隐,先有一书告熙龄:

> ……天下汤汤,曷其而归?午夜独思,百忧攒集,茫茫世宙,将焉厝此身矣!去冬归家时,即拟营一险僻之处,为他日保全宗族亲党计。近得乡间诸昆书云,得一山于湘阴与长沙交壤之间,去先世散居十余里而近,其中群峰错互,山谷深邃,即方志所谓青山者也。一山绵亘,而相近以洞名者数,宗棠虽未尝亲履其地,然窃以意揣之,或有差可托足者。冬间解馆归,拟便道先往谋之。田可区,材可爨,薯蓣可保藏。园可桑,山可竹,羊可牧,数年而后,其遂从山泽之氓,优游此间矣。昔孙夏峰先生(奇逢)当明末造,入易州五公山,从者数千百人,皆衣冠礼乐之士。部署诸人,量才分守,干戈扰攘,有太平揖让之风焉。魏敏果(象枢)尝奉母潜入蔚州德胜寨,卒以免难。宁都三魏(际瑞、禧、礼),与邱邦士及群从子弟守乡寨,捍山寇,寇至则挺刃交持,寇退则弦诵不倦。尝读书至此,既服数君子保身之哲不可及,而又以悲其时之人,夫使数君子得行其道于天下,则天下之郡县,非即其寨堡乎?天下之人民,非即其宗族亲党乎?而何独优为于此!长沙北境五十里许,有智度山,其特起而高者,为黑石峰。湘水西七十里,有秸家山(一作秸架,一作秸茄),背湘而面沩。二山岩谷幽夐,皆昔人避世之所,若于此间得一行窝,亦一乐也,吾师其有意乎?……[2]

鸦片战争方已,而太平军继起。此故宗棠所逆料者,尝谓:"国威屡挫之余,内地奸民,啸聚山泽者,亦复在在有之。……辰下康年屡降,故事变未形,一旦稍有水旱之灾,正恐无复收拾之日。"[3]其言乃不幸而中,太平军于转瞬间由广西骤入湖南,经趋长沙省城,势如洪水滔天。宗棠于是自柳庄,徙家白

---

① 《左文襄公书牍》卷一页 26《上贺蔗农(熙龄)》。
② 《左文襄公书牍》卷一页 19—20《上贺蔗农(熙龄)》。
③ 《左文襄公年谱》卷一页 34《上贺蔗农(熙龄)》。

水洞,距湘阴县城五十余里。盖宗棠自与熙龄函述入山之计,便常物色其地,此白水洞为上述青山之一部,与郭嵩焘、崑焘兄弟相约结邻之处,亦尝寓书熙龄报告:

> ……偶阅明人诗云:"老去寻山报国恩。"每微吟一过,辄为之不怡。大栗港近地,有名白水洞者,距星翁之庄,不过数里,深邃幽窈,一如锷云所言。昨无意中晤彼地一农人,具悉其概,检阅省志,唐裴休有游白水洞观瀑布诗,亦颇及其境之佳妙。前卧云曾云,彼中有百亩之田可得,价亦不昂,惜相距太远,且卧云未移居其间,无依倚耳。……①

至是则诛茅筑屋以居,仲兄宗植与僚婿张声玠夫妇等均从,而嵩焘兄弟别居梓木洞,山中时相往还。宗棠早岁尝有诗云:"赌史敲诗多乐事,昭山何日共茅庵。"自注:"素爱昭山烟月之胜,拟买十笏地,他日挈孥老焉。"②今所居虽非昭山,而为青山,然夫妇偕隐之愿,差可偿焉。

宗棠之山居,本尚有其远大之规划,为长治久安之计。

> ……广置田产,或一洞而得其三之一,或及其半,召良善有力而可为我使者十数家耕其中。于通径则坚筑庄屋以当之,即隐寓碉堡之意,于山径则修凿之,俾其难越而易守。总计本洞丁口,设立社仓,为辅助之计,体察谣俗,严立条规,为正俗之计。内衅不作,外侮易防,庶几安枕高卧其间,吾无忧矣。……③

所惜时势需才,不容久于高蹈,于是曾几何时,宗棠虽为太平军而入山,亦终为太平军而出山,自是移其经营一山一洞之谋略与精神,经营一省一国。

---

① 《左文襄公年谱》卷一页 29。《养知书屋诗集》卷十页 6《由粤东归述怀留别》。《左文襄公书牍》卷一页 34《上贺蔗农(熙龄)》。余星棠,道员,通星命风水之学。黄立镕,字锷云,湖南安化人,拔贡,候选教谕。黄雨田,字卧云,立镕弟,县学生,候选训导。

② 《左文襄公诗集》页四《二十九岁自题小像》。昭山在湘潭。

③ 《左文襄公书牍》卷一页 45《上贺蔗农(熙龄)》。

# 十二　幕府生涯之第一期

太平军之入湖南,实予左宗棠以游幕之机会,将一生经纶抱负,作初步之试验。

宗棠之游幕,可划为两个时期。第一期在湖南巡抚及署湖广总督张亮基幕府。

先是,咸丰二年(1852)三月,太平军围桂林省城,江忠源闻警,发家财,募勇往援。太平军北走,连陷兴安、全州两城,遂入湖南境。由永州窜道州、江华、永明、嘉禾、蓝山、桂阳、郴州、安仁、攸县,所至城悉陷,终于道醴陵,直薄长沙省城。省城官民料太平军必从耒阳、衡州正道来,不料其遽掩至,益惶急无措。于是清廷罢骆秉章湖南巡抚,移贵州巡抚张亮基继其任。[①] 时胡林翼方任贵州黎平府知府,尝荐宗棠于亮基,盛称其才。至是,亮基一至常德,即专使礼迎宗棠入幕。宗棠初未有以应,林翼走书责以大义,谓宜出纾桑梓之祸,不当独善其身,并盛称亮基之贤。[②] 忠源追太平军,壁长沙省城南,亦以书促行。仲兄宗植与郭嵩焘、崑焘兄弟同居山中,并力劝之,以为公卿不下士久矣。张公此举,宜有以成其美。宗棠始毅然应聘,驰见亮基于

---

① 王闿运《湘军志》(长沙初刻本)卷一《湖南防守篇》页 2—3。王定安《湘军记》(江南书局刻本)卷一《粤湘战守篇》页 7—11。永州,今零陵。衡州,今衡阳。

② 胡林翼《胡文忠遗集》(光绪六年〔1880〕湖北刻本)卷五十五页 22—23《致左季高(宗棠)》。

长沙围城中,握手甚欢,如旧相识。干以数策,立见施行。<sup>①</sup> 已而又引崑焘入幕相赞,宗棠亦亲督兵勇助防守。太平军以地雷轰城,三陷缺口,而宗棠三抢堵之,由是亮基益以兵事相委。未几,亮基调署湖广总督,挽宗棠偕行,亮基在湘阴途次,接受关防,即渡洞庭湖,由岳州入湖北,沿途居民避贼,迁徙一空,士卒掘芋充饥,两人尝在破屋风雪中,危坐终夜。既抵武昌省城,太平军去甫十数日,公私荡尽,惟贡院巍然独存。而尸骸枕藉,则亟命葬埋整葺,权作休息办公之所。而军民政事旁午,批答咨奏,皆宗棠一人主之。其间又尝与亮基先后亲至田家镇,相度地势,筑炮台半壁山麓,北岸亦建水营,历旬日始返。废寝忘飡,昼夜劬瘁,亮基益推诚相与。每夕,手擘总督关防以属宗棠及崑焘曰:"军情缓急,眉睫间耳,有发先行而后告。"<sup>②</sup>会亮基调补山东巡抚以去,宗棠亦辞归,仍居白水洞。

此一时期,在湖南巡抚幕,计自咸丰二年(1852)八月至十二月,凡五阅月。在湖广总督幕,计自咸丰三年(1853)正月十二日,至九月十三日,凡九阅月,先后都十四月。<sup>③</sup> 在此十四月中,宗棠之运筹帷幄,足以踌躇满志者,与可以惆怅扼腕者,各有两事。

浏阳有征义堂者,为周国虞与曾世珍等所结秘密团体,已有十余年之久。借名团练,阴聚徒众,颇为闾阎患。太平军围长沙省城,征义堂啸聚至二万余人,实与潜通,廪生王应藂举发其事,则杀应藂。事闻于清廷,有诏按问,浏阳县署吏胥多为征义堂党羽,于是知县惧祸,意主羁縻,力辨其无反征。会忠源平巴陵土寇,将旋师,宗棠乃建议亮基,乘间移师剿办。知县益惶急,至为血书上亮基,保征义堂不为乱,亮基心动,宗棠力持之。<sup>④</sup> 于是忠源由平江取间道入浏阳,筑垒竟,遽张示,捕诛征义堂渠魁,宥胁从。周国虞等阴觇其军少,以为易与,率众数千,猝扑忠源。忠源遣一营卫县城,而自督两营拒战,大败之。下令良民诣营领牌免死,遂直逼其巢,复击破之。统计是役自咸丰三年(1853)十二月十八日接仗起,至三十日止,先后生擒暨各乡

---

① 《左文襄公书牍》卷五页 34《与胡润之(林翼)》,卷七页 16《答美里登》。

② 《养知书屋文集》卷十八页 8《仲弟拇叟家传》。

③ 《左文襄公年谱》卷一页 29、页 33、页 35。

④ 《湘军志》卷一《湖南防守篇》页 6。《湘军记》卷二《湖南防御篇》页 1。

团捆送党徒六百七十余名，临阵斩首暨乡团格杀七百余名，先后解散胁从四千三百余户，一万余名，起获大炮六尊，抬枪鸟枪二百余杆，长矛三百余杆，挡把挡牌六十余件，腰刀一百数十把，皮甲二十余具，硝磺子药数十石。凡征义堂党徒啸聚巢穴，无不深入穷搜，地方一律肃清，良民安堵如故。① 后嵩焘论其事，以为"江忠源平征义堂，实受方略于左宗棠，发谋决策，皆宗棠任之，张亮基受成而已"。② 今考宗棠密函忠源之方略，一曰"进兵宜神速，令贼不测"；二曰"解散胁从，以孤贼势"；三曰"联络乡团，使并力齐进，以助军威而寒贼胆"。③ 以一纸书悉去肘腋之患，此足以踌躇满志者也。

长沙省城西濒湘江，过江溁湾市及渔湾一带，系通宁乡、益阳，直趋常德大道。常德与湖北荆州，隔长江，相为表里，又与岳州隔洞庭湖对峙，同为两湖重地。顾太平军之迫长沙，背水而扼其城南，官军扼其东北，湘江西岸，均未措意。宗棠则策，如城围解，太平军必渡江西窜，因主同时应严西岸之防，扼土墙头与龙回潭，杜其去路，亦断其米、盐、硝磺之来路。时湖广总督徐广缙主戎政，未之信。④ 咸丰二年（1852）十月十九日，太平军果解八十余日之围，渡江而西，长驱北上，过益阳，虏船数千，过岳州，又虏数五千余于是艨艟万艘，帆帜蔽江，既下武汉，旋又弃之，直下江宁省城。⑤ 使早从宗棠言，太平军一时末由割据长江下游之局面，或竟遂局促湖南一隅，驯至消灭。如吴三桂叛时，以清兵坚扼岳州，终不得遑往事，均未可知。秉章虽卸任湖南巡抚，时犹在城中，因谓："住城一大学士，三巡抚，三提督，总兵十一二员，城外两总督，而不能阻贼西往，深为可恨。"⑥然吾人今日读史至此，感觉岂惟可恨，抑又可笑，此可以惘怅扼腕者也。

太平军入据江宁省城后，复分党北上，达于安徽之滁州，折入河南之新

---

① 《左文襄公全集·张大司马奏稿》（家刻全集本）卷二页1—3《剿办征义堂土匪竣事折》。

② 郭嵩焘、郭崑焘《湘军志平议》（家刻本）页18。

③ 《左文襄公书牍》卷二页6—7《与江岷樵（忠源）》。

④ 《张大司马奏稿》卷一页5《筹办军务据实直陈折》。《左文襄公书牍》卷二页9《与陶少云（桄）》。徐广缙，字靖侯，河南鹿邑人，嘉庆二十五年（1820）进士，长沙之役，夺职，咸丰八年（1858）十月卒。荆州，今江陵。

⑤ 《湘军志》卷一《湖南防守篇》页8。《湘军记》卷二《湖南防御篇》页13。

⑥ 《骆文忠公自订年谱》（光绪二十一年〔1895〕北京重刻本）卷上页28。

郑、许州。湖北官军扎应山、孝感北界,严密防御。太平军乃改由罗山袭黄安,有众三千余人,有马六七百匹,声势甚盛。宗棠逆料其必由麻城、黄冈内河,图出长江,由此可向南循陆通江西,向东顺流达江西、安徽,上亦可逆袭武汉,张其恫喝之势,当先分军由河口赴黄安拒堵。咸丰三年(1853)六月二十七日夜半,得急报,太平军倾众而来,于是不及关白亮基,权患遣武昌省城兵三千人,星夜驰往团风镇,扼其入江之路。甫至数刻,太平军果水陆并至,官军急起奋勇力战,太平军知官军层层布置严密,势难出江,当即折回。而官军已追至新洲,更知前后受敌,万无出路,乃分水陆窜去,官军亦分水陆两路追击。陆上要之于马鞍山,水上要之于黄石港,甫及八日而事定。当场毙太平军近一千名,溺毙者数百,余俱剃发潜逃。各州县复日有盘获,凡夺骡百数十匹,民间牵去者,尚不在内。烧沉船七十余艘,其辎重尽弃去不暇取,为乡民所分者,约十数万金。太平军自言,自金田举事以来,从未遇官军如此死战者,此又足以踌躇满志者也。[①]

自太平军入踞江宁省城,清廷令长江各省督抚,造木簰,安设炮位,用严江防。宗棠以为长江下游,江面甚宽,极狭之处,亦自五六里至七八里不等,簰少则控制难周,簰多则需费甚巨。惟安庆省城下游,有东梁山与西梁山,对江夹峙,江面尚不甚宽,距江宁省城又近,此处设防,则安徽、江西、湖北各省江面,均可无虑,遇便仍可相机协剿。若合三省全力扼之,通力合作,分办其事,而专责其成,兵力厚而物力稍丰,视各省之节节设防,徒滋劳费而力单费绌,终归无补者,少为可恃。亮基深然之,上其议于清廷,但事属三省,呼应不灵,意见各别,又人才难得,求一谋勇兼资者,总司其事,甚非易易。会亮基去任,宗棠引归,此议竟无实现之机会,坐视太平军纵横江面,三陷武汉。所谓藩篱一撤,堂奥堪虞,诚如宗棠所料,悔不可追,[②]此又可以惆怅扼腕者也。

王柏心同在亮基幕府,是时有赠宗棠诗云:

……吾子天下才,文武足倚仗。谈笑安楚疆,备箸无与让。建策扼

① 《张大司马奏稿》卷四页22—25《河南贼匪窜楚水陆夹击获胜折》。《左文襄公书牍》卷二页11—12《与陶少云(桄)》。许州,今许昌。

② 《张大司马奏稿》卷三页3—4《覆陈编簰安炮举办为难片》。

梁山,事寝默惘怅。复议造戈船,进攻万里浪。鄂渚临建康,拊噬等背
吭。从此下神兵,势出九天上。赞画子当行,麾扇坐乘舫。……①
恰可综括宗棠在第一期幕府生涯中之故实。

---

① 《左文襄公书牍》卷五页 35《与胡润之(林翼)》。王柏心《百柱堂全集》(唐氏刻本)卷一页
17。

# 十三　幕府生涯之第二期

　　左宗棠归白水洞未久,太平军大举溯江而西,进围武昌省城,上陷岳州,更南陷湘阴,西陷宁乡。虽由胡林翼、塔齐布、王鑫等先后收复,而岳州旋复失陷。时骆秉章复任湖南巡抚,屡遣使币赴白水洞奉邀,宗棠坚谢不出。已而宗棠因事至长沙省城,秉章又再三殷勤劝驾,宗棠顾念时事益棘,始允权为襄办。逾时,曾国藩、彭玉麟、杨岳斌、罗泽南等水陆并力,太平军之续进湘潭、龙阳、常德者,均被击退,岳州再度收复。宗棠乃请辞,而秉章推诚委心,坚不之允,宗棠遂慨然相许,重为入幕之宾,直至秉章举劾永州总兵樊燮一案被诬(参阅第十四节),①始以忧谗畏讥,决然引去。此为宗棠游幕之第二时期,起咸丰四年(1854)三月初八日,讫九年(1859)十二月二十日,专湖南军事者五年九阅月。顾据宗棠自言,秉章"初犹未能尽信,一年以后,乃但主画诺,行文书,不复检校"。②

　　宗棠在第二次戎幕之伟画,揭其最重要之一点,括以二言曰:内清四境,

---

　　①　《左文襄公年谱》卷二页1。《骆文忠公自订年谱》(四川初刻本)页30。彭玉麟,字雪琴,湖南衡阳人,县学生,官至兵部尚书,光绪十六年(1890)四月卒,谥刚直,著述有《彭刚直公奏议》、《诗集》。杨岳斌,原名载福,字厚庵,湖南长沙人,官至陕甘总督,光绪十六年(1890)卒,谥勇悫,著述有《杨勇悫公遗集》。樊燮,字鉴庭,湖北恩施人。

　　②　《左文襄公书牍》卷五页35《与胡润之(林翼)》,卷二十六页25《答郭筠仙(嵩焘)》。

外援五省。湖南之为省，北邻湖北，东接江西，此三省交界，常为太平军出没之区，姑弗具论。南则广东与广西，本为太平军策源地，虽大军已越湖南而东下，仍有零星散股，往来边区，阴为呼应，或与当地土匪勾引滋扰。至西界为四川与贵州，四川因接境较少，无多关系，而贵州之苗民与土寇，则时在蠢动。宗棠以为不靖边境，不能保湖南之安全，不援邻省，不能致湖南边境之肃清。于是毅然以一省兵力与财力，当太平军之全面，其始意仅在维护桑梓，其后愈推愈远，功在国家矣。①

湖南之防南境寇，以桂阳州一带，宜章一带，及江华一带为据点，各驻陆师，后方以衡州为据点，驻以水师，视寇窜扰至何处，分兵或合兵击之。

广东寇之入扰湖南，在咸丰四年(1854)八月至十月间为最嚣张。有由仁化犯桂阳州之一起，有由乐昌与乳源犯宜章之一起，有由连州犯临武之一起，均旋被官军击退。官军且徇两广总督之请援，赴剿连州，直至韶州一带。连州左右，固广东寇之巨窟也。② 咸丰五年(1855)之两起入犯，声势最大。其一亦为仁化寇，先于二月中，犯桂阳州，不逞。走广西之富川，已而又入犯永明，不逞。再走广西之灌阳，已又入犯道州，仍不逞。则乘间越零陵而直陷东安，官军围攻四阅月，始下之。寇逸出新宁、祁阳间，亦被击散。其二亦为连州寇，先于四月中，由韶州入犯宜章，分掠临武、嘉禾，遂上陷郴州、桂阳州，更北侵永兴而掠耒阳，袭安仁而陷茶陵。于是衡州、武冈土匪，乘机响应，两者合势，不下数十万，官军分剿合击，先复耒阳，次复桂阳州，次复茶陵。桂阳州寇西窜江华，则截之于宁远，茶陵逸寇东窜江西，则截之于酃县。寇势既散，于是围攻郴州而收之，顾沦陷已半载矣。寇分走宜章、临武，卒遁入连州。③ 六年(1856)，湖南官军出境，追剿连州寇，三月，及于阳山、英德，

---

① 《左文襄公书牍》卷三页 58《答夏憇亭(廷樾)》。《湘军记》卷二《湖南防御篇》页 9。
② 《骆文忠公奏稿》(家刻本)卷一页 57—58《两广匪徒滋扰南界折》，页 68—69《调兵援粤片》，页 81—82《两广贼匪同时犯界折》，页 94—95《详陈两粤贼情片》。《骆文忠公自订年谱》页 32—33。《湘军志》卷一《湖南防守篇》页 11。《湘军记》卷二《湖南防御篇》页 9。韶州，今曲江。
③ 《骆文忠公奏稿》卷二页 23—28《广东贼陷郴宜折》，页 43—45《南北两路剿贼获胜折》、《收复东安折》，卷三页 14—19《永兴茶陵失守折》，页 40—50《克复茶陵桂阳两州折》，卷四页 1—7《郴州克复折》。《骆文忠公自订年谱》页 34。《湘军志》卷一《湖南防守篇》页 11—13。《湘军记》卷二《湖南防御篇》页 10—11。

六月,直破潭洞屯,嗣是湘粤边境大定。<sup>①</sup> 潭源洞居楚、粤之脊,山南之水入粤,山北之水入湘,千岩环峙,耸入云霄,古为黄芥岭,即五岭之一。洞故少土著之民,有田可耕,而地气高寒,岁收歉薄,惠潮嘉穷民取煤造纸,搭寮居住者,数百千户,故奸民多藏匿其间也。九年(1859),太平军翼王石达开入湖南,广东寇始复起,则有如四月英德寇之窥伺郴州、桂阳州,五月连州阳山寇之入犯临武、蓝山、宁远而掠道州,陷永明,八月乳源寇之犯宜章,九月湖南官军追击入粤,悉荡平之。<sup>②</sup>

　　广西寇繁殖于灌阳一带,犹广东寇之于连州一带也。且两者时通声气,广东亡命无赖之徒,号广码,广西本籍乱民号土码。其大举入犯湖南,一在咸丰四年(1854)九月,先围道州,次袭江华,均被官军击退。已合恭城寇,袭零陵,复被官军击破。官军且越境而剿洗恭城寇于栗木街,更回师而剿洗龙虎关逸寇。乃散在江华与道州之余寇,复纠连州寇,反攻宁远,仍被官军所击走。而连州寇又大入蓝山,灌阳寇遂与合势,侵嘉禾、宁远,然均未获逞。其间又有清水寇者,亦勾结连州寇,一度陷江蓝,然亦旋被克复,于是至十一月而寇氛息。<sup>③</sup> 一在咸丰五年(1855)十月,先犯永明,次陷江华。六年(1856)正月,官军复江华,寇走宁远、嘉禾而入临武,由临武而遁连州。其窜富川者,又一度入江华,亦被击退。<sup>④</sup> 至湖南官军之应援广西者,先后凡水陆两起。咸丰七年(1857)四月,广西群寇陷柳州,窜桂林省城,广西巡抚求助于湖南。湖南以其逼南境也,命蒋益澧练湘勇一千五百八十人,又令督段莹器一千人,永勇四百人,赴全州进援。寇亦转进灵川兴安相拒。于是复益以江忠濬楚勇一千人,遂复兴安,寇走平乐,旋又复之,此则陆师也。八年

---

　　① 《骆文忠公奏稿》卷四页 61《越境追剿粤匪折》,卷五页 23—25《剿办潭源洞粤匪片》。

　　② 《骆文忠公奏稿》卷十页 11—12《另股贼匪窜扰南路各属折》,页 19—21《剿办两粤股匪折》,页 44—47《越境剿办粤匪折》,页 59—60《剿办广东禾洞贼匪折》。《湘军志》卷一《湖南防守篇》页 17—19。《湘军记》卷二《湖南防御篇》页 13—14。

　　③ 《骆文忠公奏稿》卷一页 83—90《两广贼匪同时犯界折》,页 95《详陈两粤贼情片》,卷二页 4—5《粤贼窜陷江蓝厅城片》。《骆文忠公自订年谱》页 32。《湘军志》卷一《湖南防守篇》页 10—11。《湘军记》卷二《湖南防御篇》页 9。江蓝厅在江华东南,设有理傜同知。

　　④ 《骆文忠公奏稿》卷三页 53—56《广西贼匪窜陷永明折》,卷四页 30—35《永明江华克复折》。《骆文忠公自订年谱》页 37。《湘军志》卷一《湖南防守篇》页 13。《湘军记》卷二《湖南防御篇》页 10—11。

(1858)四月,广西巡抚见益澧军之可用也,留以助剿浔州、梧州、庆远寇。于是益澧回湖南,益募水师,载船六十余艘及火药七万余斤以往。月饷二万两,由湖南任之。先克浔州,以次略定他地,此则水师也。嗣是湘桂边境亦大定。[①] 至石达开入湖南,而贺县寇一度陷江华,旋自弃之,掠江蓝厅而走,更一度自灌阳窜入道州,走永明,官军追逐出境,直入贺县、灌阳荡平之。[②]

若数戡定湖南南境之功,自当首推王鑫。鑫为宗棠所赏识,尝赞其用兵曰:"审事之精,赴机之勇,皆非近时人所有。"誉其立品曰:"刚明耐苦,义烈过人。"而遇疾苦则慰藉之,遇怨愤则针砭之,于是鑫为一时名将。其所部曰老湘营,亦称精劲。其后宗棠东征、西征,均用其旧部,立大功。益澧之援桂,亦为宗棠所促成。其后宗棠平浙,尤多借益澧之力。始广西赤贫,益澧援军,均以宗棠力,资于湖南。及益澧应宗棠调赴浙,而费无所出,劳崇光已由广西巡抚调任广东,广东财力充,则资其行,亦所以为报也。[③]

湖南北境之防,远较南境为重要,盖逼近武汉,而其地为太平军所必争也。其关键则在岳州,而湖北之崇阳、通城,毗连湖南东北隅,尤为唇齿相依,其关键则在平江。故自咸丰三年(1853)正月,太平军弃武昌省城东下,湖南北境,本已告安全,及武昌省城再陷,三陷,而敌氛又炽。其时湖南内靖外援工作,亦可以此为界限,析为两个阶段。

咸丰四年(1854)正月,太平军进围武昌省城,上窜湖南,陷岳州、湘阴、宁乡三城。于是曾国藩军援宁乡,王鑫军援湘阴,鑫败敌于靖港,三城太平军闻耗,皆遽惊走。时胡林翼方攻通城,国藩军亦北上,鑫约林翼会师,乃失

① 《骆文忠公奏稿》卷六页 11—12《广西贼势狓猖片》,页 59—66《克复兴安县城折》,卷七页 44—49《进围平乐府城折》,页 53—59《克复平乐府城折》,卷八页 6—7《协济广西军饷军火折》。《骆文忠公自订年谱》页 44。《湖军志》卷一《湖南防守篇》页 14,卷十一《援广西篇》。《湘军记》卷二《湖南防御篇》页 11。蒋益澧,见六十九节。江忠濬,字达川,忠源弟,官至江西布政史。

② 《骆文忠公奏稿》卷十页 13《另股贼匪窜扰南路各属折》,页 17—18《剿办两粤股匪折》,页 36—41《剿办粤西回窜股匪折》。《骆文忠公自订年谱》页 46。《湘军志》卷一页 17—19《湖南防守篇》。

③ 《左文襄公书牍》卷二页 28、页 34,均《与王璞山(鑫)》。《左文襄公奏稿》卷一页 7—8《请各路营勇来浙片》。罗心钧《王壮武公年谱》(家刻全集本)。劳崇光,字辛阶,湖南善化人,道光十二年(1832)进士,官至云贵总督。同治六年(1867)二月卒,谥文毅,著述有《常惺惺斋诗文稿》、《读书日记》等。

利于羊楼司,国藩军并被击溃,俱退长沙省城。太平军乘机又陷岳州,进逼靖港,经宁乡而陷湘潭。于是国藩集诸将议,先攻靖港,宗棠独主援湘潭,以塔齐布往,告大捷。而国藩军失利于靖港,再退长沙省城。惟靖港太平军既知湘潭大败,则取水陆两路遁。水由岳州西陷龙阳、常德,且窥澧州。陆由江西北上,会通城部,复图南下澧州。常德陆接荆宜,岳州一府,下通武汉,均为冲要之区。而通城与崇阳、通山等县,又壤接岳州府与江西之义宁州,山谷幽深,民情犷悍,太平军驰骤其间,所志非小。于是林翼自安化攻常德,江忠济自平江剿通城,塔齐布由湘潭趋岳州,国藩命罗泽南军出新墙,与塔齐布会师前进。六月,常德太平军自走,闰六月,克岳州,收通城,由是太平军势蹙。虽于六月再陷武昌省城,而至八月间国藩遽复之,湖南北境为之一靖,此为第一阶段。①

咸丰五年(1855)正月,太平军复西上,陷湖北之兴国、通山、崇阳、通城,及江西之义宁州。二月,三陷武昌省城,于是湖南亟以江忠济等军屯岳州,遏其由武昌南下。何忠骏率平江勇,遏其由崇通南下。时林翼已为湖北巡抚,屯师金口,湖南资以军实,更练水师。国藩驻南昌,亦拨师回援。五年(1855)六月,通城太平军窜湖南,入临湘,犯湘阴,官军击走之,而以刘腾鸿军增屯岳州。七月,崇阳、蒲圻太平军出入巴陵、临湘境,蔓延三百余方里。时罗泽南由湖口回师援鄂,道出崇通。九月,江、罗两军会克通城。十一月,罗军又克崇阳,然旋并通城失之。六年(1856)四月,义宁、兴国、崇阳太平军益肆扰。五月,腾鸿军将赴援江西,由咸宁出崇通,太平军则由平江、巴陵,上掠湘阴,下犯浏阳、醴陵,冀截其后。会湖南南境大定,调王鑫北上,驻军巴陵、临湘间,兼治团练。十月,克通城。十一月,复崇阳。十二月,肃清蒲

① 《骆文忠公奏稿》卷一页1—3《贼势全注湖南折》,页5—14《靖港击贼湘潭克复折》,页17—19《靖港败贼下窜崇通贼匪南犯折》,页24—26《华容龙阳失守常澧吃紧折》,页27—29《常德府城失守折》,页30《中东两路剿贼片》,页32《鄂城失守折》,页34《筹议进剿岳州折》,页59—61《克复通城片》。《骆文忠公自订年谱》页29—32。《湘军志》卷一《湖南防守篇》页8—11。《湘军记》卷三《规复湖北篇》页6—14。江忠济,字汝舟,湖南新宁人,忠源季弟,保至道员,咸丰六年(1856)三月在湖北通城阵亡,谥壮节。罗泽南,字仲岳,号罗山,湖南湘乡人,咸丰三年(1853)举人,孝廉方正,六年(1856)三月殉于武昌省城,谥忠节,著述有《罗山遗集》。塔齐布,姓托尔佳氏,字智亭,满洲镶黄旗人,官至湖北提督,咸丰五年(1855)七月,攻九江,气脱而卒,谥忠武。龙阳,今汉寿。

圻、通山，而林翼亦遂复武昌省城。湖南北境又为之一靖，此为第二阶段。①

然自武昌省城三复，太平军无复西争上游能力，湘鄂边境从此无恙。而太平军既不能据有湘鄂，坐视湘军纵横东下，亦遂不能成其统一天下之大业。

"湖南晃州、凤凰、永绥三厅，与贵州铜仁、思州两府、松桃一厅接壤。苗地毗连，以苗疆而论，则凤凰厅、永绥厅最为吃紧，以两省而论，则晃州厅、沅州府扼黔楚津要，据西北上游，形势尤重。"②此宗棠目光中之湖南西境也。太平军既起，贵州土民、苗民、教民，纷纷发难，交织成一片寇氛。贵州官吏不能平，其势骎骎及于湖南，湖南斯复有事于内靖外援之工作，述其重要者三起。

一为铜仁之寇。咸丰五年(1855)十二月，始陷铜仁府城，乃北陷松桃，东扑镇筸城(即凤凰厅治)，镇筸驻军击却之。而寇更陷思南、石阡、思州三城，再扑镇筸城，镇筸驻军再击却之。而寇于更陷玉屏后，一路东陷晃州，进围沅州，一路北犯麻阳，直窜永绥。湖南官军既解沅州围，复麻阳、晃州，复肃清永绥，然后出境，会贵州军，克松桃。至六年(1856)，又收铜仁府城，此援黔军之所由起也。督军者，守备田宗藩，苗守备吴永清。九月，寇又蠢动，首扑铜仁府城，次扑镇筸城，均为成军所格。十二月，援黔军且攻破其坚强之老巢，一在铜仁府城属之三角庄，高五十里，人迹罕到；一在铜仁县属之三元屯，四面石壁峭拔，由麓至巅，凡三层，于是全府辖境荡平。此次湖南出兵

---

① 《骆文忠公奏稿》卷二页35—36《覆陈鄂督败退武昌失守情形折》，页41—42《南北两路剿贼获胜折》，页55—57《北路贼败退出境折》，页22—24《克复通城折》，页35—36《北路官军先胜后挫折》，卷五页69—71《北路官军越境追贼折》，页80—83《肃清通城崇阳蒲圻通山四县折》。《骆文忠公自订年谱》页34、页41—42。《湘军志》卷一《湖南防守篇》页11—14，卷二《湖北篇》页2—8。《湘军记》卷三《规复湖北篇》页14—23。何忠骏，字龙臣，湖南平江人，咸丰二年(1852)举人，保至同知直隶州，八年(1858)六月在三河阵亡。刘腾鸿，字峙衡，湖南湘乡人，罗泽南部将，咸丰七年(1857)七月卒于江西上高军次，谥武烈。义宁，今修水。

② 《骆文忠公奏稿》卷四页16《黔匪攻扑镇筸折》。思州府，今岑巩、玉屏、青溪三县地，府城即今岑巩县城。沅州府，今芷江、黔阳、麻阳三县地，府城即今芷江县城。

四千余名,连防边兵五千余名,月耗饷五万余两,历时一年,已共银六十余万两。①

二为黎平之叛苗。咸丰六年(1856)十二月,黎平六洞苗合土寇,陷古州厅城,获其军火,肆扰靖州,迭为靖州兵所败。次年三月,踞聚金山寨、锦屏乡,援黔军先后攻破之。分两路援黎平,剿抚兼施。六月,复永从。又次年十月,解黎平围,进攻古州。会贵州下游"教匪"起,军势被掣,故迟至又次年即九年(1859)之十月,始将此起叛苗戡定。此次湖南出兵,前后又凡八千余名。②

三为贵州下游之"教匪"。"教匪"凡三股,在思南者,为白号。在铜仁者,为红号。在思州者,为黄号。皆由贵阳城外之天主堂传布,遍及黔疆。咸丰八年(1858)十月,与叛苗、土寇,合陷镇远,分犯铜仁、晃州,援黔军为益兵,分赴思州、玉屏、青溪、邛水助剿。九年(1859)十月,克复镇远府、卫两城,乱乃止。此次湖南出兵,又三千余名,并每月资助贵州友军饷四千两,及所需军火器械。③

此外如咸丰五年(1855)镇远苗之逼沅州、晃州,六年(1856)九月,松桃、石岘苗之窥永绥,永从苗之犯通道,均以湖南官军有备,未为患。④ 于是湘黔边境,亦保安全。

至湖南东境,与江西毗连之区,初甚宁静,自国藩进攻九江失利而一变。太平军之回师西上者,其一部由湘鄂交界,窜入江西之义宁,江西竟无一人起而捍之,一任长驰直下。其西部之瑞州、临江、袁州、吉安四府属,先后沦

---

① 《骆文忠公奏稿》卷三页58—60《黔匪攻扑镇筸折》,卷四页12—17《黔匪攻扑镇筸绥靖沅州折》,页23—26《克复松桃厅铜仁府两城折》,卷五页44—51《贵州东界民苗俱变折》,页72—76《攻克三元屯三角庄折》,页85—86《铜仁府境肃清折》。《骆文忠公自订年谱》页37—38。《湘军志》卷一《湖南防守篇》页13,卷十二《援贵州篇》页1—2。《湘军记》卷十四《平黔篇》页3—4。

② 《骆文忠公奏稿》卷五页89—93《援剿黎平折》,卷六页39—44《攻克金山锦屏折》,卷七页19—24《克复永从县城折》,卷十页77—78《剿办黔匪折》。《骆文忠公自订年谱》页44。《湘军志》卷十二《援贵州篇》页2。《湘军记》卷十四《平黔篇》页4—5。古州,今榕江。

③ 《骆文忠公奏稿》卷八页76—79《调兵援剿黔匪折》,卷十页54—57《克复镇远府卫两城折》。《骆文忠公自订年谱》页46、页54。《湘军志》卷12《援贵州篇》页2—3。《湘军记》卷十四《平黔篇》页5。

④ 《湘军志》卷一《湖南防守篇》页11—13。《湘军记》卷十四《平黔篇》页4。永从,今从江。《左文襄公书牍》卷二页43《答王璞山(鑫)》。《骆文忠公自订年谱》页37—38。

陷。宗棠以为此不独湖南唇齿之患，抑亦东南半壁之忧，且国藩此时逼处南康与南昌省城间，而国藩为惟一平乱之人，更岂可使有差失，遂策动援赣之师，分三路进。①

中路由刘长佑督师，以克复袁州为目标。于咸丰五年(1855)十月，分南北两支，取道醴陵、浏阳出发，分投收复萍乡、万载两县城，会师袁州府城，于六年(1856)十一月克之。复取次前进，于七年(1857)十二月，克临江府城，八年(1858)四月，克抚州府城，其间尚收复诸县城，曰分宜，曰新喻，曰新淦，曰崇仁。而于克抚州后，犹追击由福建来援之太平军于新城、南丰间。②

北路由刘腾鸿督师，以克攻瑞州为目标。于咸丰六年(1856)五月出发，先由浏阳至万载，会中路军之北枝，收新昌、上高两县城，遂进攻瑞州府城，其间复北上收复靖安、安义、奉新三县城。七年(1857)七月，克瑞州府城，腾鸿殉于阵。③

南路由曾国荃督师，以克复吉安府城为目标。于咸丰六年(1856)六月出发，由醴陵经萍乡，先复安福县城，进攻吉安府城，至八年(1858)八月而克之。④

———————————

① 临江府，今清江、新淦、新喻、峡江四县地，府城即今清江县城。袁州府，今宜春、分宜、萍乡、万载四县地，府城即今宜春县城。吉安府，今庐陵、泰和、吉水、永丰、安福、遂川、万安、永新、宁冈、莲花十县地，府城即今庐陵县城。瑞州府，今高安、宜丰、上高、铜鼓四县地，府城即今高安县城。

② 《骆文忠公奏稿》卷四页37—42《克复萍乡县城折》，页47—58《克复万载县城折》，卷五页1—9《会攻袁州折》，页57—63《克复袁州分宜郡县两城折》，卷六页15—23《克复新喻折》，页34—38《援江西官军叠获全胜折》，页79—84《克复临江府城折》，卷八页18—21《克复四县两府折》。曾国藩《曾文正公奏稿》(上海东方书局全集本)卷七页208—209《刘长佑克复萍乡折》，页221《陈明邻省援兵助饷片》，卷九页40《湖南援师克复袁州府折》。《骆文忠公自订年谱》页41、页44、页45。《湘军志》卷四《江西篇》页4—12，卷十《援江西篇》页2—7。《湘军记》卷四《援守江西上篇》页11—21。抚州城，今临川。新城，今黎川。

③ 《骆文忠公奏稿》卷五页3—9《收复新昌上高折》。《曾文正公奏稿》卷八页8—9《湖北援师进攻瑞州府城折》，页16—18《收复靖安安义二县折》，页23—24《瑞州一军九月接仗情形片》，卷九页35—37《瑞州奉新攻战情形折》，页50—55《克复奉新县城折》。《湘军志》卷四《江西篇》页4—12，卷十《援江西篇》页5—8。《湘军记》卷四《援守江西篇》页10—21。

④ 《骆文忠公奏稿》卷五页67—68《筹拨兵饷援剿吉安片》，卷八页50—55《会克吉安府城折》。《曾文正公奏稿》卷九页43—44《克复安福县城折》。《骆文忠公自订年谱》页45。《湘军志》卷四《江西篇》页4—12，卷十《援江西篇》页5—11。《湘军记》卷四《援守江西篇》页10—31。曾国荃，字沅甫，湖南湘乡人，国藩弟，道光二十七年(1847)优贡，封一等威毅伯，官至两江总督，光绪十六年(1890)十月卒，谥忠襄，著述有《曾忠襄公全集》。

国藩军与江西本省官军,均分投赴援,然观各府城之自围攻以至收复,
辄经一二年之久,亦可见太平军守援之坚强矣。而湖南之所以援江西者,犹
不止此三路之军。当中路军之于咸丰七年(1857)二月间进攻临江府城也,
受太平军援师之掣动,尝大败于太平墟,退至新喻。于是湖南复命王鑫督老
湘营往,责以不必专注一隅,惟确侦悍贼大股所在,卷甲趋之。于三月出发,
直抵新喻,驰骤于峡江、永丰、吉水、宁都、广昌之间,屡摧各路奔援之太平
军。已而由永丰而东,迭复乐安、宜黄、南丰三县城。八年(1858)四月,克复
建昌府城,此则游击之师也。① 当湖南援军之东征也,太平军则肆力西窜,
其在江西北部者,由奉新、义宁侵浏阳,由上高、万载侵醴陵。其在江西南部
者,由莲花侵攸县、茶陵,由永宁侵酃县,由龙泉、上犹、崇义侵桂东。湖南驻
屯军,始则严遏其入境,及南路军复安福,更出境攻剿,于是茶陵、酃县与攸
县之师复永宁、永新县城,及莲花厅城。桂东之师复崇义、上犹、龙泉县城。
此则边防之军也。② 同时,在江西之北部,自武昌省城光复,湖北水陆各军
亦复东下,先后收复瑞昌、德安、湖口、彭泽四县城及九江府城,于是江西全
局底定,而湘赣边境得以乂安。

综计湖南之援江西,自中路军于咸丰五年(1855)十月开入萍乡,讫八年
(1858)八月南路军收复吉安府城,先后几及两载。出水陆勇丁一万九千余
名,用军饷二百九十一万余两,而所耗军械、火药,尚不在内。③ 顾宗棠意犹
未慊,鉴于太平军大部窜浙江,与林翼计议,移师援浙。先是,国藩于咸丰七
年(1857)二月,以丁父忧回里,坚持终制,不肯出山。至是,为请于清廷,强
令墨经从戎,为诸军统率,由湖南每月给饷银三万两,湖北每月给饷银二万

---

① 《骆文忠公奏稿》卷六页53—56《驰剿援贼大捷折》,卷七页1—7《王道叠获大胜折》,页8—
13《王道续获大捷折》,页27—28《王道剿贼叠胜折》,页37—40《追剿阜田回窜逼匪折》,页67—76
《击退江逆大股折》,卷八页21—28《克复四县两府折》。《骆文忠公自订年谱》页43—45。《湘军志》
卷四《江西篇》页7—12,卷十《援江西篇》页6—11。文中以王鑫为王珍,鑫即珍之古文。《湘军记》
卷四《援守江西篇》页16—21。

② 《骆文忠公奏稿》卷四页64—68《江西贼匪窜犯湖南东路边界折》,卷六页7—10《楚边防军
收复江西旁县折》。《曾文正公奏稿》卷九页54《两湖官军收复各县折》。《骆文忠公自订年谱》页
43。龙泉,今遂川。

③ 《骆文忠公奏稿》卷八页59—60《接济援江西军饷数目片》。《骆文忠公自订年谱》页46。
《湘军志》卷十《援江西篇》页11。

两。国藩因于八年（1858）六月复循长江东下，由九江进南昌省城。会太平军又有大部窜福建，变计拟先援闽。不幸李续宾克九江后，渡江攻安庆省城，三河会战，全军覆没，又不得不先援皖，益以曾国荃一军，湖南独任给饷，共每月三万两。① 王闿运《湘军志·援江西》篇有曰：

> ……江西与湖南唇齿，自曾军出时，谋者已言当出军浏阳、醴陵，乃能自主。骆秉章委事左宗棠，宗棠题其言，以力不足，故罢。未一岁，湖北、江西并陷，湖南力愈不足，乃始汲汲治援军，尤倾国以事江西，殆所谓收之桑榆者耶。向使秉章不听宗棠，宗棠久持力不足之说，则湖南之亡可待也。湖南亡而曾、胡湘军亦终困踬漂散，无以自图。然则洪寇之灭，湖南之盛援江西之力也。……②

盖由存江西而存湖南，使湖南更得资湘军，转以江西为根本，而肃清皖、浙、苏，其关键全系乎此。

惟湖南本省之兵，既四出援应邻省，境内不免空虚。翼王石达开，故太平天国健将。当时太平军与湖南援赣之师，角逐瑞州、袁州、吉安各府属者，即为石达开所指挥。嗣太平天国内讧，北王韦昌辉先戕东王杨秀清，天王洪秀全复诛韦昌辉，石达开不自安，遂舍洪秀全。益出入江西、福建，别图出路。咸丰九年（1859）正月之一日，突由江西之南安，窜入湖南之桂阳县，将以趋四川或湖北，号称人众数十万，骡马数千，疾行如风雨，亘六日夜不绝，连陷兴宁、宜章、郴州、桂阳州，全省大震。急召援赣之刘坤一诸军回湘，又于一个月内，募勇成军四万人，以与石达开周旋。石达开初拟由桂阳州上经常宁，直趋衡州与长沙省城。扼于宗棠所布置在安仁、茶陵、衡州一线之防，折而南趋，陷嘉禾，袭临武，分侵新田、宁远。不逞，复上趋祁阳，围永州。宗

---

① 《骆文忠公奏稿》卷八页34—37《筹拟分军援浙折》，页39《曾侍郎起程赴浙折》，页73《加增曾侍郎援浙军饷片》，页69—71《皖军失利闽贼远窜折》。《曾文正公奏稿》卷十页65《恭报起程日期折》，页70—71《移师援闽折》，页77—78《遵旨斟酌具奏折》，卷十一页103《恭报入皖日期折》。李续宾，字克惠，号迪庵，湖南湘乡人，官至浙江布政使，咸丰八年（1858）十一月殉难，谥忠武，著述有《李忠武公遗书》。

② 《湘军志》卷十页1—3。王闿运，字壬甫，原名开运，字幼秋，湖南湘潭人，咸丰七年（1857）举人。赏翰林院侍讲官，清史馆馆长，中华民国五年（1916）九月卒，著述有《湘绮楼全集》、《湘绮楼日记》。

棠料石达开意在宝庆,则加严宝庆之防,更迤东与衡州相联系,并先以一军解永州之围。石达开折回祁阳,伪以众之一部南下道州,扬言将趋广西,而潜以大众西袭东安陷之。同时,益增兵祁阳,直趋宝庆,而分军窜新宁,围武冈,又不逞,则伪合宝庆、道州、宁远诸军南下,绕广西之全州,而乘虚突北上,再袭新宁,遂围宝庆,连营一百余里,势张甚。而于时湘军在宝庆者,水陆亦且一万三千人,竭两个月四面夹攻之力,卒大败石达开,毙敌八千余人。石达开始气馁,退至广西之兴安。旋复围桂林、柳州,而湘军逐步追击,以至于庆远。当其事急时,宗棠请自临前阵,秉章以幕府无人,不之许。①

综上所叙,宗棠在第二次参与湖南巡抚戎幕所为,一即肃清边境,二即援应邻省,三为击破石达开主力。故当宗棠之去,林翼尝谓至少可保湖南二三年之安全也。王柏心又与书宗棠,谓为"策安三楚,勋赞一匡",②自非过誉。

---

① 《骆文忠公奏稿》卷九页1—5《江西大股贼匪窜扰南路折》,页12—19《贼扑永州祁阳折》,页27—38《贼势趋重宝庆折》,页52—60《宝庆府城解围折》,卷十页1—5《逆贼南窜渐次肃清折》,页22—25《桂林重围渐解折》,页31—33《粤西重围已解折》。《骆文忠公自订年谱》页47—53。《湘军志》卷一《湖南防守篇》页16—19。文中以石达开为石大开。《左文襄公书牍》卷五页35《与胡润之(林翼)》。刘坤一,字岘庄,湖南新宁人,虞生,长佑族侄,官至两江总督,光绪二十八年(1902)九月卒,谥忠诚,著述有《刘忠诚公全集》、《补读斋文集》。南安,今大庾。桂阳县,今汝城。兴宁,今资兴。宝庆,今邵阳。庆远,今宜山。

② 《左文襄公年谱》卷二页32。按王柏心此札不载《百柱堂集》。

# 十四　功名所始

　　左宗棠之参与湖南巡抚戎幕，自非志在功名，顾以后之功名，不能不谓由此始。

　　最先张亮基以宗棠防守湖南功入告，得旨以知县用，并加同知衔。其后骆秉章追叙宗棠平征义堂功，奏准以同知直隶州选用，辞不获。① 此第一次游幕时期事也。

　　次曾国藩以宗棠接济军饷功，奏准以兵部郎中用，并赏戴花翎。② 此举宗棠大为不慊，见于致刘蓉书：

　　　　……吾非山人，亦非经纶之手，自前年至今，两次窃预保奏，过其所期。来示谓涤公以蓝顶花翎尊武侯，大非相处之道。长沙、浏阳、湘潭兄颇有劳，受之尚可无怍。至此次克复岳州，则相距三百余里，未尝有一日汗马之劳，又未尝参帷幄之议，何以处己，何以服人。方望溪（苞）与友论出处："天不欲废吾道，自有堂堂正正登进之阶，何必假史局以起。"此言良是。吾欲做官，则同知直隶州亦官矣，必知府而后官耶？且鄙人二十年来所尝留心，自信必可称职者，惟知县一官。同知较知县则

---

①　《左文襄公年谱》卷一页 33。
②　《咸丰东华录》卷三十七页 2。

贵而无位，高而无民，实非素愿。知府则近民而民不之亲，近官而官不禀畏。官职愈大，责任愈重，而报称为难，不可为也。此上惟督抚握一省大权，殊可展布，此又非一蹴所能得者。以蓝顶尊武侯而夺其纶巾，以花翎尊侯而褫其羽扇，既不当武侯之意，而令此武侯为世讪笑，进退均无所可，非积怨深仇，断不至是。涤公质厚，必不解出，此大约必润之从中怂恿，两诸葛又从而媒孽之，遂有此论。润之喜任术，善牢笼，吾向谓其不及我者以此，今竟以此加诸我，尤非所堪。两诸葛懵焉为其颠倒，一何可笑。幸此议中辍，可以不提。否则必乞详为涤公陈之。吾自此不敢即萌退志，俟大局戡定，再议安置此身之策。若真以蓝顶加于纶巾之上者，吾当披发入山，誓不复出矣。……①

此函颇诙谐入趣，惟其后所加之官，乃兵部郎中而非知府耳。复次，秉章以宗棠连年筹办炮船，选将练勇，均能悉心谋划入告，请赏加四品卿衔。② 此第二次游幕时期事也。

　　不特此也，宗棠参与湖南巡抚幕府既久，功在大局，迭经中外大臣保奏，而宗棠之姓名，渐达九重，其最初保奏者，当推御史宗稷辰，略谓：

　　　　……自粤寇窜扰长江，数年以来，武臣之能守者既少，文臣之有胆略者尤少。……近日支持两湖，赖有一二书生，如胡林翼、罗泽南，以胆略为士卒先，遂时有斩获收复。此二人者，实曾国藩有以开之。……臣闻见隘陋，未能尽识天下之人才，所知湖南有左宗棠，通权达变，疆吏倚之，不求荣利，而出其心力，辅翼其间，迹甚微而功甚伟，若使独当一面，必不下于胡、罗。③ ……

诏秉章，悉心访查，其人果有经济之才，即着出具切实考语，送部引见。秉章据实覆奏，请俟湖南军务告竣，再遵旨给咨送部引见，时在咸丰五年(1855)。

<hr>

① 《左文襄公书牍》卷二页27—28《答刘霞仙(蓉)》。两诸葛指郭嵩焘、刘蓉。刘蓉，字孟容，号霞仙，湖南湘乡人，县学生，官至陕西巡抚，同治十二年(1873)卒，著述有《刘中丞奏议》、《养晦堂诗文集》。

② 《左文襄公年谱》卷二页27。

③ 宗稷辰《躬耻斋诗文钞》卷四页8。《左文襄公年谱》卷二页14。宗稷辰，字涤甫，号涤楼，浙江会稽人，道光六年(1867)举人，官至山东运河道，同治六年(1867)卒，著述有《躬耻斋诗文钞》。

次年(1856)林翼奏荐为将材,①又次年(1857)复有上谕曰:

> 湖南举人左宗棠,前经曾国藩奏保,以郎中分发兵部行走。复经骆秉章奏,该员有志观光,俟湖南军务告竣,遇会试之年,再行给咨送部引见。现当军务需才,该员素有谋略,能否帮同曾国藩办理军务,抑或无意仕进,与人寡合,难以位置,着骆秉章据实陈奏。

秉章复以湖南军事方急,覆奏相留。②宗棠同乡郭嵩焘值南书房,文宗亦嘱其劝宗棠务为国家出力。③盖自宗稷辰等保奏之后,宗棠之为人,益简在帝心,内外臣工入见,知其稔宗棠者,文宗必垂询及之。

然宗棠之作为,固有功于国家,而自身则成为怨府,第一欲得而甘心者,自为太平军。当宗棠出湖广总督幕而还居白水洞未久,太平军由长江重入湖南,知宗棠向尝在张亮基幕,屡画策破败其众,则游氛四出,谣言叠起,谓将劫以图报复。宗棠未为动,已而离白水洞赴长沙省城,复参与骆秉章幕。一日者,太平军逸骑三十余,果驰至梓木洞,幸未抵白水洞,而宗棠先已得讯,自率楚勇一百,前往迎护眷属以去,故未受其厄。乃甫过湘潭县城,正在赴其隐山外家途中,而太平军已继至,相距不过十里,为时不过数刻,其不及于难,仅在毫发间。④

抑不第太平军集怨宗棠也,宗棠助当局澄清吏治,整顿财政,税厘涓滴归公,钱粮浮收悉去,进循良,黜贪污,一无假借,于是所有不肖官吏皆集怨于宗棠矣。且近在桑梓,所接触,非姻娅,即友好,而凡有非分之求,宗棠概裁以法理,无所瞻徇,于是当地人亦皆集怨于宗棠矣。及永州镇总兵樊燮参案作,凡所不慊于宗棠者,更咸思借机泄忿,以图报复。⑤

樊燮参案凡二次。第一次,系参樊燮由永州入都陛见时之两点。一为违制乘坐肩舆,证以平日在任,向乘肩舆,众目共睹。二为随带弁兵三十二名护送,证以眷属住长沙省城南门大街,家中供差兵丁,常有数十名之多,樊

---

① 《胡文忠公遗集》卷十页19《附陈左郎中韩知府才略疏》。
② 《左文襄公年谱》卷二页22。
③ 《左文襄公年谱》卷二页15。
④ 《左文襄公书牍》卷二页16《与夏憩亭(廷樾)》,页17《与陶少云(桄)》。
⑤ 《湘军志》卷一页11—12。

燮遂奉旨革职。第二次系追劾在任时劣迹,凡有数端。一为出入乘坐绿呢轿,轿夫派中、左、右三营分拨;二为在任两年,从未操兵一次;三为署内供差兵丁,实有一百六十名之多,内厨役、裁缝、剃头、茶水、火夫并花儿匠、泥水匠作等,均冒充额兵,支领粮饷;四为先后修造署内花厅上房,共用制钱九百五十千,均派各营于公项下支拨;五为署内家宴彩觞戏价赏耗,均派用营中公项;六为前次北行赴省,共用大小船七只,所有一切费用,共计制钱一百八十八千,均派左营于公项下支拨;七为此次北上入京,起程时,预提春夏秋三季俸廉等项一千五百八两零,而春季兵饷,至今尚未全数发放,又动用上年秋季应分米折银二百二十七两零,购买绸缎,致该项米折,亦至今尚未支放,又借支中营银二十二两七钱,而署中一切零星使用,无一不取之营中,故尚提用银九百六十二两,公项钱三千三百六十千零。凡此诸款,均有确凿证据,于是复奉旨,樊燮着即拿问,交秉章提同人证严审究办。①

以上为樊案经过,今吾人就事推究,大概出名者自为秉章,而策动者殆为宗棠。顾樊燮之劣迹,既如是昭著,当军务如此紧张之时,而为堂堂总兵者,犹如此贪黩,诚属罪无可逭,不能谓宗棠之文致罗织。顾樊燮所以尚敢蒙词相讦者,则一由于湖南有人深恶痛绝于宗棠,故意怂恿樊燮与宗棠为难。二由官文②对于本案有牵涉难堪之处。其时官文已派樊燮署理湖南提督,秉章第一次参奏中,连带叙入,乃奉旨着官文另行派员署理,此一难堪也。官文对于永州镇总兵遗缺,系奏委栗襄署理,而栗襄原为秉章在湖北巡抚任内抚标中军参将。秉章曾饬其整顿营务,一味支饰,毫无实际,甚至各城门应派弁兵,经秉章亲往查视,并无一人。又张亮基署湖广总督时,饬栗襄监造鸟枪,及抽提试验,则内膛并未钻过,木壳外虽涂饰光彩,料极脆薄,所有铁箍,均是浓墨画成,着手即脱。亮基恨其作伪,令其自行点放,栗襄不敢点放,自认赔造,请求免究,一时咸以为笑。秉章于第二次参奏中附片和

---

① 《骆文忠公奏稿》卷八页88—90《参劾永州镇樊燮违例乘舆私役弁兵折》,卷九页7—11《已革樊总兵劣迹有据请提省究办折》。

② 官文,字秀峰,姓王佳氏,满洲正白旗人,江宁省城克复,封一等果毅伯,官至文渊阁大学士,同治十年(1871)正月卒,谥文恭,著述有《敦复堂诗钞》。

盘托出,于是又奉旨着官文查明参奏,①此亦一难堪也。且宗棠素贱视官文,平日两湖间公事往来,尤时有与官文抵牾之处,官文衔恨已久,至是遂被樊燮等利用而不自觉,遽据樊燮所控问官饬换亲供,挟嫌串害。并永州府知府黄文琛滥邀优保各情,闻于清廷,清廷即交官文会同湖北乡试主考钱宝青查办,牵入宗棠。秉章虽为剖辩,清廷亦偏听官文一面之词,转责秉章受属员怂恿,劣幕把持。②斯时,宗棠有与李续宾一书,申其愤慨:

> ……自二年(1852)至今,介于不绅不幕之间,踪迹太幻,早已为世所指目。今更孤踪特立,日与忌我疑我者为伍,身家无可惜,性命不足惜,特拼此身家性命,而于大局桑梓,均无丝毫之裨,则殊不值耳。谨奉身暂退,以待机之可转。……

咸丰十年(1860)正月,宗棠乃携婿陶桄,借会试名义,北走京师,且以问心无他,欲自直于清廷。③于是以公私关系,为宗棠解救者,外有胡林翼,内有郭嵩焘。

林翼知宗棠北行,亟遣急足追踪而往。故宗棠抵襄阳,而林翼之密函已先在。略谓含沙者意犹未慊,网罗四布,北上正堕其计。宗棠遂折回汉川,复沿江而下,至英山。先晤林翼,至宿松,再晤国藩。于是宗棠欲以亲历行间自效,以为与其死于小人,未若死于盗贼之快。国藩与林翼慰勉之。会闻长子孝威病笃,姑回家省视,其间林翼更以私情为解于官文,以缓其狱。④

嵩焘时尚值南书房,为言于同值之潘祖荫,认宗棠之去留,关系大局。祖荫遂奏保宗棠,辨其诬,且谓国家不可一日无湖南,湖南一日不可无宗棠,文宗果为动容,以特旨询国藩:

> 有人奏,左宗棠熟悉形势,运筹决策,所向克敌,惟秉性刚直,嫉恶如仇,以至谣诼沸腾,官文亦惑于浮言,未免有指摘瑕疵之处。左宗棠奉身而退,现在贼势狓猖,东南蹂躏,请酌量任用等语。左宗棠熟习湖

---

① 《骆文忠公奏稿》卷八页 91—92《永州栗署镇难期胜任片》。
② 《咸丰实录》卷二百八十八页 13。《左文襄公书牍》卷五页 24—25《答李迪庵(续宾)》。黄文琛,字海华,湖北汉阳人,著述有《玩灵集》。钱宝青,字萍矼。
③ 《骆文忠公自订年谱》(四川初刻本)页 15。《左文襄公书牍》卷五页 29《与刘印渠(长佑)》。
④ 《左文襄公书牍》卷五页 36《与郭意城(嵩焘)》,页 37《与陶少云(桄)》,页 38—40《答李希庵(续宜)》。《胡文忠公年谱》卷三。

南形势,战胜攻取,调度有方,目下贼氛甚炽,两湖亦所必欲甘心,应否令左宗棠仍在湖南襄办团练,抑或调赴该侍郎军营,俾得尽其所长,以收得人之效。

国藩覆陈,左宗棠刚明耐苦,晓畅兵机,当此需才孔亟之时,无论何项差使,惟求明降谕旨,俾得安心任事,必能感激图报,有裨时局。林翼亦奏请酌量器使,募勇以救江西、浙江、安徽。①

于是宗棠回家不三日,即奉诏以四品京堂候补,襄办曾国藩军务。② 牵涉樊燮之案,无形消除。故宗棠对文宗特达之知,与祖荫等素无一面之缘而力保,深引为知遇之感。其后家书致长子孝威备述之:

> 吾以婞直狷狭之性,不合时宜,自分长为农夫以没世。遭际乱离,始应当事之聘,出深山而入围城。初意亦只保卫桑梓,未敢侈谈大局也。蒙文宗显皇帝以中外交章论荐,始有意乎其为人,凡两湖之人及官于两湖者,入觐时无不垂询及之,以未著朝籍之人,辱荷恩知如此,亦稀世之奇遇。骆、曾、胡之保,则已在乎圣明洞鉴之后矣。官文因樊燮事,欲行构陷之计,其时诸公无敢一言讼其冤者,潘公祖荫直以官文有意吹求之深意入告。其奏疏云:天下不可一日无湖南,湖南不可一日无某人。于是蒙圣谕垂询诸公,乃敢言左某可用矣。咸丰六年(1856),给谏宗君稷辰之荐举人才,以我居首。咸丰十年(1860),少詹潘君祖荫之直纠官文,皆与我无一面之缘,无一字之交。宗盖得闻之严丈仙舫(正基),潘盖得闻之郭仁先(嵩焘)也。郭仁先与我交稍深,咸丰元年(1851),与吾邑人公议,以我应孝廉方正制科,其与潘君所言,我亦不知作何语。宗疏所称,则严丈仙舫亲得之长沙城中及武昌城中者,与我共患难之日多,故得知其详,而直道如此,却从不于我处道及只字。亦知我不以私情感之,此谊非近人所有。而宗、潘之留意正人,见义之勇,亦

---

① 郭嵩焘《玉池老人自叙》页6。《咸丰实录》卷三百十五页4。《曾文正公奏稿》卷十一页105《请简用左宗棠折》。《胡文忠公遗集》卷三十七页8《敬举贤才力图补救疏》。潘祖荫,字伯寅,号郑盦,江苏吴县人,咸丰二年(1852)一甲三名进士,官至兵部尚书,光绪十六年(1890)十月卒,谥文勤。

② 《咸丰实录》卷三百十六页29。

非寻常可及矣。……①

时石达开窜四川,形势骤张,清廷又议令宗棠督办四川军务,先咨询官文、林翼意见。宗棠本人殊不愿,两人覆陈,亦认为难收速效。于是清廷明令,即着无庸入川,仍着襄办国藩军务。一面调秉章督办四川军务,而秉章又奏调宗棠襄办,会江苏情形危急,希望国藩往援,国藩则以宗棠募勇未到,不能前进,故清廷亦仍命宗棠毋庸入川,但赶赴国藩军营。② 嗣是而后,宗棠躬事军政,可分为六时期:(一)援应江西、安徽时期;(二)平定浙江时期;(三)肃清福建、广东边境时期;(四)协剿西捻时期;(五)肃清陕西、甘肃时期;(六)平定新疆时期。前三期亦可括为东征时期,后三期括为西征时期。

---

① 《左文襄公家书》卷上页 40。严正基,原名芝,字仙舫,湖南溆浦人,副贡生,官至通政使,同治二年(1863)十一月卒。

② 《咸丰东华录》卷六十三页 7,卷六十四页 4。

# 十五　皖赣援师之前期

　　咸丰十年(1860)闰三月,江南大营崩溃。太平军连陷常州与苏州省城,更由苏州入浙,陷嘉兴。而江西及安徽之间,太平军势力,重复弥漫。时曾国藩驻祁门,曾国荃围安庆省城。① 左宗棠既奉旨以四品京堂襄办国藩军务,于是国藩咨请募练五千人,增援皖南。宗棠就所知湘、楚旧将弁中,择其勇敢朴实者,得崔大光、李世颜、罗近秋、黄有功、戴国泰、黄少春、张志超、朱明亮与张声恒等九人,四出选募,立四营,凡二千人,又立四总哨,凡一千二百八十人,别以精锐为亲兵,凡二百人,总名曰楚军。更收王鑫旧部所谓老湘军者,得一千一百四十人,成四旗,统共四千九百二十人,混称五千人。以王开化总楚军营务,刘典与杨昌濬副之,而别以王开琳总理老湘军营务,屯长沙省城南金盆岭,教练历两个月而成。② 会石达开有由贵州窜四川趋势,清廷议移宗棠督办四川军务。宗棠以军初起,未欲专任一方,而国藩与胡林

_____

　　① 《湘军志》卷五《曾军后篇》页 2。《湘军记》卷五《援守江西篇》页 1。常州,今武进。苏州,今吴县。安庆,今怀宁。
　　② 《左文襄公年谱》卷二页 36。罗近秋,字鹿鸣,湖南湘乡人,王鑫旧部,保至副将,咸丰十一年(1861)三月在乐平阵亡。黄少春,字芍岩,湖南人,赵焕联旧部,官至浙江提督,以告养开缺。张声恒,原名声训,湖南湘乡人,王鑫旧部,保至道员。王开化、刘典、杨昌濬,并见六十八节。王开琳,字毅卿,湖南湘乡人,王鑫族弟。

翼复以皖赣事急挽留,事遂寝。八月,取道醴陵,整旅东行。①

　　国藩之驻祁门,以鲍超之霆军屯渔亭,张运兰之老湘营屯黟县。然东、南、北皆太平军,惟其西景德镇,犹与官军一线可通,势至危迫。故宗棠之东行,其主要使命,便在扼景德镇,与国藩取得联络。惟太平军亦正策夺取祁门,缘其时国荃围安庆省城益急,太平军冀以压迫祁门,促国藩撤国荃军回援,借纾安庆省城之危。于是景德镇与其北之浮梁,其南之乐平,其东之婺源,其西之饶州诸城,均为两军必争之地。②

　　太平军采分道进攻之势,一支由广东之韶州,越南赣进,拟由贵溪、安仁,窥饶州及景德镇。宗棠先遣开琳迎击败之,太平军走弋阳,与德兴军合,东陷婺源。宗棠又遣开化、昌濬会师追击败之。十日之内,转战三百余里,连克德兴、婺源两城,此南路之局也。一支由安庆省城对岸之池州进,其酋为堵王黄文金,枭悍耐战,太平军中所称黄老虎者也。于攻取建德后,连陷彭泽、都昌、饶州、浮梁四城。宗棠凭昌江扼守,然后分道出击,鲍超亦督师援应,先后复浮梁、建德两城。水师彭玉麟、杨岳斌亦先后收复都昌、饶州、彭泽三城,此北路之局也。时宗棠虽以京卿督师,军事皆秉国藩指挥,自比于列将。国藩以楚军新造,虑未任战,遇急则令鲍超为之援。宗棠佐军幕十年,谙韬略,或疑行阵非所习,而鲍超领霆军有声,慓急,素为敌所畏,宗棠始起,亦欲假超威名以为辅云。③

　　太平军既不获逞志于祁门之西,其踞祁门以东徽州等处之侍王李世贤突南下,直破婺源、越乐平而西,图合饶州、池州之军,以围困宗棠。逮宗棠移军驰救婺源,而婺源之太平军又赴乐平,适国藩移建德屯军,增防景德镇。宗棠率楚军出御,而太平军猝自乐平取间道,袭景德镇陷之,东扰祁门,南围乐平。时国藩自将攻徽州府城,败退休宁,檄鲍超赴援,亦未至,形势异常险

---

　　① 《曾文正公奏折》卷十一页116《请留左宗棠襄办军务折》。《左文襄公年谱》卷二页37。

　　② 《湘军志》卷五《曾军后篇》页4。鲍超,字春霆,四川奉节人,官至湖南提督,光绪十二年(1886)八月卒,谥忠壮。张运兰,字凯章,湖南湘乡人,王鑫旧部,官至福建按察使,同治三年(1864)战殁汀州,谥忠毅。饶州,今鄱阳。

　　③ 《曾文正公奏稿》卷十二页141—142《左宗棠军克德兴婺源折》,页143《近日南岸军情贼势片》,页144—146《水师保守湖口克都昌县折》。《湘军志》卷五《曾军后篇》页5—6。《湘军记》卷五《援守江西篇》页1—2。池州,今贵池。建德,今至德。

恶。宗棠驻金鱼桥,太平军三面环集,后路断,移驻乐平。李世贤侦知,留党守景德镇,自将趋乐平,与宗棠遇于途次。宗棠一败之于马家桥,再败之于桃岭。宗棠度李世贤必薄乐平城,城久废,乃傍城东南,掘外壕十余里,引水塞堰,以陷敌骑,令乡团入城为疑兵。越日,李世贤欺楚军不能战,果逼城而阵,纵横十余里,旌旗蔽山谷。而楚军好整以暇,凭壕植立无哗,待其逼而击之,辄中,相持至夜,敌益疲。诘朝,敌大举犯西城,宗棠率刘典趋中路,开化趋西路,开琳趋右路,将士跃壕大呼,太平军皆骇而奔,人马相藉,李世贤易服遁,且遗其所供九寸长之天德王金像。统计是役前后转战三十余日,亦获大捷,斩馘几二万人。以数千新集之师,破十倍凶悍之敌,卒收回景德镇而解乐平之围,宗棠声威由是大振。归途经乐平、浮梁诸地,妇孺夹道欢迎,陈设茶果,香案相望,景德镇遗黎犹于破屋中燃放爆竹相迎。[①]

初,太平军自韶州、池州进时,其忠王李秀成一支,更从广信入攻抚州、建昌,而分袭瑞安、吉安。至是宗棠自德兴进击广信,太平军悉走浙江。乃池州之太平军复乘虚陷建德,分党入饶州。宗棠闻警回师。饶州、建德之太平军先后遁,其踞徽州之太平军亦弃城走浙江。已而福建汀州之太平军由浙江常山入德兴,图袭徽州,宗棠并击破之,均走浙江开化。[②]

十一年(1861)八月,国荃克安庆省城。同时,水师将池州太平军肃清,鲍超悉平江西境内太平军,移师渡江,宗棠则坐镇婺源,统制徽州、饶州、广信三府二十县,安徽、江西间局面,焕然一新。其严重之形势,益转移于江苏与浙江。婺源为朱子之阙里,凤称文化之邦,而八九年中太平军往来二十余次,子民皮骨仅存,典章文物,扫地而尽。宗棠抚其难民,接其文士,深为上

---

　　① 《曾文正公奏稿》卷十三页153—155《官军扼守景德镇会剿洋塘大捷折》,页158—163《官军分剿婺源乐平大股窜匪折》,页163—164《景德镇失陷折》,页165—167《官军破贼乐平鄱景浮乐一律肃清折》。《曾文正公家书》卷八,同治元年(1862)九月初四日。《湘军志》卷五《曾军后篇》页6。《湘军记》卷五《援守江西下篇》页2—3。徽州,今歙县。《左文襄公家书》卷上页18。

　　② 《曾文正公奏稿》卷十三页172《近日军情片》,页179—180《左宗棠五六两月战守情形折》。《湘军志》卷五《曾军后篇》页7。《湘军记》卷五《援守江西下篇》页4—7。广信,今上饶。汀州,今长汀。

下所悦服。值宗棠五十生辰，四境士民，多有不远数十百里，冒雨而来祝嘏者。①

综计宗棠自咸丰十年（1860）督师离湘，至十一年（1861）八月，皖赣大定，恰为一年。德兴、婺源两城之复，奉旨以三品京堂候补。景德镇、乐平两处之捷，奉赏白玉搬指、火镰、小刀、荷包。而国藩复奏准改为帮办，储备大用。② 按国藩之坚守祁门，为当日大局转机之一大关键。盖祁门坐镇之局不挠，乃得攻下安庆省城，为进取江宁省城张本，并得保固徽州、饶州、广信三郡，为进取浙江之张本也。惟宗棠之怀抱，虽于此少得表显，而赏拔宗棠之文宗与胡林翼，则均以其间先后物化矣。

① 《湘军志》卷五《曾军后篇》页 7—8。《左文襄公家书》卷上页 29。徽州府，今歙、休宁、婺源、祁门、黟、绩溪六县地。饶州府，今鄱阳、余干、乐平、浮梁、德兴、余江、万年七县地。广信府，今上饶、玉山、弋阳、贵溪、铅山、广丰、横峰七县地。

② 《咸丰东华录》卷六十六页 6，卷六十八页 5。《曾文正公奏稿》卷十三页 165《请将左宗棠改为帮办军务折》。

# 十六　肃清两浙

　　湘军既复安庆省城，太平军益无能再争长江上游，则尽力驰骋于江浙。在江苏尤瞩目于上海，浙江则杭州省城再陷。其余郡城之仅存者，为衢州、温州，厅县城池之仅存者，为定海、石浦、龙泉、庆元、泰顺，全境几无一片干净土。清廷与曾国藩之布置，以左宗棠负规复浙江之责，而于江苏则以曾国荃围攻江宁省城，更以李鸿章驰援上海，由东而西。援浙固宗棠早在湖南巡抚幕中所主张，当景德镇与乐平之役告一段落时，清廷已授宗棠为太常寺卿，命率师援浙。国藩奏称，景德镇为全徽咽喉之地，婺源为皖浙绾毂之区，鲍超北渡后，南岸仅恃宗棠一军，纵横策应七百余里，不能分身，坐是未果行。咸丰十一年(1861)十月，浙事益急，清廷遂以宗棠督办浙江军务，嗣复徇国藩之请，授为浙江巡抚，由此宗棠得独当一面，意气益发抒。①

　　先是，宗棠由湖南出发时，仅募练楚军合老湘营凡五千人。及入江西、

---

　　① 《曾文正公奏稿》卷十三页173—174《覆陈左宗棠军不能赴浙折》，卷十四页190—191《左宗棠定议援浙节制诸军折》，页193—194《力辞节制浙省各官折》，页198—199《浙省失守通筹全局折》，卷十五页2—3《再辞节制四省折》，页7—9《筹办江浙军务折》，页11《遵旨统筹全局折》。《同治东华录》卷二页12，卷四页12。《平浙记略》卷一页1。《湘军志》卷七《浙江篇》页1—2。《湘军记》卷十一《谋浙篇》页9—11。李鸿章，字少荃，安徽合肥人，道光二十七年(1847)进士，封一等肃毅伯，官至文华殿大学士，光绪二十七年(1901)七月卒，追封一等侯，谥文忠，著述有《李文忠公全集》。温州，今永嘉。石浦，今象山。

安徽,陆续增至八千人。至是奉命督师浙江,请以蒋益澧就所部募成数千赴浙当一路。益澧即率湘军援广西,为宗棠所赏识者也。复以刘培元募勇三千相随,培元久在湖南治军,谙习水战,宗棠期以在浙募练水师者也。清廷一一报可,以益澧任浙江布政使,培元署衢州总兵。国藩亦奏准以驻防徽州之张运兰,驻防广信之屈蟠,驻防玉山之王德榜、顾云彩,驻防广丰之段起各军,以及孙昌国所部在弋阳一带之内河水师,悉归宗棠指挥。旋又益以魏喻义一军,俾共维护后路,一面将向所指定为宗棠在赣东与皖南时饷源之婺源、浮梁、乐平、景德镇、河口等五处税厘,仍由宗棠自行派员经理,以裕军食。①

此时浙江之情势,李定太一军苦守衢州,李元度领安越军屯江山,福建军屯处州、松阳、龙泉、政和,而别部屯温州。江苏之美国常胜军,渡海收定海,台州民团方规取本郡列县,湖州义士赵景贤犹困守府城。太平军以侍王李世贤据金华,为各方策应。宗棠与国藩计议,以固徽州,保饶州、广信,为规浙后方之根本。故宗棠之战略,亦主先由婺源攻开化,以清徽州后路,分军攻遂安,俾饶州、广信相庇以安,然后傍徽州,取道严州,节节进剿,诚以鉴于前此督师者仅知向前攻取,而于所攻取之境地,不知顾复,往往随得随失,徒使人民多受一番蹂躏。故宗棠自矢,不得地则已,既得必使弗复失也。②

同治元年(1862)正月,宗棠之旌旗东指,一如所预计。先分道攻开化,四日而肃清之,毙太平军五千人,以王开来留守。继攻遂安,二日而克复之,

① 《左文襄公奏稿》卷一页7,《请催调各路勇营来浙片》,页9,《请速令刘培元募勇来衢片》。《曾文正公奏稿》卷十四页190—191,《左宗棠定议援浙折》。《平浙记略》卷十四页1。《湘军志》卷五,《曾军后篇》页9,卷七《浙江篇》页2。《湘军记》卷五《援守江西篇》页5,卷十一《谋浙篇》页9、页11。刘培元,字祝廷,号竹亭,湖南长沙人,县学生。屈蟠,字文珍,号见田,江西湖口人,廪生,统领平江营,同治十一年(1872)卒于乐平军次。王德榜,字朗青,湖南江华人,官至贵州布政使,光绪十九年(1893)二月卒。段起,字培元,湖南清泉人,官至广东盐运使,署按察使。魏喻义,字质斋,湖南桂阳人,浙江温处道。

② 《左文襄公奏稿》卷一页3—4《遵旨督办浙江军务折》,页31—32《覆奏驻军开化马金街兼顾衢城折》。《曾文正公奏稿》卷十五页7《筹办浙江军务折》,页11《遵旨通筹全局折》。《平浙记略》卷一页9。《湘军志》卷七《浙江篇》页1。《湘军记》卷十一《谋浙篇》页12。《左文襄公年谱》卷三页2(夏炘函)。处州,今丽水。台州,今临海。湖州,今吴兴。严州,今建德。赵景贤,字竺生,浙江归安人,道光二十四年(1844)举人,授福建督粮道,不赴,同治元年(1862)城陷被执,次年三月不屈遇害,谥忠节。

毙太平军一万人,以王文瑞留守。先声之气夺人,据守之点胥定。金华、严州等处太平军屡出袭击衢州、江山,更围遂安,终不获逞,然湖州府城又以失守闻矣。①

此后军事,可分数部分言之。宗棠之直辖部队,由高连升之取寿昌,而有魏喻义之复严州,由蒋益澧之取汤溪,王德榜、刘明灯等之取龙游,而有连升之更复金华。自是刘典攻兰溪,黄少春攻浦江、诸暨,均先后收复。喻义复一举而下桐庐。同时,将侵扰衢州之太平军,陆续击退,便就衢州建立水师,此由西向东推进者也。② 已革宁绍台道张景渠先招致海盗,收镇海,嗣会外国军规复宁波、慈溪、象山、余姚、奉化、上虞,更攻破绍兴府城而直趋萧山下之,遂据守钱塘江南岸,此由东向西推进者也。③ 台州民团悉定本郡所属,且协克绍兴府属之新昌、嵊县。福建军秦如虎于收复乐清、青田后,克骤失之处州。林文察更先后规复松阳、宣平、武义。同时,民团收永康,而东阳、义乌之太平军悉走,此由南向北推进者也。④ 于是浙东之金、衢、严、宁、绍、台、温处七府属均还隶清廷。其太平军之出没温州各处,牵制前线者,既

---

① 《左文襄公奏稿》卷一页23—27《由徽入浙开化肃清折》,页39—40《遂安克复折》,页48—52《衢州江山两城解围折》,页56—57《遂安解围折》,卷二页23—27《湖州府城失守折》。《平浙记略》卷二。《湘军志》卷七《浙江篇》页2、页4。《湘军记》卷十一《谋浙篇》页13。王开来,湖南湘乡人,王鑫族弟。王文瑞,字钤峰,湖南湘乡人,王鑫族弟,官至江西赣南兵备道。

② 《左文襄公奏稿》卷二页21—24《衢州东南北三路一律肃清折》,页54—56《进攻龙游折》,卷三页1—6《克复寿昌县城折》,页22—27《逼攻龙游汤溪县城垒折》,页36—38《严州郡城克复折》,页50—52《围攻龙游汤溪两城截剿金华兰溪援贼折》,卷四页1—4《连克汤溪龙游兰溪三县并金华府折》,页16—17《连复武义永康等县城折》,页25—26《克复桐庐县城折》。《平浙记略》卷三—四。《湘军志》卷七《浙江篇》页4—7。《湘军记》卷十一《谋浙篇》页14。高连升,字果臣,湖南宁乡人,官至甘肃提督,同治八年(1869)二月兵叛遇害,谥勇烈。刘明灯,字简青,湖南永定人,保至提督,光绪二十一年(1895)三月卒。

③ 《左文襄公奏稿》卷二页25《宁波郡县克复折》,卷四页25《克复绍兴府城折》,页44《查明绍兴萧山克复情形折》。李鸿章《李文忠公奏稿》(南京刻全集本)卷一页8《洋将克复宁波片》,卷二页36—39《克复上虞县城折》,卷三页18《克复绍兴诸暨萧山等城片》。《平浙记略》卷九。《湘军志》卷七《浙江篇》页3—6。《湘军记》卷十一《谋浙篇》页15—20。张景渠,江西上饶人,以宁绍台道失守革职,后协同英法军克复宁波、绍兴府属,归左宗棠差遣,宗棠以其挟外兵自重,不为开复原官。宁波,今鄞县。

④ 《左文襄公奏稿》卷二页25—26《台州郡县克复温郡渐就肃清折》,卷四页16《连复武义永康等县城折》。《平浙记略》卷八。《湘军志》卷七《浙江篇》页3—6。《湘军记》卷十一《谋浙篇》页14—20。秦如虎,字啸山,官至浙江提督。林文察,字子明,号密庵,台湾人,原籍福建彰化,官至福建陆路提督,同治三年(1864)十一月在漳州阵亡,谥刚愍。

均无力,而多方滋扰徽州一带,挠阻后路者,亦被击破(另详十七节)。盘踞杭州省城之太平军,用是震怖,悉众拒集富阳。而宗棠于斯时又被命为闽浙总督,仍兼浙江巡抚,位望日重。其间于三日内连克汤溪、兰溪、龙游、金华四坚城,共计杀敌五六万,最称伟绩。而汤溪之役,尤为严重,以益澧全军益以福建之康国器一军,方得合围,而城中太平军犹有十万,坚守莫却。其由宁波、绍兴两府属撤退之太平军,又悉聚金华,相继窜扰围师。后复于金华、汤溪两城间筑坚垒,连十数里。益澧并力开地道,轰城垒,终弗克。逾时三月,始乘城中局部太平军通款之机,伏兵壕中,突起斩通款者八人,一拥从西门而入。① 汤溪、龙游两城,均为通金华要道,而金华府城最得地势,垣墉坚固异常。兰溪则一水直达严州,严州外通徽州、宁国,内达杭州省城,素为形胜,宗棠一军连得此数重地,制胜之机固已牢牢在握矣。

宗棠规浙军事,至此阶段,进一步自以夺取杭州省城为主要目标。顾宗棠以为欲取杭州,先必西取余杭,东取海宁,方可绝杭敌之接济,而速杭城之陷落。又以为徽州、广信各属太平军犹出没无常,一旦杭城克复,太平军势必益窜入皖赣,彼时仍为后路之忧,虽复杭城,奚补于浙局。于是复分军回皖、赣剿击(另详十七节),一面移军下富阳,再进攻余杭。同时,更以一军收海宁,并下桐乡。宗棠之规富阳也,水陆并进,而以益澧之万人为主力。盖将欲进取杭州,固不能不先取余杭,而尤不能不先取富阳。在太平军欲据守杭州,亦不得不先保余杭,而尤不得不先保富阳。且钱塘江自桐庐七里泷以下,地势渐平,江面渐阔,富阳县城背江面山,右阻一溪,形势素完固。故双方对于富阳之攻守,颇为猛烈,不特杭州太平军倾众来会,即嘉兴、常州、苏州之太平军并麇至。宗棠亦发严州驻军及康国器所部益之,争持至半年余,益澧部将熊建益且死之,最后调法国军德克碑洋枪队,用炸炮猛轰,昼夜不

---

① 《左文襄公奏稿》卷三页4—5《攻剿汤溪逆贼折》,页22—24《逼攻汤溪贼垒折》,页50—52《围攻汤溪折》,卷四页1—2《连克汤溪龙游兰溪三县折》。康国器,字佑之,广东南海人,官至广西布政使,光绪十年(1884)十月卒。

绝,太平军乃不支。① 宗棠初不甚信洋枪队,至是始认识其威力,以后围攻杭州、湖州等城,均利用之。

富阳既克,益澧径进杭州,而以别部取余杭,然其所遇阻力,又如富阳。太平军于余杭与杭州之纵横四十里间,满布营垒。于是先之以国器、喻义,继之以明亮、声恒,再继之以昌濬各军,亦历时半年余,终不获克。② 会李鸿章之淮军由枫泾入浙,克嘉善,乘势收平湖、乍浦、海盐,连升遂与会师复嘉兴。③ 益澧等先已薄杭州,牵制其策应余杭。至是城内太平军势日蹙,其首领听王陈炳文忽请降,已而又忽杀城中谋内应者。宗棠谓有隙可乘,决先令益澧并力攻取杭州省城,以刘清亮攻钱塘门,连升、德克碑等攻凤山门,王月亮等攻清波门,刘连升等攻望江门、清泰门。益澧亲至武林门督战,别遣徐文秀攻城北长街,如是协攻亘数日,至同治三年(1864)二月二十三日之夜,陈炳文开北门出走,益澧闻城柝渐稀,顷之,人声鼎沸,知太平军已逃,即整部入城。诸军分门大进,而余杭太平军首领康王汪海洋亦弃城走。次日,以收复杭州省城并收复余杭之捷闻,清廷命宗棠加太子少保衔,赏穿黄马褂。当承平时,杭州城内外居民男女八十一万口,及复城,才十七八万口。宗棠申虏获之禁,妇女财物,各从其主,制止军士入民居,招商开市,奏停杭关税,立清赋局,减杭、嘉、湖三郡额赋漕粮三之一,益澧履布政使任,亦轻财致士,

---

① 《左文襄公奏稿》卷五页 3—5《进剿富阳折》,页 40—43《截剿富阳县城折》,卷六页 49—52《克复富阳折》,卷八页 4—5《收复海宁州城折》,页 15《收复桐乡县城折》。《平浙记略》卷四页 4—13,卷六页 2—4。《湘军志》卷七《浙江篇》页 7—9。《湘军记》卷十一《谋浙篇》页 21—22。熊建益,谥勇烈。

② 《左文襄公奏稿》卷七页 11—16《进攻杭州兼围余杭折》,页 35—39《攻剿杭州余杭踞逆折》,页 53—54《攻剿余杭踞逆折》,卷八页 1—3《攻剿余杭踞逆折》。《平浙记略》卷五页 1—12。《湘军志》卷七《浙江篇》页 8—9。《湘军记》卷十一《谋浙篇》页 21—23。

③ 《左文襄公奏稿》卷八页 25《会克嘉兴府城折》。《李文忠公奏稿》卷五页 27—28《筹办大略片》,页 29—31《进规嘉善折》,页 36—38《连复平湖乍浦海盐各折》,页 39—41《攻克平望镇九里桥黎里等贼垒折》,页 44《攻克玙城贼垒片》,页 45《进图浙西片》,卷六页 49《收复嘉善县城折》,卷七页 9—12《围攻嘉兴片》,页 18《猛攻嘉兴片》,页 20《克复嘉兴片》,页 23—25《克复嘉兴详细情形折》。《平浙记略》卷十页 1—8。《湘军志》卷七《浙江篇》页 10。

杭垣善后事一时翕然称之。①

太平军失杭州省城后，更不振。于是声恒、大春等取武康，连升取德清，而石门太平军自逸。刘璈取孝丰，生擒感王陈荣，到处势如破竹，已而长兴亦为淮军所复。② 于是太平军在江浙两省之重要据点，仅余湖州府城与江宁省城两处。而湘军攻江宁省城已合围，故两省太平军，除西窜者外，几悉聚于湖州，其首领有堵王黄文金，佑王李远继，辅王杨辅清。及湘军复江宁省城，太平天国幼主洪福瑱亦潜入湖州。宗棠令益澧领军进攻，一军由德清向西南进，一军由石门向东南进，而别遣一军攻菱湖。同时，淮军以一军屯泗安，而以别一军向湖州东驱。湖州太平军为欲保此一隅，以维其在东南之势力，亦多方抵御，尤以晟舍之争为剧。晟舍在湖州府城东南，合宗棠军、淮军，更益以法国军，协力猛攻，历一月有半，仅乃克之。由是湖州府城合围，城中太平军多归诚，于七月二十七日收复。次日，昌濬又取安吉，洪福瑱与余党西逸，于是浙西之杭、嘉、湖三府亦定，全省告肃清。宗棠所部严追，戮其堵王黄文金，昭王黄文英，及洪福瑱于玉山，几获之，卒被兔脱，后在江西就逮。宗棠奉封一等伯爵，赐号恪靖。③

以数百万太平军，几拥有全浙之势力，而在宗棠指挥下，以不满三年之时间，摧陷而廓清之，似不能不谓为神速。惟吾人事后检讨当日宗棠军事之成功，不能不谓有得乎两种助力。一为民众之响应。如台州府列县，处州等

---

① 《左文襄公奏稿》卷八页7《分别剿抚相机办理片》，页27《攻剿杭州余杭大概情形片》，页36《攻克杭州余杭两城折》，页40—45《详陈攻克杭州余杭两城实在情形折》。《同治东华录》。《平浙记略》卷五。《湘军志》卷七《浙江篇》页10。《湘军记》卷十一《谋浙篇》页35—36。刘清亮，字楚臣，湖南浏阳人，官浙江衢州镇总兵。徐文秀，字华亭，湖南湘阴人，官广东高州镇总兵，记名提督，同治十一年(1872)正月在甘肃河州太子寺阵亡。

② 《左文襄公奏稿》卷八页55—58《克复武康德清石门三县折》，卷九页51《攻克孝丰县城折》。《平浙记略》卷六页6—10，卷七页5。《湘军志》卷七《浙江篇》页11。《湘军记》卷十一《谋浙篇》页26。刘璈，字兰洲，湖南临湘人，官终台湾道。

③ 《左文襄公奏稿》卷九页1—2《进规湖郡折》，页18—22《进规湖郡攻克要隘折》，页48—50《进规湖郡叠胜折》，卷十一页1—4《攻剿湖郡安吉踞逆折》，页8—11《进规湖郡苦战折》，页14《收复湖州府城折》，页16—19《克复湖州安吉两城折》，页24—28、页35—37，均《截剿窜贼折》，页39—42《全浙肃清折》。《李文忠公奏稿》卷六56—58《分剿湖州进展长兴折》，页62—63《克复长兴折》，卷七页6—9《湖州攻克晟舍贼垒折》，页13—15《克复湖州折》，页20—22《攻克湖州详细情形折》。沈葆桢《沈文肃公政书》(光绪六年〔1880〕刻本)卷三页89—91《搜获伪酋折》。《平浙记略》卷七页1—15。《湘军志》卷七《浙江篇》页10—12。《湘军记》卷十一《谋浙篇》页27—28。

府若干县之光复,殆全为当地民团所致。严州之光复,有城内居民潜以太平军虚实相告,诸暨之光复,有民团之内应,绍兴之光复,亦有城内居民举火为内应。二为敌人之款附。如因罗埠敌首李世祥之约降,而获进攻汤溪,又以汤溪敌之通款而城遂突陷。因方蒂桂、张茂夫、程为懋等之投诚而复诸暨。因会王蔡元隆之输款而海宁不攻而得。又以蔡元隆进攻桐乡而城敌何培璋亦降服。而淮军之收取平湖、乍浦、海盐、嘉善,并系守城太平军自行反正。(平湖降者陈殿选,乍浦降者熊建勋,嘉善降者陈占榜、余嘉鳌,海盐之降,则为熊建勋所撮合。)至杭州省城陈炳文先遣使诣鸿章约降,鸿章令至宗棠所。已而陈炳文所部被杀,内应已中变,宗棠密知其状,仍报许之,而急督军进攻,城敌自相疑忌,遂为宗棠所乘。自杭州省城陷,而师行所至,各城太平军几无不望风而转,此种情况,为前此所罕有。于以见太平军至此地步,已外不为人民所悦服。内不为袍泽所诚信,其势早成强弩之末。[1]

---

[1]　参阅七节、九节、十节。

# 十七　皖赣援师之后期

当左宗棠入浙前之形势，江西及皖南之池州、徽州两府属已肃清。宗棠受曾国藩命，驻婺源，负责戒备徽州府属及赣东之广信、饶州两府属。及宗棠奉诏入浙，国藩以为仍须顾全此三府属地，以通严州、衢州之后路，宗棠亦同此意见。于是国藩以广信与徽州之防军及内河水师，悉听宗棠节制，以期指挥灵活（参阅十六节）。[①] 顾太平军亦颇着眼于此一隅地，不时加以袭击窜扰，故终宗棠平定浙江，未尝稍弛其警戒，名为援皖赣，实所以自援也。

宗棠督师浙江时期中，援皖与援赣之军事，可分为三个阶段。

第一阶段，在宗棠入浙时，其先太平军本已在皖南夺踞数城池，复肆猖獗。咸丰十一年（1861）十二月，太平天国辅王杨辅清更由宁国府进围徽州府城，有众十万，号称二十万，意在阻挠宗棠入浙。宗棠命刘典率三千人出婺源，而自将军出屯玉山拒之。同时，在浙之太平军，由遂安、开化西犯婺源，与辅清遥相呼应。盖婺源居徽州、广信两郡之间，为太平军与清军所必争也。宗棠则遣王开来由白沙关扼华埠，自率亲军趋婺源，大败之，扫平敌巢二十余处，毙悍敌千余。会徽州防军亦破太平军于岩寺，徽州解严，而婺源之防并固。宗棠乃于同治元年（1862）正月，安然入浙。其时，池州、铜陵

---

① 《曾文正公奏稿》卷十四页 190《左宗棠定议援浙节制诸军折》。

先已由杨岳斌水师于上年(1861)八月中克复。嗣是鲍超军又先后克复青阳、石埭、太平、泾县、宁国府城，更因宁国县城之降，收广德州城，曾贞幹军先后克繁昌、南陵，张运兰军克旌德，而曾国荃军亦先后克太平、芜湖，直逼江宁省城。皖南大局，重复粗定，然太平军在皖赣间之余党，固未根绝也。[①]

　　第二阶段，在宗棠入浙后。同治元年(1862)五月，太平军陷湖州府城，西与广德、宁国，一气可通。十月，苏州、常州太平军西上，围攻国荃进取江宁省城之军。已而解围南下，走入宁国，于是皖南太平军之势又骤张。二年(1863)正月，宗棠先后克浦江、桐庐，其轶出之太平军亦多窜入宁国。于是皖南太平军之势益炽盛。此对于曾左两军后路，均为莫大之威胁。溯自曾军入苏，左军入浙，原在皖南之兵力，固已削弱，其驻防皖南各军，又适患大疫，将士均疲敝已极，控制之力大弛，殊不足以应付。驯至西而池州，东而广德，北而宁国，南而石埭、太平、黟县、旌德，纵横四五百里间，所在骚然。兹专就宗棠后路所在之徽州言之，则太平军先陷绩溪，再陷祁门，更踞黟县，而又屡侵徽州、休宁，无非冀断宗棠粮道。宗棠亟遣王文瑞军驰往，会防军援剿，幸即克复绩溪、祁门，嗣复调刘典军驰往，增厚实力，一面屯军遂安、开化一带，严防浙皖之边。而太平军尤意在取徽州、休宁后，经婺源而入江西之德兴、乐平。一面则以黟县为据点，欲越祁门而入江西之浮梁、景德镇。故王刘二军既坚屯草市、屯溪、万安、渔亭一带，复夺取岩寺、潜口一带，且再度克复黟县，以固祁门、休宁、徽州、绩溪一线之防。而江西军亦力防玉山讫景德一线。且北上以协助王刘二军。在如此形势之下，太平军虽几番向南奔冲，卒莫得逞，且损失实力甚大。三月，宁国、旌德太平军西窜建德，会池州太平军，南掠江西之饶州，浮梁告急。刘典军亟出婺源，会江西军力战，太平

　　① 《曾文正公奏稿》卷十四页198《浙省失守徽郡被围折》，卷十五页4《近日各路军情片》，页5—6《徽州解围片》，卷十四页184《克池州府城折》，页189《克复桐陵等处折》，卷十五页9《鲍超军在青阳大捷片》，页19—20《克复青阳县城折》，页21—22《克复石埭太平泾县三城折》，页34《克复繁昌县城折》，页9《克复旌德县城折》，页19—20《克复南陵县城折》，卷十六页29—30《克复太平芜湖两城折》，页34《鲍超进攻宁郡折》，页39—40《克复宁国府城折》，页19—20《童容海投诚片》，页45—46《筹办广德州收降事宜折》。《湘军志》卷五《曾军后篇》页9—10。《湘军记》卷六《规复安徽篇》页23—24。曾贞幹，字事恒，湖南湘乡人，国藩弟，同治元年(1862)十一月卒于江宁省城军次，赠按察使，谥靖毅。太平，今当涂。宁国，今宣城。

军始复北窜湖口、彭泽,还窜青阳。九月,宁国太平军东窜浙江之昌化、於潜,不逞,退至宁国,复突窜浙江之孝丰,以趋临安,图扑宗棠进攻余杭一带之背。既被阻于新城之防军,卒驰入湖州,与彼处太平军合流。时国藩命鲍超军由芜湖南下,又命江忠义所在湖南新募之军,由九江东进。其在石埭、太平、旌德之太平军,更请降于鲍超,由是皖南之太平军势又渐蹙。而宗棠则益严衢州、严州之防,惧其在皖被迫而群趋入浙也。先是,宗棠既下桐庐,将士多乐于直下杭州省城,不愿回援皖赣,宗棠则谕之曰:"击寇以殄灭为期,勿贪克省城之功,冒进而忘大局,勿惮江西皖纡阻之劳,就易而昧戎机。"并为请于清廷,将来皖南肃清,无论曾否克复省城,总以杀贼多少为劳绩高下,一体甄叙,借以鼓励回援皖赣之军心。按由徽州沿新安江顺流而下,数日抵杭州,苟徽州不保,则虽得杭州,仍难扼守。故宗棠本军三万余人,留浙者仅三分之一,而回皖南者竟占三分之二。①

第三阶段,在宗棠进攻杭州省城之际,时太平军侍王李世贤盘踞江苏之溧阳,与其东句容,其西广德,其南湖州之太平军相倚,势颇不弱。其地又正为窜入皖南与赣东要冲,亦可由此窜入浙江西境。宗棠因建议于国藩,皖南防军由宁国攻广德,宗棠军由昌化、於潜进孝丰,攻湖州,先合力以解决此一区,以免后患。国藩自以兵少,不敷游击,仅饬各防军谨守皖赣城隘。已而李鸿章军克苏州、无锡,别枝入浙,克平湖、嘉善、海盐等县,乃策西进之师攻常州,东进之师攻嘉兴,冀以前者保固苏州、无锡,后者保固松江、上海。宗棠则议鸿章应由无锡急攻宜兴及溧阳西北,与国藩驻溧水军相联络,更由国

① 《左文襄公奏稿》卷三页 32《派兵驻防歇休地方片》,页 45—46《克复祁门绩溪两城折》,卷五页 8—9《驰剿徽休贼匪折》,页 20—24《克复黟县折》,卷六页 1—4《浙师越境援江折》,页 45—46《迎剿窜黔贼匪折》,页 67—68《浙师援江获胜江境肃清仍回徽境防剿折》,卷七页 17—19《浙师截剿皖南贼匪折》,页 74《截剿窜浙逆匪折》,卷四页 26《克复桐庐县城折》。《曾文正公奏稿》卷十七页 59《宁国县失守片》,页 71《祁门县失守片》,页 74《旌德泾县解围克复绩溪祁门折》,卷十八页 7《鲍超大获胜仗泾县解围折》,页 120—123《宁国泾县防军胜仗折》,卷十九页 81—83《古隆贤率众投诚收复三县折》,页 92—93《声明石太旌宁四城失陷缘由折》。《沈文肃公政书》卷一页 81—83《协同浙师攻克黟县折》,页 92—93《浙师连败黟县败匪片》,页 95《浙师扫荡黟境折》。《平浙记略》卷十一页 11—16。《湘军志》卷五《曾军后篇》页 15—18。《湘军记》卷五《援守江西下篇》页 6—7,卷六《规复安徽篇》页 27—28。江忠义,字味根,湖南新宁人,忠源弟,统带精捷营,官至广西提督,同治二年(1863)十一月,卒于江西军次。

藩军攻取广德,俾通一气。以为如是纵未能即时扑灭,犹胜于空此一路,一任太平军窜过,国藩是其说,而未能实行,以鲍超军方守东坝,一动即影响国荃围江宁省城之师,而他军则调拨不及,无法同时进攻广德也。<sup>①</sup> 同治三年(1864)正月,于是李世贤以江宁省城情势危急,拟先赴江西,预为布置,纠广德太平军,突由宁国南陷绩溪,东趋昌化、淳安。既不逞,李世贤折回溧阳,余党由林正祥领导,回至深渡,又折入遂安,经开化、华埠,入江西,取道玉山、德兴边界,向南直达建昌、南丰、广昌、石城间。宗棠为益军严州、金华、衢州以拒之。其后江浙各路太平军,由此经皖南或浙边入江西者,络绎不绝。虽经宗棠拨军揽截于浙皖之交,国藩与江西亦各拨军袭击,要均无法围歼。其最著者,约为四起。其一,同治三年(1864)二月,宗棠克杭州、余杭,此两处太平军首领陈炳文、汪海洋,合武康、德清、石门余党,西走孝丰,入安徽,取道深渡,折至遂安,复折至屯溪,复折至开化,入江西,经玉山、铅山,直达贵溪、安仁、东乡间。其二,李世贤之被扼于昌化也,退归溧阳。不久,鸿章克溧阳,则入湖州,余杭既被克,又迎陈炳文、汪海洋西行,既被阻于孝丰,与陈、汪分道,由昌化入绩溪,经婺源而直奔江西,由德兴、弋阳,以达贵溪、金溪间。其三,同治三年(1864)四月,鸿章克常州,轶出太平军与宜兴、溧阳等处余党,由广德南下,直奔婺源,入江西,以达德兴、弋阳、铅山间。其四,七月,宗棠、鸿章会克湖州,太平军首领堵王黄文金军,奉由江宁省城被陷时逃往之幼主洪福瑱,分奔广德、孝丰,又合奔宁国。黄文金被中途击毙,余党由宁国至昌化,由昌化至绩溪,由绩溪道出遂安、开化之交,卒经常山、江山奔入江西,经广丰、铅山、广信分达贵溪、泸溪、新城间。于是赣水以东,无复完土,惟常州、杭州之两股太平军旋被击散,独李世贤踞崇仁,陈炳文、汪海洋踞东乡,势特盛。而林正祥出没石城,丁太洋出入瑞金,尤为诸太平军入闽与入粤尾闾。先于正月间,宗棠料由广德、宁国轶出之太平军,如浙江遏之严,非入福建,必入江西。会张运兰授福建按察使,假归在籍,当奏准饬带所部二三千人,即赴本任,以为戒备。刘典丁忧在里,亦奏准特旨起复,募新

_____

① 《左文襄公奏稿》卷七页56—59《覆陈筹办军情片》。《曾文正公奏稿》卷九页134《覆陈四条折》。《沈文肃公政书》页83—85《遵旨酌议并陈近日筹办情形折》。

兵三千人，督同到赣，以供防剿。及事急，更奏准以杨岳斌督办江西皖南军务，而以刘典为帮办。刘典于八月间师抵贵溪。其间，宗棠仍命在皖南之王开琳等军，由南入赣，在浙皖间之王德榜等军，由西入赣，并会同席宝田、鲍超诸军，相与戮力追剿。复调林文察、康国器两军，由浦城驰往奉宁、建宁、宁化一带。而张运兰亦于八月终行抵汀州，以防闽赣之边。时则江西诸被踞城邑，逐次收复，鲍超更降陈炳文于许湾。由是所有残余之太平军，由瑞金悉奔广东，由广东折入福建，运兰在武平陷阵，被执遇害，宗棠乃亲往督师。①

———————————

① 《左文襄公奏稿》卷八页 11—14《截剿苏皖窜浙贼匪折》，页 18《请饬闽浙两臬司张运兰与刘典带勇赴任助剿折》，页 63—65《截剿窜贼折》，卷九页 2—5《截剿上游窜贼折》，页 8—9《逆贼分窜江西请救杨岳斌督办江皖军务片》（刘典帮办），页 23—25《追剿江皖窜贼派兵驰援江西折》，页 27《浙军击贼弋阳片》，页 36—37《林彩新一股悉数歼除折》，页 57—58《援江各军近日军情片》，卷十页 16—19《追剿窜贼折》，页 24—27《截剿窜贼黄文金贡文英等就戮折》，页 35—37《截剿窜贼折》，页 43—45《杭州余匪窜出情形片》，页 53—54《浙军出境剿贼折》，卷十一页 7—8《贼窜闽疆拨兵援剿折》，页 20—21《福建臬司剿贼受伤折》，页 62—63《赴闽督师剿贼折》，页 92—93《查明臬司殉难情形折》。《曾文正公奏稿》卷二十页 138—139《近日军情折》、《攻复绩溪折》，页 141、页 143、页 147、页 148、页 149《近日军情片》，页 150—152《徽州防军挫失折》，页 53—54《近日军情片》，页 156《徽州防军歼贼折》，页 157、页 159、页 160《近日军情片》，页 162—163《覆陈皖北江西各路筹办情形折》，卷二十一页 172—173《近日军情片》，页 173—174《分条陈覆折》，页 176《湖州广德败贼犯歙折》，页 177《近日军情片》，页 179《皖南肃清折》。《沈文肃公政书》卷二页 87—89《发逆分股内窜折》，页 90—92《发逆阑入腹地折》，页 93—94《克复金谿折》，卷三页 10—13《攻克新城折》，页 20—21《报各路军情折》（玉山解围，乐平肃清），页 23《收复弋阳片》，页 25—26《立解抚州城围折》，页 39—40《老湘等营叠获胜仗折》（铅山肃清），页 48—50《视贼所向带兵迎剿片》，页 55—56《扫清贵溪贼送折》，页 64—66《崇仁扫平贼垒折》，页 67—68《先剿许湾折》，页 73—76《广信肃清折》，页 83《查明办理降众情形折》（陈炳文），页 84—85《克复雩都折》，页 87《探报各路军情片》（建昌肃清），页 92—94《宁都解围折》，页 98《攻克瑞金贼遁出境折》。《平浙记略》卷十一页 16—24。《湘军志》卷八《江西后篇》，卷五《曾军后篇》页 19—21。《湘军记》卷五《援守江西下篇》页 7—8、页 11—14，卷六《规复安徽篇》页 28—29。席宝田，字研芗，湖南东安人，廪生，统带精毅营，官至贵州布政使，光绪十五年（1889）六月卒。建昌，今永修。石门，今崇德。

# 十八　扫荡闽粤边境

　　太平天国幼主洪福瑱既授首，余众旋被逐出瑞金，然犹存四大股，即侍王李世贤、康王汪海洋、黄旗丁太洋、花旗林正扬（林伯焘）。黄旗与花旗，亦称黄白号衣党，皆汪海洋所豢死士，平昔遇之厚，遇危急则麾之前，自号无敌。同治三年（1864）九月，相率由瑞金窜广东之南雄、连平、嘉应，而陷平远，陷镇平，然皆不踞。由是分为两股，窜入福建，李世贤一股由嘉应东移，陷大埔、永定、龙岩、平和，更由龙岩而陷漳州、云霄、南靖。汪海洋、丁太洋、林正扬由嘉应北上，连陷武平、长汀、连城、上杭。于是李世贤据漳州，有众十余万。汪海洋据长汀、连城、上杭三县中心之南阳及新泉，有众一百八十五队，每队五百人，合共九万有余。丁太洋、林正扬出没漳州、龙岩间，有众各约数万。要之，以李世贤之众为最盛，汪海洋之众为最强。李宽而易，汪狠而谲，众皆乐李而惮汪。惟汪精悍善斗，狡狯多谋，能以严驭众，为众所畏。已又攻陷长泰、诏安、漳浦、平和等县。福建之龙、漳、汀、泉、厦，广东之潮、嘉，向称盗匪渊薮，至是益从乱如归，闽粤间一片寇氛。①

　　同时，左宗棠以闽浙总督，策动其进剿之师。命黄少春、刘明灯两军四千五百人，由衢州取道浦城，赴建宁，以趋延平，是为中路，扼敌北窜，兼顾浙江、江西。命刘典所部八千人，取道建昌，以趋汀州，南以王德榜二千五百人继之，是为西路，扼敌西窜，兼顾江西。命高连升一军四千五百人，驰赴宁波，乘轮船，由海道直趋福州，先顾省城，再出兴化、泉州，赴漳州，是为东路，扼敌东窜，均分投追击，或相机迎剿。最后，宗棠继黄少春等，移节延平，居中调度。友军会剿者，娄云庆之霆军，由江西向东压迫；郭松林等之淮军八千人，浮海而下，在厦门登陆，向西压迫；方耀等之粤军，以镇平为中心，戒备闽粤边界，并局部越境向北压迫；护浙江巡抚蒋益澧复遣刘清亮率所部三千人，进驻浦城，备援应；而福州海关税务司英人美里登亦携带开花炮，由厦门、海澄助剿。至同治四年(1865)四月中，楚淮军会克漳州。李世贤由永定出走，不知所之，或云遁上海，余党退入广东。漳州居腹地，又菁华聚积之区，自被李世贤据有，林文察进攻败殁，全局为之震动。自漳州复而太平军气夺，官军益胜算可操。五月初，刘典降丁太洋，收编一千人，余悉遣归。林正扬一股亦擒斩殆尽，惟汪海洋虽迭受重创，精锐丧失过半，而所部仍有十万之数，至是亦窜广东，所有其余沦陷各城，次第收复，福建全境肃清。于是宗棠就漳州好景山松关磨崖勒铭曰：

　　　　率师徒，徂闽峤，犁山穴，截海徼，龙岩平，漳州复，寇乱息，皇心宁。咨遣淮军回江苏，而饬王开琳率所部入江西之赣州，高连升、黄少春、刘清亮所部暂驻武平，刘典将各部驰回汀州。宗棠以为汪海洋志当仍在江西，故驻武平者，将趋长宁、安远，以固江西东部。驰汀州者，将由赣州趋南安，以固

---

　　① 《左文襄公奏稿》卷十一页7—8《贼窜闽疆拨兵援剿折》。《沈文肃公政书》卷三页122—123《遵旨援闽兼防回窜折》。郭嵩焘《郭侍郎奏疏》(光绪十八年〔1892〕刻本)卷五页1—6《江西窜贼阑入粤界熟筹防剿疏》。谢国珍《嘉应平寇记略》页4—6。朱用孚《磨盾余谈》卷一《潮嘉防剿记略》页2。《湘军志》卷七《浙江篇》页12—13，卷八《江西后篇》页4—5。《湘军记》卷十二《援广闽篇》页11—12。嘉应，今梅县。镇平，今蕉岭。漳州，今龙溪。

江西西部,兼固湖南也。①

　　汪海洋之入广东也,首陷镇平而踞之,以李世贤之败,归咎于其宗人李元茂,则杀之以立威,乃不为部下所悦服,始相携贰。先是鲍超之霆军,自逐出太平军于江西,奉命以一部由娄云庆统率留江西助防,余由鲍超亲率北上,将出征陕甘,行至湖北之金口,鲍超假还夔州,所部忽借口索饷哗变,溃卒窜江西入广东,与惠、潮、嘉一带土匪,均合于汪海洋,约共十余万,于是汪海洋之势又振。李世贤亦于此时掩至,顾为汪海洋所刺毙。两人在太平天国,李为二等王,汪为三等王,李位望较高,故汪忌之。久之,粮储渐匮,霆军溃卒又以与太平军争食,归降广东军。时宗棠已移节漳州,督师乘之,竟复镇平。汪海洋走江西,诸军穷追六昼夜,行至宜黄之黄波墟,为土匪所绐,深入伏中,亡参将以下十余人,兵数百,辎重军火,丧失甚多。汪海洋遂得远飏,由定南、信丰而西,为江西军击败。又南走广东,过连平,攻城三日不下,欲窜广州,亦未得逞,乃又东趋和平、兴宁,终于陷据嘉应州,附近土匪争附之。十月终,宗棠进驻大埔,受诏节制福建、广东、江西会剿之师。促鲍超移师入广东,由平远趋嘉应西北;刘典由武平、上杭,出松口,延扎嘉应之东南;高连升、刘清亮进扎樟树坪,当嘉应之东北;而以郑绍忠之广东军屯长沙墟,扼嘉应之西南;更檄广东炮船数十艘,驶驻三河坝,以遏梅江通汀州、潮州之水路。部署既定,始进攻州城,汪海洋中炮死,群情始惶惧,议归降,然犹推

　　①　《左文襄公奏稿》卷十一页 62—63《赴闽督师折》,页 70—71《行抵浦城折》,页 79—83《攻守龙岩漳平及连城进剿折》,卷十二页 1—5《连州漳州获胜折》,页 16《逆贼窜陷长泰旋即克复折》,页 18—22《会克永定县城及攻克龙岩州城折》,页 26—32《汀连龙漳分军进剿折》,页 42—45《汀连肃清折》,页 48—55《两路进剿折》,卷十三页 1—5《分路进剿折》,页 14—17《进逼漳州折》,页 21—24《连克漳州府城南靖县城折》,页 36—39《连克平和漳浦云霄各城折》,页 44—45《收复诏安首逆乞降(丁太洋)折》,卷十四页 1—3《全闽肃清折》,页 4—5《请调援闽之军回苏折》。《郭侍郎奏疏》卷六页 1—2《克复永定县城疏》,页 19—22《迎剿窜匪疏》,页 32—34《规复诏安疏》,卷七页 1—5《东路防军屡胜疏》,页 6《娄云庆一军无庸赴粤助剿疏》,页 15—18《克复平和诏安两县城疏》。《李文忠公奏稿》卷八页 3—4《派兵由海道援闽折》,页 14《饬催郭松林杨鼎勋航海援闽折》,页 22—23《会克漳州府折》,页 50—51《克复漳浦县折》,卷九页 14《援闽苏军回沪折》。《湘军志》卷七《浙江篇》页 12—13,《湘军记》卷十二《援广闽篇》页 12—16。《左文襄公文集》卷五页 1。娄云庆,字峻山,湖南长沙人,官至湖南提督,光绪三十年(1904)卒。郭松林,字子美,湖南湘潭人,本曾国荃部将,后隶李鸿章淮军,官至直隶古北口总督,光绪六年(1880)正月卒,谥武壮。方耀,字照轩,广东普宁人,官至广东水师提督,光绪十七年(1891)六月卒(太平军入粤时,以失守镇平革总兵职,及收复嘉应有功,由左宗棠为奏准开复原官)。建宁,今建瓯。汀州,今长汀。兴化,今莆田。

太平天国诸王中硕果仅存之偕王谭体元主城守。十二月中,城围益合,谭体元遁,州城复,谭旋为黄少春所获,磔死。此太平天国最后之一役,结束于黄沙嶂,被击毙一万六七千,坠崖死者无算,生擒数千,归降五万余,太平天国嫡系军队乃无复孑遗。宗棠益解散难民万余,并扑灭土匪之附太平军者。宗棠先策,应付此残局,当由内而外,由东北而西南,结果正如所期。捷闻,诏宗棠赏戴双眼花翎。同治五年(1866)正月,凯旋福州省城,<sup>①</sup>幕客吴观礼为作嘉应班铙歌:

> 金盘堡,班师回,金盘岭,率师来,七岁徂征五行省,东南澄镜无纤埃。嘉应潮州作战场,残寇并灭归堵康(原注:贼杂号),大憝先摧李铁枪,以次削平黄与汪,允哉末劫在钱塘(原注:嘉应州有钱塘墟)。父老欢迎窃相语,元戎勋业照古今。呜呼,父老今快睹,岂知在山云,早为天下雨(原注:嘉湖作战场,末劫在钱塘,皆惢纬家言)。<sup>②</sup>

概括宗棠出山典兵至东征告成,词无溢美。

按太平军虽起于广西,而洪秀全等本出生于广东,杨秀清等且籍隶嘉应州,今其余党卒覆亡于此,此一奇也。太平军初起于广西,仅土匪之雄,及入湖南东下而始大,此时宗棠已在湖南巡抚幕府,开始与太平军角逐,自是相与周旋者十六年,卒结束于宗棠之手,诚如刘长佑所谓"中兴戡定之功,惟我公发其谋于始,而要其成于终",<sup>③</sup>此又一奇也。

---

① 《左文襄公奏稿》卷十五页1—4《各军分路进剿折》,页8—10《克复镇平县城折》,页29—32《追剿窜贼折》,页33—35《黄陂墟土匪抢夺官军军火戕害勇丁片》,页37—39《覆陈近日贼情恳收回节制三省各军成命折》,页41—43《截剿获胜折》,卷十六页1—2《贼踪回窜粤境折》,页11—13《分路追剿折》,页33—36《嘉应合围折》,页46—50《进剿嘉应东路汪海洋伏诛折》,页56—62《收复嘉应州城余孽荡平折》,卷十七页1—2《粤东军务速蒇班师回闽折》。《郭侍郎奏疏》卷七页28—32《贼由闽窜镇平疏》,页35—36《叛勇(霆军)窜至粤边疏》,页46—48《逆匪大股尚踞镇平疏》,页51—54《肃清平远疏》,卷八页68《康逆分窜嘉应州疏》,页11—12《逆匪聚窜一隅合力进剿疏》,页26—29《拟规复镇平情形疏》,页47《请饬左宗棠督办此股贼匪片》,卷九页7—10《康逆窜陷平和县城旋即收复疏》,页11—12《黄陂等处土匪截劫闽军片》,页44《逆匪窜陷嘉应州疏》,页32—34《逆匪跧伏嘉应添军会剿疏》,卷十页13—16《发逆荡平折》。《嘉应平寇记略》页8—16。《磨盾余谈》卷三—四《闽师进剿记略》。《湘军志》卷七《浙江篇》页13—15。《湘军记》卷十二《援广闽篇》页16—22。郑绍忠,广东三水人,官至湖南提督,光绪二十二年(1896)卒。夔州,今奉节。惠州,今惠阳。潮州,今潮安。

② 吴观礼《圭庵诗录》页11。

③ 刘长佑《刘武慎公遗书尺牍》卷二十二页27—29《致左季高爵相》。

　　抑于此须连带一述者,当宗棠在福建扫荡太平军,一面剿除当地土匪,盖福建之下府属如兴化、泉州、永春、漳州等处,向有乌白旗、红白旗、小刀会、千刀会等匪党。上府属之南平、永安、沙县、顺昌等处,亦常有悍匪出没。至闽浙洋面,尤多海盗,彼等均凶顽成性,憨不畏法,肆意劫掠,久为闾阎患。宗棠分区派兵搜剿,痛加惩创,于是及太平军覆灭,而土匪亦诛夷殆尽。①乃宗棠方于二月十八日回抵福州省城,而"斋匪"同时暴动。"斋匪"者,源于宋时之吃菜祀魔教,其始以戒杀放生、消灾避劫为言,愚民动于祸福之说,多为所惑,人数既众,浸为不轨。其巢穴在江西铅山之封禁山,旧名铜塘山,盘亘广信、建昌两府之交,延袤数百里,岩谷幽邃,常为逋逃之数。比由江西突入福建,于五日内,连陷崇安、建阳两县城。宗棠所部,犹在凯旋途次,省防较空,故一时大震。宗棠檄饬黄少春、张福齐分向崇安南北并进,张树荪直赴建宁,以向建阳,唐熊飞、王德榜、吴得凤等进延平,分路兜剿,浃旬而复,此则宗棠东征之余波也。②

---

　　① 《左文襄公奏稿》卷十四页 11—14《攻毁云霄厅岳坑匪巢折》,页 15—16《剿办土匪情形折》,页 38—39《剿办兴泉永漳等处土匪片》,卷十五页 27《会派舟师围拿洋盗片》,页 54—58《剿办上下府各属土匪情形折》,卷十六页 28—31《师船巡获洋盗折》,页 38—39《剿办龙溪县属土匪折》,卷十七《续办上下府各属土匪折》。

　　② 《左文襄公奏稿》卷十七页 25—28《斋匪突陷崇安建阳两城旋即收复折》,页 44—47《越境追剿斋匪折》,卷十九页 73—74《查办崇安斋匪事竣折》。张福齐,原名福斋,刘典部将,保至总兵。张树荪,字听庵,陕西潼关厅人,官至甘肃巩秦阶道。

# 十九　平定浙闽时之涉外事件

自外国势力侵入中国,凡遇中国有任何内战,几无不有外国势力直接间接参与其间。清军与太平军之争,亦无例外,或更可认为外国参与中国内战之第一声。其一为售与双方军火;其二为借与清军战费;其三以官兵协助清军作战;其四为与太平军半官式之往来及私人间勾结。左宗棠督师浙江、福建,与一、三、四端多有关系。

外人受中国使命,募练军队,助攻太平军者,凡三起。一为美人组织之常胜军,二为英人组织之常安军(即绿头勇),三为法人组织之常捷军(即花头勇与黄头勇)。大致以外人为将官,并参入外兵,而以华人归其训练与统率。此外又有上海租界英法人自行组织之军队,则与驻在上海之清军,共设会防局,专任征剿上海与其四围之太平军。常胜军完全为清政府所雇募,受李鸿章节制。至常安军与常捷军,则最初发动者,为宁波、绍兴两府属之绅商,欲借以扑灭其在本乡之太平军,其后始受宗棠节制。①

先是宗棠奉命援浙,系由安徽东境,向浙推进,对于沿海及毗连江苏之浙江各府属,因其间为太平军所阻隔,声息不通,故鸿章之拨常胜军,浮海收

---

① 《左文襄公书牍》卷六页 12《上总理各国事务衙门》。《李文忠公奏稿》卷二页 55—56《整饬常胜军片》。

定海，因失守宁波而革职之宁绍道台张景渠之用已抚海盗布兴有等复镇海，及招致常安、常捷两军克宁波，宗棠初未与闻。至宁波恢复，清廷命宗棠以中国制度部勒常安、常捷两军。宗棠即以史致谔为宁绍台道主其事，然犹取径长江，转由海道驰往。已而克慈溪，常胜军先经鸿章调回。克绍兴，常安军续经史致谔遣撤，惟常捷军则至全浙平定方解散。①

此三常军外籍将士俸给，每人每月均在银一百两以上，兵士粮饷，较其他清军高出一倍，国人之狡黠无赖，图其厚利，与欲利用外力以作威福者，争趋之。于是常胜军始仅五百人，陆续增至四千五百人，糜费最巨。常安军凡一千人，常捷军凡一千五百人，两军合计，其中外人约一百五十人，每月约共需饷银八万两。伤亡之后之巨额抚恤，与胜利时巨额之犒赏，尚不在内。外将与外兵尤骄悍。故宁波、绍兴两府属之复，虽几全赖其力，而所受祸害亦不浅。如在余姚，竟与清军一度冲突，入绍兴府城时，搜括民间财物，据为己有，而勒派绅民以十一万元收买。克萧山时，太平军所遗财物，悉被囊括以去，浸至检收清军。② 宗棠本不以招致外籍军官兵士为当，尝于奏报中发其感慨：

> ……沿海各郡，自五口既开之后，士民嗜利忘义，习尚日非。又自海上用兵以来，至今未睹战胜之利，于是妄自菲薄，争附洋人，其黠者且以通洋语，悉洋情，猝致富贵，趋利如鹜，举国若狂。自洋将教练华兵之后，桀骜者多投入其中，挟洋人之势，横行乡井，官司莫敢诘治。近闻宁波提标兵丁之稍壮健者，且多弃伍籍而投洋将，充勇丁，以图厚饷。若不稍加裁禁，予以限制，则客日强而主日弱，费中土至艰之饷，而贻海疆积弱之忧，人心风俗，日就颓靡，终恐非计。……③

于此可见五口通商后之沿海人民，与湖南等省内地之人民，其性情在当时已甚有区别。一则巧诈，一则拙诚。故湖南人欲御太平军以保卫乡里，则自行

---

① 《左文襄公奏稿》卷二页25《宁波郡县克复折》。《左文襄公书牍》卷七页11《上总理各国事务衙门》。史致谔，字士良，号子愚，江苏阳湖人，道光二十七年(1847)进士，著述有《慎节斋杂记》。

② 《左文襄公奏稿》卷三页28—31《发给勒伯勒东札凭片》。《左文襄公书牍》卷六页11—12、页16，均有《答史士良(致谔)》。

③ 《左文襄公奏稿》卷二页29《宁波郡县克复折》。

组织团练，而拥护其士大夫为之魁。上海、宁波一带之人，则以外人为重，而托以代为募练军队，卒至为外人所利用，使地于饱受太平军之蹂躏后，复遭外国将士之骚扰。

萧山定后，常捷军统将，权授中国总兵。法人德克碑(d'Aigwebelle)欲添募一千人，宗棠毅然不许。德克碑则因胡光墉之请，谒宗棠于严州，宗棠谕以现既权充中国总兵，应照总兵见总督仪节。至时，宗棠待以礼貌，而微示以威严，德克碑表示愿出死力，报效中国，谨受节制。宗棠止其添募一千人，而仍许留一千五百人暂驻萧山，以待后命。德克碑自立条约，誓不节外生枝，缮具华法文各一份存案。自此德克碑改易中国服装，并将两颧虬髯剃去，对宗棠益恭顺。① 其后复富阳县城，复杭州省城，复湖州府城，常捷军均与有功。湖州平，德克碑归国，议先撤一千人，余五百人归日意格接统。因日意格(Giguel)任宁波海关税务司，不能兼顾，遂并撤焉。② 德克碑在本国，故业造船，日意格故业驾驶，宗棠至福建创办船政，以二人为正副监督(参阅五十五节)。

太平天国初起，各国见其进展甚速，颇有意联络，大有认为交战团体之趋势。后因太平天国诸领袖仍循中国传统思想，鄙视外人，又转战多年，其势日蹙，且战事移至东南沿海，不免损及上海、宁波等海口英国之利益，而太平天国之崇奉基督新教，尤妨碍法国天主教在中国之势力，于是相率转向清廷，并欲协助扑灭太平军，惟恐其不速。然当太平天国侍王李世贤驰入福建漳州时，因海口之便利，外人仍多与交通，李世贤亦图于此得一出路，故当日破获之案，颇有多起。

(一)李世贤托其至友陈金龙携密函致厦门海关税务司英人休士，意在乞援外国而啖以厚利。据陈金龙自陈，彼即劝李世贤须与外人和好，以便相机行事，由水路以扰天津者也。③

(二)厦门英国领事柏威林驾小夹板船，乘潮突驶漳州，清军阻之不获，柏威林反正式书面抗议，并邀集在厦中国官吏，公然宣布："闻前此李世贤遣人送信到厦，被洋关拿解地方官正法，其信内是何议论，不能知悉，是以亲到

---

① 《左文襄公书牍》卷六页35《上总理各国事务衙门》。
② 《左文襄公书牍》卷七页11、页35，均《上总理各国事务衙门》。
③ 《左文襄公奏稿》卷十二页9—10《厦门税务司等盘获递书逆犯片》。

漳郡,面会李世贤,以后有信来往,不可拦阻,有事自能知会。现带长毛头目一名,在战船官全顺舱内,稍缓几日,仍拟送伊回漳,官民欲截港拿办,必致开仗。至照会内小夹板船三只,系我驾坐入漳之船,不必再查。"云云。词颇蛮横。柏威林所谓战船者,载有英兵三百余名,炮二十七尊也。宗棠知柏威林与李世贤通,辗转多方笼络之,李世贤疑为柏威林所卖,则斩留在彼处之三英人以泄愤,由是两人之勾结断绝。[①]

(三)有合众国人三名,驾小哨船,行经白水营,载太平军人谢应泷,携有太平天国侍王李红绸大旗一面,护照一张,洋枪五把,洋银四百九十六圆,据称为李世贤商购大轮船,以便沿海窜飏。[②]

(四)有英国人一名,布国人三名,合众国人一名,驾船行经海门山港,被截获时,将所载货物投水,然犹起得洋枪与铜冒等件。[③]

(五)英国轮船名古董者,泊虎门山澳,卸载火药、洋枪,扬言人民如敢拦阻,立即开炮。[④]

(六)澳门西洋人用合众国烟那儿香门夹板船,行经镇海澳,被查出洋枪六百三十杆,洋硝五包,火药三桶,码铁三箱,洋炮五尊,剽刀二十把。[⑤]

凡此皆可见其时外人如何与太平军勾结贸利。故宗棠至福建后,规划军事而外,又须应付是类交涉事件,而外人则颇嚣张,交涉辄不能彻底。

中国最初与外国交接,其实无关大体而常有争执者,一为相见礼节,一为行文程式。其故固由于双方礼俗颇不相同,而特别由于当时之政府犹欲以属邦视外国,而在外国则其先诚不甘自屈于属邦。往后则其外交官员更欲凌驾中国官吏之上,故当时中国与外国所订条约,有一特异之点,即将此两项竟用明文规定。宗棠在闽浙总督任内,对是项问题,与福州英国领事贾禄,尝有一度争议。贾禄以宗棠对彼行文用札,甚为不满,且责宗棠接见时,为何不开门鸣炮。按此处所谓开门,系指清代衙署正中之大门。彼先向通

---

①　《左文襄公奏稿》卷十二页38—39《请禁驻厦洋官私交发逆折》,页60《舟师缉获通贼洋匪折》。《左文襄公书牍》卷七页23《答徐树人(宗幹)》,页24《上总理各国事务衙门》。

②　《左文襄公奏稿》卷十二页60—61《舟师缉获通贼洋匪折》。

③　《左文襄公奏稿》卷十二页60—61《舟师缉获通贼洋匪折》。

④　《左文襄公奏稿》卷十二页63—64《中外各员拿获通逆洋匪折》。

⑤　《左文襄公奏稿》卷十三页11—12《搜获洋人济逆枪炮军火折》。

商局表示,总督行文外国领事,应按上海与广东办法,用照会,不应用札,文中应称贵领事,不应称该领事。又谓外国领事见各省将军督抚,均开门鸣炮,福建何独不然? 通商局答以总督行文外国领事,系遵照约章,盖因外国领事与中国道员并行,故督抚不能不用札,而接见时亦因此不能鸣炮开门。宗棠见贾禄,亦为言之。贾禄终不服,请由本国公使向总理各国事务衙门交涉,总理衙门据以询宗棠,宗棠覆以:

> ……向来各省将军督抚行文各国领事,遵约用札,领事用申陈。前此在浙,及入闽以后,遇有外国领事公文,皆用札,各领事亦以分所当然,并无异议。至广东、上海如何加礼之处,则闽浙无所闻也。从前和约,迫于时势,不得不然,条约既定,自无逾越之理。若于定约之外,更议通融,恐我愈谦,则彼愈抗,我愈俯,则彼愈仰,无所底止,惟有守定条约,礼以行之,逊以出之,冀相安无事而已。……①

等语。以后贾禄屈于条约,行文宗棠,循用申陈。然今按宗棠书牍,其致外国领事函,有用"闽浙总督左径覆者"字样者,则想为非公式之函,为宗棠所别创之体裁。平心论之,各省督抚行文外国领事用札,称该领事,以及外国领事行文督抚用申陈,固不如彼此互用照会之妥适。惟既为条约所规定,自未便遽改,转贻口实。宗棠所云,不能不谓为义正辞严。至相见仪式,总当在不卑不亢之间。开门鸣炮,原可不必,而如贾禄所言,上海、广东当必先有行之者,此为当日若干不肖官吏之媚外,殊可慨也。抑季芝昌《感遇录》云:

> 英夷数人住福州,向与督抚抗礼。每至署,则启中门,踞上座,并款以小食,出则亲送如敌体之仪。余以枢密出督,不忍为也。壬子咸丰二年(1852)三月,其副领事韦诗岩,翻译星察偡,阑入宅门求见。余令中军怀他布坚拒,自未刻至戌刻,良久,并命不与茶烛,署前聚千余人,探知总督不见夷人,伺其出,群拾瓦砾击其肩舆,夷颇丧气,由小路而逸。

可见英人在福州,骄横已久,亦久为督抚者所不满也。②

---

① 《左文襄公书牍》卷八页 49—50《上总理各国事务衙门》。

② 《左文襄公书牍》卷七页 14《答美里登》。季芝昌,字仙九,江苏江阴人,道光十二年(1832)一甲三名进士,官至闽浙总督,咸丰十年(1861)十一月卒,著述有《丹魁堂自订年谱》《感遇录》《外集》《诗集》。季芝昌《感遇录》(附《丹魁堂自订年谱》后)。

# 二十　东征经费

　　清廷征讨太平军，先后历十五年，共用兵费几何，此当为最难答复之问题。据王闿运《湘绮楼日记》，计银二万八千余万两，钞七百六十余万两，钱八百十八万贯，[①]固不知何所根据。今考诸载籍，惟当时统兵大员或战区地方长官文集、奏疏或政书等，载有此项报销者，尚可钩稽一二，要未能获取一总共之数也。即就左宗棠所部用于太平军之经费而言，亦无法求知一总数。盖在未入浙以前，系归曾国藩并案报销，无法划分。入闽以后，因奉调陕甘总督，由继任之闽浙总督报销，无可稽考，今尚能查悉者，惟在浙江之一部分而已。

　　宗棠系于咸丰十一年（1861）十二月督师入浙，截止同治三年（1864）六月全浙肃清，计用兵两年有半，下录经办报销之浙江布政使杨昌濬之详文，可显示当时筹措款项与应付开支之概况：

　　　　所有军需，其时全浙糜烂几尽，本省万无可筹，多赖外省接济。而外省亦各有军务，又道路多阻，批解不前，以致浙省军需，短绌万状，积欠甚多。前兼署抚宪左设法筹济，奏开米捐，遴派委员，分地劝办，并采买米盐茶笋，转输接济，虽薪粮积欠仍多，而本司等躬在行间，目睹艰

---

难，时以开谕众军，各知感奋。全省以次克复，遴委州县，筹给钱米，招徕流亡，商贾渐集。因整顿盐课、牙厘，规复宁关税务，复体察始终保全及最先收复地方，或动碾仓谷，或酌量启征及提查咸丰十一年(1861)征存未解银款，并声明大义，剀切捐输，兼筹并计，辗转补苴。

至支放各款，薪粮为大，悉照楚军定章，核实支给，逐月皆有欠款，积压甚巨。次则招募资遣整装川费。又次则采办制造军火器械及转运各经费，购置并仿造洋枪炮、洋药、火帽各价值。而浙省襟带江湖，水师炮船，最关紧要，设厂赶造，费亦不资，皆以饷项支绌，核实急需，方准支发，仍力求撙节。而其中制造、采办两项，亦多借挪挂欠。又弁兵亡伤赏项，亦查照楚军定章，分别支给。其完善各标营与满绿各营，续奉旨简放大员，及陆续补署各员弁，奉文收伍各勇丁，分别额支防剿廉俸薪粮等项，随营差遣文武员弁、书识、夫役，并投诚随剿各营，所有一切支款，均不容稍有冒滥，而亦随时照常放给，以资口食，业已竭蹶日滋。又凡克复一城，即须遴委正佐各员，前往署理，抚绥弹压，难使枵腹从事，亦须酌给半廉，以为办公经费。其地方例支各项，如元年(1862)春季克复者，夏季即应酌量拨给，以免旷误。或新复地方邻近贼烽，尚多伏莽，大军进剿他城，不能分兵驻扎，复须配募壮勇，以资防守。各属驿站，均已被毁，其时各军分道攻剿，文报不容稽迟，必须赶紧补设，并照例分设腰站，以资接递。而抚恤难民，掩埋暴骨，尤不可缓，虽饷项匮乏异常，亦必查照例案，酌量缓急，分别筹办。……

盖其时宗棠以浙江巡抚督师，后迁闽浙总督，仍兼浙江巡抚，负有地方之责，故有权直接征收地方赋税，以裕军用，而其开支中，亦包含不少地方行政经费也。[①]

关于办理军需机构，宗棠初入浙，多恃后路之接济，故在江西之广信，设立后路粮台，转输外省协饷。并在玉山设立转运局，以便接运。而福建向在浦城设有援浙粮台，支应援浙各军。及浙东肃清，师行愈远，而宗棠又被命为闽浙总督，统辖两省，遂在衢州设立闽浙总粮台，以便就近供应军实。其

---

① 《平浙记略》卷十四页91。

浦城粮台,则改为转运局,专司转运福建饷需焉。①

宗棠治事,综核名实。对于军费,固未尝丝毫沾染,亦未容丝毫虚耗,驰驱三载,无日不在撙节之中。其开支有用现银者,有用米谷者,则因劝办捐输,有直接捐纳米谷者,即直接拨放米谷,不复作价列账也。

其各项收支曾奏报如下:

自咸丰十一年十二月楚军入浙之日起,截至同治三年六月止,共用兵两年有余,计收各省协饷银二百九十七万八千一百五十四两零;咸丰十一年、同治元、二两年,地丁屯饷正耗银四十七万一千九百六十一两零;又咸丰十一年至同治三年漕项正耗银六万六千五百三十四两零;各年契税、杂税、学租存留福建及温处等府属芽茶、乡饮、岁贡、旗扁等款项银六千六百六十六两零;蕃库拨济军饷银三十八万两;盐课银九万一百四十九两零;宁绍关拨解银四十二万三千八百二十八两零;本外省米捐银七十三万五千三百七十三两零;本省捐输银七十一万八千四百五十八两零;江北、上海捐输银二十万八千八百二十五两零;本外省各厘捐银一百三十九万九千九百七十八两零;牙帖捐项银九万九千五百六十九两零;各营兵勇截旷银三万八千七百十七两零;采买米谷、茶笋变价赢余银四万四千七十二两零;支放制造、采办各款平余银九千九百十一两零;宁、绍绅捐代赔前护关道段光清海关短征税银四万八千四百七十五两零;前闽浙总督耆发抚恤银一千两;奉旨查抄革员家资银八千一百八十三两零。咸丰十一年、同治二、三年,南米五万三千八百二十六石五斗九升九合八勺;各属仓谷碾米七千一百六十四石九斗九升三合五勺;江西等处拨解捐米五千三石八升,采办兵米除扣价外赢余暨出斥米一万九千七百五十三石二斗七升二合;采办出斥谷五千七百十四三石二斗三升。共收银七百七十二万九千三十八两二钱五分三厘零;米谷九万一千四百六十二石一斗五升五合三勺。

支楚、湘暨闽、粤各军兵勇口粮银五百八十三万三百十三两零;满、绿营额支员弁兵丁廉粮、马乾各项银七万八千四百六十二两零;带兵大员补支停廉银六千七百十七两零;随营文武弁员薪水、书役工饭食纸张等项银四万九

①　《左文襄公奏稿》卷一页 33《官军入浙应设粮台片》,卷六页 10—11《请设闽浙总粮台折》。

千四百七十七两零；招募各营勇夫安家整装、沿途口食川资银十五万一千四百五十七两零；随营攻剿、投诚勇丁盐粮及裁撤资遣各勇川资银二十一万八千二百五十四两零；阵亡故伤各员弁勇丁恤赏银三十六万五千七百三十八两零；制造、仿造军火及制造一切器械、账房各项银二十万二千一百九十五两零；兴造战船并各项运船、雇用渡船等费银三万三千七百六十一两零；采买马匹、硝磺、铜铁、药材、油烛、纸张等项银十八万八千三百十八两零；运解军火、军米、军装、饷鞘、木料及押运员弁水脚夫价等项银十九万三千二百六十六两零；通省官员并卫所各员廉银十二万六千五百二十四两零；地方例支各款及雩祭、昭忠祠祭祀，囚粮不敷等项银五万八千一百八十九两零；各属设立腰站银四万一百九十六两零，随营工匠及粮台各局护勇长夫粮银一万一千八十九两零；抚恤各项银十七万二千九百十六两零；同治二年，各大员衙门书吏心红纸张银八百三十两零。支军需兵米及团练抚恤等米八万二千八百九十九石零；种籽谷五千七百十四石零。

收支相抵外，存银一千三百三十两零；存米二千八百四十八石零。[①]

上述银钱、谷米均有非军事支出，如果剔除，纯用于军事者就更少了。以上均指由宗棠大营直接支放者而言，此外尚有归温州、处州、宁波各府属直接支发之军事费用计银五十九万五千五百零一两，米五千一百八十七石。[②]

在杭州未失陷前，清廷核准各省协拨浙江等饷，广东每月银五万两，江西、湖南、湖北各每月银三万两。宗棠督师入浙，复奉准由粤海关协拨每月银十万两，闽海关协拨每月银三万两，合计每月二十七万两。[③] 若以二年半核算，应可共收银八百十万两，今实收不足三百万两，其原因大抵实属无力，而意存漠视者，当亦有之。反观宗棠自办之捐输与厘金，却共收银三百余万两，故当时统兵大员不得不一面治军，一面自行筹饷，良以求人不如求己也。

东南各省，固为中国财赋所聚，顾历经太平军之战乱，公私盖藏，早已耗竭。而以浙江一省为尤甚，盖郡县城池之仅存者，惟定海、石浦、龙泉、庆元、

---

① 《平浙记略》卷十四页 11—13。
② 《平浙记略》卷十四页 14。
③ 《左文襄公奏稿》卷二页 6—8《沥陈饷项支绌情形折》。

泰顺、衢州诸城,以外遍遭蹂躏。温州先被"会匪"肆扰,尤几无完土。宗棠临此残破之区,复地愈广,用兵愈多,用兵愈多,需费愈繁,需费愈繁,欠饷愈巨。宗棠虽本人不支廉俸,家用仅年给二百两至四百两,[①]然所部仍常在饥饿线上,兹将宗棠奏报欠饷情形,摘记于下:

同治元年(1862)四月云:"臣军未入浙之前,已欠饷六月,入浙以来,合之旧欠,仍六七个月不等。"

二年(1863)正月云:"现在各军积欠之饷,已九个月。"

三年(1864)十月又云:"臣军饷需,截止本年二月底止,积欠或七八个月至九十个月不等,至今未能清理,新饷又欠两个月。"[②]

于是在全浙宣告肃清之后,不得不急于裁兵,然裁兵须补发欠饷,并酌给川资,每营又须银二三万两,仍有待筹措。故截至同治三年(1864)六月,宗棠在浙所辖各军,尚积欠饷银八万六千七百十一两,恤赏银八千七百四十四两。在如此情形之下,惟有以宗棠之廉洁公诚维系军心矣。[③]

---

① 《左文襄公奏稿》卷二页 39《豁免浙江钱粮折》。《左文襄公牍》卷六页 26《答徐树人(宗幹)》。《左文襄公家书》卷上页 34。石浦,今三门。

② 《左文襄公奏稿》卷二页 6《沥陈饷项支绌情形折》,卷四页 21《沥陈饷项支绌片》,卷十一页 24《请将协济杨岳斌赴甘行资抵解甘饷折》。

③ 《平浙记略》卷十四页 8。

# 二十一　协剿西捻

左宗棠为闽浙总督之第四年,方竭力整饬吏治、财政、军制,忽奉命调任陕甘总督,将负责绥靖甘肃境内汉回相仇之变乱。同治五年(1866)十一月,宗棠去福州省城,取道江西、湖北,遄赴新任,所谓"直从瓯海指黄河,万里行程枕席过"者,正足为此征途写照。途次,复奉命促先督剿西捻,并肃清陕境,然后乘胜入甘。①

何为捻?《湘军志》有曰:

> ……捻之为寇,盖始于山东,游民相聚有拜幅,有拜捻,盖始于康熙时。其后捻日益多,淮徐之间,因以一聚为一捻,或曰,其党明火劫人,捻纸燃脂,因谓之捻,莫知其本所由也。……②

《湘军记》亦有曰:

> 捻之患,不知其所自始,或曰乡民行傩逐疫,裹脂燃膏为龙戏,谓之捻。其后报仇吓财,掠人勒赎,浸淫为寇盗,或数人为一捻,或数十百人为一捻,白昼行劫,名曰定钉。山东之兖、沂、曹,河南之南、汝、光、归,

---

① 《同治东华录》卷五十八页13,卷六十页17、页19、页21。《左文襄公奏稿》卷二十页58《恭报起西征起程日期折》,页85—89谕旨。《左文襄公诗集》页6《崇安道中》。

② 《湘军志》卷十四《平捻篇》页1。淮安府,今江苏之淮安、阜宁、盐城、淮阴、涟水、泗阳六县地。徐州府,今铜山、萧、砀山、丰、沛、邳、宿迁、睢宁八县地。

江苏之徐、淮，直隶之大名，安徽之庐、凤、颖、寿，承平时在在有之。……①

按陶澍在嘉庆十九年(1814)十二月为御史时，有一封奏，略谓：

> ……安徽之庐、凤、颖、亳，河南之南、汝、光、陈等处，向有匪徒，名
> 曰红胡子。原系白莲教匪漏网之人，间出偷窃，身带小刀，为防身之具，
> 人以其凶猛，故取戏剧中好勇斗狠、面挂红胡者名之。然匪徒闻之，犹
> 以为怒也。近则居之不疑，成群结队，白昼横行，每一股，谓之一捻子。
> 一小捻子数人、数十人，大捻子一二百人不等。恃有羽翼，或劫人资财，
> 或抢人妻女，或当街临市而喝人脱去衣裳，且剜人眼睛，谓之灭灯；刀扼
> 人颈项，谓之禁声；据险扼隘，突起抢夺，谓之打闷棍；皆以伙群日众，故
> 尔肆行无忌。……②

对于捻，更有详细之描写，捻之一名词，虽难得确解，而其散布之地区，与夫发展之历史，固已信而有征。

咸丰三年(1853)，捻首张洛行称兵于安徽涡阳之雉河集。太平天国既立，与通声气，封为沃王。后为僧格林沁所擒，其从子小阎王张总愚走山东，与太平天国遵王赖文光等结合，气焰仍炽。嗣僧格林沁阵亡，而太平军于江宁省城被攻克复散而之北者，多并入于捻，势益不可遏。迭由曾国藩、李鸿章等移湘淮军攻剿，均未奏效。同治五年(1866)八月，捻合趋中牟，复犯曹州，淮军要之巨野北，大破之。九月，捻南奔杞县，分两股东西走，由是有东

---

① 《湘军志》卷十六《平捻篇》页1。兖州府，今滋阳、曲阜、宁阳、邹、泗水、滕、汶上、阳谷、寿张九县地。沂州府，今临沂、郯城、费、莒、沂水、蒙阴、日照七县地。曹州府，今菏泽、单、巨野、郓城、城武、曹、定陶、濮阳、范、观城、朝城十一县地。南阳府，今南阳、南召、唐河、泌阳、桐柏、镇平、邓、内乡、新野、方城、舞阳、叶十二县地。汝宁府，今汝南、正阳、上蔡、新蔡、西平、遂平、确山、信阳、罗山九县地。光州直隶州，今光山、固始、息、商城四县地。归德府，今商丘、宁陵、鹿邑、夏邑、永城、虞城、睢、考城、柘城九县，及民权县一部分地。大名府，今大名、南乐、清丰、东明、濮阳、长垣六县地。庐州府，今凤阳、怀远、定远、凤台、寿、宿、灵璧七县地。凤阳府，今合肥、舒城、庐江、无为四县地。颖州府，今阜阳、颖上、霍丘、亳、涡阳、太和、蒙城七县地。
② 陶澍《陶文毅公全集(扬州刻本)奏疏》卷二十四页3—4《条陈缉捕红胡子折》。陈州府，今淮阳、商水、西华、项城、沈丘、太康、扶沟七县地。

西捻之目。任柱领东捻，赖文光附之，略山东。张总愚领西捻，入陕西①。宗棠奉命督剿之西捻，即张总愚所领一股也。

何谓陕甘汉回相仇之变乱？回居陕甘，远溯隋唐，其中心在陕为大荔，为渭南；在甘为宁夏，为河州。因种族、宗教、风俗及生活习惯与汉人在在不同，每相仇杀。此次之变乱，有如下述：

同治元年（1862）二月，太平天国将陈得才合捻叩武关。时捻未分东西也。三月，蓝大顺犯汉中。蓝，四川寇，而亦与陈得才勾结者也。陕境制兵，因调征在外，实力甚虚，于是议团练回人。四月，渭南回始受募为勇丁，任防御。乃闻警则皆散，有中道伐汉人家竹作矛者，被物主击毙其二人。于是议纠同族复仇，汉人亦集众图先发，回遂徙之渭北。会有咸丰五、六年（1856—1857）间在云南作乱之赫明堂、任五，潜匿大荔一带，阴肆煽诱。汉人侦知其且发难，将屠之。回佯与和而猝起戕杀。于是华阴、耀州、富平汉人，亦起而焚杀回民村堡及礼拜堂。回更戕团练大臣张芾与诸团练委员。五月，同州汉人屠城内回户，焚杀西安省城附近回人村落。七月，凤翔回亦肆杀汉人。由是到处仇杀，而回民势强，乱遍全陕。② 清廷命多隆阿移师督剿，未即至。又命成明、胜保先入陕。成明初接仗，即大败，胜保先胜后挫，且肆贪残，清廷乃又促多隆阿继之。多隆阿沿途击破陈得才与捻。入陕后，复屡破回，回事渐定矣。而蓝大顺犹寇陕南未已，且侵入甘肃之阶州等处。清廷以陕西巡抚瑛棨取巧畏事，擢四川布政使刘蓉继其任。蓉以湘军在川剿蓝大顺、石达开著绩，故清廷令先肃清陕南。蓝大顺遂窜盩厔，窥西安省城。多隆阿亲往围攻，寇枪子中其目，于是盩厔城破而多隆阿亦以伤重卒，回氛重炽。经刘蓉及多隆阿部将继续扫荡，复将平定。而五年（1866）十月，西捻首张总愚拥众入潼关，直逼西安省城。时乔松年继刘蓉为陕西巡抚，而刘蓉仍留助军

---

① 《湘军志》卷十七《平捻篇》页1—11，文中以张洛行为张乐行。《湘军记》卷十六《平捻篇》页1—17，文中以张洛行为张洛刑。僧格林沁，姓博尔吉特氏，蒙古科尔沁旗人，以札萨多罗郡主，积功封博多勒噶台亲王，同治四年（1865）五日，在曹州阵亡，谥忠。

② 《湘军记》卷十七《平回上篇》页1—5。杨昌濬《平定关陇记略》卷一页1—2。河州，今临夏。

务。十一月，击之城南，三十余营，全军覆没，回更与捻合，此陕回之变也。①

同治元年（1862）八月，甘肃固原回始叛。十月，河州、金积、狄道回继之。十二月，平凉汉回相屠杀，汉人更掘回教首领墓，此固回民呼为拱拜，认为神圣不可侵犯者，益视汉人为不共戴天之仇，怨恨莫解。三年（1863）五月西宁回叛。九月，金积回陷宁夏府城、灵州城。三年（1864）三月，庆阳府城亦陷。四年（1865）二月，肃州汉回又相仇杀，回陷州城，凉州、甘州回亦叛，乱遍全甘。兰州省城与西安省城间，仅秦州一路可通，与关外新疆，更音讯阻绝。陕甘总督熙龄驻陇东督剿，畏葸无能。甘肃布政使恩麟护总督，留兰州省城，与宁夏将军庆瑞、西宁办事大臣玉通，对回均一味羁縻，回则屡抚屡叛，势焰弥张。清廷乃以杨岳斌继陕甘总督，督湘军驰剿。时多隆阿部将穆图善、雷正绾、曹克忠等亦先后入甘攻取，始稍奏绩，嗣均作败局，所部多溃散。岳斌入甘后，亦受粮饷不给之厄，师久无功，浸至督标兵变，威望大损，甘回更与陕回合，回祸靡有已时，此甘回之变也。②

刘蓉、杨岳斌之湘军既先后挫损，清廷因复调左宗棠之楚军往。时陈得才之太平军已却退，蓝大顺之党亦击散。而甘肃土匪四作，且流入陕西，亦与回、西捻，时合时离，此外溃军、饥民，以及汉人之奉回教者，又夹杂其间，

　　① 《湘军记》卷十七《平回上篇》页5—30。《平定关陇记略》卷一，卷二，卷三页1—35。刘蓉《刘中丞奏议》（长沙思贤讲舍刻本）卷十九页10—11《回捻回窜陕境疏》，卷二十页16—20《条报逆捻回窜临渭官军中伏挫衄疏》。张芾，字小浦，陕西泾阳人，道光十五年（1835）进士，官至江西巡抚，同治元年（1862）四月遇害，谥文毅。成明，姓叶赫那拉氏，满洲镶蓝旗人，时为直隶提督，后官至镶黄旗蒙古副都统。胜保，姓苏完瓜尔佳氏，字克斋，满洲镶白旗人，道光二十年（1840）举人，官至内阁学士，兼礼部侍郎，同治二年（1863）三月以淫暴被劾，赐自尽。多隆阿，姓呼尔拉特氏，字礼堂，蒙古正白旗人，僧克林沁部将，官至西安将军，同治三年（1864）四月卒于军，谥忠勇，一生事迹载《多忠勇公勤劳录》。瑛棨，姓郑氏，原名瑛桂，汉军正白旗人。乔松年，字健侯，号鹤侪，山西徐沟人，道光十四年（1834）进士，官至东河提督，光绪元年（1875）卒，谥勤恪，著述有《乔勤恪公奏议》、《纬𪉇诗文集》等。同州，今古荔。汉中，今南郑。

　　② 《平定关陇记略》卷一页37—70，卷二，卷三页1—36。《湘军记》卷十七《平回上篇》页12—31。熙龄，姓富察氏，字艳云，满洲镶黄旗人，道光进士，同治三年（1864）十月卒，谥忠勤。恩麟，字仁峰，满洲镶黄旗人。穆图善，姓那哈塔氏，字春岩，满洲镶黄旗人，官至福州将军，光绪十三年（1887）七月卒，谥果勇。雷正绾，字纬堂，四川中江人，所部号精选营，官至陕西提督，光绪二十三年（1897）卒。曹克忠，字荩臣，直隶人，官至广东水师提督，光绪二十二年（1896）四月卒，谥果肃。灵州，今宁夏之灵武。西宁，今属宁夏回族自治区。狄道，今临洮。巩昌，今陇西。肃州，今酒泉。凉州，今武威。甘州，今张掖。秦州，今天水。

构成一片离乱世界。

同治六年(1867)正月,宗棠行抵汉口,驻军后湖,又被授为钦差大臣。湖广总督官文,适为湖北巡抚曾国荃所劾罢,清廷遂命即以官之所遗钦差大臣关防,授与宗棠。时东捻由山东回窜河南、湖北,而在陕西之西捻,则已为曾国藩所遣刘松山之老湘军等十七营驱之渭河以北。山西按察使陈湜主黄河之防,晋陕间水陆数千人,清廷命宗棠节制其军。宗棠所部随行者,仅三千人,此外命刘典募旧部三千人,至是,见贼踪蔓延甚广,请加募六千人。而宗棠尝谓"塞上用兵,制寇之步宜用马,制寇之马宜用车"。因更一面募练马队,一面创制炮车。二月间,部署既定,先后分三路入陕。宗棠自统楚军,由樊城趋潼关;刘典部克勇,取道荆紫关,出蓝田;高连升部果勇,由襄阳溯汉水,至旬阳登陆,以顾兴安与汉中。惟宗棠因沿途拦击东捻,觅雇运输工具困难,又天热多雨,故抵潼关已在六月间。刘典先抵蓝田,连升续抵旬阳。岳斌先奉准解职,由宁夏将军穆图善兼署陕甘总督。[1]

西捻既被驱至渭北,盘旋于蒲城、富平、高陵、渭南之间。宗棠之战略,将限之于泾、洛二水之间而歼灭之,不容其南窜入河南或湖北,与东捻合,并不容其渡河入山西,危及畿疆。惟同时甘肃之回,乘机趋陕西之西、北两边,而陕西之回,亦有向西而趋者,并与土匪勾结,声势均甚盛。宗棠西征最初之使命,本为"剿回",因西捻既入陕,势不能不先剿捻。然欲先剿捻而不容其东窜山西,南窜河南、湖北,则又势在迫之西驰而与回合,故仍须分军"剿回"。于时刘松山统万余人,郭宝昌统卓胜军三千人,刘厚基统三千人,原在剿捻,则仍责以剿捻,而指刘典所部五千人,分驻同官、耀州、三水,责以剿土回各匪。连升所部五千人,本以共同剿捻,而为回牵于宜君一带,遂即责以"剿回"。黄鼎所部彝军三千人,屯邠州,亦专任"剿回"。别以楚军杨和贵、周金品三千余人屯凤翔,周绍濂三千余人屯宜君。另亲兵营三千余人,水师

---

[1] 《同治东华录》。《左文襄公奏稿》卷二十一页 18—19《敬陈筹办情形折》,页 54—55《由鄂启行折》,页 61—62《陈明行期未能迅速折》,页 69—71《随州追贼出境克期入关折》,卷二十二页 1—3《督军分道入关折》,页 7—9《覆陈筹办情形折》,页 11—12《分道入秦妥筹办理折》。《平定关陇记略》卷三页 51—55。《湘军记》卷十七《平回上篇》页 7—9。刘松山,见六十九节。陈湜,字舫仙,湖南湘乡人,官至江西布政使,光绪二十二年(1896)四月卒,著述有《病榻述旧录》。兴安,今安康。

一千人，马队一千余人，分布华州、华阴、潼关、渭南、临潼之间，均责以兼讨捻回。对于渭河沿岸，则令吴士迈以宗岳军一千余人防之。其黄河对岸，分为三段，自归绥至河曲保德州，为西北岸；自保德州至永济，为西岸；自永济至垣曲，为南岸。西岸仍责陈湜防守，西北岸请大同镇拨兵协防，而受陈湜节制。并以寒冬且至，冰桥将成，山西河防过弱，又请增募八营。南岸则请河南巡抚拨兵船防守。然回由西而东，凡千里，捻由南而北，亦千里，用兵颇困难。仅就捻言，先截之泾水，旋逼之北山，既在后追剿，更迎头绕击，均未克大捷。驯至延川、绥德两城，一陷再陷，宗棠自请处分，部议革职，优旨留任。已而厚基复延川，松山复绥德，刘典、连升频破回于宜君，稍稍见功。乃一夕南风骤起，黄河冰桥成，张总愚突由壶口渡河而东，惟张总愚初入陕有众六万，此时则已约剩三万矣。①

同治六年(1867)十一月二十三日五鼓，张总愚入山西，连陷吉州、乡宁二城。宗棠命松山、宝昌追踪而往。刘、郭两军风驰电掣，次日即抵渡口，诸捻犹有未渡者，先击散之。于是全师而济，攻复吉州城，追退陷踞乡宁之捻，复驰赴洪洞一带，绕出捻前，大破其众。捻窜河津、稷山两城，刘郭两军又一击而围解。捻复走闻喜、曲沃、绛县。宗棠加派喜昌、全福，共带马队一千七百，由潼关而渡，取道泽州、潞安，绕出捻前，冀与刘、郭两军合歼之于山西与河南之交。一面宗棠筹备亲往指挥，命帮办陕甘军务刘典代主陕境军事。嗣开缺陕西巡抚乔松年，刘典遂继其任。十二月中，宗棠督所部约五千人，亦由潼关渡，然张总愚已先数日由垣曲而东，折入河南之济源。宗棠察其趋势，必铤走直隶，上侵畿辅，决计先趱程北行，然后向南驱逐。捻果由济源迤

① 《左文襄公奏稿》卷二十二页17—18《筹议山西河防事宜折》，页20—24《剿捻三胜折》，页40—42《剿捻获胜奉檄各军大举截剿折》，页76—78《逼围捻逆窜入北山现筹剿办折》，页83—88《捻逆分股狂奔截剿获胜折》，卷二十三页2—4《遏逆东窜折》，页26—30《捻逆连陷州县折》，页53—54《延绥两城失守后察探回捻踪迹片》，页67—68《捻逆渡河入晋折》，卷二十四页42—43《补报克复绥德折》。《平定关陇记略》卷四页53—54。《湘军记》卷十七《平回上篇》页33—34。郭宝昌，字善臣，安徽凤阳人，官至安徽寿春镇总兵，光绪二十六年(1900)卒。刘厚基，字雯堂，湖南耒阳人，官至陕西延榆绥镇总兵，光绪三年(1877)卒，在陕事功，载《图开胜迹》。黄鼎，字彝封，四川崇庆人，积功保至按察使，官至陕西陕安道，光绪三年(1877)六月被叛弁所戕，一生事迹载《彝军记略》。周绍濂，字莲池，湖南宁乡人，积功保至提督，官甘肃肃州镇总兵。吴士迈，见七十节。同官，今铜川。三水，今旬邑。归绥，今呼和浩特市。壶口，即龙门，一名龙门汕，北岸属山西荣河县，南岸属陕西韩城县。

东至新乡，更长驱入直，以达定州，并以游骑犯保定。幸松山先期抵达，已有戒备，未被深入。于是山西境内肃清，而严重之局势转移于直隶、河南之间。已而宗棠行抵获鹿，奉诏节制宋庆、张曜、程文炳等前敌诸军。①

张总愚之始犯保定也，朝野大震，清廷为出神机营屯涿州。而此时清廷所简督师大员，凡为内大臣三，总督一，巡抚三，侍郎二，将军一，号令颇不齐，于是又以恭亲王节制各军。宗棠进至保定，适官文为直隶总督，两人本积不相能，而相见之下，宗棠以为官文有地方之责，不宜出境。彼年龄又少官文十七岁，当商请官文坐镇保定，由彼亲赴前敌。自是捻常在保定以南千数百里间驰骤奔突。始尝欲南趋河南之怀庆，再入山西；复尝欲东至滑县与直隶大名南龙王庙，渡卫河而西。虽以宗棠多方剿截，其志不售，要亦未获稍杀其势。惟尝击毙张总愚胞弟张二，义子张和尚及张洛行胞侄张五孩，为一小收获。盖捻人各有骑，或更一人多至三骑，而官军步队多于骑兵，故追奔常落后不相及。如是相持至同治七年（1868）四月，张总愚忽由直隶之开州，折入山东。溯自西捻东窜，负责将领均受严谴，宗棠被降革之处分。张总愚之得踏冰桥渡河长驱也，由于山西河防不固，宗棠原拟增募八营之会奏稿，山西巡抚认为不急之务，搁置一个月始缮发，奉旨照准后，又搁置许久，始实行招募，更阅两个月而募勇始到，时则张总愚且入山东矣。然宗棠绝不

① 《左文襄公奏稿》卷二十三页 67—68《捻逆渡河犯晋折》，页 70《沥陈入晋缘由片》，卷二十四页 3—6《官军入晋剿逆叠胜折》，页 16—17《黄河西岸各匪合扰郇阳等处先筹痛剿折》，页 18—20《官军入晋剿捻屡胜折》，页 52—53《恭报率师入晋日期折》，页 55—56《捻逆东窜经筹截剿情形折》，卷二十五页 1—3《吉林马队剿捻大胜折》，页 11—12《师行遇雪拟取道固关南趋截剿折》，页 15—16《追军获胜已抵祁州折》，页 17—18《行抵获鹿折》，页 22—23《总统现到各军折》，页 26—28《谨拟分别防剿机宜折》。《湘军志》卷十四《平捻篇》页 14—15。《湘军记》卷十六《平捻篇》页 26—27。宋庆，字祝三，山东蓬莱人，所部号毅军，官至四川提督，光绪二十八年（1902）正月卒，谥忠勤。张曜，字朗斋，直隶大兴人，原籍浙江钱塘，所部号嵩武军，官至山东巡抚，光绪十七年（1891）一月卒，谥勤果。程文炳，字从周，安徽阜阳人，官至长江水师提督，宣统二年（1910）卒，谥壮勤。喜昌，字桂亭，满洲镶白旗人，官西宁办事大臣。泽州，今晋城。潞安，今长治。保定，今河北清苑。

声辩、推诿,甘受处分。①

　　先是李鸿章驻山东之济宁督剿东捻,已于同治六年(1867)十月擒斩任柱于江苏之赣榆。十二月,又擒斩赖文光于扬州,东捻全股荡平。乃西捻东窜,于是鸿章又奉命北援。西捻既入山东,清廷更以鸿章总统前敌各军,责宗棠就山东、直隶交界处所扼扎。而张总愚又已渡运河而北,直犯天津。顾张总愚至此,不啻自投陷阱。鸿章仍用扑灭东捻之策,圈之于减河之南,黄河之北,运河之东,大海之西,而尤注意于运河与减河,就河之左岸,兴筑长墙,河之右岸,挖掘长壕,以陷戎马之足。旋又增防马颊河,蹙之河南,作为内圈,各军分段合围。宗棠与驻天津之三口通商大臣崇厚所负责地段,系缘运河东岸,由德州以达沧州。于是宗棠常往来吴桥、连镇两处,相机扼剿,时有斩获。初,张总愚犹豕突狼奔,不稍屈。然往来不出数百里,无法突围,不三月而气渐馁,势渐蹙,部下降者日众。仅松山一处,已受降七千之多。至七年(1868)六月初,张总愚率残部由商河、济阳而趋临邑、清平、博平,卒至茌平,官军四面围之。会大雨,徒骇河水盛涨,诸军迫之河边,张总愚穷无复之,赴水死,西捻平,而距宗棠入陕,亦已一年矣。清廷命宗棠晋太子太保衔,开复降革处分,并交部照一等军功议叙。②

　　张总愚之渡河而东也,因松山、宝昌两军追击神速,故余捻之被截留于

---

　　① 《左文襄公奏稿》卷二十六页5—7《官军在濮渡河南北剿捻获胜折》,页17《附保投诚之张振远片》(击毙张三及张和尚),页21—22《逆首张五孩伏诛折》,页23《捻逆窜过漳河片》,页25—26《截剿捻逆获胜折》,页26—29《追捻叠胜折》,页40《各军合剿大胜片》,页46—48《官军续胜折》,页49—50《官军剿捻大胜折》。《左文襄公批札》卷二页17《浙江补用道李耀南禀六塘疏防被劾由》。《湘军志》卷十四《平捻篇》页16。《湘军记》卷十六《平捻篇》页27。恭亲王,名奕䜣,宣宗第六子,光绪二十四年(1898)四月卒,谥忠。怀庆,今沁阳。开州,今河南濮阳。

　　② 《左文襄公奏稿》卷二十七页1—2《官军由德州驰赴天津截窜折》,页4—5《贼由天津静海折窜折》,页8—9《驰抵吴桥会剿折》,页10《各军追贼获胜片》,页14—15《追贼入直折》,页19—20《追贼小胜贼逼出山东运河折》,页28—30《现筹防剿情形折》,页35—38《防军追贼连胜折》,页41—43《捻窜直隶折》,页46—50、页19—20《剿贼叠获大胜折》,页56—58《截剿窜贼大胜折》,页61—63《截剿窜贼安置降众折》。《左文襄公书牍》卷十页41—43《与李少荃(鸿章)》。《李文忠公奏稿》卷十三页30—34《贼向东窜与左宗棠筹商夹击折》,页41—43《兜剿获胜并布置大略折》,页61—62《议防马颊河就地蹙剿折》,卷十四页19—21《张总愚全股荡平折》,页22—24《李明张总愚实已投水淹毙直东肃清折》。周世澄《淮军平捻篇》(申报聚珍版)卷八页31—卷十页6。《湘军志》卷十四《平捻篇》页16—17。《湘军记》卷十六《平捻篇》页28—30。崇厚,字地山,满洲人,举人,官左都御史。连镇在吴桥县城西北四十五里运河渡口。

西岸者,犹不下万人。自此游弋于澄城、韩城、宜川、郃阳境内,由刘典督厚基、连升等剿办。同治七年(1868)四月,张总愚由开州渡运河以入鲁,陕捻亦由葭州企图渡黄河以入晋,而为河东防军所击退。时韩城、澄城、郃阳已肃清,诸捻合溃勇三百余人,土匪三千余人,复裹胁难民万余人,集中于宜川之云岩镇,将镇上旧城加修坚固,挑浚壕沟,扎木城一围,并在上坡修茸寨堡一座,其地距黄河西岸仅八九十里,仍窥伺山西,抢渡合队。五月,刘典益饬刘端冕会诸军进攻,历半个月,卒克坚城,擒贼五千余人,遣散被虏男妇四千余人,夺获粮食数千石,骡马千余匹,耕牛百余头,旗帜、枪炮、军械无算。自是留在陕西之西捻,无复大股,其漏网者,六月间又在延川之枣榆湾被擒斩三百余名,七月间,在西沟被擒斩二三百名,在王家河被擒斩二百三四十名,于是余党亦完全扑灭矣。①

① 刘典《刘果敏公奏稿》卷三页10—11《添营进驻绥德州折》,页37—40《覆陈北路官军已逼云岩镇城下折》,页43—45《攻克云岩镇折》,卷四页29《北山防营剿贼获胜片》。《平定关陇记略》卷四页68、页73—76,卷五页13、页19、页34—35。刘端冕,字元尊,湖南宁乡人,统领楚军前路各营,积功保至提督。

# 二十二　五年期之平定陕甘

　　同治七年(1868)七月，左宗棠奉召入觐，赐紫禁城骑马。[①] 宗棠以举人赏京卿，峻擢督抚，前此固未尝在京服官，故殿廷瞻对，此犹为第一次。时庙堂谕宗棠迅速西征，并询以陕甘变乱，何时可定。宗棠念陕甘之事，筹饷难于筹兵，筹粮难于筹饷，筹转运尤难于筹粮，非二三年所能为功，则对以五年为期。[②] 退后复数陈困难之情形凡八：

　　……地方荒瘠，物产非饶，一也；

　　舟楫不通，懋迁不便，二也；

　　各省虽遭捻逆、发逆之害，然或旋扰旋复，或腴区被扰，瘠地犹得保全，或冲途被扰，僻乡犹能自固。陕甘则汉回错处，互相仇杀，六七年来，并无宁宇，新畴已废，旧藏旋空，搜掠既频，避移无所，三也；

　　变乱以来，汉回人民，死亡大半，牲畜掠食鲜存，种艺既乏壮丁，耕垦并少牛马，生谷无资，利源遂塞，四也；

　　兵勇饷数，各省虽赢缩不同，然日食所需，尚易点缀，以粮价平减，购致非难也。陕甘则食物翔贵，数倍他方，兵勇日啖细粮二斤，即需银

---

　　① 《左文襄公年谱》卷四页48。
　　② 《左文襄公书牍》卷十页28《答潘琴轩(鼎新)》，卷十一页12《答李少荃(鸿章)》。《左文襄公书牍》卷十一页6《与英香岩(翰)》，页9《答沈幼丹(葆桢)》。

一钱有奇,即按日给予实银,一饱之外,并无存留,盐菜衣履,复将安出,五也;

各省地丁、钱粮之外,均有牙厘杂税,捐输各项,勉供挹注。陕西厘税,每年尚可得十万两内外,甘省则并此无之。捐输则两省均难筹办,军兴既久,公私交困,六也;

各省转运,虽极繁重,然陆有车驮,水有舟楫,又有民夫,足供雇运。陕甘则山径荦角,沙碛荒远,所恃以转馈者,惟驮与夫。驮则骡马难供,夫则雇觅不出,且粮糗麸料,事事艰难,劳费倍常,七也;

用兵之道,剿抚兼施,抚之为难,犹甚于剿。剿者,战胜之后,别无筹画。抚则受降之后,更费绸缪。各省受降,惟筹给资遣散,令其各归原籍而已。陕甘则衅由内作,汉回皆是土著,散遣无归,非筹安插之地,给牲畜、籽种不可。其未及安插之先,非酌筹口食之资不可,用费浩繁,难以数计,八也……。[1]

然此五年之期,在上者望治情殷,犹以为久,而在野者深知其事之艰巨,犹以为骄。[2]

前已述之,宗棠在直东追剿西捻时期,留刘典在陕,主持剿土匪、"剿回"。清廷又以金顺为宁夏将军,驻陕北边外,协同防剿,故西捻平而陕境变乱亦已稍戢。于是宗棠展觐既毕,即于八月出京,十一月抵陕,准备完成其最初"平回"之使命。[3] 然对回之剿抚,意见颇有参差。如署陕甘总督穆图善,西宁办事大臣玉通,均主抚不主剿,以为剿益激变。宗棠则奏陈其先剿后抚之主张:

……自来办贼之法,剿抚兼施。然回性犬羊,知畏威而不怀德,办理次第,与他贼正有不同。办他贼,先剿后抚,办回则必以抚为先。盖回之所借为乱端者,汉与回有异视也。非宣布朝廷德意,不分良匪,不分汉回,则贼有辞以胁其党众,将剿不胜剿。然若一于主抚,贼必以抚

---

[1] 《左文襄公奏稿》卷二十八页48—49《陕甘饷源奇绌请指拨实饷折》。
[2] 《左文襄公书牍》卷十一页6《答英香岩(翰)》,页51《与吴子俊(观礼)》。
[3] 《左文襄公年谱》卷四页51。金顺,姓伊尔根觉罗氏,字和甫,满洲镶蓝旗人,官至伊犁将军,光绪十二年(1886)六月卒,谥忠介。

愚我，阴集其党众，蚕食汉民，又将抚不可抚。窃恐渐渍既久，势不至如云南抚回，为回所制不止。臣前疏所言，攻心为上者，窃以为大局虽终归于抚，然非俟其畏剿之极，诚心乞抚，则未可漫然允之。……①

按宗棠先尝有谕回告示，声明西征目的，不分汉回，只分良匪，期与西土百姓相见以诚，并将应抚良民，应剿匪回，分别列举，俾自别白：②

应抚良回：

回匪倡乱之时，有深明大义，洁身远避，并晓示族党，俾知安分守法，不与同乱者，此良回之尤良也。非但妥为安辑，并请旌奖，以示优异。

其衣冠世族，富饶之家，及素安本分，有声望者，被匪徒以同教迫胁，令其充当头目，迨久负恶名，自恐难邀宽宥，不能不隐忍偷生，此辈罪虽可诛，情亦可悯，准其自拔来归，免其治罪，更能缚献著名匪回，并酌给奖赏。

其平日实系良善，与汉民素无嫌隙者，准取汉民保结，免其治罪。其久怀反正，无以自明者，或缚献匪回，或临阵作为内应，均免治罪。

其能导引官军剿捕首逆者，免其治罪，并酌给奖赏。尽缴马械投诚者，免其治罪。

以上良回及悔罪自新回民，来归后，各给予良民牌票，拊循安集，俾其得所，不准汉民欺凌。如汉民仍敢仇杀，即将汉民照故杀律抵罪，该回民仍当告官论理，不得寻仇斗杀，再启衅端。

应剿匪回：

攻毁城邑、村庄者。

纠众抗拒官军者。

勾通匪盗，肆行焚杀者。

抢夺官军粮械者。

暗布谣言，煽惑回民者。

---

① 《左文襄公奏稿》卷三十三页17《覆陈查明刘松山各情折》。
② 《左文襄公告示》（家刻全集本）页6—7《谕回告示》。

> 纠众焚杀,借称报旧仇者。
>
> 藏匿匪回,潜出焚杀者。
>
> 自知罪大恶极,先杀其家小者。
>
> 诈降者。
>
> 就抚之后,仍供应匪回粮草、马械,暗与匪通者。
>
> 以上所犯情节,形同叛逆,怙恶不悛,应即剿办。

至是更有谕汉回民示:

> 大军西征,由秦趋陇,杀贼安民,良善无恐。匪盗纵横,害吾赤子,剿绝其命,良非得已。多杀非仁,轻恕伤勇,诛止元恶,钼必非种。凡厥平民,被贼裹胁,归诚免死,禁止剽劫。汉回仇杀,事起细微,汉既惨矣,回亦无归。帝曰汉回,皆吾民也。匪人必诛,宥其良者,使者用兵,仁义节制,用剿用抚,何威何惠。告谕吾民,俾晓吾意,勿比匪人,以死为戏。大军所至,如雷如霆,近扫郊甸,远征不庭。

盖谓回民入居中土,由来已久,欲举其种而灭之,无此理,亦无此事。相传此示发布后,"帝曰汉回,皆吾民也"两句,回民读之,亦为感泣。① 至宗棠当时西征方略,可引事前后之奏报说明之。同治六年(1867)正月,宗棠由福州省城,驰抵汉口,报告筹办情形有曰:

> ……方今所患者,捻匪、回逆耳。以地形论,中原为重,关陇为轻。以平贼论,剿捻宜急,剿回宜缓。以用兵次第论,欲靖西陲,必先清腹地。……是故进兵陕西,必先清关外之贼。进兵甘肃,必先清陕西之贼。驻兵兰州,必先清各路之贼,然后饷道常通,师行无梗,得以壹意进剿,可免牵制之虞。……②

故其后宗棠督军入陕,即一路截击流窜之捻。及西捻渡河,又不惜回师长征,必俟捻股扑灭,山西、河南肃清,然后专事"剿回"。宗棠逐步进取,不务近功,虽为陕甘总督,不急急于莅任。盖惩于杨岳斌往事,不先将东路打通,贸然直入兰州省城,以致饷粮常虞不继,一筹莫展也。③ 迨关陇底定,宗棠

---

① 《左文襄公告示》页8《谕汉回民示》。《左文襄公家书》卷下页14。
② 《左文襄公奏稿》卷二十一页20《敬陈筹办情形折》。
③ 王柏心《百柱堂全集》卷十七页10《与左季高(宗棠)》。

又报告经过情形有曰：

> ……七年(1868)十月，师旋，调各军，一由河南取道山西，渡河入陕，穿绥德、榆林各属境，便道先扫北山土匪。事定，径捣甘肃宁夏、灵州回巢。一剿陕西北山回逆，一由固原北进，搜剿甘肃北山回逆，剪除巨逆羽翼，会灵夏之师，夹攻金积诸坚堡，陕境肃清。
>
> 臣率师度陇，由泾州进平凉，驻中路。一调南路各军，由秦州、巩昌，进剿扼河州、狄道之贼。一调臣部马步各军，渡洮，进河州，与南路之师会剿。一调北路之军，由凉(州)、甘(州)捣肃州。一调中路之军，由平番、碾伯横扫西宁踞逆。而中路、北路、南路，各留防军，择要分驻镇压，关陇全境，次第肃清。……①

五年后之事功，盖正与五年前之计划相符。综其战绩之荦荦大者，一为平定镇靖堡，一为平定董志原，一为平定金积堡，一为平定河州，一为平定西宁，一为平定肃州，余可略而不论。

---

① 《左文襄公奏稿》卷四十四页 67《关陇饷需请汇归一案报销折》。金积堡，清甘肃省宁灵厅，今宁夏回族自治区金积县。平番，今永登。碾伯，今青海省乐都县。

# 二十三　平定镇靖堡

陕西土匪,大部集中北山,盖取其林谷深邃,易于窜扰,亦取其交通梗阻,易于避免官军之剿袭也。土匪之构成,约有数端。自"回乱"发生,官军不能制,民间堡寨,有被回攻破,无家可归者,因流而为匪,一也。官军对于地方,诛求无餍,人民无所控诉,因激而为匪,二也。民间自相团结,以御回侮,然组织无力,官厅又不知善为运用,势不敌回,败丧之余,因逃而为匪,三也。及阻兵多年,官军未遑征讨,浸假而饥民与失业无赖之徒附之,浸假而饥军溃卒附之。所最奇妙不可思议者,彼等之为匪,原为受回之迫害,乃既已为匪,转与回联为一气。逮捻入陕而更与捻结合,于是交织成一片敌氛。顾陕北之土匪,并非完全产自本土,实多数来自陇东。按甘肃之庆阳、环县,与陕西之延安、榆林一带接近,故辄相率东窜,以北山为巢窟。土匪之股数亦甚多,举其大者,为董福祥,为张福满,为扈彰,尚有高姓与郑姓等等。①

张福满盘踞于安塞之桥扶峪、新庄口、方家河、下寺湾、陈家纸坊、王家坪、张河湾、石门子等处,自称大元帅,自刻"顺受天归"篆印一颗。以李雄安为副元帅,仿照官军,编立哨队,为鄜州、延安一带巨患。尝攻陷安塞、甘泉

---

① 《左文襄公奏稿》卷三十页 8《北路官军大胜折》,卷三十二页 10《进驻泾州筹办事军务折》。《平定关陇记略》卷四页 4、页 7,卷五页 18。董福祥,字星五,甘肃环县人,官至甘肃提督,光绪三十四年(1908)卒。

二县城。同治六年(1867)七月，张福满又预定进攻延安府城。先将家属辎重寄匿于距桥扶峪三十里之马家庄，以悍党数千守之。事为延榆绥镇总兵刘厚基所侦知，督师往剿。一路擒斩迎战之匪数万名，直入桥扶峪。张福满携家眷二十余口投河死。又擒斩约九百名，余匪欲扑河洇窜，溺毙者约数千人。其由寨后逃出者，又生擒一千余名，包括李雄安等首领在内，张福满一股，遂告扑灭。是为左宗棠入关剿匪之第一次胜利。生擒匪党中有作官军装束者一百八十余，乃总兵胡世英所部英礼营访拿未获之叛勇，为饥军、溃卒与土匪纠结之一例。①

自张总愚率群捻渡河而东，北山土匪少一勾结，势力亦少减。宗棠既躬往追捻，所有收拾土匪之责任，移之刘典，举其著者，剿有郑姓一起，抚有扈彰一起。

高姓者，亦为一股大头目。高姓为回所杀毙，由郑姓继领其众，约三千人，自称元帅，扎踞清涧之惠家园为巢穴，距县城六十里。同治七年(1868)七月，刘厚基攻破其巢，将郑姓当场格毙，搜斩二千余人，生擒一百二十三人，救出难民千余人，为饥民与土匪纠结之一例。当将巢中辎重牲畜，分给难民，遣之各回本地。此股土匪扑灭，余股震恐。②

扈彰为甘肃之环县人，因被回扰乱，无家可归，纠集夥党男妇共约数万人，窜居陕西之保安、安定地境，四出抢掠，攻劫堡寨。同治七年(1868)三月，曾在延安府递词投诚。刘厚基亦曾劝导归顺，因党羽心志不一，踌躇未决。至上述郑姓一股扑灭，投诚之心始又坚定，偕其党类七人，向厚基陈情。至九月初，扈彰自率六千余人，移驻安定之蟠龙寨，徐尚泰等率一万五千余人，移驻安塞之上川。按其名册，籍隶安塞、清涧、大荔、朝邑等县者五千余人，籍隶宁夏者一千余人，均尚有家可归，分别给资，令其回籍。别有一万五千余人，皆籍隶环县、镇原一带，尚有回民滋扰，当暂分起安插于肤施、甘泉、延长、宜川、鄜州、洛川、中部等处。按日按口配拨粮食，筹备耕牛、籽种，令其开垦荒地，俟原籍安定，再令各归其家。由是扈彰一股，完全抚定，惟其中

---

① 《左文襄公奏稿》卷二十二页 31—33《剿办陕省北路回土各匪大胜折》。《平定关陇记略》卷四页 7—9。肤施，今延安。

② 《刘果敏公奏稿》卷四页 40—41《清涧胜仗片》。《平定关陇记略》卷五页 17—18。

陈海鹏一小股，心怀疑忌，去而并入董福祥一股。此次收抚降众，多至二万余人，耗费数万，而使人各得其所，办理最为完密。以后收抚其他土匪、回众，即以此为法。[①]

于是当宗棠返陕时，大股土匪，仅余董福祥一起，董亦甘肃环县人。先是，回陷庆阳，环境无官军，董乃起而团众自卫，久而乏食，遂以劫掠为生。先踞花马池，嗣窜入陕北，常出没于合水之东华池，安塞之桥扶峪等处。董之老巢，则在濒长城之靖边县之镇靖堡。而其家属则匿居靖边，其下又有李双良、高万全等股。扈彰未投诚余党，即附入高万全股，故声势尤壮。[②]

宗棠既抵西安省城，仍依其先肃清陕西，再入甘肃之方针，与刘典商定，将各军重行布置。大致分为三部分，一部分分驻陕西西南境，作入甘之准备，其目标在制回，尤为董志原之陕回。一部分分驻陕西北部，作清陕之准备，其目标在土匪。一部分分驻鄜州、甘泉一带，以扼东西关键。壁垒一新，旌旗焕然改色。宗棠又依其不任乱事蔓延至陕甘以外之主张，而惩于往者西捻东渡之失，故益严黄河与长城之防。其用兵方向，将由东北而趋向西南，清廷亦着重此点，不容寇东窜或北窜，以免再度惊扰畿辅。换言之，将先解决陕北之土匪，然后解决在陇东之陕回。于是宗棠以山西之境之河防，仍责之陈湜，而以宋庆之毅军驻归绥一带协助之。陕西北境之边防，责之金顺，而以张曜之嵩武军驻古城一带协助之。成定康以知州驻绥德，刘厚基仍以延榆绥镇总兵驻榆林，郭运昌统卓胜军驻宜川，刘松山之老湘军先暂屯河西，徐图过河，将视为今后用兵之主力。[③]

正值此时，董福祥亦嗾其党羽，或纠合诸回，肆扰绥德、榆林、延安、米脂、葭州一带，东窥河干，北侵草地。盖深知宗棠此来，挟有雷霆万钧之力，

---

① 《刘果敏公奏稿》卷二页41《两股土匪求抚片》，卷四页42—43《土匪投诚片》。《平定关陇记略》卷五页18—19、页33—34。《湘军记》卷十七《平回上篇》页39。中部，今黄陵。

② 《左文襄公奏稿》卷二十二页31《剿办陕省北路回土各匪大胜折》。《平定关陇记略》卷四页4。李双良，后改双梁，字柱臣，甘肃环县人，官新疆巴里坤总兵。

③ 《左文襄公奏稿》卷二十九页31—32《恭报旋陕日期及会筹调度情形折》，页41《山西兜剿先固河防折》(《刘果敏公奏稿》卷五页29)。《左文襄公批札》卷二页28《刘提督松山禀陕境回土各匪人数甚多将东北一路严密堵遏由》。《平定关陇记略》卷五页42。《湘军记》卷十八《平回下篇》页1。成定康，字涤泉，湖南宁乡人，官至甘肃按察使。郭运昌，字景亭，号明安，安徽凤阳人，郭宝昌弟，后归宗姓金，官至新疆乌鲁木齐提督，光绪十二年(1886)卒。

势难终始抵抗,侥幸生存,惟有扩大其猖獗范围,犹可希冀进得一出路,退亦稍缓须臾。金顺、张曜、成定康、刘厚基等亦向西南压迫,多有斩获,惟此剿彼窜,历久未得要领。榆延北境,横抵宁夏,恰当河套迤南,古为用兵之地,今则复为一大战场。[①]

十一月杪,刘松山一军行抵山西之永宁,探悉河防边防已固,因诸股匪贼不断出入边内外,故防务仍形吃紧。遂于十二月初六日渡河,直抵绥德,晤定康,知高万全等贼巢多在榆林西南怀远县属小理川之南,大理川之北,纵横二十余里。当商定会同直捣诸巢,则边内外诸股,匪势必急于回顾,而榆绥、归绥可以解严。初九日,齐向州西出发,松山由北而南,定康由南而北,大破绥德、怀远贼垒百数十处,毙贼五六千名,生擒三千余名,解散胁从二万有奇,夺获骡、马、驴三千余匹。初十日,派队搜山,又有擒斩。十一日至十三日,转战而西,杀贼万余,生擒三千有奇,包括大小头目四五十名,夺获战马、骡、驴四千五六百匹,器械无算,拔出难民以数万计。于时米脂报股匪扑寨,定康乃东返,松山则因行粮告罄,暂屯安定就食。十五、十六两日,松山益向西北转战,毙贼一千五六百名,解散胁从数千名,夺获骡、驴二千余匹,军械七八千件,余众多窜镇靖堡。[②]

定康在东旋途次,得悉董福祥已由府谷、神谷,窜入葭州、米脂,逼近黄河,亟派队拦截,未获东渡。而张曜自河曲渡河而西,一路见贼迎击。金顺与厚基亦出关而北,一路见贼追击,贼众均溃散。于是河西及准噶尔贝子境内,绥德及榆林境内,一律肃清。[③]

松山于十八日直捣镇靖堡。董福祥父董世有,弟董福禄跪乞投诚。当命将镇靖堡及靖边县城所有降众,造册呈核。董福祥先尝向厚基与金顺请

---

①　《左文襄公奏稿》卷二十九页27—29《刘厚基进剿清涧并成定康克获奇捷片》,页37—39《各路击贼获胜折》(《刘果敏公奏稿》卷五页25—27),页51—52《剿贼连获胜仗折》(《刘果敏公奏稿》卷五36—37),卷三十页1—2《北路官军大胜折》(《刘果敏公奏稿》卷五52—53)。《平定关陇记略》卷五页35、页41—47、页48—50。《湘军记》卷十八《平回下篇》页2。

②　《左文襄公奏稿》卷三十2—8《北路官军大胜折》(《刘果敏公奏稿》卷五页53—59)。《平定关陇记略》卷五页50—53。《湘军记》卷十八《平回下篇》页2—3。永宁,今离石。怀远,今横山。

③　《左文襄公奏稿》卷三十页10—11《榆林各军获胜片》(《刘果敏公奏稿》卷五页61—63),页33—34《榆林绥德土匪一律肃清片》(《刘果敏公奏稿》卷六22—23)。《平定关陇记略》卷五页59—60。准噶尔,为蒙古鄂尔多斯七旗之一,与府谷、河曲、偏关接壤。

求归顺,此时随带三四千人,未知窜向何处。由董世有保证专人唤回。其凮彰余党前来就抚者,同诣镇靖堡造册乞抚。惟董福祥余党李双良等,以前虽亦曾乞抚,此时尚屯踞离堡一百三十余里之洛珠川一带。经松山分兵往剿,旋亦归顺。其甘回之窜入定边之高家湾者,距堡西一百三十余里,显图解救堡中厄运,亦由松山拨军击败。于是北山大股土匪,全部敉平。①

然降众逾十万,难民逾二十万,善后大费经营。最困难者,此辈均嗷嗷待哺,而地方历经兵燹,田亩久荒,无粮可采,即兵士亦时虞不饱。且军中帑尽,即有粮,亦无资可购。于是由清廷特转转拨帑银十万两,宗棠又命在关外广事采购,多方运输,方免饥荒而弭意外。所有三十万降众、难民,宗棠以三种方法安顿之。董福祥、李双良、张俊,编成勇营,随松山征剿,此即后之所谓董字三营者也。其家属安顿于北山之瓦窑堡、老君殿、周家崄等处。一部分壮丁雇为运夫,转搬粮食,自绥德州至鄜州,每四五十里设一局,每局设运夫五百人,每人日给粟米斤半,算钱六十文,又给盐菜钱三十文。其余壮丁,因系环县、庆阳、平凉、固原之民,适庆阳一带已经将回逐去,遂分别遣回各本乡,配给牛种,令其耕垦荒地,日给粟半斤,老弱妇女亦然。②

是役也,实成于松山直捣老巢之计。其剽忽之势,有如疾风之扫落叶,故能旬日而悉定。然其事甚危险,盖其由永宁渡河而西至绥德,由绥德而西北至怀远,由怀远折而南至安定,复西至靖边之镇靖堡,定边之高家湾,所历皆在北山之中,为程五百余里,沿途弥望,荒墟废井,人烟断绝,深入贼窟,饷馈时虞不继,不得不就永宁之军渡采粮,辗转西运。勇夫散布各处,络绎载途,监察难周。至同治八年(1869)二月十三日,乃有绥德之变。先是松山既降董福祥,率四营驻镇靖堡,安插降众。其分驻绥德之十营,忽被游勇之为"哥老会匪"者所诱,叛踞州城。松山闻变,驰还清涧,遣部将曹义胜诇之。初,各营不知统领所在,颇惶惑,及知松山至,皆大喜,乘诸匪卧,刺死百余

---

① 《左文襄公奏稿》卷三十页 15—16《刘松山径捣榆贼巢现筹安抚折》(《刘果敏公奏稿》卷六页 1—4)。《平定关陇记略》卷五页 55、页 61。《湘军记》卷十八《平回下篇》页 3。

② 《左文襄公奏稿》卷三十页 19—21《请敕部拨饷采买粮石片》(《刘果敏公奏稿》卷六页 5—6)。《左文襄公书牍》卷十页 31、页 33、页 36、页 38,均《与刘寿卿(松山)》。《平定关陇记略》卷六页 20—21。张俊,字杰三,甘肃环县人,官至新疆喀什噶尔提督,光绪二十六年(1900)卒,谥壮勤。

人。其被胁弁勇皆反正,缚其首逆谢永青等五人解清涧,松山骈诛之,并案问叛卒一百二十七人,哨官四人,皆置于法。于是一场风波,亦旬日而定。然事起仓皇,势成骑虎,非松山恩信素孚,正恐祸变遽难收拾也。①

---

　　① 《左文襄公奏稿》卷三十页 17《刘松山径捣贼巢折》(《刘果敏公奏稿》卷六页 3),卷三十一页 7—8《老湘军叛勇袭踞绥德州城折》(《刘果敏公奏稿》卷六页 49—51),页 21—23《刘松山剿绥德州叛卒收复州城折》(《刘果敏公奏稿》卷六页 60—63)。《平定关陇记略》卷六页 15—16。

# 二十四　平定董志原

承平时,陕西回民散居各州县者,不下数十万。而在西安府属之长安、渭南、临潼、高陵、咸阳,同州府属之大荔、华州,汉中府属之南郑等州县,聚堡而居,户口更为稠密。西安省城内亦有数千家,二三万人。回庄最巨者,在大荔曰王阁村,曰羌白镇,曰桥店。在渭南曰禹家庄,曰仓头渡,曰邸家庄。歧于华、荔、渭交界者,曰㔾家滩,其他环列村堡,以数万计。同治元年(1862)王阁村汉回肇衅,西安省城而外,全陕回民,一致响应,经多隆阿等迭次痛剿,诛夷者奚啻数万。陕境既不能存身,尽族而入甘肃东境,北至安化之驿马关,南至宁州之邱家寨,西至镇原之萧金镇,东至合水之西华池,星罗棋布,延袤三四百里,而以董志原为主要巢穴。董志原隶宁州,濒马莲河,纵一百五十里,横二百八十里,居秦陇要脊,本唐之泾原,宋之环庆故地。昔时设立重镇,以精兵宿将驻之,借以控制遐荒,抚绥杂虏,形势之要,自古已然。陕回窃踞以后,远近城邑汉民堡寨,惨遭杀掠,靡有孑遗。平凉、庆阳、泾州、固原间,千里荒芜,弥望白骨黄茅,炊烟断绝,被祸之酷,实天下所无也。①

陕回盘踞董志原者,号称十八营。其渠曰马正和、白彦虎(绰号虎元

---

① 《湘军记》卷十七页 5—7、页 15《平回上篇》。慕寿祺《甘宁青史略》正编卷二十页 26。曾毓瑜《征西纪略》卷一页 3。《刘果敏公奏稿》卷二页 36《贼势趋重西路折》。《左文襄公奏稿》卷三十一页 16—17《荡平董志原折》(《刘果敏公奏稿》卷六页 55—56)。安化,今庆阳。泾州,今泾川。

帅)、余彦禄、崔伟(一作崔巍,亦称崔三)、陈林、禹得彦、冯君福(一作冯居幅)、马长顺、杨文治(一作杨文智)、马生彦、马正刚、毕大才等。所谓十八营者,即每一二回目,管领若干村堡之回众。如禹得彦、孙义宝,管禹家庄十一村回众。孙义宝被官军击毙后,禹得彦独领其众。又如马正和,管长沱湾回众,各营并不集中于董志原,亦散处周围各要点。如冯君福、张泗明、马正和扎萧金镇,崔伟、禹彦禄扎西峰镇,彼等亦与甘回、土匪、"哥老会匪"(一作"戈匪")、溃勇勾结,故常有众数十万。①

陕回之入甘,系为武力所迫,自不能久安于董志原,乃不断窜陕,其故有二。田房产业,祖宗丘墓,均在陕西,蓄志东归,光复故物,此其一。陇东频遭兵燹,民逃田荒,董志原虽为产粮之区,亦苦鲜收获,故不能不入陕劫粮图饱,此其二。而官军之所以不能应付裕如者,其故亦有二。寇众太多,部队太少,区域太广,路径太杂,常苦剿不胜剿,防不胜防,此其一。陕回本愿受抚,官军本可允抚,所苦无处可以安插,陕回原有产业,早经官厅处分,汉民又坚决拒绝其回陕,故亦抚不能抚,此其二。于是寇氛东南达宝鸡、凤翔,东北达鄜州、延安,官军迎击追剿殆无虚日。②

当同治六年(1867)六月,左宗棠之初入关也,陕回即在上述窜扰情形之下。如七月初,马长顺、禹彦禄两股,由庆阳而窜洛川、澄城、韩城,扰及郃阳、朝邑。八月初,冯正纲、余阿浑,由宁州而窜鄜州,陷宜君,扰及中部。同时,陕北尚有西捻与土匪之猖獗,而捻固强于回,捻平则回当益震。且捻意在窜豫,将成中原之患,故宗棠主先肃清西捻与土匪,再解决陕回。顾陕回亦非坐待能解决者,益勾结西捻与土匪,肆其侵掠。如十月初,冯君福窜三水,即为欲入陕助捻,而其另股突陷宝鸡县城,出入邠州、汧阳、陇州间。及县城甫复,而他股一自汧阳径扑凤翔府城,一自洛川窜鄜州,犯韩城、郃阳,亦无非欲牵制官军。此际事实上陕省确已无军可派,宗棠因亲率五营,由临潼西行,就近节制。乃十一月初,崔伟唉同河州、狄道之悍回东下,欲往西

---

① 《刘果敏公奏稿》卷一页54《官兵剿贼大胜并获要逆禹得彦折》。《甘宁青史略》正编卷二页26。

② 《刘果敏公奏稿》卷二页36《贼势趋重西路折》。《刘中丞奏议》卷二页2《筹办营田以资战守疏》,卷十六页20—22《逆回碍难安插陕境疏》。

安,会捻共攻省城,势更猖獗。内而岐山、扶风,外而凤翔、陇州,同时告急。及此股击败,军威始振。然宜君一带回股仍纷杂,帮办陕甘军务刘典筹痛创之。当酌调部队,先后将禹阿浑管辖下陕回马壮元所带四千余人,苏万元所带八千余人,郭阿浑、马三保、高三码所带五千余人,予以致命之打击,由是回势稍戢,而西捻寻亦渡河而东,宗棠等随往追剿。①

西捻既大部东窜,陕境寇势稍衰,然宗棠等随往追剿,调去若干部队,故陕军实力亦略减。同治七年(1868)正月,刘典奉命代宗棠主持军务,移驻三原,调整部队,分置于鄜州、中部、洛川、宜君、三水、邠州、麟游、陇州、汧阳、宝鸡,均濒近甘肃东境,以防剿陕回为主。其驻中部、洛川者,则更负责防剿北山之余捻与土匪。在今后九个月中,即在宗棠回陕以前,刘典于余捻,已破衰大魁老巢,于土匪,已降扈彰,惟董志原陕回仍窜扰不已。刘典之言曰:

> ……陕回盘踞宁州、镇原一带,窜陕之意固专,入陕之路尤熟。北山路径分歧,该逆千百成群,往来莫定,若非节节布置,则我军前进,贼却,绕出后路,断我粮道,扰我初定之地,掳我甫集之民。……

又曰:

> ……回逆专注陕境,时时窜扰,此击彼入,彼击此入,全以抄截粮道为计。……②

其应付之难,可以概见。就陕回窜扰之方向言,三月初,邹阿浑、马阿浑、王阿浑、马五什、马正和、马元二、封一头、张泗明诸酋共率悍党五万余,窜宜君,留二万人,踞马栏镇,分一万人,扰三水,挑二万余骑,由耀州窜淳化、三原,此为向东部腹地之一次,亦为规模最大之一次。四月初,陕回四五千,由灵台窜麟游,窜岐山,窜郿县,窜凤翔,又窜宝鸡之虢镇,渡渭河,越南山,迫汉中,此为向东南之一次。四月中,陕回分数大股,窜入北山,每股一二万人

---

① 《左文襄公奏稿》卷二十二页 25—26《截击回逆归巢折》,页 65—66《宜君县城被陷旋即收复片》,页 90—92《剿回获胜折》,卷二十三页 40—44《剿回大胜岐山解围折》,页 57—60《官军剿回叠获大胜折》,页 62—64《高连升剿回获胜折》。《平定关陇记略》卷四页 4。《湘军记》卷十七《平回上篇》页 33—34。

② 《刘果敏公奏稿》卷一页 1—2《陕省兵力不敷折》,页 9《筹办陕西西北两路布置折》。《平定关陇记略》卷四页 37。

不等。其一股直至延安三十里铺,威胁郡城,此为向东北之一次。① 就其窜扰之目的言,仍如前此所述。一为意图获得一根据地,遂其回陕之愿望。则如长武,如耀州,如韩城,均尝为所瞩目,而所力争者,尤在三水之职田镇,进攻不止一次。其最猖狂之一次,在八月中,由马生彦、杨文治、白彦虎等凑集三万金,购雇溃勇、戈匪八千人,包破营垒,由正宁直捣职田。是镇有城,周三里许,在唐尝一度为三水县治所在,②固陕甘间之要镇。一为抢粮割麦,以救饥荒。一次在踞长武十里之染店,发现割麦之回,多至二三千人,在河川割麦者,更多至五六千人。然每次窜扰,均被官军击退。③ 人命之丧亡愈多,饥饿之苦痛愈切,于是陕回不能不有意于求抚,顾为所纠合之戈匪、溃勇所阻遏,不能自主。④

当同治七年(1868)十月,左宗棠之再入关也,陕回仍在上述窜扰情形之下,惟气焰已少馁。而北山土匪,犹余董福祥一股。宗棠决先从事扑灭董福祥,同时准备攻取董志原。中北路以魏光焘一军,由宜君、中部、鄜州而西,以渐达庆阳。刘端冕一军屯鄜州,迤北至甘泉间,以扼其冲。西南路以黄鼎一军,屯邠州,张岳龄、喻步莲二军,屯陇州、汧阳间,李辉武一军,屯宝鸡。又以吴士迈一军,屯凤翔、邠州、陇州间,相映缀。时董志原十八营回目冯君福、杨文治、马生彦,已遁入金积堡。金积堡为陇东甘回马化隆之老巢,素支持陕回,以与官军抗。陕回所有军火、战马,均为马化隆所接济。冯等所有伙党,均归并白彦虎、马长顺等。其禹得彦、崔伟、马正和、陈林等,在诸回酋中,颇称桀黠。因屡次出巢掠食,均经官军痛剿,饥蹙日甚,遂递禀乞抚,此为十二月中事。宗棠以为乞抚而以粮尽为词,犹非心服也,益筹转运刍粟,

① 《刘果敏公奏稿》卷一页45—50《董志原踞贼大股内犯折》,卷二页33—34《亲赴凤翔督战折》,页36《贼势趋重两路折》,页49—51《贼势趋重北路折》,页59—60《北山回土溃勇分股滋扰折》。《平定关陇记略》卷四页48、页58、页63。《湘军记》卷十七《平回上篇》页36—37。

② 《平定关陇记略》卷四页18,卷五页4—5、页27—29、页41。

③ 《平定关陇记略》卷四页73。《刘果敏公奏稿》卷三页27《长武解围并三水一带窜贼击退折》。

④ 《刘果敏公奏稿》卷四页61《各军剿贼获胜折》。

移营进逼。①

同治八年(1869)正月，董福祥降服，于是董志原陕回愈震恐，决更纠集十八营，倾巢东犯。马化隆自金积堡用骆驼一千五百余只，驮运粮食，接济董志原，亦嗾其出动。以陈林、冯君福居前，崔伟、余彦禄、马正和、蓝明泰等继之。其余回目，随后策应，共合悍党三四万，各裹十余日粮，于二月初六日分道窜出，屯踞正宁南北两原，及永乐堡、白吉原、宫河源一带，势将径犯邠州、三水，并力以扰秦川。黄鼎在邠州，约同固原提督雷正绾，自长武分道迎击，共毙贼二千三四百名，阵斩首逆数十名，生擒回目三十余名，夺获骡马一千四百余匹，旗帜军械无算。败回遂于十三日由崇信一路，折窜回巢。宗棠时已移节乾州，克期大举。诸回汹惧益甚，始下令挈眷先徙金积堡，以悍贼殿后拒官军。继复议暂勿移巢，而诸回自逸者纷纷，不能禁遏。嗣集议萧金镇，决并十八营为四大营，以其半护家口辎重先行，留崔伟、马正和等屯三不通拒险。又以悍党万余伏董志原后，犹时出游骑，分扰泾河两岸，以牵缀官军。二月二十二日，黄鼎、正绾诸军，分路齐趋三不通，而以别队从间道取萧金镇，陕回尽溃。二十三日，遂下董志原，附近各堡悉破平之。分军追截老弱辎重，及之三汊河，击散其半，又先后收复镇原县城、庆阳府城。是役杀毙、饥毙之贼，及坠崖而死者，实不止二三万人。骡马之倒毙、饥毙，及被各军夺获者，约二万余匹，拔出难民万余，拾获军械无数，庆、泾一律肃清。②

抑有不幸者，方当筹攻董志原，而二月二十日，高连升之果营有一惊人之叛变。先是连升驻扬店，察知各营收留外来游勇甚多，中有"哥老会匪"藏匿，当饬严禁惩办，勒令首悔。而前营亲兵丁玉龙畏罪倡乱，嗾各营之曾经

① 《左文襄公奏稿》卷二十九页30—31《恭报旋陕日期及会筹调度折》，页56《剿贼连获胜仗折》(《刘果敏公奏稿》卷五页41)，卷三十页67《覆奏刑部咨查拿获置买军械回党片》。《平定关陇记略》卷五页42。《湘军记》卷十八《平回下篇》页1。魏光焘，原名光邴，字午庄，湖南邵阳人，魏源从孙，官至两江总督，谥威肃，著述有《戡定新疆记》。张岳龄，字子衡，号南瞻，湖南平江人，县学生，官至福建按察使，光绪十一年(1885)九月卒，著述有《铁瓶文钞》、《诗钞》、《杂存》。李辉武，字荔友，湖南衡山人，所部号律武营，以甘肃提督署陕西汉中镇总兵，光绪四年(1878)卒。

② 《左文襄公奏稿》卷三十页60—63《回逆全股东犯迎剿大捷折》(《刘果敏公奏稿》卷六页38—41)，页67《覆奏刑部咨查拿获置买军械回党片》，卷三十一页22《荡平董志原匪巢折》(《刘果敏公奏稿》卷六页43)，页14—16《荡平董志原庆泾肃清折》(《刘果敏公奏稿》卷六页53—54)。《平定关陇记略》卷六页5—11。《湘军记》卷十八《平回下篇》页4—6。彭洵《彝军记略》页36—37。

入会者，勾约诸回入犯。适连升捕丁甚急，遂于是夜借索饷为词，径赴连升营，戕连升及部将黄毓馥、贺茂林等十人，并围同官。守将桂锡桢及金锁关守将杨铭溍驰援，皆受创。周绍濂闻变，要击于古泉，大败之，殪三百余人，收降五百余人。刘典遣丁贤发扼耀州，又收降四百余人，其余百余人为正绾悉数擒获，转解宗棠大营骈诛之。连升残部，宗棠命归光焘、辉武、贤发分统之。此变与刘松山老湘军之叛同时，幸五日而悉定。其间叛勇之图窜董志原，与陕回合势，及陕回之图窥山河镇，迎结叛勇者，均被官军截获。由是叛勇无可勾之陕回，陕回无可勾之叛勇，而董志原之战，亦将迅速结束。然当松山、连升两军连续叛变之时，中外震骇，御史宋邦德奏言，南军不可复用，当遣散，就地召募。宋晋、毛昶熙亦叠疏陈论，欲尽摒湘军，而移用淮军，苟非早日敉平，其变化正未可逆料也。①

董志原收复后，所有陕回，一部分窜入金积堡、灵州、宁夏一带；一部分窜入盐茶厅、固原一带。其后在盐固者，又一部分乞抚，一部分窜由狄道而河州，而抵西宁。在宁灵者，亦一部分乞抚，一部分窜由肃州而抵西宁。西宁克复，大部分陕回均乞抚。而所谓十八营头目者，禹彦禄等在战时被击毙，崔伟、陈林等降服，惟白彦虎始终狡猾不屈，携其余陕回窜河西，窜新疆。新疆既克，又窜帝俄。于是从前数十万陕回，或死于战争，或死于流亡，或死于饥饿，所余仅数万，即一部分安居西安省城，始终未参加叛乱，尚有一部分则为甘肃之民矣。②

---

① 《左文襄公奏稿》卷三十一页2—5《果军叛勇戕害统将折》(《刘果敏公奏稿》卷六页44—47)，页26—29《戕害高连升全案叛逆拟办完结折》(《刘果敏公奏稿》卷六页64—67)。《平定关陇记略》卷六页12—14。《湘军记》卷十八《平回下篇》页6。《续陕西通志稿》卷一百七十八页3。桂锡桢，山东曲阜人。杨铭溍，字淦卿。丁贤发，字良臣，湖北孝感人，记名提督，同治九年(1870)九月在灵州为回目刺毙。宋晋，字锡蕃，号雪帆，江苏溧阳人，道光二十四年(1844)进士，官至户部左侍郎，著述有《水流云在馆奏议》、《诗集》。毛昶熙，字达泉，号旭初，河南武陟人，道光二十五年(1845)进士，官至兵部尚书，卒谥文达。

② 《左文襄公奏稿》卷三十六页38《收抚回民安插耕垦片》。

# 二十五　平定金积堡

同治二年（1863）十月，甘肃、宁夏汉回互斗，兵备道侯登云团练汉民备之，将军庆瑞惑抚议，奏劾登云，勒团缴械。于是回夜袭府城，陷之，登云遇害，汉民屠戮无遗，灵州回继起陷州城，并掠宁夏满城。①

先是陇东回目有穆大阿浑者，居灵州之金积堡，传习新教，教中推为大善人。临死，以其常服之白帽红衣，传于其同教至友马二之子马化隆，令其众归马化隆管束。马化隆乃雄视一方，自称总大阿浑，至是兼据宁、灵两城。同治四年（1865）五月，曹克忠、雷正绾会同进攻金积堡，均以粮运不继，相率溃退。剿既无成，穆图善乃壹主于抚。马化隆亦输金米归诚，穆图善深信之，且畀以招抚各地诸回之任，为改名马朝清，先后奏准赏加副将衔、提督衔，此同治五年至七年间（1866—1868）事也。②

马化隆益修筑堡寨，购马，造军械，与河州、西宁、肃州诸回，息息相通，尤与董志原陕回相勾结。陕回战败，资以马械，陕回饥荒，济以粮食。左宗棠既下董志原，陕回遁金积堡，马化隆收容之。于是穆图善认马化隆之受抚

---

① 《平定关陇记略》卷一页 58—59。《湘军记》卷十七《平回上篇》页 17。侯登云，字梯月，河南商丘人，道光二十一年（1841）进士。

② 《左文襄公奏稿》卷三十七页 12《合围金积堡折》。《平定关陇记略》卷二页 49—52。《湘军记》卷十七《平回上篇》页 24。《征西记略》卷一页 5。《甘宁青史略》正编卷二十页 11。

为可信,而宗棠即指陈上述诸点,以为居心叵测。宗棠认定欲肃清甘肃,非先消灭马化隆与金积堡不可。然马化隆以新教惑众敛钱,侵占汉民产业、妇女,宁灵数百里间,搜括一空。又据灵州膏腴,物产丰盈,擅有盐茶之利,在西北各省及蒙古诸部,开设店铺,获利颇巨,且分布夥友,交结当地回民、洋商,借以探听衙门消息。如宗棠自直隶返斾,以及老湘军等自河南入山西,各处回商皆先驰报马化隆。而金积堡当秦、汉两渠间,扼黄河之要,地形绝险。堡城周九里有奇,高近四丈,身厚约三丈,堡中有堡,号为王城,其高厚亦如之,中间墙壁纵横,仿大城包小城式为之,渠水环复,尺寸皆坚。而东自吴忠堡至灵州,尚共有堡寨四百五十余所,西自洪乐老马家堡至峡口张恩堡,亦尚有堡寨关卡一百二十余所。其为人之阴狠、富厚与神通而难制既如彼,其为地之险阻与坚强而难克又如此,故殊非可以一蹶而倾覆之也。①

同治八年(1869)五月,宗棠开始策画进攻金积堡,规复宁灵。以刘松山一军,由陕西清涧,向西进定边花马池;金顺、张曜两军由陕西边外,向西进磴口,更向南进宁夏;雷正绾、黄鼎两军,由泾州向西北进平凉、固原。马化隆亦唆陕回分三道窜扰,向东窜花马池、定边等处,向北向东窜阿拉善、乌拉特、鄂尔多斯各蒙旗,向南窜预望城、黑城子等处,隐为抵制。宗棠又以李耀南、吴士迈两军,由汧阳、陇州,分出清水、宝鸡,共指秦州,以达巩昌,固官军之后路,作规复河湟之先驱。以魏光焘、周绍濂、张福齐、丁贤发、周兰亭等军,分屯庆阳、合水、宁州、正宁、萧金镇一带,策应东西。马德顺、简敬临等军,暂驻灵台,策应南北。八月,宗棠自率亲兵进驻泾州瓦云驿,泾州,郭子仪单骑见回纥处也。十一月,又进驻平凉,始接受穆图善移交陕甘总督关防。平凉、庆阳、泾州、固原四府州之地势,北通宁灵,南达秦巩,居陕甘之中,实两省孔道。自唐以来,久称重镇,关陇用兵,未有不从此着手者也。今宗棠亦在泾平两地,指挥军事,为平定甘肃之初步。而如上述之布置,就向西规复河湟言,则刘松山等为北路,李耀南等为南路,宗棠为中路。就北向规复宁灵言,则松山等为东路,金顺等为西路,宗棠亦为中路。更就规复河

---

① 《左文襄公奏稿》卷三十七页 11—12《合围金积堡折》,页 64《密陈马化隆暂缓伏诛片》。《左文襄公书牍》卷十页 36《答刘寿卿(松山)》。

湟言,则宁灵为后路。就规复河湟言,则秦巩为后路。故欲规复宁灵,必顾及秦巩,而欲规复河湟,必先清宁灵,此尤宗棠所持之方略也。①

陕甘之变,回民作乱,汉民为匪。陇东之匪,有流窜陕西北山者,如董福祥,如扈彰,前已言之。有盘踞平凉一带者,则为孙百万,为张贵。孙百万,镇原人,与其弟孙百智,聚众数千,作恶惨甚于回。张贵,盐茶厅人,号刚八,其党侯应德,共踞静宁之水洛城,庄浪之威戎堡,与孙百万兄弟,遥相勾结。先已就抚于穆图善,已而复叛,扰害会宁、通渭、秦安,众至二十有八营,攻陷民堡百余所,此皆为进兵宁灵之障碍。宗棠用兵,首保后路安全,故往者攻董志原,先平董扈,今者攻金积堡,亦先平孙、张,授命黄鼎等,以计擒斩孙百万兄弟,以兵克威戎堡、水洛城。张贵、侯应德走会宁,卒降之。自余零星土匪,亦逐步诛夷净尽。②

宗棠进攻金积堡之师,虽有数路,而以松山之老湘军为主力。并由东路首先发动,宗棠指示松山,自绥德西北,向定边、花马池移动,名为剿除从董志原逸出盘踞彼处之陕回,实注意于马化隆之行动,及其与陕回离合之踪迹。盖此时之马化隆,名义上已受抚,为良回,苟无反叛行动,自未可轻率剿办也。于是松山抵定边后,先办定军粮,至花马池后,更小作停顿。已而侦知陕回确已窜入金积诸堡,与甘回杂处。遂于七月杪,由花马池整队西行,抵磴窑。马化隆为掩饰其收容陕回之迹,转讼言陕回侵占甘回庄宅。松山亦姑不指斥其收容陕回之罪,仅谕以此来专剿有罪之陕回,其已受抚之甘回,应各照常安居,无自惊动。并令甘回各自左肩至右胁,斜系草绳,以便识别。于是复历甜水河、郭家桥、下桥、永宁洞,而达吴忠堡。每抵一处,马化隆阳引陕回为拒,而阴以甘回为助。马化隆始犹轻视官军,至郭家桥之役,

① 《左文襄公奏稿》卷三十二页9—10《进驻泾州筹办军务折》,页21—22《敬陈分道进剿布置联络情形折》。《平定关陇记略》卷六页25、页30—31、页34。《湘军记》卷十八《平回下篇》页7—8。《征西记略》卷二页4。磴口,今属内蒙古自治区,由平罗县析置。马德顺,字佑庵,号子辅,河南洛阳人,积功保至提督,同治八年(1869)九月在半角城阵亡,谥武毅。简敬临,原名桂林,字绍雍,湖南长沙人,官至浙江衢州镇总兵,升用提督,同治八年(1869)十一月在金积堡阵亡,谥勇节。

② 《左文襄公奏稿》卷三十二页20《敬陈分道进剿布置联络情形折》,页34—36《剿办中路土匪折》,卷三十四页19—20《办结土匪张贵等片》。《平定关陇记略》卷六页36—39。《湘军记》卷十八《平回下篇》页8。《征西记略》卷二页4。盐茶厅,今海原。

一日间,被击破回庄二十余所。又见所恃为险阻之永宁洞,为官军所扼,乃稍恐怖。永宁洞者,秦、汉两渠流入黄河之水口也。顾仍不甘遽戢野心,竟决秦渠水,阻金积堡自固,嗾灵州甘回踞州城,夺官军饷银,复出精兵,资陕回,拒吴忠堡,反状益露。同时,宁夏降回复行叛变,显然亦受马化隆之指使。幸经张曜、金顺分投严剿,旋即敉平。松山当以马化隆行动,具言于宗棠,益节节进剿,随收复灵州城。马化隆亦益筑垒浚壕,为战守之备。一面近呼宁安堡、四百户、黑城子、半角城等处陕回,远召河州、狄道、西宁等处甘回,四出牵缀官军。一面决秦渠、山水沟、马莲诸水,灌进攻官军。每一计不得逞,则代陕回乞抚,而始终不肯呈缴马械,或姑以瘦马朽械塞责,或谓必俟官军先撤退,然后呈缴。十月,宗棠所遣雷正绾、黄鼎、周兰亭、简敬临诸军,在平固一带,一面剿击响应马化隆之诸回,一面乘胜北上,直抵金积堡之南。十一月,宗棠所调金运昌之卓胜军,亦由绥榆一面护持军运,一面向西推进,到达灵州之南。至张曜、金顺两军,则先已在河西布防完妥,官军渐形成包围之局面,此为进攻金积堡之第一时期。[①]

金积堡环境既日蹙,军实亦日匮,于是自同治八年(1869)十二月以后,诸回于拒战而外,益以分起出窜求生路。或抢盐,或抢粮,或抢军火,或捣乱官军后方,截阻官军转运,浸至侵入陕西,扩大其滋扰之面积。则有由惠安堡、庆阳一带入陕者,窜及西安、同州、凤翔各属。惠安堡为陇东食盐之集散地。有由花马池一带,或蒙古草地入陕者,陷定边、安定,扑宁条梁、安边堡、镇靖堡,窜及延安、榆林、绥德各属。宁条梁、安边堡、镇靖堡,为老湘军、卓胜军存放粮食军火最多之地。在陇南方面,河州、狄道之回窜巩昌、秦州各属,亦入陕以及于西安、凤翔各属。其结果虽皆退败甘境,顾甘陕之间,已大为震动,且影响山西之河防与边防。此一纷乱之局势,绵延至同治九年

---

① 《左文襄公奏稿》卷三十二页10《进驻泾州筹办军务折》,页19《敬陈分道进剿布置联络情形折》,页28—33《北路官军连获大胜折》,页46—55《北路官军连获大捷折》,页66—74《进剿北路逆回连获大捷折》,卷三十三页1—7《刘松山续获大捷折》,页7—13《各军剿回获胜折》,页28—34《收复灵州折》,页37《刘松山连破各寨片》,页47—54《北路官军连攻克庄寨折》,页57—61《官军会剿获胜折》,卷三十四页23—29《北路官军剿回叠胜折》,页30—33《金运昌会剿获胜片》,页39—44《雷正绾各军堵剿获胜片》,卷三十五页61—62《金运昌剿办后路窜贼片》。《平定关陇纪略》卷六页39—44,卷七全卷。《湘军记》卷十八《平回下篇》页9—17。《征西记略》卷二页4—5。

(1870)四五月间。而官军在正月中又叠遭两大不幸事件。一为老湘军进击马王寨,寨坚,不遽克,松山亲临寨前督战,寨中飞炮中松山胸部,受伤堕马,旋卒于军。一为雷、黄诸军筑堡青铜峡口未成,竟为马化隆所夺,失一天险。雷、黄诸军一退鸣沙洲,再退固原,消息传至河西、宁夏,回又逞逞动。是为进攻金积堡之第二时期,官军颇失利。①

松山阵亡之耗,报至宗棠,宗棠命松山侄锦棠接统老湘军,并指示必不得已时退守机宜。锦棠与所部共挟报仇雪耻之心,作战弥烈,所向披靡,连拔杜家、王洪连、郭家、马家诸坚寨。老湘军、卓胜军粮路枢纽,东在通榆林之花马池,西在通宁夏之叶升堡,马化隆屡以悍回断之,皆为官军报以致命之打击。马化隆又决渠水灌官军,官军亦决渠水灌之。于是东路之师复振。中路由固原进金积堡,本以马家河湾为总要,韦州堡为间道,而两处回目马忠海、苏兆明,表面已受抚,实际仍与马化隆勾结,允为官军心腹之患。至是,捣彼巢穴,诛厥渠魁,足保运道而扼奔冲。于是至七月而雷、黄诸军夺回峡口,中路之师重与东路之师相会,构成包围之形势,是为进攻金积堡之第三时期。②

已而所有环金积堡各寨垒,均被摧毁,惟金积堡及附近三数寨,坚不可拔。乃环堡浚壕二道,一御堡内窜出之回,一御堡外来援之回。壕阔三丈,深一丈,更于壕边垒土为堤,高亦一丈,匀拨各营防守正隅,分布锁围,堡内

① 《左文襄公奏稿》卷三十四页 42—47《贼踪纷窜现筹剿办折》,页 60—61《刘松山剿贼大胜中炮阵亡折》,卷三十五页 10—14《湘皖两军连获胜仗折》,页 16—17《峡口失事折》页 19—22《覆陈定边安定失陷情形折》,页 41—44《湘皖两军攻破贼垒折》,页 46—49《中路官军截剿自陕回窜逆回折》,卷三十六页 1—7《截剿自陕折窜逆回折》,页 20—24《截剿陕回陈林股逆回折》。《刘果敏公奏稿》卷八页 7《定边失守片》,页 9—10《甘回窜陕片》,页 12《泾阳窜贼折向东北片》,页 12《收复定边及剿退清涧等处窜回片》,页 22—25《剿办延榆绥回逆片》,页 26—27《另有大股窜入内地片》,页 28—29《叠剿窜贼获胜折》,页 31—32《现在贼情并筹办理片》,页 33—34《覆陈定边安定失守情形片》,页 37—38《北山回逆悉数内犯折》,页 39—40《败贼窜入宜君片》,页 45—46《北山现无另股窜入折》,页 55—58《追剿入陕回逆折》,页 61—62《马正刚一股歼除殆尽片》。《平定关陇记略》卷八页 1—42。《湘军记》卷十八《平回上篇》页 18—20。《征西记略》卷二页 5—6。

② 《左文襄公奏稿》卷三十四页 65《请赏刘锦棠卿衔接统老湘全军折》,卷三十五页 41—44《湘皖两军攻破贼垒折》,页 47—60《湘军荡平贼壕并截剿河西窜回折》,卷三十六页 25—32《北路中路官军攻破贼巢擒斩首要各逆折》,页 57—60《北路官军连攻寨垒折》,页 50—54《中路官军夺取峡口折》。《左文襄公书牍》卷十一页 1—2《与刘毅斋(锦棠)》。《平定关陇记略》卷八页 40—67,卷九页 1—10。《湘军记》卷十八《平回下篇》页 20—23。《征西记略》卷二页 6—7。

外飞走绝迹。其河中马家滩诸堡寨，同时渡水攻拔。马化隆虽仍号召河州等处甘陕回赴援，固缘沿路被官军击散，无由到达，即到达，亦无由入金积堡。久之，堡中甘回饥困不堪，马化隆悉驱陕回堡外。宗棠度其势已离，遣已降陕回招之，先后来投者数百名。十一月初，董志原回目陈林等率老弱回民八千人，跪壕外求抚，宗棠均命受之。马化隆见大势已去，更因陈林求抚，宗棠勒令先呈缴马械，平毁堡寨。事已，马化隆只身自诣军前请罪。其时，河西王家疃各堡未下，宗棠料非力攻所可骤得，姑留马化隆令招降之。及王家疃等诸回归诚，乃以同治十年（1871）正月磔马化隆及他渠魁以徇。由是宁灵悉定。清廷论功行赏，宗棠得加一骑都尉世职。①

马化隆先于乞降时，缴纳骡马九百五十九匹，枪矛一百五十件，枪械一千七十件。最后降时，令其子缴纳车轮大铜炮四尊，九节藜炮四尊，威远炮二十八尊，劈山炮二十尊，鸟枪一千三十杆，抬枪二百九十三杆，刀矛二千四百十八件，洋枪一百八十杆，火药五篓，铅子七百斤，硝磺二百九十斤，金银铜钱合银十九万两有奇。嗣又于堡内掘得洋枪一千二百有奇，②其武力与财力，可见一斑。故此次战事，确非等闲，至今覆按当日经过情形，当为宗棠毕生所最感艰难与痛苦。其一为与穆图善等意见参差，形成冲突。马化隆为穆图善所抚，穆图善始终信其不贰。宗棠既下董志原，马化隆代陕回乞抚，宗棠本窥见马化隆之阴狡，然犹在试其真诚与否，以定或剿或抚。而穆图善遽奏遣河州镇总兵胡昌会率同马化隆安抚，清廷竟许之。及马化隆嗾灵州甘回据城叛，逆迹原已昭著，而绥远城将军定安遽上急奏，谓松山轻进，滥杀激变。清廷大疑，事下穆图善查覆。而穆图善仍坚称马化隆实已抚良回，松山激成事端。宗棠虽剀切陈明马化隆之决不可恃，松山之决可信，而终无以间执人口。及破马家寨，搜获马化隆给所谓参领马三、吴天德、杨长

---

① 《左文襄公奏稿》卷三十六页 59—65《攻破金积堡东关巨巢连克寨垒折》，卷三十七页 1—13《合围金积堡折》，页 26—28《攻克杨明堡力攻马家河滩各堡折》，页 51《围攻马家河滩贼堡片》，页 59—62《陕回就抚马化隆就擒折》，页 64—65《密陈马化隆暂缓伏诛片》，卷三十八页 1—5《平毁金积各巢首要各逆伏诛折》，页 18—19《招回王家疃助逆悍党何生洲及河回乞抚情形片》，页 50—52《审明叛逆眷属按律议拟折》。《平定关陇记略》卷九页 17—34。《湘军记》卷十八《平回下篇》页 23—28。《征西记略》卷二页 7。

② 《左文襄公奏稿》卷三十八页 3—5《宁灵肃清折》。

春令纠党抗拒官军札一件,竟署衔统领宁郡两河等处地方军机事务大总戎,钤以印信。盖马化隆从前名虽就抚,实仍以其新教部勒甘回,自成一类。久之,老教亦被其胁服,均尊之为主。自称为吾啊目,即回语谓奴才也。其私授伪官,有参领、协领等名。其自称为大总戎,称官军为敌人,至是皆得铁证。宗棠执此奏闻,清廷方信马化隆狂悖之情,而认其求抚为殊难凭信,严令迅图扫荡,不得轻率收抚。① 其二,为军事中途之挫折,招致反对者之口实。南人西征,本一般人所认为非宜,更有一部分人,重淮军而轻楚军,认为宗棠不能完成西征使命。正当诸回乱窜陕西之时,又值松山阵亡,峡口失守,于是朝野议论益纷纭。会李鸿章调湖广总督,督淮军援贵州剿匪,乃有人直请以鸿章代宗棠,而调宗棠入黔。清廷虽仍以西事责成宗棠,而亦调鸿章以督办陕西军务名义,移淮军入关绥靖。及鸿章抵潼关,而陕境已安定。会天津教案发生,鸿章奉命折回,又以刘铭传继任督办陕西军务。铭传驻乾州有年,军报于宗棠,不无微词,坐是构成嫌隙。② 其三,清廷以师久无功,对于宗棠颇有无情之责备。进攻金积堡,开始于同治八年(1869)七月,初以为短期内可望结束,不意迁延年余,收复无期。九年(1870)九月,清廷乃有下列之严旨:

> 陕甘回匪滋事以来,朝廷轸念西陲,大伸挞伐,特命左宗棠为钦差大臣,督兵剿贼。厚集兵力,宽予期限,计每岁拨用饷银,不下八百余万两,该大臣于行军筹饷事宜,有所陈奏,无不立见施行,倚畀不为不重。乃自抵甘以后,虽据叠报胜仗,总未能痛扫贼氛,致金积堡一隅之地,至今日久未下,逆首稽诛,军务安有了期。竭东南数省脂膏,以供西征军实,似此年复一年,费此巨帑,岂能日久支持。该大臣扪心自问,其何以对朝廷。即着左宗棠振刷精神,严檄各军,实力剿办。该大臣前奏金积堡贼势已惫,似不日即可攻克,北路肃清后,河狄一带贼踪,亦宜以次歼

---

① 《左文襄公奏稿》卷三十二页 58—63《附穆图善片》,卷三十三页 14—17《覆陈查明刘松山各情折》,页 33《北路官军攻克坚寨折》,页 35《灵州死事各员请恤片》,页 44 谕旨,页 46 谕旨。《左文襄公书牍》卷十一页 7《答夏小涛(献伦)》,卷十页 5《与刘寿卿(松山)》。《左文襄公家书》卷下页 18。定安,字静村,满洲人,官至东三省练兵大臣。

② 《同治东华录》卷八十四页 5。

除，务当克期蒇事，毋得再事迁延，致干咎戾。……

至十一月，复有诏诘责，略谓："金积堡贼势已蹙，何以日久未见成功，糜饷劳师，该大臣难辞其咎。若再不振刷精神，迅图攻拔，致以一隅之地，牵掣兵力，耗费饷需，大局何堪设想。"①故金积堡既下，宗棠家书与其子云：

> 金积堡锁围久合，马化隆只身就擒，若论敷衍了事，亦可结局。然此贼谋逆日久，蓄机甚深，此时若稍松手，将来仍是西北隐患。且戎狄之患，最难收拾，惟本朝都燕，以九边为肩背，尤不宜少留根荄，重为异日之忧。不比陕回由积衅私斗起事，尚可网开一面也。度陇以来，先注意于此，虽同事之牵掣，异己之阻扰，及朝廷之训饬，皆所不敢屈，幸如此了结，寸心乃安。若论其事之难，则赵元昊始终为宋患，河套为明患。我圣祖之征准部，抚定蒙古而众建之，一时名臣名将所绸缪，其计划亦无以逾此。姑为儿等言之，俾知事业未可幸成，未出任事以前，当苦心读书，既任事以后，当置身家性命于度外，乃可望有成就，吁！岂易言哉！②

虽为训子之言，亦自道其实也。嗣又奏陈清廷云：

> ……逆回马化隆，踞金积奥区，倡行新教，煽惑愚民，久怀不轨之心。世济其恶，以逆案言之，则乾隆四十五年（1780）、四十九年（1784）以后第三案。以舆地考之，则唐之灵武，宋之西夏，明之河套，皆其故土也。然从前马明心、苏四十三、田五等逆案发觉，当国家全盛之时，逆节初萌，即行扑灭。此则蓄异谋者三世，根柢盘深，蔓延各边塞，势焰弥广，于斯而言诛夷迁徙，事体较难。宋于元昊，经营将及百年，未能得其要领。明于河套，被扰数十年，祸结兵连，虽屡隳将帅，而患仍未熄，其地之险可知。唐时安禄山之变，肃宗即位灵武，郭子仪、李光弼用灵武之众，扫除长安宫阙，其地户之强可想。此次由晋渡河，历绥、延属境，径抵吴忠堡，正当河套全境，亦西夏故墟。先平土匪十数万，继刜坚堡五百余，而为时仅止一年有余。南军用之于北，与汉李陵提荆湖步卒五

　　①　《左文襄公奏稿》卷三十六页73谕旨，卷三十七页58谕旨。刘铭传，字省三，安徽合肥人，官至台湾巡抚，光绪二十二年（1896）二月卒，谥壮肃，著述有《刘壮肃公奏议》、《大潜山房诗集》。

　　②　《左文襄公家书》卷下页27—28。

千,北击匈奴,均古今不常见之事。昔唐中叶,用灵武之军,平朔方之贼,此更卷南方之甲,平西北之戎,尤为变局。北路、中路诸军于时艰饷绌时,愈战愈奋,虽死伤山积,屡失大将,人心震骇,坚定不摇,卒能拔除隐患,建此殊功。……

更为能道其实,非虚夸也。①

---

① 《左文襄公奏稿》卷四十页 11—12《荡平金积堡及剿办回土各匪出力员弁兵勇汇案请奖折》。

# 二十六　平定河州

　　河州居甘肃回族最多,而尤以大东乡为中心。其族嗜利轻生,性喜剽掠,无事时,即常骑马远出,抢劫扰乱。同治元年(1862),陕回肇衅,甘回随之。十月,河州大东乡回逆东渡洮河,陷狄道州城。河州回教主马荣家狄道北庄,继起响应。时甘肃布政使恩麟护理陕甘总督,畏回势张,屈意抚之。二年(1863)正月,河州回再叛,恩麟再抚之。乃至五月而复叛,至十二月而西北乡回马占鳌等陷河州城,由是河州回与狄道回联络一气,蹂躏四方。三年(1864)八月,陷通渭县城。九月,陷金县城。兰州省城东、南、西三面均与河州接壤,对外交通常被遮断,时处戒严状态中。五年(1866)三月,督标兵变,河狄回乘机直扑省城。时总督为杨岳斌,始议对河狄大用兵,而河狄回于八月又一度袭踞巩昌府城。已而岳斌去职,继任左宗棠未至,穆图善以宁夏将军兼署总督,对回主抚,已抚宁夏回,又准河狄回至省城投诚。穆图善勒兵出郊受降,仓卒被赚,几遭生擒,阵亡提镇参游数人,弁勇多名。幸甘肃按察使蒋凝学早觉其诈,饬所部安字营严密戒备,回围省城五日,大掠关厢而去。此为六年(1867)八月间事。于是穆图善又易抚为剿,其始尚能获胜,嗣屡致挫衄。八年(1869)正月,各军节节溃退,复被回截断粮道,径退至巩昌、秦州。自是陇南寇氛益炽,仅秦州一隅,差为完善,勉维与兰州省城一线交通。①

　　二月，宗棠已克董志原，进攻金积堡，同时，筹画陇南防剿事宜，其言曰：

　　　　甘肃全境回土各匪，蜂屯蚁聚，撮其大要，北则宁夏、灵州，南则河
　　州、狄道，西则西宁，而固原、平凉居东路之中，为进兵冲要。以机局论，
　　固宜注意中权，而以时势言之，必先疏通南路。盖用兵以顾饷源为先，
　　布阵以防后路为急，理固不易。甘肃饷源，现恃秦州一线转输，而此次
　　河州逆回专以断官军饷道为主。秦州西通河、狄，东连凤、宝，北倚平、
　　泾，南枕阶、文，为度陇间道，如不早图，则兰州既成孤注，难以图存，而
　　河狄之回与陕回勾结为奸，凶焰又将复炽。……

陇南驻军，本有傅先宗、梅开泰、敖天印、范铭等所部。宗棠更以李耀南、吴
士迈两军，进秦州一带，立西进河狄之根据。先宗移徽县一带，维省东运输
之路线。马德顺一军驻陇州，李辉武一军驻宝鸡、凤翔，保陕甘间之安全。
旋又以杨世俊、徐占彪各军，屯安定一带，固兰州外卫。顾陇南各军统领，势
位相埒，互不相下，难以合作。久之，始命周开锡总统诸军，以一事权。开锡
抵秦州，令汤聘珍督同梅开泰扼漳县而营，傅先宗驻宁远，分枝由徽县、成县
出西和，节节扫荡，作为游击之师。敖天印各营分驻渭源、安定、陇西之间，
保护前敌粮道，军事大有起色。开锡更将地方厘税、钱粮诸务，加意整理，开
屯田，劝耕垦，减陋规，定津贴，政事亦焕然改观。②

────────

　　①　《左文襄公奏稿》卷二十三页17《遵旨覆陈折》，卷三十一页54《尊旨覆陈折》，卷三十六页
34《请将敖天印暂行留营效力片》，卷三十九页37—38《敬陈进兵事宜折》。《平定关陇记略》卷三页
13—15、页37—38，卷四页34，卷五页58，卷六页37—39。《同治东华录》卷五十七页3。《湘军记》
卷十七《平回上篇》页17、页27、页33—36。《甘宁青史略》正编同治朝。马占鳌，字魁峰，投诚后，保
至总兵。蒋凝学，字先民，号之纯，湖南湘乡人，官至陕西布政使，光绪四年(1878)七月卒。金县，今
榆中。

　　②　《左文襄公奏稿》卷三十一页42《进驻泾州督办甘肃军务折》，卷三十二页3—7《进剿甘肃
南路窜回折》，卷三十三页24《南路官军迎剿河狄窜回折》，页38—39《奏派周开锡总统秦州诸军
折》，卷三十四页2—4《南路官军剿回连胜折》(《刘果敏公奏稿》卷七页23《陕军剿贼至甘境折》)，卷
三十五页34《截剿甘南逆回并分剿河狄大股逆回折》。《平定关陇记略》卷八页19。《征西记略》卷
二页5。傅先宗，字堃廷，湖北江夏人，官至甘肃凉州镇总兵，同治十一年(1872)正月，在河州阵亡。
梅开泰，字履安，积功保至提督。敖天印，字辅臣，副将。范铭，字新斋，甘肃皋兰人，提督衔，记名总
兵。杨世俊，字晓峰，湖南长沙人，叙功保至提督，同治十二年(1873)八月在肃州阵亡。徐占彪，字
昆山，四川西充人，官至新疆巴里坤镇总兵，光绪十八年(1892)卒。汤聘珍，字幼庵，湖南善化人，甘
肃道员。阶州，今武都。安定，今定西。宁远，今武山。

河狄回之窜扰,东北及于通渭、静宁,东南及于徽县、两当,东及于秦安、秦州。溯自同治七年(1868)攻破秦安之康坪堡,据为巢穴,东西呼应,进退益自如。而踪迹所至,大致均在巩秦阶道区域。此区域西自安定,迤南逾漳县,以达洮州、岷州,袤延数百里,山径纷歧,固为河狄回出没冲要,防不胜防,要亦以过去甘军纪律废弛,力量脆弱,非回之敌。及宗棠入甘,严加整顿,始见辉武破回两当、清水,士迈破回秦安,收复康坪堡,聘珍破回礼县、西和,耀南破回通渭,先宗破回宁远,开泰破回漳县、秦州,官军渐强,回势渐衰。①

河狄回与陕回勾结甚深。早在同治六年(1867)十月,有河回米贾、张非两股,受陕回崔伟嗾使,大举入陕,图合西捻,进攻西安省城。七年(1868),董志原陕回巢穴既为宗棠所攻破,诸回散处宁灵、平固之间,复经官军不断剿办,崔伟、禹得彦、马生彦、白彦虎等,遂于八年(1869)冬,窜至狄河,更与河狄回相互利用,并不断窜扰。九年(1870)一月至四月间,势益张,由河回米阿浑等统领,经陇南分股入陕,近窜陇州、汧阳、宝鸡与凤翔,远窜宜君、中部、白水、蒲城。经陕甘官军逐步拦截,歼灭甚众,残部卒由陇东遁回河州。未几,河回又纠合巩昌回、盐关回,图由巩昌、宁远、礼县,走徽县、成县,扰甘南腹地,崔伟亦如约接踵而往。顾所至仍为官军所击散,于是伏羌、宁远、礼县一带肃清,益利官军之西进。五月中,先复渭源县城,复乘胜夺一杆棋,其地距渭源十五里,距狄道百里,形势险要,为西南一大关键。六月初,又复狄道州城,更乘胜下牟佛谛。其地在州城东西三里,楼堞高耸,崇墉屹立,即马荣之北庄,倾覆其教主之老巢,足褫众回之魄。同时,洮州、岷州等地,毗连河狄,亦派重兵防剿,迭有斩获。自是河回局处洮河以西,其偷渡东岸者,辄

---

① 《左文襄公奏稿》卷三十二页3—7《进剿甘肃南路窜回折》,卷三十三页24—27《南路官军迎剿河狄窜回折》,卷三十四页2—4《南路官军剿回连胜折》(《刘果敏公奏稿》卷七页23《陕军剿贼至甘境折》),卷三十五页34《截剿甘南逆回折》。《平定关陇记略》卷四页21—24,卷六页31—32,卷八页19—20、页58—59。洮州,今临潭。

被官军击破,无所发展。①

河狄回亦与宁灵回呼吸相通,其窜陇南,窜陕西,无论单独行动,或与陕回合作,如上所述,用意即在牵缀官军,遥为金积堡声援。金积堡围攻紧急时,河回亦尝以步骑数千窜西安州,图绕东山,向预望城、韦州堡而北,又尝窜平番、镇番,图由中卫渡河而东,以实力援金积堡,抗拒官军。当狄道克复,河回被迫退处河西后,更尝会聚马步二千数百,在康家岩偷渡,图扰秦州、伏羌粮道,进乞金积堡之援。然均为官军所阻截,无法接近金积堡。马占鳌先尝在宁夏大言,当以股众助陕回,在金积堡与官军作战,及官军屡捷,目睹军威,其后亦不敢复逞。②

河狄与宁灵诸回之联络断,有助于金积堡之克,然金积堡克而不幸突有黑头勇之变。先是,宗棠深知陇南原有甘军多不可恃,顾欲从新布置,既苦欠饷过久,撤遣无资,且甘军分子,土客混杂,皆有室家之累,纵筹撤遣之费,必到手化销,虑其仍羁异乡,贻地方他日之患。故于周开锡之南行也,令点验各军,汰虚额成营,按营给饷,切实整理。开泰首先遵办,并十营成五营。天印继之,并十营为三营有半。惟范铭所部,历称黑头勇,其人皆河州、狄道、洮州、岷州土著,始因召募而集,继而各处叛卒、溃勇入焉。一人当勇,合家随营,于是名为十二营,而实有一万数千人之众。人数既多,桀骜日甚,以往当局,利其尚能出仕,曲意附循。浸至果于摽掠,怯于战斗,自归开锡统制,挑选裁汰,稍加钤束,好乱之徒,顿萌异志。于同治九年(1870)十一月,袭踞岷州城中,范铭不能制,惧而逃,其众益乱。经开锡派兵围剿,历一月始

① 《左文襄公奏稿》卷三十三页 9—12《各军剿回获胜折》,页 64—67《东南路官军剿回连胜折》,卷三十五页 34—40《截剿甘南逆回并分剿河狄大股逆回折》,页 46—49《中路官军截剿自陕回窜逆回折》,卷三十六页 1—7《截剿自陕州折回逆回折》,页 11—14《截剿陕回陈林股逆折》,页 20—23《南路官军克复渭源狄道两城折》,页 40《洮岷等处官军连胜片》,卷三十七页 15《杨世俊迎剿河州窜回片》,页 17—18《中路各军会剿窜回片》,页 39—42《中南两路官军剿贼获胜折》,页 48—49《中南两路官军连获胜捷折》,页 75《巩西各军痛剿河州窜贼片》,页 58—60《南路各军截剿窜回折》。《平定关陇记略》卷四页 21—24,卷八页 51,卷九页 5—6、页 13、页 51、页 58—62、页 64—65。《征西记略》卷二页 6。伏羌,今甘谷。

② 《左文襄公奏稿》卷三十四页 5—12《中路官军剿回大捷折》,页 42—43《贼纵纷窜现筹剿办折》,页 63《刘松山剿贼大胜折》,卷三十七页 31《米脂王罗防剿情形片》。《平定关陇记略》卷八页 31—32,页 39,卷九页 24—27。《湘军记》卷十八《平回下篇》页 24。《征西记略》卷二页 7。平番,今永登。镇番,今民勤。

受其降,诛为首者尤政芝、安桐贞,编其众,分配各军。其裹胁难民万余人,安置岷州,留军镇抚之。在黑头勇叛变时期中,河州回颇乘机渡河,有所觊觎。然官军仍有余力剿击,终无所成。①

当狄道州城下后,清廷促即进取河州,然而宗棠以为未也:

> ……以局势论之,宜长驱并进,规复河州。惟自秦州迤西而巩昌,而狄道四百余里中,渭源属境二百余里,弥望黄茅,人烟断绝,大军前进,后路须节节设防,以护运道。防兵多,则进剿之兵少,察看河州贼势,未可虚弦下之,非俟北路宁灵肃清,由兰州出兵,难期得手。论兵势,须防后路,通饷道。论贼情,须断勾结,取远势,未可重剿轻防,致有疏失也。……

随以刘明灯马步八营,进马营监,以向安定。徐文秀拨四营,由静宁延扎会宁。一面修治兰州大道,以利挽运,一面转运军粮、子药,储存静宁州城,以便取携。②

及金积堡平定后,清廷又促进取河州,然而宗棠仍以为未也:

> ……现时递运三个月粮料、草束,尚未竣事,若急于前进,则随运随耗,后无可继之粮。河州夏收,约在六月底,秋收约在七八月,若急于前进,则未及成熟,前无可因之粮,非稳着也。洮河深浅广狭,随处不同,而溜势湍急,与黄河无异。由狄道、安定、陇西进兵,每路皆须造船架桥,所需器具,乱后人物凋残,势难咄嗟立办。而盐固东西两山余匪,甘南一带游氛,均应趁此闲暇,逐加料理,以免后顾之忧。……

随令黄鼎、雷正绾、魏光焘、左日升等各营,自中卫至平凉,扼要分驻,务将东西两山周千余里间,伏莽尽除,俾运道无虞梗滞。其徽县、两当一带,加派殷华廷马队护运,搜缉游匪。一面慎选地方官,会同各防营,严密掩捕,以净根株而重后路。同时,将渡船浮桥,充分准备,供断洮济师之用。更在归化城,

---

① 《左文襄公奏稿》卷三十二页11《进驻泾州筹办军务折》,卷三十三页38—39《奏派周开锡总统秦州诸军折》,卷三十六页34《请将敖天印暂行留营效力片》,卷三十七页66—69《范铭部众溃变折》,卷三十八页36—38《南路官军剿办溃卒巩岷肃清折》,页42《周开锡办理甘南军务情形片》。《湘军记》卷十八《平回下篇》页28。《征西记略》卷三页1。

② 《左文襄公奏稿》卷三十六页23《克复渭源狄道两城折》。《湘军记》卷十八《平回下篇》页28。

采买战马二千五百匹，马鞍五百盘，供补充马队之用。[1]

同治十年(1871)七月中，宗棠移节静宁。八月初，又进驻安定，查知进规河州之准备工作，均已完成，遂发动攻势。令文秀等出安定，为右路；张松春等出峡城，为左路；先宗等出狄道，为中路；是为进攻之师。又置兵洮州、岷州，防剿河回东窜；置兵会宁、安定，防剿河回北窜；置兵靖远，防剿附近游匪，兼顾兰州省城。而河州之西，曰康家岩，东曰三甲集，中隔洮河，皆据形胜。且河回之出巢剽掠，必由洮河西岸三甲集，渡过东岸康家岩，是必先得此两地，方可制河州。当由文秀直趋康家岩，不数战而下之。先宗遂先架桥渡河，文秀与杨世俊、王德榜等随之抢渡，会师三甲集，攻克之。而三甲集之内，尚有两重门户，西曰太子寺，北即大东乡，尤为山高地险。太子寺为河州总要关隘，向设河州州判驻扎。大东乡为诸回眷属死党所聚，周百余里，山峦层叠，路径崎岖。在太子寺与大东乡之间，更有董家山横阻焉，绵亘数千里，山岩高削，大小堡垒林立，诸军乘间突占之，筑垒其上。自此大东乡及太子寺路径疏通，可以直捣太子寺巨巢矣。而回环太子寺掘长壕，深约三丈余，阔倍之，筑垒如林，力图久抗。并结循化撒拉、八工米拉、碾伯各回，分股绕截官军运道。会诸将稍有不洽，宗棠更遣陈湜赴前敌调度。顾进攻经月，太子寺未能深入，而时届深冬，洮河结冰，有利于河回之奔冲。于是宗棠增调留驻金积堡之老湘军等九营，开至安定，充实防剿之力。[2]

同治十一年(1872)正月，先宗复督同世俊进攻，先宗振臂大呼，自执大旗而前，突为飞炮所中，由右额贯颅，立仆阵前，犹手执长矛坐地，怒目睒睒。陈湜闻耗，遣文秀驰援，世俊以主将战没，军心不固，力主解围退扎。时文秀已转战而进，见诸军已退扎，虑大东乡回梗其归路，分所部回攻董家山，仍自

① 《左文襄公奏稿》卷三十九页5—10《搜剿盐茶固原东西两山窜贼折》，页11—14《南路各军剿贼获胜片》，页17《覆陈近日军情片》，页34—36《南路官军剿除窜回余众折》，页43—44《各军搜剿零匪片》，页47—49《中南两路搜剿余匪折》。《湘军记》卷十八《平回下篇》页29。《征西记略》卷三页1。中卫，今属宁夏回族自治区。

② 《左文襄公奏稿》卷三十九页38《敬陈进兵事宜折》，页51《督军进驻静宁片》，卷四十一页1—3《夺据康家岩折》，页27—40《渡洮攻克要隘折》，页46—52《连破贼垒逼攻太子寺折》，页63—65《增调兵力片》。《平定关陇记略》卷十页34。《湘军记》卷十八《平回下篇》页29—31。《征西记略》卷三页1—2。循化，今属青海省。

率亲兵前驻助守。回再三黉夜来扑，有两营营哨同时弃垒而逃，文秀愤极，傍垒列阵，鏖战时许，身受三矛，力竭阵亡。傅、徐所部均退三十里，然损折将弁，不过二百余名。报至宗棠，宗棠亟命德榜接统傅军，沈玉遂接统徐军，诛将弁之先溃者六人，退扎各军仍滚营前进，余亦严扼董家山、三甲集、康家岩各处要隘。马占鳌方主持河回作战，见诸军退而复进，诸隘仍在官军手中，后方护运之军，日有增加，新调征军，络绎奔赴，亦知官军之不可力抗也。又闻西宁诸回求抚将成，退无后路，遂请就抚。宗棠以河回于穷蹙之后，忽稍得逞，得逞之后忽又投诚，恐其中或有别故，姑许其速缴马械，暂缓进兵。陈湜先遣抚定回目往觇其真伪，至是回报河回各头目顶经立誓，永无反复。遂遵命搜缴马匹四千有奇，枪矛一万四千有奇，抚局告成。宗棠命玉遂为河州镇总兵，偕同河州知州潘效苏各到本任。盖此地官民不见天日者，已十余年矣。[①]

　　河州善后料理藏事，宗棠乃于十月中由安定进驻兰州省城。自同治五年(1866)奉调陕甘总督，至八年(1869)而始接总督关防，十年(1871)而始抵总督任所。于此亦见宗棠之老练稳健。杨岳斌被命陕甘总督，直赴兰州省城，筹军筹饷，诸不应手。而河狄之贼扰于南，平固之贼扰于东，宁灵之贼扰于北，凉肃之贼扰于西，终于陷入四面楚歌之境界。宗棠一反其道，先肃清陕西，乃入甘境，待肃清陇东、陇南，再入省城。两人在西事上之成败，亦两人在布置上之疏密有以致之。[②]

　　河州抚局之速成，系于马占鳌等觉悟之早。彼深知官军之不可力抗，故决心早日求抚，不更作无用之顽强抵抗。而在宗棠则以彼既倾心归诚，遵令悉缴马械，自无须更作进一步之剿洗。或以此訾为宗棠武功之瑕疵，殆非的论。惟此时帝俄强占伊犁，清廷速河西诸军出关。而肃州降回又叛，则乘机

① 《左文襄公奏稿》卷四十一页5—10《叠攻太子寺屡胜两挫逆回乞抚折》，页12—13《核明溃退各员分别惩办片》，页36—37《河州抚事渐可就绪片》，页61—64《收复河州办理善后事宜折》。《左文襄公书牍》卷十二页12《答谭文卿(钟麟)》，页19《答李仲云(概)》。《平定关陇记略》卷十一页1—9，页16—20。《湘军记》卷十八《平回下篇》页31—32。《征西记略》卷一页5，卷三页2。沈玉遂，字翰青，号汉卿，湖南湘乡人，官至陕西固原提督。潘效苏，字少泉，湖南湘乡人，官至甘肃新疆巡抚。

② 《左文襄公奏稿》卷四十一页9—11《后路肃清进驻省城片》。《湘军记》卷十七页26。

速了后方战事,以免影响前敌,当亦为军事上所必要。不幸同治十三年(1874)十一月,更有河回闵殿臣之变。闵殿臣居河州城南三十里铺,夙与马占鳌不合。因马占鳌主就抚,而闵殿臣则持反对也。宗棠既复河州,命马占鳌召募土著,备补制兵。闵殿臣之子闵福一,投马占鳌充哨长,已而因不守营规被革,于是旧恨新仇,务求一泄为快,向各处回民逼胁附叛。宗棠亟遣刘锦棠等移师痛剿,旬日而定,歼回四千有奇,官军亦伤亡千余人,盖剧战也。闵殿臣窜逸,马占鳌擒致之,与其子,其弟,共四人,同凌迟处死。其余徒党诛戮者,又约千余。宗棠于"陕甘回乱",壹主先剿后抚,然亦认为剿须彻底,务使认识兵威,庶抚亦可彻底,期之久远,乃为叹上年抚局之太苟焉。①

---

① 《左文襄公奏稿》卷四十五页 90—95《河州南乡抚回构衅悉数剿除折》,卷四十六页 12—13《河州叛回首要伏诛地方肃清折》。《左文襄公书牍》卷十三页 8《与陈舫仙(湜)》。《平定关陇记略》卷十二页 39—44。《征西记略》卷三页 5。

# 二十七　平定西宁

　　西宁,唐鄯州地,东北大峡、小峡,群山对峙,亘八十里,湟水出焉,汉所称湟中者也。威远堡在其北,即晚唐所称沙沱,其南为巴燕戎格、循化,以达河州,地险民悍。明以前,仅羁縻而已,清设青海办事大臣于此,控制蒙古、回、藏。嘉庆、道光中,藏回渐作不靖,林则徐、琦善、沈兆霖等先后任陕甘总督,时有用兵之事,均未得手。至同治二年(1863)五月,而西宁回马尕三复拥众叛。青海办事大臣玉通不能制,陕甘总督熙龄,布政使护督恩龄,以宁夏、平凉、河州等处,均有"回乱",正苦穷于应付,于西宁之变,自更感鞭长莫及。①

　　四年(1865)四月,杨岳斌至陕甘总督任,对于西宁,仍以力未能讨,先派知府钟璞查办安抚,一面派总兵高得效等团练汉民,以备后图。回计缓兵,遽向玉通乞抚,玉通令汉民解散团练,回遂戕钟璞,玉通置若罔闻。②

　　六年(1867)二月,西宁府属贵德厅回叛,戕同知承顺,玉通不敢问。而其地藏人不服,尽焚城外回庄,为承顺复仇。马尕三率众驰援,亦将百余汉

---

　　①　《左文襄公家书》卷下页37—38。沈兆霖,字子渌,号朗亭,浙江钱塘人,道光十六年(1836)进士,同治元年(1862)七月,平定撒拉回班师,遇水冲没,谥文忠。玉通,满洲正蓝旗人。巴燕戎格,今青海省化隆县。
　　②　无名氏《官军收复西宁记》。

庄及文武衙门、庙宇,烧成焦土以泄愤。又西宁府属北川营,为通甘州、凉州要路,护都司韩廷连守御三载,回不得逞。是年四月,玉通忽将韩廷连撤职,回乃踞有北川营,尽威望堡百余汉庄,付之一炬,并窜扰凉州。①

其间岳斌尝遣梅开泰、邓全忠进剿,由碾伯直抵巴燕戎格,颇获利,而玉通以为激变。未几,两军亦忽溃退,损失至巨。及岳斌去任,穆图善署陕甘总督,与玉通同主抚议,止准投诚,不准剿办。②

马桂源者,本循化厅回,充西宁花寺阿浑,捐纳候选同知。玉通先以权循化厅,旋以署西宁府。其兄本源,玉通亦先令权循化营游击,旋令兼护西宁镇总兵。马尕三则玉通以为回目,玉通思借此三人,通汉回,解斗争,而马尕三性尤阴险,知玉通驽下,亦仅倚抚议以愚官,复挟官以钤制汉民,凌虐残杀,无所不至,汉民诉之玉通,玉通无如何也。③

以上为同治六年(1867)左宗棠入关以前情形。其后宗棠得西宁镇总兵黄武贤致陕西巡抚乔松年书,叙及其在西宁所身受与目击之惨状:

> ……本年正月内,弟奉文饬赴任,以专责成等因,遵即束装起程。三月初三日,接印任事。无如地方扰害年久,万民涂炭。至今营伍绝饷多年,有兵即似无兵。弟自去年至今,到任以来,地方苦不可言,刻下衣食难堪,世间未有见过饿死总兵也。所有在城文武官员,被匪挟制多年,任其使唤,非朝廷之官也。至城乡内外汉庄,任从匪类日夜抢夺奸淫,如似己物,民不敢阻,官不敢办,任从匪意,惨不胜言。弟亦不得已,暂且然之,如似笼中鸟无异。……自数年以来,汉民不准入城,若再一年,西宁汉人绝矣。弟现在坐井观天,舍侄被杀,无法可施,只有除死方休而已。……

于是录以具奏,认为西宁抚局,势难敷衍,而兴西宁名存实亡之叹。④

---

① 《左文襄公奏稿》卷二十三页22《黄武贤致乔松年书》。承顺,姓佟佳氏,字禄卿,汉军正蓝旗人,谥勤愍。

② 《左文襄公奏稿》卷二十三页22—23《黄武贤致乔松年书》。

③ 《左文襄公奏稿》卷四十二页29《密陈西宁贼情片》。《平定关陇记略》卷十一。《征西记略》卷三页4。

④ 《左文襄公奏稿》卷四十二页19—25《甘肃抚局势难敷衍片》。黄武贤,字侯光,广东潮阳人。

同治九年(1870),宗棠先后复渭源、狄道,又下金积堡,并将进规河州。其陕回之自董志原逸出,窜入狄道、河州者,无复容身之地,遂又窜西宁,群居大南川、小南川一带。其地与河州仅隔一黄河。此批陕回,即崔伟、禹得彦、白彦虎、毕大才等股,连眷属凡三万数千人。时马朶三已前卒,马本源、桂源之堂叔马永福接充回目,玉通亦病故,由豫师继任青海办事大臣。[①]

十年(1871)八月,宗棠开始攻河州,屡得胜仗,陕回窜扰贵德、丹噶尔两厅,亦被官军击败于日月山。马永福会同西宁府各厅县回目,再乞抚绥,由马桂源以西宁知府名义,据以分呈宗棠、豫师。宗棠以为:

> ……此次西宁及咪喇逆回所以急于就抚者,因大军方剿河州,恐将移军指湟,预为地步耳。犬羊之性,知畏威,不知怀德,此时稍涉迁就,转瞬仍肇衅端,不如预定受抚款目,观其能否遵照,再行酌夺。……

又以为:

> ……此时言抚最易,然收抚先预将节目拟定,令该回目等心中明白输服,然后可望其钤束散众,逐一遵守,永为良民。若始事时一有勉强迁就之见,各回目无所借以钤束散众,比散众犯案,各回目又不得不为遮饰隐瞒,官司殊难办理。积久仍不免加以严办,若辈又将谓此时官司收抚,并非真心,日后决裂,有所借口。……

由是与豫师商定受抚款目十二条,其主要之第一条,为:

> 军械、马匹,勒令尽缴,如有缴少留多,缴坏留好等情,一经搜获,即将藏匿之人处斩,首告者,酌赏,扶同隐饰者,抵罪,惟牛骡驴只,准留耕种。

先是,宗棠将窜居金积堡之陕回陈林等股抚定后,命道员冯邦棨安顿于平凉之化平川一带,颇为安居乐业。其窜居西宁之陕回崔伟等不无歆动。因托陈林通款于宗棠,宗棠察其意诚,仍派邦棨驰往查办。至是,西宁土回即亦乞抚,宗棠当命邦棨并案办理。[②]

时逾半载有余,河州回已抚定,肃州回又叛。正在官军围剿中,而西宁

---

① 豫师,字锡之,汉军镶黄旗人,进士,官乌鲁木齐都统。

② 《左文襄公奏稿》卷四十一页14《西宁各回求抚委员察看办理片》,页22—23《贵德丹噶尔剿贼获胜片》。《左文襄公咨札》页28—29《咨覆豫大臣师办理西宁收抚事宜》。《平定关陇记略》卷十一页1、页6、页16。冯帮棨,字杰卿。丹噶尔,今青海省湟源县。化平川,今化平县。

土回及陕回之抚局,尚无成就。就陕回言,崔伟求抚甚切,禹得彦、白彦虎自知罪恶有年,疑畏交并,有窜四川,窜云南企图。毕大才则大股赴援肃回。就土回言,马永福颇明大义,而马本源、桂源兄弟则心怀叵测。邦楝责缴马械,察验所收,多不适用,经再四催促悉数呈缴。陕回则借故迟延,土回则以陕回扰害,不能不稍有存留,准备自卫。宗棠准土回暂缓呈缴,先将存留数目,造册报明,俟陕回事定再缴。宗棠于抚局,原以肯否呈缴马械及呈缴多少、良窳,断定其乞抚之真伪。今见如此情形,知非有兵力盾其后不可。乃命何作霖所部先赴碾伯驻扎;刘锦棠、龙锡庆所部继进,一面命新抚河回马占鳌,即就河州边境防守,杜西宁诸回窜路。同治十一年(1872)八月初,诸军先后行抵碾伯,西宁诸回目乃来缴马械,而马疲械钝,与前无异,又愿具结限半个月内全缴,并允办军粮,惟求官军缓进。锦棠逆知其诈,出示晓谕,土回安堵无恐,当为除陕回逼处之害。时肃州战事剧烈,故宗棠欲先剿西宁陕回,迫陕回之在肃州者回援,亦可减少肃回力量也。锦棠则以西宁收获约在九月初旬,官军西来转运艰难,当因粮本地。如被土回收获,则恐彼饱无饥,办理费手。又虑西宁地气早寒,一经凝冻,则营垒均难修筑,故认为抚如无成,剿宜及早。于是督师进扎平戎驿,此地地势平阔,接近陕回所居大小南川,更分兵联扎马营湾、三十里铺一带。此地距西宁府城三十里,与小峡口毗连,锦棠沿途察看土回堡寨,仅留壮丁待收获,余皆潜逃,心知有异,饬所部毋犯秋毫,致有借口。而马桂源已纠土回、陕回俱变,马本源自称统领陕湟兵马大元帅,尽率城中回兵回民以出,叛状既著,剿办不免矣。[①]

西宁城中残余汉民,既见回兵回民尽出,遂闭城拒使不能再入。时豫师驻平番,黄武贤驻威远堡,则由西宁道郭襄之主城守。回目马永福不直马本源、桂源所为,而性懦不能制,则独留城中,转助官军设防。于是土陕诸回,一面合力围攻西宁府城,一面向锦棠大军拒战。锦棠自以西宁府城为目标,然欲进西宁,必由湟中,而自大峡口至小峡口,高峰危耸,中通一径,宽广才

---

① 《左文襄公奏稿》卷四十二页 12《进攻西宁土客各回折》,页 29—30《密陈西宁贼情片》。《平定关陇记略》卷十一页 24。《湘军记》卷十八《平回下篇》页 33。《征西记略》卷三页 3。何作霖,字雨亭,湖南湘潭人,官至甘肃西宁镇总兵,光绪九年(1883)卒。龙锡庆,字仁阶,湖南安化人,举人。

数尺,兵马经其间,只能鱼贯,而不能雁行。南北沟岔又纷出,诸回因险屯聚其间,络绎不绝,进殊不易。锦棠依山设伏,筑炮台,置开花车轮大炮以待,回匪不敢出。而锦棠察回势盛,更抽队就平戎驿造桥渡湟,通威远堡粮路。自是日与回战湟南北,互有伤亡。已而舁大炮至山巅,测准回垒,发炮子六十余,墙垒皆毁,回跳匿沟内,锦棠麾军搜之,破北山卡垒殆尽,遂径薄西宁城下。时城中存粮已尽,而城围愈急,士民疲困,势将不支,所谓"万灶炊烟绝,孤城落日昏,哭声遍闾巷,杀气逼乾坤",正见城中危苦情况。幸官军赶至,城围立解,襄之率孑遗之男妇三万余人,望城罗拜,欢声动天地。马永福旋率土回降,陕回崔伟、禹得彦、毕大才等亦争缴马械受抚。惟马本源、桂源南窜巴燕戎格,白彦虎西窜大通。是役也,锦棠以马步十八营,自碾伯至小峡口,分扎八十余里,历六十余日,大小五十余战,破回营寨一百余座,而边地苦寒,大小峡口一带山谷盘亘,日月蔽亏,冰凌凝结最早,计五十余战中,半皆夜不收队,露立冻天雪窖中,击柝之声,与号寒之声相应,劳烈得未曾有。[①]

西宁土回、陕回既矢志输诚,人心渐定。惟大通地居边徼,未睹军威。向阳堡回目马进禄,下乱泉回目韩起寿,原属马本源、桂源心腹,大通营都司马寿,尤为狡黠。时锦棠派员赴大通督收回众所缴赈粮,初甚踊跃,乃马桂源由巴燕戎格遣人暗勾马寿等,纠党戕害领赈难民数十人。于是锦棠决更向大通用兵,崔伟等亦乐于随征效力。旋以同治十二年(1873)元旦,将向阳堡攻拔。姑释马寿弗诛,命飞告县城各回,勒限出城,并捆献逆首,始免剿洗。惟锦棠查看一路堡寨林立,若节节攻取,必滞戎机,而悬军深入,又恐后路多梗,当留营择要驻防,一面整队速进,并缚马寿随行。甫抵城边,城上炮石纷下,锦棠命已抚诸回绕城而呼,献城迎降者免死,擒贼者重赏。城关回

---

① 《左文襄公奏稿》卷四十二页13—16《进攻西宁土客各回折》,页18《西宁官军连获大胜片》,页42—51《西宁大捷立解城围折》,页78—79《西宁解围后办理情形折》,卷四十五33—34《遵保西宁府城解围出力文武员弁折》。《平定关陇记略》卷十一页31—35。《湘军记》卷十八《平回下篇》页34—35。《征西记略》卷三页3—4。郭恩孚《果园诗钞》卷二页3《连日绝粮而城围愈急士民疲困势将不支率尔赋此题郡斋壁》。郭襄之,山东潍县人。襄之子恩孚,字伯尹,西宁之役,适随来省亲,陷围城中,所作《果园诗钞》中《趋庭集》、《枕戈集》、《萍梗集》,颇载西宁等处军事。威远堡,今青海省互助县。

众约二千余,惟少数马寿等死党犹思抗拒,余皆畏惧兵威,并无固志,相率开西门奔出,跪乞投诚。锦棠整队入城,磔马寿以徇。白彦虎闻大通藏事,亦伪词乞抚,而责其呈缴马械,仍迁延支展,观望不前。锦棠麾军击之于水硖一带,两战皆捷。白彦虎遁永安南山草滩一带,辗转窜至肃州。①

马本源、桂源窜踞巴燕戎格,锦棠命马永福招之。马永福遣其子马德源劝降。马本源兄弟遽将马德源杀害,坐是为族中所不容。其后复遍向各军求抚,顾仍巧持两端,暗行勾结,意图负隅。闻锦棠进剿大通,亟纠股窜扎札巴什城,冀袭后路。宗棠以进剿巴燕戎格,当由河州出师为便。时河州局面已定,遂命陈湜督师驰往。同治十二年(1873)正月,陈湜与沈玉遂诸军已抵大河家。由此赴戎,本有两路:一由循化,一由米拉三沟,路稍平而程较远。乃议取道藏地,翻山直抵戎城,攻其不备。连日大雪迷漫,各军冲寒度险,至端庄,距巴城二十里。马永福先已衔命到城招抚,即率众迎降。而马本源兄弟又西窜。陈湜分军蹑追,一面遣抚回深入随逃诸回中,谕以胁从罔治之意,众皆争缴马械。马本源兄弟见人心已离,惶惧益甚,阴遣死党,求救于马占鳌。马占鳌方从陈湜自效,则劝尽缴马械,约期至城外东山乞抚。由沈玉遂密派马步队环伏东山要隘,比马本源兄弟至,俯首就缚,解省磔于市。②

西宁府属之循化厅,与巴燕戎格相连,即前史所称吐谷浑地。藏回杂处,汉人绝少。回均为撒拉族,黄河以北有五工,以南有八工,每工约户口数千,分居若干庄,好作乱。河州之役,尝为河回所诱致,共抗官军。河回降后,撒拉回亦输诚,而西宁之役,又与土回合势拒战。同治十二年(1873)二月,河州、西宁抚局完成,于是陈湜与锦棠会师,共图解决撒拉回。先办河北五工——木胡隆工、卡勒冈工、大胡工、卡勒工、甘都工。木胡隆工马械较多,各庄尚知畏惧呈缴。惟青科一庄,虽自称限期呈缴,然暗中牵连藏匿,屡催罔应,盖撒拉回中之尤凶狡者。官军决计进剿,青科亦空庄出拒,守隘放

① 《左文襄公奏稿》卷四十三页1—3《攻拔大通县向阳堡折》,页21—23《收复大通县城折》。《平定关陇记略》卷十一页53,卷十二页1—6。《湘军记》卷十八《平回下篇》页35—36。《征西记略》卷三页4。

② 《左文襄公奏稿》卷四十三页24—26《克复巴燕戎格城折》,卷四十五页53—54《遵保克复巴燕戎格出力员弁兵勇折》。《平定关陇记略》卷十二页6—7。《湘军记》卷十八《平回下篇》页36。《征西记略》卷三页4。

枪。官军突前擒斩数名,始翻山而逸。官军进驻青科庄,传告各工各庄,不准容留青科一人,青科田屋,当分给良回。青科逃回闻之惧,归庄投诚。卡勒冈凡十三庄,中惟三庄驯顺,当发给良民旗,令各植门首,禁止官军擅入。尚有十庄,隐匿枪械不缴,各回目亦屡传不到。官军派员前往察看,竟鸣枪抗拒,官军攻破其六庄,始降服,余四庄亦哀恳安抚。大胡、卡勒两工交界之东山内,亦多藏匿马械,经官军穷搜勒缴。甘都工自陈不敢助逆,官军亦抚循弗问。次办河南八工,通称上四工——街子工、义家工、大弄工、苏治工,与下四工——孟打工、章哈工、奈曼工、清水工。上四工素怀反侧,与下四工仇隙至深。此时,上四工,除义家工外,均议纠众滋扰,下四工则愿助官军进剿,遂平上四工中违抗之三工,尽缴彼中所称金花银花装饰珊瑚松绿极精利各枪。四月,收复循化厅城,宗棠之言曰:

> ……撒拉一种,生性犷野,儿时即操习叉子枪,技最精练。平时较猎,能于百步之外取飞鸟,百不失一。所居依山濒河,地势险恶。乾隆中,檄调随征金川番族及石峰堡逆回,官兵倚为军锋,猛鸷可想。嗣仍屡次扰边,官军叠次进剿,皆未能痛加创艾,率于巴燕戎格、循化边界,耀兵而还。诸回族自恃地险众悍,时与汉番构衅弄兵,益无畏忌。官军至,则诡词求抚,旋复杀掠如故,为陇省边患者近百年。兹乘河湟底定后,深入其阻,大加搜薙,冀可潜销隐匿,一靖边陲……①

---

① 《左文襄公奏稿》卷四十三页 34—36《进规循化折》,页 57—59《收复循化厅城折》。《平定关陇记略》卷十二页 23。

# 二十八　平定肃州

肃州"回乱",在左宗棠进讨以前,历经若干滑稽之变化。

初,甘州提督索文,自以回民,欲尽用其种人,乃悉隶众回于各标,其余令充猎户(即乡兵),分置南山诸口,防藏人。同治三年(1864)八月,陕回妥得璘陷乌鲁木齐,肃州回兵蓝吉珍等谋响应,假御敌名,潜造军火。赤金猎目马四为河州回民,善叉子枪,三百余步外,发无不中。四年(1865)二月,请饷至肃,密约蓝吉珍等同举事,归途乘游击出城,据嘉峪关叛。安肃道恒龄,侦知肃回亦将作乱,欲先发制之。肃州镇总兵成桂、知州陈墉持不可,墉且自请出城抚谕。墉颇能文,在轿中犹朗诵太史公书,回因俘之,夺其仪仗,明烛呵殿,赚入城中,城遂陷,恒龄战死。自余文武大小官员殉职者百余人,成桂、陈墉独免。马四恐孤城被围,又假投游击,请征肃回自赎,成桂、陈墉亦信之,马四乃得与肃回合。成桂更别出心裁,指马四原名马忠良为逆首,为易新名曰马文禄。奏称据关叛城,皆马忠良所为,马文禄随同官军剿办,奋勇出力,复城关,诛马忠良,皆文禄功,保为镇标都司,领城守,冀借以钤制回众。于是同一马四,忽由国家叛逆,化身为朝廷命官。马四招降纳叛,以肃州为渭南、金积、河州、西宁群回逋逃薮,又私受妥得璘封,为肃州元帅,通关内外花门消息。①

其后,甘凉道黎献继任,肃州镇总兵黄祖淦、凉州镇总兵王仁和,屡次进剿,黎、王均败绩,祖淦阵亡。乌鲁木齐提督成禄出关过肃州,清廷因命督办甘肃西路军务,便道督剿,亦师久无功。成禄为胜保部将,耽于淫乐,颇有胜保遗风。本惮于出关,用借此督办名义,盘踞高台,剥削民财,以供挥霍,蓄养戏班,广置姬妾,以边方为安乐窝。②

同治七年(1868)五月,甘州提督杨占鳌督十二营征肃回,意甚自矜。肃回与战,佯退示弱,占鳌意肃回不足平,直抵城下。回出老民,顶香罗拜乞抚,请速入城。左右虑其诈,争止之。占鳌曰:"彼实惧我而投我,何畏哉?"方过吊桥,伏回突起,赤身缚拥入城。马四盛设供张,亲释其缚,与誓结为兄弟,媾和罢兵。占鳌以为奇功,而恐成禄揭其短,因推成禄为功首,以收复肃州,联衔入告。占鳌又请马四以回勇三百,充作提标亲兵,马四乃纵之归。甫至甘,而三百回勇叛,占鳌归咎汉民,诛数人慰之。已而成禄所部溃,亦因占鳌与马四连和,自是官倚马四为心腹,马四玩官于股掌,鞭笞州县,纵暴兵勇。升遣调委,悉杨、成二提督为主,穆图善虚署陕甘总督,无如之何也。③

汉武帝为切断匈奴右臂,先后设置河西四郡,此四郡之地,遂为中国通西域要道。所谓四郡者,试自东向西计之,曰武威,曰张掖,曰酒泉,曰敦煌。在清,武威为凉州治,张掖为甘州治,酒泉则为肃州治,与敦煌隔一嘉峪关。故关以内当以肃州为西端尽处,其东端尽处之武威,则已在黄河以西,故曰河西。甘肃各地,雨泽稀少,故农村贫乏。惟河西赖祁连山雪水以灌溉,谷产丰盈,且山林中茂草长林,宜于畜牧,故地方富庶,号"金张掖,银武威"。其地势则南限于祁连山,北限于沙漠,形成狭长之一条,故又有"河西走廊"之称。其后方以兰州省城为中权,西宁为左翼,宁夏为右翼。西宁由平番通河西,宁夏由镇番通河西,故欲巩固河西走廊,须同时能控制西宁与宁夏。

① 《官军克复肃州记》。《征西记略》卷三页 2—3。索文,字翰堂,甘肃固原人(或作乌鲁木齐人),谥武靖。乌鲁木齐,为回语"格斗",即指准回两部曾在此格斗。

② 《官军克复肃州记》。《征西记略》卷三页 3。《左文襄公奏稿》卷四十一页 54—56《成禄出关难期振作片》。黎献,字彤云,湖南浏阳人。王仁和,字金堂,湖南人。成禄,字子英,满洲镶白旗人。

③ 《官军克复肃州记》。杨占鳌,字极三,湖南人。

自宁夏、西宁为回所制,河西走廊即在两翼威胁之下。自肃州为回所制,关内外交通,久受阻隔,即迤东至省城之交通,亦常虞遮断,故宗棠西征,列规复肃州于最后。[①]

同治十年(1871)五月,帝俄借口新疆"回乱"影响俄境安全,遽派兵占领伊犁,而美其名曰代中国收复。旋又进窥乌鲁木齐,已行至精河,为当地民团首领徐学功所击败,遂退回伊犁,仍扬言当代为收复乌鲁木齐。此恶消息于七月传至北京,清廷震恐,亟命逗留高台之乌鲁木齐提督成禄迅速出关,会同驻扎巴里坤之乌鲁木齐都统景廉,规复乌鲁木齐。驻扎塔尔巴哈台之乌里雅苏台参赞大臣兼署伊犁将军荣全,规复伊犁。防守陕西乾州之淮军统领刘铭传,就近移师西行,节节出关,规复新疆其余各城。惟金积逸出陕回,其时正窜河西,撒拉回亦有潜结河西回作乱之说。故清廷更命宗棠抽调劲旅,前往扼剿,替出成禄,俾得早日成行。宗棠认为:

> ……以陇省局势言之,自宜先规河湟,杜其纷窜,然后壹意西指,分兵先扼玉关,断其去路,乃策全功。此时兴师远举,大非稳着,然当此强邻觊觎,狡焉思逞之时,则未有可拘执者。……

遂指派原驻靖远一带之徐占彪,统所部马步十二营,先赴兰州防堵。同时,仍进规河州、绥靖、西宁。马四在名义上已受抚,肃州已收复,闻宗棠派兵西行,公然复叛。[②]

占彪所部,于九月间陆续开拔,十月抵高台,与成禄晤商接防。同治十一年(1872)二月初,抵肃州,战事随之开始。占彪先占领城东南三十里之红水坝,遏肃回南窜之冲。城西南地势较高,肃回于距城三十里之塔尔湾,坚筑堡垣,环以壕卡,与肃城为犄角。复一路立垒,绵延直至黄草坝。占彪将此一带堡垒百余座,悉荡平之。扎营沙子坝,离城仅三里。城东有朱家堡,城坚壕深,肃回所恃以为固。城南枯树地方,有三堡大墩,亦负城设险。城

---

① 《文史杂志》卷二期二页 45《缪凤林西北问题一夕谈》。
② 《左文襄公奏稿》卷三十九页 54—56《派兵前往肃州折》。《平定关陇记略》卷十页 37—40。《湘军记》卷十八《平回下篇》页 19。《征西记略》卷三页 3。徐学功,新疆乌鲁木齐人。荣全,姓瓜尔佳氏,字湘庭,满洲正黄旗人。伊犁,汉乌孙国地,今新疆伊宁。精河,准语谓蒸笼,河滨沙土,温暖如蒸,故名。塔尔巴哈台,汉匈奴右地,今新疆塔城。乌里雅苏台属外蒙古。

北北岸头,有废堡,尚为肃回所踞,均为占彪陆续攻拔。盖经过半年之战斗,而环城各据点,尽入官军掌握。马四等数度乞抚,占彪知其诈,概置不理,然此时成禄已拔队出关,刘铭传病归,曹克忠接统其军,正待整理,河州之役尚未完全结束,而西宁抚局不成,还须用兵。于是肃州之师,仅有占彪之十二营,而刘锦棠规西宁,亦仅十八营,均感实力不足,又无法相互调拨增援。缘肃州回与西宁回呼吸相通,官军一有抽调,即虑其乘机出窜,以扰官军后路。故宗棠只能以此两军同时分投作战。占彪乃分马步一营为二营,缘城联扎,距城一里、半里不等,相间里许,终以城大兵少,仅由城西迤逦而南,又绕城东迄城北角,尚余北门一面,不能合围。①

　　自是占彪军独与肃回搏战,虽仍屡胜,而城终莫下,成相持之局。清廷遣金顺由宁夏驰援,而不能及时至。宗棠调宋庆由神木驰援,而为山西巡抚所留,俾顾全河防。又穆图善移驻泾州、邠州一带,撤兰州西北之防军,由宗棠调杨世俊之奇捷营骑兵填扎。其一部分奇营不愿西行,行至马营监而溃,河西后路,一度更感纷扰。及西宁平定,宗棠始得抽拨陶生林所部马步五营,赴肃州助剿。②

　　肃回屡败之后,伏匿不出,惟分股于城西礼拜寺附近,添筑坚垒为犄角。占彪分派各营,轮班攻扑,一面阴掘地道,引炸药轰之,遂夺得礼拜寺。礼拜寺者,据肃回相传,系伊先辈祖茔,初入中国时死者,即多藏魄于此,故敬护甚至。今为官军所占领,在肃回不但损失一战略据点,精神上亦大受打击。时金顺等于同治十一年(1872)底,陶生林军于十二年(1873)初,先后到达。金顺军扎北崖头,城围始合。占彪更于城西北添筑六垒,扼肃回出入要路。而肃回亦于北门河滩单家屯废垒,筑成墙垣坚厚之大堡一座,壕沟二道,其

　　① 《左文襄公奏稿》卷四十页9《徐占彪启程赴肃片》,页57—58《徐占彪已赴甘州片》,卷四十一页39—41《逼攻肃州大胜片》,页66—67《逼剿肃州叠获胜仗折》,页80—84《逼剿肃州攻拔坚巢折》,卷四十二页1—3《逼攻肃州连克堡垒折》,页19—22《围剿肃逆叠获胜仗折》。《平定关陇记略》卷十一页9—13、页15—16、页22—31。《湘军记》卷十八《平回下篇》页33—34。

　　② 《左文襄公奏稿》卷四十二页23—27《请调毅军赴甘助剿折》,页66—67《遵旨另筹调度折》,卷四十三页68—72《逼攻肃州,叠获全胜折》,页75—77《围剿肃逆击退扑营悍贼并添兵助攻折》。陶生林,字荣寿,湖南长沙人。

外又加木城二道。占彪以此堡不破,则城北之围,犹有罅漏,因复力战克之。①

肃州回为抗拒官军,亦号召两种外援。一为关外之回,包括缠头回一批,由魁头老四带领,凡马步三千余人。红庙子土回一批,约四千人,屡次参战,伤亡过半,彼此怨恨,急思弃城逃窜,奈不能突出重围。一为陕回,计有大小数批。占彪初赴肃,即遇一批于清水,为崔伟、禹得彦、胡天喜等三四千人,经中途击溃,此批原系赴援肃州,时则方回西宁就抚。又一批为毕大才、马五九等二千人,由大通北出,图赴肃州助战,为甘凉驻兵所击溃。西宁复后,更有一批,为白彦虎等,又附入西宁回马庄,大通回马正清等,合共三四千人,窜至塔尔湾,图入肃城助守,马四亦遣回出城接应。世俊、占彪合师败之。白彦虎乘夜扑出长壕,占彪又径袭塔尔湾,白彦虎知巢穴已倾覆,亟奔关外,由是马四内外援绝,肃州益成为孤城。②

同治十二年(1873)五月,宋庆五营又到,肃州城围益密。顾肃城高三丈六尺,厚三丈有奇,环城壕阔十四丈,深二丈有奇,肃回更筑坝蓄水,以益壕深,故欲破此城,仍非易易。自来攻坚,本无善策,于是宗棠命尽量利用西洋大炮。占彪先已在南梢门等处,筑有炮台,至是,复在城西礼拜寺修筑一座,高出城上,一日连放一百五十炮。次日,又连放一百五十炮,然仅轰坍城墙若干,肃回随即堵塞,无隙可乘,官军未能冲入。占彪视察东关附城土较薄,利于轰击,当就关外丛冢中,逼筑营堡,并修建炮台一座,一日放一百二十炮,旋将东关克复,毙其关外来援巨酋马六元帅,即马正国,而占彪亦被敌弹中伤左腿。嗣更于大南门外及城西苦水堡等处,各筑炮台,准备多面轰攻。此时官军所用炮,均为普鲁斯后腔螺丝炮,所用弹,均为开花炮子。管放者,先为守备陈文英,生林同行,后又加派副将邓增、赖长,两人均精于炮术,而赖长尤谙制造。于是城中粮食,因接济断绝,益形匮乏;回众不堪饥饿,间有

---

①《左文襄公奏稿》卷四十三页 5—6《肃州官军攻破城西贼堡折》,页 15—19《攻克肃州附城新堡及礼拜寺坚巢折》,页 60—64《围攻肃城叠胜折》。《平定关陇记略》卷十二页 1—2、页 7—8。《湘军记》卷十八《平回下篇》页 36。

②《左文襄公奏稿》卷四十一页 16—17《徐占彪一军抵肃后剿贼情形折》,页 68—69《甘凉防军剿贼情形折》,卷四十三页 38—44《追窜陕回并肃州叠获胜仗折》。《平定关陇记略》卷十一页 10、页 24—25,卷十二页 12—18。《湘军记》卷十八页 36—37。

潜出投诚者,然破城固犹有待也。<sup>①</sup>

八月,宗棠念肃州劳师久,统将受创,决计亲往督师。既抵城东,躬阅防御工事,马四在城望见宗棠威仪,汹惧殊甚,遣人赍禀乞抚,愿出关讨贼自效。宗棠亦虞其诈,不加批答,第出示晓谕城中回民,老幼妇女免死,其诚心投诚者,准诣营自首,分别审办。马四奉到示谕,犹匿不张贴,时诸军填土石城壕中以渡,掘地道入城,复以炮猛轰城垣,势不可遏。城中老弱投出者相继,马四之处境益穷蹙。九月,锦棠率老湘军五营应调至,惟锦棠以肃城垂克,不欲分诸将以往之功,未参加作战,仅令其所抚回马福寿等逐日驰马城下,呼马四及诸酋告曰,死期将至,好自为谋。又遣入城谕之曰,或战,或守,或降,一言决之。马四自知生路已绝,卒只身诣宗棠大营,泥首请降。宗棠谕以罪在不赦,严令悉缴马械,分籍客土回口以献,马四唯唯听命,肃州遂平。马四初与马占鳌议款时,城中犹存汉民三万余人,陆续为诸回残杀,至是男女存者仅一千一百余人,想见荼毒之惨,而缴出叉子枪一千一百七十余件,劈山炮、过山炮、鸟枪、狗头炮、抬枪数百件,矛千余杆,刀叉无数,又想见实力之雄厚。惟战马仅缴七十余匹,据称连日饥荒,已将饿瘦之马,悉数宰食,所剩止此,更想见抵抗之顽强。于是磔马四等罪首九人,诛悍党一千五百七十三人,自余土回五千四百余名,除拔出老弱妇女九百余口外,亦于官军入城时焚杀净尽。<sup>②</sup>

肃州沦陷逾七年,宗棠调兵围攻,亦历一年半,然陕甘全境,由是敉平,犹未越宗棠预测五年之约。捷书闻,诏宗棠以陕甘总督协办大学士,晋骑都尉世职为一等轻车都尉世职。清制之大学士,相当于前代之宰相,其资格虽未明文规定必为翰林出身,然在有清一代二百数十年中,汉人之以非翰林而

① 《左文襄公奏稿》卷四十三页 73—76《围攻肃逆克复东关外城折》,页 85—86《逼攻肃城踞逆折》。《平定关陇记略》卷十二页 23—31。《湘军记》卷十八《平回下篇》页 37。邓增,字锦亭,广东新会人,官至甘肃提督。赖长,字云亭,广东人,保至总兵。

② 《左文襄公奏稿》卷四十三页 86《亲赴前敌筹办折》,卷四十四页 5—8《克复肃州关内肃清折》,页 28—30《补陈攻剿肃城战状片》。《平定关陇记略》卷十二页 31—35。《湘军记》卷十八《平回下篇》页 37—39。《征西记略》卷三页 5。《果园诗钞》卷二页 9《湘军鼓吹四首》。

为大学士者,实寥寥可数。宗棠由一举人,遽获大拜,不能谓非异数矣。[1]

　　肃州城前有祁连山,层峰屏峙,后有讨来河,曲折萦绕,其西七十里,则为嘉峪关,自昔称西陲重镇,欲保障河西,固须守肃州,即控制新疆,亦须守肃州。而宗棠平肃州,多赖大炮之力,尝耗弹一千数百枚,城既复,乃留三炮镇此北门。然所丧将士亦甚众,城东有五塔,列峙其下,白骨累累,即忠骸丛葬所也。[2]

---

　　① 《平定关陇记略》卷十二页 36。叶昌炽《缘督庐日记钞》,同治十二年(1873)十一月十五日。李慈铭《越缦堂日记》,同治十三年(1874)八月八日。
　　② 袁大化《辛亥抚新纪程》卷下页 2、页 5—6。

# 二十九　陕甘善后

　　陕西、甘肃诸回之变,实导源于与汉民气类不同,相互歧视。其间陕回与甘回,虽尝结合,以仇汉民,究之,在平日亦有区别,而回之所以猖獗者,对于所崇奉之宗教,所居留之地域,更多重大关系。故左宗棠于平定陕甘之过程中,为求长治久安之效,颇有若干因人、因地、因时制宜之措施:

　　一曰安插受抚回民于指定地段。

　　宗棠以为办回之道,与办太平军、办捻不同。太平军剃发,捻抛弃马械,即与平民无殊。故官军战胜收抚,给以免死牌票,资遣归家,便易相安无事。回则不然,其与汉民积仇既深,婚姻不通,气类互异,彼此相见,辄起杀机,断难孚洽。又种族攸分,状貌亦殊,杂一回民于稠众中,令土人遍识,必能辨别,百不爽一。故回民之所以甘于从乱而不返者,其畏汉民之寻仇报复,要为一因。是则收抚之后,允宜指定住居地域,勿任与汉民杂处,俾获安心从善。又以为陕回与甘回自有区别,当其作乱,而与汉民为仇时,固属同心一致,及其一旦受抚,仍难沆瀣一气,则亦不能不使彼此相隔,勿任杂处。[①] 基于此见解,每收抚一起回民,或拔出一批汉民,即予分别安插,其可考者:

　　(一)克复董志原后,收抚散处固原一带及由金积堡逃出之陕回数千名,

---

①　《左文襄公奏稿》卷三十六页 39《收抚回民安插耕垦片》。

安插于平凉之大岔沟、邢家沟、北原等处。①

（二）平定金积堡后，收抚陕回九千四百余名，安插于平凉、华亭交界之化平川。地在华亭县西北一百七十余里，东南距平凉县一百里，南连崆峒，西北均阻高阜，岩壑环峙，两水萦绕。一即化平川，一为圣女川，合流汇白面河，入清水县界，川中横宽五六里，长三十余里，似亦前代安置降人之地。当改圣女川曰圣谕川，为宣讲之所。改白面河曰北面河，示拱极之义。又拔出被掳被胁之甘回三千余名，安插于平凉。其金积堡原有回民，徙居于灵州，原有汉民老弱妇女一万二千余口，徙居于固原附城数十里地方。②

（三）平定宁夏后，收抚陕回六百余名，安插于灵州。③

（四）平定河州后，收抚陕回五百四十四名，分别安插于平凉之诸家庄、姚家庄、张家庄与曹家庄。又五百三十七名，分别安插于会宁之姚五家、曲家口。又六百四十三名，分别安插于静宁、隆德之王家下堡、刘戴家山。又六百三十七名，分别安插于安定之刘家沟、石家坪、好地掌。此外收抚甘回四十三名，安插于安定之刘家沟。拔出汉民九百八十三名，分别安插于安定之青岚山、新套河、夏家湾坊。其陕回或汉民中有亲属已安置某地者，听其自行前往完聚。④

（五）平定西宁后，收抚之陕回约二万人，分三起安插于平凉、秦安、清水等县。⑤

（六）平定肃州后，收抚之土回与客回二千数百名（客回中包括陕回、甘回、关外缠头回及土回），先递解兰州省城留养，再择地分起安插。由是肃州无复一回羼杂。其甘州、凉州各回，本已死亡殆尽，亦无遗种，关内外花门勾结，可以无虞。宗棠以为"自古徙戍，均系自内及外，无由边迁腹之例，局外

---

① 《左文襄公奏稿》卷三十七页 51《安置拔出陕回片》，页 61《陕回就抚折》。
② 《左文襄公奏稿》卷三十八页 4—5《平毁金积各巢折》，页 24《安插就抚回众折》。《左文襄公批札》卷四页 1《刘道锦棠等禀会议金积堡事宜由》。
③ 《左文襄公奏稿》卷三十九页 53《安插回民片》。
④ 《左文襄公奏稿》卷四十一页 63—64《收复河州安插回众折》。
⑤ 《左文襄公奏稿》卷四十三页 22—23《筹办迁徙安插事宜折》。

议论,非所敢知,然熟察情实,非此不能杜衅隙而靖边徼"。①

宗棠于安插工作,尤有着意之数点,可以一述者。陕回本可遣归陕西本省,然陕西汉民坚决不允接受,且陕回原有业产,均被陕西官厅没收,实在亦已无家可归,故宗棠决计即为安插于甘肃,免使陕甘间更生纠纷。② 甘回在金积堡者,均为新教教徒,悉数限期迁出,彻底消灭其根窝。在河州、西宁者,两地户口本几悉为回民,可仍留本地。其余因叛乱流窜他处者,与原来邻居汉民,积仇已深,均由官另为安插,不准回归故土,免使汉、回间更生纠纷。③ 选取安插地段,持有两个标准:汉民宜于近城驿,而原有汉民聚居之处;回民则城驿非所宜,近汉庄亦非所宜,须就川原相间,各成片段之地,俾获涣其群而孤其势。④ 在遣送途中,由地方官负责迎护,大口每日给行粮八两或一斤,小口每日给行粮五两或半斤。此种行粮,须为麦面、小米,或已去壳而便于煮食之扁豆等,随带骡马,亦按日发给刍料。⑤ 至安插以后之办法,可以收抚西宁陕回时所发告示为例,原共十一条,舍第九条禁崇新教,详见下段不赘外,余移录如下:

(一)初到迁插地方,应候地方官点名造册,计户按口,分地安插,尔等各以分地为业,尽力垦种,毋得出外游荡,滋生事端。

(二)到地安插后,地方官查明户口,每户发一良民门牌,填写姓名、年岁、籍贯、男女丁口,分晰开载。每十户,由官择立一人,充十家长,给十家长门牌一张。每百户,由官择立一人,充百家长,给百家长门牌一张,均张挂门口。其限于地势,不满十户、百户或过十户、百户者,均随多少约计,一律设立十家长、百家长,以资约束,而便稽察。

(三)安插定妥,由官划给地亩,酌发种籽、农器,俾得及时耕种。并

① 《左文襄公奏稿》卷四十四页32《安插肃州老弱回民片》。《左文襄公批札》卷五页32《兰州府铁守珊禀开设难民局务由》。

② 《刘中丞奏议》卷五页34—38《遵旨传谕枲司赴甘招回疏》。《左文襄公批札》卷四页4—5《陇州周牧豫刚禀回民马老四等搬居马鹿由》。

③ 《左文襄公批札》卷五页5—6《河州潘牧禀请准令回民迁归本籍由》。

④ 《左文襄公奏稿》卷四十一页64《收复河州安插回众折》。《左文襄公批札》卷五页5《刘京卿禀马桂源盘踞堂仓头地方由》,页6《河州潘牧效苏禀请准令回民迁归本籍由》。

⑤ 《左文襄公咨札》页39《安插西宁迁出回民札各州县营局》。

发赈粮,大口每日半斤,小口每日五两,俾免饥饿,秋后停止。其力能自给之户,应听自行籴买,由地方官出示邻近地方,招致商贩,任其彼此交易。

(四)迁徙各户内,有极贫、孤寡、老弱、残废,不能自食其力者,应由官查明人数,另编一册,酌给赈粮,秋后亦不停止。

(五)迁徙各户内,有从前被掳汉民丁男妇女,其有家可归者,应令其归家完聚,该回民不得阻留;其无家可归者,应由该十家长、百家长报明地方官资遣,各归原籍。倘各回民希图收留汉民子女,作奴婢雇工,匿不呈报者,一经访察得实,定将该回民照例治罪,决不宽饶。其妇女被掳已久,生有子女,不愿回籍者,听便。

(六)各回民既经收抚,即属平民,从前过恶,概置不问。不但汉民不得以从前仇怨,借口寻衅,即回民与回民,从前积有嫌隙,亦不准申理。惟收抚后犯事,应按照所犯情罪科断,其情浮于罪者,照本律加等治罪。

(七)回民安插地方,由地方官指定,不得擅自出外闲游,混入城市,致滋事端。如须赴城关市集,买物探亲,应由各百家长诣州县官衙门,预领本牌号签,令其执持,以凭察验照护。每百家准领板号签三十枝,一枝以两人为度,不得过三人。如有事远赴各厅州县境,由百家长报明地方官,请给路票,注明所往何处,所干何事,限期缴销。每张取路票纸朱钱四文,如无路票,定行查办。纵途中遇有损失,亦不准究。至过省行走,必须由各州县申明该管道衙门,发给护照,始凭盘验,倘无护照,私行往来,查出一律严办。

(八)士农工商,各有执业,现发新刻六经善本,分给汉回士子诵习。其回民业儒者,准附就近州县考试,由府而院,即以安插地方为其籍贯。现在平凉取进文生,及补廪出贡者已多,尔等如肯立志读书,岂患无进身之阶,何至自甘废弃。至士人以外,惟力农之民足重,以其有益于世,无损于人也。百工为世所必需,亦能自食其力,商贾转移货物,足通有无,亦于世有济。惟为农者,不准栽种罂粟。为士者,不准干预外事,出入衙门。为商贾者,不准贩运鸦片,致干禁令。

（十）民间畜养骒马，私藏枪炮军火，本干例禁，自此次搜缴之后，如有隐藏马匹、枪炮、军火者，一经访察得实，或被告发，除将马匹、枪炮入官外，仍行照律治罪。

（十一）各处外来亲友到家，必须报知百家长，方准招留。违者察究，如容留匪人，滋生事端，即将容留之户，照匪人治罪。[①]

又安插河州回民时，另有特殊之办法，更摘录两条：

（一）无事不准过洮河，及来往西宁、洮州、岷州各处。洮河各处渡船，悉数呈官。康家岩、狄道州及通西宁过河渡口，除由官建浮桥或渡船，以通驿道外，其余各处，概不得私设渡船。其贸易定于三甲集、太子寺及河州境内各处，均听其便。

（四）河州、狄道回民，从前喜习拳技，及跑坡、驰马诸事，稍长，托言出外做生意，实则骑马抢劫，此后如再有犯此者，本州文武官员访察讯明确实，详请惩处。[②]

吾人今观上列诸项办法，尚可窥见宗棠思想之缜密，规画之周到。顾如取缔自由出入居住区域，禁止收藏武器及练习武艺，不免含有统制被征服民族色彩。惟发给六经供诵习，给田地，给种籽、农具，供稼穑，属于教养事业，较具积极性质。至隔绝汉回居处，本清代驭回一贯政策，如新疆各大城，均分设汉城、回城，双方不得任意往来，即其一例。

二曰禁传回民之新教。

宗棠以为乾隆年间，回民马明心等及田五两起事变，与夫此次马化隆之事变，皆由于假借新教，煽惑愚顽。因奏请严禁此项新教之传布，原文叙述回教种种情形甚详：

……回民以西戎族类，杂居中土，自古已然，载籍详矣。就回民自数之典言之，祖曰阿丹，生于天方之野，产七十二胎，每胎男一女一，自为夫妇，至尔撒而其教始兴。又六百年，当隋开皇中，有穆罕默德者，生而神灵，阐明清真之教，回众翕然从之，其教始盛。今回民称天方教，自

---

① 《左文襄公告示》页 13—16《安插回民告示》。
② 《左文襄公告示》页 12《抚后禁令》。

称曰穆民，以尊穆罕默德故也，又曰膜民，以阿丹初生之祖言也。其书有《天经》一部，回族称为穆罕默德所受之天者。又《天方性理》、《天方经典》两部，则明代金陵回人刘智所撰，皆发挥天经遗意，以华人文字润色之。其教以识主为宗旨，似儒者所言明心见性，以敬事为功夫，似儒者所言制外养中。其教规所谓天道者五：一曰念，谓诵经；一曰礼，谓报恩；一曰斋，谓绝物；一曰课，谓忘己；一曰朝，谓归真。所谓人事者，谓伦常之理，七日一礼拜，亦与泰西各国同。盖其原本出于天主、耶稣，而时杂以佛氏之说。称华人为大教，自称小教。非如奇邪诡异之流，专以勾结为事，煽诱为能也。是故杂处中国千数百年，婚姻未通，俗尚各别，传习不同，而未尝敢萌他志。历代任其翔泳区宇之内，讥禁无闻。我朝录其人才，准其仕进，由文武科甲得官，擢至督抚提镇者，亦不乏人，固未尝以其进于中国而外之也。乾隆年间，两江督抚臣奏，回教不宜留于中国，高宗纯皇帝特加训饬，圣谟洋洋，足为百世法。

**以上叙述回教之来历。**

乾隆四十六年(1781)，逆回马明心、苏四十三，由西域归，诈称得天方不传之秘，创立新教，煽惑愚回，谋为不轨。四十九年(1784)田五继之，大军先后致讨，罪人斯得，然其根株未能净绝也。嘉庆年间，有穆阿浑者，与首逆马化隆之父马二，复以新教私相传授。至马化隆而其焰渐张，复托名经商，到处煽惑回民，行其邪教。近据各贼供，京师齐化门、直隶天津及黑龙江、吉林之宽城子、山西之包头、湖北汉口等处，均有新教徒党，在彼传教。其传教之人，曰海里飞，如内地之称经师，曰满拉，如内地之称蒙师，而品望皆在阿訇之次。马化隆则自称总大阿訇也。其教规大略与回回老教亦同，惟老教诵经则合掌向上，新教则两掌向上而不合；老教端坐诵经，新教则伙诵咿唥，头摇而肩耸；老教送葬不脱鞋，新教则脱鞋送葬。凡兹细节异同，固无关彼教轻重。然新教之所以必宜断绝者，为其自托神灵，妄言祸福，行为诡僻，足以诱惑愚回，俾令甘心使役，同陷大逆而不知，加以显戮而不悔，一如白莲、清香、无为、圆顿诸邪教之足以酿乱阶而祸天下也。

**以上叙新教之来历。**

　　臣于金积各犯解讯时,细心推鞫,有供称马化隆能知未来事者,如远客来访,必预知同伴多寡之数。从前官军攻剿宁(夏)灵(州),马化隆父子兄弟悉众抗拒,预言官军将退,回民无事之类。有供称马化隆时露灵异,疗病则愈,求嗣则得之类。有供称马化隆于投入新教之人,向其自陈过犯,罚挞皮鞭,代为忏悔,即可免罪之类。回性多疑善诈,异于常人,然一经新教蛊诱,即如醉如痴,牢不可破。方金积长围久合时,陕甘各回饥困殊常,至杀人以食,而马化隆父子兄弟藏有余粟,无敢窃议之者。迨局势危迫至极,犹且互相宽慰,谓总大阿訇必有保全之法。马化隆诣营求抚,意在一身塞谷,见好诸回。而诸回目踵营看视者,日凡数辈,见马化隆,辄双膝齐跪,不呼之起,不敢起,如非迷惑陷溺之深,岂能至此。兹幸诛夷迁徙,异患可冀永除。惟新教传染已广,回民聚集之处,率有传习新教之人,不及时严加禁绝,仍虑历时稍久,故智复萌,不逞之徒,时思窃发,又将重烦兵力也。除已获海里飞、阿訇诸逆穆四、穆五、马承祺、牛占元、牛占宽等,业经讯明惩处,未获之金师傅、马篆鲜二犯,咨行各省,一律捕治外,一面出示晓谕所属各府厅州县回民,严禁传习新教。其从前误被新教迷惑之人,概准自首悔教,免其治罪,庶几渐趋觉路,永拔迷津,新教绝而回族安,可保百年无事也。至各省传习新教,为时尚浅,良回佥称,新教传染虽广,各省回民亦颇知为彼教异端,多有不肯遽信者。如黑龙江回民,约二千余,而传习新教者,仅只百余,即其明验。若乘此时严加谕禁,无难预杜乱萌。合无仰恳圣慈敕下各将军督抚大臣,严禁回回新教,出示辖境各回寺,嗣后遇有新教阿訇、海里飞等到境,煽惑愚回,即由各回寺首董缚送所有官司,讯明惩处。其从前被诱误入新教之人,仍准首悔免罪,则愚回有所惧,良回有所慕,不但地方可臻安谧,即回民亦长荷高厚保全之恩于无既矣。①

以上叙禁绝新教之必要与机会,然当时清廷之上谕,则曰:

　　前据左宗棠奏请禁绝回民新教一折,所称乾隆年间,回逆马明心等创立新教,惑众滋事,先后伏诛,根株未绝,至马化隆之父马二等,复以

———————

①　《左文襄公奏稿》卷三十八页 62—65《请禁绝回民新教折》。

新教私相传授,遂至酿成变乱,皆由新教行为诡僻,足以诱惑愚回,迷而不悟,现在马化隆虽已伏法,而新教传染渐广,必须严加禁绝,以杜乱萌等语,所奏自为思患豫防起见。惟回民散居各省,同隶编氓,各安生业,若因区别旧教、新教,设为厉禁,地方官稍不加察,书吏借此搜求骚扰,必至回众惊疑,转生枝节。乾隆四十九年(1784)回逆田五等滋事以后,钦奉高宗纯皇帝圣谕:查办此事,只当分别从逆与否邪正之殊,不必论其教之新旧,钦此。嗣于乾隆五十四年(1789),经勒保奏称,新教为回教之大害,拟令静宁等处头人访察禀首。复奉圣谕,令其设法化导,不可区别新旧之名,仰见先进垂训周详,具有深意。此次马化隆倡乱,及身既被刑诛,徒党亦遭歼戮,正可借此剀切晓谕,俾该回众等及早改悔,不至误入迷途,自陷罪戾。该督现既出示所属州县禁绝新教,并准自悔免罪,仍着严饬该地方官妥为开导,不可操之过蹙,致激事端,所请敕令各省一体禁绝之处,可从缓办理也。将此谕令知之。①

良以高宗尝不主分别新教旧教,故未采纳宗棠之建议。平心论之,自以高宗之见解为胜。而清廷所虑书吏借此搜求骚扰,亦为必不能免。清廷初接此奏,原批留中,殆以宗棠之勋望,故虽明知其非是,不欲遽加指驳,后或因究属违反祖训,且虑转滋事端,不得不重有所指示,然于词气之间,仍力为斡旋也。

光绪三年(1877),宗棠根据圣祖所颁《圣谕十六条》中"黜异端以崇正学"一条,发布示谕,首言:

……边民生长遐荒,鲜明义理,易为邪教迷惑,一被匪徒煽诱,告以结会念经,可求福销罪,辄为其歆动,相率皈依。迨入教既久,陷溺既深,如醉如痴,末由觉悟,卒至身罹斩绞重罪,亲党被其株连,地方遭其搅扰,是求福而反以得祸,销罪而反以造罪也。揆其习教初心,何尝不以善男信女自居,岂料异端左道,为祸之烈,一至于此。……

其后引录(一)夏炘所作此条之解说,(二)《大清律例》所规定信从邪教之刑名,(三)宣宗所作阐扬此条意义之四字韵语,在此谕中,宗棠并未指明禁止

---

① 《同治东华录》。

新教,顾其含意,自仍在新教也。[①]

三曰调整地方行政区域与机构。

宗棠尝谓"甘肃自乾隆年间肇建行省,控制遐荒,规模阔远。维时北路烽燧无惊,西疆开拓日广,往代所视为边荒者,久已等诸腹地,经画之详于关外而略于关内,固其宜也。关外增一缺,关内即裁一缺,而花门种族,杂处边隅者,皆震于天威,罔敢自为风气,浸假而新教蔓入中土,潜相勾煽,虽均旋就诛夷,而邪说流传,余风未殄,始犹昼伏夜动,未敢妄肆彼猖;继则踞穴构兵,公为叛逆,揆厥由来,实缘边地建置太疏,多留罅隙。民间堡寨团庄,距州县治所,近者百数十里,远或数百里,又且犬牙交错,经界难明。汉与回,既气类攸殊,回与回,亦良匪互异,治理乏员,镇压无具,奸宄萌孽,莫拔其芽,遂尔变乱滋生,浸淫弥广"。[②] 故于扫荡诸回之余,认为亟宜申画井疆,绸缪未雨,为拔本塞源之计,兹举其荦荦大者:

(一)宗棠既辟地化平川,安插董志原降回,饬千总牟春阳,带土勇二百四十名,分扎关山与三才镇各口,调记名总兵喻胜荣,带所部平江营,扼扎化平镇,分司稽查。嗣奏准划隆德、华亭两县地,置化平川直隶厅,设通判一员,掌民政,训导一员,管教化,又设都司一员,以资镇抚。[③]

(二)宗棠既剿灭平凉、固原一带散回,鉴于此一地区,与宁夏府所属灵州接界,中间广袤八九百里,山谷复沓,素为逋逃渊薮。原设固原州、盐茶厅,形势辽阔,治理难期周密,且回俗向重阿訇,虽以传教为名,实则暗侵官权,凡地方一切事务,均由阿訇把持,日久回族不复知有地方官吏。而盐茶厅与固原州,因辖地太广,汉回错处,审理词讼,则人证难于拘传,征收钱粮,则地丁无从按核,遂致诸务丛脞。驯至回强汉弱,异患潜滋。即如马化隆举事宁灵,而盐、固各堡回目勾结响应十数起,节节抗拒,重烦兵力。于是奏准更易建置凡三,分录原奏为说明:

---

① 刊本《告示》。前署全衔,尾列"右仰通知"及"告示"等字样,用半寸方楷书摹刻。
② 《左文襄公奏稿》卷四十三页 55《升固原州为直隶州添设下马关知县并改盐茶厅同知为知县折》。
③ 《左文襄公奏稿》卷三十八页 38《请增设平凉通判都司折》。《甘肃新通志》卷四《勘明分拨化平川厅辖境折》。

（甲）就下马关添设平远县。"固原城北二百四十里，地名下马关，东接环县，南通固原，北达灵州，西连盐茶厅各境，地当冲途，形势最为扼要。关城西倚罗山，西南甘泉出焉，流经城北，过韦州、惠安各堡，汇归黄河。东南北三面，平原数十里，可耕可牧，向为沃壤，若设县于此，足资控制。考之图牒，距元设豫王城，今称预望城，仅三十里而遥。同为要区，而土地饶沃，较预望为胜。砖城周五里，高三丈，因之设县，经始诸费，亦可节省。其西一百一十里，为灵州之同心城，应设巡检，分驻于此，归新设知县管辖，司缉捕，同城设训导、典史各一员，营汛则无庸别议。"此拟于下马关改设知县之大略也。

（乙）升固原州为直隶州。"固原居平凉北，宁夏南，旧为重镇，陕西提督驻此。该州隶平凉府，距府城一百七十里，北距宁夏府灵州界二百余里，山谷盘亘，声息中隔，应将平凉府属固原州，升为直隶州，仍隶平庆泾道管辖。其州城西南硝河城要隘，应设固原直隶州判，分驻于此，仿照隆德县、庄浪县丞之例，划明界址，专城分治。所辖命盗词讼，钱粮赋役，分由新设州判就近验勘征收，而由固原州总其成。东北路与新设下马关知县划分，地址相连，仍隶固原直隶州统辖。是州判分治于西南，知县分驻于东北，固原州升为直隶州，居中控驭，既于形势攸宜，而退僻地方，均有官司治理，庶几教令易行，奸宄匿迹，良善亦可相庇以安。州属学正吏目员缺照常，营汛亦无庸别议。"此拟升固原州为直隶州之大略也。

（丙）改盐茶厅为海城县。"平凉同知分驻海城，仍以盐茶名其官。而所辖地方讼狱、钱粮，向均归其经理。按盐茶同知所驻之地，东距平凉府城三百九十里，而盐茶辖境，西北一带，地势阔远，距靖远县交界各处又百数十里，汉回杂处，平凉府既难兼辖，即盐茶同知亦每有鞭长莫及之虞。且衔系盐茶，而职司民社，名实殊不相副，应撤平凉府盐茶同知一缺，改为知县，撤所属照磨一缺，改为典史，添设训导一员，专司教化。而于盐茶同知辖境迤西打拉池地方，添设县丞一员，划分界址，将所辖命盗、词讼、钱粮、赋役，由县丞勘验征收，统归新升固原直隶州管辖，庶弹压抚绥，均可就近经理。而政教宣达，戎索秩然，边方长治久安

之方,无以逾此。"此拟改平凉同知为县,分隶新设固原直隶州之大略
也。

按下马关距平远驿不远,故即以平远为县名。盐茶同知治所,本海城故地,
故即以海城为县名。① 嗣以硝河城地处固原、静宁、隆德、会宁、靖远、海城
等州县之中,周围相距或数十里,或百余里、二百余里不等,实为扼要之区。
从前汉回杂处,安抚以后,汉少回多,当添设固原直隶州州判及千总各一员,
俾便就近治理。千总应辖兵丁,由固原城守营分拨。又以海城原设有都司
一员。西安州设有千总一员,西安州地处膏腴,四望平衍,数十里外,重沟复
岭,为靖远、会宁、安定、中卫、宁灵各厅州县要冲。海城既设知县,政治力量
已加强,遂将海城都司与西安州千总对调,俾西安州控制局势更加周密。②

(三)宗棠既平定金积堡,以为灵州乃古灵武地,各回堡寨五百数十所,
皆昔时水八堡故址。马化隆所踞金积堡,在古灵州近处,尤属险要。不知何
时弃古灵州而徙于宁夏与横城之间,以此险阻,反资盗贼。因奏准移宁夏府
水利同知为宁灵厅抚民同知,而即以此地为治所。所有汉、回民人命盗案,
及一切户婚田产词讼,均归管理,而由宁夏府核转申详。同时,添设灵武营
参将一员,附驻弹压,而归宁夏镇总兵管辖。其宁夏水利,原为地方官应办
之事,即归府县经理。③

(四)宗棠之平定董志原也,考知此地系交通要区,亦为产粮要区,俗有
"八百里秦川,比不上董志边缘"之谚。惟分隶安化、宁州、镇原三州县,而距
各该州县治所,均八九十里、百余里不等,地方宽旷。自汉及宋,本设有地方
官,及元而废之。彼时仅有经制外委一员,故钱粮、词讼一切,经理乏人,民
称不便。且政教不行,奸宄易于藏匿,陕回之得盘踞于此者,实恃此有利之
形势。因奏准设董志原县丞一员,会同经制外委,巡缉抚驭。辖境内钱粮,

① 《左文襄公奏稿》卷四十三页 53—55《升固原州为直隶州添设下马关知县并改盐茶厅同知
为知县折》,卷四十五页 29—32《勘明盐茶固原接壤地址分别划拨折》。
② 《京报》光绪三年(1877)六月十七日《左宗棠奏拟添设千总并营汛移驻折》。
③ 《左文襄公书牍》卷十一页 22《与蒋璞山(志章)》。《朔方道志》卷二十四页 23—24《左宗棠
筹办金积善后事宜折》。

即归县丞管辖征收,以专责成,并添设训导一员,俾资化育。①

（五）宗棠之平定河州也,尝就河州迤西与循化厅、洮州厅、岷州三属接界之番属（即史称枹罕羌人）,加以训练,协同防御。而循化厅为撒拉回族居之所。事定,循化厅属买吾、夺麻那、都郎凹、直阶罗博那札依多哈尔八族,鉴于助剿时杀伤回众颇多,积成仇隙,若仍隶循化,番民贡赋钱粮,均须照旧赴厅城完纳,相距窎远;沿途经过回地,虞其挟仇报复,致起衅端,爰请改隶就近地方。宗棠派员勘知买吾等八族地方,距循化厅城三百十五里,山谷丛错,中间回民杂处,向来气类各别;距狄道州,虽止二百余里,而层岩叠嶂,攀陟殊艰;惟距洮州厅治,仅一百六十里,向本番族所居,因奏准即改隶洮州厅。买吾等番族既改隶洮,拉卜愣事同一律,一并改隶洮州,俾地近情联,相庇以安,预弭衅隙。②

综括宗棠之变更建制,又有一原则,即尽可能不使增加政费。故设一宁灵厅同知,而废一宁夏水利同知,分设平远、海城两县,而废一盐茶厅同知,即其用心所在也。

---

① 《京报》同治十一年(1872)六月初六日《左宗棠奏会勘安化宁州镇原三州县分辖董志原地方拟设县丞训导折》。

② 《左文襄公奏稿》卷四十六页4—5《请将循化厅属买吾等八族番民改隶洮州折》。《左文襄公书牍》卷十三页38—40《答王朗青(德榜)》。

# 三十　盘旋曲折之新疆问题

新疆古称西域,分为南北两部。在北曰天山北路,或称北疆。清初蒙古人居之,名准噶尔部。康熙、雍正、乾隆三朝先后用兵征服,统以伊犁将军。在南曰天山南路,或称南疆,所居为回族,故亦名回部,或回疆。乾隆朝用兵征服,设参赞大臣,驻喀什噶尔辖之,而受伊犁将军节制。① 新疆虽自此完全归我版图,但因政治不良,官吏多贪暴,人心未能翕服。益以民族与宗教之歧异,感情甚为隔阂。历嘉庆、道光、咸丰三朝,时有变乱及用兵之事。至同治朝,陕甘汉回启衅,蔓延甚广,新疆亦发生空前之变乱。

三年(1864)四月,马隆在库车叛,遂拥黄和卓踞南疆东四城。

六月,阿布都拉门在叶尔羌叛。马福在奇台叛。

八月,金相印在喀什噶尔回城叛。马福迪在和阗叛。

九月,妥明陷乌鲁木齐城,遂并踞乌鲁木齐东西各城(旋妥明称清真王)。

---

① 　魏源《圣武记》卷三《康熙亲征准噶尔记》,卷四《乾隆荡平准部记》、《乾隆戡定回疆记》、《乾隆新疆后事记》。曾问吾《中国经营西域史中篇》第一章—第三章。天山北路,原为元厄鲁特四部,厄鲁特或称额鲁特,即明代之瓦剌。四部者,牧于乌鲁木齐附近之和硕特,牧于伊犁附近之准噶尔,牧于额尔齐斯河流域之杜尔伯特,牧于塔尔巴哈台附近之土尔扈特。后和硕特、杜尔伯特、土尔扈特三部,均为准噶尔部所吞并。天山南路之回族,为东突厥族,俗称缠头回,是为土著,亦称土回,其在陕甘之回鹘族移居新疆者,称汉回,均奉伊斯兰教,俗称回教。

十月,迈孜木杂特在伊犁叛。

四年(1865)正月,伊玛木在塔尔巴哈台叛。

三月,安集延帕夏(将军)阿古柏侵入英吉沙尔及喀什噶尔汉城。

六年(1867)阿古柏攻灭阿布都拉门、马福迪、黄和卓等,遂尽有南疆地(旋阿古柏称毕条勒特汗)。

九年(1870),妥明降于阿古柏,阿古柏遂并有北疆大部分地。

在上述七年期中,清廷虽数度命将出师,仅守住巴里坤,收回哈密,此外并无多大成就。[①] 左宗棠西征,其对象原仅限于陕甘。至帝俄占领伊犁,而形势益剧变,宗棠西征之使命,亦推及于新疆。

帝俄恶耗传至北京,清廷即命驻在塔尔巴哈台邻近之伊犁将军荣全规复伊犁,驻在古城之乌鲁木齐都统景廉,驻在甘肃高台之乌鲁木齐提督成禄,规复乌鲁木齐,驻在陕西乾州之帮办陕西军务淮军统领刘铭传进规新疆其他各城。而别命宗棠调拨部队,接成禄之防。宗棠当派徐占彪蜀军以应,不意肃州回目马四重叛,又急于收拾关内(参阅二十八节)。陕回白彦虎窜出关外,又扰及北疆,已而成禄罢免,由金顺接统其军;刘铭传病归,由曹克忠接统其军,然均仍未能出关。此同治十年(1871)七月至十一年(1872)十二月间事也。[②]

荣全奉命后,久不得要领,清廷趣金顺出关,诏宗棠筹粮运。金顺请率数营先行,宗棠以为时值青黄不接,粮无可筹,又当骆驼歇厂,运何能办,金顺之师,不如全部缓发。嗣巴里坤、哈密一带复被扰,景廉告急,清廷更促金顺出关,诏宗棠于玉门负责筹办转运粮台。宗棠以金军久役疲劳,请以湖南提督张曜之嵩武军及凉州副都统额尔庆额马队副金军先行。至玉门粮台,

---

① 魏光焘《戡定新疆记》卷一《武功纪一》页1—13。《湘军记》卷十九《戡定西域篇》页2—6。库车,回语,库谓此地,车谓瞀井,以地有瞀井得名,汉龟兹国地,今为库车县。叶尔羌,回语,叶尔谓土宇,羌谓广大,以地广得名,汉莎车国地,今为莎车县。奇台,汉蒲类金满地,俗称木垒河,今为奇台县。喀什噶尔,回语,喀什谓各色,噶尔谓砖房,以地多各色砖房得名,汉疏勒国地,汉城今为疏勒县,回城今为疏附县。和阗,汉任尚弃其部属于此,回人谓汉人为黑台,讹为和阗,汉于阗国地,今为和阗县。英吉沙尔,回语,英吉谓新,沙尔谓城,以地新立城得名,汉依附国地,今为英吉沙县。哈密,汉伊吾卢地,今为哈密县。

② 《左文襄公奏稿》卷三十九页54—56《派兵前赴肃州折》。《戡定新疆记》卷一《武功纪一》页13—14。《湘军记》卷十九《戡定西域篇》页6。

请别简户部堂官并选派司员携帑银出关开办。诏以筹办粮运,地方大吏呼应较灵,仍责宗棠任其事。旋又以肃州克复,谓宜乘此声威,分路西征,命金顺军克日驰赴古城,进规乌鲁木齐,额尔庆额即着随金顺西进,张曜、宋庆所部驰赴哈密驻扎,相机防剿。又命驻泾州之穆图善马队开赴安西、敦煌、玉门一带驻扎,以为诸军后继,而仍命宗棠负责统筹各军粮饷军火。宗棠又陈明关内缺粮,关外缺驼,购运两难,且新疆地方事务,虽镇迪道例归陕甘总督节制,然以久已就近禀承乌鲁木齐都统,无从过问。故对于出关各军之粮运,仅能筹供至哈密为止。哈密以上粮运,应由各军自行筹划。至宋庆所部为豫军,河南欲其回驻潼关。穆图善不愿西行,不久内召,亦均不能出关。此同治十二年(1873)间事也。①

嗣清廷以景廉为钦差大臣,金顺为帮办大臣,趣会师古城。然其时仅金顺前锋各营与额尔庆额马队已到达古城,张曜军已到达哈密,余军留安西、肃州者,均观望未敢遽进。又诏宗棠督办粮运,由关内解古城,派袁保恒以户部侍郎帮办,移西安之西征粮台至肃州。保恒不与宗棠商,径筹办移台事宜,且采办大批车驮,拟供关外运转。宗棠以为金顺等军此时由哈密前进,已取道北路,粮台不宜设肃州,且关外行军,从无远由关内运粮之理,谓宜由乌里雅苏台、科布多等处,就近采运。又以为关外运输,因地多沙漠,少水草,只能用驼,不宜用车。保恒不谓然,宗棠剀切敷陈,请与保恒辩驳,以衷一是。然景廉与乌里雅苏台及科布多大臣均诏彼处无粮可采,仍奏请饬宗棠在关内供给。此同治十三年(1874)间事也。②

尔时,距帝俄占伊犁,逾三年矣。清廷日日言进攻,而部队问题、粮食问

① 《左文襄公奏稿》卷四十三页65—69《金军未能迅速出关折》,卷四十四页24—26《请敕张曜额尔庆额带所部出关并筹粮运事宜折》,页40—47《官军出关宜分起行走并筹粮运事宜折》,页48—52《覆陈拟办事宜折》。《戡定新疆记》卷一《武功纪一》页16。《湘军记》卷十九《戡定西域篇》页7—8。额尔庆额,字蔼堂,满洲人。古城即孚远城,今奇台县治。镇迪道辖镇西府——巴里坤(辖县二,宜禾附郭,奇台——木垒河),迪化直隶州——乌鲁木齐汉城(辖县三,昌吉、绥来——玛纳斯、阜康,呼图壁巡检一,济木萨县丞巡检一),吐鲁番直隶厅。
② 《左文襄公奏稿》卷四十五页58—62《办理出关诸军饷数及粮运情形折》,页73—78《敬筹移设粮台办理采运一切事宜折》,卷四十六页19—25《覆陈粮台转运事宜折》。袁保恒,字小午,一字筱坞,河南项城人,道光三十年(1850)进士,官至刑部左侍郎,光绪四年(1878)四月卒,谥文诚,著有《袁文诚公集》。

题、运输问题始终在盘旋曲折之中。且有一派主张放弃新疆,以为平定陕甘,已煞费财力,不能再有事新疆。于是清廷意游移。同时,日本借口台湾生番戕杀琉球船户,以兵侵据台湾,诏沿海各省筹办海防。而无经费,李鸿章因奏言:

> ……新疆各域,自乾隆年间始归版图,无事时,岁需兵费,尚二百余万,徒收数千里之广地,而增千百年之漏卮,已为不值。且其地北接俄罗斯,西界土耳其、天方、波斯各回国,南近英属印度,今昔异势,即勉图恢复,将来断不能守。阅外国新闻纸,喀什噶尔回酋,新受土耳其之封,与俄英两国,立约通商,是已与各大邦勾结一气,不独伊犁久踞已也。揆度情形,俄先蚕食,英必分其利,皆不愿中国得志于西方。而中国目前力量,实不能兼顾西域,师老财匮,尤虞别生他变。曾国藩前有暂弃关外专清关内之议,殆老成谋国之见。今虽命将出师,兵力饷力,万不能逮,可否密谕西路各统领,但严守现有边界,不必急图进取,一面招抚伊犁、乌鲁木齐、喀什噶尔等回酋,准其自为部落,如滇、粤、蜀之苗、徭土司,越南、朝鲜之略奉正朔,足矣。俄英既各怀兼并,中国亦不致屡烦兵力,自为经久之道。况新疆不复,于肢体之元气无伤;海疆不防,则腹心之大患愈棘,轻重必有能辨之者。此议果定,则已经出塞及尚未出塞各军,可撤则撤,可停则停,其停撤之饷,即匀作海防之饷。……①

由是此规复新疆一事,根本动摇。幸清廷将全盘问题下宗棠议。宗棠反复陈明,庙议始复确定,谕旨包括重要之数点:一、新疆应否规复,及应如何规复;二、将才与兵力是否适当,或应如何调整;三、粮运究应如何。

宗棠之覆奏,先揭穿西征部队实无饷可移供建设海防,然后就新疆必须规复及剿抚必须兼施等项,逐加陈明:

> ……窃维时事之宜筹,谟谋之宜定者,东则海防,西则塞防,二者并重。今之论海防者,以目前不遑专顾西域,且宜严守边界,不必急图进取,请以停撤之饷,匀济海防。论塞防者,以俄人狡焉思逞,宜以全力注重西征,西北无虞,东南自固。此皆人臣谋国之忠,不以一己之私见自

---

① 《李文忠公全集奏稿》卷二十四页18—19《筹议海防折》。

封者也。臣之愚昧，何能稍抒末议，上渎宸聪。顾闽浙承乏，稍知海国情形，及调督陕甘，虽拮据戎马之间，迄少成绩，而关塞征戍，局势地形，亦尝留意，既蒙垂询及之，敢不毕献其愚，以备圣明采择：

窃维泰西诸国之协以谋我也，其志专在通商取利，非必别有奸谋。缘其国用取给于征商，故所历各国，壹以占埠头、争海口为事，而不利其土地、人民。盖自知得土地，则必增屯戍得人民，则必设官司，将欲取赢，翻有所耗，商贾之智，固无取也。惟其志在征商也，故设兵轮船，议保险以护之，遇有占埠头、争海口之举，必由公司召商集议，公任兵费，而后举事。自通商定议，埠头口岸已成，各国久以为利，知败约必妨国用也。商贾计日求赢，知败约必碍生计也，非甚不得已，何敢辄发难端。自轮船开办，挟以傲我者，我亦能之，而我又抟心抑志，方广求善事利器，益为之备。谓彼犹狡焉思启，顾而之他，似亦非事理所有。论者乃欲撤出塞之兵，以益海防之饷，臣且就海防应筹之饷言之。始事所需，如购造轮船、购造枪炮、购造守具、修建炮台是也。经常之费，如水陆标营练兵增饷，及养船之费是也。闽局造船，渐有头绪，由此推广精进，成船渐多，购船之费可省，雇船之费，可改为养船之费。此始事所需，与经常所需，无待别筹者也。海防之应筹者，水陆练军，最为急务。沿海各口风气刚劲，商渔水手，取才非难。陆路则各省就精兵处募补，如粤之广（州）、惠（州）、潮州、嘉应（州），闽之兴（化）、泉（州）、永（春）、漳（州），浙之台（州）、处（州）、宁波，两江之淮（安）、徐（州）、凤（阳）、泗（州）、颖（州）、亳（州）诸处，皆可训练成军，较之召募勇丁，费节而可持久。现在浙江办法，饷不外增，兵有实用。台防议起，浙之开销独少，似非一无可恃者比也。海防应筹者止此，论者乃议停撤出关之饷，匀作海防。夫使海防之急，倍于今日之塞防，陇军之饷，裕于今日之海防，犹可言也。谨案，臣军二次凯旋入关，请拨的饷四百万，分六十万两畀陕，余以饷臣部各军，凡军需、军粮、军火、军装、转运、振抚、津贴、召募，一切均挪移饷项，暂应急需，未尝另立款目。嗣后户部议拨各省关厘金，解济臣军。而后臣之军饷，乃有八百余万之数。而撤遣冗兵、溃卒有费，抚辑土匪、安插回民有费，局势日扩，用费日多，甘肃旧有各军，均照臣军每月发盐菜,发粮食,发寒衣,发转运费,发一月满饷。合计入关度陇,每年牵算,所获实饷,不满五百万两,而应出之款,不下八百余万两。协饷到营,一散即尽,陈欠相因,旋成巨款。故臣军每年初发满饷两月,继则发一月满饷,尚虞不敷,每至冬尽腊初,辄绕帐彷徨,不知所措。随时随事,加意撙节。截止十二年(1873)腊底止,欠常年饷八百二十余万两,挪空恤赏银三十余万两,而各省关积欠臣军之饷,则已三千数百万矣。上年春夏之交,仰蒙圣恩特给库款一百万两,臣次第撤遣马步四十营,续又撤马步千名,省常饷二百余万两,此即指八百二十余万两之积欠饷数而言,非实银也。肃州克复后,筹办采粮转运,新旧两届,共计已垫价脚实银三百数十万两,可供到本年见新。运脚则由凉(州)运甘(州),由甘运肃(州),由肃运安西,由安西运哈密,尚短实银数十万两。部章虽准作正开销,而仍只取给于臣军之饷,计又占去一年应得实银之数。是欲求如常年通融敷衍,苟顾目前,而亦有所不能。况关外粮运,愈远愈费,甘肃全局应图渐复旧制,经费又将有增无减也。溯查沿海五省,同治十一、十二两年(1872—1873),每年解到协饷,约近三百万两。上年台防事起,福建奏停不解,广东、江苏解款稍减,而浙江则比十一年(1872)多解二十九万两,比十二年(1873)多解三十七万两,山东亦多解二万五千两。四省牵算,所解实银,尚二百四十余万两,非赖广东、江苏、浙江、山东疆臣公忠之谊,则出关粮运巨款,欲停不可,欲垫不能,又不知计将安出也。论者拟停撤出关兵饷,无论乌鲁木齐未复,无撤兵之理,即乌鲁木齐已复,定议划地而守,以征兵作戍兵,为固围计,而乘障防秋,星罗棋布,地可缩而兵不能减,兵既增而饷不能缺,非合东南财富,通融挹注,何以重边镇而严内外之防,是塞防可因时制宜,而兵饷仍难遽言裁减也。高宗先平准部,次平回部,拓地二万里,北路之西,以伊犁为军府。当时盈廷诸臣,颇以开边未已,耗致滋多为疑,而圣意闳深,不为所动。盖立国有疆,制置方略,各有攸宜也。谨按,天山南北两路,旧有富八城、穷八城之说。北自乌鲁木齐迤西,南自阿克苏迤西,土物泉甘,物产殷阜,旧为各部腴疆,所谓富八城者也。其自乌鲁木齐迤东四城,地势高寒,山豀多而平川少,哈密迤南而西,抵阿克苏四城,地势褊狭,中多戈壁,谓之穷八城。以南北两路而言,北八城广,而南八城狭,北可制南,南不可制北。故当准部强盛时,回部被其侵削,复为所并。高宗用兵准部,以救回部,准部既平,回部降臣阿逆又公行背叛,安冀踞其旧有腴疆,自成戎索。天威所临,凶竖授首,遂并回部有之。腴疆既得,乃分屯列戍,用其财赋,供移屯之军,节省镇迪以东征防繇费,实亦太少。今若划地自守,不规复乌垣,则无总要可扼。即乌垣速复,驻守有地,而乌垣南之巴里坤、哈密,北之塔尔巴哈台,各路均应增置重兵,以张犄角,精选良将,兴办兵屯、民屯,招徕客土,以实边塞,然后兵渐停撤,而饷可议节矣。届时,户部按其实需经费,酌拨各省协饷,严立程限,一复道光年间旧制,则关内外或可相庇以安。若此时即拟停兵节饷,自撤藩篱,则我退寸而寇进尺,不独陇右堪虞,即北路科布多、乌里雅苏台等处,恐亦未能晏然。是停兵节饷,于海防未必有益,于边塞则大有所妨,利害攸分,亟宜熟思审处者也。论者又谓海疆之患,不能无因而至,视西陲之成败,以为动静。俄人攘我伊犁,势将久假不归,大军出关,艰于转运,深入为难。我师日迟,俄人日进,宜以全力注重西征,俄人不能逞志于西北,各国必不致构衅于东南。其于海防情势,言之甚明,而于边塞情势,容有未审。俄人之窃踞伊犁也,乘我兵事纷繁,未遑远略,因借口代守,图攫其财利以自肥。其肇事伊犁,亦艳其土沃泉甘,川原平衍,物产丰饶,夙号腴区,又距其国南界稍近,伸缩得以自如也。自肃回尽歼,安西州县收复,官军叠进哈密、巴里坤、济木萨,关内外声息渐通。中间仅乌鲁木齐,红庙子为逸贼白彦虎所踞,尚稽天讨,黑子着面,何足重轻。俄罗斯北方名邦,非为寻常无教之国,谓将越乌垣、红庙子,挟逆回与我为难,冒不韪而争此不可必得之瘠壤,揆之情势,殆不甚然。至土耳其、都鲁机,国于五印度之西,距伊犁、喀什噶尔,万数千里而遥。印度为古佛国,在唐称身毒,痕度音转而讹,不知何时奉天方回教,遂忘其旧。喀什噶尔回酋阿古柏之叛附土耳其,与俄英两国通商,闻海口已刊入新闻纸,此间尚无见闻。果如新闻纸所言,喀什噶尔附其同教之土耳其,与俄英通商,我既兼顾不遑,无从问及,则将来恢复后,能否久守,原可姑置勿论。但就守局而言,亦须俟乌鲁木齐克复后,察看情形,详为筹画,始能定议。若此时先将已经出塞及尚未出塞各军,概议停撤,则实无此办法也。谕旨:"中国不图规复乌鲁木齐,西北两路,已属堪虞。且关外一撤藩篱,难保回匪不复啸聚肆扰近关一带,关外贼氛既炽,虽欲闭关自守,势有未能。"于边塞实在情形,了如指掌,臣本毋庸再赘一词,特以事关时务大局,不备细陈明,必贻后悔。身在事中,有不敢不言,言之不敢不尽者,耿耿此衷,良非有他。

至规复乌鲁木齐,非剿抚兼施不可,非粮运兼筹不可。按陕逆白彦虎,由西宁、大通窜遁关外时,除老弱妇女外,能战之贼,至多不过数千而止,人所共见。即被裹出关各回,由安西、玉门、哈密逃归就抚者,其说亦同。前敌所报,或多或寡,未足为凭。其言贼势,或旺或衰,亦非确论。据实而言,白逆悍鸷不如陕回诸目,而狡诈过之。计该逆自陕至甘,未尝占踞城池,遇劲军未尝恋战,有时见劲军蹑踪而至,绐诸逆目断后,自挈党先逃。所犯之处,未尝久留,专为觇便窜逸之计,观其过肃城而不赴马四之招,现踞红庙子,不踞乌垣,亦可概见。贼智长于用伏,官军计画稍疏,辄为所陷。臣前接关外诸军函牍,言贼可取状,曾告以弗论贼势强弱,且自问官军真强与否。贼之以弱示形,须防其赢师诱我,此贼如败,必乘机窜逸,如阵前殪毙,乃为了局,此为言剿者策也。南路辟展,吐鲁番至阿克苏,地狭民贫,土回暗弱,近为浩罕属部安集延所制。安集延踞吐鲁番之头人帕夏阿古柏,能以诈力制伏回众,与白逆通,善持两端。此时跧伏未动,且貌为驯顺,以示无他。如遽加以兵,则减后劲之军,增前路之贼,非计之得也。汉赵充国之讨羌,急先零而释罕开,厥后先零平而罕开自服,效犹可睹。现之屯兵哈密,修水利,兴屯田,一为鸠集哈回,以固藩卫,一为置子中央,杜贼勾结,而取刍粮,节挽输,犹其小者。此为言抚者策也。

关于军粮一点,宗棠仍主尽量就关外设法供应,以省劳费;并拟就归化、包头一带,试办采运,以广来源,于哈密一带,兴办屯垦,以期增产。

此外宗棠对于谕旨所询人事各项,另有片密陈:

奉谕旨:关外现有统帅及现有兵力,能否剿灭此贼,抑或尚有未协之处,应如何调度,始能奏效,或必须有人遥制,俾关外诸军,作为前敌,专任剿贼，方能有所禀承，着通盘筹画，详细密陈。臣谨案：关外统帅景廉，素称正派，亦有学问，承平时，回翔台阁，足式群僚。惟泥古太过，无应变之本，所倚信之人，如裕厚等，阿谀取巧，少所匡助，而倚势凌人，时所不免。额尔庆额初到时，因采办粮食，与局弁商办。局弁备举以告。裕厚恶其漏泄，立将局弁棍责三百，额尔庆额衔之。又额尔庆额初见景廉，接待不甚款洽，自此晋见甚稀，不乐为用。额尔庆额虽性情粗莽，不甚晓事，然胆力尚优，如有以慰其心，未尝不可得其力也。此金顺在安西州时，曾与张曜言者。金顺在肃时，曾诛黎献叛卒头目，而收其散卒百余入营，复遣刘宏发带五营赴古城，此散卒即杂附其内。到后，复为黎献诱去，并勾引其同营勇丁与俱，金顺尝为张曜言之。桂锡桢于时禀来，亦言彼间近有勾致外营勇丁之事，大约指此，景廉不知也。兵农既分，不能复合，景廉泥古寓兵于农之说，误拟屯丁为战兵。上冬，曾委一金姓统领，率五营，驻济木萨附近地方，甫筑营垒，偶闻贼警，一夕溃退。臣初不信，后接其书牍称，该军频年且战且耕，近多疲乏，兹特委员入关，于肃、甘一带，募勇丁，补缺额，属转饬各属速为资给。是屯丁溃退之说，似非无因。并悟其前奏仿古徙民实边，欲调取关内户口，赴古城、济木萨耕垦，为寓兵于农起见，不料其经历有年，若不知农之不可为兵，游勇之不足恃也。巴古济各处，粮非宽裕，臣前叠接额尔庆额、桂锡桢等禀报采粮地方及粮价数目，疑其不实。比函致金顺，附开原单，嘱其逐加察看。兹接金顺正月二十四日巴里坤来函，具言巴城办粮三千余石，价渐增至十七八两，且无买处。奇古济一带已分途广采，仅得一万石，除刘宏发五营食用外，只剩数千石。南山口一带，闻可采者，不过数百石。红木坂滩一带，并稻米可采二三千石，又经锡大臣纶采办甚多，所示采粮原单，数目相符。惟景大臣亦在各处采买，故仅得此数。是人言景大臣已为金都统顺订买二万数千石，实非无因。如果巴、古粮绌，景廉肯于北路设法采买，不勒定本境市价，人情趋利若鹜，境内价高，商贩闻风而至，粮价自当平减，何至各军到境，百货价值，尚均如常，粮价独腾贵数倍乎？现在关外议论，均谓景军有粮无兵，金兵有兵无粮，按其增募部勇，力止金军，足知其计之拙也。金顺为人，心性和平，失之宽缓，虽有时觊便乘利，而究知服善爱好，无忌嫉之心，故亦为众情所附。平时粥粥无能，带队临阵，尚能奋勉。臣前在肃州，目击而知，观其在军营数载，过无可指，功有可言，其人之大概可想。臣于景廉而知古所称殷浩、房琯，终不失为清流也。臣于金顺而知古所称官之奇、董安于，终不失为智士也。以僚友私谊而言，奚必求全责备，惟既蒙圣明垂询及之，固有不敢不尽者。以现在通筹全局而言，金顺既居前敌，任战事，似宜以战事责之。关外统驭之权，在乌鲁木齐都统，若以景廉之任，改畀金顺，令得节制各城领队大臣，而以金顺所任京秩，改畀景廉，似于前敌事宜，呼应灵通，较易措手。关外兵力，本不为薄，惟胜兵少而冗食多，以致旷日稽时，难觊成效。于此而欲从新布置，非严加汰遣不可。臣前在肃州，与金顺定议，先将旧部挑汰资遣，足成十二营，外挑留明春所带成禄旧部，并成三营，合为十五营。金顺又请调臣部冯桂增马队一营，炮队一起。以勇丁五百，夫二百为一营计算，已近万人。嗣明春奉旨授哈密帮办大臣，不归金顺统领，金顺又广收投效将弁勇丁，遂至营数渐增，多至二十营有奇。如果一律精实，则此二十营已足敷攻剿之用，不须更调。现在贼势无增，而官军渐增渐多，不符原议之数。若就现有兵力而言，岂复尚虞不足。至用兵之道，规摹局势，先后缓急，尚可预为商酌；至临敌审几致决，瞬息不同，兵情因贼势而生，胜负正争呼吸，断无遥制之理。臣自忝预军事至今，阅时颇久，窃维用兵一事，在先察险夷地势，审彼己情形，而以平时所知将士长短应之，乃能稍有把握。其中有算至十分，而用七八分已效者，有算只七八分，而效过十分者，亦有算至十分，而效不及三四分者，更有我算多，而贼不应，并有贼算出于我算之外者，始叹古云"多算胜少算"，及"每一发兵，须发为白"，非虚语也。平时用兵，亲临前敌，于地势贼情军情，审之又审，尽力图之，可免贻误。有时不必亲履行阵，但画定大局，料定贼情，用其相信之将领，并所部之人才，亦可集事。惟过则归己，功则归人，以策后效，以励将来，可常胜而不败。盖于所部将士，知之有素，所部饷需，计之已深，故随事随时泛应，而可期其曲当也。若以此骤加之别部，行之异地，譬如盲人道黑白，又若絷人手足，令其搏斗求胜，不能尽人之长，适成己之短，其害将不止人己两负，此可见遥制之难也。关外之事，自嘉峪至哈密，臣渐有布置，并拟办理巴里坤事宜。惟该管镇迪道，照例虽应归督臣统辖，而乌鲁木齐都统久视为专属，不乐其别有禀承。致关外事体，不相闻问，甚至到任履历，并不呈递，寻常寒暄启候，亦不之及，现任之镇迪道，即系如此。臣非于部文中见其名，尚不知其谁何，况望其禀商公事乎？应请敕下乌鲁木齐都统，仍归旧制，凡镇迪道所有公事，随时禀报督臣备档，以凭考核。督臣得以借悉一切，遇事尽心赞画，或可稍资裨助。否则阃阈之内，畛域攸分，督臣无从过问，何能借箸代筹？至遥制之说，尤非疆臣分所当然，易生嫌隙，不特事非旧制，难议更张，且一人智虑才力，责以数千里外擘划经营，势固不逮，徒滋诿谢之端，更启观望之渐，无益于事，而又害之，实非宜也。

谕旨："肃州克复后，令将所部裁并遣撤，以备出关饷需，并着一并奏闻。"臣谨按：各路楚军，并甘肃向存各营，改照楚军发饷者，除络续撤遣四十余营外，现存马步一百四十一营，每年共应发满饷四百八十万两。各路就地召募土勇，预拟改为额兵者四千余名，每年应发实银十八万余两。西宁、甘、凉、肃各提镇标营，每年共需实银约三十余万两，合计军饷项下，共需实银五百数十万两。此外军需项下，如军装、军火、采买置办之费，每年需实银三十余万两，并棉衣、单衣及各防军粮价津贴，约共需实银四十余万两，加入水陆转运脚费，台局薪粮津贴各项下，每年约共需实银三十余万两。总饷需实数计之，共银六百数十万两。自办理西路出关采运以来，每年出款，又增实银二百余万两。合饷需实数计之，一岁入款，近五百万两，出款需八百余万两，以入抵出，不敷实银三百余万两。同治十二年(1873)，办理奏销，截算是年腊底止，积欠饷数八百二十余万两，恤养项下实银三十余万两，以撤遣四十余营销抵积欠饷数二百余万两，尚欠六百数十万两，加入十三年(1874)欠数又七百余万两。当此时艰同值，各省协解之款，难于议增。就常年饷数言之，以入抵出，不敷之数，已百余万两。而频年积欠之款，除裁撤四十余营外，尚悬欠七百余万两。现办关内外采运，新旧已垫未垫，出款又增至四百余万两。昼夜焦思，无从设措，拟俟奏借洋款三百万两到后，再设法裁并遣撤，以济出关之需。现存之一百四十一营，除西路、北路边防，及安插新抚诸回各处，不可轻议外，其东路、南路防营，专司缉私、护运。现在地方渐安，游匪敛迹，有可裁并者，可减汰者。内如穆图善马步各营，实可全撤。雷正绾各营，可渐改制兵，均当次第奏请施行。此外军装、军需、军火等件，暂可减办。可缓办者，津贴转运等费。可减省者，均当分别酌减。汇案奏闻。关内省一分，关外即多一分匀济。臣惟竭诚殚虑，不惜心力，黾勉图之而已。

谕旨：西路用兵，不能不以肃州一带为后路粮台，朝廷不另简派户部堂官办理。叠谕左宗棠驻扎肃州，专司其事，亦以粮运事宜，经本省大吏督办，呼应较灵。又恐该大臣公务纷繁，不遑兼顾，并以袁保恒前办西征粮台，数年以来，尚无与左宗棠不能和衷痕迹，故特授袁保恒以户部侍郎，作为帮办，以为该大臣指臂之助。乃近来彼此龃龉，殊失协和之道，袁保恒既不能与左宗棠平心商榷，深恐贻误事机，且遇事各存意见，则两人同办，不如一人独办。关外粮饷转运事宜，应如何办理，自必筹之至熟。而镇西、迪化各厅州，皆该督所辖，尤应独任其难。左宗棠前有不驻肃州，亦可随时料量之奏，如该大臣可以兼顾，抑或一人不能兼顾，而袁保恒实不能胜帮办之任，该大臣意中另有得力之员，可以分任其事，亦不妨据实直陈，均着妥筹密奏。臣谨按：从前西路用兵，肃州、哈密，均曾设立粮台，而运粮逾天山，济西路之北者，实止岳钟琪一人。旋以车驮烦费，自议停止。后此查郎阿议开山修道，以通粮运，而迄未举行，此外则无可考。当丰亨豫大之时，不虑无财办运，不虑无驼骡应调，承办诸员不乏敏干之员。而顾未主此策者，非因此道劳费太甚，尽存畏难之心，实缘所运不敌所耗，粮之可到前敌，供军食者少也。现于肃州、安西、哈密，修建仓廒，各以存仓斗二万石为率，以待辗辂转运。拨袁保恒现成车辆，分置肃州、安西州，以济驼运之穷。于北路粮驼，试办采运，以补肃州、安西、哈密之乏。窃维事之可为者止此。至袁保恒于同治七年（1868）钦奉谕旨，派赴臣军差遣委用，臣念学士清班，非如僚属之可加以督责，正以难于位置为疑。闻其为人，姿性警敏，素尚圆通，而豪侈骄矜，习惯成性，在所不免。因奏请其办理西征粮台，专司开单奏催协饷,及咨函分致各省关之事。饷到,即交驻陕总理军需局通员沈应奎,由其一手经理,而军装局亦附焉。西征粮台只管饷之入款,不预饷之出款,台中薪粮、幕俸、勇饷,按月支给,均有定章。遇有需用,均由臣批饬总理军需局照发。意在用其所长,避其所短也。于体制优以仪文,于酬答隆其情意,至于稽核一切,则未尝有所假借。如是者五年,袁保恒遇事启告,曲致衷忱,亦无过失可指。乃自奉帮办出关转运事宜恩命而后,一变其从前所为,不特遇事不相关白,即奏报亦不令臣预闻。所请巨款,动称某款需用若干,初年若干,常年若干,浑言应需,而不条举所需数目,其空言无实,已可概见。臣因意议不合,曾具折直陈,并将历次咨驳之稿,抄送军机处、户、兵两部,亦谓所言公,则公之,何尝有逞辨争胜之意。袁保恒立意牴牾,意图牵帅,仍以臣所言为错误,而不顾此心所安。又借购备军械,觅买物件,任性妄为,并无顾忌,视粮台协款为私计,恣其挥霍,各局靡所适从,臣亦无凭稽核。同役而不同心,事多牵掣,诚如谕旨“两人同办,不如一人独办之为愈”矣。至臣前奏,不驻肃州,亦可随时料量,原以西路所设各局委员,均经审择,随时察看,弊混难容。而局章旬报不逾旬外三日,月报不逾月外十日,由此达彼,节节皆然,如有奸弊,容易觉察,轻则撤委,重则劾办。董之以安西、甘凉两道,而臣总其成。各委员弁毋敢逋慢,良以官轻秩卑,驱策较易,局密期促,舞弊为难。亦犹泰西互市,官少而事举也。历考从前兵事,多设粮台,而粮员之以寅缘进,以贪墨终者,比比若是,厥有明征。臣自忝预戎事以来,有鉴于此,每设局而不设台,惟由东南而西北,曾于湖北奏设后路粮台,兼司饷需出入。如道员王加敏,相知廿余年,相从于湘、鄂、江西、皖、越、八闽,办理台局要务,不特臣军依赖最深,亦为各省大吏所共信。彼此推诚相待,终始弗渝,实为一时罕见。虽假以粮台之名,而庶务躬亲,与寻常局务委员无异。此外如道员沈应奎,总理军需局,名为局员,而所办皆粮台之事,亦一时之选。惟两员现办臣军饷需要务,正资臂助,未可调令他往。肃州事定后,奉旨在玉门地方,安设转运粮台。臣曾附奏,请于户部堂官内,简任贤能,总司其事,并令选派廉干司员,携带帑银出关。原冀有贤能分任,资以历练,可储异日边才。未蒙俞允,臣亦未敢再渎。区区愚衷,窃以关外时势而论,应请缓设粮台,仍仿照现行章程,于哈密、巴里坤各处,设立粮局为宜。哈密一局,现委署通判张季方经理,咨张曜照料,专司收粮转运。巴里坤一局,委现署总兵王凤鸣经理,臣遴选员弁帮办,专司收发。臣虽远距省城,尚可以时钩稽,加以督责,务归实际,以裕军储。而护台之军可省,粮台陋习可除,一切经费可节矣。如有必须亲临察核之时,自当力疾前往,断不敢顾惜微躯,致滋贻误。……

奏上旬日,即复有诏:

……左宗棠奏海防、塞防实在情形,并遵旨密陈各折片,览奏均悉。

所称关外应先规复乌鲁木齐,而南之巴、哈两城,北之塔城均应增置重兵,以张犄角,若此时即拟停兵撤饷,于海防未必有益,于边塞大有所妨,所见甚是。至海防之饷,据称始事所需,与经常所需,无待别筹。综计各省设防,事属经始,需款较巨,若仅将购船雇船之费备用,短缺尚多,此则宵旰焦思,而尚待与各省疆臣共相经画者也。

关外军事饷事,总须得人,方克肤功迭奏。本日已明降谕旨,授金顺为乌鲁木齐都统,并将景廉调补正白旗汉军都统,与袁保恒一并谕令来京供职矣。至临敌审机致决,诚难遥制。而规摹局势,先后缓急,左宗棠亦谓尚可预为商酌。且西征将领,分位均属相埒,若非有重臣为之统率,不但诸军无所禀承,且恐各不相下,贻误戎行。左宗棠着以钦差大臣,督办关外剿匪事宜,金顺着帮办关外剿匪事宜。惟甘省善后事宜,该大臣次第兴办,正在吃紧之际,而粮饷转运各事,亦应由关内预为经营。左宗棠或驻扎肃州,或随时出关,料理粮运,以期内外兼顾之事,着酌度情形,妥为具奏。金顺当督率关外各军,作为前敌,随时与左宗棠会商,专任剿贼之事,扫荡逆氛。关外之兵,尚多冗食,应如何严加汰遣,进兵之际,既须别简劲军,现在未撤各营,尚有何军可以应调,并着通盘筹画,详细奏闻。

关外时势,可以缓设粮台,即照该大臣现行章程,于哈密、巴里坤等处,各立粮局,妥为经理。如有必须亲临酌核之时,当前往察看,以昭郑重。北路另有捷径,由归化城、包头而西,可达巴里坤,此路既能筹办粮运,自可从此布置。总之,无论长运短运,及如何办粮,如何取道,但能于事有济,悉由左宗棠酌度办理。该大臣素顾大局,当不致有负委任也。……

综括此诏,有两要点,一即决定规复新疆,二即以规复事宜责成宗棠主持办理也。其镇迪道一切公事,并令随时禀报总督,以备查核,①此光绪元年(1875)二三月间事也。

惟规复新疆,当时虽已定为国策,及宗棠大举出关,而各方仍多怀疑新疆规复之非易,以为不如屯兵要隘,分置头目,以示羁縻。竭东南巨饷,悬军深入,殊属非计。宗棠独毅然非之,表示于致两江总督沈葆桢一书:

> ……乌鲁木齐未复,无要可扼,玉关以外,岂能以玉斧断之。即令乌城复,玛纳斯克,俄将伊犁归我,回部全复,而我分置回目,分新疆与之,亦度各回势能自存,长为不侵不叛之臣,捍我西围否也。回势分力弱,必仍折入俄边。而我断送腴疆,自守瘠土,久戍防秋,岁无宁日。挽输络绎,劳费而无所终极。不一二年,形见势绌,而西北之患亟,将求如目前局势,且不可得矣。科布多、乌里雅苏台、库伦、张家口诸处,何能安枕?然则撤西防以裕东饷,不能实无底之橐,而先坏万里之长城,不其慎矣。……②

又表示于致王加敏一书:

> ……以西事论,俄踞伊犁,安集延踞喀什噶尔,均是腴疆。乾隆朝,先平准部,继平回部,而历代防秋更戍之费,至是始免,百数十年享其利,数典忘之。此时关陇既平,余威犹震,不及时规还旧域,其势必折入

---

① 《左文襄公奏稿》卷四十六页 32—40《覆陈海防塞防及关外剿抚粮运情形折》,页 42—54《遵旨密陈片》。《中国经营西域史》页 329—334。冯桂桢,字子和,山东临朐县人,官至甘肃凉州副都统,光绪二年(1876)二月在玛纳斯北城阵亡。王加敏,字若农,浙江会稽人,官至江苏徐海道(并见四十八节)。沈应奎,字吉田,浙江平湖人,官至台湾布政使(并见四十八节)。阿克苏,回语,阿谓白,苏谓水,以地有白水之河得名,汉温宿、姑墨两国地,今为阿克苏县。济木萨,今为孚远县。红庙子,乌鲁木齐城北有红山,山上有玉皇宫,土人名此地曰红庙子。辟展,汉狐胡国地,今鄯善县。吐鲁番,汉车师前王庭地,今为吐鲁番县。归化,今归绥县。

② 《左文襄公书牍》卷十五页 70。沈葆桢,字翰宇,一字幼丹,福建侯官人,道光二十七年(1847)进士,官至两江总督,光绪五年(1879)十一月卒,谥文肃,著述有《沈文肃公政书》、《夜读斋剩稿》。

强邻，以后日蹙百里，何以为国？……①

至宗棠平定天山北路及吐鲁番，又有库伦大臣上言："西事今昔不同，虑其阳不与我争而阴助之。宜于天山南北，安置兵勇，招徕农商，为深根固本之计。然后与两大臣从长计议，孰为两大属地，孰为中国版图，当为区分，画定疆界，庶不致与接为构，进退维谷。"廷臣议者，亦皆谓西征耗费过多，乌城、吐鲁番既得，有屯军之处，当众建以为藩篱，借省兵力。宗棠仍不以为然，表示于致陕西巡抚谭钟麟书：

> 时论以西事耗费至多，意欲中止。不知甘肃、新疆饷额五百余万，历恃协济。今纵停军不进，此五百余万之饷，又岂能少？伊犁南八城膏腴之地，弃而不收，但扼乌鲁木齐以东寒苦瘠薄之区，事何可久。高宗昔辟新疆，原为拓边防，省兵饷而起。当丰亨裕大时，尚宜如此，况海上多故，饷竭力殚之日乎。达坂、托克逊、吐鲁番诸城既下，逆夷震慑异常，逆酋帕夏仰药而毙，逆竖海古拉载其遗尸西窜，白逆暂踞开都河，已无可恃，秋凉前进，机有可乘。乃为画地缩守之策，何以固边疆而示强邻。异时追咎贻误之人，老臣不能任也。……②

会总理各国事务衙门以库伦大臣书咨宗棠，宗棠复剀切言之，乃奉明诏：

> ……关外军情顺利，吐鲁番收复后，南八城门户洞开，自当乘胜底定回疆，歼除丑类，以竟全功。惟计必出于万全，事必要诸可久。吐鲁番固为南路要隘，此外各城，如阿克苏等处，尚有可据之形势否？回酋报知帕夏缚送白彦虎，缴回南八城之说，是否可恃？喀什噶尔逆首依附彼族，尤易枝节横生。伊犁变乱多年，前此未遑兼顾，此次如能通盘筹画，一气呵成，于大局方为有裨。该大臣亲总师干，自以灭此朝食为念。而如何进取，如何布置，谅早胸有成竹。为朝廷纾西顾之忧，其即统筹全局，直抒所见，密速奏闻，以慰厪念。……

宗棠即奏陈统筹全局一折：

> 窃维立国有疆，古今通义，规模存乎建置，而建置因乎形势，必合时

---

① 《左文襄公书牍》卷十六页37。
② 《左文襄公书牍》卷十八页49、页55。

与地通筹之，乃能权其轻重，而建置始得其宜。伊古以来，中国边患，西北恒剧于东南。盖东南以大海为界，形格势禁，尚易为功。西北则广漠无垠，专恃兵力为强弱，兵少固启戎心，兵多又耗国用。以言防，无天险可限戎马之足；以言战，无舟楫可省转馈之烦，非若东南之险阻可凭，集事较易也。周秦至今，惟汉唐为得中策，及其衰也，举边要而捐之，国势遂以不振，往代陈迹，可覆按矣。顾祖禹于地学最称淹贯，其论方舆形势，视历朝建都之地为重轻。我朝定鼎燕都，蒙部环卫北方，百数十年无烽燧之警，不特前代所谓九边，皆成腹地，即由科布多、乌里雅苏台，以达张家口，亦皆分屯列戍，斥堠遥通，而后畿甸宴然，盖祖宗朝削平准部，兼定回部，开新疆，立军府之所贻也。是故重新疆者，所以保蒙古，保蒙古者，所以卫京师，西北臂指相联，形势完整，自无隙可乘。若新疆不固，则蒙部不安，非特陕、甘、山西各边，时虞侵轶，防不胜防，即直北关山，亦将无晏眠之日。而况今之与昔，事势攸殊，俄人拓境日广，由西而东万余里，与我北境相连，仅中段有蒙部为之遮阂，徙薪宜远，曲突宜先，尤不可不预为绸缪者也。高宗平定新疆，拓地周二万里，一时帷幄诸臣，不能无耗中事西之疑，圣意坚定不摇者，推旧戍之瘠土，置新定之腴区，边军仍旧，饷不外加，疆宇益增巩固，可为长久计耳。方今北路已复乌鲁木齐全境，只伊犁尚未收回，南路已复吐鲁番全境，只白彦虎率其余党，偷息开都河西岸，喀什噶尔尚有叛弁逃军，终烦兵力，此外各城，则方如去虎口而投慈母之怀，自无更抗颜行者。新秋采运足供，余粮栖亩，鼓行而西，宣布朝廷威德，且剿且抚，无难挈旧有之疆宇，还隶职方。此外如安集延、布鲁特诸部落，则等诸丘索之外，听其翔泳故区可矣。英人为安集延说者，虑俄之蚕食其地，于英有所不利，俄方争土耳其，与英相持，我收复旧疆，兵以义动，彼将何以难之？设有意外争辩，枝节横生，在我仗义执言，亦决无所挠屈。至新疆全境，向称水草丰饶，牲畜充牣者。北路除伊犁外，奇台、古城、济木萨，至乌鲁木齐、昌吉、绥来等处，回乱以来，汉回死丧流亡，地皆荒芜。近惟奇台、古城、济木萨商民、散勇、土著民人，聚集开垦，收获甚饶。官军高价收取，足省运脚。余如经理得宜，地方始有复元之望。南路各处，以吐鲁番为腴区,八城除喀喇沙尔所属地多硗瘠,余虽广衍不及北路,而饶沃或过之。官军已复乌鲁木齐、吐鲁番,虽有驻军之所,而所得腴地,尚不及三分之一。若全境收复,经画得人,军食可就地采运,饷需可就近取资,不至如前之拮据忧烦,张皇靡措也。区区愚忱,实因地不可弃,兵不可停,而饷事匮绝,计非速复腴疆,无从着手,局势所迫,未敢玩惕相将。至省费节劳,为新疆画久安长治之策,纾朝廷西顾之忧,则设行省,改郡县,事有不容已者。合无仰恳天恩,敕户、兵两部,速将咸丰初年陕甘新疆报销卷册各全分,及新疆额征俸薪饷需兵制各卷宗,由驿发交肃州,俾臣得稽考旧章,按时势斟酌损益,以便从长计议,奏请定夺。……

嗣奉诏有曰:

> ……左宗棠所陈统筹新疆全局,自为一劳永逸之计。南路地多饶沃,将来全境肃清,经理得宜,军食自可就地取资。惟目前军饷支绌,近虽借用洋款五百万两,亦是万不得已之举,可一而不可再。若南路一日不平,则旷日持久,饷匮兵饥,亦殊可虑。该大臣所称地不可弃,兵不可停,非速复腴疆,无从着手等语,不为无见。着即督饬将士,戮力同心,克期进剿,并揆时度势,将如何省费节劳,为新疆计久远之处,与拟改行省郡县,一并通盘筹画,妥议具奏。所请敕部将咸丰初年陕甘新疆报销卷册全分,及新疆额征俸薪饷需兵制各卷宗,由驿发交等语,着户部、兵部查照办理,将此由五百里谕令知之。……①

所谓新疆问题,至是彻底解决。由收复乌鲁木齐及吐鲁番,继续进取天山南路八城,不致半途而废。设置行省,亦启其端倪。宗棠尝谓"天下无不办之事,所难者,中外一心耳"。新疆至今日,犹得隶我版图,正全赖当中外一心之一点。②

---

① 《左文襄公奏稿》卷五十页75《遵旨统筹全局折》。昌吉,汉劫国地,清建宁边城。绥来,汉乌贪訾离国地,清建绥宁、康吉两城,俗称玛纳斯。喀喇沙尔,回语,喀喇谓黑,沙尔谓城,义即黑城,今为焉耆县。

② 《左文襄公书牍》卷十五页27《与刘克庵(典)》。

# 三十一　平定天山北路

北疆之变乱，肇于奇台，而扩大于乌鲁木齐。同治三年(1864)，乌鲁木齐都统平瑞，以勘乱南疆为理由，公布加征民粮。州役马全等，皆回民也，借势苛索，汉民恨之，团结与抗。马全等煽动回民，谓汉民将殄灭回众，诸回始欲动。奇台县故有一种陋规，凡知县到任，派照粮，去任，派帮粮。知县恒颐初视事，即欲预收帮粮，众大哗。县役马福等，亦皆回民也，加意压迫，汉民不能平，劫木垒河营库军械，与回民战，回民败。而恒颐翼回民，回民势滋横，大肆焚掠，并北屠古城，又潜入乌鲁木齐，肆勾引。先是，有陕回妥明，即妥得璘者，以卜筮星相之术，往来甘肃之宁夏、灵州、河州、西宁间。同治元年(1862)，陕西华州、渭源"回乱"作，到处煽诱。妥明潜挟三妇人，西出嘉峪关，至乌鲁木齐，客参将索焕章处。焕章久蓄异志，与妥明同恶相济，则奉以为师，介其术于群回，信从日众，提督业布冲额亦为所蛊惑，二人乃密谋为乱，业布冲额不为备。至是，奇台与乌鲁木齐回集南关礼拜寺，明炬议事，戈矛森然。或以密告业布冲额，则命焕章侦之，焕章报无其事，且斩告者以徇。越旬余，妥、索两人遂嗾南关回叛，先后陷汉满两城。焕章推妥明为清真王，自为大元帅。妥明以马升功伟，命为总元帅，并以马仲、马泰、马官等为元帅，并封马四为肃州元帅，马朵三为西宁元帅，马彦龙为河州元帅，马化隆为宁夏元帅，通关内为一气。妥明别建王城自居之。于是东则阜康、济木萨、古城、奇台，西则昌吉、呼图壁、玛纳斯，皆为妥明所有。明年，妥明又勾结伊犁回，先后陷其九城。又明年，西北最后一个据点塔尔巴哈台亦为回所陷，于是北疆诸城尽失，惟巴里坤巍然独存。①

索焕章之父索文，尝为甘肃提督，故焕章之叛，不直于其母。母尝谓焕章："尔父官一品，尔官三品，何忍为此灭门之举。"数促焕章反正，事为妥明所觉，贬焕章为散头目，徙之吐鲁番，焕章旋病死。妥明又恶马升专权，嗾人杀之，妥明之势，由是骤衰。②

同治八年（1869），安集延帕夏阿古柏尽有南疆，妥明畏其逼，遂于次年遣马仲、马泰攻阿古柏。两马之师俱败，马仲降，马泰被执，阿古柏直捣乌鲁木齐，妥明不敌，亦请降。阿古柏削其王号，毁其王印，即命马仲为乌鲁木齐阿奇木伯克。马仲死，其子马人得继。妥明憾马仲叛己，与马人得不和，马人得重引阿古柏兵攻妥明王城，妥明复大败，遁死玛纳斯南城。阿古柏更掠妥明遗资，搜括回汉人民金帛，转输南路，实其窟穴，而驱壮丁踞守乌鲁木齐各城，以为屏蔽。一面下令境内人民，剃发易服，光顶圆领，如安集延俗。并开征赋税，北疆竟继南疆而为安集延人之天下，其势浸及伊犁。又次年，适有帝俄盗马贼逃匿伊犁，俄官索之不得，伊犁回人且以兵攻俄官，帝俄遂借口新疆"回乱"威胁俄境安全，以武力取伊犁，而以代为收复告清廷，其实亦阻阿古柏之侵袭伊犁也。③

西宁既平，陕回均就抚，惟白彦虎一股数千人，窜由嘉峪关入新疆。白彦虎削发易服，附于阿古柏。盖自知力不敌，借为声援以自固。凡阿古柏所欲，白彦虎不敢违也。阿古柏命守乌鲁木齐汉城，白彦虎遂出没附近各地，颇肆滋扰，此在官军为一种威胁，而在阿古柏为平添若干势力。④

---

① 《戡定新疆记》卷一《武功记一》页1—4。杨毓秀《平回志》卷七页4。《湘军记》卷十九《戡定西域篇》页2—4。《中国经营西域史》页319—321。平瑞，字祥斋，满洲人，谥忠襄。阜康，汉卑陆单桓国地，今为阜康县。呼图壁城名景化，今为呼图壁县。

② 《湘军记》卷十九《戡定西域篇》页3。

③ 《戡定新疆记》卷一《武功记一》页13—15。《湘军记》卷十九《戡定西域篇》页5—6。《中国经营西域史》页324—327、页344—345。伯克，回语，官吏也，清平回部，用回人为官吏，以治回人，仍名伯克，分十八种。阿奇木伯克，职最崇，为一地方之总办。

④ 《戡定新疆记》卷一《武功记一》页16—17。《湘军记》卷十九《戡定西域篇》页7—8。《左文襄公奏牍》卷四十九页5—6《详陈克复乌鲁木齐战状折》。

北疆之变乱,清廷将吏既无力敉平,各地汉民争起团练以自卫。则有乌鲁木齐之徐学功,济木萨之孔才,昌吉之沈廷秀,玛纳斯之赵兴伟,奇台之邓生玉等,而以学功为著。学功尝合阿古柏,击败妥明,旋又转攻阿古柏,生擒马仲。阿古柏与学功合作,原思事成以乌鲁木齐归学功,而借学功力,通款清廷,以南八城献,请封阿古柏为哈密王。旋知学功勇而无谋,在清廷又无力量,靳乌鲁木齐不与。学功衔之,遂又仇阿古柏,然以势绌,终无所成就。帝俄既据伊犁,以驼马数千,载洋货及俄钞二万余,约诸回赴玛纳斯贸易,为袭取玛纳斯与乌鲁木齐计。行抵距玛纳斯八十里之石河,学功出马队逆击之,杀毙数十人,尽得其驼马货物。自是俄人不敢东窥。自余奇台、古城、济木萨等城,亦陆续为民团所光复,最后荣全乃得收取塔尔巴哈台。①

在北疆之变乱中,惟巴里坤以游击何琯之力,得始终保全弗失。当各地回民起事时,巴里坤少数回民亦跃跃欲动,何琯分兵四营,扼扎城外,断其勾结,逮其魁马天保与部众千余人,悉杀之。于是益严城防,练民勇,屹然为东边重镇,妥明三度来犯,均被击退。巴里坤南隔天山为哈密,妥明两度攻陷,亦两度为何琯所收复。而哈密回王之不参加变乱,且矢诚效忠,亦有功焉。②

北疆城邑,由巴里坤而西,为奇台、古城、济木萨、阜康、古牧地、乌鲁木齐、昌吉、呼图壁、玛纳斯、库尔克喇乌苏、精河、伊犁,由乌苏而北,为塔尔巴哈台。当左宗棠承命督办新疆军务时,伊犁在帝俄手,乌鲁木齐、昌吉、呼图壁、玛纳斯在阿古柏手,清廷仅保持巴里坤至奇台、古城子、济木萨之一线,又乌苏至精河,至塔尔巴哈台之二线。由中国本部用兵新疆,本有两路,一为取道蒙古,由北而南;一为取道嘉峪关,由东而西。后者以哈密为枢纽,由哈密而西,尤以巴里坤为枢纽。今南疆全陷,北疆亦大部沦丧,而犹得留此两城为光复故物之基地,不可谓非厚幸也。③

---

① 《平回志》卷七页5—6。《中国经营西域史》页323—325。孔才,新疆绥来人。

② 《戡定新疆记》卷一《武功记一》页2—12。《中国经营西域史》页322—323。陶模《陶勤肃公奏议遗稿》卷三页18—20《请将已故降调总兵何琯开复处分折》。何琯,字玉亭,甘肃张掖人,官至新疆巴里坤总兵,光绪十二年(1886)十二月卒。

③ 库尔喀喇乌苏,库尔谓雪,乌苏谓水,喀喇谓黑,以地产煤油,水色多黑得名,汉乌孙地,城名庆绥,今为乌苏县。精河,精谓蒸笼,以河滨沙土湿暖如蒸得名,今为精河县。

光绪二年(1876)正月,宗棠遣刘锦棠率老湘军由凉州向肃州出发,并总理宗棠行营营务处。老湘军,宗棠以为规复新疆之主力者也。二月,刘典至兰州省城,以三品京堂帮办陕甘军务。刘典,宗棠所以留镇后方者也。于是宗棠复指陈新疆当前大势,披沥其见解:

> 乌鲁木齐踞逆,本地土回居多,逆首白彦虎所带陕回及甘肃从逆之回,踞红庙子、古牧地、玛纳斯等处,而皆与南路踞逆回酋安集延帕夏阿古柏通。……帕夏能以诈力制其众,又从印度多购西洋枪炮,势益猖獗。陕甘窜踞之逆及本地土回,均倚之为重。……俄人颇言其狡悍,异于诸贼。……官军出塞,自宜先剿北路乌鲁木齐各处之贼,而后加兵南路。当北路进兵时,安集延或悉其丑类,与陕甘窜逆及土回合势,死抗官军,当有数大恶仗。如天之福,事机顺利,白逆歼除,安集延之悍贼亦多就戮,由此而下兵南路,其势较易,是致力于北,而收功于南也。若北路军威未至,而贼先图自固,不敢互相援应,但作守局,以老我师,则旷日持久,亦在意中。外间议论,颇谓军临前敌,陕甘窜回,必有倒戈之事,臣不敢信其诚。然白逆必遁入南路,安集延未经重创,其狡焉思逞之志不忘,如其并力稳抗,自可奖率师徒,为一了百了之计。倘诡词乞抚,仍思踞我腴疆,或兵至则逃,妄拟乘间窃逞,为死灰复燃之计,则新疆隐患方殷,岂可不预为之所。议者但以陕甘窜回及新疆各城为虑,不复知有安集延窜踞南路之事。或以为易,或以为难,或以为事可缓图,或以为功可速就,或主撤兵节饷之议,或并为难得易失之谈,辩说纷纭,横议歧出。……臣本一介书生,辱蒙两朝殊恩,高位显爵,出自逾格鸿慈,久为生平梦想所不到,岂思立功边城,觊望恩施。况臣年已六十有五,正苦日暮途长,乃不自忖量,妄引边荒艰巨为己任,虽至愚极陋,亦不出此。而事顾有万不容已者。乌鲁木齐各城不克,无总要之处,可以安兵;乌鲁木齐纵克,重兵巨饷,费将安出?康熙、雍正两朝,为之旰食者,准部也。乾隆中,准部既克,续平回部,始于各城分设军府,然后九边靖谧者,百数十年,是则拓边境腴疆,以养兵之成效也。今虽时易世殊,不必尽遵旧制,而伊犁为俄人所踞、喀什噶尔各城为安集延所踞,事平后,应如何布置,尚费绸缪。若此时即便置之不问,似后患环生,不免

日蹙百里之虑。区区愚忱，窃有不敢不尽者。……

盖其忠义磅礴之情，洋溢乎胸次，故慷慨激昂之气，不觉灌注乎笔端也。三月，宗棠携带关防，亲莅肃州督师，其祭旗文有曰："朝烹雄狐，夕醢封狼。"益预必可以速藏厥功也。又曰："划为郡县，垦土字甿。"盖事定建省，又胸有成竹也。大营扎于城西南，面对祁连山。宗棠每遇用兵在外，向不自居公廨，仅止幕中，亦与士卒同甘苦。由是直至光绪六年（1880）闰二月出关，在此度其营帐生活者，凡历四年之久。①

老湘军抵肃州后，即陆续出关，谭上连为前锋，直赴古城子，谭拔萃继之，次哈密，与张曜军合。时金顺军已收复玛纳斯北城，屯济木萨，与古城子相距九十里。旋宗棠复遣徐占彪之蜀军，出屯巴里坤。于是官军在新疆者，除原有杂军不计外，凡为锦棠军马步二十五营，金顺军马步四十营，张曜军马步十四营，占彪军五营。②

宗棠之策，先攻取乌鲁木齐，扼住全疆关键，然后进规其他城邑，故不惜倾全力图之。惟当时情势，回目马明拒守古牧地，迤西而南数十里，乃至乌鲁木齐，是欲取乌鲁木齐，必先收古牧地，撤乌鲁木齐之藩篱。而自济木萨至古牧地，相距尚三百余里，不能遽扼乌鲁木齐之吭。惟济木萨西二百四十里，为阜康城，再西七十里，为黑沟驿，又数十里，至古牧地，而阜康当其冲。阜康在彼时，敌我均未设防，于是决定先行占领此城。一面以哈密至巴里坤，至古城之军，防敌由吐鲁番轶出；一面自安西至敦煌、惠回堡、青头山等处，各驻一军，防敌由南路抄掠；又一面就阜康以西沙山与马桥一带，驻一军，并请塔尔巴哈台、科布多、乌里雅苏台各领兵大臣，防守漠北，俾于官军进攻阜康、古牧地、乌鲁木齐等地时，遏敌向西北窜越。布置既定，锦棠于六月初自古城出发，会金顺于济木萨。洞悉马人得纠白彦虎、阿古柏遣其部

---

① 《左文襄公奏稿》卷四十七页14—15《请简派大员帮办陕甘军务折》，页37《请饬两江迅解老湘军月饷片》，卷四十八页32—33《会报抵兰出塞日期折》，页34—35《新疆贼势大概片》。《左文襄公书牍》卷十七页1《答沈吉田（应奎）》。《戡定新疆记》卷二《武功记二》页8—9。《湘军记》卷十九《戡定西域篇》页11—12。《泽雅堂文集》卷八页6《祭旗文（代左侯）》。

② 《左文襄公奏稿》卷四十八页48—49《驰抵肃州分起出关折》。《中国经营西域史》页334。谭上连，字云亭，湖南衡阳人，官至新疆喀什噶尔提督，光绪十六年（1890）九月卒。谭拔萃，字冠英，湖南宁乡人，官至甘肃宁夏镇总兵，光绪十一年（1885）正月卒。

众,均力拒古牧地,其防务已更加强。旋后比肩西进,抵紫泥泉,积潦纵横,飞桥以渡,入阜康城。失陷十余年,榛莽丛杂,除道以通炮车。在此锦棠又察看前往古牧地路径,则知二十里过西树儿头子,其间深林蔽目,野潦滞足;五十里过黑沟驿,为一片戈壁,仅有一二井泉,可资汲饮。又从土人探知黑树沟上为黄田,水盈沟浍,上流即古牧地。然敌已在黄田筑卡树栅,严密守护,意固在断绝官军汲道,迫使取径戈壁,以疲其力。于是锦棠故令兵士沿途掘井觅水,佯示敌以将走戈壁,以懈其黄田之防,而与金顺潜师夜起,叠破黄田坚寨,径拔古牧地坚城。在城中,获火药、硝磺数千斤,足征敌军实尚雄厚。又拾得马人得复城中守军求援书,略谓:“乌鲁木齐精壮,已悉数遣来,现在三城防守乏人,南疆之兵,不能速至,尔等可守则守,不可守则撤回乌鲁木齐,并力固守,亦可。”锦棠因料乌鲁木齐空虚,乘胜疾进,并收三城。三城者,乌鲁木齐满城、迪化州汉城,及妥明所筑王城也。迪化城北有一山,居高临下,至为险要,锦棠争先占领,架大炮,以轰击城中,城敌力不能支,则皆宵遁,此地乃名“一炮成功”云。同时,昌吉、呼图壁诸敌闻讯,皆弃城走,惟玛纳斯南城未下。阿古柏所遣援师五千余骑,行至达坂城,距乌鲁木齐尚有二百里。知三城均已弃守,未免心惊胆落,不敢更进。此为宗棠进规新疆之第一声,竟不逾旬日而奏绩。[①]

宗棠之策,又为先歼灭白彦虎,以除阿古柏羽翼。乃白彦虎于官军进古牧地时,即已偕马人得南窜。锦棠命诸将分追三十里,至盐池,阻戈壁而返。已而白彦虎窜踞南山小东沟,遣党四出刈禾,备干粮,图绕官军后。锦棠亲趋小东沟,白彦虎先一日走金口峡。次日,锦棠急行九十里,及之金口峡。老弱妇女数万,踉跄惊走,白彦虎卒遁托克逊,依安集延人以居。阿古柏见白彦虎势日蹙,待之甚倨,勒其众一律剃发易服。[②]

玛纳斯南城回首韩刑脓,恃其城小而坚,拥众拒守。金顺、锡纶、荣全攻

---

① 《左文襄公奏稿》卷四十八页 61—63《出关诸军进至古城留防要隘折》,页 73—77《会师攻拔古牧地坚巢克复乌鲁木齐迪化州城大概情形折》,卷四十九页 1—5《详陈攻拔古牧地克复乌鲁木齐迪化州城战状折》。《戡定新疆记》卷二《武功记二》页 12—16。《湘军记》卷十九《戡定西域篇》页13—14。《中国经营西域史》页 337—338。

② 《左文襄公奏稿》卷四十九页 35—36《搜剿窜贼折》。《戡定新疆记》卷二《武功记二》页 16。《湘军记》卷十九《戡定西域篇》页 15。

之,掘地道,轰城垣,旋陷旋被堵御,双方伤亡甚众。锦棠遣罗长佑等十一营赴援,会官军炮击毙韩刑脓,寇一拥出城降。官军知其诈,又并起奋击歼之,卒告克复,掘妥明尸而戮之。①

于是天山北路悉定,惟伊犁仍为帝俄所据,有待交涉收回。

---

① 《左文襄公奏稿》卷四十九页 55—59《会师攻克玛纳斯南城详细情形折》。《戡定新疆记》卷二《武功记二》页 16—17。《湘军记》卷十九《戡定西域篇》页 15。锡纶,姓博尔济吉特氏,字子猷,满洲正兰旗人,塔尔巴哈台领队大臣,权伊犁将军。

# 三十二　平定吐鲁番

　　左宗棠规复新疆，预定第一步为平定天山北路，第二步为平定天山南路。而其间又有一过渡工作，则为平定吐鲁番。吐鲁番在天山之南，与山北古城对峙，为进入南路门户，而别成一部。包括六城，曰吐鲁番，曰辟展，曰鲁克沁，曰七克腾木，曰托克逊，曰哈拉和卓。当克复乌鲁木齐后，原应即接攻吐鲁番，惟因玛纳斯南城之役，耽延至两个月之久，最后收复，已在光绪二年（1876）十月。值大雪封山，冰凌凝结，不便行军，故其师期预定于三年（1877）三月，积雪春融之时。在此五六个月中，敌我双方，各有一番布置。①

　　吐鲁番于新疆之变乱中，先为东四城之黄和军所占，嗣为妥明所并。及妥明为阿古柏所收，转为阿古柏所有，阿古柏命其次子所谓小帕夏者海古拉守之。吐鲁番有满汉两城。海古拉居满城，日役万夫，兴建王府，雄阔坚固，足资踞守。初，阿古柏闻乌鲁木齐等城俱失，急遣骑收各部众，入踞达坂城。而自至托克逊，添筑两坚城为犄角，守以悍党，俾拒乌鲁木齐官军。别遣马人得至吐鲁番助守，以拒哈密官军。及见官军不遽进，移达坂新城两山间，高厚坚整，迥殊常度，遣其大通哈爱伊德尔呼里，率重兵拒守。大通哈者，安

---

　　① 《左文襄公奏稿》卷四十九页74《进规南路师期片》。椿园《新疆舆图风土考》（点石斋石印本）卷一页6。托克逊，今为托克逊设治局。

集延语,意即大总管也。召回海古拉,使守托克逊,更遣白彦虎助马人得守吐鲁番。而阿古柏自拥大众,居喀喇沙尔策应。达坂城扼天山之口,在乌鲁木齐南二百里,形势险要,有黑虎城之称,是为阿古柏对乌鲁木齐之第一道防线。托克逊亦为由乌鲁木齐进南路总要隘口,形势最胜,南距喀喇沙尔八百四十里,则为第二道防线。吐鲁番成为阿古柏对哈密之防线,而于吐鲁番后辟展,七克腾木等城,同时加筑防御工事。①

宗棠进规吐鲁番之兵,定为三路:西路为刘锦棠之老湘军,由乌鲁木齐而东;东路为张曜之嵩武军,由哈密而西;北路为徐占彪之蜀军,由巴里坤与古城间而南。张曜先经瞭墩,占彪先经穆家沟,两军会师盐池,然后再同向七克腾木、辟展进。锦棠先经柴窝,向达坂城、托克逊进,然后三军会师吐鲁番。锦棠之后路,自古城以西,经济木萨、三台、滋泥泉、阜康而达古牧地,相距五百里,以锡纶马步五营扼之。徐占彪所遗巴里坤防所,以楚军三营,甘军一营填之。张曜所遗哈密防务,即由哈密办事大臣所部就近料理。张曜过七克腾木后,移豫军八百驻七克腾木,护运道。② 乌鲁木齐克复后,分窜山中之余寇,先已由宗棠传令各军严密搜捕。搜过,纵火烧山,杜寇零星伏匿。为增厚实力计,宗棠于锦棠加拨马队三营,张曜、占彪各一营,又各加拨大小后膛炮若干。③ 而为确保迅速获致胜利,宗棠更指陈未来之军事大势:

> ……南路自乾隆二十四年(1759)平定后,建城凡八,曰喀什噶尔,曰英吉沙尔,曰叶尔羌,曰和阗,曰阿克苏,曰乌什,曰库车,曰喀喇沙尔,世呼为南八城。……由吐鲁番而西,历喀喇沙尔、库车、阿克苏、叶尔羌、英吉沙尔,以抵喀什噶尔,计四十九台,为程四千一百余里,较之乌鲁木齐至伊犁一千三百余里,程途远逾三倍,兹拟以刘锦棠……张曜、徐占彪……规南路,马步合共四十余营,兵力不为不厚。然大军前进,不特后路根本之地,兵力宜增,即饷粮军火,均宜层叠设局,以便取

---

① 《左文襄公奏稿》卷四十九页 36《搜剿窜贼折》,卷五十页 38《攻克达坂托克逊吐鲁番折》。《中国经营西域史》页 327。达坂,即阿喇巴尔噶顺,准噶尔语,谓黑虎城。

② 《左文襄公奏稿》卷四十九页 5—6《克复乌鲁木齐折》,页 37《布置后路进规南路折》。《湘军记》卷十九《戡定西域篇》页 16。

③ 《左文襄公奏稿》卷四十九页 37《布置后路进规南路折》。乌什,谓峰峦飞峻,以地在高山得名,汉尉头国地,城名永宁,今为乌什县。

用,是监护不可无军也。前敌攻克城堡,必须留营驻守,以资抚辑,是留后不可无军也。师行日远,留防之兵日增,进战之兵日减,势有固然。况转战数千里,士卒之伤亡病疾,又在所不免,额数日缺,则士气易堕。历观军兴以来始,称精军者,末路或难复振,半由乎此。

又查南路地势,东南长而西北狭。由吐鲁番、达坂城,西至阿克苏,尚可一路随行,无取分道并进。一至阿克苏,则局势宽阔,中路一千四百里抵叶尔羌,又三百六十里抵英吉沙尔,又二百里抵喀什噶尔。而阿克苏之北,切近伊犁,叶尔羌之东南,又遥与和阗相接,均须分派大支部队,扼其总要,然后直捣中坚,可以迅图藏役。

道光年间,张格尔之变,仅踞南路西四城,故长龄、杨遇春兵由乌鲁木齐、托克逊以进。其时长清先扼阿克苏凭河击退逆众,扼守阿克苏,然后东西路无敢蠢动。而长龄、杨遇春乃得据无贼之地以击贼,饷丰运速,卒成底定之功。

此次兵由乌鲁木齐,局势依然。而吐鲁番、达坂城、托克逊,皆为贼踞,前途二千余里,皆为贼守,其致力难易,固已判然。而饷之绌,兵之少,又不如当时远甚。与其徘徊中道,始请济师,正恐旷日需时,事有不可测者,臣因此踌躇再四,实不得不预拟增兵。……

于是宗棠请调驻防包头之金运昌所部卓胜军马步五千有奇,迅速开拔西来,归锦棠调遣,庶中路之军,得此后劲,可以壹意驰驱,而将来克复各城,有移驻之军,更番叠进,前敌兵力常足,免滞戎机,遇有必须分支防剿之时,亦可不虞竭蹶。①

同时,清廷对于新疆将帅,亦略有更调,伊犁将军荣全内召,以乌鲁木齐都统金顺补授伊犁将军,其乌鲁木齐都统,以前两广总督英翰补授。②

光绪三年(1877)三月,进攻吐鲁番之战发动。因由巴里坤往吐鲁番,为

① 《左文襄公奏稿》卷四十九页40—42《筹集客军以资厚集折》。长龄,姓萨尔图氏,字懋亭,蒙古正白旗人,封一等威勇公,道光十八年(1838)卒,谥文襄。杨遇春,字时斋,四川崇庆人,封一等昭勇侯,官至陕甘总督,道光十七年(1837)卒,谥忠武。
② 英翰,姓萨尔图氏,字西林,满洲正红旗人,道光二十九年(1849)举人,光绪二年(1876)十二月卒,谥果敏。

程七百余里,由哈密往,一千余里,由乌鲁木齐往,四百余里,故师期由宗棠授权锦棠,自与张徐两军约定,庶彼此进止合度,不致先后参差,协力并规,得期周密。于是:

> 锦棠一军于初一日出发,初七日收复达坂城,十二日分军赴吐鲁番,十三日收复托克逊城。

> 张曜、占彪二军于初一日出发(张曜军一部分,先已开屯盐池),初七日收复七克腾木,初九日收复辟展,十二日收复连木沁台、胜金台、鲁克沁、哈拉和卓。

> 锦棠、张曜、占彪三军于十三日收复吐鲁番城。

竟能戎机迅顺。毫无脱节。①

达坂之役,守寇以官军久屯乌鲁木齐,毫无动静,懈不戒备,仅引近城一带草湖水卫城,泥深及马腹。官军贪夜掠过深淖,毕集城下。群回方高卧,无一人知者,乃列圆阵相联缀。天明雾收,寇于城上瞥见官军,始发枪炮射击,自卯至午不绝,顾终未出城搏战。于是官军一面筑壕垒断其外援,一面建炮台备轰。会城中缠回有潜出投降者相告,敌以待援不至,正谋他窜,遂举开花大炮,猛击城中炮台,城垣相继塌坏。一炮适中火药房,轰然一声,血肉横飞。敌争出东门奔,官军四面麇之,使不得出,命能缚异服献者赏,于是爱伊德尔呼里以下悉就逮,共击毙一千数百人,生擒一千二百九十余人,又收精利炮械约一千件,马约八百匹。爱伊德尔呼里等代阿古柏乞款,愿缚白彦虎,并献南八城赎罪,锦棠姑听其招书致之。②

托克逊之役,锦棠军行抵小草湖。据缠回报,阿古柏闻达坂已失,大小头目无一幸免,惊惧不已,急图逃窜。白彦虎则嘱其死党四出,抢掠人畜,焚烧村堡,裹胁缠回,随同奔窜,泣求大军速援。并谓大军所遣免死回目驰归宣布官军威德,回众无复疑惧,俱延颈以待官军。锦棠立饬将士速进,抵近

---

① 《左文襄公奏稿》卷四十九页 37《布置后路进规南路折》,卷五十页 33—39《攻克达坂城及托克逊城坚巢会克吐鲁番折》,页 58《会同收复吐鲁番折》。《左文襄公批札》卷六页 45—46《湘军刘总统(锦棠)禀规取南路情形由》。

② 《左文襄公奏稿》卷五十页 33—35《攻克达坂城详细情形折》。《戡定新疆记》卷三《武功记三》页 3—4。《湘军记》卷十九《戡定西域篇》页 18。《中国经营西域史》页 339。

城十余里间，了见前面火光四起，隐隐闻枪炮声，知贼正围攻庄堡也，更急进。忽马步贼队从路旁空庄冲出，将官军包围，势殊猖獗。于是角战开始，官军纵横冲杀，转战至城边，号鼓齐鸣，杀声震天。贼众惊溃，举火自焚存粮、火药，弃城而逃。官军紧追，枪炮止，刀矛接，追三十余里。据生擒贼供，海古拉、白彦虎已先一日各带随身贼骑，护其辎重，仓皇西窜，留悍贼二千余，并本地及从各地裹来回众缀官军。

吐鲁番之役，张曜、占彪两军先行，至西距城十余里地方，守卡贼并东路败窜之贼，列阵抗拒。两军分左右进，步队大呼突阵，枪矛并举，贼殊死斗，乃麾马队分两旁抄袭，贼阵始乱，纷纷溃窜。两军紧追至城边，城贼倾巢出拒，东路败贼，复回戈搏斗。正酣战间，锦棠所遣罗长佑等马步六营，尽一日夜，奔驰二百余里之急行军，适自北路驰至，贼益骇愕，不知所为。三军合势夹攻，毙敌无算，败贼向西狂奔，各军紧追数十里，始还收满汉两城。悉获安延集人所储军粮数千石，火药约三十余万斤。白彦虎早已窜走，马人得率缠回万余人迎降，受之。[①]

宗棠综括以上之战绩曰：

> ……此次大军约期三道并进，两旬之间，攻拔各要隘，叠复各城池。将领士卒，持满而发，奸夷逆贼，应弦而下，斩擒以万计，受降以数万计。……

洵为奇捷，亦为全捷，决非虚饰。[②]

自大军之西，纪律严明，逃贼而来，及被贼裹胁者，锦棠等悉心抚恤，前后送归乌鲁木齐者，二千七八百口，送归哈密者，二千五六百口，皆给牛籽，俾各安生业。并设吐鲁番善后局，对于土回，专办抚辑，加意拊循。[③] 人心益归附。

阿古柏虽失乌鲁木齐诸城，犹复坚据达坂、托克逊、吐鲁番各城隘，遇大

---

① 《左文襄公奏稿》卷五十页56—58《会同收复吐鲁番两城折》。《戡定新疆记》卷三《武功记三》页4—5。《湘军记》卷十九《戡定西域篇》页17—18。《中国经营西域史》页339。罗长佑，字孟威，湖南人，官至新疆阿克苏兵备道，光绪十年(1884)二月卒。

② 《左文襄公奏稿》卷五十页39《攻克达坂托克逊吐鲁番折》。

③ 《左文襄公奏稿》卷五十页74《逆酋帕夏仰药自毙折》。

兵南下之锋,为三窟深藏之计。乃官军锐进,势不可当,而达坂之克,使无一人一骑得还,阿古柏尤为胆落。比爱伊德尔呼里等劝其缚送白彦虎。献回南八城自赎,而阿古柏闻败震惧,不能制白彦虎。又平时恃其诈力,虐遇缠回,攫其资财,掠其男女,靡恶不为,缠回怨毒已深,群思报复。阿古柏日夜忧泣,南走库尔勒,于四月间,饮药自毙。其次子海古拉,举资财军实,悉畀白彦虎,使继守库尔勒,而将阿古柏尸,浸水三日,取出用香牛皮包裹,携以西窜。行至中道,为阿古柏长子伯克胡里所戕。[①]

于是吐鲁番全境悉定,南八城门户洞开,俟新秋采运粮足,再鼓行而西。

① 《左文襄公奏稿》卷五十页 71—73《逆酋帕夏仰药自毙折》。《湘军记》卷十九《戡定西域篇》页 18。库尔勒,回语谓观望,以地形轩敞,可供眺览得名。

# 三十三　平定天山南路

南疆之变乱,经过若干阶段。

最初,库车土回马隆,结外匪田拉满、苏拉满作乱,共推黄和卓为首领。既夺踞库车城,复进陷阿克苏城,旋更东取喀喇沙尔,西并乌什。伊犁援师至冰岭,为回众所扼,末由南下;乌鲁木齐援师至乌沙塔拉戈壁,陷回众所设伏,全军覆没,于是东四城均为黄和卓所据。①

继之,为叶尔羌之叛。其首领为阿布都拉门,已而英吉沙尔、喀什噶尔汉回亦谋变。均以驻军先发制人,一网打尽,未成事实。又已而喀什噶尔回目金相印,纠合布鲁特头目思的克同叛踞回城,马福迪、哈比布拉等亦叛据和阗。金相印攻喀什噶尔汉城,不下,求援于浩罕。其阿来姆苦汗遣张格尔子布素鲁克,偕帕夏阿古柏以应。阿古柏先后进攻英吉沙尔与喀什噶尔汉城,驻军守战均穷,于是西四城全部沦陷。②

最后,阿古柏既控制喀什噶尔、英吉沙尔,复先后攻灭阿布都拉门而并有叶尔羌,诱杀马福迪、哈比布拉而并有和阗,战败黄和卓而并有东四城,于是南疆全归阿古柏。阿古柏之来,本为布素鲁克之辅,惟布素鲁克溺于声

---

① 《中国经营西域史》页319。
② 《中国经营西域史》页320。

色,无所作为,而又恶阿古柏专权,两人龃龉日甚。阿古柏乃迫布素鲁克参谒天方,而自立为汗,称毕条勒特汗。及降北疆之清真王妥明,而版图益扩大。①

　　原来准部并有回部时,尽迁回教首领于伊犁,其中一人,为阿布都实特。康熙朝,战败准部,阿布都实特自拔来投,护归故土。阿布都实特子玛汉木特,苦准部压迫,企图独立,复与其两子称大小和卓者,被羁伊犁。乾隆朝,平定准部,遣大和卓博罗尼都,回定南疆,留小和卓霍集占,使统率北疆回教徒。逾时,清廷欲服属南疆,始抚大和卓,未得要领。适小和卓自伊犁脱归,遂共议定独立。清军击之,败窜入巴达克山,被杀。其子匿居浩罕,浩罕庇护之。嘉庆朝,大和卓孙张格尔,勾结受政治压迫而流亡于浩罕之南疆回众入寇,战败被擒,剥皮处死。清军更令浩罕缚献两和卓后嗣,浩罕以格于回教经典拒之,清廷绝浩罕互市。道光朝,浩罕入寇,战败请和。未几,小和卓孙迈买的明,勾结浩罕入寇,复为清军所败,仍窜匿浩罕。故同治朝浩罕之助张格尔入南疆,仍含有报复意味。浩罕本有四部,此时,其三部已为帝俄所吞并,惟安集延一部独存,故阿古柏拥有之武力,亦为安集延人。②

　　中亚诸国,与新疆同奉回教,素嫉中国之统治,对于阿古柏之建国极表同情。布哈尔汗闻之,尊阿古柏为阿达里克式,义取圣道爱护者。土耳其亦封阿古柏为天山南路爱米儿,译为摩诃末之后裔。而阿古柏更与英国及帝俄签订通商条约,两国承认其为一国元首。③

　　然当左宗棠进规天山南路时,阿古柏在北路之势力已消灭。阿古柏既自杀,次子海古拉又被戕,故即在南路,亦惟有其长子伯克胡里尚踞喀什噶尔。此外则曾附于阿古柏之白彦虎,尚踞开都勒。初,新疆回众本认阿古柏为同类,故于其初至,一致欢迎。然浩罕如狼,回人如羊,阿古柏与安集延专视群回为鱼肉,群回饱受蹂躏,对于阿古柏,久已失去同情,故宗棠预言:

　　　　……回部内讧,已成瓦解之势。计八城中,除喀什噶尔尚须重烦兵

①　《中国经营西域史》页253—256、页303—312。

②　《中国经营西域史》页253—256、页303—312。

③　《中国经营西域史》页327。

力外,此外师行所至,当无敢再抗颜行者。……①
乃命刘锦棠之老湘军,先行分起西进,张曜之嵩武军随后继发。其徐占彪之
蜀军调回巴里坤、古城子间防守,而别派易开俊带楚军数营驻吐鲁番镇抚。
一面咨会乌鲁木齐至精河一带西北驻军,严密注视白彦虎行踪,阻遏其北入
伊犁边界,东出昌吉、玛纳斯。②

　　光绪三年(1877)八月,锦棠雄师南指,先至曲惠,然后分兵两枝:余虎
恩、黄万鹏等一枝取道乌沙塔拉,傍博斯腾淖尔,西出库尔勒之背,为奇兵;
锦棠自率一枝,由大道向开都河,为正兵。时开都河水,为白彦虎所壅阻,漫
流百余里,绕行一百二十里,始达东岸。至喀喇沙尔城,则白彦虎已掠缠回,
合安集延人西走,故不战而复之。城中水深数尺,庐舍荡然。更进,知白彦
虎又已由库尔勒劫缠回而西,会傍博斯腾淖尔前进之奇兵从间道至,同入库
尔勒城,则城中空无一人。更向西追踪,凡六日,行九百里,收库车城,获羊
一万二千头,西瓜有重一百二十斤者,足证南疆之富。沿途拔出难民十万
计,宗棠遣员设善后局安抚之,筹籽种,招耕牧,治涂造船以通商贾,缠回附
者益众。其间敌两度回抗,均不逞,第二度且死千余人。白彦虎过拜城,更
欲劫回目阿克奈西徙。阿克奈木不应,为白彦虎所戕,诸回遂皆撄城固守。
白彦虎攻之不下,焚掠城外村庄而去。及官军踪至,而诸回皆开城出迎。复
蓐食乘冰夜进,风烈霜凝,人马冻鞍。行八十里,及敌于铜厂,方驱缠回约二
万人渡河,令见有骑者即杀。顷之,人马僵积,水为不流,官军随亦乱流渡。
敌分众两道前拒:左路为安集延人,右路为白彦虎陕回。官军与战,白彦虎
本不欲斗,见右路已败,遽率死党先走,众益大溃,尸委属数十里。追至察尔
齐克台,斩首数千级,生擒百余。遂渡沙漠一百四十里而抵阿克苏城,城中
回十万开城出迎。尔时,敌分两道续窜,安集延人西南趋叶尔羌,白彦虎西
北趋乌什。官军定计,舍安集延人,专追白彦虎,踏冰渡胡玛纳克河,斩寇数
十人。白彦虎赍金宝自结于帝俄,而由布鲁特边遁喀什噶尔。又追九十里,

<hr>

① 《左文襄公奏稿》卷五十页 74《逆酋帕夏仰药自毙折》。
② 《左文襄公奏稿》卷十一页 1—3《官军克期进剿应防贼踪纷窜折》,页 19《覆陈办理回疆事
宜折》。易开俊,字紫桥,湖南湘乡人,官安徽寿春镇总兵,统领安远军,光绪六年(1880)三月卒于库
车军次。

弥望沙漠,始还,收乌什。由是自喀喇沙尔而库车,而阿克苏,而乌什,所谓天山南路东四城者,均先后收复。一月驰驱三千里,成功之迅速,殆无伦比。宗棠本在病中,得捷报,为之霍然,竟啖全羊。①

　　天山南路东四城收复后,宗棠将军事重行布置。自肃州至嘉峪关以抵吐鲁番,自托克逊以抵库车,均作为防军。自库车至阿克苏、巴尔达克,为且防且战之军。自巴尔楚克、玛纳斯尔什以西,则为作战之军。常山率然势成,首尾相应,数千里一气卷舒,将士心目中皆有全局洞贯之象。②

　　当官军之南下也,和阗伯克呢牙斯遘纠所部回众,图叶尔羌以应。阿古柏长子伯克胡里得讯,留阿里达什守喀什噶尔,而自率五千骑驰援。既行,白彦虎至喀什噶尔,而阿里达什不纳。叛弁何步云,初以其女改名色哩玛罕,妻阿古柏,故得任用。至是,乘隙以汉城反正,伯克胡里至叶尔羌,大败呢牙斯,复取和阗,由英吉沙尔回喀什噶尔。途次,悉官军已下库车,何步云又反正,则大怒,尽杀英吉沙尔汉民,令阿里达什纳白彦虎,并力攻汉城。何步云求救于官军,官军方回抵阿克苏,依宗棠预计,本应先取叶尔羌,再规喀什噶尔、英吉沙尔。锦棠闻喀什噶尔汉城已反正,则分军两道,一向西南,经巴尔楚克玛纳巴什而进,一向西北,经乌什及布鲁特边界而进。十一月,先后行抵喀什噶尔满城之北部,与东部相距九十里。时伯克胡里守城东北,白彦虎守城东,而所裹缠回闻官军至,相率逃,杀之不能止,乃各谋先遁,留党踞城,以缀官军。白彦虎走西北,伯克胡里则向西走,其夜城中纵火,光如白昼。驻城东官军先进,敌犹图抗拒,则与驻城北官军合而击之,敌大败。何步云凭汉城助势,敌益汹惧,开西门狂奔,官军遂克喀什噶尔满城。再分两军,一追白彦虎,至岌岌槽已及之,白彦虎拨众后拒,亦悉歼之。复穷追至哈玛纳,为帝俄布鲁特人所阻,白彦虎遂得至纳林河。俄人收其兵械使渡。其

　　①　《左文襄公奏稿》卷五十一页27—31《连复喀喇沙尔库车两城折》,页45—48《连复阿克苏乌什两城折》。《左文襄公书牍》卷十九页46、页56,均《答刘克庵(典)》。《戡定新疆记》卷三《武功记三》页10—12。《湘军记》卷十九《戡定西域篇》页21—23。《中国经营西域史》页340。余虎恩,湖南平江人,官至新疆喀什噶尔提督,光绪三十年(1904)十二月卒,谥勤勇。黄万鹏,湖南宁乡人,官至新疆巴里坤总兵,光绪二十四年(1898)四月卒。拜城,回语,拜谓富厚,以地方富厚得名,汉姑墨国地,今为拜城县。

　　②　《左文襄公奏稿》卷五十一页71《分道进规喀什噶尔各城折》。

后清廷虽迭与帝俄交涉引渡，而帝俄峻拒。又一军追伯特胡里，及之明要路，惟伯特胡里本人已先一日窜过路峡而入帝俄境，仅获其眷属四百余人。伯特胡里后居阿来。惟安集延南境故地，在喀什噶尔城西外卡伦，官军引兵徇定之，先后搜获阿古柏之妻并余子四人，及前引阿古柏入境之金相印父子，连窜匿陕回一千一百六十六人。阿古柏眷属解宗棠大营审办，余悉诛夷之。先是，官军既拨援喀什噶尔，策敌已内讧，宜乘不备击之。遂以别部进叶尔羌城。逮闻喀什噶尔复，又收和阗、英吉沙尔两城，由是自喀什噶尔而英吉沙尔，而叶尔羌，而和阗，所谓天山南路西四城者，亦均先后收复。查获敌银七万四千九百八十两强，即以拨充办理地方善后之用。①

于是天山南路悉定，宗棠晋封二等侯。② 相传宗棠在嘉应州，平定太平军，班师福州省城，凯旋牌坊题"一品当朝"。宗棠见之，若夷然不屑也。或窥其意，为易"万里封侯"，宗棠乃色然喜。充国未老，班超非稚，宗棠至此，可谓有志者事竟成矣。

是时，中国声威远慑，诸外侨在南八城者，皆翕然听命。凡获英吉利商官一人，随从商贾九人，乳目洋操教习二人，商三人，阿剌伯三人，温都斯坦三十余人，鄂勒推帕二十余人，克什米尔一千七百余人，巴达克山三千余人，巴尔替一千余人，科拉普一百五十余人，哈普隆二百五十余人。锦棠以诸种人自称商贾，杀之不武，悉宥弗诛。其英人与乳目人，给文返国。布鲁特十四部落愿隶中国者，纳之。布鲁特都十九部落，在西四城卡伦外，其中五部落，投附帝俄，余十四部落，投附安集延。至是，见安集延失败，复请归中国。宗棠以喀什噶尔形势介葱岭支干之中，安集延与布鲁特地居西偏，逾山而东，乃达喀什噶尔，本中外天然界划，遂南自英吉沙尔，北至布鲁特界，按照卡伦地址，改筑边墙，于冲要间以碉堡，并固形势。③

---

① 《左文襄公奏稿》卷五十一页 70—71《分道进规喀什噶尔各城折》，卷五十二页 26—33《克复南路西四城折》。《戡定新疆记略》卷三《武功记三》页 14—15。《湘军记》卷十九《戡定西域篇》页 24—25。《中国经营西域史》页 341。卡伦，为西北边境要隘所设官兵瞭望之所，凡有三种，内曰常设，外曰移设，再外曰添设。常设为永远驻守之地，移设与添设，均暖则外展，寒则内迁，进退盈缩，多则千里，少则数百里。

② 《湘军记》卷十九《戡定西域篇》页 26。

③ 《左文襄公奏稿》卷五十二页 56《西四城流寓各部落种人分别遣留并议筑边墙片》。

# 三十四　缓进速战

规复新疆之庙谟定后，曾国荃贻书左宗棠，于规复方略，有所建议，宗棠欣然复以英雄所见略同。此两雄所同之方略，则"缓进速战"四字也。[①]

所谓缓进者，宗棠意，出兵须在一切准备布置充分妥洽之后，在未充分妥洽之前，宁从容周密以图之，不必急迫。所谓速战者，宗棠意，进攻须鼓行而前，一气呵成，不能耽延。此两点，本可作为凡属用兵之原则，但在新疆，由于天时与地利之特别情形，尤为必要。

（一）新疆东部粮产不丰，军火在当地又无制造，须从远地运致；而新疆地方又多沙漠，交通工具惟骆驼为最宜，然驼行较缓，且在夏季须歇厂（每年五月至八月），运输既甚难迅速，供应自不易充裕。于是不能不有充分时期，期待积储有充分数目，方可出兵。而作战时期，仍须力求缩短，以免旷日持久，接济不敷。

（二）供应与运输既困难，出兵数目不能不受限制，而作战之军与防守之军，常感不敷分配。战兵多则防兵少，而后路时虞被敌截断，敌如旁窜，亦不易阻遏。防兵多则战兵少，急要时，恐补充援应不灵，有误戎机。然战争愈推进，阵线愈延长，兵数总须增益，于是又不能不期望每次作战迅速胜利，而

---

① 《左文襄公书牍》卷十五页 39。

于胜利后,暂告一段落,以利调整。

(三)新疆气候早寒,且甚严厉,行军艰苦,于是不能不按季候为出兵之标准。未至季候,自不便出兵,一至季候,即须赶求作战胜利,以免过此季候,又动多障碍。

(四)外来军粮,数量有限,且行军路线愈远,转运愈难,费时费财亦愈多,于是不能不为就地取粮之计。然何地有粮,何时可收,均有一定,于是又不能不在每一次出兵前,准备若干数量之粮,大概为坐粮三个月,行粮一个月。计算消费至何时,可于其时收复何地,即以当地之新粮接济。于是在未准备足量以前,自未能出兵;而一至可以出兵,又须迅速制胜,否则易有断粮之虞。

在天时与地利而外,宗棠针对敌人优势与劣势,并有切要之准备。

(一)新疆战役中之主要敌人,为一外国之侵略势力,即阿古柏与安集延人。阿古柏本人,为一有能力之将军。安集延人善战,且已能使用新兵器。此种新兵器,为英国所供给,英国且派专家,指导安集延人自行制造新兵器。土耳其人亦售与新兵器,并雇与制造新兵器之技工,其兵工厂设在喀什噶尔。宗棠在已往平定太平军,平定西捻,平定陕甘回之战争中,已尽量使用新兵器,对于出关部队,特别配备大量之枪炮、弹药,并随带精练炮手,修理技工。其后乌鲁木齐三城,玛纳斯南城,以及达坂、托克逊、吐鲁番诸城之攻陷,即多赖炮轰之力。盖阿古柏军中之兵器,不及官军所有之精,安集延人使用新兵器之技能,亦不及官军之娴熟,遂致每战必败,终于灭亡。然彼时宗棠军中所用之新兵器,系购自德国,运至上海转输至前敌,迢迢数万里,其如何能使充分供应,不至断顿,实然费经营也。①

(二)阿古柏最初之得以稳据南疆,更进而侵入北疆,全恃当地回民之同情。而阿古柏报之以恣睢暴戾,故众心旋复携贰。宗棠即利用此一点,分散其结合之势力。宗棠以为新疆回民非诚欲背叛中国,徒为安集延人诈力所

① 《左文襄公奏稿》卷四十八页 34《新疆贼势大概片》,卷五十二页 56《西四城流寓各部落种人分别遣留片》。《左文襄公书牍》卷十六页 12、页 20,均《与张朗斋(曜)》,卷十七页 11、页 66,均《答刘克庵(典)》,页 15《与胡雪岩(光墉)》,卷二十页 26《答王孝凤(家璧)》,卷二十三页 61《答杨石泉(昌濬)》。

驱迫。今在饱经丧乱之余,倘官军能示以宽大,则预计回民必如去虎口而归慈母,争先投诚,如恐不及。如此,进攻时,奏功既易,即规复时,亦易保守,可无后顾之虞。故当其派兵南下,郑重通饬前敌各军,申明纪律,严禁杀掠,缠回附贼反正者,悉与宽贷。一面分遣已收抚之回目,预赴前线各地,向其回众宣传官军德惠,而其地一经收复,即有文官继往,办理善后。所谓"安集延虐使其众,而官军抚之以仁,安集延贪取于民,而官军矫之以宽大"。于是官军所至,诸回望风降附,颇有传檄而定之概。①

宗棠自初次奉命筹供出关各军粮运,以至最后奉命综持关外全部军务,所苦心焦思者,即为如何圆满达到此缓进速战之目的。其在与朋僚函牍中所反复说明者,亦无非此四字,而于缓进之说,持之尤坚,虽朝廷敦促,有所弗顾也。宗棠常言:"耽迟不耽错。"惟此所谓耽迟,并非因循延宕,乃是周密谨慎。②

今以规复新疆前后经过时间,约略推算之,姑置清廷命荣全、成禄等用兵及责令宗棠筹办粮运之最初一阶段不计,第以清廷命宗棠督办关外剿匪事宜起,则自明令发布,以至宗棠主力军队由刘锦棠督同出发,其间总有一年之久。而自天山北路平定,相隔半年,方开始规取吐鲁番。至吐鲁番全境平定后,又约隔半年,方开始规取天山南路。所谓缓进,可谓缓矣。然平定天山北路,仅历时约一百十日,平定吐鲁番,仅约十三日,平定天山南路东四城,仅约四十二日,平定天山南路西四城,仅约五十。所谓速战,亦诚速矣。

宗棠之缓进速战,仿佛今之闪电战,其关键尤在各有关方面之圆满配合。万一其间稍有脱节,即将遭遇非常之危险。在规取天山北路之一百十日中,攻取玛纳斯南城,约历两个月,此出乎宗棠意料。当时颇感焦急,原由进攻此城者,并非宗棠本身之主力军队,合其他数部队为之,统将意旨不一,

---

① 《左文襄公书牍》卷十七页62《答刘毅斋(锦棠)》,卷十八页22《答张朗斋(曜)》。

② 《左文襄公书牍》卷十六页27《答刘克庵(典)》,卷十七页20《与鲍华潭(源深)》,页77《答刘毅斋(锦棠)》。《左文襄公批札》卷六页25—26《西宁刘道(锦棠)禀进攻南路应办事宜由》,页31—33《湘军刘总统(锦棠)禀筹粮运情形由》,页35—37《湘军刘总统禀筹议进兵南路由》。《左文襄公书牍》卷十六页27,卷十八页6,均《与刘克庵(典)》,页37《答刘毅斋(锦棠)》,卷十七页55《答刘毅斋(锦棠)》。

致滞戎机。① 又在规取天山南路时，师行抵库尔勒，所随带之粮，中途陷淖抛弃，城中又空无一人，军士无以为食；幸悬赏觅掘敌窟，获粮数十万斤，始免陈蔡之厄。② 由后言之，宗棠虽力图缓进，而犹有匮粮之时。由前言之，宗棠虽力图速战，而犹有滞师之时，于是益信宗棠之坚执缓进速战之说，有先见也。

当宗棠肃清南疆之后，《西国近事汇编》载 1878 年（光绪四年五月）某西报云：

> 喀什噶尔为中国克复，则彼处确为中国之一隅，中国于亚洲即为有权。当初陕甘总督左钦帅募兵于关外屯田，外国人方窃笑其迂。乃今观之，左钦帅急先军食，谋定而往，老成持重之略，决非西人所能料。一千八百七十六年（光绪二年），兵克乌鲁木齐，分略诸地，部署定，然后整军进对强劲之虏。阿古柏带领大队兵马迎敌，离喀城二千七百里之遥，狐火宵鸣，鼓角晓震，有气吞天南之概，乃中途陨命。后人争位自乱，不复御侮。汉兵自吐鲁番、库车进阿克苏，势如破竹，迎刃而解。其部伍严整，运筹不苟，如俄人攻棋法一般。……其兵亦耐劳苦，志坚力果，计二十日经过一千二百里荒野沙漠，而得三城一大捷。由是叶尔羌、和阗各城，先后克复。一千八百七十七年（光绪三年）兵在喀什噶尔过冬，中国至喀什噶尔，一律肃清，可谓神矣。其克喀喇沙尔也，兵以寡胜，其克喀什噶尔也，兵以合围胜，使欧人当此，其军律亦不过如此。平时欧人轻料中国，谓中国人不能用兵，今观中国之恢复回部，足令吾欧人一清醒也。③

此节记载，正可引以描写宗棠缓进速战之奇迹。其后美人 Arthur Henderson Smith 在《Chinese Characteristics》一书中举新疆战役，证明中国人忍耐之特性云：

> ……新疆僻处西陲，广漠万里，劳师远行，当时谁都以为一件吃力

---

① 《左文襄公书牍》卷十七页 23《答刘毅斋（锦棠）》。

② 《左文襄公奏稿》卷五十一页 28《连复喀喇沙尔库车两城折》。《左文襄公书牍》卷十九页 41《与刘克庵（典）》，页 37《答刘毅斋（锦棠）》，页 38《与张朗斋（曜）》。

③ 《左文襄公年谱》卷九页 1—2。

不讨好的事。左氏为军需起见，曾向中外商人移借大量款项。当时在中国的西文报纸，因此尝啧有烦言。一面讥诮中国政府，一面也嘲笑左氏的好大喜功。但不到一年，左氏的军队，便在天山南北两路，连续打上许多胜仗，不停的向前推进。到有供养不足的地方，便实行屯垦，到收复以后再走。这样时而屯垦，时而进剿，五六年之内（按事实上仅有四年），把整个的回疆平定了。左氏这件功绩，在近代各国的历史里，是最可以惊人的一例，而成功的秘诀，还是在能忍耐这一点上。……①

此节议论，亦正可引以阐扬宗棠缓进速战之精神。又宗棠幕客施补华，彼时恰在肃州大营，尝寓书于其友人陈豪云：

> ……兄初入幕府，不免以书本之经济为经济。自去年四月后，见相国筹兵、筹饷、筹粮、筹运，择将才，定师期，内断于心，虑周藻密，不惑人言，不泥己见，见事之机，忽然以赴，于此大有长进。见得兵是极精细事，妥稳之至，乃出神奇；从前所知，犹肤末也。……②

此节评断，尤正可引以提示宗棠缓进速战之真谛。

---

① 潘光旦《民族特性与民族卫生》页65《耐性太好之中国人》。
② 陈豪《冬暄草堂师友笺存》第四册。施补华，字均甫，浙江乌程人，同治九年（1870）举人，候补道，光绪十六年（1890）闰二月卒，著述有《泽雅堂文集》、《诗集》。陈豪，字蓝洲，号迈庵，晚号止庵，浙江仁和人，同治九年（1870）优贡生，官湖北汉川知县，著述有《冬暄草堂文集》、《诗集》。

# 三十五 阿古柏称汗南疆所引起之国际交涉

新疆之国际关系,北为帝俄,南为英国,英国之关系,则在所属印度。然当康熙、乾隆两朝,新疆初隶我版图时,其北为外蒙古,其西北为哈萨克、布鲁特,其西南为浩罕、布哈尔、巴达克山、乾竺特、阿富汗,均系我之藩属,彼此并不接壤,故交涉尚少。至同治朝,帝俄先后划去外蒙古、哈萨克、布鲁特之一部分,又先后吞并浩罕(除安集延外)、布哈尔,同时,巴达克山为阿富汗所兼并,而阿富汗又沦为英国之保护国。于是新疆之西部,完全为帝俄所包围。西南一隅,亦与英国为缘。不特此也,俄英两国亦由此发生直接关系,争欲在新疆扩张其势力,以求争衡制胜。顾英国之愿望,只在保全其印度。[①]

帝俄之并浩罕也,英国独昵安集延。阿古柏之在新疆建国也,英国独加扶植,双方遣使通问,于同治十二年(1873),签订通商条约十二条,其要点为:

(一)英国承认阿古柏为喀什噶尔及叶尔羌之爱迷儿;

(二)阿古柏承认英人在回疆有通商之权利;

---

① 《中国经营西域史》页 412—413、页 454—455。

（三）阿古柏承认英国在回疆有派遣使节、设置领事之权利；

（四）英货入回疆，纳值百抽二·五之税，但经喜马拉雅山运入之货，则免税；

（五）英人在回疆，享有领事裁判权。①

此项条约，自为蔑视吾国之主权。盖乘吾有陕甘之"回乱"，无暇亦无力顾及新疆也。英国在新疆，既获有此种重大之权利，自不欲吾之收复新疆。故当左宗棠奉命出兵关外时，英国发动若干之阻挠，适英国驻华公使馆翻译官马嘉里由印度游历云南，为腾越官兵所戕，公使威妥玛扬言，将调印度兵由缅甸图云南，并结帝俄由伊犁进兵，使我腹背受敌。其用意固在威胁清廷，对马嘉里案作有利于彼之解决，亦即在压迫清廷放弃规复新疆之企图也。②计不得逞，在上海报纸散播谣言，如云："喀什噶尔之酋长，已率兵入关，直抵平凉府，现有欲赴西安之意。"又云："甘肃全省，尽为回人所踞。"又云："喀君牙古巴之兵，已占嘉峪关，故西北各府，业经阻隔。"又云："陕甘左伯帅所部，有粮匮兵哗之情形。"又云："左营被喀兵隔截关外，未能回顾。"非虚张阿古柏之声势，即诬称宗棠之挫衄。盖利用吾当日西北交通之艰阻，造作不祥消息，希冀摇动清廷规复新疆之决定。③ 此种谣言，既为宗棠胜利之事实所攻破，又借口马嘉里案未结，禁阻英商借款与宗棠，使缺乏军费接济，即不能继续在新疆作战。一面在上海报纸，评论吾借债用兵之非，而提供其处置新疆之主张。以为："中国不如与欧洲各国，均不必踞有其地，于各回部中，择定最为驯良，为回人所共服者，立之为君，以为亚欧两洲枢纽之国，使为两洲不侵不叛之臣。"④及见凡此诡计均不售，而宗棠即将进兵天山南路，威妥玛乃诣总理各国事务衙门，代阿古柏乞降，称为喀什噶尔王，俾作属国，免朝贡。且谓吾用兵日久，恐俄人乘机窜取，于印度有害，于中国边界亦必不利。总

① 《中国经营西域史》页328。

② 《左文襄公书牍》卷十五页9、页20，均《答谭文卿（钟麟）》，页22《与刘岘庄（坤一）》。

③ 《申报》光绪二年（1876）四月九日《译字林西报》，十六日、十八日、二十日《译字林西报》，五月十日《译西报》。《左文襄公书牍》卷十五页59《答李筱轩》，页64—65《答吴桐云（大廷）》，页69—70《答沈幼丹（葆桢）》，卷十六页70《答刘克庵（典）》，卷十七页25《答曾沅浦（国荃）》。

④ 《左文襄公书牍》卷十六页17《答刘克庵（典）》，页18《答胡雪岩（光墉）》，页66《答刘克庵（典）》，卷十七页15《与胡雪岩（光墉）》。

理各国事务衙门答以阿古柏为窃踞新疆南路之贼，本非属国，即言乞降，亦当缚送叛回，缴还南八城，与前敌主兵之人定议。一面遗书告宗棠，如安集延人至，戒勿加诛，宗棠覆曰：

> ……安集延柏霞（即夏音转）窃踞南八城及吐鲁番，并助乌垣、红庙陕甘各回为逆，中外共知。兹威妥玛等代其请降，称为喀王阿古柏，若不知吐鲁番、南八城为我疆土，柏夏为我贼也。既代其请降，又称非由其央托，既称愿降，又只请为属国，免朝贡。于归我故土，缚献逋寇，概不及之。其敢以此安渎尊严者，意阻官军深入，与前此喉上海申报刊播谣言，禁止洋商息借洋款，同一机局。……前闻春间敖罕旧部纠党潜袭塔什干城，杀俄人之留守旧都者，为兴复故国计。俄人旋举兵夺回塔什干城，并掳其二王子以归，未知确否。近时俄英交恶，其衅端是否因此而起，无从查询。要其怀利相接，其交久离，固可知也。威使所虑俄人从中侵占此地一节，查安集延本境，东与喀什噶尔相连，故道光年间，张格尔之变，即由此而起。其部众为军锋，张逆之踞西四城，多资其力。其东少北，近与俄新辟之境相连，顷张提军曜钞阅新来投诚之辟展人阿哈默特口供，具言帕夏现留兵在喀什噶尔西边，防俄罗斯。缘其地与俄只隔一河，时有俄人过河抢闹，是安集延畏俄之逼，在其东北紧连处所，非南八城之谓。特恐官军进攻南八城，彼首尾受敌，无以自存也。安集延既窃踞南八城，阻我进兵克复，更欲我保护彼疆，不被俄人侵扰。设心当不若是，是英人代为请降，非为安集延，乃保其印度腴疆耳。俄英共争印度，数十年矣。印度东南之地，为英所有，其北与西，为俄所有。若由东而渐及于南，英之腴疆，将折而入于俄。威使所云，与英之印度不利者，以此。至云与中国边界不利，则有不然。俄之代复伊犁，自知处非所据，原有俟乌鲁木齐、玛纳斯克复交还之约，其驻伊犁之兵，不过千人，曾于无意中询之索斯诺福斯齐及乌史漫达迷劳伏，所言皆同，可知俄于伊犁，本无久假不归之意。谓官军进规南疆，彼将乘机而收渔人之利，似与其平时以大国自居，顾惜体面不符。英人谓与中国边界不利，不过借此耸动，忌中国与俄交密，思所以离之耳。……

又函告前方老湘军统领刘锦棠曰：

……帕夏窃踞数城十余年，为我必讨之贼。官兵进讨叛回，又派兵助逆；白余等败窜南路，又复招纳隐容，该逆等向其说合求降，英人自应置之不理。况据梅翻译说，非阿古柏托人求威使说情，威使尤可不必管。如虑喀贼遣人到营，我营认作叛逆，将其杀害，我且恪遵总署钧谕，传令所部总统、分统、营官：如喀什噶尔有人来营，投递呈禀，若非带兵前来，应准其见面；如所言尚近情理，准其护送到肃州大营，听候吩咐；如无情理，即由该总总统等放回，不必杀他。至于战阵之事，权在主兵之人，非他人所可参预。用兵喀地，久暂固难逆料，阿古柏能否久驻，我亦无从悬揣。英使所虑，用兵日久，俄人从中侵占一层，似不足虑。俄人虽驻伊犁，然驻兵不过一千，近且减至八百，是原议交还一说，似非虚言。若谓更思侵占南路，无论我不能允，且俄本大国，亦断不肯自失体面，即使帕夏投诚献土，俄国亦必不受。南八城自乾隆廿四年（1759）入中国版图，至今与五印度无纤毫之损，岂贼踞此地，则于英有益，中国复此地，反于英有损乎？以此覆总署，总署即以此告威使，当不致别生枝节也。……①

其后安集延人竟未至，达坂城之复，获阿古柏所派大通哈，遣使劝阿古柏投地请降，亦不报。

宗棠既定计进兵天山南路，安集延人又遣其党赛尔德至英，乞英代为请降。英人仍欲护持安集延，拟令缴还毗连北路数城，而留余地，俾其立国。因我国驻英公使郭嵩焘以闻，会闻阿古柏死，故嵩焘并奏言："英人意指，尤惧俄罗斯侵有其地，谋为印度增一屏障，是以护持尤力。西路军务情形，此间一无所闻。能乘俄古柏冥殂之时，席卷扫荡，当不出此数月之内，或尚有阻滞，及时议抚，亦可省兵力，以为消弭边患之计。"诏下询宗棠，宗棠奏曰：

安集延本浩罕四部之一，浩罕为俄人所并，安集延侵我回部，诪附英人，英人阴庇之十余年，明知为我国必讨之贼，从无一语及之。上年，官军克复北路，乃为居间请许其降，而于缴回各城，缚献叛逆节目，一字不及，经总理衙门向其辩斥，乃止。兹德尔比、威妥玛复以此絮聒于郭

---

① 《左文襄公书牍》卷十七页23《答刘毅斋（锦棠）》，页30—31《上总理各国事务衙门》。《李文忠公全集·朋僚函稿》卷六页20。

嵩焘，以护持安集延为词，以保护立国为义，其隐情则恐安集延之为俄人所有。臣维安集延系我喀什噶尔境外部落，英、俄均我与国，英人护安集延以拒俄，我不必预闻也。英人欲护安集延，而驻兵于安集延，我亦可不预闻。至保护立国，虽是西洋通法，然安集延非无立足之地，何待英人别为立国？即别为立国，则割英地与之，或即割印度与之，可也，何为索我腴地以市恩？兹虽奉中国以建置小国之权，实则侵占中国为蚕食之计。且喀什噶尔即古之疏勒，汉代已隶中华，固我旧土也。喀什译义为各色，噶尔译义为砖房，因其地富庶多砖房，故名为喀什噶尔。南八城素以喀什噶尔、和阗、叶尔羌为最，此中外所共知者。英人以保护安集延为词，图侵我边方名城，直以喀什噶尔为帕夏固有之地，其意何居？从前恃其船炮，横行海上，犹谓只索埠头，不取土地，今则并索及疆土矣。彼阴图为印度增一屏障，公然向我商议，欲于回疆撤一屏障，此何可许？臣奉职边方，才疏德薄，致启远人轻视之心，无所逃罪。惟以局势言之，我愈示弱，彼愈逞强，势将伊于胡底？帕夏于库尔勒服毒自毙，英既有所闻，赛德尔意仍照郭嵩焘前议，德尔比意欲饬署公使傅磊斯赴总理衙门会议，莆赛斯亦拟来京调处，此皆无关紧要。彼向总理衙门陈说，总理衙门不患无词。彼来臣营陈说，臣亦有以折之。现在南路之师，刘锦棠所部之三十二营，于八月中旬，分起西进，张曜于九月初旬继进，臣前调徐占彪蜀军，移驻巴、古之间，委前寿春镇总兵易开俊率马步数营，进驻吐鲁番。与郭嵩焘片奏乘俄古柏冥殛之时，席卷扫荡一语，尚无不合。惟迫于数月之内，转战三千余里，窃恐势有难能。臣前闻英有遣淑姓赴安集延之说，已驰告刘锦棠、张曜，善为看待。如论及回疆事，则答以奉令讨贼，复我疆土，别事不敢干预。如欲议论别事，请赴肃州大营。臣于此次奉到谕旨，当加饬其体察情形，妥为经理，务期预为审量，以顾大局。……①

然宗棠南下之师，瞬息间直抵喀什噶尔，安集延势力，消灭无余，即英国之领事与商人，亦被前敌将帅请其出境，此项交涉，不解决而自解决。

---

① 《左文襄公奏稿》卷五十一页 17—19《覆陈办理回疆事宜折》。

又帝俄之吞并浩罕也,阿古柏曾与帝俄恶战,身中五枪,故阿古柏对俄衔恨至深。及阿古柏建国南疆,帝俄强令通商。阿古柏曰:"我在世不过五年,请待五年后,惟命是听。"言外有"我在,不准通商"之意。故帝俄对阿古柏,亦衔恨至深。已而阿古柏又战败妥明,其势力侵入北疆,帝俄乃突以兵占我伊犁,对南疆作包围之形势。一面又遣使告阿古柏曰:"通商则和,否则战。"阿古柏不得已,许于同治十一年(1872)签订包含下列各点之条约:

(一)俄国承认阿古柏为回疆领袖;

(二)俄人在回疆任何地方,有通商及旅行之权利,回疆人民在俄境内,亦同;

(三)俄人在回疆各城市,有建造货栈及设置商务员之权利,回疆人民在俄属土耳其斯坦各埠,亦有同样权利;

(四)俄货运入回疆,及回货运入俄国,皆纳值百抽二·五之税;

(五)俄商及其驼队有通过回疆而至邻国之权利,回疆商人亦有通过俄国之权利。[①]

此亦为帝俄牺牲我国主权而获得之赃物,然阿古柏不欲履行此因胁迫而成立之契约,务用种种方法,阻挠俄商入境贸易;其后与英国订约,又予英以较优惠之权利,故帝俄对阿古柏,衔恨益深。然阿古柏始终畏俄,虽得乌鲁木齐,而本人仍居南疆,亦不欲刺激帝俄太甚也。

当马嘉里案发生,英俄夹攻中国之说甚盛。帝俄适有代表索斯诺福斯齐等一行前赴西北。于是清廷疑为欲觇我虚实,诫宗棠毋示之瑕。宗棠以为西征所以规复我旧疆,原与英俄无涉;至甘肃之祸乱,已十余年,固无可掩饰,惟有坦怀待之。客索斯诺福斯齐等于陕甘总督署中,间日一会食。索斯诺福斯齐即尝带兵入伊犁者,宗棠知其谙武事,又邀其参观所属部队,所办兵工厂,诘以英俄相约之事。索斯诺福斯齐力辩其无,且言此行仅为商洽华茶径运西北输俄。宗棠以此事于我亦有利,允俟西征事定后徐议。索斯诺福斯齐知吾决定出关讨叛,自请应调为助,又愿供售枪炮弹药,宗棠均婉词谢之。又见关外粮运艰难,请代由俄境输入麦百万斤,宗棠允为承购。后伊

---

① 《中国经营西域史》页328。

犁俄商康密斯又售与金顺军营麦一批,于牟利之中,亦含有协助中国早日扑灭阿古柏之意,与英国护持之旨,正属相反。①

阿古柏有子九人,长子伯克胡里,次子海古拉。阿古柏与海古拉均厚结英人,伯克胡里则诌附俄人,俄人曾嗾伯克胡里逐华人出喀什噶尔。阿古柏自杀后,海古拉为伯克胡里所戕,显为因国际间之斗争,引起家庭间之纠纷。于是官军攻下喀什噶尔,而伯克胡里投入帝俄,帝俄居之阿来。五子引上胡里,十九岁,六子迈底胡里,十四岁,八子无名,七岁,九子亦无名,四岁,又伯克胡里一子,三岁,引上胡里一子,二岁,均为官军所获。② 宗棠议依清律,处以阉割之刑,于是引起英人之非难,如上海《字林西报》云:

> ……左帅请阉割阿古柏子孙一奏,实骇听闻。查各国昔年皆有此事,今识见日辟,深知其非,岂中华犹未之悟耶?夫阿古柏本非叛乱之比。当中国关内未平时,喀什噶尔、安集延等处,回乱四起,阿古柏以他部之人,恃其才智,收拾残棋。数年之间,诸乱皆定,遂自立为王。英俄各国遂以王礼待之。且追溯其得踞此地,并非戎首,且实未与中国为敌。即回人之乱,亦非阿古柏唆使,故英俄皆与之立通商条约。今中国恢复故业,亦固其所,特未能明阿古柏所以自立之故,而视如叛酋,且并欲阉割其子迈底胡里等,此泰西诸国所不解也,若据万国公法,与中国相诘问,中国其何说之辞?

又有人书致《字林西报》,主张:“此事宜请驻京各国公使入朝皇太后而议之。”又有人以此絮聒于我国驻英使臣曾纪泽,纪泽讥为多事。其实无非为不获护持阿古柏在南疆之势力,致其牢骚也。③

① 《左文襄公书牍》卷十五页29《答曾沅浦(国荃)》,页32《上总理各国事务衙门》,页33《答谭文卿(钟麟)》,页41《与刘岘庄(坤一)》,页35《与刘克庵(典)》,卷十六页6《与索斯诺福斯齐》。

② 《左文襄公奏稿》卷五十二页31《克复南路西四城折》。《左文襄公书牍》卷二十一页36《答刘克庵(典)》。《新疆图志》(宣统三年〔1911〕)纂,东方学会排印本)卷五页20。

③ 《申报》光绪五年(1879)六月十三日。曾纪泽《曾惠敏公使西日记》(全集排印本)卷二页14。曾纪泽,字劼刚,湖南湘乡人,官至户部左侍郎,光绪十六年(1890)闰二月卒,谥惠敏,著述有《曾惠敏公全集》。

# 三十六　伊犁事件中之备战

　　帝俄取伊犁，清廷与交涉，帝俄表示，俄国并无久占之意，只以中国"回乱"未靖，代为收复，权宜派兵驻守，俟关内外肃清，乌鲁木齐、玛纳斯各城克复之后，即当归还。清廷命伊犁将军荣全，就俄官商收回。俄官邀往伊犁议，将劫之以为质，盖筹划布置，早已视伊犁为己有。按伊犁当乾隆朝平定准噶尔部后，凡筑九城，纵横联络，东西八百五十余里，南北一千一百五十余里。伊犁本城曰惠远，其余八城，在惠远城西北，一百二十里曰拱宸（地名霍尔果斯），八十里曰广仁（地名乌克尔博罗素克，俗呼大芦草沟），七十里曰胆德（地名察罕乌苏，俗呼清水河），三十里曰塔尔奇（原为山名），北三十里曰绥定（地名乌哈尔巴里克），东北十七里曰惠宁（地名巴彦台），东八十里曰熙春（亦巴彦台地，俗呼城盘子），东南九十里曰宁远（地名固尔札，原为回城）。帝俄则将拱宸至绥定诸城，悉行毁弃，以居汉回、陕回，而以俄兵及商户萃居惠宁、熙春、宁远三城。同时，将毁弃各城材料，移至东南九十里金顶寺地方，别营市廛，延长几及三十里。又划伊犁政事，归七河巡抚主管，图尔斯坦总督兼辖。于是设官收税，每年约可得数十万两，久置中国主权于不顾。[①]

---

　　① 《左文襄公奏稿》卷五十三页 30《覆陈新疆情形折》。《左文襄公书牍》卷十八页 54《上总理各国事务衙门》。《戡定新疆记》卷六《归地篇》页 1。

不特此也，为巩固地位计，设营卡于精河，为扩展势力计，将"回乱"平毁之塔尔巴哈台原有贸易圈，不待中国同意，指定地基，擅盖洋房七十余所，纵横约及数里。为侵占地界计，将拜吉格特哈萨克之帐房牲畜，移入塔尔巴哈台山阳，黑宰哈萨克移居塔尔巴哈台南境之载利山、巴尔鲁克山。[①] 迹其用心，且欲囊括新疆西北部，不仅以获得伊犁为满足。左宗棠西征，固以规复新疆为使命，然为尊重帝俄上述之诺言，屡却各方进取伊犁之议。如清廷在收复乌鲁木齐、玛纳斯后，即议要求帝俄交还伊犁，宗棠则曰：

> ……（天山）北路，鲜当一面之才，即与旁缘旧说，要挟必多，而收回后，或别有意外之虑，反难兼顾。不如姑以委之，俾得一意进取天山南路。南路平而伊犁当可不索而还。……[②]

又如在帝俄攻土耳其时，分调边兵赴前敌，留伊犁者，约仅一千人，帮办新疆军务金顺请乘机袭取伊犁，宗棠则曰：

> ……吾在天山北路，兵力未必足恃，即有把握，亦无用舍堂堂正正之旗，为乘间抵隙之计，纵目前因事就功，后必更难了结。……[③]

推宗棠之意，先尽其在我，将全疆收回，再议伊犁也。

陕回白彦虎，吾之叛逆也，窜踞乌鲁木齐。吾军进剿时，帝俄售与粮食，企图延长其扰乱之局面。及吾军克复喀什噶尔，白彦虎穷无复之，帝俄又容许其入境，先处之阿尔玛图。前敌统帅刘锦棠致书图尔齐坦总督，欲提兵入境剿捕，宗棠以为"不可无此论，却不必实有其事"。[④] 帝俄又徙之托呼玛克，且扬言将逼精河安设卡伦。诸将皆愤，请用兵搜索，宗棠则婉词止之。以为：

> ……俄人惟利是图，又习见泰西各国及日本凡有要索，无不如其意以去，故亦怀利相接。此时，兵威已盛，欲战即战，何所顾忌。惟东北、西北均与接界，兵端一起，事无了期，不能不逊以出之，彼若以作势为

---

① 《左文襄公奏稿》卷五十二页 17《查明中外交涉案件折》。
② 《左文襄公书牍》卷十七页 32《上总理各国事务衙门》。
③ 《左文襄公书牍》卷十九页 30《上总理各国事务衙门》。
④ 《左文襄公奏稿》卷五十二页 83—85《白彦虎安置托呼玛克地方折》。《左文襄公书牍》卷二十页 25《答刘克庵（典）》。

事,而用虚声,我且作势应之,而干实事,且静以待之,不可衅自我开,令彼得有借口。……①

未几,英嗾布噶尔部人,夺踞俄边达尔瓦斯与哈拉替艮两城,帝俄调兵与战。诸将复谓有机可乘,宗棠则力阻之,以为:

> ……俄英之隙已深,俄恃其国大,英恃其兵强,各不相下。我且绸缪牖户,静观其疲。不以彼之强弱为意,而日夜思所以自强,亦不以彼之言我强弱为意也。……②

盖宗棠仍不欲用武力解决,犹冀帝俄能自动交还伊犁与白颜虎也。

讵知帝俄包藏祸心,明知吾军已平定天山南北路,占领伊犁,无复可以借口,于是嗾使我之叛逆白彦虎,我之敌人安集延,窜扰新疆边境,俾我不遑宁处,可将交还伊犁一事,无形延宕。此种窜扰事件,在北疆者,系纵白彦虎勾结土回,四出劫掠。伊犁各城,尤为匪薮。于是沙泉子、托多克台、沙窝、大河沿诸处,官饷商货,被劫无虚日,戕官弁,杀行客,掠台马,其徒或数十,或百余。防军时时追剿之,不能绝也。③ 在南疆者,乃大规模之袭击,前后凡四起:

(一)白彦虎党金山、马良等犯乌什,并侵入阿克苏之柯尔品。④

(二)安集延酋阿里达什(原踞喀什噶尔)潜率其党百余,窜至英吉沙尔卡伦外奈曼地方,纠合布鲁特之头目阿布都勒哈玛,煽惑回人,谋袭喀什噶尔,旋竟闯入乌帕尔。⑤

(三)阿布都勒哈玛集众万人,纠集爱克木汗条勒,督安集延兵八百余人,并胁驱布鲁特部众一千七百人,寇喀什噶尔。⑥

(四)爱克木汗与阿布都勒哈玛纠众窜叶尔羌。

---

① 《左文襄公书牍》卷二十页 42《与张朗斋(曜)》。

② 《左文襄公批札》卷七页 12—13《罗道长佑禀探明逆首现踞地方并英俄构衅由》。

③ 《戡定新疆记》卷四《武功记四》页 10。

④ 《左文襄公奏稿》卷五十三页 43—49《陕回逃匿俄境分道寇边折》。《左文襄公书牍》卷二十一页 31《上总理各国事务衙门》。

⑤ 《左文襄公奏稿》卷五十三页 69—73《安集延逆目纠众谋逆折》。《左文襄公书牍》卷二十一页 44《上总理各国事务衙门》。

⑥ 《左文襄公奏稿》卷五十四页 24—30《布鲁特安集延两部合谋入寇折》。

幸前敌诸军用兵神速,皆不久即将其扑灭。而在第四次之战役中,吾忠勇之将士,越穷荒绝塞,登石壁、冰梯,历四昼夜,驰八百里,枪殪阿布都勒哈玛,擒斩安集延职官号大通哈者两名,号胖色提以下者数十名,阵毙敌兵二千数百名,夺获牛马数千头。于时海外误为中俄开战,俄军大败。吾军从俘虏身间,搜得帝俄所发路票,又从俘虏口供,获知寇边系由帝俄所驱使,更从败亡者逃入俄境,为俄官所容纳,加以证实。爱克木汗者,张格尔弟玉普素之孙,其寇边,帝俄实助之,而与之约曰:"如不能取回喀什噶尔,不许再入俄境。"爱克木汗既再战再挫,帝俄果逐之出境,此尤足见帝俄蓄心纵吾敌以侵我边也。[①] 惟经第四次之惨败,入寇者皆为丧胆,不敢再窥边,即在背后之帝俄,亦不敢再尝试。

　　帝俄拖宕交还伊犁之又一手段,为提出边塞纠纷,要求满意解决。言外之意,此项交涉,一日不了,即交还伊犁之说,一日不谈。而此种纠纷,多系毛举细故,如谓塔尔巴哈台试办征收俄商运货出境税,本无不合,且为时仅一个月,为数仅五十两。[②] 又如谓封闭俄商房屋,掠取货物银钱,其实封闭房屋,已在俄商回国之后,而掠取钱物,纯系谎言。[③] 又如谓玛纳斯官军劫掠俄商麦面,而时地均属不符。[④] 且此项麦面,事实上乃以济我叛逆。即其情节稍重者,如谓塔尔巴哈台捕杀越境行劫之哈萨克,其实此种行为之发生,正恃帝俄之庇护。[⑤] 又如俄官至阿勒泰游历,不交出护照,并蔑视喇嘛教规,乘马闯入承化寺大殿月台,以至发生口角,乃反谓饱受欺侮。其实俄人游行蒙古地方,动辄骄横生衅。一次,竟捆缚一札萨克头等台,抢去其铜像二十五尊,复擒去一小喇嘛,不知生死下落。又一次,掠去铜佛像七十二

----

① 《左文襄公奏稿》卷五十五页 11—12《逆酋窥边折》,页 16—22《贼酋纠众犯边折》。

② 《左文襄公书牍》卷十九页 16《答刘克庵(典)》,页 26《上总理各国事务衙门》,页 36《答刘毅斋(锦棠)》,页 69《答金和甫(顺)》。《左文襄公奏稿》卷五十二页 15《查明中外交涉案件折》。《中国经营西域史》页 343—344。

③ 《左文襄公奏稿》卷五十二页 15《查明中外交涉案件折》。

④ 《左文襄公奏稿》卷五十二页 16—17《查明中外交涉案件折》。《左文襄公书牍》卷十七页 63—65,卷十八页 29—32、页 52,均《上总理各国事务衙门》。

⑤ 《左文襄公奏稿》卷五十二页 14《查明中外交涉案件折》。《左文襄公书牍》卷十八页 5、页 20,均《上总理各国事务衙门》。

尊。① 诸如此类，无非借事生风。然宗棠奉命查处，无不委曲求全，或议酌任赔偿，或议将负责官员，量加惩处，使其无所借口。最后，宗棠乃宣布在伊犁未交还前，暂禁阻俄商进入新疆，以免引起无谓之衅端。② 已而吾军用和平手段，限令居留喀什噶尔之安集延人出境，帝俄又谓为驱逐俄侨，提出抗议。其实安集延之地，未归帝俄版图，则安集延之人，自不能谓帝俄国民。彼辈之入喀什噶尔，系随阿古柏而来。于是宗棠诘以："俄人既认寄居喀什噶尔之安集延为所属之人，则安集延之举动，应由其指使，何以安集延随同阿古柏入寇，俄国并不加约束。"如此抗议，不值一哂。③

当宗棠进规新疆时，深知对俄交涉，必然繁重，故先为奏明，凡属有关新疆之中俄交涉，统归宗棠应付，预杜纷歧。④ 交收伊犁交涉，亦由宗棠先令金顺就近商之图尔斯坦总督，请与交出白彦虎并议。图尔斯坦总督答以其纳白彦虎，乃认为难民，交收伊犁，应由两国政府商议，均不得要领。⑤ 久之，帝俄政府见宗棠在新疆之所为，已无可引为不还伊犁之口实，令其驻京公使向清廷申述，若中国果能保护俄国缘新疆边境之安全，并中国果愿赔偿俄国耗于伊犁之损失，俄国可将伊犁交还中国。于是清廷以崇厚为全权大臣，前往帝俄磋议，时为光绪四年（1878）十月。崇厚至圣彼得堡，受帝俄胁迫，不敢折冲。至次年八月，未得清廷核定，竟擅与帝俄代表缔结条约十八款。所有中国收回伊犁之代价，于赔偿帝俄五百万卢布外，复有关于分界与通商各项，均属帝俄逾分之要求。而于中国所要求交还窜在俄境叛逆一项，则只字不提。而最重大之损失，尤在分界部分，其主要之点，乃将隘尔果斯河西及伊犁山南之帖克斯河，划归帝俄，并将同治三年（1864）议划之界，重行改正。伊犁北部，本已属俄境，今复将西部与南部境内移隶帝俄，自此与天山南路隔绝，⑥于是朝野哗然。清廷又诏征宗棠意见，并诫宗棠及时筹备边防。宗棠慷慨陈词：

---

① 《左文襄公奏稿》卷五十三页 1—5《查明喇嘛库伦地方人民欺侮俄国官员折》。
② 《左文襄公奏稿》卷五十三页 59《伊犁未交还前禁阻俄人通商片》。
③ 《左文襄公奏稿》卷五十五页 14—15《覆陈喀什噶尔驱逐俄民片》。
④ 《左文襄公奏稿》卷四十九页 33—34《筹划俄人交涉事务片》。
⑤ 《左文襄公奏稿》卷五十三页 83—85《白彦虎安置托呼玛克折》。
⑥ 《戡定新疆记》卷六《归地篇》页 1—3。《中国经营西域史》页 345—347。

……道光中叶以后，泰西各国船炮，横行海上，闯入长江，所争者，通商口岸，非利吾土地也。亦谓重洋迢递，彼以客军深入，虽得其地，终无全理。战则势孤，守则费巨，合从之势既成，独据则诲争，分肥则利薄也。中国削平发捻，兵力渐强，制造炮船，已睹成效，彼如思逞，亦有戒心。而渝约称兵，各国商贾先失贸易之利，苟且相安无事，其亦知难而息焉。若夫俄与中国，则陆地相连，仅天山北干，为之间隔。哈萨克、安集延、布鲁特大小部落，从前与准回杂处者，自俄踞伊犁，渐趋而附之，俄已视为己有。若此后蚕食不已，新疆全境，将有日蹙百里之势。而秦陇燕晋边防，且将因之益急。彼时徐议筹边，正恐劳费不可殚言，大局已难覆按也。夫陆路相接，无界限可分，不特异日无以制凭陵，即目前亦苦无结束，不及时整理，坐视边患日深，殊为非计。俄人占踞伊犁之始，谓俟我克复乌鲁木齐、玛纳斯，即当交还，比各军连下各城，并克复南疆，而俄不践言，稳踞如故。方且庇匿叛逆，纵其党类，肆其窥边。……官军追贼，均未越俄界一步，我之守约如彼，彼之违约如此，尚何信义可言！……察俄人用心，殆欲踞伊犁为外府，为占地自广，借以养兵之计，久假不归，布置已有成局。我索旧土，俄取兵费巨资，于俄无损而有益，我得伊犁，只剩一片荒郊，北境一二百里，皆俄属部，孤注万里，何以图存？……武事不竞之秋，有割地求和者矣，兹一矢未闻加遗，乃遽议捐弃要地，餍其所欲。譬犹投犬以骨，骨尽而噬仍不止。目前之患既然，异日之忧何极，此可为叹息痛恨者矣！……臣维俄人自占据伊犁以来，始以官军势弱，欲诳荣全入伊犁，陷之以为质，既见官军势强，难容久踞，乃借词各案以缓之。此次崇厚全权出使，嗾布策先以巽词话之，枝词惑之，复多方迫促以要之。其意盖以俄于中国，未尝肇起衅端，可间执中国主战者之口，妄忖中国近或厌兵，未便即与决裂，以开边衅；而崇厚全权出使，便宜行事，又可牵制疆臣，免生异议。……当此时事纷纭，主忧臣辱之时，苟心知其危，而复依违其间，欺幽独以负朝廷，耽安便而误大局，臣具有天良，岂宜出此？就时势次第而言，先之以议论，委婉而用机,次决之于战阵,坚忍而求胜。臣虽衰庸无似,敢不勉旃!
……①

一面预作三路进兵之布置。东路严防精河一带,仅取守势,扼俄人自伊犁向东向北纷窜之途径,此路以金顺主之。金顺已有马步一万余,加拨马步一千五百左右,以增实力。中路由阿克苏冰岭之东,沿特克斯河,径取伊犁,并断金顶寺俄人归路,为程一千二百五十里,本商旅往来之道,此路以嵩武军统领张曜主之。张曜驻阿克苏,步队四千五百有奇,马队五百余骑,于增募皖北步队一千名,挑选旧土尔扈马队数百骑外,加拨步队四营、马队一营,统归节制调遣。西路取道乌什,由冰岭之西,径布鲁特游牧地,径指伊犁大城,断俄图援之道,计程一千二百五十里。原为南北换防兵往来捷径,其时则早经禁闭,故更预定,万一难于进兵,则屯兵喀什噶尔外,遥张深入俄境之势,俾时有狼顾之忧,不敢为豨突之举。此路以刘锦棠主之。锦棠在西四城,有马步二十五营旗,计弁丁八千五百七十名,马队一千五百骑,于另拨二千名填补换防缺额外,加调五营,俾利调度。其伊犁东北塔尔巴哈台一带,则调拨土勇一千一百余名,增强防务。②

时主和主战,议论不一。至光绪六年(1880)闰二月,清廷改派曾纪泽前往帝俄,要求复议。四月中,宗棠由肃州舆榇起行,亲往新疆督师。宗棠方患风疹,痛痒难当,然满怀热情,不能遏止。昔人经营西域,惟恐不能生入玉门关,而宗棠则老当益壮,惟恐不能生出玉门关。五月初,行抵哈密,驻凤凰台,三路进兵之布置,已大体完成,又查得两点:

其一,帝俄增兵分踞伊犁、阿来者,合计不过数千,安设开花后膛炮位,大小不过数十尊。似悉在固守伊犁与纳林河门户,尚未出往日所意料。惟近颇有越界放哨,及越界筑垒之事,似意在挑衅。锦棠、金顺但遣人诘问,未遽加以声色,宗棠益诫以第各谨守防地,毋得轻动。

其二,帝俄就流亡在伊犁之陕回、土回八千人中,挑选精壮三千人为兵,令助俄军防守,而徙其眷属于俄境以为质。宗棠以为此辈皆吾之叛逆,无论

---

① 《左文襄公奏稿》卷五十五页 33—38《覆陈伊犁交涉事宜折》。
② 《左文襄公奏稿》卷五十六页 8—11《覆陈布置情形折》。

为兵为民,须防其东窜,或由巴里坤逾天山而南,以抵哈密一带,或由草地偷越安西州,以达河西,均有使完善地区重受蹂躏可能。因自科布多至古城子,加设哨探,自古城子至巴里坤,至哈密,至安西,至玉门总要路口,加拨防兵,以期随时得讯,随地截阻。

宗棠自带亲兵十一哨,仍在关内调拨马步数营,勤加训练,遇有警报,即可分途策应,迅赴戎机。① 帝俄一面接受纪泽复议,一面扬言驶兵船往东,封锁辽海。才越两月,清廷特诏征宗棠入京。

> ……左宗棠现已行抵哈密,关外军务,谅经布置周详。现在时事艰难,正须老于兵事之大臣,以备朝廷顾问。左宗棠着来京陛见。一面慎举贤员,堪以督办关外一切事宜者,奏明请旨,俾资接替。……

宗棠自收复南路八城,以锦棠帮办军务,管西四城,驻喀什噶尔,张曜管东四城,驻阿克苏。至是,宗棠奏荐锦棠继任督办,张曜派为帮办,并改以张曜管西四城,移驻喀什噶尔,锦棠管东四城,而驻哈密。宗棠随即启程回省,由省入京。② 时帝俄舰队取道黑海、红海东下,宗棠因捐购水雷二百枚,鱼雷二十枚,助固浙江、福建海防。又传帝俄筑城珲春,兵船至新开河,而乌理雅苏台亦报俄兵近边。于是宗棠先拨亲兵十一哨,旌善马队五起,取道镇番。又调王德榜、刘璈各带所部一营会师中卫,共趋归化城,屯张家口。宗棠自顾衰朽,然以为肩舆督战尚非不可,且欲由山海关出奇兵,取袭珲春,恢复康熙朝失地。③ 顾至次年正月,宗棠行抵北京,而纪泽在帝俄交涉已成约,伊犁全部归还中国。惟伊犁分界,虽得取消崇厚草约,而赔偿卢布则由五百万增至九百万,其余分界,中国犹损失土地达九万二千方里之多。白彦

---

① 《左文襄公奏稿》卷五十六页 44《督师出屯哈密折》,页 55—57《出屯哈密布置情形折》。
② 《左文襄公奏稿》卷五十六页 52—53《遵旨覆陈来京陛见折》,卷五十七页 20《请敕张曜帮办军务折》,页 32《交卸关防启程回省折》,页 44《交卸督篆由省启程日期折》。《左文襄公批札》卷七页 21《凌道荫庭禀库车大概情形由》。
③ 《左文襄公书牍》卷二十四页 73《答扬石泉(昌濬)》,页 52《与胡雪岩(光墉)》,页 57《与刘岘庄(坤一)》,页 59《上总理各国事务衙门》,页 74《答金和甫(顺)》,页 75、79,均《答刘毅斋(锦棠)》,页 85《答谭文卿(钟麟)》。《戡定新疆记》卷六《归地篇》页 15。

虎仍不肯引渡,仅允严加看管,不令侵入中国境界。① 然此次改约,尚获成功,不致决裂,固赖纪泽折冲得法,亦赖宗棠在新疆布置得宜,使帝俄不能不有所顾忌。先是,帝俄代表索斯诺福斯齐等访宗棠于兰州省城,聚谈之顷,宗棠猝问索斯诺福斯齐曰:"设中俄两国开战者,子将以为孰胜?"索斯诺福斯齐曰:"此乃不可思议之事。"曰:"第直言之,不必有所拘忌。"曰:"俄将获胜。"宗棠愕然,以问他俄人,亦以俄将获胜对。② 此番谈话,虽见宗棠之不谙外交礼貌,然自是而俄人却已认识宗棠对俄之敌意,知伊犁交涉,如诚决裂,至少宗棠一人,必主张不惜一战也。故在纪泽交涉进行中,俄方颇留意宗棠行动。如在第十二次(光绪六年〔1880〕十一月初十日)谈话中:

格云:"我风闻左中堂现在进京,恐欲唆使构兵,不知确否。"

曾侯曰:"此系谣传。"

格云:"中鄂两国和好二百余年,若为不值之事,遽而失和,殊属无此情理。"

曾侯曰:"自然。"

格者,俄外务部尚书格尔斯也。又如在第三十一次(十二月十八日)谈话中,纪泽报告,交涉条件,已得清廷批准。于是:

格云:"前接北京来信言,左中堂将欲进京,似有请中国动兵之意,特恐左宗棠到京后,无知之人借势作难,而中国东三省地方,仍然调动兵勇,本国深不放心。今日闻贵爵所告之事,我始放心矣。"

曾侯曰:"此系谣传,不可轻信。外间因左中堂削平回乱,建立大功,遂以为左中堂专好用兵。其实左中堂年逾六旬,老成重望,岂有唆使构兵之理。我说一句老实话,中、鄂两国和好,固无须调左中堂进京;假使中国有用兵之意,则西边正关系紧要,更无调其进京之理也。"

布云:"然则左中堂未曾进京否。"

曾侯曰:"并未进京。总之,中国办事机密,外间不知底细,不免造

① 《中国经营西域史》页348—350。曾纪泽《曾惠敏公奏疏》(全集排印本)卷二页10—13《遵旨改订俄约盖印画押疏》,卷三页8《逆酋窜入俄境该国允严禁锢疏》。李鸿章《李文忠公译署函稿》(南京刻全集本)卷七页37—39《述俄使议白彦虎及伊犁二事与俄国帑使问题节略》。

② W. L. Bales《Tso Tsung Táng》页419。

作言语也。"

布者,俄驻华使臣布策也。又如在第三十三次(十二月二十日)谈话中:

格云:"皇帝谓,有传闻左相奉召入京,务请及早定议,免生枝节。"

曾侯曰:"早定最好,惟左相并无进京之信。"

格云:"凯署使电奏,谓有传闻。"

曾侯曰:"左相是中国大臣,老成重望,诸事明白,断不肯挑生事端。……此次条约,既是两国意见相合,左相亦必喜欢。且他最是明白大体之人,无论其有无进京之说,即使进京,见今日之约,和平商定,亦必喜欢也。"

格云:"前与贵爵亦曾提过,今日之言,系本国皇帝之话。"

曾侯曰:"我请格大臣转奏贵国大皇帝,但请放心,左相必不进京,即使进京,亦断不肯从中作难。我所受者,系本国皇帝电旨,皇帝令我应允,谁敢阻止?"

盖俄亦甚畏决裂用兵,而对宗棠深怀疑惧,故希望早日定议也。至第四十八次谈话(光绪七年〔1881〕正月十七日),纪泽宣布:

"从前布大人以左中堂一事相问,比时我毫无所闻,故未明白答覆,现在接阅邸钞,始知左宗棠系照例进京陛见,并闻其在陕西过年,西历三月,可抵京师。"①

按宗棠内召,纪泽必早已知悉,为利用帝俄疑畏心理,故为隐秘,以速交涉之成。此时交涉已妥洽,纪泽乃将宗棠行踪据实报告。宗棠以为:"……疆吏如能持正,使臣尚或有凭借,多说几句硬话。否则依违迁就,在所不免。……"是纪泽尝劝宗棠勿主战,然宗棠之主战,确有助纪泽之交涉也。②

---

① 《伊犁定约中俄谈话记录》。
② 《左文襄公书牍》卷二十四页 65《上总理各国事务衙门》,页 78《答刘毅斋(锦棠)》。

# 三十七　新疆建省

如何规复新疆,固为一大问题,而新疆规复后如何处理,尤为一大问题。颇有人拟就各部分设置回目,分散其势力,以为如此便可获得治安,而又省事省费。宗棠独主张从根本作起,改设行省,开置郡县。(参阅三十节)当时清廷即饬宗棠通盘筹划,妥议具报。宗棠则以此事关系太重大,颇难独负其责,故当天山南路平定,而奏请下廷臣及各省督抚会议:

> ……新疆拟改设行省,置郡县,虽久安长治之良图,然事当创始,关系天下大局,非集内外臣工之远猷深算,参考异同,则思虑未周,筹策容多疏误。且甘肃荒瘠著名,所有兵饷,全资各省协济,相沿已久。臣前奏请敕户部将咸丰年间报销册籍全分,颁发到臣,以凭稽考,尚未见到。现复逐加询访,甘肃本省及镇迪一道饷需经费,每年常额计三百二十余万两内外。伊犁、塔尔巴哈台及吐鲁番、南八城满绿各营饷需经费,约尚需百数十万,均系由各省拨解接济。此时虽指西征台局及各省关专款分解济用,将来应仍复旧额,以归有着。合无仰恳皇上天恩,敕下军机大臣、总理各国事务衙门、六部、九卿及各省督抚臣,将新疆应否改设行省,置郡县,从长计议,具奏请旨。并将各省关从前应解甘饷及应解新疆额饷各实数,咨部核对行知,庶微臣斟酌损益,得有凭借。……

奉诏,略谓:

……新疆应否改设行省郡县,事关重大,非熟习该地方情形,难以悬断。此时遽令内外臣工议奏,亦未必确有定见。仍着左宗棠将何处应设省份,分设郡县,及官缺、兵制、一切需用经费,妥议章程具奏,再敕廷臣悉心会议,候旨定夺。该督前请发交咸丰初年陕甘新疆报销卷册各全分,及新疆额征俸薪饷需各卷册,着户部懔遵前旨,迅速办理。并将各省关应解甘饷,及应解新疆额饷各数目,查明咨照该督核办,毋稍迟缓。……①

嗣清廷派崇厚赴帝俄交涉收回伊犁,诏询宗棠伊犁最近情势,并谓:

……郡县之制。以民为本。现由嘉峪关而乌鲁木齐,至库尔喀喇乌苏迤西,商户、回户各存若干,由吐鲁番至南八城,缠头回各存若干,除旧有各厅州县外,其余各城改设行省,究竟合算与否,何以迟未覆奏?倘置郡县,有无可治之民?不设行省,以外有何良策?固不可因陈奏在先,碍难变计,而默尔以息。尤不可因时势所值,不易措手,而隐忍以待,总宜于万难措施之中,求一可进可退之计。该督素矢公忠,西陲形势了如,想早胸有成算。至关内外满绿制兵如何整顿,防勇征勇如何裁并,及改设营屯,节缩饷项之处,亟应通盘筹划,次第妥办。数年来,竭东南财力,以助西征,前复因善后紧要,特允筹借商款三百五十万两,俾应急需。每岁各省入款,止有此数,损彼益此,断不能持久,商款又万难再借,想亦该督所深悉也。此旨到后,着将垂询各节,并布置方略,即行密速奏闻。……

宗棠覆陈新疆应改行省有两大理由,并说明调整兵制,及新疆利源可开情形:

……臣谨按新疆之变,起于北路。迪化失守,所属相继沦陷,户口伤亡最多,汉民被祸尤酷,以逆回仇视汉人故也。比大军进剿,连拔坚城,而昌吉、呼图壁、绥来回民,又因畏剿,逃奔南路,烟户顿减。克复以来,还定安集,招徕开垦,户口渐增。迪化州各属,尤成效可睹,旧额民户共四千二百有奇,现报承垦者,已三千六百余户。昌吉县民户,旧共

---

① 《左文襄公奏稿》卷五十二页3—7《新疆应否建设行省请敕会议折》。

三千九百有奇，现报承垦者，仅四百数十户。阜康县民户，旧有三千九十余，现报承垦者，仅二百一十余户。绥来县民户，旧有三千七百余，现报承垦者，八百五十余户。奇台县旧有民户，四千三百六十有奇，现报承垦者，五百七十余户。济木萨县丞所属，旧有民户，二千八百有奇，现报承垦者，三百五十余户。呼图壁巡检所属，旧有民户，一千七百三十有奇，现报承垦者，二百八十余户。库尔喀喇乌苏旧有民户，仅八十有奇，现报承垦者，尚数十户。精河旧有民户，四十有奇，现报承垦者，一百余户。镇西厅户口无考，旧种地六万亩，现报民垦三万六千余亩，兵垦四千余亩，土客渐增。此北路民户现存实数也。久罹兵燹，户口凋耗，无怪其然，镇迪一道所属，虽孑黎仅存，频年散给耕牛种籽，酌发赈粮，广示招徕。自木垒河抵精河，除戈壁外，又均是腴区。土客民人及遣散勇丁领地耕垦，逐渐增加。署镇迪道周崇傅，勤慎廉干，事必躬亲，渐有明效。需之时日，百堵皆兴；即以目前论之，亦非无可治之民也。吐鲁番旧隶镇迪道，荒地尚少，现委道员雷声远，署同知奎绥，妥为抚辑，粮石租税，已逾旧额之半。南八城除英吉沙尔壤地褊小，乌什土性瘠薄，余均较吐鲁番为饶。而喀什噶尔、和阗、叶尔羌、阿克苏，庶而兼富，物产丰盈，又较各城为盛。刘锦棠、张曜悉心经理，现委员开河引渠，清丈地亩，修筑城堡塘站，铸钱征厘，百废肇兴，具有端绪，较之北路，尤易为功。是南北开设行省，天时人事，均有可乘之机，失今不图，未免可惜。此新疆之应改省者，一也。

北路得之准部，南部得之回部，皆因俗设施，未能与内地一道同风，久已概为边地。伊犁设将军，又设参赞大臣一员，乌鲁木齐设都统，塔尔巴哈台、叶尔羌均设办事大臣。伊犁等处，设领队大臣五员，塔尔巴哈台、乌鲁木齐、库尔喀喇乌苏、古城、巴里坤、吐鲁番、乌什、英吉沙尔均设领队大臣，哈密设办事大臣一员，协办大臣一员，叶尔羌设兼管和阗事务协办大臣一员，乌什设帮办大臣一员，喀什噶尔设换防总兵一员；是边地腹地，皆一律视之，无甚区别，与经野驭边之义不符。将军、都统与参赞办事大臣、协办与领队大臣，职分等夷，或皆出自禁闼，或久握兵符，民隐未能周知，吏事素少历练，一旦持节临边，各不相下，稽察督责，有所难行。地周二万里，治兵之官多，治民之官少，而望政教旁敷，远民被泽，不亦难哉！北路粮员但管征收，而承催则责之头目，南路征收，均由回目阿奇木伯克等交官，官民隔绝。民之畏官，不如其畏头目。官之不肖者，狎玩其民，辄以犬羊视之。凡有征索，头目人等辄以官意传取，倚势作威，民知怨官，不知怨所管头目也。内地征收常制，地丁合而为一，按亩出赋；故无无赋之地，亦无无地之赋。新疆则按丁索赋，富户丁少，赋役或轻，贫户丁多，赋役反重，事理失平，莫甚于此。货币之制，子母不能相权，争讼之事，曲直不能径达。官与民语言不通，文字不晓，全恃通事居间传述，颠倒混淆，时所不免。此非官与民亲，渐通其情实，去其壅弊。广置义塾，先教以汉文，俾其略识字义。征收所用券票，其户民数目，汉文居中，旁行兼注回字，令户民易晓，遇有舛误，即予随时更正。责成各厅州县，而道府察之，则纲目具而事易举。头目人等之权杀，官司之令行，民之情伪易知，政事之修废易见，长治久安之效，实基于此。此新疆之应改设行省者，二也。

夫立国有疆，古今通义。传曰："天子有道，守在四夷。"周秦以前，姑弗具论。自汉以来，通道始于张骞，不能得月氏要领；求马继以广利，不能下小国坚城。汉于西域，穷天下之力以务之，卒有轮台之悔。故班固以为得之无益，弃之不为损也。今主弃地之说者祖之。臣愚非不谓然，顾龂龂于兵不可停，地不可弃者，盖以地形无今昔之殊，而建置则有因创之异。穷变通久，因时制宜，事固有不容已者。谨按，新疆开拓，肇自高宗时，移凉州、西安、热河满兵，延安、绥德、宁夏、兴安、汉中、西宁、固原、肃州、河州、安西绿营兵丁，驻守南北两路。饷不外增，各城养廉经费，则以京口、杭州等处出旗汉军俸饷、口粮、马干、及甘肃等处所减草料充之。计内地每岁节省之数，共一百二十九万两有奇，而划抵新疆养廉经费一百零七万八千四百余两外，尚余银二十一万一千五百余两，不特无糜饷之虞，且有节饷之实。论者窃以耗中事西疑之，于圣意拓边节饷，固无当也。臣自度陇以来，即留心稽考甘肃、新疆饷数，佥称承平时，每岁约银五百余万两。自变乱以来，册籍散佚，难以覆按，请部钞示成案，亦无以应。近据藩司崇保详称："查得道光二十七年(1847)，甘肃口内外驻防满洲、蒙古旗、绿营官兵应需俸饷,红白赏恤等项银四百一十五万二千三百五十三两三钱九分九厘四丝一忽,内先一年预拨银一百四十万两外,银二百七十五万二千三百五十三两三钱九分九厘四丝一忽,由部臣照依估拨预拨完数。"以此准之,甘肃、新疆实饷五百余万两之数,虽无可考,而一岁之中,预拨正拨四百一十五万有奇,则有数可稽也。臣窃度南北两路,如行清丈之法,就亩征赋,仿什一之制,而从宽定额,民收十数分,官征其一,以给军食,尚可有余。修渠导流,以备旱潦;改铸制钱,以便民用;设局征厘,以裕课税;创设义塾,教之识字;选调匠师,教之艺事。自季春至今,次第经理,甫有端绪,容俟各处函牍到齐,即日具奏。此外南北两路物产,尚有药材、皮张、吐鲁番之棉花、和阗之玉、库车之金、铜、铝、铁均应设筹及之,是新疆利源,非无可开也。甘肃地处边陲,土旷人稀,瘠苦甲于天下。承平时,钱粮征收,不及东南一大郡,此其明征。乱后孑黎,皮骨仅存,气息仅属,虽频年拊循休养,渐有起色,究之致力多而成功少者,时地实有以限之。通省旧设额兵太多,全恃各省协款接济,自中原军兴,各省未能兼顾。于是回祸起,新疆沦陷,甘肃全省,名虽仅存,实则亡矣。幸值圣明在上,洞瞩无遗,移东南之余财,救西北之奇厄;亲贤夹辅,内外一心,先关内而后关外,次第图之,乃有今日,不可谓非幸也。此时所当亟筹者,善后之策。善后之策,当规久远,利钝所系,非仅一时。以甘肃与新疆并论,新疆利源可开,流亦可节,甘肃则开源为难,而节流尚有可议。从前额兵之多者,一则辖疆与蒙部回番杂处,兵少恐启戎心;一则新疆需由内地拨兵换防,兵少难敷调派也。若以现在局势而言,蒙部回番,已就钤束,防营可以渐减。前奏改行饷为坐饷,图节勇饷,为复甘肃制兵之渐。新疆南北,如置行省,换防之制,可以永停,预拨估拨饷银四百数十万两,俟伊犁收还,每岁约可节省百数十万两。后此利源日增,饷更可减。部臣可随时察酌,而任甘肃、新疆之事者,可随时陈奏,特恐非微臣所及见耳。此统筹甘肃节省饷需以规久远之大略也。

谕旨:宜于万难措施之中,求一可进可退之计。臣愚窃以为新疆岁需饷银二百数十万两,甘肃岁需饷银二百数十万两,本是承平时部臣预拨估拨常例。兹当全陇澄清，西域收复之时，照常指拨，于部章并无不合，承拨各省当亦无词。况承平时应拨数目内，又可节省百余万两。此后经理得宜，节省或当不止此数，实于国家经出之费，不无小补；当亦部臣与疆圻诸臣所乐闻也。臣于新疆拟办各事，皆以利民裕国为主，行省之改与否，尚未奏奉明旨。而所筹者，无论改省与否，两不相妨，可行则行，可止则止，进退尚属绰然。过蒙圣明矜谅，示以转圜之机，若不披沥直陈，上纾慈念，更何以自处。至愚衷有未尽者，不得不及时陈明，仰祈垂察。……

清廷诏以：

> ……事关创始，必须熟筹于事前，乃可收效于日后。刻下伊犁未经收还，一切建置事宜，尚难遽定。其余南北各城，应如何经理之处，即着左宗棠悉心筹画，次第兴办。总期先实后名，俟诸事办有眉目，然后设官分职，改设郡县，自可收一劳永逸之效。所有办理情形，并着随时详细具奏。……①

事逾半年许，前自喀什噶尔逃窜帝俄境界之安集延各酋目，纠众窥边，喀什噶尔与叶尔羌一带杂居之种人，颇为所煽动。宗棠于报告防剿折中，又谓："新疆地方因俗施治，政教未行，愚回信奉其汗比条勒，已成锢习。非革除旧俗，渐以华风，望其长治久安，事有难言。"诏谓："新疆地方，愚回锢习未除，自应规画久远，移其风俗，俾就范围。该大臣所拟改设郡县，应如何办理之处，并着妥筹具奏。"②

宗棠乃并案奏陈其意见：

> ……窃惟新疆南北各城，频年办理善后事宜，均有端绪，所有详细情形，业经会衔陈奏。臣与杨昌濬再四咨度，分设郡县，与时务相宜。如蒙恩旨俞允，会同筹商办理，从此边地腹地，纲举目张，城郭庐帐，群萃州处，彼此各仍其旧。治外则军府立而安攘有借，疆围奠焉；治内则吏治修而政教相承，民行兴焉。上无鄙夷其民之心，下有比户可封之

---

① 《左文襄公奏稿》卷五十三页 32—39《敬陈新疆情形折》。雷声远，字振之，四川中江人，曾署甘肃安肃道。崇保，字峻峰，满洲镶黄旗人，进士。

② 《左文襄公奏稿》卷五十五页 12—13《逆酋窥边官军防剿情形折》。

俗,长治久安之效,实基于此。臣两次钦奉谕旨,恭录咨行新疆在事诸臣,意见相合。窃计改设郡县,经出经入费用,较之从前部拨常年实数,不但无增,且可渐减。诚及此时筹议兴办,开设行省,于国计边防,不无裨补。

按新疆形势所在,北路则乌鲁木齐,南路则阿克苏。以其能控制全疆,地居天山南北之脊,居高临下,左右伸缩,足以有为也。谨拟乌鲁木齐为新疆总督治所,阿克苏为新疆巡抚治所,彼此声势联络,互相表里,足称其形势。将军率旗营,驻伊犁,塔尔巴哈台改设都统,并统旗绿各营。并拟增设伊犁兵备道一员,塔尔巴哈台拟增设同知一员,以固边防。

北路镇迪道,应仍其旧,拟改迪化州直隶知州为迪化府知府,拟增置迪化县知县一员,附郭。州属原设县四,一阜康,一昌吉,一绥来,一奇台,应仍其旧。拟升呼图壁巡检为图壁县知县,升济木萨县丞为济木县知县。镇西厅同知治巴里坤,拟改为镇西州直隶州,拟仍复原设宜禾县知县,附郭。哈密通判拟改为直隶厅同知。

吐鲁番境一名广安州,为入南疆冲要首站。拟增设广安道一员,以资控扼。其吐鲁番同知,拟改为广安州直隶州。拟升辟展巡检为辟展县知县。托克逊为乌鲁木齐通南八城冲要,拟就地置托逊县知县一员,以资联络。

南路拟设阿克苏巡道一员,喀什噶尔兵备道一员,拟设知府四员,一治阿克苏,一治库车,并隶阿克苏巡道。按阿克苏即古温宿国,拟设温宿府知府一员,温宿县知县一员,附郭。拟设尹河县知县一员,治尹阿瓦提;拟设拜城县知县一员,治拜城,均隶温宿府知府管辖。库车即古龟兹国,拟设鸠兹府知府一员,鸠兹县知县一员,附郭。拟设沙雅尔知县一员,治沙雅尔,归鸠兹府知府管辖。喀什噶尔即古疏勒国,拟设疏勒府知府一员;疏勒县知县一员,治汉城,疏附县知县一员,治回城,并附郭,归疏勒府知府管辖。叶尔羌即古莎车国,拟设莎车府知府一员;莎车县知县一员,治汉城,莎附县知县一员,治回城,并附郭,归莎车府知府管辖。喀喇沙尔即古焉耆国,拟设焉耆直隶州知州一员,治喀喇沙尔。并设库勒县知县,治库尔勒,归焉耆直隶州知州管辖。和阗即古于阗国,拟设于阗直隶州知州一员,治和阗;并设于阗县知县一员,附郭,归于阗直隶州管辖。乌什即古尉头国,拟设尉头直隶同知一员,治乌什。英吉沙尔即古依耐国,拟设依耐直隶同知一员,治英吉沙尔。

凡兹所拟建置大略,虽经臣与新疆在事诸臣悉心商订,具有规模,而地非亲历,究难信之于心。既拟置省份,设郡县,则政务繁简,地亩肥硗,物产盈虚,丁口多寡,差徭轻重,为缺分苦乐所关,非权其经出经入实数,为之斟酌损益,俾适于中,则官困而民必受其病。适奏调浙江候补知府陈宝善到营,臣留居幕中,令其熟阅新疆各局往来公牍,面为讲求,预将兴革诸务,贯彻胸中。饬三月下旬出关,遍历新疆,察验一切,一面就近禀商各总统,一面禀报,听候核示。陈宝善久官牧令,廉干耐劳,熟娴吏事,兹令参商建置兴革事宜,或有裨益。至义塾甫兴,学政及各府厅州县校官,应缓议设,其丞倅佐杂,应俟分设郡县后,再分别陈奏,请旨遵行。新疆各员应否按照边俸迁调升转,亦可缓议。至各城应安设台站驿递,增设提、镇、副、参、游、都、守、千、把外额大小武职,及额兵俸廉饷乾本折,均应俟新设督抚会同议拟具奏。而藩臬大员均随督抚驻扎,庶总汇之司,得所禀承,事无不举。凡此皆应由新疆督抚奏明次第兴办者,非臣所得预议也。

如新疆置省,分设郡县,仰蒙俞首允行,应恳天恩先行简放新疆总督、新疆巡抚,重以事权,俾得随时陈奏,径达宸听。其新疆军务,臣有督办之责,固不敢稍有诿谢也。……

宗棠此折,系将新疆建省,分置郡县,作成具体方案,然朝旨仍谓:

……左宗棠奏覆陈新疆宜开设行省,请先简督抚一折,所拟建置事宜,颇为详悉。惟现在伊犁尚未收复,布置一切,不无窒碍。所有新疆善后诸务,仍着该督因地制宜,次第筹办。原折着暂留中,再候谕旨。……①

----

① 《左文襄公奏稿》卷五十六页34—38《覆陈新疆事宜开设行省请先简督抚折》。陈宝善,江苏江宁人,曾署新疆喀什噶尔道。

以上为光绪六年(1880)以前经过情形。是年秋,宗棠奉召解职入京备咨询,故新疆建省一事,未获在宗棠手中实现。惟次年伊犁收回,八年(1882)九月,宗棠在两江总督任内,复奏请建设行省,历举理由凡五:

……新疆周二万里。……从前分设将军、都统、参赞、办事、领队、帮办大臣,换防总兵各员。……已有偏重之势。……况他族逼处,故土新归,治内治外,事同草创。……诚及此时,早定大计,其便有五:

取我固有之地而自治之,疆索秩然,行国居国,相庇以安,异类无从挽越,一也;

中外交涉事件,差以毫厘,谬以千里。有督抚近驻其地,抚臣治内,督臣治外,凡可以防患未然者,先事绸缪,绝其祸本,不致潜滋暗长,难以收拾,二也;

防营未撤,将士用命,既可壮疆臣之声威,即将来设立制兵,亦可就中挑选久经战阵之才,错落布置其间,士气既扬,军威自壮,三也;

回民素性虽悍,新出水火,当为急谋安插,结以恩信,则感激易生,施之教化,则诸染渐涤,四也;

从前兴作各事,借资于勇力者居多,而不可无官以善其后,督抚睹闻亲切,黜陟分明,乐事劝工,人知自奋,五也。

否则民方有须臾无死之心,而顾等诸羁縻弗绝之列,万一强邻窥伺,暗煽拼飞,后患方兴,前功尽弃,与其抢攘于事后,曷若审慎于几先,如是则虽一时觉劳费,亦有不得而惜者。……①

时谭钟麟为陕甘总督,刘锦棠仍督办新疆军务,但两人虽为宗棠所拔擢,主张却与宗棠微有不同。宗棠议先设总督与巡抚,俾就地商定郡县规模,合议事与任事者为一人,不致扞格。钟麟则谓设省应从州县起,然后进设督抚辖之。锦棠则以为新疆与甘肃,形同唇齿,前此宗棠以陕甘总督督办新疆军务,一切皆以关内为根本,自然应付裕如;以后彼继充督办,亦因后任总督能勉予支持,不致竭蹶。若稍分畛域,必不堪设想。今若将新疆自为一省,则以少数州县,孤悬绝域,势难自存,惟悉归甘肃节制,亦觉鞭长莫及。因议仿

---

① 《左文襄公奏稿》卷五十九页58—59《新疆行省急宜议设折》。

江苏苏属之建置,设甘肃巡抚一员,驻乌鲁木齐;另设新疆布政使一员,随巡抚驻扎;镇迪道加按察使衔,兼管刑名驿传。清廷折衷定议,由是锦棠与钟麟于九年(1883)四月,始委员试署新疆道厅州县,与宗棠原议,亦颇有出入。十年(1884)十月,锦棠被命为甘肃新疆巡抚,魏光焘为新疆布政使,行省规模,渐次备具。①

新疆建省,乃清代平定准部、回部之一个归宿,亦为结束中国经营西域史之一页。此事虽以宗棠之不断推动,而终于在光绪朝实现,但在道光朝,早启其端倪。时值回部数度变乱,宣宗亟图彻底解决之办法,朝臣中即有以继北疆镇迪道之政制,一体设置郡县之说进者。因宣宗主于节啬,恐滋烦费,未被采纳。然其后学者研究西北史地,如魏源、龚自珍等,亦多主新疆建省,作成若干具体之建议。自珍且有"五十年中言必验"之预测。宗棠少壮时,亦好览浏西域记载,魏、龚两氏外,尝与徐松缔交。徐松亲历新疆,撰成《西域水道记》,并为松筠主编《新疆识略》,称一时名著。于是"建省尚烦他日策,兴屯宁费度支钱"。宗棠对于新疆之怀抱,亦形诸歌咏。厥后衔命西征,果有发抒此怀抱之机会。先之以实行兴屯政策,继之以推进建省运动,虽其与女夫陶桄书犹有"五十年间志愿,到今尚行之不尽"之感,顾于新疆建省一事,仍得垂老观成,亦可无憾耳。②

---

① 《左文襄公书牍》卷二十二页 34《答王夒石(文韶)》。刘锦棠《刘襄勤公奏稿》卷三页 44—47《拟设南路郡县折》,页 50—53《新疆各道厅州县请归甘肃为一省折》,卷五页 6—12《委员试署准设新疆南路道厅州县各官折》。《戡定新疆记》卷七《置省篇》页 6—7。

② 《左文襄公书牍》卷二十四页 18《答陶少云(桄)》,卷二十五 28《答周荇农(寿昌)》。《左文襄公诗集》页 2 癸巳(1833)《燕台杂感八首之三》。龚自珍《定庵全集·续集》,《己亥(1839)杂诗》,《燕台杂感八首之三》。徐松,字孟品,号星柏,直隶大兴人,嘉庆十年(1805)进士,官至陕西潼商道。

# 三十八　西征中之采运

　　左宗棠用兵西北,其始仅在陕西、甘肃,其后推至新疆。在陕甘时,固未逆料尚须至新疆,然由陕西而甘肃,而新疆,固有一深切之认识,即"自古西北用兵,以粮与运为最急最难"。故常喟然叹:"筹饷难于筹兵,筹粮难于筹饷,筹转运又难于筹粮。"其故则全由于西北生产之不足,转运之不便。[①] 而宗棠在西北之成功,亦未始不由于此种深切之认识,与其基于此种认识而产生之适当之措施。而由于此措施,更可想见其思虑之周密。

　　因生产之不足,于是宗棠采取一种兴屯政策:

　　　　……自古边塞用兵,非兴屯不可。盖人之粮糗,马之草料,非储峙丰盈,不敢趣战。而西北地多斥卤,物产非饶。一经兵燹,所有水草丰衍,可田可牧之地,多遭蹂躏。采购则荒凉满目,和籴无从;转输则道路阻长,劳费滋甚,势不得不择地兴屯,以资军食。散地招集难民,冲要分驻丁壮,事前所需,虽极繁巨,然较之采买转输之费,通计犹为节省。屯政果兴,军无悬釜之忧,民有重苏之望,以逸待劳,以饱制饥,其于边事,尤为便利。汉赵充国之制先零,斁行前效可睹也。……[②]

---

　　① 《左文襄公奏稿》卷二十八页25《料理西征就绪折》。《左文襄公书牍》卷十页27《答潘琴轩(鼎新)》,卷十一页3《答蒋璞山(志章)》,页12《答李少荃(鸿章)》。

　　② 《左文襄公奏稿》卷二十页53《请拨西征的饷折》。

同时,辅以一种精兵主义:

>……自古关塞用兵,在精不在多。方全盛时,筹甲兵,即先筹刍粟。如汉赵充国,古称名将,其驻军酒泉,即今之肃州治;敦煌,即今之安西州治。所陈兵事,重屯田而罢骑兵,留步兵万人,借省大费。三奏力诤,行之卒效。至今言西北兵事者,莫能外也。乾隆间,兆惠苦守伊犁数月,维时北路兵阻不前,其深入者,仅精兵数百,卒能力解重围,宣威绝域。约计当时北路丁马,多亦不过数千。然则道远运艰,不能用众,即古昔承平无事,官私充足时,亦无以异可知也。……①

而因运输之不便,宗棠又采取一种有计划的采运方针:

>……西北用兵利钝,在军食之盈虚,军食之盈虚,在采购之多寡,转输之迟速。而其要必先核实各军支食之人马,为采运之准数,然后支食之月日久暂,可得而稽,转运之车驮道里,采运之远近多寡,可得而计也。……若按照营数,支发粮料,不独虚糜可惜,且彼此相形之下,多者与少者,一例支销,必致争论纷纭,无以服其心而杜其口。……②

>……至粮料价值,转运脚费,按道里远近牵算。计每人所食,月须净粮四十五斤,马队一骑,日须料五斤、草十二斤,兵勇长夫两名食粮,月须九十斤,均不可少。照步军摊算,马队一营二百五十骑,抵步队一营五百人长夫二百名之数。……③

是则其意尤在扫除军营吃空之弊窦,而维持兵马适当之生活。

惟西北生产之不足,不仅为粮食,即如制火药之硝磺,制帐棚之布匹、绳索、竹木架,制军服之衣料,乃至办公所需之纸张等,均非当地所产;即产亦为量有限,未能自给自足,不得不购自外省。至于枪炮、子弹之必须购自外洋,来自东南,自无论矣。杨岳斌初莅陕甘总督任,据军需局报告,仅存火药六两,其物资之匮乏,亦可想见。又有一点值得注意者,当日通货,系用银

---

① 《左文襄公奏稿》卷四十四页 55《官军出关宜分起行走并筹粮运事宜折》。兆惠,姓乌雅氏,字和甫,满洲正黄旗人,封一等武毅谋勇公,官至协办大学士,乾隆二十九年(1764)十一月卒,谥文襄。

② 《左文襄公奏稿》卷四十三页 77《敬筹采粮转运核实支销折》。

③ 《左文襄公奏稿》卷四十四页 64《请敕部议出关官军应增正饷片》。杨岳斌《杨勇悫公奏议》卷四页 11《粮饷支绌请饬各省接济折》。

锭,西征经费,乃由各省关协济,亦由上海向洋商借贷。而现代汇划事业,未达西北,虽有山西票号,以战乱未肯承允。故为此重笨之硬通货,亦须舟车迢递运转而来,其劳费可以想见。① 故宗棠当日所筹之采运,亦不限于粮食。欲述采运,更宜先明宗棠所处一时代中西北之若干运道。

陕西对于东南各省取道汉水,此线经过老河口后,分为三路:

(一)仍由汉水直至陕西之汉中上陆,约行一百二十里。经褒城至斜谷,由郿县入渭河。此路为汉时所开,即所谓褒斜道;

(二)上陆赴陕西之潼关;

(三)折入丹江、淅川,至河南之荆子关上陆,向西走陕西之龙驹寨。此线即古由武关入秦之道,亦即雍正中运楚米入秦赈饥之道。或更折入甲河,至陕西山阳县之漫川关上陆至西安。

此三路中,第一路,在宗棠西征时,似未十分利用,仅用第二、第三两路。所运为两湖之粮食,及由上海、汉口转来之饷银军火,而尤以后者为主要。②

陕西对于西南各省,取道嘉陵江,经广元,入白水江,至陕西之略阳上陆,约行四百里,经甘肃之徽、凤两县,至陕西之宝鸡,入渭河。此路唐时所开,清初用兵巴蜀,军糈从此转运,亦即蜀商所由载盐货入陇贸易。在宗棠西征时,仍以运四川粮食为主,但似未十分利用。

陕西与甘肃间,可分水陆两路:

(一)水道由渭河,即巩昌、秦州、宝鸡、西安省城间。

(二)陆道由车行驿路,即西安省城、长武、会宁、兰州省城间,驮行则取径秦州为间道,两者皆以安定为绾毂。

在宗棠西征时,水道似未十分利用。③

陕北对东北之运道凡二:

(一)由山西永宁州之军渡,渡黄河,在陕西之吴堡上陆,再由吴堡至绥

---

① 《左文襄公奏稿》卷二十三页12《覆陈甘肃饷事折》,卷三十一页28《请于陕甘饷项外敕拨实饷折》。《左文襄公书牍》卷九页21《答杨石泉(昌濬)》。

② 《左文襄公书牍》卷九页39《答骆籲门(秉章)》。《左文襄公奏稿》卷二十四页31《请敕两湖迅拨协饷采办军米米片》。

③ 《左文襄公书牍》卷九页21《答骆籲门(秉章)》,页26《答江达川(忠浚)》。《左文襄公批札》卷一页60《四川候补道彭汝琮禀奉委办理接济甘军米局由》。

德州,由绥德州至各地。

（二）由归化城西南之托克托,经黄河南下,在吴堡或吴堡以北之葭州上陆,再由吴堡或葭州(过吴堡)至绥德州,由绥德州至各地。

此两路均系分别运输山西、归化之粮食,在宗棠用兵陕北、甘北时用之。①

甘北对东北之运道,亦凡二:

（一）由上海海运至天津上陆,再由天津经归绥,向西经蒙古草地至宁夏。

（二）由和林格尔、归化、萨拉齐,经蒙古草地至宁夏。

此两路,前者系运饷银、军火,后者系运粮食,在宗棠用兵甘北而陕北运道梗阻时用之。②

至新疆对东方之运道凡二:

（一）河西。由凉州、甘州、肃州、安西州,以达哈密,再由哈密北至巴里坤,南至吐鲁番。

（二）口北。由归化、包头、宁夏,经过蒙古草地,至巴里坤。(宁夏之粮,先由黄河水运至包头,再一并陆运。)

此二路均系运粮食,而由东南来之饷银、军火,亦均由河西出关。③

宗棠尝言:"用兵先顾饷道,转运必取多途,一路有阻,全军俱困。"又言:"用兵西北,必多筹运道,以备不虞。"④故宗棠自衔命西征,即多方注意于选择运道,疏通运道。如上所记,既已得一轮廓,再综括一述其运输之所以不便。

就水运言,汉水在夏秋常泛滥,丹江、淅川在冬季常枯涸。嘉陵江、白水江,礁多水浅,入冬更水落石出。且诸水对于由南而北之航行,均系逆流上

---

① 《左文襄公书牍》卷十页 21《与郑小珊(敦谨)》,页 25《与刘克庵(典)》,页 38《答定静村(安)》。

② 《左文襄公奏稿》卷三十四页 48《请敕定安等拨济刘松山等军食片》。

③ 《左文襄公书牍》卷十五页 15《答袁筱坞(保恒)》,页 16《与金和甫(顺)》,页 39《答曾沅浦(国荃)》。

④ 《左文襄公奏稿》卷二十七页 65《覆陈西安粮台不可裁撤折》,卷三十一页 55《遵旨覆陈折》。

溯,行舟必须推挽。故既非终年可通航,而行程又极纡缓。又汉水而外,只能用浅小之船,故运量甚微。至黄河上游,下水只能行羊皮筏。而当日之军运,均系上水,不能利用,且羊皮筏运量亦较小,渭河亦因上水而不能利用。①

就陆运言,在关内所经,多峻岨崎岖,夏有水潦,冬有水凝,无论用人力或兽力,均运量不大,且不能迅速。又当频年战乱之余,人夫车驮,极度减少,而骡非陕甘所产,来自河南,均属购雇两难。至出关经沙漠,过蒙古,历草地,自以用驼为上计。但驼在夏季,须歇厂四个月(每年五月至八月),且战时或逃或亡,不能多得,故利用之程度,亦受限制。又沙漠草地,人烟稀少,于行旅尤感困难。②

西北运输,既如是不便,于是运费随之扩大,往往高出物价数倍,此又用兵西北所最感之痛苦。

宗棠西征时,办理采运,设有相当机构:

在上海设采办转运局,大部分饷银与全部军火,均由此集中启运。

在汉口设后路粮台,接转上海运来之军品,亦自采运军粮,并接待过境之新兵与退伍兵。

在襄阳设水陆转运总局,上海、汉口运来之军品,均在此按种类重量,及前途运道通塞情形,分别水陆转运。

在潼关与荆紫关各设陆运分局,接转襄阳运道来之军品,以达西安。

在西安设西征粮台,专任向各省关催解协饷,并为协饷得专折奏事。

在西安设驻陕军需局,所有西征军品,均在此集中分配发运。

此外在平凉、秦州、兰州等处,各设军装局,在产粮各地,设采运局。安定等处设督催局,则为接收存储及运转驻陕军需局所发之军品。③

及大军出关,又在关内设立:

---

①　《左文襄公奏稿》卷三十页 43《请于陕甘饷项外救拨实饷折》。《左文襄公书牍》卷十九页 10《答张朗斋(曜)》。

②　《左文襄公奏稿》卷二十八页 48《陕甘饷源奇绌折》。《左文襄公书牍》卷十九页 10《答张朗斋(曜)》。

③　《左文襄公奏稿》卷二十一页 31《请派道员总办陕甘后路粮台片》。《左文襄公批札》卷四页 18《徐提督文秀禀攻克康家岩堡卡多处由》。《左文襄公书牍》卷十一页 59《与陈舫仙(湜)》。

肃州军装局,综持出关部队军品之储存分配(由驻陕军需局运来)。

甘肃州营屯局(驻甘、肃州),分别综持甘、凉、安、肃道境内之采购粮料事宜。

官车骡局(驻肃州),综持出关部队之转运事宜。①

在关外设立:

哈密督催粮运总局;

哈密军装制办总局;

古城屯采总局;

采运局十二所(安西、玉门、敦煌、巴里坤、奇台、吉布库、济木萨、吐鲁番、喀喇沙尔、库尔勒、布吉尔、库车);

柴草局二十五所(安西、小宛、布隆吉、四家滩、白墩子、红柳园、大泉驿、马莲井、库车、托和鼐、阿克苏、浑巴什、萨依里克齐兰台、玛纳巴什、卡纳克沁、屈尔盖察巴克、图木舒克、雅哈库图克、英吉沙尔、雅满雅尔、牌索巴特、英阿瓦特、龙口桥、玉代里克、黑孜堡);

柴草站四十七所(玉门属五、哈密属十六、巴里坤属五、吐鲁番属七、喀库属九、察尔齐礼木台、玉尔滚、拜城、赛里木河、色尔等处各一)。

在口北购粮时,又曾在归化设北路采运总局,包头、宁夏设分局。②

用兵设立粮台,本属常事,宗棠则视之极郑重。实因粮台规模大,开支多,不得其人,每易成为弊薮。故宗棠主张,多设局而少设台。但如西安之西征粮台,其权责亦只为向各省关催解协饷,所有解到饷银,系归驻陕军需局收支。即使如此,而当袁保恒交卸督办时,犹亏短二千余两,几成巨累。至宗棠对于各局,限令按期报告,旬报不逾旬外三日,月报不逾月外十日,俾如有奸弊,容易觉察。③ 抑宗棠于台局人员,虽督责甚严,然奖励亦优。宗棠持有一卓特之见解,认为西北用兵,在后方办理采运之人员,其功绩无殊

① 《左文襄公批札》卷六页50《陈镇国禀军火子药交解肃州军装局收存由》。《甘宁青史略》正编卷二十四页14、页18。

② 《刘襄勤公奏稿》卷五页42—65《关外各军善后台局一切应发款目折》。《左文襄公奏稿》卷四十八页69《北路粮运情形片》。

③ 《左文襄公奏稿》卷四十六页48—49《覆陈关外粮运情形折》。《左文襄公书牍》卷十五页34《与谭文卿(钟麟)》。

于在前敌作战之将领。苟非后方采运人员能将军品源源供应,则前敌将领亦无法杀敌致果。故每遇某一战役完成,必奏请将台局人员优叙。清廷狃于军功限归杀贼克城之将领之说,宗棠必为力争。①

宗棠所部楚军、湘军,本有长夫,然师行西北,不能不兼资车驮,则以官运民运、商运相辅而行。官运之条规:

大车二十辆为一起,或三十、四十辆不等。

驼骡六十只为一起,或八十、一百只不等。

经管委员每员给夫二名,每车一辆,用车夫一名,每驼六只,用牵夫一名,每骡马二匹,用牵夫一名。

驼每只日支料四斤,草二十斤,又月支油盐银二钱。骡马每只日支料六斤,草十五斤,又月支饮水、歇店、灯油银四钱。车每辆月支膏油等三钱。

骡马每百,扣足一年,准报十分倒三。不足十分之三,按实计算,超过十分之三,照数赔补。

管解饷装,每批二员,护勇十名。

民运通常为每一百斤,历一百里,给车脚银四钱,驼骡脚银三钱。② 亦有特别详细规定者,例如由潼关向西运转之军品:

挑抬夫每名挑抬六十斤,来往每里给二八钱四文。

二套牛车每辆装一千斤,来往每里给二八钱九文。

二套骡车每辆装六百斤,来往每里给二八钱七文。

驮驴每头驮二百四十斤,来往每里给二八钱六文。

此项脚价,宗棠以为系准情酌理,照民间自雇,斤重减少,价值加多计算,由各州县预行公布,毋得任差役浮开,亦毋得任差役刻减。③ 倘遇天雨路途泥泞,准由该州县酌减斤重配雇,如在草料昂贵之处,亦准酌加价值。同治军兴,陕西各州县分设里民局,摊征经费,承办兵差。甘肃亦以车马局任其事,按粮摊车,按亩出费。久之,不肖官吏以招待文武官员过境等所谓

---

① 《左文襄公批札》卷一页 60《四川候补道彭汝琼禀奉委办理接济甘军米局由》。
② 《左文襄公批札》卷一页 42《咸宁县许令缙等禀请饬老湘军放回车辆由》。《刘襄勤公奏稿》卷五页 57《关外各军台局一切应发款目折》。
③ 《左文襄公咨札》页 11《札陕西司道州县及后路各台局遵定转运章程出示晓谕》。

流差,亦委之里民局,民间苦累不堪。后经宗棠廉悉其情,明令规定,民间承办兵差,只须供给车驮,其脚价由官发给,所摊征经费,仅供弥补不足之用。上述规定脚价,即其一端。流差统归各县署承应,亦一律凭验传单、委札或车票供给。上站不得擅发溜单,下站不得擅拨车驮。[①]

商运乃利用商帮车驮,使其承办军运,例如秦州与兰州省城间,曾规定章程四条:

一、现时商骡起卸货物,以兰州、秦州两处为总汇。嗣后各骡户,无论大帮、小帮,凡自秦州至省,运货二次,由省车局令赴本爵大臣行营,听候指运军装、军粮一次。所运军需,每百里百斤,加成脚价银五钱,坐空包并在内。

一、各帮骡户自示之后,均须即赴省局挂名登册,报明所管骡只若干,以备稽查。每次出省,均照省车之例,赴局领取本爵大臣护票,填明帮头姓名,骡只数目,卸货地方,并载明系运第几次客货字样。所过州县军营,但系查有护票,不独不准拉扣,遇有零匪出没地方,并即派队护送,如有疏失,着各防营照赔。

一、查各帮骡从前赴省,因恐拉扣支差,每于城外装卸货物,其在秦州亦然。商民因避厘税,亦乐于从事,并于所过之处,相率绕避大道,来往潜行。不独帮骡散漫,难于稽查,且于厘税大有妨碍。应令此后省城、秦州差务,均不得强扣帮骡。凡帮骡在省城装卸货物者,该各行店须带同帮头,先至省车局报明,由局写给发票。在秦州装卸货物者,该各行店亦须带同帮头,先至秦州衙门报明,由秦州知州写给发票。均以此票知会城门委员,方准货物出入。其往返路径安定,该帮头须持所领护票,赴安定督催局呈验,盖用局印。到秦州时,亦须赴秦州衙门呈验,盖用州印。如有出省,不领护票,及还省换缴护票时,并无秦州、安定印验,均将帮骡商货一并充公。

一、帮骡领票、验票及出入省城,如司事、书役人等,故意羁延,稍有

<hr/>

① 《刘果敏公奏稿》卷七页56《革除陕省陋规折》。《甘宁青史略》正编。《续陕西通志稿》卷四十九页21(引《陕西清理财政说明书》)。《左文襄公书牍》卷十一页57《答曹荩臣(克忠)》,卷二十一页28《答阎丹初(敬铭)》。

需索，由帮头喊禀印委各员立时痛惩。如各员徇庇，即禀本爵大臣一并严究。①

为欲充分利用商帮车驮，宗棠又严禁各州县、各军营任意截留商车货驮应差，严禁向车驮勒派公费。② 宗棠对于官运、民运、商运三者，自倾向于商运；以商帮不敷，不得不兼用民运，更以民运有限，不得不辅以官运。宗棠承认官运对于交通工具，不知爱护，较民运为浪费，故宁协助民运。如袁保恒督办西征粮台时，曾购一批车辆，准备在肃州自营官运。后由宗棠廉价售与民间，再供粮台调用。如三套车每辆原价一百六十四两，只售一百三十两。双套车每辆原价一百十八两，只售九十二两。③

同时，宗棠对于运道设备，亦有若干措注。当宗棠初入关，即命将自潼关至西安省城之道路，大加平治。华州知州漫不经心，一次因道路泥泞，致误军火之运达，受宗棠之申斥。④ 由是随大军西进，逐步修筑，直至于喀什噶尔（参阅六十四节）。沿路因伏莽未尽，酌驻防军，维护军运。此为一庞大之组织，如进攻金积堡时，在平凉、灵州，长九百余里之运道上，曾支配三十营之勇丁。⑤ 亦为一两难之问题，盖兵多则转馈愈艰，兵少则抄掠愈急。水道方面，宗棠尝命修治嘉陵江、白水江险滩。浚深丹江、淅川涸浅泥沙，顾为自然所限制，总无以敌东南舟楫之利。⑥ 至关外本属绝塞，战后荒凉弥甚。故先大军出关，从事芟除榛莽，安置塘站。为供给饮水，更沿途觅泉凿井。为供给柴草，更沿途设局设站。为供给膳宿、医药、修换鞍屉、绳索、蹄铁，更沿途设官店。官店除管解饷鞘军装外，其余经过官商，均按车马人数多寡，酌收房资，以为岁修之费。民非水火不生，井泉柴草（柴草当然亦供牲口饲

① 《左文襄公告示》页9《谕商帮骡运章程》。

② 《左文襄公批札》卷六页7《镇西厅安丞成禀请货驮至坤拟令帮银以备公用由》，页57《兰州各商车店呈称各州县差役将商车截留应差由》。

③ 《左文襄公书牍》卷十五页14《与史绳之（念祖）》，页26《答袁筱坞（保恒）》。

④ 《左文襄公批札》卷一页67《华州万牧家霖禀运送军火天雨泥泞给予重价由》。

⑤ 《左文襄公奏稿》卷三十七页77《中路护运官军会剿窜回获胜片》。《左文襄公书牍》卷十一页60《答杨石泉（昌濬）》。

⑥ 《左文襄公书牍》卷九页21《答骆籲门（秉章）》，页26—27《答江达川（忠浚）》。《左文襄公批札》卷一页66《周提督达武禀拟修略阳一带险滩由》，卷六页69《周副将有全禀河口水涸难于舟运由》。

料)之供应,其义易明。其官店对于夫驮之供应,则可引宗棠之言论,显示其作用:

> ……民夫口食,牲畜喂养,及应用什物各项,一有缺乏,立形滞碍,停待一日,所费更多。故必须设立官局,随时给领,酌扣价银,始为省便。虽比民间买价,津贴已多,而费实不容惜。……①

顾途中匮乏之物资,既有补充之机会,则运输必可从速。所损甚微,所得实多,足征宗棠能见其大。然凡此费用,自应计入脚价,方为合理。于是就粮而言,在关内则"转运所费,几于费一石而致一石",在关外则"及一钟而费十钟,每粮一石,运致军前,积价至数十金",其劳费如此。故宗棠力主就近取给,力避远道采运。本地无所产,或产不足,以屯田救济之(参阅三十九节)。即军装、军火等件,无不运价倍于采价,故以后如制造帐棚、号衣、修理枪炮等,均逐渐就地筹办,以省运费(参阅五十六节)。②

宗棠对于西北军运,曾采用若干方式,试举其例:

如荆子关至龙驹寨,夫运以五十里为一站,驮运以六十里为一站。一夫日负七十斤,一驮日负二百四十斤。第一日,由甲站夫驮载运至乙站为止。第二日,由乙站夫驮接运至丙站为止。第三日,由丙站夫驮接运至丁站为止。如此一日一站,以讫于终点。又如陕北运粮,利用难民。宗棠指示曰:"运粮之法,长运不如短运。自绥德州起,每四五十里为一局,得壮夫万人,可设二十局。由绥德州起至鄜州,不过五百里,每局五百人,每人日给粟米斤半,算钱六十,又盐菜钱三十文,计每人日需钱九十文,万人一日需钱九百串。"③

又如宁夏用兵,自归绥运粮时,行经数省,宗棠商在台梁设山西总局,缠金设陕西总局,磴口设甘肃总局。所有军粮,均交绥远城将军,由和林格尔、

---

① 《左文襄公书牍》卷十三页15《与萧伯贞(宗幹)》,卷十八页22、页24、页45,均《与张朗斋(曜)》。《左文襄公批札》卷七页34《夏镇奉朝禀遵修官店由》。《左文襄公奏稿》卷四十五页66《出关各军运脚难拘定例片》。

② 《左文襄公书牍》卷十页28《与潘琴轩(鼎新)》,卷十八页37《答刘毅斋(锦棠)》,卷十九页69《与刘克庵(典)》。《左文襄公奏稿》卷三十页42《请于陕甘饷项外敕拨实饷折》,卷五十五页54《光绪元年(1875)正月至三年(1877)十二月军需款目报销折》。

③ 《续陕西通志稿》。《左文襄公书牍》卷十页31《答刘寿卿(松山)》。

归化、萨拉齐三厅,运至台梁,交由山西总局接运至缠金,交由陕西总局接运至磴口,交由甘肃总局接运至宁夏前敌。

又如宗棠为出关部队在河西采运粮食时,规定:"粮集肃州,储于哈密、玉门、安西,节节转运。"当在以上四处,各建仓廒收储,每处存粮二万石。肃州、安西间,安西、玉门间,玉门、哈密间,各作短距离之转运。盖以"为长运疲牲畜之力,又为日太久,稽核不能迅速,故改短运为宜"。①

又如大军出关时,各部队随带行粮,宗棠与各将领议定:"先将甘凉采买粮料,运存肃州,又由肃州出关,运至玉门。然后头起开拔至玉门,又用其私驼,转搬玉门存粮,以赴安西,腾出官驮官车,转运第二起军粮。而后第二起继进,余均仿照办理。比抵安西州,作一停顿,又裹粮进哈密。如此层递衔接,人畜之力方稍舒展,而士气常新,则免意外之虑。"②

凡此或曰层递接运,或曰分起搬运,或曰节节搬运,或曰蝉联接运。要有若干共同之意义:路程短,人力畜力不致疲乏,继续可用,一也。日期短,如有损失,或其他事变,易于查核,二也。计日计量,计程计日,运转较有把握,供求易于适应,三也。至于回空之损失,自不能免,此则限于当地物资匮乏,形成有来无去之现象,非人力所能补救也。

至宗棠西征时之采粮,亦可一述,盖因地因时,采用若干方式:

(一)由各军自行就地采购,按时价发给。③

(二)由大营委托或协同邻省地方政府价购,由经过部队缴款领用,或自行接运。④

(三)由大营命令军队经过各州县预为购存,随时供支。所需价款,准其动用地丁正款。发粮后,各军如有现银可领,即照民价领取归款,随即买补。

---

① 《左文襄公书牍》卷十四页15《与史绳之(念祖)》。
② 《左文襄公奏稿》卷四十四页50《覆陈拟办事宜折》。
③ 《左文襄公奏稿》卷四十四页68《关陇饷需请汇归一案报销折》。
④ 《左文襄公书牍》卷九页21—22《答骆籲门(秉章)》,页23《与李子和(鹤年)》,页33《答江达川(忠浚)》,卷十页20《与郑小珊(敦谨)》。《左文襄公批札》卷二页4《直隶定州王牧兰庐禀遵札购办军粮由》。

如无现银发给者,即取该军印收赍呈布政使核扣,不使该州县丝毫赔累。①

(四)由大营视地方粮产收获数量,留出民食及籽种所需,专员定量定价征购。此可以大军出关时专员在河西采粮为例。同治十二年(1873),在凉州、甘州、肃州三郡,订买市斗十六万三千余石,每石重三百余斤,给价银四两。而市价骤涨至六七两,盖有地方棍徒从中煽诱,当杖毙二人以徇。十三年(1874),又在凉州、甘州、肃州、安西州四郡,订买十九万石,价值略为提高。但有粮者尚不肯脱手,期待更优之给价,而无粮者已买食维艰,当青黄不接时,不得不需要官方之煮赈疗饥。故宗棠尝言:"价愈增,则富者之欲未餍,而贫者之苦愈甚。"主张欲筹军食,必须兼顾民食。②

用兵关外时之采运,在当日颇成严重之问题。按新疆、甘肃间之交通,在甘肃当以肃州为中心点,其西即为嘉峪关。新疆以哈密为中心点,其间又以安西为一段落。肃州以东至兰州省城,凡一千四百二十里。肃州、安西间,约五百六十里。安西、哈密间,约一千里。至更由哈密而西,则分两路:

北路　　至巴里坤、古城、乌鲁木齐、伊犁。

南路　　至辟展、吐鲁番、库车、阿克苏、喀什噶尔。

但当时之形势,仅能至古城一带为止,其余均已不在清廷势力范围之内。故出兵方向,以北路为先,而由安西出嘉峪关,至哈密,须环绕沙漠。由哈密至巴里坤、古城,又须逾越天山,不但路程遥远,抑且跋涉困难。于是采运问题,宗棠与关系方面发生三种争议:

(一)宗棠之意,哈密军粮,可在凉州、肃州、敦煌一带采运;巴里坤、古城军粮,应在乌里雅苏台、科布多一带采运。但都统景廉等以所辖部队原驻巴古,如此将有妨其本身军食,借词乌、科之粮运至古城,每石需银十余两,劳费太甚,要求仍从关内采运。清廷亦以是责宗棠。宗棠则以为:"关内采粮,由凉州起,历甘州、肃州,以至安西,计程一千五百六十里,合粮料价值,车驮驼只运脚,及各项费用计算,每粮料百斤,实须银十一两七钱有奇。……由

---

① 《左文襄公咨札》页12《札陕西各州县代办军粮》。《左文襄公批札》卷一页45《刘提督松山禀粮运情形由》。

② 《左文襄公奏稿》卷四十四页43—44《官军出关筹运事宜折》,卷四十六页20《覆陈移设粮台转移事宜折》。《左文襄公书牍》卷十三页12《答张朗斋(曜)》。

乌科采运至巴古,需银十余两之多,仅与由凉州采运至安西所费脚价相等。而由乌科采运至古城,一石计重三百余斤,较由凉州运安西,计重百斤之脚价,已少三分之二。况由安西逾哈密,转运巴古,计二十六站,一千九百八十七里,每百斤又须加运脚过倍。""现在巴古粮价虽长至每石四两二钱,然以一石三百三十斤计算,只一两余可得一百斤,较由关内采运至巴古,又何如也。万无舍贱食贵,舍近求远,舍易就难之理。"①

(二)宗棠之意,粮台必紧设前敌之后。出关之兵若赴南路,自以就肃州设粮台为宜;当时系趋北路,则宜设巴里坤、古城。而保恒遽欲设粮台于肃州。宗棠乃以为如此"则偏于南路,北距古城二千九百六十里,台司支应,何由察诸军之粮食赢缩,而各协其宜。东北距科布多四千三百余里,距乌里雅苏台近六千里,台办采运,何由察脚价之低昂迟速,而尽得其实。无论军行北路,粮台设于南站,为从前未有之事"。②

(三)宗棠之意:"西北转运,以驼只为宜。为其食少运重,又能过险也。驼行口内,食粮不过三斤,昼牧夜行,可省草束。且一夫管牵五驼,日需口食又省。若行口外,则食草不食料。如遇劳乏,但喂料一升,加盐少许,仍即复故。"而保恒遽在肃州采购车骡三千头,欲将出关运输,创为以车易驼。宗棠痛驳之,以为:"天山岭脊,石径荦确,向无辙迹。重载粮车,联帮衔接,较之单车空车,尚可参用人力。从容过险者,艰难特甚,事必不行。即使艰阻所不辞,劳费所不惜,而肃运之粮,亦必无颗粒到巴城。按肃州、安西,越哈密二十四站,计程虽止二千二百余里,而道路绵长,又多戈壁,车驮驼只,均须就水草柴薪之便,憩息牧饮,不能按站而行,中间人畜疲乏,又须停住养息。即催趱迫促,断非三十余日,不能到巴。计每骡一头,须啖料八斤,一车一夫口食,日须两斤。兰州以西,料豆缺产,喂养用青稞、大麦、粟谷等充之,畜食之料,即人食之料也。车行三十余日,计一车运载之粮,至多不过六百斤,两骡喂养,即耗去五百数十斤,车夫口食,亦须六七十斤,而车粮已罄,安有余粮达巴里坤乎？即达巴里坤，而车骡之喂养，车夫之口食，又将安出？"①

但此次争议，终于因清廷以宗棠督办新疆军务，将兵事饷事统归一人主持，而告解决。当开始进攻天山北路时，其储存之粮，计有肃州运抵安西、哈密者一千万斤，由哈密运抵古城者四百余万斤，由在山诺尔运抵古城者四百余万斤，由归化、包头运抵巴里坤者五百余万斤，由宁夏察罕庙运抵巴里坤者一百余万斤。而由归、包越五千里以运抵巴里坤之粮，每石平均仅合银八两内外，由在山诺尔运抵古城之粮，每石平均仅合银七两五钱，宗棠颇引为意外之满意。其后进攻南路，复地愈广，当地粮产足供军食，停止远道馈运。② 宗棠之言曰：

……西路用兵，必先将粮料转运，料理妥协，节节贯注，乃免他虞。至临阵决胜，制敌出奇，则犹其后焉者也。……

又曰：

……粮运两事，为西北用兵要着，事之利钝迟速，机括全系乎此。千钧之弩，必中其机会而后发，否则失之疾，与失之徐亦无异也。……③

"圣人论政，以足食为先。如不得已，则以去兵为急。事理昭然，今岂必异于古。"西北为自然环境所限，既不能足食，自不能足兵。故宗棠西征，力避用众，更不求速效，陈之庙堂，告之友朋，措辞不嫌切直。此盖为宗棠在西北用兵一贯之方针，始终信守弗渝者。④

---

① 《左文襄公奏稿》卷四十六页 22—23《覆陈移设粮台转运事宜折》。
② 《左文襄公奏稿》卷四十七页 5—6《督办新疆军务敬陈筹画情形折》，卷四十八页 69《北路粮运情形片》，卷四十九页 45《停撤归化包头宁夏采运片》。《左文襄公年谱》卷八页 5。
③ 《左文襄公书牍》卷十一页 37《答曹荩臣(克忠)》。《左文襄公奏稿》卷四十三页 68《金军未能迅速出关折》。
④ 《左文襄公奏稿》卷二十九页 3《饷项苦绌恳增拨巨款折》。《左文襄公书牍》卷十一页 3《答蒋璞山(志章)》，页 11《答杨石泉(昌濬)》。

# 三十九　西征中之屯垦

左宗棠在西北兴办屯政,有两语曰:"散地招集难民,冲要分驻丁壮。"(参阅三十八节)顾就宗棠当日之思想及以后之措施观之,此两语包括三种之屯:

(一)初时用兵,就地垦植。事定,将地入官者,为兵屯。

(二)指定荒绝地亩,收容难民,或降人,或解散之兵勇,从事垦植。事定,地归本人升科纳赋者,为民屯。

(三)地方被兵,户口逃亡,官军于师行所至,且耕且战,随时招徕难民复业,杂居耕种。事定,地已成熟,仍还之民者,为兵民合屯。①

宗棠兴屯,原为便于兵队就地自给,节省从远处采运粮食之劳费。惟此犹不足尽其意念,至少更有下列数端:

(一)兵队在缺粮地方,一时间采粮过多,将使市上粮价高涨,平民感受痛苦。而如果尽量搜括一空,在士马固可腾饱,在人民必致槁饿,杀民以养兵,非仁政所许,且必引起暴动,妨碍治安,谓宜同时增加生产,以期调剂。

(二)田亩垦熟,可使地方富庶,以后升科征赋,足益国库收入。

(三)以无告之贫民,待食之冗兵,课以耕作,俾人人得以自食其力,足以

---

① 《左文襄公奏稿》卷四十五页 79《嵩武军进驻哈密垦荒片》。

减轻国家负担,构成社会安宁。

(四)课防守之兵以农事,可免于因懒散而发生之罪行。①

因宗棠怀抱此种种意念,故每遇下列机会,便着手兴屯:

(一)防守某一地区时。如在进攻金积堡之际,所有防守安化、合水、宁州、正宁、萧金镇一带之兵队,均令就地耕作。南路各驻兵地区,亦指田兴屯。巩昌营有弁兵一百六十三员名,仅种地二百七十余亩,宗棠颇疑其中多烟癖疲弱游手好闲之辈,当严诫认真挑汰,无任虚糜,拨定地亩。又如在规复河州之际,先在兰州、秦王川、凉州一带兴办屯政,并作指示云:"由康家岩对河至三甲集,须饬各营屯种,作为兵屯。不但形势宜占,且可安降抚民,各营宜饬种粟糜杂粮,将来由官给价收粮,均为有益。"②

(二)收复某一地区时。如庆阳、泾州各属平定后,选吏士能作苦者官其地,抚辑流亡,督丁壮及时耕种。给以籽种、农器,因地所宜,播种粟糜、荞麦诸种,耕牛不能多得,则示以区田、代田之法。又如渭源、狄道一带平定后,亦继以垦植,地方利赖。又如宁夏平定后,拨银二万两,交地方官招民开屯,田赋自开屯日起,初年免征,次年征半,三年全征。③

(三)收抚降人时。如平定陕西土匪后,鄜州、肤施、甘泉、延长各县,安插扈彰股降众,安定、保定、靖边各县,安插董福祥股降众。平定甘肃"回乱"后,平凉、华亭、静宁、会宁、安定各县,安插投降之陕回,均指定荒绝地亩,发给籽种、农具、耕牛,俾自耕自活(参阅二十九节)。④

(四)整编部队时。如甘肃乱后,制兵久荒,当汰弱留强。择其荒绝之地,拨为兵屯,慎选将领,督令耕种,即以所获,作为名粮,其余照时价估作饷项。又如新疆乱后,所招土兵冗杂,当去其老弱不任战者,散之为农,按照户口,指余荒地亩,令其承垦。由官酌给籽种、农具、耕牛,收获后,缴本归仓

---

① 《左文襄公奏稿》卷十八页 8《剿捻剿回宜参用车战屯田片》。《左文襄公书牍》卷十四页 7—8《与张朗斋(曜)》。

② 《左文公奏稿》卷三十三页 70《遵旨覆陈折》。《左文襄公批札》卷四页 27—28《巩昌营游击范子湘禀营兵开办屯垦由》。《左文襄公书牍》卷十二页 11《答陈舫仙(湜)》。

③ 《左文襄公奏稿》卷三十一页 63《办理赈垦抚辑事宜折》。

④ 《刘果敏公奏稿》卷七页 8《覆陈边防布置并筹垦荒折》。《左文襄公奏稿》卷三十六页 38—39《收抚回民安插耕垦片》。

外,不取息,其所获粮石,亦由官照时价收买。①

总之,宗棠之兴办屯垦,但求适合时宜,不拘一定方式。且随军事而前进,兵力到达一处,屯垦推行一处。由陕而甘、而新,在陕由北山之内,以及山之外,在甘由东而南北、而河西,在新由哈密而天山北路以及南路。以下为有文字可稽之绩效:

陕西巡抚刘典奏报曰:

> ……查陕省渭河以南属境,荒地无多,渭北则蓬蒿遍野。除督饬难民分垦外,设法招垦,并命驻防营勇,分段耕种,渐有规模。通计北山内之地未垦者,约十分之六,山外未垦之地,则不过一分。……②

督办西征粮台袁保恒奏报曰:

> ……臣于同治八年(1869)二月间,准督臣左宗棠暨署陕抚臣刘典咨请筹办农田水利。曾于泾阳、三原、高陵各县境荒地,陆续垦办屯田四万亩。业已收粮济军,著有成效。……③

是为陕西之屯垦。

彝军统领黄鼎于同治八年(1869)三月,在陇东开办屯田。五月,泾州得民屯十三万亩有奇,营屯五千亩有奇,镇原得三万亩有奇,平凉、崇信亦有差。④ 定西等营统领王德榜于同治十二、三年(1873—1874)间,在安定、狄道一带,屯田一百余万亩。⑤ 屯垦既兴,经过五六年后,残破地方,逐渐复兴,粮价依次平减。如泾州、平凉、巩昌、秦州、兰州、凉州、宁夏各属,净面由每斤贵至一钱内外者,减至一分上下(或制钱十文),杂粮市价亦递减,与承平时相似。⑥ 于是宗棠综括奏陈其事:

> ……臣之度陇也,首以屯田为务。师行所至,相度形势,于总要之

————————

① 《左文襄公奏稿》卷三十五页32《安插制兵片》,卷四十七页8《督办新疆军务敬陈筹画情形折》。

② 《刘果敏公奏稿》卷七页9《覆陈边防布置并筹垦荒折》。

③ 袁保恒《袁文诚公奏议》(家刻全集本)卷三页16《筹办农田水利片》。

④ 《彝军记略》页38。《左文襄公批札》卷二页62《黄道鼎禀现办泾属赈抚屯田事宜由》。

⑤ 《甘宁青史略》正编卷二十三页26,卷二十四页5。

⑥ 《左文襄公奏稿》卷五十七页47《甘肃气象更新片》。《左文襄公批札》卷六页11《镇西厅丁丞鹗禀屯垦情形由》。《左文襄公家书》卷上页72。

处，安营设卡，附近营卡各处，战事余间，即释刀仗，事锄犁，技艺五谷，余种蔬菜。农功余间，则广开沟洫，兴水利，以为永利。筑堡寨，以业遗民，给耕具种籽，以赒贫苦。官道两旁，种榆柳垂杨，以荫行旅。自臣以下至营哨各官，于驻营之地，日巡行省视，以劳来而劝勉之。时逾八九年，流亡渐复，客作渐集，所有兵屯之地，尽付之民，缓催科而急储峙。自泾州以抵嘉峪，大道两旁各厅州县附近地方，居然井灶相望，而乡野则尚未能遽复旧观。盖陇上本土旷人稀，边塞又多沙石不毛之地也。所以多费时日，稍著薄效者，由微臣家世寒素，耕读相承，少小从事陇亩，于北农南农诸书，性喜研求，躬验而有得。所部楚军，向用农家，不收游手，其将领又多由佣耕作苦而来，故以其所习，课其所能，不烦教督而自劝。……①

是为甘肃之屯垦。

新疆之屯垦，一部分行于用兵之前，一部分行于用兵之后。所谓用兵之前者，遣张曜督嵩武军出驻哈密办屯，此可认为最合于赵充国原旨之屯。宗棠尝拨给屯银三万两，并指示方略甚详：

> 哈密既苦于兵差，又被贼扰，驻军其间，自非力行屯田不可。然非麾下深明治体，亦不能办理妥洽。从前诸军亦何尝不说屯，然究何尝得屯田之利，亦何尝知屯田办法。一意筹办军食，何从顾及百姓。不知要筹军食，必先筹民食，乃为不竭之源。否则兵欲兴屯，民已他徙，徒靠兵力兴屯，一年不能敷衍一年，如何得济？

> 闻哈密地方沃衍，五谷皆宜，节候与内地不异，惟缠头被白逆裹去者多，有地无人耕种。举行之初，须察缠头现存若干，其力可耕垦，无籽种、牛力者，酌其能耕地若干，分别发给，令其安心耕获。收有余粮，官照时价给买，以充军食。其必须给赈粮者，亦酌量发给粗粮，俾免饥饿。壮丁能耕，每人每日食粮一斤，老者、弱者，每名每日五两，聊以度命而已。其种籽必须临时发给，庶免作赈粮食去，又不下种也。虽云缠头多被裹去，然必有不愿去者，以及未曾裹去者，亦必有被裹逃回者。若民

---

① 《左文襄公奏稿》卷五十页28—29《覆陈移屯实边折》。

屯办理得法，则垦地较多，所收之粮，除留籽种及食用外，余粮可给价收买，何愁军食无出。官军能就近采买，省转运之费不少。此时由官给赈粮食、种籽、牛力，秋后照价买粮，在缠头既得延残喘，且有利可图，何事不办。惟需用廉干耐劳苦之人，分地督察，勿任兵勇丝毫扰累，勿于银粮出纳，稍有沾染，则闻风至者多，而事易举，此民屯要策也。

营中兵勇办屯田，要好营官、哨长，多方激励劝督，乃可图功。每日出队耕垦，均插旗帜，分别勤惰。每哨雇本地民人一二名当夫，给以夫价，以便询访土宜物性，籽种须就近采买。或用粮斟换牛力，如不能多得，骡驴亦可用。如骡驴不可得，即以人力代之。三人一犁，每犁日可数亩。最要是照粮给价，令勇丁均分，庶勇丁有利可图，自然尽力耕种。营哨官出力者，存记功，次优奖，否则记过。如此则各营勇丁吃官粮，种私粮，于正饷外，又得粮价，利一；官省转运费，利二；将来百姓归业，可免开荒之劳，利三；又军人习惯劳苦，打仗更力，且免久闲，致生事端，容易生病，利四。此兵屯要策也。……①

时关外本在办屯，而保恒又欲设局办屯，宗棠批评前者曰：

……近日关外诸军之以屯田为言者，其志不在恤民，不在济军，惟勒派取盈，以顾目前而已。预借籽粒，秋后数倍取偿，民不能堪。弃耕避匿，则系累其家属，追呼迫索，至不可堪，故立开屯之名而地亩转荒也。……

又批评后者曰：

……屯事须由渐而入，随时随地，得实心之人办理，自有成效。若徒骛开屯之名，设局兴办，正恐复业之民少，而局员丁役之费，翻多于散赈给粮之费。……②

指陈弊窦，入情入理。可知宗棠于屯政，确别有真知灼见者在，并非人云亦云也。张曜既经营哈密屯事，逾年，垦熟地二万亩，岁可获粮数千石。③ 宗

---

① 《左文襄公书牍》卷十四页6—8、页15，均《与张朗斋（曜）》。

② 《袁文诚公奏议》卷四页29《遵旨统筹出关粮饷折》，卷五页12《覆陈酌议屯田情形片》。《左文襄公奏稿》卷四十五页77《附陈开屯实在情形片》。

③ 《左文襄公书牍》卷十六页68《答张朗斋（曜）》。《戡定新疆记》卷八《善后篇》页11。

棠见哈密办有成效，推之巴里坤，收召当地饥兵一千三百余名，令就原有已废之天时、地利、人和等厂屯垦。又推之巴里坤西北七站地方，与古城迤西以至玛纳斯一带。[①] 于是而巴里坤、奇台、南山等处民屯，除民食，可采粮二万三四千石。古城、济木萨、乌鲁木齐等处兵屯，除兵食，可采粮一万六七千石。[②] 此皆用兵以前所办者也。

至用兵以后所办屯政，系由镇迪道属发其端。宗棠特拨银十万两作经费，责由统兵之金顺，于阜康、古牧地、乌鲁木齐一带，选派愿意耕作弁勇，酌发种籽、耕牛、拨地垦植。一面责由镇迪道饬令迪化各州县，筹办牛籽，招民耕垦，亦为兵民合屯性质。均规定，收获后，除缴还牛籽外，余粮由官给价收买，以备军需，地亩暂缓升科，俾耕作之人咸知乐利。按镇迪各地土壤肥沃，农作收益颇可观，故当时关内人民多乐于前往，每日过肃州出关者，常数十百人。各兵勇见屯垦收入较口粮为丰，更多愿释甲而操耒，如提督金运昌所部，纷纷求往，禁之不可止。[③] 其他地方，往后陆续依此办法兴屯。惟以天山北路为多。天山南路所受兵事摧残较浅，宗棠当即以屯垦之事，责由阿克苏、喀什噶尔、喀喇沙尔、库车、乌什、英吉沙尔、叶尔羌、和阗各善后局分别兼办。[④] 亦尝奏报其大概：

> ……镇西厅属兵民报垦五万数千余亩，奇台报垦民户九百有余，军营新垦六千六百余亩，迪化旧报承垦三千余户。核多浮冒，兹按册报，连新增民户，实只六千有奇。军屯尚未据报亩数，昌吉新旧垦户一千三百有奇，绥来共九百余户。吐鲁番及南疆八城，除沙碛外，荒地渐少，新增屯垦，均在新开渠工两岸，未据册报亩数，其熟地适当清丈之际。刘锦棠、张曜现饬各局员册报，俟清丈竣事，始可汇齐送核也。……

至光绪十三年（1887），综计新疆全省已垦熟地，征本色粮二十万三千石有

---

① 《左文襄公奏稿》卷四十七页7《督办新疆军务敬陈筹画情形折》。《左文襄公书牍》卷十七页64《上总理各国事务衙门》。

② 《左文襄公书牍》卷十四页45《与金和甫（顺）》。

③ 《左文襄公奏稿》卷五十二页24《垫发各军屯垦经费折》。《左文襄公书牍》卷二十页2《与周子严（崇傅）》，页31《与刘克庵（典）》。

④ 《左文襄公奏稿》卷五十六页30《防营承修各工程折》。《刘襄勤公奏稿》卷五页62《关外善后台局折》。

奇,本色草一千三百九十五万八千二百斤有奇,折色粮草及地课银五万七千九百五十二两有奇。[1]

宗棠在西北所办屯垦,初未订有成法,其要点则已大致如上述。杨毓秀著《平回志》概括记叙,较有系统,为移录之:

> 屯田之制,户受地六十亩,假予籽种三石,农器银六两,盖屋银八两,牛二头,合值银二十四两。每二人为一户,月给盐菜银一两八钱,口食面九十斤。春耕起,讫秋收,按八月计算,每月假予成本银七十三两一钱。定限初年偿半,次年全偿,遇歉酌展,偿本后,按亩升科。征额粮,自第三年始,始征其半,次年全征。仿营田制,十户一屯长,五十户一屯正,五屯正,一委员管之。凡领成本,督农功,一切事宜,地方官责之委员,委员责之屯正,屯正责之屯长。十户联环保结,互相纠察。屯正、屯长,亦如户民例,领地亩,假予成本。惟屯正月另给银四两,屯长月给二两,以示奖励,不责偿。……[2]

为招徕并鼓励垦民起见,宗棠又奏准两事:

(一)辖免积欠钱粮。"……甘肃自逆回煽乱以来十余年,戎马纵横,小民转侧干戈之中,惨难言状,其被灾情形,实有甚于各省者。……兹值关内肃清,流亡渐集,亟应归农耕垦,期复先畴。所有同治十三年(1874)以前旧欠钱粮,地亩久荒,粮何由出? 小民元气久亏,膏脂罄竭,当此清理地亩,广事招徕之时,正如瘁羽初苏,难堪惊扰。若复追索逋赋,徒启胥吏诈索之端。小民观望徘徊,情所难免,其于招垦事宜,尤有关碍。……"当奉旨将同治十三年(1874)以前实欠在民地方正耗等项钱粮草束,以及番粮番草,并向随地丁额征课程等项杂赋,概予辖免,以纾民力。[3]

(二)放宽入籍年限。各厅州县招垦新户,就所领之地计算,承粮在一石以上者,即以领照之日,作为入籍之年。按照册内注明之本户及兄弟子侄,准其一体应试。领地承粮在四五斗以上者,按照册内注明之本户及子侄,即

---

① 《左文襄公奏稿》卷五十六页 21《办理新疆善后事宜折》。《戡定新疆记》卷八《善后篇》页13。《湘军记》卷十九《戡定西域篇》页 34。

② 《平回志》卷八页 23。

③ 《左文襄公奏稿》卷四十五页 3—4《请豁免甘省积欠钱粮折》。

于下次科试，准其报考。领地承粮在二三斗者，按照册内注明之本户及其子孙，俟下次岁试，准其报考。盖清代规定，人民住居一地方满三年，方为取得入籍资格，方有参加岁科试权利。宗棠此一办法，即利用人民热恋功名之心理，放宽其入籍应试资格，以期推广屯垦之收获也。①

宗棠经营西北屯垦，其在人事上之尽力，可云已无微不至，然自然条件之限制，亦使屯垦发生不少困难。试一言之。

西北缺少人力，丧乱之余，更到处一片白骨黄茅，千里无人烟。虽为设种种优待条件，广事号召，仍有有地乏人之感。故宗棠于兴屯之先，第一步尤必定民生。如安西、玉门一带，战后孑遗之民，力能自耕者，不过十之一二，敦煌人民存者，不过十之三四，地亩荒废泰半。于是宗棠特先后发给赈银三万二千两，寒衣一万套，俾勿再流亡，然后拨款开垦。②

西北缺少木材，建筑房屋，原非易事。战时或焚毁，或坍圮，房荒益甚。招徕垦民，如何使之住宿得所，尤感为难。故宗棠安插难民降人，俾回归农事，特别注意须有窑洞足以利用。③

西北缺少耕牛，经过十余年兵燹，往日耕牛，老死而外，或被宰食，或被拉差。在如是极端匮乏情形下，兴屯工作，亦大受妨碍。故宗棠指示，无牛用马，无马用骡驴，必不得已，亦令骆驼下田。一面将降人缴献之马，以及牧厂孳生之马，均酌量拨归屯田，轮流合用。如竟无兽力可使，即以三人合管一犁。④

西北缺少铁，更缺少铁匠。而大规模经营屯垦，即需要大批农具，辄感无由供应。如乌鲁木齐兴屯，特由官招工铸造，历一个月，仅制成犁铧各数十具。故宗棠又不得不同时发动开矿冶铁。⑤

西北缺少雨泽，农田灌溉，不得不有赖于河水、山间雪水，或地下水。顾

① 《经世文续编·甘肃垦荒民户请变通入籍应试疏》。
② 《左文襄公奏稿》卷二十八页 48《陕甘饷源奇绌折》，卷四十五页 19《嵩武军开抵玉门片》，页 24《前两广盐运使钟谦钧捐助赈银酌拨安西折》，页 77《附陈开屯实在情形片》。
③ 《左文襄公书牍》卷十六页 9《与刘克庵（典）》。
④ 《左文襄公书牍》卷十二页 8《答陈舫仙（湜）》，卷十六页 9《与刘克庵（典）》。
⑤ 《左文襄公批札》卷六页 11《镇西厅丁丞鹗禀屯垦情形由》。《左文襄公批札》卷四页 32《杨提督世俊禀莳台堡回目来营乞抚由》，卷七页 11《镇迪道周道崇傅禀乌垣等处善后事宜由》。

峻岸高原，引水亦复非易，或更根本不可能。故宗棠于开渠、凿井两者，亦尝费不少之财力与精力（详见六十二节）。①

抑西北地方所居，本为匈奴、蒙古等民族，逐水草为生。自汉民、回民移居，乐于谷食，乃有麦作、稻作，农事兴焉。然以牧场化为农田，是否顺乎自然，合乎经济，尚有问题。惟宗棠之兴屯，虽为增加粮产，充实军食，不能不鼓励种麦、种稻，然亦并未将畜牧一概抹煞。其指示镇迪道曰：

> ……边塞以畜牧之利为大，先择水草便宜处所，查明户口，酌量成本数目。……将来散发羊种，应照散发牛籽之例，责成各该乡保联环结保。所领成本，分作三年摊还，不取息耗，凡此皆以利民为主。究竟地方既裕，民物蕃盛，则亦国之利也。……②

又指示喀库善后局曰：

> ……新疆户民本务，以畜牧为重，耕稼次之。亦由土旷人稀，耕者用力勤而所获少，牧者需人少而所获多也。经理之始，即当为异日设想，择其水泉饶沃者为田畴，择其水草丰衍者为牧地，庶将来可耕可牧，丁户滋生日繁，亦不患无可安插。正不必概行耕垦，始尽地利也。……③

> ……罗布淖尔，古称泑泽，伏流南出，即黄河上源。环数百里，可渔可牧，不必垦田种粟，亦可足民。西北之利，畜牧为大，而牧利又以羊为长，其毛可织，其皮可裘，其肉可为粮，小民日用所必需也，何必耕桑，然后致富。长民者因其所利而利之，则讲求牧务，多发羊种，宜矣。所请开垦一节，姑后缓议。……④

而宗棠在关内，知河西土民本以畜羊为业，认为牧事亦宜急讲，并尝于安西等处，贷给种羊，以兴牧业，固不限于耕稼也。⑤

至宗棠在西北十四年间所用屯垦经费，包括采办耕牛、籽种价值，及汉、

---

① 《左文襄公奏稿》卷四十七页 7《督办新疆军务敬筹画情形折》。
② 《左文襄公批札》卷七页 10《镇迪道周道崇傅禀乌垣等处善后事宜由》。
③ 《左文襄公批札》卷七页 37《黄令长周禀察看喀喇沙尔应行开办事宜由》。
④ 《左文襄公批札》卷七页 38《黄令长周禀查明罗布淖尔河道由》。
⑤ 《左文襄公书牍》卷十六页 10《与刘克庵（典）》。

回安插赈济等项，仅共银二百六十四万余两。则信乎其能极加撙节，力务实际者矣。①

---

① 《左文襄公奏稿》卷四十五页 52《遵旨开单报销折》，卷五十四页 54《同治十三年份（1874）军需收支款目开单报销折》，卷五十五页 65—66《光绪元年（1875）正月初一日起至三年（1877）十二月底止军需款目报销折》，卷五十九页 39《光绪四年（1878）正月初一日起至六年（1880）十二月底止甘肃新疆军需报销折》。

# 四十　西征经费之检讨

左宗棠西征经费,就所办报销计算,尚可得一总数。然欲分别计算为用于西捻者几何,用于陕甘者几何,用于新疆者又几何,则不可能。缘当时用兵,本系连续,未有确然之段落可以划断也。核宗棠所办报销,凡分四期:

第一期,起同治五年(1866)十月,讫十二年(1873)十二月,即自奉命调任陕甘总督,由福州省城启程西上,至克复肃州为止。①

第二期,同治十三年(1874)份,即至关陇肃清止。(事实上,同时已在开始筹办进规新疆。)②

第三期,起光绪元年(1875)正月,讫三年(1877)十二月,即至新疆肃清为止。③

第四期,起光绪四年(1878)正月,讫六年(1880)十二月。原拟截至六年(1880)九月奉命入京,交卸陕甘总督为止,后为划清年限,延至十二月为止。④(事实上,宗棠入京时,带有西征部队,各处台局尚未完全结束,自仍

---

① 《左文襄公奏稿》卷四十五页 38—40《遵旨开单报销折》。

② 《左文襄公奏稿》卷五十四页 44《同治十三年份(1874)军需收支款目开单报销折》。

③ 《左文襄公奏稿》卷五十五页 52《光绪元年(1875)正月至三年(1877)十二月军需款目报销折》。

④ 《左文襄公奏稿》卷五十九页 21《光绪四年(1878)正月至六年(1880)十二月军需报销折》。

有一部分开支,须划入西征经费以内。)

清代军事用款,开支本有一定则例,报销本有一定方式。太平军之役,前后历十余年,账目钩稽,难以尽合手续,故清廷特准统兵之两江总督曾国藩开单报销。其后平定贵州"教匪"用款,亦特准照办。上述西征经费第一期,宗棠以下述缘由,奏准援例开单报销。

　　……关陇肃清,亟应办理奏销,以重款项。谨拟自闰启行入关,赴燕齐,旋复入关度陇,分兵剿贼,截至肃州克复,全局底定止,汇为一案。仰恳天恩,准其援照两江、贵州成案,开单报销,俾得核实办理,庶事归简易,得免欺饰之愆,此臣所日夜冀幸者也。综计微臣师行八省,以至关陇全境,无论经过何地,所需军食、军用、夫马一切,均自行备办觅雇,概照民价发给,未尝以丝毫供支,累及地方,亦不准各省地方官借口支应兵差,为开销张本。所历关陇各地方,祸乱之余,公私困敝。关中户口凋耗,尚觉略有生机,陇则遍地伤残,白骨黄茅,炊烟断绝。不但民力无可借资,且须急筹赈抚,俾延喘息,以广招徕。他如兵勇断饷,文武停止廉俸,已阅十年,均须随宜分润,暂顾目前。主客各军,遇有缺乏,均宜随时接济,以维大局。近因道路疏通,来往要差、例差,出其途者渐多,州县无力供支,均宜筹款代办,以免贻误。而驿站之急宜安设,城堡之急宜修复,固不待言也。至抚辑遗黎,安插良回,迁徙难回,督令耕垦,多设义学,尤当务之急。略举之,仅止一端,备陈之,莫能殚述。举百废于戎马仓皇之时,艰难拮据,不问可知。若一一专案疏请经费,虽皇上仁覆天下,不难特沛恩施;而部臣责有专司,不得不概援各省成案以为准驳。即幸指拨有款,各省能否照解,又未可知。展转停待,事之寝阁必多,民之凋残日甚。若各设局经理,则局费多糜,实济翻少。反复熟思,从长计议,皆于现在时势,多所窒碍,不能仿照各省成案办理。万不获已,于协饷中通融挹注,聊资弥补。图之数年,而微效可睹者,尚不过十之三四。其地方被祸最烈,且有不逮此数者。微臣力瘁神疲,不遑自惜,即局外议论,亦只听之,耿耿此心,天人共鉴。顾通融移拨,多非准销款项。据实渎陈,既不合通行之例;挪掩凑合,更蹈欺罔之尤。又历年既久,经手各员半已星散,遣撤各营无可访询。以事势论之,亦

实非开单报销不可。……①

此第一期开单报销,经户部议准。第令自同治十三年(1874)正月以后军需用款,应照例章,按半年奏报一次。复经宗棠陈明,收款牵前搭后,支发款目又极繁巨,半年奏报一次,实多窒碍,请将同治十三年(1874)以后军需报销,不拘成例,改作一年开单,奏报一次,当奉清廷批准。② 然其后并未实行;至光绪四年(1878)四月,重请为第二期与第三期之报销,略谓:

> ……自同治十三年(1874)至今,又已四年之久。关塞用兵,所有饷需、军械、军装、军火,均由各省转运采制,而军粮巨款,亦须由产粮处所采购,款目既繁,程途绝远。凡有调度,非豫于一年半之先,函牍频催,不能应手。每前局起解文报,久已到营,比经各台局层递接解,转运前来,已在一年半年之后。行查销算,难以克期清结,势有固然。即如前岁借用华商巨款,至去冬洋款借到,始能分起还清。又归化城、包头镇设立采运局,由北路草地,用驼转运巴里坤,往返万余里。自光绪元年(1875)开办,二年(1876)秋攻克乌鲁木齐等城,就近古城一带官民屯垦,可以采运供支,即撤包归之局;三年(1877)夏间,始据包归局员造赍总报到营,即其明证。所以不能按年划清开销者,用兵于荒远阻绝之区,转运设于水陆万里数千里之外,所有款目,均牵前搭后,界划难以限年截清。各台局造报请销,展转行查,亦需时日,较之各处军营办理情形,迥不相同。……伏恳天恩俯准,不拘年份,作为两案,仍照前次开单报销,以重公款,而昭核实。……

宗棠此请,亦奉清廷批准。③ 而户、工二部未以为然,奏请将此次军需报销各款,凡属例章应准报销者,仍令转饬各台局经手人员逐款造具清册,送部核销;其有不合例章及为成案所无者,既属事所必需,应令逐款详晰声明,开单奏报。宗棠复将为难情形,据实覆陈:

> ……窃维关外著名荒远瘠苦之区,用兵与内地迥异。军需则例,定自乾隆年间,一切支销款目,多按征调各营官兵厘定。此次军务,全资

① 《左文襄公奏稿》卷四十四页 68—69《关陇饷需请汇归一案报销折》。
② 《左文襄公奏稿》卷四十六页 6《同治十三年(1874)后军需请作一年开报片》。
③ 《左文襄公奏稿》卷五十二页 79—82《关陇新疆军需款项请分作两案报销折》。

勇力,兵饷与勇饷,既不相同,遂致应支各款,多属定例所无。如臣所部马步各营弁勇,自同治五年(1866)十月,由闽起行入关之始,酌定楚军营制章程,每步勇连管带五百零五人为一营,外有长夫一百九十二名,月支饷银二千九百余两。每马队二百五十人为一营,连长夫、马夫三百名,月支饷银三千一百余两。其时陕甘粮价奇昂,每勇照章月支口粮银四两二钱,仅勉敷食用。长夫每名月支口粮银三两,则尚不敷食用。是以同治五年(1866)二月初一日,曾奉恩旨垂询,从前南省勇丁,以甘肃地方瘠苦,多不愿往;此时若将调赴甘省勇丁酌增饷银若干,当可乐于从事。钦奉之下,臣以为弁勇月饷,一议加增,即为定制,如遇粮价平减,转滋多费。随经酌量变通,当将各营应需粮料,由官采运,储存各处。军营领粮百斤,无论粮价、运价如何昂贵,只扣价银三两,其不敷之数,由官津贴,作正开销,业经奏明在案。自后由陕度陇,以至出关督办新疆军务,均照此章办理。嗣因饷项奇绌,各营月饷,未能按月支给,积久致成巨款。臣于前次开报截至同治十二年(1873)年底止报销各款单内,弁勇口粮,共已欠发银八百数十万两,即其明证。今臣办理新疆军务支销各款内,弁勇口粮,本为大宗。是以部议令其照章造具清册送部,部中即可照楚军章程核办。设使臣军饷项充裕,各营均能按月清给,此时报销,照章按月核算,开造细册,有何为难。无如臣军饷项,历年支绌异常;各营月饷,只能因地因时,通挪酌给。凡在前敌打仗者,均应照章给饷,先行从宽酌发,俾得士马饱腾。其在后路驻防者,亦照章程算给,仍先按月酌发火食银两,俾资糊口。俟有裁汰告假,再行照章算清,如数找发。迨至光绪元、二(1875—1876)等年,复经臣与帮办军务臣刘典,将关内后路防营,改照坐粮及土勇章程支饷,以期撙节。至裁改归并各营,除照章找清欠饷外,仍按省份远近,酌给川资,俾得安静回籍。是弁勇月饷一项,虽云照依楚军章程支发,然其中有发给现饷者,有补发旧欠者,有先给月需盐菜火食,嗣后再行核算找发者,情形不一。此时若造清册,安能按名一律开造,求合例章。他如采运军粮,各处市价不同,各营支领粮料,多寡不同,关外转运,经行戈壁,不能如口内程途里数可考。需用一切军装、军火、器械等件,有由内地制办者,有由上海派员前赴外洋采购,运甘转解前敌者,有由陕甘设局仿造洋枪、洋炮子药弹者,更难按例计算工料。臣深知饷项艰难,凡有一切支发,在前敌者,皆由臣行营核明拨发,在后路者,皆由帮办军务臣刘典核明拨发。有时移缓就急,不容坐失事机;有时挹彼注兹,惟期有裨实用。若必求合例章,一一迁就挪移造册,诚如同治三年(1864)六月部臣折内所云,实数不准销,准销非实数,不特无以仰对朝廷,且无以符部臣核实之奏。非臣别有意见,故违定章也。……

此次覆奏,自得清廷同情,维持开单报销原案。① 然同治十三年(1874)销案,户部又咨驳四点:(一)支发采买军粮、草料、米面价值一款,上届报销案内,每年约支银三十六万两,此案共支银九十一万四千余两,较上届多银五十五万余两。(二)又支发采买驮骡、杂物、喂养等银一款,上届报销案内,每年约支银十一万余两,此案共支银十八万八千余两,较上届多银七万余两。(三)又支发各州县津贴,酌补各官薪廉等银一款,上届报销案内,每年约支银三万四千余两,此案共支银三十一万八千余两,较上届多银二十八万余两。(四)又补发各营弁勇口粮一百四十三万三百六十二两零,未声明补支何年何营欠饷,均应分晰开单声覆。宗棠又具奏曰:

……同治十三年(1874),关陇肃清,大军筹议出关,凡军粮、料草、驮骡、什物等项,不能不宽为购备,俾免临时缺乏。采办之物件既多,需用之款目自巨,此采买粮料等项用过价值,较前加增之原委也。至酌补各官薪廉等项,较上届报销案内银数增多一节。遵查同治十二年(1873)以前报销案内,支发各州县津贴办公,并酌补各前任积欠薪廉等项一款,系专指酌发文职各官银数而言,其绿营武职员弁,历年积欠之项并未发给。关陇肃清之后,各营员弁纷纷具领,不得不量为酌发。前欠清单内开银数,系将文武各官及营汛制兵支领之项,并计在内。此次支发银数,均系随时酌发,并无一定额数,此酌发文武各官积欠薪廉等项,与上届报销案内未能一律之原委也。又补发各营弁勇口粮银一百四十三万三百六十二两零,亦未声明补支何年何营欠饷,饬查声覆一

---

① 《左文襄公奏稿》卷五十三页 65—69《西征军需请仍一律开单报销折》。

节。遵查上届报销案内,曾经声明,截至同治十二年(1873)年底,历年积欠各营军饷,共银八百二十五万九千八百二十两二钱二厘三毫二丝六忽,此次补发银内,即系欠发同治十二年(1873)以前截数开报欠饷八百二十五万九千余两内之先行补发之项。前单业将补发银数,在于欠发数内,详细声明扣除。且欠发各营军饷,均系递年滚算,亦无从按年分晰年份。……

臣维军需支款,与常年经费不同,常年岁有定额,部臣逐年比较,按册而稽,可以知其梗概,军需用款则不然。如支发饷银,则视收款之盈绌,定支发之多寡;采制各物,则视需用之缓急,道途之通塞,商贩之多寡,价值之长落,随时采办。动用银数,非惟今岁不能比于旧数,其需用缓急之间,更有今日不能比于昨日者,断难拟之一律。臣前次开报请销各款,不独户部历查各节,与上届银数间有不同,即部臣所谓上届不甚悬殊之款,亦皆非上届报销之数,适相吻合。其实按年支发银数,多寡本有异同,亦非按年均匀摊算,止有此数,臣前次奏请核实开报,不必牵合部章者,正为此也。……

于是此次报销,复得核准,①然户部仍谓此后接续报销,务须核实办理,以重饷项。故第四期报销,宗棠仍以"……臣军收支款项,未能拘定成案,按年划清报销者,用兵于荒远阻绝之地,转运设于水陆万数千里之外,款目均牵前搭后,界画难以限年截清;新疆辟地日广,捍卫借资器械,办事需员;克复城池,随时安插户口,时事不同,势难画一。……"等缘由,奏奉特准开单办理。于是十四年之西征经费,始得清结。② 盖户部为执行则例,常坚持造册报销,且造册报销,照例有一笔销费收入,故实不愿各军营开单报销。部中所持为手续,而统兵大员须顾及事实,形成对立,乃事实所必至。然欲依数十年前之则例,核数十年后之军费,欲凭一成不变之计算方式,核各地错综纷纭之物价工价,欲在方寸之门户以内,核千万里外之实支,其必扞格不通,亦

---

① 《左文襄公奏稿》卷五十五页 68—70《同治十三年份(1874)军需用款请敕部照前单核销片》。

② 《左文襄公奏稿》卷五十七页 18《光绪四年(1878)正月至六年(1880)十二月军需款项请仍照前案开单报销折》。

不问可知。

四期报销所列开支项目,都十二款,兹各系以四期之总数如次。惟原案计算单位至"微"为止,因太琐屑,以"两"为单位。

(一)支发楚军马步各营,并各起护军土勇,暨宁夏将军穆图善,固原提督雷正绾所部各军兵勇口粮,银五千四百三十六万九千七百八十四两。再加拨交关内外各军四百二十一万八千三百零六两(如宁夏将军、西宁办事大臣、伊犁将军、乌鲁木齐都统、哈密参赞大臣、嵩武军、甘肃绿营等,即归各该军自行报销),老湘军四百三十二万一千七百零八两(同治七年〔1868〕十月,至光绪元年〔1875〕八月,由宗棠另案报销),共计六千二百九十万九千七百九十八两。案当日宗棠用兵西北,尚有若干部队,虽并归指挥,而各有专饷,别自收拨,不在报销案内。故上列之数,不能即谓为用兵西北之全部饷银也。再彼时军费异常支绌,各军辄欠饷累累。如李鸿章之淮军,浸至规定全年饷额,仅按九个月核发。宗棠所部在西北,亦每仅发米与盐菜,勉维一饱,至年终始凑发满饷一个月或二个月。故截至光绪六年(1880)十二月,计尚欠饷银三百三十三万四千四百八十四两。而其间因裁撤归并,遂将欠饷注销之数,亦共有银二百三十九万九千二百七十五两。

(二)支发由上海及湖北、陕西等处起解,并由行营拨解各军饷银、粮米、军装、军火等项,需用船只、车驼、夫骡脚价,并汇解饷银支给汇费等项,银一千六百五十万七千三百九十四两。案此款与以下第六款、第十款,均属军运范围,共计一千八百十六万五千二百四十一两,占总支出五分之一。西北用兵筹运之困难,于此得一证明。

(三)支发采买,制造军装、军火、旗帜、号衣、帐棚,并洋枪洋炮、子药、铜帽等项工价,银五百十二万一千三百十一两。

(四)支发采买粮米、面麸、柴草价值等银,除转发各营扣回价银外,实共津贴粮价银五百五十八万四千五百五十五两。案西北粮价,高出勇夫饷额,故每领米百斤,限扣三两,余由官贴补。至出关各部队,则更不扣价,全部由官供应。西北用兵筹粮之难,于此得一证明。

(五)支发随营办事文武及各台局当差员弁薪水、书役、工匠、护勇、长夫口粮,纸张、油红等项,银二百零九万五千三百六十五两。

（六）支发采买战马、骆驼、驮骡，制办骡车、鞍屉、什物、喂养等项，银一百三十四万一千三百二十一两。

（七）支发借用华洋商银两，议给利息，银四百二十八万一千八百四十四两。减去第四期扣回八万九千七百零一两，实为四百十九万二千一百四十三两。案各省关协饷，常不能如期如数报解，不得不向华洋商借款济急，由是在原已万分竭蹶之军费中，又须负担一笔利息。西北用兵筹饷之难，亦于此得一证明。先后共借洋商一千五百九十五万两（详见五十四节），华商一千零六十五万三千七百三十两，除陆续偿还外，截至光绪六年（1880）十二月，尚共欠六百万五千两。

（八）支发招募各营弁勇经费，及沿途行走小口粮，银二十九万八千三百四十七两。案此款仅第一期有之。

（九）支发各营阵亡，受伤弁勇恤赏、养伤等项，银四十八万二千五百三十七两。案此款亦常有积欠，截至光绪六年（1880）十二月，尚欠银二十五万八千八百九十四两。

（十）支发押运军火员弁水陆川资，及采办各项委员盘费等项，银三十一万六千五百二十六两。案此款亦仅第一期有之。

（十一）支发各处屯垦经费，采办耕牛、籽种价值，并汉回安插赈济等项，银九十八万零二百三十二两。再加拨交陕西北山赈款一百六十六万三千二百五十六两（归陕西省自行报销），共计二百六十四万三千四百八十八两。案此款与以下第十二款中之各州县津贴办公，本不在军事范围，惟当日宗棠尚有陕甘总督名义，不能不过问，而陕甘政费，又本支绌，亦不能不在军费内动支也。

（十二）支发各州县津贴办公，及添设腰站、军台，购买驿马等项，银一百十三万八千八百三十三两。

以上十二款,合计银一亿零二百六十三万一千六百二十一两。①

至欲考知宗棠西征经费之来源,则须先明了西北本为贫乏地方,战时财政,尤为支绌。甘肃、新疆饷事,向恃外省协济,每年四百数十万两。自太平军兴,各省自顾不暇,或常欠解,或竟停解,实收仅及半数。甘省田赋,原仅年征四十余万两,乱后更减至二十七万两上下。故杨岳斌到陕甘总督任时,调查甘肃布政使库存,只有一千两。陕西饷事,向恃本省钱粮,自较甘肃为佳,然乱后亦锐减,而军费则激增,虽办厘金,每年仅十万两内外。故刘典署陕西巡抚时,报告有着落之饷项,不过一百六十万两。宗棠所部之饷,在福州省城出发时,固已商定由福建、浙江、广东三省协拨,然入关以后,郑重审计陕甘两省整个军费收支,陕西每年约缺一百四五六十万两,甘肃约缺二三百万两,不得不请由清廷筹拨,并力主"以东南之财富,赡西北之甲兵"。清廷重为指定各省及各海关经常协济,而临时由户部拨补。宗棠亦自就捐输与厘金二者,尽力筹划。至出兵新疆时,虽征途益远,用费益巨,仍指原有各省关协款为军费,宗棠乃不得不同时以裁兵为节饷之道。盖用兵西北,筹饷之难,亦于此可得一证明。② 兹将上述四期报销案中之收款,概括为七项,分别于次:

(一)户部拨 银四百五十二万零六百三十两。

(二)各省拨 银六千八百九十六万四千一百三十一两,再加江苏拨老湘军饷四百三十二万一千七百零八两,共计七千三百二十八万五千八百三十九两。案此款包括一般之甘肃、新疆协饷,及指定专协某军之饷(如陕西专拨雷正绾军饷等)。当日协拨之省,有山东、四川、福建、浙江、广东、湖北、湖南、江苏、安徽、江西、山西、河南十二省,有定额可稽者,浙江原协楚军每

① 《左文襄公奏稿》卷三十页 41《请于陕甘饷项外请拨实饷折》,卷四十五页 50—52《遵旨开单报销折》,卷五十四页 51—55《同治十三年份(1874)军需收支款目开单报销折》,卷五十五页 64—67《光绪元年(1875)正月初至三年(1877)十二月军需款目报销折》,卷五十九页 29—32《光绪四年(1878)正月至六年(1880)十二月军需报销折》,页 36《老湘军自同治七年(1868)十月至光绪元年(1875)八月收用江苏协饷数目片》。《左文襄公书牍》卷十一页 63《答曹荩臣(克忠)》。

② 《左文襄公奏稿》卷二十一页 63《遵旨宽筹饷项以济危局折》,卷二十八页 48《陕甘饷源支绌请指拨实饷折》,卷二十九页 30《饷项枯绌请增拨巨款折》,卷三十页 68《请催江海关粤海关短解银两片》,卷三十一页 47—59《沥陈饷事窘迫片》。《杨勇悫公奏议》卷四页 11《粮饷支绌请饬各省协济折》。

年二百四十六万两,福建、广东各四十八万两,清廷指定西征协饷,浙江每年六十万两,湖北、江西、福建各四十八万两,江苏、广东各三十六万两,安徽二十四万两。

(三)各海关拨　银四百零五万八千六百五十三两。案当日拨款之海关,有江海关、江汉关、浙海关、闽海关、粤海关等五处,有定额可稽者,江海关每年五十万两,闽海关二十万两,江汉关十五万两,粤海关十万两,浙海关五万两。

(四)捐输　银八百八十一万七千五百三十六两。案此款包括甘肃自办米捐,各省分拨米捐(详见五十一节)。

(五)田赋　银十八万六千五百十七两。案此款为甘肃一省之数,及新疆收复后所征之数。

(六)厘金　银一百六十七万七千八百三十四两。案此款亦为甘肃一省之数,及新疆收复后所征之数。(详见五十节)

(七)杂收　银二百七十万五千零一百四十七两。

以上七款,共收银九千零九十七万五千四百四十八两。[1] 自以各省关协款为大宗,然常有积欠。且自报解到解到,每须两三月。当青黄不接之时,悉以华洋商借款弥补。有时遇采粮款项不给,则以三联银票,由甘肃布政使盖印行用,期以两个月发给现银。[2]

言及军费支销,则宗棠用兵所感窘乏,自可想见,西征时固如此,东征时亦何莫不然。(参阅二十节)所可异者,此辈士兵既收入如是微薄,何以犹愿以生命供牺牲? 欲解释此疑问,则如统帅之能共甘苦,能以恩义相维,并能以纪律相绳,为主要之答案。而于防守之部队,课以农事,俾有作物收成,或供自用,或以出售,亦不无补济。然每收复一地方,能多得意外之收益,当仍不失为一大原因。金积堡攻陷时,宗棠致书陈湜曰:

---

[1] 《左文襄公奏稿》卷四十五页 40—45《遵旨开单报销折》,页 84《陈明甘肃捐输实数片》,卷五十四页 47—51《同治十三年份(1874)军需收支款目开单报销折》,卷五十五页 55—64《光绪元年(1875)正月至三年(1877)十二月军需款目报销折》,卷五十九页 24—30《光绪四年(1878)正月至六年(1880)十二月军需报销折》,页 65《老湘军自同治七年(1868)十月至光绪元年(1875)八月收用江苏协饷数片》。《左文襄公书牍》卷十一页 43《答陈舫仙(湜)》。

[2] 《左文襄公奏稿》卷四十五页 71《饷源顿涸筹借洋款折》。

> ……据供马氏兄弟父子资财，实近两百万之多，未知实否。各营掘藏颇多，自不待言，马逆眷属住处，未经搜索，想必不少。十四五以后，必鲜有存者，闻卓胜所获尤丰，信否？……

其时官报搜得敌资，则仅有十九万余两，宗棠犹以赏给在事各营，每营二千两，七十一营共十四万二千两。是私获而外，犹有官赏，此所以甘于执殳前驱乎！又如围攻肃州城时，各军预计争发洋财，宗棠亦阴许之，以为"攻破城池，歼灭首要各逆，何愁洋财不能到手"。城既克，终以分赃不均，几启衅端。即此二役如是，推之他役，当无不如是。故浙江各城之克，报得敌银米数十万两，以充善举；新疆之役，报得敌资七万余两，以办地方善后。恐尚为归公之极少数，将士所获，必有十百倍于此者。王闿运作《湘军志》，描写彼时之将士，争求从军，每破寇，所卤获金币珍货，不可胜计，故其结论曰："能战之军，未有待饷者也。"[①]事实昭然，自不必曲为讳饰。

---

① 《左太傅致陈少保手札》(石印本)。《左文襄公书牍》卷十三页 22《答金和甫(顺)》，页 24《与徐昆山(占彪)》，页 35《与沈吉田(应奎)》。《平浙记略》卷十三页 11。《左文襄公奏稿》卷十三页 25《查获敌财，以充公用片》。《湘军志》卷十六《筹饷篇》页 4。

# 四十一　欲一唾四十年恶气

清自同治而后，与外国交涉益繁。每遇一严重交涉发生，朝野必有主战与主和两派，左宗棠则恒偏于主战一派。然而伊犁事件之和平解决，殊使宗棠无用武之地，徒叹"伊犁仅得一块荒土，不料和议如此结局，言之腐心"。其时宗棠留居中枢，凡有使命三：一为在军机大臣上行走；一为在总理各国事务衙门行走；一为以大学士管理兵部事务。此为宗棠在京朝服官之第一次。卜居东华门外北池子西偏，对紫禁城，中隔荷池，户牖皆拱宸垣，于隙地构屋，拓新旧石鼓文张之壁，更自以楷书录韩愈、苏轼石鼓诗补其缺，名曰石鼓阁。顾为时甚暂，越八月，即光绪七年（1881）九月，被命为两江总督，兼充办理南洋通商事务大臣。陛辞日，文宗后那拉氏临朝，谕以："两江公事，岂不数倍于此，以尔向来办事认真，外国怕尔之声威，或可省事，故以此累尔。"旋即束装南下，先回湖南。一至长沙省城邸第，视其家属，一至湘阴东乡故里，展谒先茔。时仲兄宗植与其子浑夫妇，妻笃仙夫人，长子孝威与其妇、二女孝琪、三女孝瑸与其婿，均已前卒。而宗棠自奉诏襄办曾国藩军务离家，亦已二十有二载矣。然烈士暮年，壮心未已，观于莅两江之所为而可知。①

---

① 《光绪东华录》卷四十三页 16。《左文襄公年谱》卷十页 18、页 22。《左文襄公文集》卷四页 10《红蝠山房记》。《左孝同跋左文襄公书韩苏石鼓诗屏》（中华书局石印）。《左文襄公书牍》卷二十五页 45、页 48，均《答杨石泉（昌濬）》，页 61《答刘毅斋（锦棠）》。

办理南洋通商事务大臣一职，原为履行鸦片战争后之江宁条约，开辟五口商埠——上海、广州、福州、厦门、宁波——而设，例以两江总督兼之。然其任务固不限于通商，其范围亦不限于五口，凡如东南七省——安徽、江西、江苏、浙江、福建、广东、广西——举办洋务，筹备防务等等，即所以应付通商各国之事项，无不归其综持。当鸦片战争时，宗棠尚以书生从事教读生涯，愤慨万端，乃越四十年，以相国躬履此由鸦片战争而产生之官职，其感想将何如耶？又在已往之十四年中，宗棠始终在西北，所经营者为塞防，今移节东南，所经营者一变而为海防，其感想又将何如耶？而宗棠所注意，偏于海防，图相机一雪四十年前国耻。于是在十二月中，由汉口乘轮东下，直抵江宁省城，一路即阅视长江形势，及两岸防务。宗棠自承于海防涉历较浅，故屡商之于以水师起家奉命巡阅长江之彭玉麟。两人均主张采取守势，不取攻势，即专防海口与江口，而不争大洋。其实此本魏源《筹海》之说，所谓"守外洋不如守海口，守海口不如守内河"者也。[①] 兹将宗棠有关海防之措注，择要记之：

（一）确定防守地带。海防以吴淞口为要塞，自吴淞炮台迤西北海堤，至罗店，过黄浦江之东，经高行，沿海堤至龙王庙，均划为戒备区域。吴淞炮台左右内外，抽拨兵船分守。罗店、高行各扎两营，前者兼顾嘉定、太仓之后路，后者遮阻敌人登岸之路。江防以崇明、白效沙为第一重门户，平日安置水炮台船，必要时，设置鱼雷。水炮台船向上海耶松、祥生两船厂订造四具，每具银三万两。先将小夹南岸之全泾口，挖深丈余，长里许，宽五六丈，以备收泊水炮台船之用。江阴为第二重门户，南北岸均设炮台。江阴与白效沙之间，圌山关、象山、都天庙、焦山、福山、狼山、江宁省城之下关乌龙山，均设炮台。时吴淞炮台有炮十八尊，江阴炮台有炮四十九尊，圌山关等炮台有炮约共百尊。宗棠命再扩充。各炮台工程，本尚坚实，惟地势凭高，利于俯击。若遇洋轮驶入，则船身贴水，列炮冈阜，与之相持，难于取准命中。宗棠因命更就地位不甚相宜者，傍岸修砌船坞，用

---

① 《左文襄公奏稿》卷五十九页 52《会商海防事宜折》。《左文襄公书牍》卷二十六页 4《答彭雪琴（玉麟）》。《海国图志》卷一《筹海篇》页 1。

木簰铺成水炮台，移炮排列，有警次第施放，期易中的。又船上发炮，因平日演习，只求惜费，未能装子，尚欠纯熟，当由宗棠规定，以后开操，得领取子药，每炮按六次为一轮，每轮以三次为度。关于鱼雷之施放，另在江阴设局，聘英人专事教习勇丁。宗棠指示江南长江各提督、各总兵曰："木簰安炮，平击洋轮。"曰："安设水雷、鱼雷，暗击洋轮。"又曰："以制造小船，载短劈山炮，用合膛子，专击洋轮烟筒。"①

（二）补充船舶。长江水师仅有木船，玉麟认为未足与外国兵轮抗衡，曾议置备小兵轮十艘，以费绌无成。至是，宗棠自任筹款，期早实现。时南洋大臣所统兵轮，有驭远五百匹马力，澄庆一百八十匹，登瀛州、威靖各一百五十匹，测海一百二十五匹，靖远八十匹；蚊子船有飞霆、策电各六十六匹，龙骧、虎威各六十匹；差轮有操江八十匹，福安六十六匹，江安、澄安各二十匹。宗棠亦以为不敷支配，决计另备大兵轮五艘，小兵轮十艘。议归上海江南机器制造局承造，每艘造价银十七八万两。大兵轮五艘，以三艘归福建船政局承造，每艘造价银三十万两，余二艘向德国订造，马力二千八百匹，每艘造价银二十七万两。一面向福建船政局附设学堂，调取学生十名，并招水手一百名，指派教习，在澄庆兵轮，教以西学，练习帆缆一切事宜，并游历各海口，俾衽席风涛，辨识海道。期以三年学成，分发新造各兵轮服务。在福建船政局所造大兵轮，先以新落成之开济拨用，此船号称二千四百匹马力，原定每时可行一百海里，乃其后试行仅得九十海里，设备亦未尽完善。宗棠因奏请将负责人员交付惩戒。在德国所造大兵轮二艘，题名南琛、南瑞。当中法启衅时，已在使用，颇为得力。宗棠因奏请将经办人员优予奖励。又长江水师在江南，有内河五营，太湖亦有巡防炮船，独于江北尚少布置。宗棠鉴于高邮、宝应、邵伯一带，湖河相连，村舍零落，枭匪尤为充斥，欲攘外，必先安内，非得轻快炮船，不足以资镇慑。因饬金陵船厂添造飞划三十号，并挑

---

① 《左文襄公奏稿》卷五十九页40《拟修船坞安置水炮台各节片》，卷六十页36—37《筹办海防，会商布置机宜折》，卷六十一页70—73《遵旨布置海防折》。《左文襄公书牍》卷二十六页21《与长江各提镇》，页40《上总理各国事务衙门》。曾国荃《曾忠襄公奏稿》卷二十五页25《奏留水雷教习片》。

拨舢板八艘,配齐炮械,驶往上述地点,加意巡缉。[①]

(三)创设渔团。沿海沿江居民,多以充当渔夫或水手为生活,均谙习水性,且熟识水道,顾气质凶悍,常流为海盗,而于国家有事时,尤易为敌人利用。于是宗棠拟就沿海或沿江之川沙、太仓、镇洋、宝山、崇明、华亭、金山、奉贤、南汇、常熟、昭文、上海、江阴、靖江、通州、海州、海门、东台、盐城、赣榆、阜宁二十一厅州县(原列二十二,后除去不濒江海之嘉定,故为二十一),创设渔团,将此项渔夫、水手,加以组织、训练。当时估计此二十一厅州县内渔夫、水手,约有一万数千人,每一百人中,挑壮健者三十人,约可练成团丁四五千名。光绪九年(1883)七月,实行开办。其编制,每团丁十名为一牌,牌有长;每五十名为一甲,甲亦有长。每甲配船五号,于是共得九十二甲,四千六百名,各统于团防局。局每厅州县自为一所,崇明以人数较多,独设二所。又于吴淞口设立总局,以苏松太兵备道为总办,苏州城守营参将为会办。每局遴选晓事正绅二人,分任团总、团佐,别挑技艺纯熟者二人,为教习。编入渔团之船,均由局给领刀矛、军械、金鼓、旗帜、号衣等件。甲长、牌长均赏给功牌,俾资钤束团丁。各团丁均于每月初二、二十六两日,驾船齐集团防局所在水面,操练一次。甲长每人月支银四两,牌长每人每操给口食银三钱,团丁每人每操给口食钱三百文,船只每号每操给船价银九钱。操练之技艺,为伏水、泅水、超跃、猱升等,总办、会办、团总、团佐及以次职员,均另酌支薪水。[②]

(四)挑募水勇。创设渔团时,即预拟团丁中有操练纯熟,能伏水、泅水、超跃、猱升,技艺超群者,挑为水勇,优给口粮,散入现有之艇船、八团舢板,

---

① 《左文襄公奏稿》卷六十页42—43《轮船水勇请仍照旧章办理折》,页45《添造兵轮预筹驾驶人才片》,页47《新造开济快船弁勇支薪请敕部覆核片》,页57《饬造轻快船只巡缉邵伯湖一带片》,页59《江北巡船请仍准以募定弁勇管驾巡缉片》,卷六十一页77—78《闽省船政局造船玩延讳饰片》,卷六十四页27《购办南琛南瑞快船片》。《左文襄公书牍》卷二十六页3、页5《答彭雪琴(玉麟)》,页8《与黎召民(兆棠)》,页39《上总理各国事务衙门》。彭玉麟《彭刚直公奏稿》(光绪十七年〔1891〕苏州刻本)卷三页43《会商海防事宜折》。《曾忠襄公奏稿》卷二十三页35《添募新军疏》。

② 《左文襄公奏稿》卷五十九页52《会商海防事宜折》,卷六十一页10—13《创设渔团折》,页42—43《校阅渔团折》,页14—15《办理渔团详细情形折》。《曾忠襄公奏稿》卷二十四页34《裁撤渔团截数报销折》。镇洋,今并入太仓。华亭,今松江。昭文,今并入常熟。通州,今南通。海州,今东海。

及仿造之蚊子船,定造之兵轮,期以水上人材仍用之水上。于是在渔团成立一个月后,光绪九年(1883)八月,先挑得水勇二百二十名,分为左右两哨。嗣宗棠亲临校阅,饬照楚军营制,募补成营,于十月起支口粮。共计什长、水勇、伙勇四百九十六名,编成五哨,派委管带一员,哨官四名,哨长四名,以资约束。仍参仿楚军章程,在未经挑选成营以前,每勇日给小口粮钱一百文。成军以后,营官月支薪水公费银二百两,哨官月支银九两,哨长月支银六两,什长月支银四两二钱,水勇月支银三两六钱,伙勇月支银三两。①

(五)扩充勇营。同时,宗棠对于陆师,亦颇着意。自太平军兴,各省绿营,多成虚设,专用勇营,江苏亦以勇营驻防。清廷为节省饷糈,令各省淘汰绿营疲弱,精选勇丁递补,其余勇丁,除酌留为练勇,以创新军外,均归裁撤。宗棠以为:"时事多艰,隐忧方大,正宜乘此讲求武事,以为自强之计。若竟将多年练成劲旅,裁补兵额,前功尽废,后患方滋。外人观听最真,窃恐生其轻视。设一旦海上有警,将何以御外侮而靖内奸? 即使再有招募之谋,劳费岂可以道里计。而临渴掘井,得力与否,亦正未敢知。"当会同江苏巡抚卫荣光覆奏,主张从缓。一面就投效之楚湘军人,添立九营——毅营、威营、仁营、礼营、良营、锐营、先锋营、炮队正副营。嗣更陆续增募新湘、恪靖各营,连前共水陆二十一营,五哨。此固为宗棠对外绸缪之计,然亦非无安顿旧部之用心存焉。②

(六)储备军实。时曾国藩创设之江南、金陵两机器制造局已有相当成就,宗棠益加整理,密饬先造机器,于崇宝沙、宝山、吴淞口、白茅沙各处,间段分设,以备不虞。宗棠又尝亲往江南局视察,适新铸大炮中节出模,火光腾灼,宗棠本有目疾,坐是红肿有加,流泪不止。宗棠于外洋枪炮,向欣赏德国出品,此时尤赞美温者斯得一种,枪身全用螺丝,后膛进子,最为利器,实马体呢所不及。当先在上海搜购三百杆,仍在德国订购二千杆。又订购鱼

---

① 《左文襄公奏稿》卷六十一页 12《创设渔团精挑水勇折》。《曾忠襄公奏稿》卷二十四页 34《裁撤渔团截数报销折》。《光绪东华录》卷四十六页 11。

② 《左文襄公奏稿》卷六十页 53—54《江苏防营请从缓裁改折》,卷六十一页 2《筹拨江南防军折》。《曾忠襄公奏稿》卷二十一页 49《条奏南洋防务疏》。卫荣光,字静澜,河南新乡人,咸丰二年(1852)进士,官至山西巡抚,光绪十六年(1890)卒。

雷二十具，并邀制造鱼雷之洋匠来华传习技能。一面亦命金陵局自制马体呢、温者斯得枪弹，以及神机炮弹、格林炮弹、水雷、铜卷子弹等。同时，在圌山关南北岸，添造火药库，以备储藏。在南京下关，拓地储煤，以供轮船之用，此地即今所谓煤炭港者也。①

宗棠甚重视海防与江防，故在两江总督任三年，迭次出巡视察防务。如：

光绪八年（1882）二月，在清江浦，调阅江北营伍。

四月，调阅江南营伍，周历镇江、常州、苏州，遂至上海，视察江南制造局，又出吴淞口，阅视兵轮。

九年（1883）正月，巡视长江，在吴淞口与玉麟会商防务。

九月，至崇明，阅视渔团，至上海，在江南制造局，阅视新造活炮台船。

十年（1884）正月，至扬州，阅视渔团，至象山炮台，演放大炮，至吴淞口，阅视渔团，至上海，视察江南制造局。

前后凡五次，而其即在江宁省城之下关，阅视演放鱼雷等，尚不与焉。② 其勤劳盖如此，而其兴趣亦在此。如与玉麟聚议之一次，事后曾将经过情形，详告其子。足见两人期望恃此杀敌之情绪，老子婆娑，兴复不浅：

……自前月（正月）二十四日出省，定海防大局，均值天日清明，行程无阻，平顺之至。所按各炮台，于水陆安设靶位，次第施放，均致远有准。若洋轮驶入，船身较水靶宽大百倍，尤无虚发可知。沿海内外炮台，均已勘验。李与吾、李质堂两提戎，狼山、福山、苏松及淮扬章作堂镇军，并同行员弁兵勇，均议于白茅沙设险，扼其入口总要。盖此处正泓逼仄，两边沙线错杂，又均是活沙，与襄樊石牌以上相似，洋轮误入，

① 《左文襄公奏稿》卷五十九页 39《旧羌频发奏报迟延片》，页 40《拟修船坞安置水炮台各节片》，卷六十页 40《委员办理机器制造局务片》。《左文襄公奏稿》（上海古香阁石印本）三编卷三页 2《修理炮台片》。《左文襄公书牍》卷二十六 39《上总理各国事务衙门》。《曾忠襄公奏稿》卷二十二页 23—25《机器局加款疏》。

② 《左文襄公奏稿》卷五十九页 1—2《并案查阅江苏营伍先阅江北各营折》，页 37—38《校阅江南营伍折》。《左文襄公年谱》卷十页 22、页 24、页 27。《申报》光绪八年（1882）四月十八—二十七日，十一月八日，九年（1883）九月二十一日—十月初二日，十年（1884）正月二十八日—二月初一日。

必致不救。前年太古洋行曾在此埋过一轮船。外轮若敢前来,我但以船列炮,守定正泓,确有把握。除开炮击其汤锅、气管、烟筒外,更挑选勇锐水勇,习熟纵跳,遇有机会,即跃上彼船,轰其机器,折其锋牙,则彼船可夺也。值此时水师将领弁丁之气可用,悬以重赏,示以严罚,一其心志,齐其气力,所为必成。我与彭宫保乘坐舢板,督阵誓死,正古所谓并力一向,千里杀将之时也。在上海与诸将校定议甫毕,适彭雪琴由湖北查案回船至江阴,李与吾、章作堂请先赴江阴,与其晤叙。次日,彭宫保与吾晤于吴淞口,据称此事已于数年前定见,因经费无措中止。今盐票项下,既有余资,可购齐船炮,尚有何疑畏,不能作连命会乎。因将应于中外赶办船炮各事,逐一陈叙,彭亦欢惬,并称如此布置,但虑外人不来耳。诸将校亦云:我辈忝居一二品武职,各有应尽之分,两老不临前敌,我辈亦可拼命报国。答云,此在各人自尽其心,义在则然,何分彼此,但能破彼船坚炮利诡谋,老命固无足惜。或者四十余年之恶气,借此一吐,自此凶威顿挫,不敢动辄挟制要求,乃所愿也。宫保亦云:如此断送老命,亦可值得。语毕彼此分手。[①]

至是年九月,复将与玉麟会商机宜,专折报告。其时法国已在进攻越南,故末段尤多慷慨激昂之词:

> ……海上用兵以来,文如林则徐,忠而有谋,以之制初起之寇,本有余力,不幸为忌者所间,事权不属,不克竟其设施。武如陈化成,力扼吴淞,苦战不却,不幸右路未战先溃,致夷兵萃于左路,力竭不支,遂以身殉。是则议论不协,勇怯不齐,有任其咎者,遗憾至今,四十余年,不知伊于胡底。而所谓识时务者,仍以因循粉饰,苟且目前之安。此志节之士所为抱抑塞磊落之怀,扼腕叹息者也。臣愚,窃谓和局可暂不可常,其不得已而出于战,乃意中必有之事。兹幸地利、人和兼而有之,而察诸将领,又各思发愤为雄,自可及锋而试。因饬一面挑选奋勇弁丁,一面严明赏罚,订立规章,俾互相激劝,以齐心力。遇有外国兵轮闯入海

---

① 《左文襄公家书》卷下页79—80。李成谋,字与吾,湖南芷江人,官至长江水师提督,光绪十八年(1892)卒,谥勇恪。李朝斌,本姓王氏,字质堂,湖南善化人,官至江南提督,光绪二十年(1894)四月卒。章合才,字作堂,湖南湘乡人。

口，不服查禁者，开炮测准轰击，得力获效者，照军功例，从优给奖，其夺
获船只者，副将以下至外额均加三级，请保提镇，请给世职，勇丁按名赏
银十两，仍录功核保。所夺轮船，除军械及应用器具，概应充公，不准藏
匿外，其银洋什物，均报验充赏，不准官弁扣留，以昭激劝。其督队不
严，临阵退缩，甘心失律，以致误事者，提镇请旨正法，副参游以下至外
额，届时由臣察实，手刃以徇。提镇气力渐衰，身躯肥重，不能纵跳用力
者，先期自陈，应核明具奏，免其严议。盖职分既崇，所重者，督率严谨，
不必强以力所不能也。至总督亲履行间，所办者，辖疆江海防务，责无
旁贷，遇有寇警，应亲临前敌督战，防所即其汛地，如敌人轮船冲过白茅
沙总要隘口，则防所即是死所，当即捐躯以殉。此外巡阅长江水师大
员，及长江提督，责在长江，未兼洋务，自当分别言之，未可概论。
……①

想见削笔之际，感情异常冲动，故于副将以下御敌失律军官，至欲手刃以为
快。并自以两江总督身份，矢愿战以防所为汛地，败以防所为死所。然于奉
命巡阅长江水师，愿与并死之老友彭玉麟，仍为留一余地，以为不管洋务，可
以不必同殉。特不知与宗棠抱杀敌勇气之彭宫保，是否自甘落伍，此则可与
家书参看，而可为发噱者也。

　　组织渔团，为宗棠得意之作，而未为舆论所许。光绪十年（1884）二月，
曾国荃继任两江总督，清廷谕其停止，遂于是年四月完全结束。惟水勇五百
人，以精壮可用，仍加保留。综计渔团成立，历时十个月，支用银七万八千余
两。宗棠致总理各国事务衙门《时务说帖》中，则颇自记其绩：

　　　　……办理沿海二十余州县渔团保甲，为收罗渔户豪俊之士，以杜教
　　民、奸宄为外人引水、暗通消息起见，数月以来，成效已著。通州、海门
　　一带，素称盗案层出者，上年冬防，皆已敛戢，并无报案。崇（明）、东
　　（海）、通州、海（门）四州县绅民，知渔团办成，足以自卫身家。今春该州
　　县士绅候选同知施海元，贡生杨召棠，候选通判王道湟、蔡凤岐，贡生张
　　云抟、顾思义等，带领甲长数人，来省叩谒，禀留委员久办，以收实效。

---

① 《左文襄公奏稿》卷六十一页38—39《筹办海防会商布置机宜折》。

足见时论指渔团无益有损，未为确论也。近日浙江、福建均仿办渔丁保甲，似渔团之有益无损，所见佥同。自开办至今，所用经费，不过三万余两，尚属无多。而海上新闻纸传播，竟称江南练得渔团二万余人，外人颇为震慑，若令一旦议撤，不惟见诸实效者为可惜，今并虚声而无之，良可惜也。……①

张焕纶在《救时刍言》中批评此事云："西人言兵者，谓沿海之地，须用渔人为探哨引导之助，近年江督奏设渔团，其法甚善，惟奉行者不能体会上意，或致扰民，其甚者又以涂饰了事，遂为继任者撤去，甚可惜也。愚以为渔团是海防一好题目，如文不工，只宜改文，不必改题也。"②是为较公允之议论。

_____

① 《左文襄公说帖》(家刻全集本) 页 6—7《时务说帖》。《曾忠襄公奏稿》卷二十四页 28《裁撤渔团截数报销折》。
② 《经世文续编》。张焕纶，字斗槎，江苏上海人。

# 四十二　出师未捷身先死

　　越南为古越裳、骆越、交趾之地。汉武帝平南越,尝隶中国版图,自后离合不常。降至满清,始复于嘉庆九年(1804),封其主为王,列其国于藩属,二年一贡,四年一朝。当时之越南,包括五部,濒海者,南曰南圻,亦称交趾支那,首府为西贡。中曰中圻,亦称安南,首府为顺化。北曰北圻,亦称东京,首府为河内,其外海口,即海防。北圻之地,陆与云南、广西接壤,海与广东相连,与中国关系最切。南圻之西,曰柬浦寨,北圻之西,曰老挝。其西南部有河,曰湄公,上游即为流经四川、云南之澜沧江。东北部有河,曰红,上游即为流经云南之富良江,是又为与中国在自然环境上之重要关系。至法国注意越南,亦远在明之中叶。咸丰朝而后,乘中国内乱,益积极经营,而越人见法强华弱,亦颇乐依俯于法。[①] 当左宗棠方在西北规复新疆,不知西南之越南,在次述法国侵略之下,已渐脱离中国矣。

　　咸丰八年(1858),法合西班牙攻越南,问上年越人戕害西班牙教士之罪,战事连续四年之久,中国方疲于太平军之役,不遑为越南助。[②]

　　同治元年(1862),越南战败,被迫与法签订西贡条约,割边和、定祥、嘉

---

① 黄泽苍《越南》(商务印书馆史地小丛书本)页 44—76。黄序先《帝国主义侵略中国史》(商务印书馆万有文库本)页 59—60。

② 《越南》页 76—77。《帝国主义侵略中国史》页 60。

定三省,及康道尔岛与法,并许法军舰在湄公河自由航行。①

六年(1867),法借口保护越南秩序,袭取永隆、安江、和仙三省,遂合前得三省,尽有南圻地,更觊觎中圻、北圻,要求红河通航权,越南未允。②

十一年(1872),法又规取北圻,思渡红河,以侵谅山,通中国。广西巡抚刘长佑会越南,招用刘永福击败之。永福故参加太平军,太平军在广西失败后,永福率众三百人出镇南关,据有保胜,其地已接近云南之河口,所部皆张黑旗,故以黑旗兵名。③

十二年(1873),法攻河内、海阳、南定、宁平、兴安诸镇,越王亦招永福抗法,一战而复河内,法改采怀柔政策,越人亦悦之,遂就和。永福为越臣所忌,仍退据保胜。④

十三年(1874),越南与法订和亲条约,法承认越南为独立国,始获得红河通航权。⑤

光绪元年(1875),驻中国法使以法越和亲条约,照会清廷,并要求两事:一剿办在边界扰乱之华军,意指消灭永福与黑旗兵也;一在云南省获得一泊船处所,意指通商也。清廷于驳斥两事外,以越南为我属国,覆照否认其独立,法使不省。⑥嗣又于五年(1879)命出使英法大臣曾纪泽,向法外务部声明法越私立之约,中国不能承认,法外部亦不省。⑦此事遂成悬案。而越南觉悟此约之不利,复阴结永福共图法,阻其通商,并屡求于清廷,清廷亦以剿办边界土匪名义阴助之。⑧

八年(1882),法责越南背约,复举兵攻陷河内,进迫顺化,且窥云南、广

---

① 《越南》页77。《帝国主义侵略中国史》页60。

② 《帝国主义侵略中国史》页60。

③ 《帝国主义侵略中国史》页61、页77—78。左舜生《中国近百年史料初编》(中华书局本)。罗惇曧《中法兵事本末》页321。刘永福,原名义,字渊亭,广西上思人,官广东南澳镇总兵。

④ 《帝国主义侵略中国史》页61。《中法兵事本末》页323。

⑤ 《越南》页77—78。《帝国主义侵略中国史》页61—62。

⑥ 李鸿章《李文忠公电稿》(南京刻全集本)卷一页16—17《译署来电》。《帝国主义侵略中国史》页62。

⑦ 《清史稿·邦交志·法兰西》。《中法兵事本末》页322。

⑧ 《李文忠公译署函稿》卷十页3—9《筹议越南》,页24—26《呈送越南礼物诗篇》、《覆越南王书》。《光绪东华录》卷四十七页14,卷四十八页8—10。

西边。清廷一面向法提抗议，一面命广西、云南军出关，广东戒海防。法使宝海向我直隶总督兼北洋大臣李鸿章要求中国退兵，通商保胜，驱逐盗贼（仍指永福与黑旗兵），划红河南北为界。清廷已允之，而复下各省督抚议，法亦尚不满于此条件，转借词中国不即接受，以增军撤使相恫吓。①

法越之交涉，既演变为中法之纠纷，至此又成忽和忽战之局。时宗棠方以两江总督兼南洋大臣，亦遂为今后中法和战中之一要角。顾宗棠主战，正与主和之北洋大臣李鸿章，遥遥对峙，相映成趣。

九年（1883），法攻陷南定，形势益紧张。清廷命鸿章赴广东督办越南事宜，并节制广东、广西、云南三省防军。宗棠承旨派江苏防军随行。鸿章拟指调淮军十五营，湘军三五营，宗棠随增募楚军九营，以备填防。已而永福大败法兵于河内，法改遣德理古（脱利古）重申和议，鸿章遂不果行。② 德理古向鸿章强硬声明，法不惜用武力保持其在越南已得之权利与名分。复向鸿章强硬诘问，中国是否明助越，或暗助越，要索不助越之证据。鸿章仍以中国有权在边疆剿匪为词，议不谐。③ 会越王殁，无子，嗣位再更，法复攻占顺化炮台，胁越为城下之盟，订成《顺化条约》十三条，扬言将侵广东，断中国海上援越之路。④ 而德理古改提三款：一、法允保护在越之中国商民，意在反证中国已无权干预越事；二、剿办北圻土匪，意在不允许中国资永福助越；三、另订中法边界，意在推翻宝海原议，议自仍不谐。⑤ 双方相持，成为僵局。依鸿章观察，就越南一隅言，法有轮船，可以水陆相依，吾边兵仅赖炮垒支持，法多枪炮，吾边兵甚缺，且多不谙使用，仅恃肉搏挺击；黑旗兵太无纪

---

① 《李文忠公译署函稿》卷十三页 45《论法越边事》，页 46《论滇越退兵》，页 47《陈明越议将定》，页 51《论越议将变》，卷十四页 4—5《述越议顿变》。《越南》79。《帝国主义侵略中国史》页 63。《中法兵事本末》页 332—333。《光绪东华录》卷五十三页 8。

② 《李文忠公电稿》卷一页 14《覆译署寄张振（轩）帅（树声）》。《左文襄公奏稿》卷六十一页 1《筹拨江南防军折》。《越南》页 79。《帝国主义侵略中国史》页 63。

③ 《李文忠公译署函稿》卷十四页 11—12《答拜法使问答节略》，页 14—15《接见法使问答节略》，页 15—16《覆法使》，页 16《论法使暂难就议》。

④ 《李文忠公译署函稿》卷十四页 26《报黑旗兵败越王病故》，页 28《报法占顺化炮台》，页 31《请准越南王由海道告哀》。《李文忠公电稿》卷一页 33《沪电局来电》。《光绪东华录》卷五十五页 14—15。

⑤ 《李文忠公译署函稿》卷十四页 34—37《与法使问答节略》，页 38—40《与法使问答节略》，页 41—42《法使问答节略》。

律，刘永福外强中干，不足倚以进取；越朝野先本有意附法，至今犹有内奸，兵不足用；就中国全局言，海防脆弱，不堪法舰一击，而琉球、朝鲜两案未定，尤虞日法协以谋我。故鸿章之结论，对法战事，不能不郑重，可和则宁和。[①]宗棠则向不主和，且以战为合乎正义，因奏：

> ……法越交兵一事，……我愈俯则彼愈仰，我愈退则彼愈进。固由夷性靡常，毋亦议论纷纭：无异教猱升木，适阶之厉也。现阅西报，法人逼攻愈急，越南王忧悸不堪，服毒自尽，外患未平，内乱复急，越终不足图存。刘永福一木难支，未知所届。越之沦亡，固不足较，惟法人得陇望蜀，滇、黔、广西，边患愈迫。中国旰食方勤，未敢置之不理。臣任重南洋，兼管七省海口，尤属义无可辞。叠接各处函牍，均以膜视越事，于臣与李鸿章，多责备之词。而臣内求之于心，终有未得，不敢借口朝命未临，预思诿谢也。……

复反复陈明曰：

> ……窃以越南难与图存，刘永福未可深恃，夫人皆能言之。惟越若不存，剥床以肤，将成西南巨患。刘永福一失，越南全境，无与支持，更贻滇、粤之患。事机纷乘，间不容发。及今为之，已苦其缓，若再置之不理，西南之祸，岂有穷期！如法人得逞，泰西诸国群艳滇南五金矿利，势必联翩而来。且国威未扬，各省伏莽，亦将狡焉思逞。……外侮内患，事每相因。幸而任事之人多习战阵，不至束手。数年十数年之后，人才日就凋谢，枢部诸臣纵能奋发有为，需恐抢攘不遑，鞭策难加，而大局将有难于设想者。古云："一日纵敌，数世之患。"是绸缪之不可不预也。臣虽衰庸无似，然每一思及，辄有难安寝馈者。……

宗棠旧部前福建布政使王德榜适假赴湖南永州，德榜本籍广东东莞，且尝于太平军之役，入广东作战。宗棠认为尚与两广情形及两广人士相习，因嘱其先赴广西，探询越南真相，如必需用兵，可即募勇前往，相机而动。宗棠

---

① 《李文忠公奏稿》卷四十九页4《借款购备枪炮折》。《李文忠公译署函稿》卷十四页7—8《论法越兵事》，页9《论越事应固防观变》，页9—10《论海防虽单未可轻言战事》，卷十五页8《论越事》，页26—27《论法越兵事》，卷十五页10《论朝鲜》。《李文忠公电稿》卷一页23《寄黎使（庶昌）》，页40《寄译署》。

本人亦当率新募各营，向湖南继进，以赴戎机，断不敢置身事外。① 法既迫订《顺化条约》，益增兵北进，清廷向法提抗议，要求撤退东京法军，为法所拒。清廷又告法使，如法军侵入我军驻地，定必开仗，法亦不理。清廷于宗棠饬由德榜募勇之议，本未许可，至是乃催速开募，赶往广西关外，并命协济广西军火。宗棠以其时云南、广西两路援军，各有二十余营，当命德榜募勇数千人，以楚人七八成，粤人二三成为比例，编为十营，俾可独当一路。以宗棠侯爵之徽号，名其军曰恪靖定边军，于筹拨募勇等费用银六万三千两外，复资以：

　　水雷二十四具。

　　棉花火药一千磅。

　　棉花信子火药一百磅。

　　洋火箭一百枚。

　　两磅熟铁后膛过火炮十尊，开花弹六百个。

　　铜管拉火一万七千枚。

　　马梯呢步枪二百杆，弹子二十万颗。

　　温者斯得十七响洋枪二百杆，弹子二十万颗。

　　大铜火二百万颗。

　　细洋枪药三万五千磅。

　　燕非来福洋枪五十杆，铅子一万斤。

　　六门手洋枪二百五十杆，弹子一万九千一百七十六颗。

　　四门神机炮六尊，自来火子二万颗。

　　七条电线包麻电线二英里。

　　铜丝包胶电线二英里。

　　另配发半数，供广西军应用。水雷二十具、火箭一百枚，供云南军应用。② 凡此在当日之中国，自已为极强烈而极丰富之军火，即宗棠所储备以

---

① 《左文襄公奏稿》卷六十一页 14—18《敬筹南洋应办边务机宜折》。《左文襄公书牍》卷二十六页 41—43《上总理各国事务衙门》。

② 《光绪东华录》卷五十六页 10。《左文襄公奏稿》卷六十一页 81《筹拨广西军火折》。《左文襄公书牍》卷二十六页 35《答岑彦卿（毓英）》。

杀敌者也。

十年（1884），宗棠七十三岁矣，诸恙叠发，目疾尤剧（视察上海机器制造局，值所铸新炮中节出炉，火光灼眼，旋至吴淞，检阅水师操练，又遇海风大起，遂致眼眶红肿，两眼角溃烂流汁），因奏请开缺。奉准给假四个月，以曾国荃继署。而越南变乱未已，宗棠当请于交卸后，仍留江宁省城，万一海上有事，即当投袂自效。因江苏防军已为广东调去九营，台湾调去四营，宗棠于募补十余营外，复建议由前湖南提督罗大春在浙江温州募集洋枪队三千人，以助防务。已闻北宁、兴化相继守失，永福军溃退，法舰八艘分驶福建、江南、天津，则益愤激，假期未满，遽请销假，愿与法周旋。因德榜仅募成八营，分驻镇南关、谅山两处，宗棠又建议由前浙江提督黄少春在湖南募集旧部弁丁五营，为德榜后盾。大春、少春亦皆宗棠旧部。但此二议为国荃所阻，以江苏财力不胜负担，又认大春为不可信赖也。清廷乃召宗棠入京。[①]法派福禄诺重与鸿章议和，订成五款，综其要旨，一曰法有权在边界剿匪；二曰华兵应即撤回边界；三曰法不索赔款，华允法在边界通商；四曰法允在越约中不用有损华威望体面之语句；其五则规定签字三个月后，根据以上四款，再订细款也。[②]宗棠于和议向不谓然，则向总理各国事务衙门，提供其见解：

> 谨查天津电报，法使福禄诺在天津议简明条约五条，内称法越息兵，中国撤回北圻各防营，中法永敦和好等语。究系如何立约，宗棠未见明文，本可无庸置喙。惟途间细思，中法议和，上关国家大计，有不能无疑者，应即条陈所见，聊效一得之愚。

> 查第三条内称："中国宜许以毗连越南北圻之边界，所有法越与内

---

① 《光绪东华录》卷五十八页2—5，卷五十九页3。《左文襄公奏稿》卷六十二页1—3《假期届满目疾未痊仍恳开缺回籍折》，页15—17《恭谢天恩沥陈下悃折》，页38《檄调罗大春洋枪队来江助防片》，页39《交卸两江督筹日期折》，页43—45《拟令黄少春募兵折》。《左文襄公书牍》卷二十五页80《与卫静澜（荣光）》。《曾忠襄公奏稿》卷二十二页3—5《请饬停募勇丁疏》。罗大春，字景山，贵州人。

② 《光绪东华录》卷五十九页8—11。《李文忠公奏稿》卷四十九页48—51《法越交涉议定法约折》。《李文忠公电稿》卷二页12—13《寄译署》、《译署来电》。《越南》页62。《帝国主义侵略中国史》页63。

地货物，听凭购销，商约税则，务期格外和衷，期于法国商务极为有益"等语。查越南南圻、西贡六省，沦为异域，该国精华已竭，局势岌岌不支，犹幸有北圻堪以支格。而北圻尤滇粤屏蔽，与吾华接壤，五金之矿甚旺，法人垂涎已久，若置之不顾，法人之得陇望蜀，势有固然。迨全越为法所据，将来生聚训练，纳税征粮，吾华何能高枕而卧。若各国从而生心，如俄人垂涎朝鲜，英人觊觎西藏，日本并琉球，葡萄牙据澳门，鹰眼四集，圈向吾华，势将舐糠及米，何以待之。此固非决计议战不可也。

论者谓兵凶战危，一动而凶悔各据其三，未容不慎。试观北宁官军之溃败，兴化官军之退扎，其初何尝不发扬蹈厉，自信为可用之军。卒至一败莫支，气息奄奄不振，并其饷军银米，弃以资寇，悔已难追。前车之鉴犹在，可不慎诸。不知滇粤之丧师辱国，误在视事过轻，并非势力之真有不逮。夫团练之力，但可资其保卫地方，不能必其抵御狡寇，夫人而知之矣。无论其技艺未能一律，营制未能谙悉，不若制兵，即以饷事言之，团练月饷，实银不过二两四钱，纵无刻扣，每日口分，不过八分。以之糊口，常虞不给，所需盐、菜、柴薪一切日用之需，从何取给。饷粮两乏，望其安静，与民杂处，势必不能。始而骚扰哗嚣，继之淫掠劫杀，法令有所不行，团练变为盗贼，是驱越民从法，安望其以守为战哉！宗棠今春有增灶之请，意在令黄少春纠集旧部，添造水师船只，会同王德榜，札饬刘永福挑选熟习海战弁丁，为其管带驾驶，冀收桑榆之效。傥蒙俞允，宗棠亲往视师。窃自揣衰庸无似，然督师有年，旧部健将，尚多可当丑虏。揆时度势，尚有可为，冀收安南，仍列藩封而后已。不效则请重治其罪，以谢天下。此一劳永逸之策也。

或谓边衅一开，兵连祸结，恐成难了之局，因其请和而姑许其成，未为非策。然亦必划疆分护，方合体制。法人保护南圻，吾华保护北圻，论通商，必指定南北圻交界之所，设立通商码头。红河行船，必权操自我。而与欧洲各国公立条约，皆得通商，毋使法人专利，庶彼此钤制，俾法人不另生希冀之心。如犹不从，则仍示以战；照万国公法，闭关绝约，撤回彼此公使、领事，照会有约各国，告以誓与决战。法人虽强，当亦不敢违诸国公论，或可不战，仍归于好。且法人欺弱畏强，夸大喜功，实躁急而畏难。近时国内党羽纷争，政无专主，仇衅四结，实有不振之势。吾华果示以力战，必不相让，持之期年，彼必自馁。况虚悬客寄之师，劳兵数万里之外，炎地烟瘴异常，疫疠流行，死亡接踵，有此数忌，势难持久，此议和之应从缓者也。①

宗棠既抵京，奉命仍在军机大臣上行走，并管理神机营事务。此为宗棠服官京曹之第二次，时论对福禄诺之约，多不谓然，对鸿章攻击尤烈，宗棠继续主战，清廷意亦游移。②

法按福禄诺之约第二款规定，要求中国入越军队，调归边界。清廷则诫各军严守原地，法军前往视察，遇于谅山，发生接触，法军败而复进，清廷又命各军迎击。③ 法政府大愤，限期明令撤兵，要求赔款二百五十兆法郎，遣军舰游弋我东南海面，冀据福建或台湾一地以为质。清廷诏各军回边界，命国荃与法使巴德纳谈判。一面允宗棠坚请，令少春募勇为援，又起淮军将领刘铭传督办台湾事宜。国荃允给恤金五十万两，法人嗤之以鼻，谈判无成。法舰夺据台湾炮台，巴德纳自减赔款为八十兆法郎，清廷认为无理，谈判仍无结果。铭传旋复台湾炮台，而法舰又焚掠澎湖，两国国交垂绝。④ 已而法使下旗出京，法舰西向击破福州海军，东向封锁台湾海峡，又欲北向攻天津，清廷明令宣战。⑤ 先是清廷改组军机处，尽去旧人，引醇亲王奕譞参预机务。奕譞与宗棠数度密商，均主战，以为迩来内外臣工成风泄沓，若不及时振作，不知伊于胡底。此次无论法人所索，一时难于允从，即使取之裕如，亦

① 《左文襄公说帖》页1—6。

② 《光绪东华录》卷五十九页3、页10。《李文忠公电稿》卷二页18《寄潘琴(轩)帅(鼎新)》。《中法兵事本末》页335。

③ 《光绪东华录》卷六十页11—12，页15，卷六十二页2。《李文忠公电稿》卷二页23《潘琴(轩)帅(鼎新)来电》，页21《张振(轩)帅(树声)致译署》。

④ 《光绪东华录》卷六十一页4，页11，卷六十三页5。《李文忠公电稿》卷二页23《寄译署》，页24《寄龙州送潘琴(轩)帅(鼎新)》，页31《驻法李使(凤苞)来电》，页36《寄巴黎李使(凤苞)》，卷三页7《曾宫保(国荃)致译署》，页13、页16《寄巴黎李使(凤苞)》，页19—20《曾宫保(国荃)致译署》，页24《厦门彭军门(楚汉)来电》，页28《寄译署》。刘铭传《刘壮肃公奏议》卷二页56《敌陷基隆炮台我军复破敌营获胜折》。

⑤ 《光绪东华录》卷六十一页1，卷六十二页12，卷六十三页1—4，卷六十四页2—4、页15。《李文忠公电稿》卷三页31《急寄南洋闽广各督抚》，页33—34《寄巴黎李使(凤苞)》，页36《寄译署》，页37《南京电局递周海龄军门(盛波)》。《中法兵事本末》页330。

不过如剜肉医疮,权济一时之急。宗棠且谓胜固当战,败亦当战。及宣战令既颁,宗棠又请亲赴前敌。清廷以人事上之关系,未遽许之,仅以宗棠旧部杨昌濬由漕运总督调闽浙总督,命江苏拨恪靖四营带往。昌濬又自选亲军一营,在湖南募一营,向湖北调三营,江西调一营,意以代宗棠督师。而宗棠必欲自行。今观奕𫍯致军机处函,犹可想见宗棠如何慷慨请缨,而清廷又如何踌躇却顾也:

> ……左相向晦来谈,仍是伏波据鞍之志,其志甚坚,其行甚急,已嘱其少安勿躁。十八日代为请旨,始去。特此布知,希与同事诸公述及,恐明日此老又欲陛辞也。……(七月十五日)

> ……左相跃跃欲试,有不可遏之势。若照前议,为杨后路,楚军必为之一振,先声夺人,于闽甚益。若按彼意南下,则沅围必多掣肘,转费调停,此节拟于后日请旨。……①

顾朝臣多恶宗棠怙功偏执,亦有有意出之者。卒以钦差大臣督办福建军务,昌濬与福州将军穆图善均为帮办。宗棠奉命,剑及屦及,星夜水陆兼程南下,清廷又起前陕甘总督杨岳斌带湘军八营赴援,即作为帮办宗棠军务。宗棠奏由南洋拨舰五艘,北洋拨舰四五艘,杨岳斌督带。宗棠自在江宁省城,调集留在江苏之楚军八营,与昌濬所带各营,均名曰恪靖援台军,携以与俱,取道江西东行。就九江湖口设立粮台,以其三女夫江西道员黎福昌综其事,此为宗棠引用私亲之第一次。复就江西之河口,福建之崇安,各设转运分局。十月下旬,行抵福州省城。自马尾大挫,人心惶惶,宗棠亲历闽江港口,命将长门、金牌、连江、东岱、梅花山各要塞,赶修炮台,并安设障碍物,限令各国船只离港。一面就福州、福宁、兴化、泉州四府各海口,募练渔团,群情始定。宗棠之南下也,清廷命于浙江、福建交界地方,督兵驻扎,以备策应,无庸亲赴前敌,固怜其衰,不欲老臣重蹈危险,亦知其戆,更防诸将相与牴牾。而宗棠直下福州省城,更欲前往台湾,王闿运闻之笑曰:"矍铄哉是翁,将以鱼皮裹尸耶?"不知宗棠确甘之逾于马革也。卒经穆、杨切劝,地方人士

---

① 《光绪东华录》卷五十八页 16—18,卷六十四页 12。《文献丛编》(故宫博物院本)第七辑《醇亲王奕𫍯致军机处尺牍》页 10—11。《申报》光绪十年(1884)六月六日。《曾忠襄公奏稿》卷二十三页 50《援军赴闽疏》。奕𫍯,宣宗第七子,德宗本生父,光绪十六年(1890)十一月卒,谥贤。

挽留,始勉允坐镇。其实法先已夺踞基隆,且截断福建、台湾间洋面,南北洋海军固不克南下,即援台各军亦无法东渡也。[①] 而宗棠与铭传间,不幸先发生严重之冲突。盖基隆之弃守,在铭传认定为一种战略,因兵单、饷绌、械缺,逆料基隆炮台终不能抗法海军之轰击,故宁以全力退扼沪尾,保全台北。宗棠则责铭传坐失机宜,而归咎于守沪尾之铭军营务处李彤恩虚词摇惑,乞援移师,严劾彤恩革职,驱逐回籍。铭传力为剖白,仍坚留彤恩于台湾。而一面指责台湾道刘璈蓄意掯发饷银军火,希图掣坏台北。卒复严劾刘璈在台劣迹八款,革职治罪。刘璈亦宗棠旧部,督楚军经营台南有年,昌濬等亦右之。[②] 此种纠纷,实为楚淮两军平日积不相容之结果,顾自有悖于师克在和之义矣。

宗棠所部东渡者,为王诗正、陈鸣志等,约五营之数。先开赴泉州、蚶江一带,然后乔装渔户,用渔船分批乘夜偷渡至澎湖,再由澎湖偷渡至卑南一带,毕登台陆已在十年(1884)岁序之将终。复历一个月,徒步一千三百余里,始抵台北。正值十一年(1885)之元夕。先屯五堵,加募土勇二千人作向导。越三日,即与法军战于月牙山,凡两日夜,双方均有重大伤亡,我军小胜,而法军遽分众出暖暖街,绕我军后路,援军不继,各隘土勇先溃,乃收军还保五堵,是为恪靖援台军与法军仅有一次之作战。铭传既决弃基隆,且却清廷屡责收回之命于不顾。宗棠则矢复基隆,冀一显恪靖援台军之身手,不幸一败即气馁。不久澎湖又失守,援济弥艰,不得不仍采铭传稳守之策。[③]

---

① 《光绪东华续录》卷六十三页11。《左文襄公奏稿》卷六十三页19《恭报起程日期折》,页20《行抵江宁会筹拨调勇营赴闽折》,页28《台湾军情吃紧请敕重臣由海道赴援折》,页31《恭报由江宁起程赴闽日期折》,页35《派员设立粮台并分途安设转运军装各局折》,页42《派员援台并会筹一切情形折》,页48《办理各海口渔团片》,卷六十四页1《会阅海口炮台严备闽防折》。《湘绮楼日记》册十三页42。《申报》光绪十年(1884)十二月一日。

② 《光绪东华录》卷六十六页17、页19,卷六十七页1,卷七十一页10,卷七十三页3—4。《左文襄公奏稿》卷六十三页39—41《详察台湾情形折》。《刘壮肃公奏议》卷二页15—19《覆陈台北情形折》,卷三页9—10《法船并犯台北台沪俱危移师后路折》,卷九页10—11《奏留李彤恩片》,卷十页1—2《奏参朱守谟片》,页3—8《严劾刘璈折》。福宁,今霞浦。

③ 《左文襄公奏稿》卷六十三页44《派员援台折》,页46《各军克日渡台片》,卷六十四页3—4《援台各军分渡情形片》,页17—20《援台各营抵防苦战二日获胜因援断退师扼扎六堵折》。《刘壮肃公奏议》卷三页3《法攻暖暖街月牙山折》,页33—36《法攻月牙山大水窟折》。陈鸣志,字展堂,官台湾台澎道。王诗正,字莼农,湖南湘乡人,候补道。

在越南方面,法军先夺谅山,镇南关继失,龙州大震,随攻宣光,黑旗兵又溃,钦廉告急。德榜所带之恪靖定边军,初屯关外,与督师潘鼎新失和,颇致挫衄。盖鼎新亦淮军将,而德榜则属楚军也。已而德榜复随前广西提督冯子材出击,大败法军,是为谅山之捷,论功德榜最伟,差足为宗棠吐气。<sup></sup>① 然法又愿和,清廷亦受之,恐兵事如继续,终不能致胜,是越南固不得复,且更失台澎,不若乘此胜利,及早罢兵,则虽失越南,台澎尚可保。乃和议才成,而始知永福亦有临洮府之大捷。清廷宣布,越南宣光以东,三月初一日起停战;以西,十一日起停战;台澎亦三月一日起停战,法即开各处封口。和议条件,仍以福禄诺五款为根据,演成十款。事实上,中国承认越南为法之保护国。宗棠病已深,左右初不敢以和议闻。及见和约,气急而战,不能成读,犹不时连声呼:"呵呵,出队,出队,我还要打,这个天下,他们久不要,我从南边打到北边,从北边打到南边,我要打,皇帝没奈何。"又睡梦中常呼:"孤拔。"孤拔者,法海军统帅,不知孤拔早已在镇海口外阵亡。此役我舰南瑞、南琛,颇著劳绩,两船即宗棠在南洋大臣任内向德国订购者也。② 旋奉准销差,拟回里休养,乃交代方毕,遽尔长逝。是为七月二十七日,年七十有四。志决身歼,古今有同感焉。卒之前一日,口授遗折:

> 窃臣衰病日剧,吁开天恩,宽予假期,回籍调理。七月二十五日钦奉谕旨,当即具折叩谢,随将钦差大臣关防,及臣所部恪靖各营,移交督臣杨昌濬接收。本拟刻日就道,乃自本月中旬,加患腰痛,起坐维艰。近两日中,手足瘛疭,热痰上涌,屡濒于危,自顾衰屏,知必不起。伏念臣以一介书生,蒙文宗显皇帝特达之知,历事三朝,累承重寄,内参枢密,外总师干,虽马革裹尸,亦复何恨!惟此次越事和战,实中国强弱之一大关键。臣督师南下,迄未大伸挞伐,张我国威,遗恨生平,不能瞑目!加以频年以来,渥蒙皇太后、皇上恩礼之隆,叩辞阙廷,甫及一稔,

---

① 《光绪东华录》卷六十八页1—2,页6—7,页12。《中法兵事本末》页354—355。潘鼎新,字琴轩,安徽庐江人,道光二十九年(1849)举人,官至广西巡抚,光绪十四年(1888)五月卒。冯子材,字粹亭,广东钦州人,官至贵州提督,光绪二十九年(1903)卒,谥勇毅。

② 《光绪东华续录》卷六十八页14,卷六十九页16—18。吴光耀《壬戌文钞·纪胡文忠左文襄轶事》。《李文忠奏稿》卷五十三页31—37《法国议和定约折》。《左文襄公奏稿》卷六十四页27—28《购办南琛南瑞快船出力各员请奖片》。

竟无由再觐天颜，犬马之报，犹待于来生，禽鸟之鸣，倍哀于将死。方今西域粗安，东洋思逞，欧洲各国，环视眈眈，若不并力补牢，先期求艾，再有衅隙，诚恐积弱愈甚，振奋愈难，求如今日而不可得。伏乞皇太后、皇上于诸臣海军之议，速赐乾断，期于必成。凡铁路、矿务、船炮各政，及早举行，以策富强之效。然君心为万事之本，臣尤伏愿皇上益勤典学，无忘万几，日近正人，广纳谠论，移不急之费，以充军实，养有用之材，以济时艰，上下一心，实事求是，则臣虽死之日，犹生之年。喘息涕泪，言语无择，谨口授遗折，偻偻上陈。……①

犹懔懔乎外侮之日亟，硁硁乎富强之是求，忧国与爱国之诚，并溢乎言表，不能不谓为社稷臣矣。不幸与越南亡之同年，朝鲜半失于日，后越南亡之一年，缅甸全沦于英，中国四裔，澌灭殆尽。使宗棠而在，不知更将若何痛心也。

宗棠自鸦片战争而还，积愤已久，力排和议，殆常思得间以与外敌一战为快。前次伊犁事件，可有一战之机，卒因约成而未遂。此次越南事件，已开一战之端，复以媾和而中止。时彭玉麟亦以七十岁之高年，在广东督师，戮力杀敌，与宗棠夙有同情，尝提供五可战之说，力阻和议，所谓"几回抗议动天颜，坚执硁硁一念顽"者即自明其立场。今遽止于此，两老当共引为不胜遗憾。今且引两种文件，以见当日和战大势：

南北洋大臣互商和议，国荃尝有复函致鸿章，略谓："窃以自法事初起，蔓延至今，焦头烂额之效，亦略可睹矣。曲突徙薪，执事固早策及之，早从公言，岂有今日之事？事棘矣，幸彼族复有求成之意，而一切均仍前约，可见再加十二万年，不过仍是此一本盘古老帐。斡旋之任，非公而谁？内意虽尚游移，仍望公婉导而赞成之也。前者杨石帅（昌濬）来电，亦以事势日紧，须早求收束为言，荃告以执事之心，早系菩萨舍身救人之心，盖恪靖相国有转圜之言，内意似可望动。石帅覆信，谓曾以此意话太冲，太冲未之答也。"

---

① 《光绪东华录》卷七十一页16，卷七十二页9。《左文襄公奏稿》卷六十四页29—30《恳恩交卸差使折》，页34—35《再恳交卸差使折》，页37—38《遵旨交卸差使折》。《左文襄公谏词》册一页8—9。

闻总理衙门电致张制军(之洞),谓法人现有议和之说,皇太后以兵连祸结,贻累民生,亦欲俯如所请。谕令疆吏大臣,主和、主战,其各抒己见入告,以待朝廷采择。前日督抚两院,及彭雪琴钦宪、藩臬两司,会同商议,各宪皆以议和为上策,惟彭钦宪默默无言,议尚未毕,即行引退。

按昌濬系帮办宗棠军务,且与宗棠为数十年至交,宜以宗棠之意旨为意旨。之洞与玉麟同主广西军务,而之洞平日对外,又素慷慨激昂,乃两人卒皆背道而驰,附和和议。宗棠、玉麟,一以不答为答,一以无言为言,已有千里同心之妙。而宗棠之忽焉长逝,在玉麟尤当有吾道益孤之恨。林世焘挽宗棠诗云:“绝口不言和议事,千秋独有左文襄。”允为盖棺定论。若谓尚有第二人,则殆惟玉麟足当之矣。[①]

抑我国自有海军,与外国作战,先后仅二次。第一次即为中法战役,第二次则为中日战役。中法战役中之海军,乃宗棠所创办福建船政之结果。(参阅五十五节)而初度作战,便遭覆没。中日战役中之海军,乃李鸿章所创办,北洋舰队之结果,亦初度作战,便遭覆没。两公均以平定内乱起家,并均以对外作战失败,丧其英名,后先同揆,可为浩叹。中法战役时,福建船政局所造船九艘,皆为法舰所击毁,船政设施,亦多遭损失,九艘中之六艘,曰扬武,曰济安,曰飞云,曰福星,曰振威,曰伏波,皆在宗棠规定第一批所建十五艘之列。更有一艘名大雅者,则当同治十三年(1874)落成未久,即遇风沉台湾海峡。至是,十五艘中,仅存八艘。宗棠之始去福州省城,船政方始,宗棠之重至福州省城,船政已毁,可谓奇巧。[②]

---

① 《曾忠襄公书札》卷十八页11《覆李中堂(鸿章)》。《彭刚直公奏稿》卷五页12—14《力阻和议片》。《彭刚直公诗集》卷五页8,“南海军次,病魔作祟,倚枕孤吟,得秋兴三十四律,不过虫声蜇语,聊遣愁怀,工拙不计也”。引诗两句自注:“有以法议和奏者,立抗议疏争不可。”《宣文堂京报——岭南纪事》。《左文襄公诔词》册二《挽诗》页4(林世焘)。

② 《中国近百年史料续编·池仲祐海军大事记》页332—333。张佩纶《涧于集奏议》卷四页26—28《水师失利自请逮问折》,页29—30《陆军接仗情形片》,页31—34《会奏闽省接仗情形折》,页47—48《查明水师阵亡人员请恤折》。

# 四十三　遗恨在台湾

在七十年以前，台湾为东南海外孤岛，犹新疆为西北塞外遐荒，均有天高皇帝远之概。官斯土者，多擅作威作福，罔知治理。新疆以左宗棠之力征经营，犹得至今存在，台湾则已一度不为我有。然宗棠初度入福建，已深切认识台湾所处地位之重要，以为如我不自爱护，将有外人觊觎，徒以匆促奉调陕甘总督，未遑有所展布。惟临行犹以相知多年，夙所器重之吴大廷为台湾道，刘明灯为台湾镇总兵。① 责以将台中废弛已久之政事、军事，分别积极整顿，并奏陈治台之大计：

> ……臣忝督闽浙，于今三载有余，初因浙寇未平，专意两浙，嗣浙事勾当甫毕，巨逆李世贤、汪海洋由粤东分道犯闽，臣率诸军，入闽讨贼，闽疆肃清，臣遵旨入粤，迨粤事速蒇，臣始回闽治事。以次按治各郡县土匪，治军之日多，治事之日少，计自二月十八日回闽以后，甫七阅月，复奉恩命，移督陕甘。自维时日迫促，智虑短浅，上辜朝廷倚注之恩，下负十郡士民望治之意，俯仰愧怍，莫可言宣。其最抱歉者，莫如福宁、台湾两府。初意拟俟各郡治匪事毕，再图次第整理。福宁一郡，距省匪

---

① 《左文襄公奏稿》卷十九页 22《请以吴大廷调补台湾道缺折》，页 41—42《拣员调补台湾镇总兵折》。吴大廷，字桐云，湖南沅陵人，咸丰五年(1855)举人，光绪三年(1877)十二月卒，著述有《小酉腴山馆集》。

遥,尚易随时料量。至台湾则远隔大洋,声气间隔,该镇道等遇事专制,略不禀承,细察所办各事,无非欺饰弥缝,毫无善状。现檄调补台湾镇总兵刘明灯,台湾道吴大廷,于抵台后,逐加访察,冀可销患未萌。而吏事兵事,应早为筹画者,不敢以去闽在即,稍事缄默,谨为我皇上一一陈之。

台湾设郡之始,议由内地各标营调兵,更番戍守,三载为期,用意至为深远,计额兵一万四千余,可谓多矣。咸丰初年,因内地兵事孔亟,班戍之制不行,现今存者,不及三分之一。名册有兵,行伍无兵,一有蠢动,即须募勇。所募者,本处游手无籍之徒,聚则为兵,散仍为匪,勒索骚扰,不问可知。从前台湾道设有道标,以备调遣,近自道标裁撤,遇有剿捕之事,文员不得不借重武营,一切任其虚冒侵欺,莫敢究诘。武营纵兵为奸,营兵以通贼为利,全台之患,实由此起。道光四年(1824)奉旨,镇兵归台湾道察看,久未奉行,群已习焉忘之。今欲复兵制,则宜遵班兵旧章,三年更戍,欲重道员事权,则宜复设道标,俾有凭借,申明镇兵归道察看之例,以杜欺罔,而重操防,庶几互相维制,而军政可肃也。

台湾水师,向设战船九十六号,今无一存者。战船既无,而大修、小修之费,仍不肯减,船无可修,而修船之费,仍不能无,武营虚冒侵欺,借口定例,非文员所能禁革。而历任总兵从未有举而厘正之者,将弁炀蔽于下,镇臣回惑于上,积习相因,由来已久。如欲剔除痼弊,移此款项,制船巡洋,募练水兵,以求实效,必须镇道得人,同心共济,而部中不复以旧制相绳,庶几实事求是,而船政可举也。

台湾物产素饶,官斯土者,惟务收取陋规,以饱私囊,厅县有收至两万余两者。台湾道除收受节寿礼外,洋药、樟脑、规费,概笔入己,知府于节寿外,专据盐利,武营以亏挪为固然,恬不为怪。交代延不结算,自副将至守备,多者十二任,少者八九任,四五任,并无结报。侵吞款项,不知若干,非廉明镇道彻底清厘,何从穷其底蕴。现据吴大廷禀,拟将道署陋规、樟脑、洋药等项,悉数归公,永革节寿陋规,以昭清白。刘明灯亦毅然以裁陋规、革节寿为请,是皆正本清源之策。所不容已者,惟陋规既已裁革,则必别筹津贴,以资办公,庶廉吏可为,乃收正己率属之效也。

闽省文武锢习，以办案索兵费为取盈之计，近时内地严加惩戒，此风稍正。台郡则远隔大洋，肆无忌惮，民俗挟仇械斗，胜者辄占败者室家田产，谓之禁厝。地方官不为按治，先勒索勇粮夫价，及其临乡，则置正凶于不问，或捕捉案外一两人，聊以塞责。民忿官之贪庸也，乃相率结会私斗，浸成巨案。谚曰："十年一大反，五年一小反"，大概由此。必赖廉正明干之道员，时以洗冤泽物为心，严操守，勤访治，孜孜奉公，不敢暇逸，庶几惠泽下究，人心固结，乃收长治久安之效也。

台湾生番，性虽蛮野，却极驯顺，地方官如能清恳自持，以简佚之道处之，最易见德。从前生番献水沙连六社之地，请得剃发，比于内地民人，疆臣以闻，而部议格之。生番鞅鞅失望，卒致游民句番私垦，徒长械斗之风，浸且藏垢纳污，终为逋逃之薮，至今台人言之，犹有余憾。夫驭边氓之道，与内地殊，此辈山兽河鱼，但能顺其性而抚之，勿有扰害，积渐自然，自可无事。无论生番输款内附，供粮当差，于国家有益无损，即令稍有所费，亦当羁縻弗绝，以示恩信。何有摈绝不受，坐视客民强占虐使，留为肇衅之端。况近自洋人入驻要口以来，游历内山，习知形势，设我弃而人取之，尤于事体非宜。现当生齿繁盛，游民辐辏之时，似宜弛垦荒之令，并听生番剃发，齿于编氓，所有番社情事，愿内附者，听之，但勿强为招致，于事理似无不可。

至台郡虽属产米之区，近因番舶搬运颇多，地方官绅士民时有盖藏空虚之虑，禁止势有不能，则当立社仓，广谋储积，似不可缓。

凡此均应由该镇道察看情形，随时筹办者。臣原拟于诸务就绪后，东渡一行，今去闽有日，无暇及此。幸刘明灯、吴大廷皆实心任事，相信有素，必能绸缪未雨，为东南奠此岩疆。

以上所陈，可否仰恳皇上天恩，敕下该镇道察看地方情形，随时会衔陈奏，责成妥为办理，不胜感幸之至。……

奉旨："所陈各条，均属因时制宜之策，总兵刘明灯、道员吴大廷，既经该督遴选派办，必须实力筹办，以挽颓风，不得以该督远行，玩忽于继，并着吴棠（按吴棠为继任之闽浙总督）、徐宗幹（按宗幹为当时之福建巡抚）随时督饬该镇道等认真厘剔,所有一切情形,或详由该督抚奏闻,或径由该镇道会衔陈奏,均着斟酌事之轻重缓急办理。生番既以不得内附为恨,自宜相机驾驭,羁縻弗绝,其社仓积储等事,亦应绸缪未雨,及早兴办。吴棠未到任之先,英桂(按英桂系当时之福州将军,暂兼闽浙总督)、徐宗幹责无旁贷,必当善成该督之志也。"①足征当日清廷亦认整理台湾为必要。惜继宗棠后者,一反宗棠在福建所为,不能不使人兴人亡政息之感。

按宗棠在福建年余,颇实施今日所谓强力政治。举其荦荦大者:于吏治,曰禁革各衙门陋规,仅盐商循例认缴者,每年裁去不下银七八万两。然于摊捐,为请准豁免,于正当开支,仍明给津贴,不令赔垫。② 于军制,曰裁兵加饷,汰去不可练之兵四成有余,挑留可练之兵五成有余。即以四成有余之饷,加给五成有余之兵,并停止武职捐输,以清其源。③ 于地方治安,曰剿办土匪,诛夷者不下三千人,又捕杀洋盗百余人。④ 于盐务,曰废引改票,未改制前,如同治元年(1862)报收银二十一万两,二年(1863)报收银六万两,改制后一年内,报收银六十万三千四百余两。⑤ 于税厘,曰剔除中饱,认真稽征,整理后一年余,较前一年长收一百二十一万七千九百余两。⑥ 此皆效验之彰著者。其下手处,乃在调整人事,先以弟子周开锡及大廷会办福建军需税厘局,嗣即以大廷任福建盐法道,而追革才识庸暗之前任潘骏章。又奏

① 《左文襄公奏稿》卷十九页 43—46《筹办台湾吏事兵事请责成新调镇道经理折》。吴棠,字仲宣,安徽盱眙人,道光十五年(1835)举人,官至四川总督,光绪元年(1875)十二月卒,谥勤惠,著述有《三益斋存稿》《读诗一得》。徐宗幹,字树人,江苏通州人,嘉庆二十五年(1820)进士,同治五年(1866)九月卒,谥清惠,著述有《斯未信斋文稿》《宁州金石志》。英桂,姓赫舍里氏,字香岩,满洲正蓝旗人,道光元年(1821)举人,官至体仁阁大学士,光绪五年(1879)十月卒,谥文勤。

② 《左文襄公奏稿》卷十六页 21《闽盐试行票运折》,卷十九页 47—53《厘定闽省各属进出款项请将摊捐停止陋规裁革另筹提给公费折》,页 54—55《闽省官吏军需摊捐银两恳恩免捐折》。

③ 《左文襄公奏稿》卷十九页 16—30《闽浙兵制急宜变通折》,页 89《请停捐武职片》。

④ 《左文襄公奏稿》卷十一页 91《获办行劫洋盗折》,卷十四页 15—16《剿办土匪情形片》,页 38—39《剿办兴泉永漳等处土匪片》,卷十五页 54—59《剿办上下府属土匪折》,卷十六页 28—30《师船巡缉洋盗片》,页 38—39《剿办龙溪县属土匪折》,卷十七页 25—28《斋匪突陷崇安建阳两城折》,页 30—31《水师续获洋盗片》,页 41—43《拿获洋盗片》,页 44—48《官军越境追剿斋匪折》,页 50—56《续办上下府属土匪折》,卷十八页 59—66《捕治兴泉汀漳各属土匪折》,卷十九页 73—74《查办斋教余匪折》,卷二十页 3—6《捕治兴化土匪折》。

⑤ 《左文襄公奏稿》卷十八页 43《闽盐票运成效折》。

⑥ 《左文襄公奏稿》卷十九页 86《请敕署福建藩司周开锡久于署任折》。

革老朽贪鄙之福建布政使张铨庆、督粮道周揆源,而以开锡署布政使。及大廷与明灯分别调补台湾兵备道与台湾镇总兵,更复以献纶补盐法道,献纶亦宗棠幕中亲信也。[①] 而宗棠之作为,如上所述,自为一般不肖官吏,地方绅士,以及无赖之徒所嫉首痛心,不啻断绝其生路。方幸宗棠之调督陕甘,而宗棠既奏请责成继任之大廷、明灯,照常整顿台湾事务,复奏请令开锡久于其布政使署任,临行犹不肯放松一步。开锡为政,精勤强固,大廷、明灯在台,亦裁陋规(明灯裁陋规每年约银五万两),办土匪,察吏肃军,其严正一如宗棠。此种态势,当然为反对者所侧目。于是宗棠去职不久,即有人指摘宗棠及其左右之言行,编成竹枝词,而尤集矢于引用湖南人,排斥他省人。事闻于清廷,命英桂按治。宗棠亦奏请察核查办,结果自非事实,而诽谤者之来源与用心,固已昭然若揭。已而吴棠莅任,一反宗棠所为,宗棠改革各项,本奏准有案,然其时文宗后那拉氏当政,吴棠固有宠于那拉氏,亦遂敢全部推翻,无所顾忌。开锡先被挤而去,大廷、明灯亦知几引退。虽宗棠指示勉留,并拟争之于朝,终不可得,一腔热血,尽付东流,可胜慨哉。[②]

不出宗棠所料,同治十三年(1874),日本借口台湾生番杀死琉球水手,以为即杀其侨民,遽以兵一万五千人抵台,分三路深入,踞牡丹社,转以糖果饵生番,其意叵测。清廷派沈葆桢驰往巡视,总理各国事务衙门以宗棠尝总督闽浙,向问应付方略,宗棠自憾未尝亲至台湾,逊辞以谢,仅就所闻日本大举之内募以闻:

> ……此事起于六年(1867),合众国商船遇礁撞破,船主罗妹及其众上岸逃生,生番杀之,并掠其余资。该国领事李让礼,恳台湾镇道,求办生番,以儆将来,意在收敛残尸,救回活夷,求中国收其地,设兵管守,永

---

① 《左文襄公奏稿》卷十二页 6—8《沥陈闽省困敝情形请调员善委折》,卷十三页 13《请将福建盐法道革职片》,卷十四页 42—45《特参年力就衰之司道折》,卷十五页 18《委署福建藩司片》,卷十九页 24《请以夏献纶署福建盐法道片》,页 53《藩司因病请假请仍留周开锡署理片》。

② 《左文襄公奏稿》卷十九页 86《请敕署福建藩司周开锡久于署任折》,卷二十一页 57《恳察闽中蜚语片》。《左文襄公书牍》卷九页 29《答夏小涛(献纶)》,页 30《答周受山(开锡)》,页 36《答吴桐云(大廷)》,页 37《答刘简青(明灯)》,页 39《答杨石泉(昌濬)》、《答沈幼丹(葆桢)》,页 43《答曾沅浦(国荃)》。《光绪实录》卷一百九十八页 8,卷二百零五页 19—20。吴大廷《小酉腴山馆主人自著年谱》卷一页 36—57。张铨庆,字佑之。夏献纶,字小涛,江西新建人,官至台湾兵备道,光绪五年(1879)六月卒。

杜番害,未尝别有要挟也。台湾镇刘明灯、台湾道吴大廷鉴其无他,即与定议,又令生番晓事头人卓杞笃,与李让礼商议善后诸事。李让礼遂与生番连和,自具申陈,由镇递闽省督抚,镇道并备公牍,请示办理,督抚允行,事遂寝。厥后吴大廷坚求内渡,刘明灯因闽抚有意吹求,谤议上腾,遂被奏撤,而前议搁置,不复过问。李让礼心怀不平,以其事告知本国,求发兵剿番,为护商计,该国责其生端肇衅,不许,并夺其驻厦领事职。李让礼不得逞,乃以台郡地图示倭,唆其剿番,资以利器,倭窥台郡后山地险而沃,冀据为外府,此违约称兵所由来也。……①

此节故事,足备外交秘史之一页,要不得不追课其责任于历任福建督抚之未能如宗棠之重视台湾。抑本案虽不久幸获和平解决,然当事之急,沿海七省戒严,而宗棠方督师新疆,于是先海防而缓塞防之议兴,几使宗棠在天山南北路之策画,功败垂成,其影响亦非小矣(参阅三十节)。

又不出宗棠所料,光绪十一年(1885),法国为越南事件,以兵占台湾之基隆及澎湖。宗棠奉命以钦差大臣督办福建军务,重莅福建省城。逆料宗棠此时心境,必甚思利用此机会,重创法人,所谓一吐四十年恶气,然后以治理新疆之方法与精神,将台湾大加整顿。乃事与愿违,宗棠之恪靖援台军济师后,方一接战,清廷遽复媾和。而法兵则依据台澎弗撤。宗棠愤慨之余,奏曰:

> ……法夷犯顺以来,屡以忽战忽和,误我大局。上年四月十三日之约,口血未干,即来挑衅。甚且逞其无赖,以为观音桥之战,自我先开,福禄诺之据,系我捏造,要求恫吓,无所不为。朝廷方遣使议和,而彼已一面踞我基隆,一面驶入马尾,乘瑕蹈隙,驯至溃坏而难于收拾。此次复请议和,意似悔祸,然何以宣光有退兵之语,而台湾止有停战之文?言停战,则基隆一隅,果否交还,尚似未定;言退兵,则北圻全境,拱手而去,不问可知。臣远隔海滨,固不敢妄测当局羁縻之苦心,转圜之至计,而前车宜鉴,大局攸关,津约五条,已置越南于度外,占踞之基隆,与新失之澎湖,岂可再涉含糊耶?自去秋至今,沿海沿边各省,惨淡经营,稍

---

① 《左文襄公书牍》卷十四页 47《上总理各国事务衙门》。

为周密，今忽隐忍出此，日后办理洋务，必有承其敝者。如果基澎不遽退还，则当道豺狼，必将乘机起噬，全台南北，不独守无可守，抑且防不胜防，此要地之不得不争，所宜慎之于先者也。

法人利在缓战，而不在言和，其忽然请和者，大抵越南夏令将交，瘟疫流行，军无斗志。尼格里丧师于外，斐礼避位于内，新旧更替，议论纷歧，增饷增兵，动需时日，故阳饴我以请和之名，阴实便其一举两得之计。我若概从所请，则失地未还，防兵先撤，万一该夷狡焉思逞，而时机已失，言战则要害已为所乘，言和则口舌未能有济，悔无及矣。臣窃谓沿海重兵，不可因目前请和，遽议裁撤，盖曾经战阵之兵，缓急可恃，即和约已定，而縻三数月饷项，可以防叵测而备折冲，较之临事周章，当有间矣。此边军之不可遽散，所宜防之于后者也。……①

奏上，留中。已而和约成，法兵撤离台澎，宗棠复以台防紧要，奏请移驻巡抚镇慑，略言：

……目今之事势，以海防为要图，而闽省之筹防，以台湾为重地。该处虽设有镇道，而一切政事，皆必禀承于督抚，重洋远隔，文报往来，平时且不免耽迟，有事则更虞梗塞。如前次法夷之变，海道不通，诸多阻隔，其已事也。臣查同光之交，办理台防沈葆桢，躬历全台，深惟利害，曾有移驻巡抚十二便之疏，比经吏部议准在案。嗣与督臣李鹤年、抚臣王凯泰会筹，仍以巡抚兼顾两地覆奏。光绪二年（1876），侍郎袁保恒请将福建巡抚改为台湾巡抚，其福建全省事宜，专归总督办理。部议以沈葆桢原议奏称，别建一省，若干器局未成，闽省尚须台木，台饷向由闽解，彼此相依，不能离而为二。又有饷源人才，必须在省豫筹，临时呼应各等语，恐其欲避责成，转多贻误，未克奉旨允行。厥后抚臣丁日昌以冬春驻台，夏秋驻省，往来不便，于台防仍见有名无实，重洋远隔，兼顾为难，因有专派重臣督办数年之请。臣合观前后奏稿，各督抚大臣谋虑虽同，未免各存意见。盖王凯泰因该地瘴疠时行，心怀畏却，故沈循其意，遂改为分驻之议。而丁日昌所议重臣督办，均非久远之图，皆不

---

① 《左文襄公奏稿》卷六十四页22—24《密陈要盟宜慎防兵难撤折》。

若袁保恒局外旁观，识议较为切当。但台湾虽系岛屿，绵亘亦一千余里，旧制设官之处，只滨海三分之一，每年收榷关税，较之广西、贵州等省，有盈无绌。倘抚番之政，果能切实推行，自然之利，不为因循放弃，居然海外一大都会也。且以形势言，孤注大洋，为七省门户，关系全局，甚非浅鲜。其中若讲求军实，整顿吏治，培养风气，疏浚利源，在在均关紧要，非有重臣以专驻之，则办理必有棘手之处。据臣愚见，惟有如袁保恒所请，将福建巡抚改为台湾巡抚，所有台湾一切应办事宜，概归该抚一手经理，庶事有专责，于台防善后，大有裨益。至该地产米甚富，内地本属相需，若谓分省则接济难通，究不足虑。臣查台地未经开辟以前，如福州、兴化、漳泉各属，暨由广东、浙江两省客商，源源运济。我朝天下一家，凡各行省向无遏粜之举，以台湾与内地只隔一水，便于贩运，安得有此疆彼界之见，因分省而遂阻挠，此固事之必无者也。协济饷项，内地各省，向通有无，以台湾之要区，唇齿相依，亦万无不为筹解之理。拟请奉准分省之后，敕下部臣划定协饷数目，限期解济，由台抚臣督理支用，自行造报，不必与内地照商，致多牵掣。委用官员，请用江苏向例，于各官到闽后，量缺多少，签分发往，学政事宜，并归巡抚兼管申转，命案则归台湾道就近办理。其余一切建置，分隶各部之政，从前已有成议，毋庸变更，俟谕旨定案，即饬次第施行。……①

于是次年台湾专设巡抚，竟继新疆而改行省。夫台湾与新疆之建省主张，固不自宗棠始，而皆以宗棠之力请，终于实现。一在西北，一在东南，相去万里，而皆成于一老，不能不谓非奇迹。惜曾几何时而甲午战败，台澎复为日本有矣。

尝谓宗棠当日与法人在台湾作战，自无制胜把握，然使早如宗棠之议，彻加整理，则局势当复异是，是诚宗棠当引为毕生之遗恨者欤。

---

① 《京报》光绪十一年(1885)六月《为台防紧要请移驻巡抚镇慑折》。李鹤年，字子和，号雪樵，奉天义州人，道光二十五年(1845)进士，官至河东河道总督，光绪十六年(1890)卒。王凯泰，原名敦敏，字补帆，号幼轩，江苏宝应人，道光三十年(1850)进士，光绪元年(1875)卒，谥文勤。丁日昌，字雨生，广东丰顺人，廪贡生，光绪八年(1882)卒，著述有《抚吴公牍》。

# 四十四　楚军规模

太平天国时期，清廷主兵大员募练之勇营，其编制与名称等等，最初系各自订定，参差殊甚，其后曾国藩俨然为军事之中心，故多以国藩之湘军营制为标准。左宗棠之楚军，李鸿章之淮军，虽各有营制，要皆与清军营制无甚出入。宗棠最早募练者，仅有步队，计四营，四总哨，及亲兵八队，至所召集之王鑫旧部，则系袭用其原编制。

宗棠募勇时，规定办法两则：

（一）凡勇夫人等，务须一律精壮、朴实，毋得以吸食洋烟及酗酒、赌博、市井无赖之徒充数；

（二）选定后，取具的保甘结，缮具花名清册，务将真实籍贯、住址、三代、年貌及十指箕斗，详细注明，以杜顶替抽换之弊。

亦与国藩所订《招募之规》，大同小异。①

步队一营之首领，为营官。最初每营包括前后左右四哨。哨之首领，为哨官，每哨包括十棚。棚之首领，为什长。四哨以外，又有营官之亲兵队。每营人数，除营官一员、哨官四员不计，共五百名，是为勇丁。此外每营有长

---

① 曾国藩《曾文正公杂著》（长沙思贤讲舍刻本）卷二页 4《招募之规》，页 9—12《营制》，页 13—15《马队营制》。《左文襄公咨札》页 1《札崔副将大光等招募楚勇》。

夫一百八十名。其后更定楚军营制，步队：

> 每营设营官一员，除亲兵四排外，督带四哨，别置巡查官一员，另有长夫五十六名。
>
> 亲兵四排，每排亲兵十二名，内什长一名，另各有长夫四名。
>
> 四哨，每哨以哨官一员，督带九排，另各有侍勇四名，长夫四名，每排散勇十二名，内什长一名，另各有长夫三名。
>
> 巡查官一员，有侍勇四名，长夫四名。

于是步队一营之编制，计营官一员，哨官四员，巡查官一员，共兵官六员，什长四十名，亲兵四十四名，侍勇二十名，散勇三百九十六名，共五百名，长夫二百名。[1]

总哨每哨三百二十名，与王鑫之一旗相当，其制未详，以后即取消。[2]

宗棠直辖亲兵，原为二百名，分成八队，其后逐渐扩充，改组为十二哨，包括正副中前后左右等十哨，炮队一哨，守城一哨。每哨分为十棚，每棚十四五名不等，用什长一名，伍长一名，长夫三名，火勇一名。哨官各用火勇一名，长夫十四名，计每哨共用长夫四十四名，合亲丁一百四五十名，约为二百名。此项亲兵，系挑练勇敢争先者，以之冲锋陷阵，而所属各部队之统领、营哨官，大半由此遴拔而起。[3]

宗棠之楚军，有大旗一种名目，盖谓行军以旗帜为标准。故宗棠向用帅旗百余面，每于出队之际，由大旗举旗先登，亲军继进，用是军威克壮，所向有功。[4]

至于马队，当宗棠最初募练楚军时，未有设置。及入皖、赣，始由国藩拨交一营，共马百数十匹，其后迭有补充，仍不足两营。故当赴浙督师时，曾请调口外强壮战马二百匹至浙，在楚军中另挑勇丁，操习马队，以利攻剿。嗣又派员赴张家口、古北口等处，购买战马二百匹。以此推算，宗棠用兵浙、闽

---

① 《楚军营制》页 1—8《步队章程》。

② 《左文襄公年谱》卷二页 36。

③ 《左文襄公奏稿》卷六十三页 13—14《修治畿郊水利恳敕一律准销折》。《左文襄公年谱》卷二页 36。

④ 《左文襄公奏稿》卷六十三页 14《修治畿郊水利恳敕一律准销折》。

时,当有马队六七百匹,其编制则以二百三十名为一营,伙夫、长夫在外,约为每一百名占四十名。其后在楚军营制中,明定马队:

> 每营设营官一员,除侍兵外,督带四哨,别置巡查官一员,另有长夫二十八名。

> 侍兵三十名,内什长五名,战马五十匹。

> 四哨,每哨以哨官一员,督带五排,另各有长夫四名,每散勇十一名,内侍长一名,战马十匹,四哨另有长夫二名。

> 巡查官一员,有长夫四名。

于是马队一营之编制,计营官一员,哨官四员,巡查官一员,共兵官六员,什长二十五名,散勇二百名,共二百五十名,战马二百五十匹,长夫五十名。①

当宗棠西征时,所有马队,均留置福建,并未携同出发。故剿捻所需马匹,系另向古北口采购,而募吉林猎户编成,宗棠为订马队事宜八则:

(一)立营给马,限以两年为期。如系打仗伤毙者,由营官报明,发给补额。如喂养失宜,以致倒毙者,在半年以内,令该马兵全赔;一年以内,赔十分之八;年半以内,赔十分之五;两年以内,赔十分之三;及两年者,免赔;过两年者,酌赏。

(二)打仗时,车骑须相辅以为功,切不可彼此不顾。行路时,或将马队列步队前后,均听临时号令。在前者,遇有警,即先排开阵势,俟步队排列,车营整齐队伍之后,即从两旁收入车阵内或阵后,使步队接战。战酣,马队从两旁出,左右抄击,收队时,仍从两旁收入,不得向前倒入。

(三)行路时,如有五营同行,每营抽拨一队,分路哨探,每名各执一旗,摇旗为号,中营居前面之中,前左右后各营,分四隅出探。探前途有贼,即折回禀知,不得张皇误报,临到阵前,即先勒马,不准倒冲队伍,如违重办。

(四)每逢驻营,操练日久,忽传令启行,前三日内,除五方哨马外,余不准时常骑坐,行路时,遇路径崎岖坎险,必应下马牵行,每日半骑半

① 《左文襄公奏稿》卷三页 10《请敕副将崇志管带战马来浙片》,页 16《赴口买马请免税片》,卷二十一页 43—46《筹拟购练马队折》,卷六十三页 15《修治畿郊水利恳敕一律准销折》。《左文襄公咨札》页 8—9《马队事宜》。《楚军营制》页 5—8《马队章程》。

走,以养马力。

(五)如果出队,必须将马豫先喂半饱,稍饮,牵出,加鞍后,牵行数十步,俟队伍齐,众人各将肚带收紧,方可乘骑。十里后,再行收紧,以便驰骤。收队离营三里,即须下马牵行,以舒马气。回营后,如系冬日,下鞍宜缓,夏日宜速,不可卸嚼环。下鞍后,必须放卧打滚,打滚后,不可系屋檐下,恐风袭腰胯致疾。

(六)凡行路时,马上不许多驮物件,以惜马力。

(七)鞍辔、肚带、蹬皮等件,最要时时察看,略不牢固,即须更换,免致乘骑出队,临时误事。

(八)喂养口马,与蓄土马不同,最宜留心学习。喂饮最关紧要,水草必须洁净,草须铡短。上槽,先喂干草,再拌麸草。夏日宜湿,冬日宜干。食麸草饱后,再喂干草少许。食完,牵行数百步,方可饮水,免致水谷相并,易生结泻等症。饮水后,方可喂料豆。黑豆必须蒸熟,豌豆则宜碾碎,水浸微软,与干草拌匀喂之。饮水之法,冬日二次,早宜少,夜宜饱,夏日三次,早宜饱,午宜少,晚宜饱。行路开差,当暑则不时可饮,不必太多,大要临前敌之马,每日夜须多喂饮几次,无须过饱,以备不时乘骑。行路开差,则夜间必须喂饱,日中稍喂亦可,不喂亦可。

各营总帮办、哨长、先锋,每夜必须躬亲阅视教导。有不如法者,初次训饬,二次棍责,三次革粮。营总尤宜加意稽察,仍由大营派员专司巡察,察出各队中有喂养不如法者,惟营总是问。每营有二成不如法者,营总记过,三成以上,记大过,五成以上,责革。哨官责成,与营总同,亦按成分别惩儆。领旗管十人,三成不如法者,记过,五成者,记大过,六成以上,责革。倘巡察之员徇隐不禀,并或有需索,察出分别重惩。

至宗棠平定金积堡、河州,复先后将降回精于骑术者,编成旌善营马队。

以上步队与马队,为楚军主体,其编制中之长夫,为国藩所创设。国藩治军,以不扰民为第一义。而行军最易扰民者,殆无逾于所谓拉夫。同时,行军最感困难者,亦殆无逾于队伍经过地方,民众避匿一空,无人为搬运辎重,乃至食物亦无处可购。故国藩规定,军中自备长夫,随军出发,专任搬运子药及一切军装、粮食及一切炊具。宗棠募练楚军,亦循其制,并严立戒条,自有长夫而军行所至,民间照常作业,可无被拉之痛苦。在勇营亦往来敏捷,可无乏人搬运辎重之顾虑。①

湖南勇营,从优给饷,盖惩于绿营饷薄之失而力图纠正。江忠源初起之楚军,每勇每月支银四两五钱,多于绿营三四倍。国藩之湘军,稍减为四两二钱,宗棠之楚军,亦从之。至营官薪水、公费,更特为丰厚,欲其足敷所需而更有余,无庸克扣军饷,或敲索民财。兹将宗棠在楚军营制中规定之饷额,分别于次:

步队

营官每月二百两。哨官、总查,每月各十二两。什长每日一钱六分。亲兵每日一钱五分。侍勇、散勇,每日各一钱四分。长夫每日一钱。

凡统领自带一营,本营之薪水、公费及夫价,已足敷用。此外从优酌加,凡统至三千人以上者,每月加银百两,加夫十名。统至五千人以上者,每月加银二百两,加夫二十名。统至万人以上者,每月加银三百两,加夫三十名。

马队

营官每月一百两。哨官、巡查官,每月各十二两。什长每日一钱七分。散勇每日一钱六分。长夫每日一钱。什长、散勇,每日另各给灰面一斤半。

马队每营人数较少,故营官薪工,仅支步队之半数。因须加支马干,故什长、散勇又较步队日多支银一分。至新招勇夫,在未正式成军前,每名每日先支制钱一百文,名曰小口粮。饷以日计者,均每月大建按三十日支,小建按二十九日支。②

以上所叙为陆师。宗棠入浙后,曾在衢州募练水师。西征时,亦曾在黄河、渭河等设师船,其配拨炮位兵勇,别有章程:

---

① 《楚军营制》页4—5《教长夫》。
② 《楚军营制》页1—8。

（一）大号船配五百斤大炮二尊，头尾各一，子母炮二尊，安置两旁，抬炮、百胜炮四杆。中号船配二百斤炮一尊，子母炮一尊，抬炮、百胜炮二杆，鸟枪四杆。小号船配鸟枪二杆。共五百斤大炮二百尊，二百斤炮一百尊，子母炮三百尊，抬炮、百胜炮六百杆，鸟枪八百杆。

（二）大号船配五百斤大炮二尊，须配兵勇四人，子母炮二尊，须配兵勇六人，抬炮四杆，配兵勇十二人，头舵工四人，号令二人，水勇二十四人，计大船共五十二人，总共五千二百人，中船共三十三人，总共三千三百人，小船共五人，总共一千人，共需兵勇九千五百人。

（三）头舵工及荡桨水手共四千七百人，宜募船户水手谙练能识水性者点充，号令三百人，即于各营挑选点充，其余皆以陆路兵挑派，如水手一时难如数挑派荡桨，即以陆路代。

（四）每大船一只，领中船一只，小船二只，为一队，委一员弁领之。二十队为一军，委一官督领。五十队委一大员总领，教练战阵，赏罚号令，皆责成督领之员。每一船之长，即于头舵水勇内，择才具出众者点充。一队之员弁，于佐杂千把内拣选，必才具谙练，能耐劳苦，心地方正者，方能胜任。先令文武大员各举所知，再行拣选，其不足者，于绅士中选充。

（五）大小船四百只，分为五军，以前后左右中编之，旗色即按方位，进退分合，节以金鼓旗帜，仿陆路行阵之法，略为变通。

至师船之制，宗棠以为要坚固便捷，故"购材宜审，定式宜精，监造贵在得人，工料不可太省"。按湘、楚军建树水师，允为平定太平军要素，宗棠固尝与国藩等力主其义。然宗棠西征，自平陕而入甘，无河流可通舟楫，故水师亦无所用之矣。[①]

宗棠剿捻，其要在"以车制骑，以骑制步"。故增募马队，已如上述，又创设车营，陈其说于清廷：

---

① 《左文襄公奏稿》卷一页9《请速令总兵刘培元来衢设立水师片》，卷二十二页18《筹议山西河防事宜折》，《左文襄公批札》卷一页58《戴副将定邦禀渭南布防情形由》。《左文襄公书牍》卷十三页30《答邵汴生（亨豫）》。王之平《曾胡左兵略纲要》页122—123（引陈龙昌《中西兵略指掌录·左氏兵法入门》）。

……捻匪蹂躏江北、河北,万骑纵横,论者谓欲平捻逆,须益骑兵,固也。然骑兵非练习有素,则队伍难以整齐,枪矛难期精熟,胜负之数,未可预知。盖贼骑多于官马,而贼技又熟于官军也。因思古人塞上之战,每用兵车,如卫青以武刚自卫,深入绝漠。马隆用偏箱,复通西凉。明臣余子俊、曾铣、郭登、周尚文、杨博辈,皆以车战显。盖制骑者,莫如车,为其行则载辎重,止则成壁垒,足御冲突,而固军心也。明中书赵士桢车铳议,用车载铳,车为守具,铳为攻具,亦有所见。今剿捻寇,既议减步兵而添马队,宜兼用车辆,以遏贼冲。……

于是始设车营,编为前中后十五营,规定:

……所有各队中派管战车勇丁五名,应即设立车正一名,执旗管车,车勇四名,出队时,分别推车、掌炮、挽车、扎火及装子药等事,行路时,四人轮流推车,该车正、车勇,均准于月支口粮外,每名每日加给银一分。……

又订成车队事宜五则:

(一)每队十人,以六人习洋枪,四人习刀矛,内立伍长一人,给旗一面,遇什长麾旗领队出战时,则责成伍长二人,守车装炮药,矗旗不动,以壮军容;

(二)线枪队兼习炮车,无庸改添刀矛;

(三)车本重赘之物,尤贵节制训练,令疏密匀称,进退转旋,各不相碍,方能变重赘为轻便。训练之际,非信赏必罚不可。自授车之日始,勤慎将事,不准稍涉怠玩。每棚领车一乘,整驾端正,排列棚外,即寓扎营之意。练成启行,每日扎营,即排列炮车向外,作为圆阵,车间联以梭绳二道,务期疏密均匀,以臻周妥;

(四)宜专责成,车炮不端正,子药不全备,队伍不整齐,听号令、看旗帜不分明,均惟什长是问。上下山阪,逾越沟坑,过险行淖,须齐心合力,前后推挽,以期捷速。其山岭险仄处所,必须众力擎举,伍长尤宜帮督勇丁,轮班替换,以均劳逸。战时,伍长守车,毋许乱动,预装炮药以待,如所管勇丁不遵约束,或拥挤喧哗,或偷闲躲懒,或擅离队伍,准该什长随时训责,倘不服约束,即禀知哨官重办;

（五）操练即与临阵一般，最宜肃静，耳听金鼓，眼看旗帜，除呐喊外，不准别有声息，最宜从容装药下子，看靶点火，手脚要快便，却不准丝毫忙乱。肃静者，整之谓也。从容者，暇之谓也。

又指示车营首领云：

……捻贼伎俩，在冲突包抄，非多用枪炮，不足制之。枪炮多，非用车不可。车与炮合，车粗重而炮灵便，可以击远。行则成营，止则成阵，虽万骑纵横，不能撼我也。剿捻逆宜用阵法，不比发逆之可以野战取胜。阵式宜整宜紧，时时如对敌，虽行路亦然，庶免仓卒之患，此要诀也。所谓阵式，不过方、圆、偃月、仰月四种。五营梅花，三营品字，随地势排列。前者前，左者左，中者中，右者右，后者后，千变万化，随机立应，无他巧妙。只要施放时从容不迫，一排分作两次施放，连环相接，而以线枪、洋枪弥缝其缺，遇贼至近，乃连环施放，贼众当之，便成齑粉。凡放枪炮，总要取平，稍有高低，便不能准，此当预先训练者。

凡此皆宗棠所定车营职掌、保管、训练，以至作战与布阵之办法也。①

明嘉靖间，戚继光创立车营，每营二十八辆，车上安大佛郎机两架，每车派军士二十人，分为奇正二队，而马铳、长刀、藤牌、火箭，无不毕具。以之环卫车马，一则可以为部伍，一则可以为营壁，一则可以代甲胄，诚为有足之城，不秣之马。故国藩之创练湘军，固取法于继光之束伍练技。而宗棠之创立车营，亦因袭于继光之遗制，宗棠对于此事，大为得意，屡见于家书。其一曰：

……此起捻逆之悍，由其中三盟里龙江之人居多，习骑耐战，非湘淮军之所能当。湘以剿长发之技剿捻，淮以剿常捻之技剿此捻，故均作败局。我所此拟车炮一式者，实早虑此。将士不知此贼伎俩，锐言亟击为宜，而于车炮多嫌笨累，昨闻湘、淮屡挫，始肯练车炮，习车营，或不至如湘淮之失算乎。……

又其一曰：

<hr>

① 《左文襄公奏稿》卷十八页7—8《剿捻剿回宜参用战车片》。《左文襄公咨札》页6《札统带管带车营各员》，页7—8《车队事宜》。《左文襄公批札》卷一页37《吴中书士迈禀请发车炮以便训练由》。

……车炮之制,足制骑贼有余,然纵击穷追,非马队不可。昨见岳
忠武飞传,其子与李成战于襄阳,示王贵、牛皋以长枪步卒击其骑,以骑
兵击其步,正与现在所用阵意相近,我军车队既精,再得所调塞马辅之,
贼不足平也。……

然车营之战绩,第初见于随州、枣阳间。谓捻睹炮车,即狂奔却走。再见于
岐山、扶风间,谓以炮车坚阵,破回骑二万有奇,此外则尚无所闻。国藩剿捻
时,淮军统将潘鼎新尝建议设立炮车。国藩批答曰:

……车战一事,殊非易言。昔人如房琯,行之不善而败。李忠定
(纲)请以车制颁京东西制造教阅,而南渡诸战,未闻以车制胜者。戚南
塘(继光)《练兵实纪》,孙高阳(承宗)车战八百,言之详矣。而二公守
边,亦不闻车战之益。即近时胡文忠公(林翼)欲募二千人为三营,每营
创造小车二十架,每架置炮一尊,谓沿江征剿,大有奇境,亦卒无成。本
部堂到徐后,拟装车辆,购养牛马,以利粮运,若以之临敌,终患推挽不
灵,未敢尝试也。……

鲍超亦拟凭臆揣制造装炮手车,而仅有其说。故宗棠所谓湘淮军始肯练车
炮、习车营云云,殊非事实。且恐即在宗棠,亦未尝切实利用车营作战,而终
于将其裁撤,倘诚如国藩所谓推挽不灵乎。①

楚军作战,已能充分利用西洋大炮,固无待言。然初未有若何组织,至
宗棠出征新疆,始议立炮营。其说见于与帮办甘肃新疆军务之刘典书中:

……弟拟立炮营,须一好营头,合陈文英所带炮,成一大营,以便分
布。前函所指调之营,如不便抽拨,即请由刚毅军内派拨一营速来可
也。陈文英只带八炮前来,尚有十炮并零星各件,请速饬解营。胡雪岩
(光墉)续办大十二号炮位八尊,除还清豫青海(师)二尊外,其六尊是否
已到兰州,弟意欲并取来练成一大营。……

是为以后开花炮队之权舆。开花炮队之编制:

---

① 《左文襄公家书》卷下页1—3。《左文襄公奏稿》卷二十一页71《随州追贼出境折》,卷二十
三页44《剿回大胜岐山解围折》。《曾文正公批牍》卷三《潘鼎新禀陈北方用兵宜用车战各情》。
《刘果敏公批牍》卷三页24《批统领楚军刘牧倬云禀缴炮车由》。陈昌《霆军纪略》卷十(同治五年
〔1866〕)。

每十七磅、十六磅、平字号各样后膛开花大炮一座,设什长一名,炮勇十四名,火夫一名,车夫二名,车骡四头。

每车轮后膛开花小炮,两截田鸡炮,月字号后膛车炮各一座,设什长一名,炮勇十一名,火夫一名,车夫一名,车骡二头。

是项开花炮队,先后在新疆成立者,凡三哨。①

湘军最重纪律,消极方面,国藩定有戒律七条,一曰禁止洋烟;二曰禁止赌博;三曰禁止喧哗;四曰禁止奸淫;五曰禁止谣言;六曰禁止结盟拜会;七曰禁止异服。宗棠始募楚军,约为行军五禁:一禁结党营私;二禁赌博滋事;三禁鸦片饮酒;四禁妄取民间财物;五禁无故不得外出。而宗棠更重视以劳作维纪律,彼常主张:

……防营无事,修筑城堡,开垦荒地,差操之余,种菜栽树,以习劳练其筋力,以作苦范其心思,胜于坐食嬉游多矣。

因此"……所部自成风气,无敢扰累百姓者,较之各军,功无可言,过则可寡"。②

---

① 《左文襄公书牍》卷十六页74《答刘克庵(典)》。《刘襄勤公奏稿》卷五页49《关外各军应发款目缮请立案折》。

② 《曾文正公杂著》卷二页7《禁洋烟等事之规》。行军五禁条目,不见载籍,此从宗棠后人调查得之。《左文襄公批札》卷六页7—8《延榆绥谭镇仁芳禀报神木游勇拒捕情形由》。

# 四十五　楚军与湘军淮军


王景亮《归庐谈往录》云："类聚群分，有莫之为而为者，在军尤甚。江忠烈公（忠源）原募之勇曰楚军，曾文正公（国藩）继募之勇曰湘军，同一省也，而不免畛域之分。"按忠源所募练新宁本县人，系应乌兰泰召，赴广西剿太平军，作战于客省，故号曰楚军，以别于广西原有之军队。国藩所募练湘乡本县人，其始仅备防卫湖南本省，故国藩《湘乡昭忠祠记》曰："由是我邑团卒，号曰湘勇。"以别于他郡县所募练之勇营，如所谓宝勇、辰勇、南勇、浏勇等。盖当日之湘军，仅所以称湘乡一县之勇营。嗣湖南他县他人所募练之勇营，均归国藩节制，且出省作战，于是以后之湘军，及史家所称之湘军，包括所有国藩指挥之部队。换言之，即是湘省之勇营。故景亮以是訾国藩，殆非的论。且国藩湘乡之湘勇，其后亦引用他郡县之勇。如国藩与父母家书云："男兼招宝庆、湘乡及各州县之勇。"而所谓湘省之湘军，亦未尝不称楚军。如国藩殁后，清廷谕旨，谓其"咸丰三年（1853）创立楚军"。要其所谓"类聚群分，有莫之为而为者，在军尤甚"云云，则可以著宗棠所募楚军与国藩所属湘军之关系矣。①

---

① 《骆文忠公奏稿》卷十页 63《请建表忠祠及求忠书院折》。《曾文正公家书》卷四，咸丰三年（1853）十月初四日。乌兰泰，姓索佳氏，字远芳，满洲正红旗人，官至广州副都统，咸丰二年（1852）三月在桂林省城阵亡，谥武壮。

湘乡秀才王鑫者,受知县朱孙诒命,就本县人民,募练勇丁,剿境内"会匪"之通于太平军者,凡得十数万众,地方为之帖然,此咸丰元年(1851)事也。次年,太平军入湖南,本欲由宝庆北上,知湘乡有备,遂折向郴州而北,直趋长沙省城。长沙既解严,巡抚张亮基用宗棠议,命孙诒以湘乡勇丁千人入驻省城,备缓急。于是鑫率三百六十人先行,罗泽南率七百二十人继发,军容甚壮。会国藩奉命帮办湖南本省团练,则就此千人,益用戚继光束伍成法,编制而训练之,设为三营,鑫统其一。[①] 故就湘军历史言,鑫允为湘军之开山祖师。然鑫与国藩颇不相能,其故约有三端,鑫自负奇气,语天下事甚易,而国藩取人,须视其"少大言,有条理",此两人性度上根本不相容者也。国藩初次督师北上,次岳州城外,鑫时禀骆秉章命,自为一军,独奋勇猛进,抵羊楼司,猝与太平军遇,败而南奔,太平军乘胜追击,国藩不支,亦水陆并退。鑫自以违国藩节度,耻与俱,独入空城死守。国藩颇愤懑,初不之顾,后用陈士杰言,以水师三版傍岸,举炮为声援,鑫得纵城出走,所部免者九百余人,此两人感情上由之发生重大之芥蒂者也。国藩既为主帅,定营制约束诸军,鑫立异,且别撰《练勇刍言》自诩,于是国藩东征,不令鑫与俱。此两人意气上终于不能融洽者也。顾宗棠雅善鑫,则言于湖南巡抚骆秉章,令统所部,与太平军及土寇转战于湘粤、湘桂、湘赣、湘鄂之交,所向有功,而不与国藩所部合。咸丰七年(1857),湖南以三路军援江西,鑫始以游击之师往,与国藩所部相呼应,所谓老湘营者也。旋鑫殁于乐安军次,由张运兰与王开化分统其军。然国藩致郭崑焘书曰:

> ……自阁下与人树归去,老湘等营便不甚通气,即如凯章十一夜败挫,而禀报二十二日始到。……

又曰:

> ……惟望阁下与人树及舍弟沅浦三人速来,则足以慰凯章之心,而通老湘营之气……

可知当时老湘军与国藩离而复合者,犹赖旁人居中斡旋,其隔阂固仍存在。

---

① 刘倬云《宰湘节录》页14—27。彭洋中《湘勇源流记》。朱孙诒,字石翘,江西清江人,官至四川盐运使。

及开化既病归,所部遣散,运兰既殁,则由易开俊、刘松山分统其军。国藩既平太平军,悉撤所有湘军,独留老湘营,遣以剿捻。①

宗棠初出山,接受国藩咨请,在长沙募勇五千人,其一部分即为鑫旧部,故以鑫弟王开琳统之。其他部分则虽由罗近秋、张声恒等所募。然罗、张固鑫旧部也。用是原因,宗棠当时所招主办营务者,均为鑫之亲友,如王开化,鑫之弟也;刘典,鑫之友也;杨昌濬,鑫之同学也(鑫与昌濬,均为泽南弟子),而皆曾加入老湘营者也。亦用是原因,宗棠当时所邀其他别募一军之统领,如王文瑞(鑫之从叔),如蒋益澧,均尝为鑫之旧部。其后刘松山与侄锦棠叔侄以老湘营剿捻回,虽为国藩所遣,而竟能与宗棠合作,当无非为鑫旧部关系,彼此原属一家也。至宗棠之所以引用鑫旧部者,诚缘此军确为节制之师,尝著战功,要亦以鑫不为国藩所重,而宗棠最好罗致国藩所屏除之人,以自鸣其善用人也。宗棠尝解释其命名楚军之理由,诚以所部将士,多沅澧、资之产,不仅一郡一县之人。然何必另订营制,窃意宗棠对于所募部队,必别称楚军,别立营制,自有其历史上之原因,非如此,或竟不能罗致鑫旧部,殊未可知。况宗棠本人固一如鑫,在心理上欲独树一帜,不愿依傍国藩者乎。②

湘军之营制,由国藩创之,然鑫撰《练勇刍言》,多与国藩营制相类,宗棠之楚军营制,亦与二者大同小异。而其后国藩修正湘军营制,则又酌采《练勇刍言》与《楚军营制》。所可异者,鑫所部似初未悉按《练勇刍言》实行,其最显著之一点,一般湘军均以营为单位,即《练勇刍言》中亦称营,而老湘营则独称旗。一旗为三百六十人,此与国藩初定营制以三百六十人为一营,人

---

① 《湘军志》卷二页6—7《曾军编》。王鑫《王壮武公遗集》(家刻本)卷二十三《练勇刍言》。《曾文正公书牍》卷七《致郭意城(崑焘)》。陈士杰,字隽丞,湖南桂阳人,道光拔贡;官至山东巡抚,光绪十八年(1892)十二月卒,著述有《蕉云山馆诗文集》。张运兰,字凯章,湖南湘乡人,官至福建按察使,同治三年(1864)在汀州遇难,谥忠毅。王开化,字梅村,湖南湘乡人,咸丰十一年(1861)殁于军次,谥贞介。王勋,字人树,湖南湘乡人。易开俊,字紫桥,湖南湘乡人,官至安徽寿春镇总兵,光绪六年(1880)三月卒。

② 《左文襄公年谱》卷二页36。《左文襄公书牍》。《左文襄公奏稿》卷三十一页49《沥陈饷事窘迫片》。王开琳,字毅卿,湖南湘乡人,官至江西赣南道。罗近秋,字鹿鸣,湖南湘乡人,保至副将,咸丰十一年(1861)三月在乐平阵亡。张声恒,原名声训,湖南桂阳人,保至候补道。王文瑞,字铃峰,湖南湘乡人,官至江西赣南道。

数相同。(孙诒早岁在湘乡令鑫所募练勇丁,亦以三百六十人为一营,惟旋增至八百人为一营。)后国藩改以五百人为一营,楚军营制亦以五百人为一营,《练勇刍言》则以五百八人为一营,相差甚微。今鑫且舍自著《练勇刍言》中五百八人之营,而采三百六十人之旗,尤足见其有心与国藩立异。惟宗棠始招鑫旧部,亦仍用其三百六十人一旗之旧制,其后当改从楚军营制。盖刘松山之老湘营,亦改从楚军营制也。宗棠尝有致刘典书云:

> ……老湘存其旗名,实则与营无异,盖既与楚军同事,则发饷章程,断宜一律。……

此其一证也。宗棠奏老湘军,收用江苏饷项数目片,有云:

> ……所有湘军饷项,自光绪元年(1875)九月初一日起,改照楚军营制章程,统归臣宗棠行营支应处按月支发。……

是又一证也。[①]

综上所述,足见宗棠之楚军,系以老湘营之将士为骨干,营制以国藩之湘军营制为蓝本,所以别为湘军与楚军者,洵如景亮所云"类聚群分,有莫之为而为者"。宗棠既定两浙,在西湖建楚湘忠义祠,以楚军与湘军分列,更见其间界划。盖以楚军指其直辖部队,湘军指归其指挥之益、澧等部队。后世史家虽以湘军概括楚军,殆非宗棠意也。[②]

淮军与楚军,虽同按湘军编制,初无渊源。宗棠东征,克复嘉兴、湖州、漳州,淮军实尝与楚军比肩作战。然宗棠素藐视淮军,及至进征西捻时而益甚,尝斥其:"杂收骁悍,专顾目前。"又詈其:"冗杂殊甚,其骄佚习气,实冠诸军。"西捻既平,清廷拟令淮军等随宗棠西征,宗棠公然在覆奏中直揭淮军之腐败:

> ……论者谓两淮之人,强悍健斗,用之秦陇,可以挫回逆之凶锋,销淮皖之隐患,于计诚为两得。臣窃以为不然。江淮之民,尚气任侠,古昔已然,非生而嗜乱也。巨逆如张洛刑、苗沛霖,亦非果具枭雄之资,素

---

① 《曾文正公杂著》卷二页9—12《营制》。《王武壮公遗集》卷二十三《练勇刍言》。《左文襄公书牍》卷二十一页5《与刘克庵(典)》。《左文襄公奏稿》卷五十九页34《老湘军自同治七年(1868)十月初一日起至光绪元年(1875)八月底止收用江苏协饷数目片》。

② 《左文襄公奏稿》卷十八页27—28《浙江建立楚湘忠义祠折》。

蓄不轨之谋也。始奇其诈力而奖进之,继悟其愚弄而笼牢之,终恨其桀黠,遂图举其类而尽殄之。譬犹痈疽初发,不用内托外消之方,其后乃为剜肉之计也。淮皖诸军皆新立功,其将领皆富贵矣,若择其朴勇而稍明纪律者分统之,以资镇压,又择廉惠稍知方略之守令拊循而化诲之,不出数年,积习当可一变。不此之务,乃思移淮皖之隐患于秦陇乎?隐患在畿郊,驱而远之,所谓移腹心之疾,置诸股肱,犹可也。隐患在淮皖,如图驱之秦陇,是移股肱之疾于心腹,不可也。

　　……论者又谓淮皖以军入秦陇,必仍由淮皖给饷,臣乃过为之虑,无乃太愚。不知淮军之饷,千人每月约银六千左右,虽与楚军相等,然近时每年止发九个月之饷,计算每勇每月不过三两有奇,此狙公赋茅之说也,士卒之骄逸而难制,其弊由此。皖军则每勇每月不过二两四钱,粮食由官给领,亦不过三两有奇,豫军亦然。若至秦陇,则粮价昂贵,较之各省,奚啻倍蓰,若不筹津贴,固无以齐其力而服其心。若竟筹津贴,此项饷银,又将安出?臣于张曜、宋庆、程文炳归总统时,曾请行首功之赏。计张曜、宋庆两军赏过银一万余两,程文炳一军赏过银三千余两,此暂时之计耳。若处粮价昂贵之地,历穷年累月之久,势何能支。迨日久无功,或生他变,而罪臣不善拊循,不善驾驭,臣固无辞,然将如秦陇何哉?臣不得不早为之计也。……

文中虽就淮皖军并论,而意实在淮军。平心论之,皖军若单胜一军,宗棠后尝调同西征,非无劳绩。至刘松山之老湘军,自居西征之功,然其始固有张锡镳之淮军三营在内,淮皖军岂尽不可用哉?[①]

　　宗棠既公开不满淮军,淮军将领亦多不愿受宗棠节制。鸿章深知其情,故当宗棠进攻金积堡受挫,而清廷屡促淮军驰援陕西时,亦公然于覆奏中直陈宗棠之不欲与淮军合作:

　　……论者每谓楚军宜于南而不宜于西北,曾国藩亦尝为是言。然

--------

　　① 《左文襄公书牍》卷十页1《答乔鹤侪(松年)》,卷十七页40《与善厚斋(庆)》。《左文襄公家书》卷下页9。《左文襄公奏稿》卷二十八页25—26《料理西征就绪即行赴京陛见折》。《曾文正公奏稿》卷二十五《张锡镳在陕西阵亡片》。张锡镳,原名锡荣,字敬堂,安徽灵璧人,咸丰三年(1853)进士,同治六年(1867)正月在西安阵亡,著述有《朱子就正录》等。

左宗棠每欲专用楚军平回匪,近因事机屡变,稍参用雷正绾、黄鼎、金运昌、傅先宗等,而于他将仍凿枘不入。现在围攻金积,屡破坚寨,冀即得手。马化隆一股若可歼除,甘事当渐起色。若甘军稍振(按甘军指宗棠在甘肃指挥各军,包括楚军在内),则陕事亦松,似无须别置一军,致左宗棠或生疑忌。臣前赴陕,本拟待秋后即请撤归者,正为此也。……

此奏可谓为鸿章对于宗棠前奏之反攻。甚矣,气类不同,门户之见,虽贤者有所不免乎![①]

西捻平后,楚军与淮军又有一度对于各省协饷之争,宗棠尝奏陈其事:

> ……各省协饷,厚于淮军,薄于楚军。……上年剿捻事毕,楚军西行,所指为饷军之资者,洋税。淮军东下,所指为撤军之资者,厘金。然楚军所得,不及淮军三之一也。曾国藩奏借浙江厘金十万两,为撤军之资。而浙江于一月内已解三十万两,其应解陕甘及臣军之饷,月共七万两。嗣奉旨加协,又五万两。浙江乃先将旧协臣军之二万两一项,停止不解。……江南除照旧应解刘松山六万两外,仅协臣二万,刘典一万,穆图善一万,共止十万。而其协淮军,则每月二十万两,多寡悬殊。……

由是宗棠益致憾于淮军,且自承"楚淮两军之不相浃洽,天下共知共闻"。及宗棠总督两江,对于江苏境内之淮军饷项,提出三种措施:

其一,江苏额拨淮军专饷,岁共银二百数十万两,向系解交淮军后路粮台自行发放。宗棠以便利稽核与免除转折为理由,议将分驻江苏境内淮军饷项,改由江苏省军需局按照淮军旧章,就近直接支放。并以后即列入金陵留防军需案内一并报销,不必再经淮军后路粮台。奏上,奉批另有旨,惟以后似无下文,故恐未实行,时为光绪八年(1882)三月。

其二,淮军前驻北方,米价系按北方时价计算,自调江南,江南米价较廉,自应改按江南米价计算,但并未照减。宗棠大概认为于公家吃亏太巨,当命一律改按江南时价扣发,以资撙节。原奏如何措词,今无可考,惟曾奉批"知道了",时为光绪八年(1882)十月。

其三,前项溢价,实非分给勇夫,而归统领等自行支配。故宗棠于前案

---

① 《李文忠公奏稿》卷十七页2《覆奏刘铭传督办陕西军务折》。

内,又曾声明,当同时酌加各该淮军统领办公经费,其后按所统营数多寡估加,少者由每月银一百三十两,加至四百三十两,多者由每月银三百两,加至八百两。原奏略谓:"现在米价改照时值核扣,权其出入,原定薪费、夫价银两,实属不敷贴补,是以分别加给。"则言外似有淮军各统领对于米价原有沾润,今因改按时值扣发,故酌予补偿之意。已奉批:"该部知道。"不意户部忽又议驳,由宗棠重行陈请,以为业经两次奏奉谕允,不宜失信于将领。始复奉批:"着照所请,该部知道。"时为光绪九年(1883)七月。

嗣乃有人就第二点,奏劾宗棠于淮军有心裁抑,以致将士各怀疑虑,旨交彭玉麟查办。玉麟覆陈,实无其事,并谓:"米价如果当减,岂能因是淮军而不随时加以变通。"盖就表面观之,宗棠处置,原属公允,惟其本意是否借此裁抑淮军,则须视其心术。①

抑同治中兴,固全赖湘、楚、淮诸军乡勇之力,其后且一化为防练军,再化为巡防队,三化为全新式之陆军,然军阀之构成,亦由于此。按绿营与勇营,有一根本不同之点,绿营先有兵丁,而后有将领。勇营先有将领,而后有勇丁。绿营之兵丁,均为土著,定居一地,不随将领而调动,即遇出征,仅在各营抽调成军,并不全部队动员。勇营之勇丁,均为客籍,居无定处,常随将领而调动,更至于随将领之存亡而完散。当时以为绿营之不堪作战,正为在此种制度下,将与卒不习,卒与卒不习,因以胜则相忌,败则不救,于是用下列方式,征募乡勇,一矫其弊:

> ……先择将,而后募勇,有将领而后有营官,有营官而后有百长,有百长而后有什长,有什长而后有散勇,其长夫又由各散勇自募。而后营官点验归棚,盖均取其相习有素,能知其性情、才力之短长,相距非遥,能知其住址,亲属之确实,故在营则恪守营规,临阵则懔遵号令,较之随营召募游手无赖之徒,以充勇夫者,稍为可恃。……

故曰:

---

① 《左文襄公奏稿》卷三十一页 49—50《沥陈饷事窘迫片》,卷五十九页 9《驻札江苏淮军改由江省就近发饷折》,卷六十页 10《酌加淮军办公经费片》,卷六十一页 23—24《淮军统领公费恳仍照前奏酌加片》。《左文襄公书牍》卷十四页 33《与谭文卿(钟麟)》。《彭刚直公奏议》卷三页 49—50《补陈前折未尽之言片》。

……勇丁之所以稍稍可用者,原于未募之初,先择管带,令其就原籍选募,取具保结,而后成军。成军以后,严加训练,层层节制,该勇丁均系土著生长之人,有家室妻子之恋,故在营则什长、百长、营官、将领得而治之。散遣归籍,则知县、团长、户长得而察之,遇有私逃,则营官、将领禀知本省,得按籍捕之,此明臣戚继光所以有募勇必由知县之说也。……①

以是原因,此种勇营,上下维系,将卒亲睦,指挥便利,训练容易,且于同袍之外,多一种同乡情谊,更或彼此为戚族,故作战时,自能互相援助,一遇伤凶,益足激发其报仇雪耻之心,卒用此精神,杀敌致果。惟以其就同一地方征募为主,故其部队系以地方名号。如上所述,地方色彩甚浓,不免形成若干地方利害观念。不特此也,惟其以将领自行募勇为主,故其部队常标以本人之名号,如鲍超号春霆,其勇即曰霆军,刘铭传之勇即曰铭军,宗棠之勇亦尝以封爵徽号称曰恪靖。更有特定一名称者,则如李元度之安越军,张曜之嵩武军等。个人色彩甚浓,不免形成若干个人利害观念。不特此也,勇营既以将领为主体,其军旗即缀将领之姓,如遇此将领亡故,则其营大都只能解散,否则仅有彼之亲属可以为继。如王鑫殁后,其旧部大都已散,宗棠召集时,仍以其弟开琳统之,是为一例。又如刘松山死而所遗之老湘营,宗棠以其侄锦棠带领,又为一例。故绿营虽腐败,尚不失为国家之军队,勇营虽刚劲,则成为私人之军队。在宗棠、国藩、鸿章诸人,固无自私其军队之心,然当时之勇丁,固已只知有将领,不知有国家。末流所趋,将领亦只知以其部队为私人之势力,不知其应为国家之武力。益以在各军之上,又无一公而忘私,足以涵盖一切,如宗棠与国藩、鸿章其人。于是此军与彼军间,始则自成门户,继则各保地盘,终于互相火并,而军阀之祸,遂历数十年而不已。此则当日创始诸人所不及料者也。

惟太平军平定后,国藩几尽撤湘军,西征竣事,宗棠亦大量遣撤楚军。中法战役结束后,续募之楚军,又完全遣撤。故以后军阀之养成,湘楚两军尚少责任,独淮军则永恒存在,而鸿章亦不免为军阀之首矣。

① 《骆文忠公奏稿》卷七页 62—64《援军将领滥收游勇偾事折》。

# 四十六　整练制兵

清代之军制，以陆军为主，其常备军，所谓制兵或额兵者，最先仅有八旗。（镶黄、正黄、正白为上三旗，镶白、正红、镶红、正蓝、镶蓝为下五旗。）嗣以蒙古及汉军之降附者，编配为蒙古八旗、汉军八旗，总额约二十五万，太半翊卫京师，少半驻防各地，而领以将军、都统。此项旗兵，入关时，确为劲旅，不久以养尊处优，不复可用。其后有绿营，就明代之军队改编，有马兵、步战兵、守兵之别。因旗章尚绿，故曰绿营，总额名为六十四万，实则缺额常有六七万，分为七十一镇，驻守各地关隘，隶于各省提督、总兵，而归总督与巡抚节制。三藩之平全赖绿营之力，故乾隆时，补足其缺额。（嘉庆、道光时，又裁去一万六千余。）不久，亦以暮气深沉，积弊严重，不复可用，故平川楚"白莲教匪"者，实恃于别募之乡勇，名曰防军，前此亦尝有之，临时召雇，以补制兵之不足，事毕仍遣撤。

太平军起广西，折入湖南、湖北，顺江而下，所过势如破竹。原有制兵，望风披靡，不足与敌。于是湖南等省始复别募乡勇，而湘军（包括楚军）与淮军为尤著。不第太平军卒借以消弭，且恃以扫荡中原之捻，平定西北之回。然全国七十余万之制兵，固犹在也。而其他各种乡勇，尤不在少数。似此饷糈之浩繁，实为清代财政上之致命伤。故在当日军事进行时，及终止后，清廷与各省主兵人员所注意与研究者，为一面随时随地遣撤无用及多余之勇营,一面改善制兵,俾收饷节兵精之效。结果在清代军制上起一重大之变化,即选取绿营中之可用者,重加训练,名曰练军,留得力之勇营,责以防守,名曰防军,均采用湘淮军制,嗣又并称曰巡防队。但经过中法、中日两战,证明以湘淮军为骨干之巡防队,亦不可用,于是而有新式之陆军。

至清代水师,规模本狭小,而较陆军尤腐败。曾国藩等平太平军,并募勇组织师船,事后,并改为经制水师。

左宗棠于东征期中,即已留意肃正绿营。在浙江,鉴于自列郡沦胥,弁兵除阵亡外,均溃逃四散,当严令提督、总兵,查明汰革,毋许收伍,其缺额留待事平,再于出力勇丁内挑补。在福建,鉴于欠饷累累,亦规定,凡失守地方未补兵额,并节年调派各营防剿兵丁溃散逃亡,及老弱吸食洋烟,应行汰革者,概不募补收伍,俟军务平定,再议如何裁减。盖为未来之整理,预弭人事上之困难。及两省肃清,乃建议整顿,其主旨曰裁兵加饷,就饷练兵。

……窃自兵民分而不可复合,于是历代养兵之费,最为繁巨。未有百年养之,不收一日之用者。国朝绿营兵丁,虽较前代为少,然亦六十万有奇。此次军兴,东南各省,惟广西、金陵曾有调用制兵之事,余皆招募勇丁,以资战守。用兵十余年,转战十数省,而绿营绝少调发。始以勇丁助兵,继且以勇丁代兵,始以将弁领兵,继且以文臣代将,此兵事之穷也。

各省召募日繁,制兵名额未减,筹饷者,既须筹战士之饷,又须饷不战之兵,饷无可筹,不得不节缩额饷应之。于是额饷积欠至数百万,待其呼号迫切,又不得不少为点缀,以服其心。然按营点缀,每兵给饷数钱,每月即需耗银数万两,在兵月得数钱之饷,不能半饱,在官月费此数万之银,已成虚掷,此饷事之穷也。

夫五方风气各殊,民生其间,强弱亦异,故就各省而论,有可为兵者,有不可为兵者,然亦未可概论也。吴越秀良,而淮(安)、徐(州)、颍(州)、亳(州)、寿(州)、台(州)、处(州)、金华之民,则称劲健。关陇边塞之兵,素称劲健,而自捻回猖獗,当事又议调南军。即以福建言之,负山面海,民情犷悍难驯,宜其可以为兵矣。然臣自入闽徂粤以来,肃清疆土,扫除剧寇,所用者,仍只此旧部楚军,未尝借闽兵之力。而负隅之土匪，伺路之盗贼，尚须留楚军剿捕，不敢辄用闽兵。崇安、建阳告警时，臣所部尚留兴化，比延平请兵，臣调标兵三百赴之，三日始克成行，一月撤归，则患病者竟有百人，询其故，曰水土不服也，可笑如此。谓闽人之不可为兵欤？何以械斗则强，为匪盗则强，一隶伍符，便怯弱至此。夫有兵不练，与无兵同，练之不勤，与不练同。今日之制兵，陆则不知击刺，不能乘骑，水则不习驾驶，不熟炮械，将领惟习趋跄应付，办名册，听差使。其练之也，演阵图，习架式，所教皆是花法，如演戏作剧，何裨实用。省标尚有大操、小操之名，届时，弁兵呼名应点，合队列阵，弓箭、藤牌、鸟枪、抬枪，次第行走，既毕散归，不复相识。此外各标营，则久不操练，并所习花法，所演阵式而亦忘之矣。水师战船失修，朽腐殆尽，将领巡洋会哨，但有文报而无其事。遇需巡缉，辄雇民船代之，弁兵无船炮，无从练习，名为水师，实则就岸居住，一登海船，则晕呕不堪，站立不稳，遑云熟习沙线，惯历风涛。设遇有事，奚望其有万一之幸乎！是则练兵为救时之急务矣。

兵之应练，将弁知之，即兵丁亦自知之。然见勇丁之积功得官，未尝不欣羡也，知己之胆技怯弱，未尝不内愧也，将领之有志者，见兵不可用，亦未尝不思练兵以有为也，督抚提镇亦未尝不思练兵以稍宽咎责也，而势有所不能。营制，马兵月饷银二两，马干一两，战兵月饷一两五钱，守兵月饷一两，米皆三斗，间用折价，近因库款告匮，有给银欠米者，有半银半票者，除省标八营外，各标协营水陆官兵银米牵算，每月仅获半饷。而福建地方狭瘠，谷米、豆麦、棉麻、杂粮之收，不足供本地食用。物价本昂，素仰海船转运接济，近自番舶纷来，专海洋之利，沿海商船歇业，物价更形翔贵。米一斗，需钱七八百，中价五六百文。布一匹，宽者需钱六七十，窄者亦三四十文，他物称是。从前银贵钱贱，兵饷易钱尚多，近则银价日低，物价日贵，兵情艰迫异常。计每兵所得月饷，不足供一人十日之食，余二十日，则悬釜待炊，衣履无出，其奉父母养妻子者，更无论矣。如是，少壮者不愿入伍，而入伍者多老羸疲弱、穷无所归之人。其市井之徒，或挂民册籍，以小贸佣工为本业，而以余暇应差操，至下府民人之借当兵支门户者，抗官府，窝匪盗，名为兵而从不与差操者，其志并不在饷，固不具论也。夫以额饷之薄如此，又从而减折之，不能赡兵之身家，并不能养兵之口体，欲不听其别营生理，必不可得。兵既别营生理，不能按日演操，散居市廛，不能一呼即集，训练有所不能施，禁令有所不能及，心志因之而纷，精力因之而懈，技艺因之而生，汰革则无精壮应募，激劝则无骁锐可拔。如是，谓兵之冗杂怯弱，不可为兵，兵不任受。如是，谓将之疏慵颓废，不可为将，将亦不任受也。是则加饷又为练兵之急务矣。

福建通省，每岁经出之费，一百七十余万两，罄经入之款抵放，尚短二十万余两。频年兵事繁兴，协饷不到，入款积欠相因，实难敷衍。此时因练兵而加饷，饷从何出？臣按方今各省绿营通病，只因饷薄，不能练兵，而饷之薄，亦实由于兵之多耳。与其欠饷，曷若减兵，与其欠饷而仍养此无用之兵，曷若练兵而并节此可惜之饷。即以闽浙言之，闽之兵额，六万二千，浙之兵额，三万七千二百，合计已近十万，岂不为多。如果一兵得一兵之用，制贼自有余力，何以巨贼入境，所至为墟，不但不能收一战之功，并不能为一日之守也。然则国家每岁所耗之饷，不重可惜乎！假令事前两省有素练之兵五万，以之援邻，以之保境，岂不绰然，何至远恃客军，多縻巨饷。惟其兵多，故饷不能厚；惟其饷薄，故兵不能精，此固前效之可睹者。臣维兵之应亟汰者四：老弱疲乏之兵，吸食洋烟之兵，虚名占伍之兵，塘汛零星之兵，此皆无所用，亦不可练者。外此各标协营听差、传号、书识各名色，不与操练之兵，实为军政之蠹，亦应酌量裁减，以实行伍，约计应汰之兵，至少四成余。兵既减少，则员弁亦可酌量裁并，所裁之廉俸薪干，亦可留养练兵。大概挑留可练之兵，五成有余，即以裁兵四成有余之饷加给之，饷米并计，守兵每月可得银三两，战兵每月可得银三两数钱，日用足敷，无须别营生业，自可聚居勤练，而免散漫荒嬉之弊。塘汛零星之兵，有名无实，甚或窝留娼赌，扰害地方，若并归总汛，聚居勤练，分段轮派巡缉，声势较完，防察易遍，较之三五错杂，无人管束训练者自别。是减兵云者，只减无用不可练之兵，于兵制实无所损，加饷云者，即扣此项裁兵之银，于饷事亦无所加也。

臣自广东凯旋，饬省标八营，挑练兵丁。为撤勇计，操兵每日加饷银六分,挑兵三千名,分三起,以次赴臣署箭道,学习长矛、洋枪、无壳抬枪。陆路提督罗大春挑练泉州标兵一千二百名,各协营转相效法,陆路渐有起色。水师各营,咨行提臣李成谋、护海坛镇黄联开筹商办理,亦有端绪。大约水师以洋面为讯地,以樯帆为营阵,以炮械为艺技。弁丁必分两班更换,上船出洋巡缉,熟知海壖形势,习用炮械,乃期得力。其减兵加饷,与陆军同。现因船工停修,陆续赴粤东购造拖曳式船,必俟船齐,乃可定弁兵数目也。浙江郡县克复时,臣即饬逃溃兵丁不准收伍,曾经奏明在案。此时议复常制,只须少募新兵,较闽之裁减旧兵,翻为省事。臣咨浙江抚臣,并檄藩司杨昌濬专主其事,与提臣黄少春熟商定议,以期画一。如蒙允行,臣谨当与闽浙抚臣、提臣细商一切事宜,妥为筹议,庶几兵精饷实,一挽绿营积弊,无负国家养兵卫民之意。……此项建议,立被清廷采纳。因宗棠已调任陕甘总督,责成继任吴棠,会同福州将军英桂,福建巡抚徐宗幹,浙江巡抚马新贻等,分别继续认真办理,其后两省制兵共裁剩三万一千余名。[1]

同时,宗棠在福州省城聘用外国教习,训练制兵,其事系采福州海关税务司美里登之建议。由福州将军在标兵内选取三百名,闽浙总督及福建巡抚各在标兵内选取二百名,合成七百名,用外国教习二十余人,督同演习,以三个月为度。凡入选受训练之兵丁,在演练期内,每名每月加给饷银约六分,其都司、守备、千总、把总等,每员每日加给薪银一钱数分。演习每隔一个月,由将军、总督、巡抚各检阅一次,成绩特优者,另给奖赏,外国教习尽力者,酌犒牛羊酒面,以为鼓励。宗棠以为"西人练兵之法式,步伐整齐,进止周折,均有常度,实较寻常练阵之法为精,观其口令有似过烦,实则非此无以齐整其众也"。[2]

新疆在未建省以前,其迪化一道与哈密,均归陕甘总督兼管。其一部分

---

① 《左文襄公奏稿》卷二页17《失事弁兵毋许收伍片》,卷十四页17《清厘闽营欠饷暂停募补兵额折》,卷十九页16—21《闽浙兵制急宜变通折》,卷二十页37—38《通筹闽省绿营兵额饷项折》。

② 《左文襄公书牍》卷七页14—17《答美里登》,页17《与英香岩(桂)徐树人(宗幹)》,页19—20、23,均《答美里登》,页22—23《答英香岩(桂)徐树人(宗幹)》,页19—20、页23《上总理各国事务衙门》,卷十一页38《答杨石泉(昌濬)》。

军队,与甘肃一部分军队按期互调,所谓换防,其饷银与甘肃同受他省协拨,并无明文分析之界限。于是甘肃与新疆之军政,自昔混而为一,其腐败情形,并有相似。典军者,均为满洲贵族、纨袴子弟,不知兵事为何物,论量既虚不足额,论质又弱不堪用。故宗棠既平天山南北路,后于新疆建省案内,奏请按甘肃、新疆军饷旧额,每年拨足五百万两,以五年为期,俾得将两省兵制彻底整理,预计整理完成,每年可减至三百五十万两。至其整理计划,大体见于与杨昌濬书:

> ……甘肃兵制,不分边腹,历代因之,专赖协款为之接济。一旦中原多故,自顾不遑,陇干生机遂绝。愚意不能足食,必先去兵。关外经理得宜,划清边腹,关内只河、湟、岷、嶓为边,甘(州)、凉(州)、(西)安、肃(州)皆成腹地,则制兵可减,换防一事,建议永停。喀什噶尔之布鲁特,塔尔巴哈台之蒙兵,伊犁之锡伯,南北二路之土著,皆可参募。乌鲁木齐之皖北一军,有不愿回籍者,亦可收令入伍。其始仍留客军为之镇压,嗣则本籍增兵著伍,而客军可撤,惟千把至副将,必挑客军之久经战阵者充之。定章外,先留客军数年,俟本地训练有成,再议裁撤,庶额兵一律精强。额设马步,边重于腹,重修堡障,以重其险,固数十百年之利也。关内地旷人稀,回番杂处,兵力固宜厚集,然雍凉素称劲兵处,又皆产马,汰冗杂而挑精壮,兵可得而精。就水草而选良骏,马可得而练。兵制以十成之七为步兵,其三为马兵。马队另立营起,不与步队相杂,口粮较步从优,马干草束,征之民间,即以抵饷,饷可得而节。额数虽减,即以所减之饷,增给操练之军,所需各省协济,渐可减少。前疏所称三年五百万,以后每年三百数十万,尚是从宽筹算也。……

时昌濬方帮办甘肃、新疆善后,旋即由昌濬根据宗棠意旨,拟就甘肃方面之具体办法,会同陈奏:

> ……窃维制兵之设,所以备缓急而固疆圉,强弱攸分,所关甚巨。国家养兵二百余年,岁糜帑藏,此次军兴,未能稍收制兵之效者,由于饷薄而额多。夫兵在精,不在多,兵之能战,视夫练之精否。兵之不能练,视乎饷之足否。若饥乏之卒,内顾不遑,不得不听其别营生业,心志因之而纷,精力因之而懈,技艺因之而生,兵与将两不相习,无论不能驱以

御敌,即训练亦难投时入操。名为制兵,实与惰民无异,徒为地方之蠹而已。各省戎政废弛,弊虽不一,而其要皆由于额多饷薄,不能勤督精练。初以费饷无几,可得多兵之用,不知兵不练,与无兵同,练不精,与不练同。虽名为节饷,实则并此薄费而亦觉虚縻。臣宗棠于同治五年(1866)闽浙减兵折内,言之详矣。甘肃为林武著名之邦,其风气刚劲,习苦耐劳,本非他省制兵可比。乃此次回乱,列郡沦没,均赖客勇之力,本地无一枝劲旅杀贼立功,而哗噪之事且数见焉。额兵之数,非不多也,原定饷章本薄,加以层层剥削,马兵差堪自给,步守各兵,未免过苦,难得其力。甘省赋少兵多,军食向资他省,饷源稍绌,动滋事端,惰兵骄骑,由来已久,非亟议更张,望其转弱为强,不得也。久留勇,则费不支,全裁兵,则患无备,仍循旧制,则难期起色,别议加饷,则无款可筹。臣等再四商酌,亟宜援照闽浙成案,量减可裁之兵,以节饷糈。即以所裁之兵饷,加之所留之兵,庶兵力较纾,可责其勤练。将弁各予以津贴,革除虚冒、应差、挂名、辞伍诸弊,庶帑项无增,军政可期其精实。甘省在昔为边要重地,雍正中,定额较内地为多,后虽陆续裁减,而合一提,四镇,并督标,暨陕西提督所辖驻甘各标计之,尚存马步守兵五万七千四百余名,新疆换防兵九千余名。一并在内,岁需兵饷马乾银七十八万六千六百余两,上色仓斗粮三十五万五千四百余石,马料一十一万二千一百余石,草八百万零三千五百余束,公费银三万一千三百余两,其大较也。原设兵额之多,缘地居边塞,北连蒙部,南杂番回,西路新疆,更番换戍,防范宜周,兵力不得不厚也。若就现在情形而论,新疆各城,渐臻底定,方议另立营制。甘肃已属内地,调拨渐稀,蒙古王公、贝勒、台吉列戍边防,涵濡教化,历久而驯顺有加,北路无须重兵镇压。即南山番族,时有伺隙劫杀之事,然非无要可扼,如果布置周妥,亦保无虞。宁夏等处,以河套为虑,今套患久销,沿边一带,且资其接济。西宁、河州辖境,虽与撒喇、野番错处,情形稍为吃重,然回务既平,小股匪番,无须大队,时势攸殊,兵固有可裁者。现拟将督提镇路各营,酌量地方今昔情形,分别轻重,仍按马步守三项名目,分成核减。甘省马兵,额数较多,边地虽宜用骑,而应敌布阵,必步兵多于马兵,乃可制胜,是马兵固有可裁者。现查关内各营,马步守三项兵数,参差不一,多寡悬殊,章程未能划一,当初随时增损,自非无因。而据现在情形审之,应变通以期其尽利,至于粮饷,拟将减存兵数,量加折色,以资饱腾。臣等数月以来,周咨博访,往复函商,减兵增饷章程,甘肃实宜仿照办理,除加增兵饷外,尚可节省银六七十万两,以之拨充新疆设省经费,于西事亦不无小补。

......

随折复开陈甘肃省变通兵制事宜十条:

一、各标镇协营汛兵额,酌量地方情形,分别核减;

二、减存兵数,仍按马步守分成派定;

三、各营兵饷,酌予加增;

四、武营官弁,量为裁减;

五、各属分防塘汛,酌量改并;

六、筹给营书薪水,以免扣缺虚额;

七、宁夏、河州两镇所属标路各营,互相更调,以便统辖;

八、各标营例设马匹,应随兵额酌减,以昭核实;

九、各标营节省粮饷,及马干、草料等项,应核明提充新疆经费;

十、各标营汛兵,随时训练成队,以资敌忾。

继是实行规定裁去马步守兵一万八千二百三十余名,可省饷银二十五万五千五百八十六两,兵粮马料十八万七千一百十五石,每石合银二两,共合银三十七万四千二百三十余两,马草四百十六万八千三百二十束,每束合银一分五厘,共合银七千零二十余两。换防官兵行装、车辆、盐菜、口食等项,可省银十余万两,共可节省八十余万两。除加增马步守兵丁及新疆营书口粮等项银十五万数千两,实可省银六十余万两,差符预拟之数。①

在甘肃绿营改制以前,宗棠先有一番准备工作,惟与浙江、福建办法又有不同。溯自承平日久,甘肃兵制,本已久荒,变乱以后,已失地方,存兵无几,未失地方,悬缺亦多,而支放兵粮,仍循旧额,实为一种虚糜。反是,西征

① 《左文襄公书牍》卷二十二页 9《答杨石泉(昌濬)》。《左文襄公奏稿》卷五十三页 35—39《覆陈新疆情形折》。《甘肃新通志》卷四十一页 30《会筹甘省变通兵制疏》。《光绪实录》卷一百零四页 4。

各勇营，正感缺粮，苦采运之劳费，于是宗棠将所余制兵，尽数裁撤，别择荒绝之地，拨为兵屯，慎选将领，督导垦种，即以所获，作为名粮，其余照时价估作饷项，农隙仍操练技艺，不废武事。原有制兵额粮，即移拨各勇营领用。其原征折银者，改征本色，惟如此一旦欲恢复兵制，必先裁撤勇丁，腾出所支粮饷，大致撤一营勇丁，可募补兵丁营半，减一分马粮，可补战守两分。于是宗棠又预行两种步骤，一为缩减防营（非出征勇营，驻守后方者，名防营，即守兵），一为改支坐饷，防营饷较出征勇丁战兵饷为低，所以使与制兵饷接近。而更有一先决条件，即停止与新疆换防，如此可减少制兵。至于甘肃制兵来源，宗棠本募有土勇，用楚军方式训练，即所以备事定后之挑补也。惟省库奇绌，当时既无款裁撤勇营，即无法增复制兵，且改设官弁，其以大改小者，尚可照旧移驻，若以小改大，则修理城垣，添设衙署，尤费将焉出，故宗棠之主张仍迟迟未能实现。①

新疆整军后由继任督办刘锦棠负责办理，定为二万五千名，惟以勇营改成防营，已非制兵旧规也。②

以上为宗棠历在东南与西北整练绿营之情形。

宗棠之由陕甘总督应召入都也，奏请随带马步各军，奉旨"入关赴张家口驻扎，应俟抵京后，再行相机办理"。爰覆奏请即以督带马步各军官员，训练旗兵：

> ……窃念军兴以来，各行省因制兵不足用，就地广募勇丁，借资防剿，兵制遂因而渐废。其中因本地勇丁难以深恃，往往选调客军，代供驱策，虽取济一时，究非整军经武之义。我国家定鼎以来，八旗禁旅，拱卫神京，居重取轻，有严有翼，其中如健锐、内外火器各营，尤称精练，材武之彦，多出其中，宿将名臣，指不胜屈。迩者时事多艰，武功稍替，论者每谓承平日久，习成骄逸，有以致之。臣窃以人之智虑，非历练则无所加，而才力精神，非时加淬厉，则颓靡而不可用。制兵散处应操，非如勇丁之萃聚营垒，可以朝夕训练，并可收相观而相善之效也。行伍队目

① 《左文襄公奏稿》卷三十五页 32《安插制兵筹供客军粮饷片》。《左文襄公书牍》卷二十一页 50《与杨石泉（昌濬）》。《谭钟麟文勤公奏稿》卷九页 25—26《甘肃变通兵制暂难举行折》。

② 《陶勤肃公奏议遗稿》卷四页 22《考核钱粮整顿厘金折》。

繁多，非如勇营，只营官、哨长、什长，管带指挥径捷，训练易施也。练兵原以习战，非置之行阵，目习步伐止齐之节，耳习金鼓号令之声，心明开合缓急之用，则胆识不生，仓卒不知所措，一队隔邻，全营靡焉，偏败众携，必至之势，各省之舍制兵而用勇丁，盖有鉴于此也。现在八旗兵丁，既多于各省，年力精壮，刀矛枪炮，演习又勤，而偶闻有警，辄调客军赴援，畿郊无事，亦需客军护卫，平时练兵习战之谓何，乃竟不获其用至此。激昂奋发之士，既无以见其长，其自甘暴弃者，徒糜至艰之饷，殊非所宜。臣自维衰病侵寻，忝窃厚恩，无可图报，而谬参戎务者，垂三十年，于训练事宜，尚有所见，拟陛见之后，乞恩以闲散长留京师，聊备顾问，而以其暇，亲练旗兵，挑选十余岁以上，三十岁以下，无顶带兵丁三千余名，分为十营；令现带赴张家口之亲兵十一哨各哨官，管带训练，遇有战事，调赴前敌，以观其能。其旌善马队，技艺颇长，惟出自抚回，不宜用以教练，或挑新练之旗兵马队，由臣择人管带。每旌善马队一起，间以旗兵马队一起，亦可资练习而慎戎经，凡所挑之旗兵，与勇丁就募无异，既入新营，即应服习营规，遇有战事，督令随征。凡行路、扎营、出队、收队、冲锋、设伏，以及支更巡警，传餐会食，一切皆恪遵军令，无敢或违。其不率教者，由臣撤退，咨该旗都统革粮另补，是教练旗兵，与勇丁亦无异也。久之，客军所长，皆旗兵所长，颇牧之选，皆出于禁闼，尚安用多调客军为哉！……

嗣更奏请利用该项官兵，分办训练旗兵与兴修畿郊水利两事，其训练旗兵部分，略谓：

> ……军旅之事，非学不精，行列之才，非历练不出。今之禁旅云屯，固尝讲求训练，娴习纪律矣。若以久经战阵诸将士，杂置其间，教以筑垒、开壕、行路、结阵诸法，冀可祛其骄佚，屏除花法，以求实效。除神机营本有专练之员，毋庸议及外，如健锐、火器各营，挑选年轻力壮兵丁，陆续入营训练。臣当时赴各营，加之督课，以观其能，其一切章程，应请醇亲王详为指示，以归一律。……

奉旨"着神机营王大臣会同妥议具奏"。结果则以议论难合，仍由宗棠以款绌为理由，自行奏请暂缓：

……王大臣等均以练兵为当务之急，志在必行，惟健锐、火器、前锋、护军各营官兵，除已挑选归神机营操练外，难以再挑，其八旗养育兵丁闲散，尚资选练，拟挑新兵五千人，编立成营，益以楚军官弁勇丁数百人，分拨教练。窃维臣军饷需，原由西征粮台解济，毋庸另议外，其新挑养育兵丁行装、披执、器械、扎营之帐房、连杆、铁镢、操演之子药，阅操之奖赏，及加给之口分粮食，需费甚巨，而拟给之岁需兵饷二十余万两，尚不与焉。户部度支艰难，即现在例发之饷，尚虞拮据，兹遵议增加练饷，既虑力有未逮，若复兼办顺天直隶水利，所需铁木石工锄锹畚锸，需费亦繁，两事集于一时，时绌举赢，殊难筹措，练兵之举，暂宜从缓。……

其实旗兵乃满洲之军队，恐当时五大臣等之内心，未必真欲宗棠以汉人参加训练，解铃系铃，势不容已耳。①

惟宗棠由两江总督回京时，奉命管理神机营事务，以汉人统治满洲军队，实为清代破天荒之举。管理神机营之醇亲王奕譞，对于宗棠，亦礼敬有加，命调宗棠在江苏所募练之恪靖军二营，来京示范。宗棠查知神机营兵丁，口分既轻，遇假又须按日扣支，一经扣支，无以维持生活，而扣支所得，又即为营中办公经费所资，未可有缺，计其数则每月约银三四百两，由是一面议停扣支，一面商请江苏、安徽、江西三省合筹银二万四千两，存备生息，弥补办公经费。② 惜为时不久，中法启衅，宗棠复以督办福建军务出京，对于训练神机营一事，终于无所建树。

---

① 《左文襄公奏稿》卷五十七页49—51《请训练旗兵片》，卷五十八页5—6《拟调随军各营商办教练旗兵折》，页11—12《敬筹现调各营暂缓练兵折》。《左文襄公书牍》卷二十五页6《答王朗青（德榜）刘兰洲（璈）》，页5《答冯展云（誉骥）》，页15《答杨石泉（昌濬）》。

② 《左文襄公奏稿》卷六十三页9《神机营兵丁恳免扣旷筹备公费银两生息折》。《光绪实录》卷一百八十四页10、页13。《申报》光绪十年（1884）闰五月十四日。

秦翰才 著

# 左宗棠全傳

下册

中華書局

# 四十七　慎之一字战之本也

　　左宗棠以楚军东征八年,西征十二年,可谓攻无不胜,战无不利。其所以造成此伟大之功业,固由于楚军之召募、编制、训练,与曾国藩之湘军、李鸿章之淮军,同具一种因时制宜之特色,并由于宗棠军事上之天才,如国藩所谓"取势甚远,审机甚微"。顾此中尤有一核心,曰"慎"。宗棠批驻防甘南之李耀南等缮禀错误一案云:

　　　　军报重件,应如何细心检校,以免疏虞。康熙朝,征剿吴逆,军书中陆方误书陆广,几覆三军,岂不闻乎? 本爵大臣遇紧要机密文书,均系亲手裁答,即军吏抄写之件,亦无不过目核对,然后发行,慎之又慎如此。该道于上行文书地名关系紧要之件,竟轻率如此,可乎? 清书江荩臣无足责,统带三员,因禀牍中有伪脱语句,遽予记过,无知者必议本爵大臣好苛细故,姑置勿议可也。慎之一字,战之本也,诸君其勉之又勉,毋以逆耳置之。

此处所谓"慎之一字,战之本也",实可引为宗棠军事学说之主脑。史称诸葛亮一生谨慎,宗棠好以诸葛亮自喻,此点其亦模拟诸葛乎? 盖宗棠虽为人豪迈,其用兵却非常谨慎,观宗棠报告军事之奏疏,常有"慎以图之"一语。其告诫部属之文牍,亦常有"务求计出万全,不可稍有疏忽"等语,即可知也。①

何以要慎,宗棠释之曰:"军事瞬息千变,非敬谨襄事,必蹈危机,固有不可轻心尝试者。"惟其主慎,故从其反面言之,又谓"天下惟兵事不可弄巧,愈巧则愈坏"。②

如何为慎,宗棠申其说曰:

> ……用兵之道,宜先布置后路,毫无罅隙可寻,则转运常通,军情自固,然后长驱大进,后顾别无牵制,可保万全。譬若兵器,丰其本而锐其末,锋芒自无顿挫也。……

惟其主慎,故更自胜利后言之,以为:

> ……屡胜之后,其气必渐骄,其视事亦必较易,戒之。兵事属阴,尚以收敛闭塞为义。又战阵尚气,当以磅礴郁积为义。知柔知刚,知微知彰,则皆乾乾惕若之心也。……③

宗棠慎之主张,大体既明。再撮举宗棠之若干战略,以示慎之实行。杭州再陷,全浙糜烂,浙西惟余衢州一城。清廷以宗棠督办浙江军务,令即先入衢州,宗棠本驻防徽州、广信、镜州三府间,处浙江之西。缘太平军得讯,急窜扰徽州、婺源、开化间,冀阻宗棠前进之路,于是宗棠主张先肃清徽州、婺源、开化间敌踪,使饶州、广信相庇以安,奏陈其主张曰:

> ……逆贼每遇坚城,必取远势包围,待其自困,而后陷之。频年东南贼踪,验之历历不爽,办贼之法,必避长围,防后路,先为自固之计,然后可以制贼而不为贼所制。臣若先入衢城,无论不能固江皖边围,亦且不能壮衢城声援,一堕逆贼长围诡谋,又成粮尽援绝之路。……

又指陈其形势曰:

> ……浙省大局披离,恢复之效,未可骤期,进兵之路,最宜详审。浙省列郡,仅存衢州、温州,其湖州一府,海宁一州,孤悬贼中,存亡莫卜。

---

① 《曾文正公奏稿》卷十四《左宗棠定议援浙折》。《左文襄公批札》卷三页1《李道耀南等禀缮禀错误由》。

② 《左文襄公奏稿》卷五十一页49《连复阿克苏乌什两城折》。《左文襄公书牍》卷四页7《与王璞山(鑫)》。

③ 《左文襄公批札》卷六页24—25《西宁刘道禀乌垣克复急宜进攻南路由》。《左文襄公书牍》卷二页28《与王璞山(鑫)》。

此时官军从衢州入手,则坚城林立,既阻其前,金华、严州踞贼,复挠于后,孤军深入,饷道中梗,断无自全之理。无论首逆李世贤正图窥犯衢州、江山,臣军已由遂安回援,目前不能舍衢前进也。金华介衢、严之中,城坚贼众,臣军若由金华进攻,则严州之贼,必由淳化、寿昌一带,潜出包抄,亦非善策。善弈者,置子四旁,渐近中央,未有孤立贼中,而能善其后者。似臣军救浙,必须依傍徽郡,取道严州,较为稳妥。……①

曰"先为自固之计",曰"较为稳妥",是固慎之说也。陕甘回捻,乱迫燃眉,清廷又以宗棠督办陕甘军务,屡促由鄂入秦,宗棠则覆奏云:

……谕旨饬臣由鄂入秦,先剿陕逆。此时臣军部队,仅止三千,马队尚未习练,双轮、独轮车式,尚未动工制造,所拟以制贼者,步队、马队、车营,而皆无以应手,仓卒即戎,必贻后悔,臣不敢不慎也。方今所患者,捻匪、回逆,再以地形论,中原为重,关陇为轻。以平贼论,剿捻宜急,剿回宜缓。以用兵次第论,欲靖西陲,必先清腹地,然后客军无后顾之忧,饷道免中梗之患。谨即一面采买口马,练习马队,先造独轮炮车,暂应急需,俟所调各营取齐,由襄樊出荆紫关,经商州,以赴陕西,即古由武关入秦之道。沿途遇贼即击,比抵陕西,则制造双轮炮车,兼雇买车轮,俟采买口马到陕,增练马队,并习车营。一面开设屯田总局,相度秦陇,紧接要隘,有水草可田可牧者,开设屯田。一面汰遣陕甘各营,去疲冗,省军食,为久远之规。其愿留屯田者,编入册籍,指地屯牧,不愿留者,资遣散回各本籍,禁其逗留为患。然后军制明而内讧可以免,屯事起而军食可渐裕也。甘省回多于汉,兰州虽是省会,形势孑然孤立,非驻重兵,不能守。驻重兵,则由东分剿各路之兵,又以分见单,不克挟全力与俱,一气扫荡。将来臣军入甘,应先分两大支,由东路廓清各路,分别剿抚,俟大局戡定,然后入驻省城,方合机局。是故进兵陕西,必先清关外之贼,进兵甘肃,必先清陕西之贼,驻兵兰州,必先清各路之贼,然后饷道常通,师行无梗,得以壹意进剿,可免牵掣之虞。亦犹之江皖

① 《左文襄公奏稿》卷一页1—5《据探省城失守敬陈办理情形折》,页30—33《覆奏驻军开化马金街正可兼顾衢城折》,页43—45《覆奏筹划进取筹划情形折》。

布置周妥,然后入浙,浙江肃清,然后入闽,闽疆肃清,然后入粤,已复之地,不令再被贼扰。当进战时,即预收善后之效,民志克定,兵力常盈,事前之计,虽似迟延,事后观之,翻为妥速。自古边塞战事,屯田最要,臣已屡陈其利矣。汉宣帝时,先零羌反,赵充国锐以自任,其所上屯田三疏,皆主持久之义。宣帝屡诏诮责,充国持议如初,卒收底定,成效可知。兵事利钝,受其事者,固当身任其责,至于进止久速,则非熟审彼己长短之形,饥饱劳逸之势,随机立断不能,此盖未可以臆度而遥决者也。臣频年转战东南,于西北兵事,未曾经历,所部均南方健卒,于捻回伎俩,无所闻见,若不慎之几先,加以迫促,诚恐所事无成,时局亦难设想。

明臣孙传庭催促出关,率以致败者,可为前鉴也。……

曰"不敢不慎",曰"若不慎之几先"云云,仍是慎之说也。[①] 又如渭源、狄道克复后,清廷责望宗棠从速进规河州。宗棠对以必待前路将粮料储足,渡洮设备措齐,后路将宁夏、灵州肃清,方可从事,否则所防"有疏失,非稳着",亦为慎字之一贯主张(参阅二十六节)。[②] 又如用兵新疆,宗棠壹主先收复迪化,以定天山北路,次收复吐鲁番,最后收复天山南路,而尤必先将粮饷辎重之运输,布置周妥,虽清廷屡次严旨督促,有所不顾(参阅三十四节),所谓缓进速战之议,无非实践一慎字而已。[③]

然宗棠之战略,固惟慎是尚,其战术亦惟慎是尚。宗棠之言曰:

……军机瞬息千变,总要勤探严防。……

勤探也,严防也,皆出发于慎之一念。故对部属指挥作战之命令,于如何探,如何防,无不规定精密,训诰叮咛,而尤注意于战事收功之时。如刘松山剿捻盐山,宗棠诫之曰:

……事到将成未成之际,尤宜慎之又慎,幸勿稍涉大意。……

刘锦棠围攻金积堡,宗棠亦诫之曰:

……凡事将成未成之际,必有无数波折,稳慎图之。……

---

① 《左文襄公奏稿》卷二十一页 19—21《敬陈筹办情形折》。
② 《左文襄公奏稿》卷三十六页 23《克复渭源狄道两城折》,卷三十九页 17《覆陈近日军情片》。
③ 《左文襄公家书》卷下页 58。

最后，诸军进兵天山南路，势如破竹，直迫喀什噶尔，宗棠更诫之曰：

> ……屡捷之后，不期骄而自骄，当时以此申儆所部，忽忘敬慎之义。……

又曰：

> ……功到垂成之际，更宜小心，随时详审周密，庶免疏虞，慎之一字，彻始彻终，不可忘也。……

诚以虑之也深，不觉言之也切。①

夏炘《景紫堂自订年谱》载：

> ……左公由太常寺卿，升授浙江巡抚，遂由婺剿浙，自遂安贻书，殷殷下问，覆书云："钺下以五千士卒，当全浙数百万之众，来谕谓慎以图之，可以无患。愚以为慎于前攻，亦当慎于后顾，得尺则尺，得寸则寸，乃我人拳拳弗失之学，用兵何独不然？前此诸帅，只知前攻，而所复疆土，不转瞬而复失之，百姓之遭蹂躏，更甚于未复之时。钺下自乐平、浮梁，而婺源，而遂安，前后所得，未尝再失。此钺下之师所以超越诸将也。惟愿后此常守弗失，未得之地，慎于前攻；不可轻犯贼锋，以堕诡计。已得之地，慎于回顾，不使贼出我后，顿弃前功。……"

宗棠颇嘉纳其言，盖夏炘之意，即宗棠之意也。宗棠又尝曰："用兵以顾饷源为先，布阵以防后路为急。"亦与夏氏之意契合。如何而可顾，如何而可防，则慎之一字，洵为战之本矣。②

宗棠军事所由成功，尚有两点：曰诚信，曰情感。宗棠治军，与并世诸大帅，自皆严明纪律。宗棠最初督师东下，抵乐平，大明军令，即革一营官、三什长；斩一勇、一夫，责革吸鸦片勇丁三十余名。以后军行所至，对于所部吸鸦片及加入哥老会两事，仍常悬为厉禁。然楚军经费甚绌，常数月不能给饷，仅发米与盐菜度日。宗棠固素主行军首重筹饷，必先士马饱腾，而后能

---

① 《左文襄公批札》卷一页9《浮梁县禀防守各渡口由》，卷二页7《刘翼长（松山）禀追剿海丰信阳窜贼由》，卷三页66《刘道锦棠分守金积东南情形由》，卷六页65《湘军刘总统锦棠禀克复阿克苏乌什两城由》，页68《湘军刘总统锦棠禀剿办回匪并收抚余众情形由》。

② 《左文襄公年谱》卷三页2—3。《左文襄公奏稿》卷三十二页3《进剿甘肃南路窜回折》。夏炘，字欣伯（一作心伯），号弢甫，安徽当涂人，道光五年（1825）举人，官至颍州府教授，著述有《景紫堂全书》。

杀敌致果,顾以事势所迫,款项不能凑手,诚属无可如何。则所恃以维系军心者,宗棠之不私其利,与能共士卒同甘苦,不失为重要因素,宗棠在景德镇时,家书有曰:

> ……军兴既久,饷绌日甚。我军欠饷三月有余,刻忧饥乏,有时事机必赴,而运掉不灵,无如之何。幸诸将士相从日久,知我无丝毫自利之心,尚不至十分迫索耳。……

此即所谓诚信足以服人者也,亦胡林翼所谓"季公不私一文,天下人皆可具结"者也。罗大春记宗棠军中生活有曰:

> ……穷冬苦寒,风雪交作,穹庐积霰,高与身等,公拥缊布絮裘,据白木案,自晨至于日昃,矻矻不少休。……其刻苦往往有穷措大所不能堪者,而公处之晏如也。……

西征时,驻安定,兰州道蒋凝学请移节省垣,宗棠批其牍曰:

> ……该道禀请移节省垣,自是体念衰驱之意,惟念前敌诸军,冒雪履冰,袒臂鏖战,本爵大臣运筹中闱,斗帐虽寒,固犹愈于士卒之苦也,所请应作罢论。

此又所谓情感足以悦人者也。况楚军之将士,固皆与宗棠同里闬者乎,宗棠尝奏陈其治军之状曰:

> ……臣之驭军,别无才能权智,而所恃者,诚信不欺,丝毫不苟。不敢以一时爱憎,稍作威福,致失人心,行之既久,湖湘子弟,习而安之,虽欠饷积多,尚无异说。……

亦记实语也。①

---

① 《左文襄公家书》卷上页 9、页 19。《左文襄公奏稿》卷四十七《杨昌濬如能去浙度陇可资臂助片》,卷六十三页 35《派员设立粮台折》。《八贤手札——胡文忠公书牍手札》页 11。罗大春《左恪靖伯奏议序》。《左文襄公批札》卷四页 36《兰州道蒋凝学禀请移节省垣由》。蒋凝学,字先民,号之纯,湖南湘乡人,官至陕西布政使,光绪四年(1878)七月卒。

# 四十八　生财有大道

同治、光绪间，先后削平东南之太平天国、中原之捻与夫西北之回，悉赖胡林翼、曾国藩、李鸿章及左宗棠之力。而平定西北之功，尤为宗棠所专。然当日诸人所指挥之军队，可谓皆系自行募练；所使用之军火，皆系自行供给；所支应之军费，亦皆系自行筹画。事实上，清廷鲜有所补济，不过坐享其成。所最可骇异者：诸人之军费办理报销时，户部反须照例征取一笔巨额之报销费。所谓报销费，多则三厘，少则一厘。其源远始于明代。初因承办报销之胥吏，向部中核销之司吏私出使费，求免挑剔。其后渐成为公开之陋规。[①]故国藩军务告竣，转有一甚为愁闷之事，即数十万之报销费，苦无着落也。幸清廷网开一面，特许仅开清单奏报，始解决此困难。其后宗棠援例享受此特惠。然在西北之清单奏上时，户部一度忽又拟令将军装部分专案报销。于是宗棠喟然叹息曰："此要胡雪岩销费耳。"盖宗棠之军装，包括购自外国之枪炮、弹药，为值不在少数，皆由所派上海采办转运局委员胡光墉所经手，雪岩，光墉号也。[②]不特此，当浙江尚在用兵之时，清廷仍促杭州织造照解宫廷所用诰敕轴、制帛、驾衣与绫、罗等件。此项工料费每年约需银

---

① 《湘绮楼日记》十一册 62 页。
② 《左文襄公书牍》卷二十一页 23《答刘克庵(典)》。

十万两,本取给于杭州南、北两新关。惟杭州既未光复,关税自无从征收。织造乃请先筹拨二万两,宗棠许以四千两,而奏明:"在此军饷窘迫之际,即此四千两已属万分勉力。"又如福建尚在用兵之时,清廷限期饬解积欠关税银十万两、茶税银二万两,将军、巡抚无由设措。宗棠乃请以本人应得闽浙总督七成养廉银一万两抵解。此实为对于颠顸之清廷之一大讽刺。清廷殆亦自觉难以为情,因曰:"养廉系左宗棠应得办公之项,该督将养廉一万两抵饷解京之处,碍难允其所请。"①凡此情形,足征当日清廷之腐败,而不禁为宗棠与胡、曾、李诸人感慨者也。

欲在一大多数人民从事农业之国家中,骤然筹集巨额之款项,本非易事,盖因其民生多穷苦,故国富亦薄弱也。况清代国家经常收入,仅有地丁、钱粮、盐课与关税四种。就中尤以地丁与钱粮占最大部分,而此二者又皆直接间接取之农民。故一旦战事发生,人民离散,田亩荒芜,地丁与钱粮即无可征收,而国库必益感困难。太平天国初起时,清廷犹有存银若干,足以支拄。不久存银用罄,先铸当十钱,当百钱;发钞票、饷票,稍资应付。然不为社会所信用,难期流通。其后不得不胥有赖乎卖官政策之捐输,及后此数十年流毒全国之厘金,并最后至于举办外债。

坐是原因,当日用兵各省及统兵大员最痛苦者,无过于军费无所取给,军饷常积欠数个月。于是因向各方要求补助而发生冲突者,时在有之。因求人之艰难与不可恃,则进而自辟财源,如直接派员劝办捐输,征收厘金等皆是也。更进而在兵事既定地方,常愿望支配在己系统下之人员主持其间,俾为外府取携较便。此为一国中央政府对于国库不能维持一统收统支之局面时所必至之形势。先为各据一方,浸假因彼此有盈绌而不免于互相侵夺。在宗棠与胡、曾、李诸人均属儒者,当年所为,出于权宜,其心可谅。然继起者未必皆贤,于是由湘军而淮军,而北洋系,而中华民国之军阀,侵财养兵,拥兵护财,扰攘纷争,流毒四海,要不能不溯源于此也。

宗棠督师江西与安徽之间,饷粮支绌,其时,家书有曰:"意诚(郭崑焘)

① 《左文襄公奏稿》卷七页 49—50《筹给织造银两折》,卷十一页 26—27《请将本任养廉作为京饷报解片》。

昨书言索饷惟有疲缠一法，以咏芝（胡林翼）、沅浦（曾国荃）深得此诀为好。我则不然，直干到底而已。"①又有复郭崑焘书曰："索饷之法，兄向所不谙，惟筹饷较他人差强耳。疲缠二字，不欲人之加诸我，亦不以加诸人。自十余岁孤露食贫以来，至今从未尝向人说一穷字，不值为此区区挠我介节。……兄前在湘幕时，凡湘人士之出境从征者，无饥溃之事。且有求必应，应且如响，故浪得亮名。"②宗棠常以善筹饷自诩，按之事实，亦殊可信。当太平军之初期，湖南本省及援应湖北、江西、广西、广东及贵州各省，每月军饷约需银二百万两，皆为宗棠负责筹措，巡抚骆秉章第居其名。而宗棠在彼时所规划之整理田赋与征收厘金，其办法每为各省所取则。以后出山督师，独当方面，军事成功，财政随之就理，而综其理财之要诀，约有四端：

（一）以平允为原则。使国家、人民、官吏三方面各无亏损。即不欲损上以益下，亦不欲损下以益上。

（二）与足为社会领袖之当地绅士，取得联络。使官厅与民众感情，有一疏通之机会。以冀凡有整理财政之计划，易于推行尽利，减少阻力。

（三）引用士人，取其操守比较可信，澌除贪污之陋习。

（四）对待经理财政人员，从优支给薪费，务期其生活可有宽余，无须别有营求。③

然宗棠虽自称不谙索饷，不欲以此挠介节，究于财源所在，不能与人无争，惟所争为公而非为私耳。兹撮举数事：

宗棠之在湖南巡抚幕也，林翼任湖北巡抚，因湖南为湖广总督兼辖，对于饷源界限，不无龃龉。宗棠尝有书致林翼曰：

> ……鄂中官吏多湘官、湘人，往往以湘之利献于鄂，为自媚计，而不顾大局。湘之木税征于湘，则为横征暴敛；征于鄂，则为名正言顺。乡中有一笑话，与此正相似。有两昆同立门前。弟持一莱菔，生嚼之，甫

---

①　《左文襄公家书》卷十一页24。

②　《左文襄公书牍》卷五页69《答郭意诚（崑焘）》。

③　《骆文忠公奏稿》卷八页9《保举盐茶厘金两局出力官绅折》，页16《沥陈湖南筹饷情形折》。《左文襄公奏稿》卷八页70《核减绍兴府属浮收钱粮折》。《左文襄公批札》卷六页59《甘州府龙守锡庆禀刘县丞文斗情形由》。

入口,乃兄自旁批其颊,詈曰:清晨不宜啖生冷物,夺而啖之。此一事也。川盐官运,我为划策,而阁下采之。乃常德设栈,尽笼湘省盐厘之利,使我为湘人所不容。此又有一笑话:有两人商偷其邻之牛者,一人为之画策曰:吾邻牛圈与吾牛圈比,当从吾圈凿墙而入,吾先之,子为吾调。及偷者方牵邻牛,而人已牵偷者之牛遁矣。凡此皆瘠人以自肥者之资也。市井盗贼之智,而官司行之,了无愧怍,方自诧曰:吾筹饷之工也。损湘以培鄂,仁者不为。况湘亦何负于鄂乎。鄂所借以为词者,东征也。昔涤公(曾国藩)东征,自岳州出境至田镇,所食皆湘饷。武汉再陷以后,鄂省何事不资吾湘?频年以来,吾湘抗五省之贼,每岁百数十万金(现在出境援师已二万六千)。若地丁、钱粮、漕折仅敷额饷廉俸应支各项。此百数十万金者,全赖捐输、厘金。而捐输屡次搜括,已无可着手。阁下忽创为捐米之局,而制军尚欲交岳州劝谕,不过微变设局之名,于是而捐输无望矣。厘金一事,江、粤、黔各边方用兵,路途梗阻,商贾绝迹,近惟安乡、岳州两卡每月可两三万贯,而盐税为一大宗。今议官运之盐,湖南各卡一例放行,而原奏商贩得随官运之后。是以官运带商贩,而无商之非官,湖南盐厘卡局可撤矣。原奏所云楚省引地袤延数千里之大,此语将湖南并包在内,运思诚巧耳。不知天下何处非引地。以食盐之地而论,则天下皆引地也,不独楚省。以行盐之地而论,则鄂与湘同一淮盐、川盐、潞盐引地也,并无所谓楚省。借官运二字夺吾湘盐厘之利归之,其术耶?其诚耶?设栈于常德,委员驻栈督办,发往长沙、益阳等处分销,是以常德为沙市、宜昌耳。奏所不及,则以督札一纸行之。阁下方谓天下惟愚人。下愚之人乃好用智术,稍聪明者断不为之。(诚不足,欲以术济之,亦由才短故耳。有多少好事不做,偏要以攘窃为生活。可笑。)此举其下愚耶?其聪明耶?近苦目痛,两眼忽不识字。前承寄张仲远(曜孙)所议漕事稿,不能着笔(本亦无从着笔,非尽饰词也),敬谢不敏。盖吾亦有智术焉,将勉强试之矣。一笑。①

_____

① 《左文襄公书牍》卷四页37—38《与胡润之(林翼)》。张曜孙,字仲远,号升甫,晚号复生,江苏武进人,道光举人,官至湖北督粮道。著述有《谨言慎好之居诗集》。

书中所谓米捐，其后宗棠在浙江、在甘肃援例行之。使林翼而犹在，大可反唇相讥矣。

宗棠之督师驻皖与入浙也，国藩见其无确实饷源，先后指定景德镇、河口、乐平、浮梁与婺源五处之钱粮厘税，归宗棠派员经收，以维军食。迨宗棠被命为闽浙总督，国藩以为宗棠之军饷可转取给于福建，先后咨请收回五处征收赋税之权。时安徽布政使为江忠濬，亦以是商于宗棠，宗棠批词诮之：

> ……景镇、河口、乐平、浮梁之钱粮厘税，节相举以畀我，其时竭力经理，不过每月二万余两，嗣每月三万余或四万余，散军得以无匮，节相之赐也。节相先提茶厘，次提地丁钱粮，景镇、河口所收厘税实已无几。今年徽（州）、绕（州）县警，景厘顿歇，河口亦不如前，婺源则微而又微。不但刘臬司（典）、王道（开琳）两军万人之饷不能资其津贴，且军营食米，亦须由浙解银采买。节相纵不索还，刘、王两军亦难资其接济。不佞上年曾函商节相，拟将四处丁厘退还。节相以散军无的饷，属其不必退还。因感其相与之诚，置而不论。今岁则剩存之厘亦正无几，纵由此间退还，亦于两江大局无所裨益。又念平时收入稍多，未及退还；今因所入顿减，遽然奉缴，未免鄙陋可笑，故尚迟疑不决。前准节相咨，已即刻行文各局卡委员交卸回浙矣。以浙省大局言之，每月需饷二十五六万，纵令景镇、河口厘税顿增于旧，亦于浙少所裨益，况此本非浙所应有者哉。来牍嘱加体谅之说，似恐鄙怀未能释然于此，亦未知景镇、河口所存仅止厘税，而厘复不旺。区区者，非所必争。且平生介节自持，亦颇以琐屑干求为耻，锱铢计较为非。断不因是顿生芥蒂也。……

同时，有书致国藩让之：

> ……景镇、河口厘务之旺，实由敝处委办之员认真综核所致，于江西各局之厘，无所侵占。现在由尊处委员接办，虚实自明，无烦致辩。而公前此颇疑景镇、河口之厘日增，则江西各处之厘日减。弟虑公一时遽难烛察，而江西总司厘局者之益触公怒也，故自承恐有侵占，饬委员各清界画。不料公不信其为权词，而信其为确实供招也。兹已委员接

办,水清石出,弟之苦衷,亦可略白,否则公将疑我之有他。……①
由此可知宗棠批忠滪文中所谓"断不因是顿生芥蒂",决非由衷之言。其后
宗棠与国藩凶终隙末,虽别有原因,而此事不能不说为其中之一因。

李鸿章之督师上海也,分军攻复嘉善等地,又会宗棠攻复嘉兴。然嘉善
与嘉兴固宗棠兼任浙江巡抚之辖境也,于是对于筹饷,发生磨擦。宗棠致书
国藩,颇有贬词:

> ……少荃与弟,本无雅故。前因郭筠仙(嵩焘)尝称道之,又以其曾
> 出公门,窃意其必有异夫人。近观其所作,实亦未敢佩服。筠仙过皖
> 时,当亦能略道一二。西塘之役,纵火大掠,闻因其六弟不能禁戢士卒
> 所致。少荃因此迁怒嘉善汤令成烈而撤之,实则汤令之署嘉善,亦少荃
> 所委,咨弟下札者。湖(州)丝盐利皆浙所应有者,则尽占之。嘉(兴)杭
> (州)富户及土匪地棍之曾充乡官者,则诱至而收其罚捐。浙之遗民多
> 以此为言者。又湖北协浙之饷每月万两,官(文)、严(树森)奏拨江海关
> 洋税为抵,已奉明旨。少荃亦置不顾。沪饷不欠一月,浙饷已欠一年,
> 尚复专谋挹注如此。岂浙亡而沪可独存耶。亦可哂矣。漕事未曾究
> 心,不敢有所论列。浙中新复郡县,皆已奉旨蠲免。本年钱粮实亦无米
> 可办。(田地荒废太多,人民死亡太甚之故。)且俟明岁图之。尊处专淮
> 盐之利,若得人而理,当可渐收成效。自浙之亡,并无浙盐浸灌淮岸之
> 事。江西所患,独粤私耳。试考究,便知端的。……

而同时鸿章亦致书国藩,对于宗棠表示不满。其一札曰:

> 沪中富商以嘉(兴)、湖(州)丝栈,闽、广洋药,宁波杂货木行为大
> 宗。徽商向止茶贩,现无来者。江西亦无富贾流寓在此。苏(州)、常
> (州)则有绅无商。若派员专劝苏、皖、江西商捐,断难集有成效。浙商
> 则左帅已一网打尽。……

又曰:

> ……宁波税厘,闻月得十五万元。近来河口茶商通行,当然兴旺。

---

① 《左文襄公批札》卷一页 21—22《安徽江藩司禀请将婺源等处厘金仍归安庆应用由》。《左
文襄公书牍》卷六页 45《答曾节相(国藩)》。江忠滪,字达川,湖南新宁人,官至四川布政使。

绍兴想已设卡,未知收效如何。左公三月份在宁局提用洋元二十万,中有岁底存备迎犒之项。然左君自此入款渐多耳。沅丈新授浙抚,自未便与季帅争饷。日久,或宜将景镇、河口两卡酌还其一。……

复有一札,致曾国荃曰:

> ……左帅拥宁(波)、绍(兴)、金(华)、兰(溪)富庶之区,又得兼圻,可调用闽省税捐,尚向人诉苦,蒙所未解。昨福州美税务司来谒云:"闽省三洋关岁增收二百余万。"已冠绝江洋各关。人皆说上海关为天下第一,薛(焕)、吴(煦)二公在任,岁收实三百万。自汉(口)、九(江)开征免单,又改存票,月不过十万,近仅六七万耳。……①

宗棠诋鸿章,沪上税源甚充而犹垄断浙利,鸿章则诋宗棠不餍于闽浙收入旺盛而辨沪上关税已绌。彼此不满,情见乎词。而从鸿章致国藩札中,又可见收回河口与景镇税厘,乃彼所创议。

宗棠于同治中兴诸统帅中,与鸿章最为疏阔。对于淮军,常有诋诃。其后每遇国际纠纷,宗棠主战,鸿章主和,虽若一时旨趣不同,不知其始即颇有嫌隙也。

宗棠之将进兵天山南路也,奏请举借外债银一千万两,委托两江总督沈葆桢代办,清廷下葆桢核议。葆桢前办台湾事件,亦尝借外债,而覆奏以为不可。宗棠既奏辩,而与朋僚函札往来,对于葆桢辄发牢骚。其答刘典函曰:

> ……桐云(吴大廷)信阅毕奉缴。所言沈幼丹(葆桢)杯蛇之疑,不知何指。弟于沈,实无可致疑之处。此次奏驳洋款,非弟所逆料,亦非天下人所逆料。盖贤者不可测如此。桐云于沈,尚无怨恶。此次苏藩北上,先拟以桐云榷馆藩臬,后竟不果。岂以奏驳洋款之故,恐桐云不谓然乎。……

又答谭钟麟函曰:

---

① 《左文襄公书牍》卷六页 54,《答曾节相(国藩)》。《李文忠公朋僚函稿》卷三页 19《上曾相(国藩)》,页 30《覆曾沅帅(国荃)》。薛焕,字觐堂,四川兴文人,道光二十四年(1844)举人。官至工部右侍郎,光绪六年(1880)二月卒。吴煦,字晓帆。浙江钱塘人,官江苏布政使,同治十二年(1873)卒。

……幼丹此次奏驳洋款，颇闻有人指使。此公性颇偏执，断不认错，恐将来护前如故，仍费唇舌耳。苏抚协饷不解，并历年解湘营之款解至上年八月止，即未报解。现在湘营出关，均由弟挪移垫发，固不待言。即垫解四个月满饷，余月盐、茶、马干粮价，亦已积成巨款。此非吴公（元炳）本意。不知幼丹立意与弟为难，诚不解其是何居心也。……

又与吴大廷函曰：

……幼丹制军初谓借用洋款为不可。继似悟其非而以此委阁下与关道。其委关道也，欲其自任。其委阁下也，盖欲以此释弟之疑。夫用兵而至借饷，借饷而议及洋款，仰鼻息于外人，其不竞也，其无耻也，臣之罪也。东人于应协陇饷，付之不理；并西人商借之饷而亦吝之，且多方误之，是诚何心哉？今年各省关应协之款，能解至八成以上，弟可不借洋款。明年，如各省关仍置之不理，非借洋款，计无所出。尊论若使旧交处得为之地，断不支绌至此。诚哉是言。然默察晚近人心，亦有不尽然者。即以两江言之，曾文正独非四十年旧交乎，而乃先专东征之饷，继尼西征之饷。文正且尚如此，何论其他？……①

宗棠前荐葆桢总理福建船政，推许甚至。至是，颇失欢，且因是又寻国藩之夙憾。② 而国藩与葆桢素相交好，其后亦因葆桢在江西巡抚任内奏请将江西厘税留归本省自用，不改解归国藩支配，而国藩发生前此所未有之怒气，大与龃龉。

如上所述，宗棠之为饷事而与人相争或交恶者，盖不少矣。至如宗棠与郭嵩焘为数十年总角之交，嵩焘之去广东巡抚任也，事后常谓由于宗棠之排挤。宗棠固绝对否认，然我人于宗棠之独荐所部蒋益澧整顿广东军事与饷事，不能无疑。其后宗棠创办福建船政，广东愿分任经费（按以后规定在福建关税项下支应，但其始确是如此）；宗棠奉调西征，更奏定由广东月协饷银四万两，而益澧亦允按季起解。设非其时益澧为广东巡抚，岂能予取予求若

---

① 《左文襄公书牍》卷十六页 41《答刘克庵（典）》，页 42《答谭文卿（钟麟）》，页 64—65《与吴桐云（大廷）》。吴元炳，字子健，河南固始人，咸丰十年（1860）进士。官至安徽巡抚，光绪十二年（1886）卒。

② 《左文襄公书牍》卷十六页 65《与吴桐云（大廷）》，卷二十三页 67《答杨石泉（昌濬）》。

是。故宗棠虽未直接去嵩焘,而其荐益澧,似不无冀以外府视广东之意。又如周开锡拟辞署福建布政使,而宗棠与书曰:

> 我奉命西征,可恃者,闽粤浙江之饷。浙、粤虽暂时允诺,其源源而来与否,正未可知。我倘去闽,则闽饷亦未可深恃,我其能赤手蹈不测之渊耶?……

按其时杨昌濬为浙江布政使,亦宗棠旧部,允每月报解协饷银二十万两。昌濬有去意,宗棠与书曰:"闻有飘然远引意,殊为不佞忧。"所忧盖亦在协款无着耳。此即上述当日统兵大员希望以在己系统下之人员主持外府局面之一例也。①

宗棠又一理财之道,在以功名为策励,尝曰:"能为吾军筹饷,即与战功无异。"苟有成效,奏奖随之,故人皆乐尽心力。又尝奏记于清廷曰:

> ……有志之士,每谓军前差使,著绩不同,辄思赴前敌图功,致后路委员有乏才之叹。臣因择年劳最久,才具素优者,多方激励,许以办理周妥,一体叙功。故数年来,在事员弁各知兴奋,军用得无缺乏。……②

顾此处所谓军用,当不仅指军饷,且包括军米、军火、军装以及军运也。兹试数宗棠在东征与西征中最得力之此种人才,凡得三人:

王加敏,字若农,浙江会稽人。其妇翁宗稷辰即首荐宗棠于清廷者。宗棠在湖南巡抚幕府,加敏已以湖南候补道员佐理军需,受知于宗棠。宗棠入浙,加敏因案落职,宗棠调办设在广信之浙江后路粮台,设在衢州之闽浙总粮台,旋为奏准开复原官。宗棠入陕后,调办设在汉口之陕甘后路粮台,运转军实,并常挪借商款,以济西征急需。旋又为奏准特旨赏给从一品封典,并奏请交军机处存记。然未尝补一缺。宗棠调督两江,始调补江苏徐海道,

① 《左文襄公奏稿》卷十六页 41《陈明广东兵事饷事片》。《左文襄公书牍》卷八页 56《答蒋芗泉(益澧)》,页 65《答周受三(开锡)》,卷九页 3《答蒋芗泉(益澧)》,卷十页 16《答杨石泉(昌濬)》。《玉池老人自叙》页 29。

② 《平浙记略》卷十四页 11。《左文襄公奏稿》卷四十八页 12《各项差使出力人员汇案请奖折》。

初格于部议，宗棠为争，卒获特准。加敏与宗棠保持关系者，约四十年。①

胡光墉，字雪岩，浙江钱塘人。宗棠入浙，以江西候补道员调回差遣，责以筹饷，得宗棠赏识，为保加至布政使衔。宗棠入陕，委办上海采办转运局，当时所借洋债，所购外洋军火，均由光墉一手经理。因已保奖至最高阶段，宗棠为更用捐助赈济巨款名义，奏准特赏穿黄马褂，又赏其母匾额。宗棠在两江总督任，犹时有所诿诿，盖相从者达二十余年。②

沈应奎，字吉田，浙江平湖人。先在福建，以同知候补。宗棠入陕，调办西安军需局，所有西征军饷军火，均归集中分配，亦常为西征军费，挪借商款。荐擢至陕西按察使。宗棠去甘，迁贵州按察使，被劾革职。宗棠督办福建军务，复往从焉。与宗棠亦有十余年之历史。

三人而外，更有刘典、周开锡。开锡当宗棠东征时，先在浙东，后在福建，西征时，后在甘南，整理赋税，收入激增。刘典当宗棠西征时，先帮办陕甘军务，后帮办甘肃、新疆军务，综核开支，精严不苟。综括言之，开锡之工作，偏于开源，刘典之工作，偏于节流。两人与宗棠，虽一离再合，要皆为宗棠之心膂（详见六十八节）。宗棠有言："经武之道，丰财居一；理财之术，得才为先。"宗棠可谓能得才而善用其长者。③

① 《左文襄公奏稿》卷一页 33《官军入浙应设粮台片》，卷六页 11《请设闽浙总粮台派员总办折》，卷二十一页 31《请派道员总办陕甘后路粮台片》，卷四十八页 40《道员王加敏恳予奖叙片》，卷五十二页 23《保举王加敏折》。

② 《左文襄公奏稿》卷一页 33《官军入浙应设粮台转运接济片》，卷十九页 12《请赏加胡光墉布政使衔片》，卷五十二页 87—88《胡光墉请破格奖叙片》。《左文襄公奏疏续编》卷五十《请赏道员胡光墉母匾额折》。

③ 《左文襄公奏稿》卷十二页 7《沥陈闽省困敝情形折》。

# 四十九　禁革田赋浮收

　　田赋自昔为吾国国库收入之大宗,亦可谓集弊害之大成。卒之,有损于民而无益于国。左宗棠于此颇有所改革,而以湖南启其端。

　　咸丰四年(1854),湖南谷贱银贵,而田赋之额外课求尤剧,人民穷于完纳。湘潭一县,平时每年可收粮米银四五万两,至是仅收四千两左右。士人周焕南诣布政使呈求改善征收章程,不纳,扣交长沙县看管。既释出,复诣巡抚递呈,代表人民公意,自愿地丁每两加银四钱,漕米折色照部章每石纳银一两三钱,加纳银一两三钱,补助军需,又加银四钱补助县衙门办公费用。宗棠以其法有利于人民与国库及本省军需,而无损于官也,力劝巡抚骆秉章准其议。而布政使与督粮道则以其虽无损于官,而究剥夺官之利益,多方反对,幸秉章坚持,严令湘潭县照行;至岁终,收入大旺,竟达十余万两。湘潭漕折最重者,向恒以钱二十五千文纳一石,今乃改为钱三千八百文纳一石,若市价米每石钱二千文,则除即以二千文归国库外,其余以一千文充本省军饷,八百文充本县使用,所谓民减赋而国用增者此也。嗣长沙、善化等县士绅皆起而援例请求。宗棠由是佐秉章就其他各县斟酌情形,陆续依此方针改定。八年(1858)四月,代秉章草奏《沥陈湖南筹饷情形》一折,记其事甚详,可见当日田赋之弊害何在,亦可见禁革之方法何在:

　　　　……湖南各属钱漕科则,原为轻减。近时民间艰于完纳,不但难期年清年款,并有逋欠数年未能完纳者。臣察访各属情形,虽受弊之轻重不同,而究其致弊之原,不外官吏之浮收与银价之翔贵而已。州县廉俸无多,办公之需全赖钱漕陋规,稍资津贴。缺分之优瘠,即视陋规之多寡为衡。此东南各省所同,不独湖南一省为然,湖南亦不独今日为然也。沿袭既久,逐渐增加。地丁正银一两,民间有费至数两者。漕米一石,民间有费至数石者。款目繁多,民间难以折算,州县亦难逐一清厘,一听户粮书吏科算征收。包征包解,不餍不止。每遇完纳银米,整数之外尚有奇零,则一并收作整数。如一分一厘则收作二分,一升一合则收作二升之类,名曰收尾。小户穷民,尤受其累。未完纳之先,有由单,由单有费。既完纳之后,有串票,串票有费。其完纳稍迟者,粮书先时借垫,计息取偿,多至数倍。官为出差催追,名曰揭差。每一揭差下乡,则一乡为之震耸。此弊之原于官吏,害及于民,而小户为尤甚者也。官吏既视钱漕为利薮,刁衿、劣监即从而挟持之,每人索费数十两、百两。人数多者,一县或至数十人,名曰漕口。少不遂意,则阻挠乡户完纳,或赴上司衙门砌词控告。甚至纠聚多人,闯署殴吏,酿成事端。州县于开征之时,必先将此辈笼络安置,而后可期无事。此弊之原于刁衿、劣监,官吏受之,其害仍及于民者也。从前银价,乾隆、嘉庆年间,每银一两,易钱一千文。道光初年,每银一两,尚止易钱一千三四百文。自后渐次增长至二千文。近更增至二千三四百文。农民以钱易银,完纳钱漕,暗增一倍有余之费。咸丰元、二、三、四等年(1851—1854),钱粮之多民欠,实由于此。迨五年(1855)秋后,收成稍稔。每谷一石,仅值钱四百余文,尚苦无从销售。农民以谷变钱,以钱变银,须粜谷五石,始得银一两。计有田百亩,可收租谷百石者,非粜谷二十石,不能完纳钱漕。农末俱困,群情汹汹。臣与司道熟商,严饬各州、县将钱漕宿弊,大加厘剔。谕以事理,晓以利害,严禁吏胥、衿棍扰索把持,许地方公正晓事士绅条陈积弊,设局稽查,民情翕然称便。惟各州、县缺分不同,钱漕章程向来不一。如必尽革州、县陋规,丝毫不许多取,则办之无资,廉谨者无所措手足;其不肖者反将以此借口,别开巧取之端,更为国计民生之害。如必明定章程,许其每银一两,每漕一石,收银若干,又恐官吏视为定章,久之或于定章之前复有增加,弊与今等。且民可使由,不可使知。设习劣士民本其挟持官吏之心,执厘弊之新章,指为滋弊之创举,则告讦日繁,其势不至胁官吏以取偿于农民不止。如不厘定征收之额,又恐乡民无所适从,征收未能划一,弱者必仍为胥吏所欺,强者或借此以遂其习抗之计,是欲除弊而反以滋弊也。臣反复图维,不难于立法以救一时之弊,实虑于救弊之法,复增一作弊之端。正踌躇间,适各县士民纷纷赴省具呈,自拟款目,以为征收之准。臣察其官民相安者准之,未协者驳之,俟其适中而后准之,数月之间,大致略定。后察州、县之不能切实遵行者撤之,不法吏胥及刁劣士绅之阻挠者责革而痛惩之。其不安本分士绅欲借厘剔宿弊之举,为臣建祠泐石,希图敛费者,亦严斥而痛绝之。自五年(1855)以来,湖南钱漕,始有起色。而元、二、三、四等年(1851—1854)民间积欠,率皆踊跃输将。国库不致虚悬,军储不至束手,州、县办公亦不至十分拮据。而农民则欢欣鼓舞,举数十百年之积累,一旦蠲之,稍后苏息矣。现在各属田价渐增,农安畎亩,无复盻盻之意。向之借钱漕聚众,动辄闯署殴吏者,自厘定新章以来,绝无其事。

……

按湖南全省田赋,就漕米言,凡十五万石;假定统照每石加银一两三钱计,每年可增收银十九万余两。是诚于军需大有裨益,而在民间则得减赋数百万矣![1]

其后,宗棠至浙江,至福建,均参照湖南之原则,重订征收田赋办法。所不同者,在湖南系由各县士绅自行拟请,在浙、闽则由官厅主动核办,而其目的亦纯在纾民力,不尽为济军需。

宗棠在浙时,尝就杭州省城,设清赋局,[2]其于禁革田赋与浮收或陋规,经确定者:

(一)温州府属每年实减轻人民负担钱四万零五百余千文,米三百余

---

① 《骆文忠公奏稿》卷八页12—15《沥陈湖南筹饷情形折》。《骆文忠公自订年谱》(四川初刻本)页39。周焕南,字丙垣,道光二年(1822)举人。

② 《左文襄公年谱》卷三页27。

石。[①]

（二）绍兴府属每年实减轻人民负担钱二十二万一千四百二十千文，米三百六十一石。[②]

（三）宁波府属每年实减轻人民负担钱十万四千八百七十千文，米八百六十七石。[③]

去浙后，经后任浙江巡抚马新贻，照宗棠原案奏准者：

（一）金华府属每年实减轻人民负担钱十五万六千一百余千文，米五百二十余石。

（二）衢州府属每年实减轻人民负担钱十万二千九百余千文，米六十五石。

（三）严州府属每年实减轻人民负担钱六万一千九百余千文。

（四）处州府属每年实减轻人民负担钱六千八百余千文，洋银八千二百余元，米一百二十余石。[④]

其原有绅户民户之分，（亦称大户与小户。如山阴、会稽、萧山诸县，每正耗一两，绅户仅完银一两六分至一两三四钱止。民户则有完至钱二千八九百文或三四千文者。彼时银价，大约每两合钱一千三百文。是民户所完，约自二两至三两，相差竟至一倍。）一律废除，以期平等；又原有纳银、纳钱之别，一律改为纳银，俾免彼此出入。[⑤]

然浙江人民所受田赋之苦累，不仅为浮收，尚有浮额。大抵东南数省田赋，皆较他省为重。就中在江苏，尤以苏州、松江、常州、太仓三府一州为甚。在浙江，尤以杭州、嘉兴、湖州三府属为甚。此本最不公允。且民力不胜负担，惟有尽情拖欠；官吏无法征收，惟有报荒减免。故太平军既平定，江苏之三府一州田赋，率先由李鸿章奏准核减三分之一。浙江之三府属，亦由宗棠议减三分之一。此种减赋，受其益者，自为业主；然为佃农者，其后皆得减

① 《左文襄公奏稿》卷七页 42《覆陈杭嘉湖三属减赋情形并温郡减定折》。
② 《左文襄公奏稿》卷八页 69—70《覆减绍兴府属浮收钱粮折》。
③ 《左文襄公奏稿》卷九页 62《覆减宁波府属浮收钱粮折》。
④ 《左文襄公书牍》卷七页 13《与杨石泉（昌濬）》。戴槃《浙西减漕记略》。马新贻，字谷山，山东菏泽人，道光二十七年（1847）进士，官至两江总督，同治九年（1870）为张文祥所戕，谥端敏。
⑤ 《左文襄公奏稿》卷八页 69《核减绍兴府属浮收钱粮折》。

租,故未尝不同受其惠。又杭州、嘉兴、湖州三府属额征漕米,每年原为一百零三万数千石。宗棠调查结果,知州县浮收于人民者,不啻倍蓰。如交折色者,初收每石已在六千余文,嗣后逐渐增加至折收一石,照时价约合两石有奇。其交本色者,每石加六七斗至八九斗不等。剥削之苛如此。故宗棠之主张,一面减浮额,而同时亦减浮收。鸿章《请减苏松太三府属漕额》原奏为一时名作,但不载《李文忠公全集》,盖冯桂芬所代拟也。兹将宗棠《议减杭嘉湖三属漕粮(兼及浮收及陋规)大概情形折》移录之:

……查杭、嘉、湖三府漕粮之重,与江苏苏、松、太等。苏、松、太既议减三分之一,则杭、嘉、湖亦宜仿照办理。就杭、嘉、湖三属征粮科则言之,又以嘉、湖为重,杭州次之。就嘉、湖两府言之,又以归安、乌程、嘉善、嘉兴、秀水为最重,平湖、海盐、桐乡、石门、德清次之,长兴、武康各属又次之。杭属临安、於潜、昌化、新城等县山多田少,较之嘉、湖,粮赋固轻,出产亦远逊也。尝考杭、嘉、湖三属赋重之由,始于宋季贾似道之官田,元代因而增之。明初张士诚据姑苏,兼有嘉、湖各郡,明祖平张士诚,遂用其租籍收粮,已而又括官田之粮均之民田。层递加增,民困独甚。我朝定鼎以来,康熙中免三分之一者一年,全免者一年。雍正六年(1728),又减嘉、湖二府额赋十分之一,计银八万一千余两。中间偶遇水旱偏灾,无不随时蠲缓。厚泽深仁,有加无已,故民力得以稍纾。至乾隆、嘉庆年间,家给人足,曾历办全漕。道光癸未(1823)、辛卯(1831)以后,两次大水,民间元气大伤。赋重之处,未能全漕起运,遂岁报灾歉,蠲缓频仍。然朝廷虽屡沛殊恩,而小民未尽沾实惠。盖一县之中,花户繁多,灾歉蠲免,悉听经书册报。世家大族丰收者,亦能蠲缓;编氓小户被歉者,尚或全征。且大户仅完征正额,小户更任意诛求。迟至廒满停收,即须改征折色,每石价至五六千文不等。以小户之浮收,抵大户之不足。官吏征收不善,小民咨怨有词,故闹漕之案,往往因之而起。然州县浮收,亦非能尽饱私囊也。从前河运之时,旗丁需索帮费,如咸丰初年,每兑漕一石,除给报部漕截银三钱四分六丝外,尚须由州县贴给费钱千文。帮费一日不清,帮船一日不开。州县惟恐有误运期,不得不浮收以填谿壑。而小民苦于苛敛,弱者日受追呼,桀者或从中持之,因而窜入大户。以致小户日少,大户日多;旗丁之索费日重,州县之亏项日积。民以完漕为苛政,官以办漕为畏途,积弊相因,官民交困。咸丰二年(1852),改行海运,每石连商船水脚及南北用款,统计约需银八钱有零。曾奏准以给帮丁漕截抵支水脚。其不敷之项,按各州县帮费重轻,酌提解省津贴,自七钱至四钱不等,较河运之时,已为节省。兹奉恩旨,敕议核减漕粮,将举数百年积困而纾之崇朝,固三郡群黎所呼吁祈祷而不得者,臣等躬逢盛世,若不博访利弊之所在而悉心参酌,衷诸至当,以规永久,不独无以副朝廷旷古未有之隆施,亦何以慰草野久困思苏之至意。谨就现在漕务应行筹办大概情形,列为四条,敬为我皇上陈之:

一曰减正额。浙省杭、嘉、湖三属额征漕白,改漕,南匠行月等米,共一百一十余万石。征粮之则,大小不同;即浮额之粮,亦多寡不一。现须分别量减,自应先去浮额之甚,以除轻重不均之弊。拟各按上、中、下赋则,分别定数。如每亩征米一斗一升以上至一斗八九升者,为上则。自六升以上至不及一斗一升者,为中则。不及六升者,为下则。按科则之重、轻,分别核减。总期于额征数目,酌减三分之一,庶科则定而减数因之而均也。

一曰减浮收。向来收漕加耗,每石自一二斗至七八斗不等,各视花户贵贱强弱,以定收数多寡。今额漕既经减定,则浮收之款岂可任其因仍。惟州、县办漕,有修仓、搭棚、纸张、油烛之费;有仓夫、斗级、漕记、差役饭食之费;有内河运米交兑夫船耗米之费;有交米书役守候之费。一切用款甚巨。且收漕交兑,相隔一二月,风晾搬转,亏折必多,不能不于正漕之外,酌留运费,以资津贴。应俟查明各州县用项,由外核实办理。其向来加米、加价、勒折诸弊,自核定之后,概行裁革。绅民一律均收,不得再有大户、小户之分,庶谷禄平,而公私因之而利也。

一曰筹运费。浙省向办海运,每石需费约银八钱。除向给帮丁漕截银三钱四分六丝抵支外,尚不敷银四钱五分零。现正额浮收概行分别核减,自未便再由州县议提津贴。拟请将海运经费每石定以八钱为额,除支漕截外,不敷之款另行筹足。查浙漕如照统减三分之一,每年起运之米不过六十万石上下，漕截一款不另核减，计可余银十余万两。又节省给帮本折行月经费食米变价，可得银十二三万两。又屯田租息及节省帮弁廉俸，可得银数万两。统计将及数十万两，足抵海运经费。至所动正款八钱，按年将动用款目据实奏给，应请毋庸造册报销，以归简便。并不得逾八钱之数，以示限制。庶浮费裁而上下因之而利也。

一曰裁陋规。向来州县收漕，一切陋规极为繁杂。此次核定新章，应令各州县据实查明，开折呈送，分别裁减，庶弊窦清而漕政因之而肃也。

嗣后非实在旱潦，不得再报灾歉。即实在民欠，亦不得再报垫完。而近数十年相沿陋习，亦可除矣。可否仰恳皇上天恩，俯准将杭、嘉、湖漕粮统减三分之一，出自圣裁。至海运经费，每石向只支销漕截银三钱四分六丝，此次请以八钱作为定额，与部案不符。惟查商船水脚及南北用费，每石实需银八钱。其余不敷之项，皆系各县津贴。此时不将津贴一项裁革，则虽有核减之名，仍未能得核减之实。故不得不据实沥陈，吁恳圣恩准于漕截并行月屯租各项下照数动支，庶漕弊可以尽革。……①

宗棠赴福建后，由新贻与布政使蒋益澧按照户部议准于三十分中减去八分之意旨，完成其工作：正额除南匠米石收支相埒，并无赢余，不另议减外，其余实减三十分之八，即于一百万零四百石内减去二十六万六千七百石。浮收共减至米四十八万六千余石，钱二十四万七千余千。支运费即尽以漕项筹抵，不另动支正款，陋规即除办漕必不可省之费酌以余耗留用外，其余名目一概裁汰，计共裁银四十余万两，合米二十六七万石，均分别造册存案勒石。并规定漕粮概完本色，绅民一律征收，不得再有大小户名目；其有情愿完折色者，按照市上米价，随时完银，不能完银者亦照市价随时合米，悉听民

---

① 《左文襄公奏稿》卷七页 41—42《覆陈杭嘉湖三属减赋情形折》，卷十一页 40—45《议减杭嘉湖三属漕粮大概情形折》。陈其元《庸闲斋笔记》。冯桂芬，字林一，号景亭，江苏吴县人，道光二十年(1840)一甲二名进士，官至詹事府右春坊右中允。同治十三年(1874)四月卒。著述有《显志堂诗文集》、《校邠庐抗议》、《说文解字注考》、《使粤行记》、《两淮盐法志》。归安、乌程，今吴兴。秀水，今嘉兴。石门，今崇德。新城，今新登。

便。惟以米合银,两浙情形不同,银价低昂无定。当日定价已有每两一千五百文至一千七八百文不等,仍不免酿成多少纠纷。①

宗棠对于福建田赋,未及举办清丈,仅从事整理征收。其经过有可得而述者:

(一)查得福建自咸丰三年(1853)以后,上、下各府屡被贼扰。征册毁失,花户应完钱粮,官既无从稽考,但责成书吏征收。书吏又但以历年所收分数比较,偶有盈余,亦匿不交出。民间知征收之权在书吏,完纳时仅取书吏收条,不问官厅串票。于是有飞洒、诡寄诸弊,书吏得任意浮收,强者任其抗延,弱者肆其恐吓。官民交困,为害无穷。宗棠乃就每一府州,各按所辖厅、县经征地丁粮米向章,连耗余征收若干,出示勒石,以便永远遵守。其征册毁失者,并饬一律清查补报。

(二)查得征收之弊虽除,然摊捐各项如不为设法弥补,则州县之苦累未已。其借端浮收,仍有不可得而禁者。盖摊捐有关报部者,有由外销者,有州县自行流摊者。其报部及分销者,率由养廉项下扣除。其自行流摊者,多由前后交代算抵。故养廉一项,虚有其名,从无实给。且有摊款较多,养廉尚不敷划抵者。有因款目繁多,往往事隔数年,官逾数任,未能清算者。故宗棠以为将欲轻减州县苦累,必先实给养廉,并将流摊各款分别停兑。其必不可免者,另行筹款弥补。而后经费出入,乃可约计。于是先将报部之分年摊捐,计银一百二十八万四千七两,悉数奏准豁免。其余必不可免之摊捐,每年银二万八千余两,另指的款抵支,不得再由州县分担。

(三)查得州、县苦累,尚非止摊捐一端。如上官过境,酒席有费,门包过山礼有费;上官到任,铺垫执事有费;及平时月费,节寿各款目,相沿已久,名曰陋规。上官视此为本分应得之项,州县亦视此为本分应出之项。钱粮耗余不足供,则设法巧取于民以供之。上官利其陋规,徇其情面,遇有过失,辄为隐护。州县即以此唆上官,隐相挟制,自诩能干。上官之取于州县也一,州县之取于民也十。浸至民生日蹙,仕风日下。宗棠以为一省之官吏,布政

---

① 《同治实录》卷一百三十七页22,卷一百四十二页2。《谭文勤公奏稿》卷八页1《变通浙省征收钱粮章程折》。

使、按察使、道、府以及佐贰、佐杂等，除廉俸外，涓滴皆非应得之款，于是悉令禁革。

（四）查得陋规禁革后，摊捐虽已有着，养廉亦经实给，然在州县办公，确仍不敷支用。而在署事人员仅支半廉者，为尤甚。于是更将出差员弁盘费、夫价及一切杂项差使，随时应给而未能预计之费，一并指定的款核给。一面复就布政使、按察使、道、府及佐贰、佐杂缺分之繁简，用费之多寡，酌定办公经费，同由指定的款内开支。①

又福建内地各厅、州、县尚征一种粮米，就地派给各营。原定本色后改折色，于是官吏从中舞弊。向人民征收时，每石作价，高及钱五六千文至七八千文。假定银价每两合钱一千三百文，即为每石约作价银四元至六元。发给各营时，每石作价，仅合银一两一二钱，或一两三四钱。一转移间，入诸私囊者，每石少则三两数钱，多则五两数钱，殊可惊人。宗棠为规定折色一律每石作银二两，永禁浮收。②

总之，吾国田赋，常为地方官吏财源所系。故欲整顿田赋以除民困，同时不得不补济费用，以除官困。而澄清田赋，即澄清吏治。于是可见宗棠之法固精，而其意尤精。法须因时而变，宗棠之意则千古不磨也。

甘肃田地有若干名目：为土著所有者，名名田；地为兵士垦熟升科者，名屯田；本属明代藩王，后为人民所有者，名更田；又有宋代苑马监牧场遗址，名监牧地；元代以后拨与土司之田，名土司地。其田赋即视此名目，区分轻重高下；盖甘肃田地之科则，依于历史的人为的条件，不以自然的土地状态为标准，甚不合理。赋分三种：内地各州县征银；沿边各州县征粮与草；介于内地与边地之间者，兼征银、粮草。已而频年兵燹，经界荡然；册籍损毁，渺不可考。光绪二年（1876），宗棠命经过战事各州县实行清丈，将田地分为川地、原地、山地三等，每等又各分上中下三则，然后将原有赋额，公平比例分配，即以皋兰县为例：

川地　上上每亩摊粮三升七合　上中三升二合　上下二升七合

---

① 《左文襄公奏稿》卷十九页47—50《厘定闽省各属进出款项请将摊捐停止陋规裁革另筹提给公费折》。《左文襄公书牍》卷八页37《答周受三（开锡）》。

② 《左文襄公奏稿》卷二十页50—52《闽省内地兵米改给折色并将经征各属严定考成折》。

原地　中上每亩摊粮二升二合　中中一升八合　中下一升四合

山地　下上每亩摊粮一升　下中七合　下下四合

更次于下下者,为最下下,仅摊二合。清丈完成者,发给两联丈单:一联归官署存案,一联归业主执有。此项丈单,信用卓著,其后民间田房交易、诉讼,即以为凭证。由是赋由地生,粮随户转,富者无抗粮之弊,贫者无代纳之虞。又有可称述者:甘肃田赋总额,在"回乱"以前,年共四十八万余石。及经"回乱",户口逃亡,宗棠为减去十四万石,暂以实征为额征,借苏民困。①

新疆田赋,摊之于丁,正与内地各省摊丁于赋者相反。富户丁少,赋役或轻;贫户丁多,赋役反重;事理失平,莫甚于此。于此,宗棠既定全疆,乃与书帮办新疆军务刘锦棠,数其弊害而述其整理之意见:

……回疆田赋,按丁征派。不均之弊,所由来矣。高宗之于回疆,令各城阿奇木、伯克总收总纳,未暇分地与丁。盖圣意在抚绥荒服,不欲纷更。而当时大臣之夙称耆硕者,均以开辟西疆为耗中事夷之举,不能无所疑义。求其洞知体要,考之襄赞者,戛戛难之。迨后因仍不改,百弊踵生。小民备受阿奇木、伯克掊削,呼诉无门。而丰镐旧家子弟西来者,多以阿奇木、伯克为鱼肉,常赋之外,需索频仍。上征其十,下征其倍,而回民乃不胜其苦。此时议开郡县,原期以内地之治治之,则一条鞭成法不可不讲。除按丁抽赋之苛而问田取赋,庶征收有定而贫富两得其平;加以平徭役,警游惰,禁侵贪,民可使富也。回民不知石数,计粮但用称子。每十称子为一石,计重一百廿五斤,合湘称则一百卅斤。愚意,上地一亩,收粮一石有余者,暂征一斗。尊论以为有合什一之制,拟每收粮十一称子者,还租一称子,是与鄙见敛从其薄相符。惟古云"作法于凉,其弊犹贪。"诚恐奉行之人未知寡取之意,或于还租一称子外,不免取赢,则征收过重,民何以堪。应饬善后局员加意查察。或收粮后,发给收单,如内地所发粮券式样。其粮户姓名及完粮数目,均写回字,以便认识可也。种棉之地亦照粮地,征收本色,似不如折色

---

① 《申报》光绪四年(1878)五月二十九日《甘肃省清理财政说明书——地丁正赋》。《甘宁青史略》正编卷二十四页55。《重修皋兰县志》(光绪十八年〔1892〕纂)。

为便。棉地必择上腴，若照粮地征粮，愚民唯利是图，多种棉而少种谷也。……

又与书帮办新疆军务张曜申其说：

> ……南疆按地征粮，应仿古什一之制而从其宽大。约十分有余，始取其一。庶后此虽变本加厉，尚或不至痛民。至相沿之阿奇木、伯克等，只令催收钱粮，不准干预公事，以内地保正、牌头视之。按所管地方征收多寡，定其品级，给以薪水、工食。察其有犯，革黜另充，不许作为世缺。其奉公安分者，年老辞役，准其顶带终身可耳。如此，则事权不至过重，流弊自少。缠民不会汉话，不识汉字，故阿奇木、伯克等得肆其侵欺。愚意征收之先，给各户民由单，所收钱粮给予收券。所有由单内，开载某处、某户地若干，应上钱粮若干，(收券内)开载钱粮布本折若干，收讫年月。凡数目字样，皆正写汉文，旁注回字，庶简明易晓，一目了然。遇有舛误，许户民投官更正，官吏便于稽察，阿奇木、伯克等无所售其奸。……

其后即由锦棠与曜负责实施。北疆田赋，先按宗棠核准迪化州知州陶模之建议，上地每亩征粮八升，中地五升五合，下地三升。嗣改定迪化、昌吉、阜康、绥来、奇台、吐鲁番、济木萨、呼图壁各属上地每亩征粮七升，中地四升，下地仍为三升；其镇西、哈密、库尔喀喇乌苏、精河各属，仍照旧章科则办理。南疆田赋，先依宗棠主张，暂按十一征收。嗣改定上地每亩征粮五升、四升不等，征草五斤；中地粮三升，草三斤；下地粮一升五合、一升不等，草二斤。至亩之面积，准以二亩合一亩，则为招徕人民计也。①

---

① 《左文襄公奏稿》卷五十三页 34《覆陈新疆情形折》。《左文襄公书牍》卷二十一页 10《答刘毅斋(锦棠)》，页 25《答张朗斋(曜)》。《陶勤肃公奏议遗稿》卷首页 33。《刘襄勤公奏稿》卷十二页 37《新疆田赋户籍造册咨部立案折》。《新疆图志》卷三十页 3—4。

# 五十　抽厘助饷

厘金完全为太平军时期之产物。就水陆要隘设卡,遇过境货物,按其值或量,征捐一厘或数厘,专充军饷,故曰抽厘助饷。此本取之于行商,以此或称活厘,其性质为通过税。亦有取之于坐贾者,就城市店铺,每月约按营业数量,征捐一厘或数厘。以此或称板厘,其性质为贸易税。先是咸丰三年(1853),刑部侍郎雷以诚治军扬州,保江苏东北各州县门户,感饷无所出,用幕客钱江议,在仙女庙一带,设卡抽厘,以供军用。其后钦差大臣胜保奏请推行于各省,其后遂为军费一大来源,而以湖南为最早。

按太平军第一次下武昌时,钱江曾予洪秀全以十二策,其第二策曰:

> 我国新造,患在财政不充,而关税未能遽设。当于已定之区,在商场略议加抽,任其保护。于商业每两征抽一厘,名曰厘金。取之甚微,商民又得其保护,何乐不从。而我积少成多,即成巨款。但宜节制,不宜勒滥苛民。①

秀全不能用以抗清军,乃转为清廷用以平太平军也。

---

①　《晚清文选》卷上页 60《上天王策》。罗玉东《中国厘金史》。《骆文忠公奏稿》卷八页 9—11《保举盐茶厘金两局出力官绅折》,页 15—16《沥陈湖南厘饷情形折》。《左文襄公书牍》卷七页 64《答徐树人(宗幹)》。雷以诚,字鹤皋,湖北咸宁人,道光三年(1823)进士,光绪十年(1884)卒。著述有《雨香书屋诗钞》。钱江,字东平,浙江归安人,咸丰三年(1853)五月被雷以诚诬以谋反伏诛。

湖南之厘金,开办于咸丰五年(1855),为左宗棠在巡抚骆秉章幕中所规画。先就常德试办有效,然后陆续于他处仿办。在长沙省城设置厘金总局主其事。一般货物,以每值钱一千文,抽收二三十文为率,即值百抽二、三。其买卖零杂,不能指定货物,难以计算者,酌量按月抽收。在与广东毗连之郴州与宜章,因盐之数量特多,在岳州因茶之数量特多,则别设盐茶局专管,于咸丰六年(1856)三月成立。盐每包抽钱七百文。茶每箱抽银四钱五分。惟因茶商在各口岸装箱时,已抽过厘金每箱银一钱五分;今于过卡时,复收四钱五分,为数较他货为多,故又准每字号缴税后,酌给从九职衔议叙一名,以昭平允。宗棠之办法,有特点三:

(一)采唐代理财专家刘晏委用士流之意,访择廉干士绅经理其事。屏退吏胥市侩,一洗向来衙署与关务一切陋习。故能涓滴归公,而在民间绝无扰累。湖南厘金组织,因有此始基,故以后在各省中,常认为办理最善,营私舞弊之风为最少。抑以此种新创之税,其先总难免引起社会反感,而宗棠以本省人办理本省事,更易发生误会。惟得地方领袖主持,较便疏通。故宗棠之乐于引用本省人士,其意当更在希望协助推行之便利。

(二)各卡每月抽得之数目与总局每月所收各卡之数目,分别榜示通衢,以昭清白。故能引起社会信任,而商贾皆乐于输将。

(三)实行两起两验。即将应纳之税分四次征收。在第一卡起运处及第三卡所征为起厘,第二卡及第四卡之所征为验厘,较之一起一验者更易防止偷漏,而较之逐卡抽厘者又少苛扰。

宗棠全集中骆文忠公奏稿《沥陈湖南筹饷情形》一折,叙及湖南举办厘金情形,更可见宗棠对于设卡抽厘如何考虑周密:

>……抽厘之举,臣于试办伊始,亦深怀疑虑。恐其奉行不善,适以扰民。惟念重农轻商,载诸德训。今四民之中,惟农最苦,获利最薄。而钱漕一切,均于农田取之。商贾挟资营运,懋迁有无,获利为饶。无力作之苦,而又免征收之税。当兹多事之秋,稍取其赢,以佐国计,其亦何辞。况厘金之为数至微,百货长落随时,本无一定之价。以至微之数,附诸无定之价,官取诸商,商取诸货,货价取诸时。如果经理得宜,亦复何虞扰累。所难者,水陆卡局之建设,各有其地。以水路论,有水

涨宜设此处,水落又宜设彼处者;有水落暂宜裁撤,水涨始复增添者。以陆路论,有已设卡局之处,并无总隘可扼,不能不分设子卡者;有未设卡局之处,商贩绕越争趋,不能不另议移设者。兼之贼踪飘忽,道途通塞靡常;或因客商绕避贼氛,幽僻之处反成达道;或因邻封道途偶梗,通行之路反类遐荒。苟非因地以制宜,岂能推行而尽利。百货销数之衰旺,会有其时。各处市埠情形,彼此互异。有旺在春夏而秋冬渐形衰减者;有旺在秋冬而春夏忽形冷寂者。上月收数,较之下月,每有参差。此处畅行,推之彼处,又难一律。苟非随时以通变,岂能斟酌而咸宜。臣惟厘金一事,本属创行。收支款目,既无定额之可循;赢绌情形,实难一概以相例。卡局既多,事目又杂。各执一成之法,严为稽核,罅漏必多。更增一切之法,预为防维,虚伪特甚。古云:"任法不如任人",洵为破的之论。但使所委官绅各以实心任事,上念国计之艰难,下体商情之畏累,将平常衙署,关务习气,概与删除,事必躬亲,数归核实,庶不以丝毫饱奸橐,亦不以苛细失人心,而商情自然帖服。所有卡局需用之费及在事官绅薪水之需,臣饬总办局务裕麟悉心斟酌,稍令宽余;俾得洁己奉公,无虞拮据;亦以养其廉耻,杜绝侵欺。仍不时访察商旅公评,时申儆惕。其客货经由之地,水次分泊师船,陆路派拨练勇,令其就近往来巡护。其商贾辐辏之区,专驻水陆练勇,以资镇压。俾知出厘金以少佐军储,即可借厘金而保全资本。自设卡局以来,商贾安心贸易,廛肆如常,军饷得资接济。……

由是湖南每年可得厘金八九十万两至一百一二十万两不等,兵饷始觉稍舒。其后宗棠在各省,举办或整理厘金,要不离乎此办法与旨趣。

浙江厘金,亦为宗棠所创始经营。同治元年(1862),在衢州设牙厘总局,征收盐、茶厘税,以次推行于浙东各郡。税率初定值百抽一,继增至值百抽六、七。二年(1863),绍兴克复,浙东肃清,复设立盐、茶厘局,抽收厘捐。并改定税率:浙东为值百抽九,浙西为值百抽四、五。均两起两验(浙西原为一起一验),起厘各抽百分之三与一·五,验厘各抽百分之一·五与〇·七五。三年(1864)二月,克复杭州省城,旋于四月将牙厘总局移设省城。继克湖州,全省肃清,就嘉兴、湖州、绍兴、宁波、台州、衢州、温州与处州八府属,各设一府局,于所属要津分别设卡,以待行商,见货抽厘。杭州府属归总局直辖,金华府属仅有一卡,严州府与杭州相近,由总局兼办,均不别设府局。青田虽属处州,而距温州为近,故隶于温州府局。此皆为因地制宜之特殊办法。此时所征厘金,系综百货。惟以丝为输出国外之大宗货物,外商得于此享受子口半税之权利,为弥补漏卮计,奏定先捐后售之办法:凡乡丝到行销卖,先由行户扣缴每斤二角之厘捐。捐出卖户,不涉行商。俟商贩起运,再将零星捐票倒换护照,凭以逢卡盖验,不再收捐。收捐货币:茶叶及洋药以银两,丝茧以银元;其余百货以制钱;于是彼此折合,不无高抬低抑之弊。解款府局与兰溪经解总局,各卡解由府局汇解总局。其期为按旬逢三,月凡三次。办厘之第一年,共收银一百三十七万一千三百六十两;以后在宗棠任内之数年,平均为二百零五万七千零四十两。[①]

福建省咸丰七年(1857)已办厘金,然仅属草创。迨太平军驰入后,益为废弛。同治四年(1865),宗棠大加整理,将在福州省城所设之南台厘捐总局移至城内,改为福建通省税厘总局,而以南台向设之厘局改为南台税厘总局,以福州府属各局卡隶属之;后改厦门厘局为厦门税厘总局,以泉州府及永春州属各局卡隶属之;建宁、兴化、延平、邵武、漳州与汀州等府属并次第设立府局,分辖所属各县卡。税名原为杂货厘金,至是改为百货厘金。重定税率值百抽十,亦采两起两验制,起捐各百分之三,验捐各百分之二。全省收数,在未整理前,每年约银一百十一二万两,整理后,每年约银二百十万两。[②]

甘肃厘金开办于咸丰八年(1858),同治元年(1862)回变以后完全停顿。八年(1869),宗棠督师平凉,另起炉灶,先从甘南组织厘局,开办百货厘金,税率值百抽一、二。惟因逢卡征收,故合计为值百抽四、五。兼办牙帖,市镇分繁盛、偏僻两等,帖分上、中、下三等。(繁盛上则捐钱七百串,中则三百五十串,下则一百四十串;偏僻上则捐钱四百四十串,中则二百十串,下则七十串。)十二年(1873),开办茶厘,除出口之茶,另于口外厘卡加完厘金一次外,

---

① 《浙江通志厘金门稿——浙省开办厘捐之始、局卡规制、收捐定章》。《中国厘金史》页254。《平浙记略》卷十四页5—7。

② 《左文襄公书牍》卷七页63《与徐树人(宗幹)》。《中国厘金史》页328。

在陕西与甘肃境内行销者,均税厘并征(另详五十三节)。十三年(1874),又开办盐厘,由西和县盐关创始,其后各属盐厅,次第照抽(另详五十二节)。宗棠既抵兰州省城,始设全省税厘总局,而于各府州、厅设分局,其下更设卡,一如浙江之制。惟榷盐之处,有专设一局者,亦为特例。全部厘金全年收数:同治八年(1869)仅计银五万二千余两;九年(1870)至十一年(1872),在二十四五万两左右;十三年(1874)以后之数年,总在四十四五万两左右。牙帖在开办十年中,亦仅颁发四百余张。盖甘肃物资匮乏,运输艰阻,货之流通,为数既微,则牙厘金之征收,自不能旺,亦自然条件有以限之也。然综自同治八年(1869)至光绪七年(1881),甘肃厘金收入拨济宗棠军饷者约共银九十万两,亦不无小补耳。[①]

新疆当咸丰六年(1856)时,已在乌鲁木齐及吐鲁番两地就棉花抽厘。但照内地各省举办抽厘金,则自宗棠始。光绪四年(1878),宗棠平定天山南、北路,开征厘金。由巴里坤、古城子而哈密,而其他各地。据奏报:当是年秋冬之间开办起,至次年夏季,不足一载,已收银十八万两有奇。宗棠于六年(1880)奉诏离新入京,是年全省共收厘金银二十四万八千二百五十五两。[②]

自宗棠在湖南举办厘金,曾国藩在江西,胡林翼在湖北,仿照办理。故宗棠致书林翼,尝戏语曰:

> ……鄂省厘金之旺,自在意中。此法本传自湘中,当有以津贴湘中(月得二十万缗足矣)乃是情理。……

其后宗棠所至,对于厘金,无不本其在湖南之经验,锐意经营,卓有成效,而仍归本乎得人。其言曰:

> ……厘务之利弊,视乎局员之贤否。局员得人,则利兴而弊绝;否则弊滋而利减。……

又曰:

---

① 《中国厘金史》页413—414、页417。《谭文勤公奏稿》卷十一页29《遵照部议各条逐款声叙折》。

② 《左文襄公书牍》卷十七页82,卷十八页10,均《答刘克庵(典)》,页24《与张朗斋(曜)》。《新疆图志》卷三十一页4。《中国厘金史》页450—451。

> 凡办厘务,贵在各局委员得人,能与彼此绅民商贾浃洽,然后民不扰而事易集。……

又曰:

> ……办理厘务,重在得人,非廉干能耐劳苦者错落布置其间,难收实效。……

然厘金制度,夙为世人所诟病,宗棠于此,又有两种态度。一曰:

> ……取民之制,舍征商别无善策,征商以厘税较为妥便。盖物价自有贵贱,无甚干涉。民生日用所需,厘税必须薄取,或竟与蠲除。至丝、茶大宗外,如铜、锡箔等类,亦可积微以成巨。……

一曰:

> ……办贼不能不用兵,用兵必筹饷。大抵厘税本权宜苟且之政,非可得已而不已者。谁实甘聚敛之名,以其身为怨府。只求兵气速销,经收足敷所出,则区区者将一举而捐之。……①

光绪十年(1884)宗棠督办福建军务,艰于筹饷,太常寺卿徐树铭奏请饬由安徽、江西、湖北、湖南四省带征海防厘金,以为补济。已奉谕旨,而四省以为难行,终作罢论。宗棠于此,倘不无英雄末路之悲乎!②

---

① 《左文襄公奏稿》卷五十八页 43《覆陈奉旨查办事件大概情形折》。《左文襄公书牍》卷四页51《与胡润之(林翼)》,卷六页 46《答曾节相(国藩)》,卷七页 64《答徐树人(宗幹)》,卷二十二页 3《答任筱元》。

② 《中国厘金史》页 285。徐树铭,字伯澂,一字寿蘅,号澂园,湖南长沙人,道光二十七年(1847)进士,官至工部尚书,著述有《澂园遗集》。

# 五十一　官之买卖

　　清代每当度支匮乏时期，所恃以增裕收入者，捐输为一种。捐输一名词之对待，为奖励。人民向政府捐纳某数之款项，由政府奖给某级之职衔；或人民已为官吏者，更向政府捐纳某数之款项，由政府再奖给某种之优惠。一言以蔽之，买官与卖官而已。此种制度，当远溯于汉武帝之鬻爵，历朝多有行之。但种种办法之细密，至清代而集其大成，汇为一编，名曰《筹饷则例》。咸丰、同治与光绪三朝之军事费用，有一部分取给于此。

　　捐输本集中京师，由户部主办。太平军兴，为便利招徕计，由各省总督、巡抚或主兵大员，请发空白执照，自行劝募。并以筹饷为名，将规定费额，分别酌减若干成，可称为贬价卖官，犹一般商店之大廉价。顾其饭资与照费，仍须解归政府，因此乃户部官吏所共分润也。此项办法，亦系由钱江建议于雷以諴，先在扬州试办，以后各地仿行，均视为筹饷之一法。嗣以政府自将办理捐输之权，授于各省，户部直接收入大为减损。于是又指定若干项，不准各省或主兵大员劝募，专归所谓京饷局者经理，指充京饷。

　　左宗棠督师入浙，初步筹饷及兴办善后筹款，亦均多借捐输之力。照原规定：凡报捐实职虚衔，本减二成者，仍迎减一成；已减四成者，不再迎减。其应归京饷局收捐分发等项，并监生补交四成实银，亦仍令捐生赴京上兑，浙省概不收捐。①

但在同一时间,在同一区域,多方作同一之劝募,民力总属有限,捐输之效,有时而穷。于是胡林翼别出心裁,因军中购运粮食艰难,便以减成捐米为号召。实质即汉代募民入粟之意。宗棠入浙后,因采运不易,乃援例为之。林翼原订章程:

(一)凡捐实职、虚衔,照筹饷例,统减四成;升衔、加级各项,向减四成者,准再递减二成。于水陆通区,设局收米。捐米一石,加耗米一斗五升,运脚费银三钱五分,准作捐例银五两。

(二)其有陆路遥远,运米维艰者,准交折色,每米一石,连折耗与运费,计银二两五钱。

(三)饭银、照费仍照例缴纳。

(四)以上应缴现款,均以库平足纹上兑,概不准搭交钱钞或饷票。

(五)应归京饷局收捐各条,并补交四成实银者,仍不准收,以裕京饷。

宗棠以第五款所包括之指捐与分发,如必须在京师办理,则捐输者有时惮于远行,难免使捐收减色。后奏准变通办理,一并由浙江经募,而仍将所收之款解缴京饷局。②

此项章程,固以捐米为名。然观第二款之例外,可知意仍在捐银,而综核浙省办理米捐,截至同治六年为止时,其收本省捐输银七十一万八千四百五十八两;江北上海捐输银二十万八千八百二十五两;本州省米捐银七十三万五千三百七十三两;江西等处拨解捐米五千三石八升。足见捐输者,亦多捐银而少捐米。③ 时已革浙江按察使段光清募得银二十万余两,宗棠为奏准赏还头品顶戴。又已革浙江补用道温州府知府王景澄募得银七万余两,亦为奏准开复知府原官,补缺后仍以道员用。此则又借劝人捐输而为己得

---

① 《左文襄公奏稿》卷一页8《请速发捐输部照片》,卷九页39《浙省饷项请照常收捐折》。

② 《左文襄公奏稿》卷二页35—37《请援照湖北米捐章程收捐折》,卷四页36《请将初次米捐照常核奖片》。

③ 《平浙纪略》卷十四页11—12。

官者也。然宗棠固以为此两人本属良吏，其被革乃属冤抑可原耳。[①]

宗棠督师陕甘，粮饷两绌。而其时陕西已在本省及邻近产米之区劝办米捐，李鸿章复易米为麦，在陕西等产麦之区，劝办麦捐。宗棠感觉如仍援米捐章程劝募，势必妨碍他方之进行，于是奏准就京饷局收捐各条中，暂行划出若干条，归甘肃劝办，他省不得援以为例：

（一）京饷局专收各条，有以十成实银上兑者，准交银米各半；有以五成实银，五成钞票大钱上兑者，准以十成实银合计米数，本折一体收捐。

（二）捐米一石，加耗米一斗五升，运费银三钱五分，准作捐例银五两。其规定应搭收实银者，仍照收实银。以银折米，每石连折耗运费，准折交银二两。

（三）以上应交现款，均不搭钱钞或饷票。

（四）饭银与照费，仍照例交纳。

同时，陈明"或有情殷报效，愿以米麦等项饷军，而力有未充，不敷请奖，并乡僻居民但求顶带者，由臣刊发五品以下捐助军粮功牌，视捐数之多寡，分等给予外奖，存候汇咨"。[②]诚以捐输制度本成立于人民之虚荣心也。

宗棠办理甘捐，于西安设总局，归西征粮台兼管；于秦州设分局；又在各省普设分局十七所，是为：福建、浙江、山西太原、山西运城、河南、河南南汝光、河南彰卫怀、湖北、湖南、山东济南、山东济宁、山东登莱青、江苏上海、江苏江宁、江苏扬州、四川、广东，均由宗棠直接发派员主办。而湖南、江西、四川、陕西、福建、江苏、江宁、山西等八处，更委托各该省捐局带办；陕西、山西、河南等三处，更托各该省布政使带办。于是自同治八年（1869）五月开办，讫光绪元年（1875）五月结束，自办部分折合银七百四十一万八千九百另七两，托办部分折合银一百三十万九千八百四十七两，两共八百七十二万八

---

① 《左文襄公奏稿》卷四页54《请赏还已革臬司原品顶带片》，卷八页34《请开复知府王景澄原官片》。段光清，字镜湖。王景澄，字清如，道员。

② 《左文襄公奏稿》卷二十二页51—60《甘省粮饷奇绌援案请办米捐折》。

千七百五十四两。①

　　然劝办捐输，或设局，或派员，开支正复非鲜。且既以筹款为目标，而劝办者又有获得奖励之希望，于是总不免竭泽而渔之弊。如福建办捐，其初尚择上等殷户情劝，继则中下之户亦勒派捐缴，甚至差提押追。宗棠至，始饬速行停止。②

　　以上浙江、甘肃两省在宗棠主办下捐出之虚衔实职，就宗棠请发户部及国子监执照，可知梗概：

浙江第一次请发职官花翎、蓝翎及春典虚衔从九品执照一千张。

浙江第二次请发各项职衔贡监生执照五千张。

浙江第三次请发各项执照一万张。

浙江第四次请发各项虚衔春典执照三千张，贡监生执照二千张。

浙江留用前巡抚王有龄请发贡监生执照三千四百张，国子监执照二千二百三十四张。

　　　　甘肃第一次请发各项执照五千张。

　　　　甘肃第二次请发五、六、七、八品衔执照五千张，贡监生执照五千张。③

　　　　甘肃第三次请发贡监生执照一万张，从九品执照五千张。

　　　　甘肃第四次请发贡监生执照二千张。

　　　　甘肃第五次请发从九品执照一万张，贡监生执照一万张。

其数量之巨，自属可观，令人不能无"职方贱如狗，都督满街走"之感。又捐输本不分文武，而武职报捐，惟福建为多，宗棠于同治五年(1866)十月，奏陈其弊害而请求停止：

---

① 《左文襄公奏稿》卷四十五页 46—48《遵旨开单报销折》，卷五十四页 49《同治十三年(1874)军需收支款目开单报销折》，卷五十五页 59—61《光绪元年(1875)至三年(1877)军需款目报销折》，卷五十九页 26《光绪四年(1878)至六年(1880)军需报销折》。

② 《左文襄公奏稿》卷二十页 33《请停止劝捐折》。

③ 《左文襄公奏稿》卷一页 8《请速发捐输部照片》，卷二页 37《请办米捐折》，卷三页 41《请续发米捐执照片》，卷九页 40《浙省请照常收捐折》，卷二十二页 58《甘省请办米捐折》，卷二十三页 31—32《续陈筹办米捐情形折》。《袁文诚公奏稿》卷二页 23《请颁发贡监照片》，卷五页 37《请将甘捐从监照仍照向章办理片》。

……闽省营务，积弊甚于他省。推原其故，由武营捐班太多，流品混杂，势豪策名右职，借为护符，劣弁巧猎升阶，专为牟利，一旦夤缘得缺，竟敢靡恶不为。现在稍示区别，报捐者渐少于前，即此可知从前报捐之多，实为军政之蠹。所有闽省捐纳武职各员弁，应一律送部引见。其未引见者，概不准收标委署。至捐例原为筹饷起见，武职官阶捐纳，例银本属无多，除福建一省外，各直省报捐武职者甚属寥寥，实亦得不偿失。应请旨敕部将报捐武职一条，永远停止，以杜贪竞，而肃军政。……

清廷韪其议，通谕各省报捐武职，均着永远停止。[1]

---

① 《左文襄公奏稿》卷十八页 89《请停捐武职片》。

# 五十二　盐政改票

　　食盐征税,本为财政上一种不良之制度。顾吾国榷盐,远在汉时。虽历有变迁,然常为国家收入之一大来源。清代行盐,其先大抵采用一种引制。就某一区域,按其食盐可能之消费量,归商人担认运销。因运销数量之单位曰引,故运销之口岸曰引地,运销之商人曰引商。每引若干斤,纳税若干,均由政府规定。且担认运销若干,须在规定时期如数销讫,否则仍应按引缴足税银。其后复有一种票制,准商人各视财力所及,认销若干引之盐。照缴税银后,给予盐票,凭票面所载认销数量及指定区域运盐经销。惟盐务情形复杂,素为弊薮。而其税厘(引商纳税不纳厘,票商税厘并纳),则关系国家收入,其供求又关系生产者与消费者之生活。苟非管理得宜,极易形成严重之局面。故吾国自来名臣怀抱经济者,无不于盐政注意探讨。况清代产盐省区之总督均兼管盐政,故于行盐一事,尤不能不深切关怀,随时有所设施,如陶澍、曾国藩、左宗棠皆其俦也。

　　浙江行盐,向采引制。由本省之杭州、嘉兴、绍兴、宁波、台州、温州及江苏之松江七属分管。松江一属包括镇江、常州、苏州、松江及太仓等四府一州,又所谓苏五属者也。每年规定销额:正引八十万五千三百九十六道,照改余引八万道,余引十五万道。共征课银三十二万数千两。但当道光年间,已每年仅能销至五六成。自咸丰三年(1853),太平军入据江宁省城,江浙政治失其常轨,杭州、嘉兴与松江三所所辖引地,逐渐为淮盐所侵灌,浙盐销数益大减。惟绍兴一所因借销淮盐在江西之引地,不至全行废堕。然自十年(1860)以后,安徽与江苏在江南之各郡县相继沦陷,已而浙江同是遍地战氛,运道阻塞。于是绍兴引课,亦复崩溃。此为宗棠未入浙江以前状况。同治二年(1863),宗棠督师衢州,嗣浙东各郡县先后克复,始饬绍兴行盐试改票制。及全省肃清,而调查盐政案牍,荡然无存,盐商盐灶大半凋零,间有一二旧商,皆避乱甫归,赤贫如洗,势难责令继续领引销盐。于是令杭州、嘉兴、松江三所一律暂改票制。无论新商、旧商,但能纳资到库,即给票认地行运。自同治四年(1865)起,以一年为期别由政府助以下列四端:

（一）首重缉私,以疏票引;

（二）痛改浮费,以纾商困;

（三）核减卖价,以敌邻私;

（四）严查煎数,以杜影射。[①] 冀原引课之早日如数恢复。

福建行盐,当道光、咸丰年间,有官帮,有商帮。官帮之中间,又有福州、兴化、漳州与泉州四府属二十一厅县之各帮及县澳各帮。商办之中,又有官代商运一种。官帮每年应完正课银三万八千四百余两,溢课及额外盈余四万二千七百余两,共八万一千一百余两。商帮每年应完正课银十一万五千五百余两,溢课及额外盈余九万五百余两,共二十万六千一百余两。官商两帮合计,二十八万七千三百余两。此两帮均积弊重重,而盐场人员尤为腐败。就福州等帮言之:课皆向归州县征收,无论已未征数,均应按日计算,责令完缴。因州县畏难苟安,任人包办,名曰稷户(即馆办之别名)。其以地方民情刁蛮,不敷征解者,固非无有;而获有盈余者,实亦不少。徒以甲年所收之课,必待乙年奏销;相率以二三分抵充布政使库军需,冒销无着之款,避免革职处分。其余则尽饱私囊,攘为己有。纵经盐法道严札频催,而抗延不交,竟成积习。就县澳各帮言之:距盐场较近,收私卖私,习为固然。其始地方官姑为隐忍,久之官势浸衰,私枭浸炽。于埕私、场私、包私、船私、帮私、引私之外,复有纠党持械,明目张胆之担私。与官争利,与商为仇。到处皆

---

① 曾仰丰《中国盐政史》页 60。《左文襄公奏稿》卷十一页 5—6《两浙商盐请试行票运折》。

然，无从捕治。就西路商帮言之：一商倒帮，分派各商代课。课额愈多，成本愈重。又加以规费之需索，流交之帑息，海溪之险阻，亏折坐耗，不数年而资产荡然，倒罢相继。又就官代商运言之：商帮倒罢，篷额无人认配，又变为官运。试办之始，销路尚觉疏通。久之，官视为利薮，开销挪垫，虚抵搪塞，办运者扣费以入私橐，督销者卖私以取盈余。比课额太悬，又捏报失水、抢毁等情，上下分肥，弊端百出，致所领成本，逐渐消磨。至盐场人员本有督晒配运之责，有缉私修坎之责。今因场署大半无存，官坎莫考，遂不驻场经理，借寓省城。遇有海私进口，商人收买运销；又冒认场分，指私为官，截角收买，借图渔利。致埋坎全废，遍地皆私。滨海之民久不知场员为何官，配盐为何事。坐是种种原因，故当咸丰初年，已认有整理必要。彼时所拟办法：曰就场征课，曰按包抽税。只以主管盐政者之因循，复经太平军之宵扰，而全省盐纲几至全废。如同治元年（1862），虽报收课银二十一万两有奇，实解止八万两有奇；二年仅报收银十万两有奇，实解更止六万两有奇。四年（1865），宗棠莅闽浙总督任，断然试办票制，期以一年，其具体办法为：

（一）用盐道票代引，名曰贩单；

（二）西路以引商为票商，县澳以樸户为贩户；

（三）西路每引原为六百七十五斤，以三十引起票，东南路及县澳每引原为一百斤，仍以百斤起票；

（四）两路每引征正课银四两五钱零，每两加耗一钱，又每两抽厘四钱；东南路及县澳每引征正课银四钱四分零，亦每两加税一钱，又每两抽厘五钱。[①]

一面收束过去：

（一）将咸丰七年（1857）前积欠无法分年带征之课银八十七万一千二百余两，悉予蠲免。[②]

① 《小酉腴山馆公牍》页1—5《请改行票运厘课并抽票》，页5—10《闽省盐务改行票运厘课并捐酌拟章程》。《左文襄公奏稿》卷十四页24—26《沥陈闽省艖务积弊请试行票运折》。《清史稿》卷一百二十九《食货志·盐法（志一百四）》。

② 《小酉腴山馆公牍》页45—49《请两院奏咨减免商帮带输银两详稿》，页49—55《户部议覆准减免带输银两疏》，页55—57《请两院奏免现商带输银两详稿》，页57—59《两院会奏请免现商带输银两疏》。《左文襄公奏稿》卷十四页28《闽省商疲课绌恳减免积欠带输银两折》。

（二）将同治二年（1863）商帮溢课及三年（1864）正课银二十万六千一百余两，先匀分四年带完后准归入票运带征，统收统算。①

（三）将一、二两项外官商帮积欠银四百余万两，仍行追缴。②

（四）将办理贻误之盐法道潘骏章奏参革职，并追缴赔项。③

一面整饬未来：

（一）裁革所有杂课、陋规及一切冗费。

（二）严诫盐场人员，驻场督配。

（三）就各府、州、县分设局卡，重抽私贩。

（四）就下游滨海一带地方，酌拨师船驻防，以杜担私船私偷漏。④

诅意户部对于骤改票制，大为不满，移文诘责。宗棠覆奏，逐加痛驳。并指明试行票制半年内：（一）课厘已收银十六万数千两，待收十余万两，足抵同治元、二年间（1862—1863）一年及一年半所收之数；（二）积欠已追回银五万余两；（三）陋规已裁革每年七八万两。其疏尾更慨乎言之：

> ……从前部臣知闽鹾之日坏，奏议改章，若前任督、抚臣肯不计身家利害，毅然为国家长久之计，则现在新获之效，早行之十余年以前，计所获已不下二百余万两，何至积欠至四百余万两之多。乃从前积欠至四百万两，而不闻部臣参办责赔；兹力排众议，奏请试行，而部臣转持苛论。事关国计，臣安敢缄默不言。总之任法不如任人，人存而政斯举；兴利不如除弊，弊尽而利自生。盐务为腥膻之场，为奸弊之薮，见效最难，致谤则易。苟无洁己奉公，独立不惧之员，即改行票运，臣亦安能保其必无流弊。惟据现在而论，臣虽不肖，断不敢计及身家利害，重负君父；盐道吴大廷尚知自爱，又正当感恩图报之时，断无背公营私之理。试行期内，虽部臣责臣与抚臣、盐道以参赔，并称如该督等不候命下，已

---

① 《左文襄公奏稿》卷十四页21《闽商凋敝应完正溢课恳准改限带完折》，卷十八页19—20《闽商应带完课银请归票运案内收算划完折》。

② 《左文襄公奏稿》卷十四页23《闽商凋敝应完正溢课恳准改限带完折》。

③ 《左文襄公奏稿》卷十三页13《请将短征盐课之福建盐法道革职片》。

④ 《小西腴山馆公牍》页15—17《筹议整顿官帮场务章程》，页19—20《查覆下游各县场设卡禀》，页64—70《裁革西（河）浦（下）两关浮费款目折》，页78—83《裁革陋费禀》。《左文襄公奏稿》卷十四页26《沥陈闽省鹾务积弊折》。

竟撤商行票,将来课额亏短,全纲涣散,臣部惟有从严参办,并将亏短库款,责成率详之盐道与率准之督抚分成赔缴,以肃功令而重鹾政。臣与吴大廷无所愧,亦无所怯也。若后此兼管盐政以及盐道不得其人,则此时试行之章,安知非从前相沿之弊。是则非微臣所敢任,而部臣所能议者。可否敕下部臣将闽盐试改票运,应止应行,速议具奏,俾微臣得免意外吹求,不胜感悚之至。至盐政原督臣兼管,与抚臣无涉;盐道虽系专司之员,然举行票运,实微臣一时愚昧之见,并叠次函牍责令毋避嫌怨,详议候核,非盐道所能专,似可一并无庸置议。……

清廷无以难之,不复交部议,即允准试办一年。① 期满,宗棠奏报其经过:

　　……自同治四年(1865)五月二十二日,留商改票,设局试行。是时,下游官帮各厅、县军务未靖,先从西南路各帮办起。官运商贩幸均遵照新章,力求整顿,课厘并完。行之数月,渐有成效。迨全闽肃清,七、八月之间,先后选派妥员,驰赴石码、泉州一带,招徕贩户,改行票运。除莆田一县尚无贩户认办,仍归该县官办;台湾一府暂行酌量抽厘;东路一帮仍复按担抽课;永(福)、德(宁)、(古)田、南(屏)帮系属官代商运,仍饬道遴委妥员开帮举办外,其福(州)、兴(化)、泉(州)、漳(州)各帮均已设法招贩,试行票盐。所有未经招贩以前,仍分别正、溢课、杂等款,另行附册咨部,以示区别而昭核实。

　　以上各官帮或招贩之迟速不同,故造报之日期不一。现已试办期满,自应一律截清,统作本年五月二十一日为止,以归划一。庶下届期满,造报各册,易于稽核。兹查自上年五月二十二日改行票运起,至本年五月二十一日止,试办一年期满,共收:新盐课耗厘银四十万五千三百七十一两五钱四分九厘一毫四丝;旧盐厘金银三万八千三百七十二两五钱六分九厘;劝捐牙帖、子店缸捐共银三万七千六百二十七两二分八厘;带征未改票以前正课、溢课、杂帑息,带输运本等项,共银一十二万二千六十七两九钱六分三厘一毫九丝;统计共征捐六十万三千四百

----

① 《小酉腴山馆公牍》页30—35《覆部议闽盐试行票运折》。《左文襄公奏稿》卷十六页21—27《沥陈闽盐试行票运情形折》。

三十九两一钱九厘三毫三丝。……①

按上述新盐课耗厘项下,票运部分为银二十四万七千八百五十四两五钱五分八厘,虽尚属局部,已与官商帮原应年缴课额银二十八万七千三百余两相差无几。而综全部收入银六十万余两言之,则较以往历年缴完正溢课,带输带息等仅得现银十余万两者,亦已增至三倍之多。其中所谓帑息者,犹为雍正年间,政府借给各帮之运本,原系将八种地方事业基金移拨,而收息供经常之用。大率以一分起息,每年约计银一万四千八十九两(逢闰加一千一百七十四两)。然此项息银未能年清年款,至是已积欠十二万六千二百余两。宗棠因奏请:

(一)将以往积欠之息概与豁除;

(二)将以后之息,概行停止;

(三)将三种运本之息金,减三分之一,又三种仍照原数,均另指厘金收入拨补,以资维持(以均由布政使记账垫拨),运本俟后收回;

(四)将二种运本之息金计银二万五千二百两(逢闰加二千二百两)于五年后,照原案开征,完息作本。②

总之,福建盐务,经宗棠毅力整理,从此采行票制,确乎焕然改观矣。惟此时浙、淮盐在江西引地未设,闽盐乘隙推销,故税收随而特旺。其后浙、淮引地收回,福建盐政税收亦遂大为减色矣。

甘肃产盐之区,向定引地征课者,有漳县井盐,西和县盐关井盐,灵州之惠安堡花马小池池盐等三处。漳盐行销洮州厅、岷州、通渭县、会宁县、安定县、伏羌县、宁远县、陇西县、漳县、秦州、秦安县、清水县、靖远县,额引三千六百二十二张,每引征课银一两一钱七分三厘五毫有奇,共课银四千二百五十两零。盐关盐行销两当县、徽县、成县、文县、西和县,额引一千六百二十六张,每引征课银六钱五分五毫有奇,共课银一千零五十七两零。惠安盐

① 《小酉腴山馆公牍》页59—63《请两院奏咨暂缓商帮帑息银两详稿》。《左文襄公奏稿》卷十八页47—51《闽商力顾票运恳免兼征帑息折》。永福,今永泰。

② 《小酉腴山馆公牍》页67—70《送二票运一年期满征收正课耗厘等项银数清册详稿》。《左文襄公奏稿》卷十八页37—45《闽盐票运成效截数造报拟请著为定章折》。《谭文勤公奏稿》卷十五《闽省盐厘恳恩全行蠲免折》。

行销平凉府、庆阳府一带,额引六万七千四百四十张,每引征课银二钱一分五厘五毫,共课银一万四千五百三十三两零。三处统计额引七万二千六百八十八张,课银一万九千八百四十两零。嗣雍正间,以土盐浸销官引,逐年摊入丁粮征收,约计每地丁一两,摊征银六厘至一钱五分不等;每民粮一石,摊征银二分九厘至一钱三分五厘不等;每屯粮一石,摊征银六厘零。此为甘肃特殊之情形。咸丰八年(1858),招商领帖,每年纳课银一万八千两。已而"回乱"发生,盐政废弛,至同治十一年(1872)而商课积欠至十五万两。宗棠既平"回乱",遂于同治十三年(1874)奏准将积欠全部豁免,另订新章:按盐色之高低,销路之广狭,酌抽厘金,以票代引,改课为厘。漳盐每斤抽制钱十三文;盐关盐每斤抽制钱九文;惠安盐每斗(重四五十斤)抽制钱四十文,盖较东南为重。①

　　上述三处外,皋兰县、狄道州、金县、渭源县食盐,产自皋兰境内之白墩子池盐,原征土盐税,同治十三年(1874),亦经宗棠改为并征厘金。甘州府、凉州府、肃州三属食盐,产自高台县西之土盐池,镇番县境内之蔡旗堡、马莲泉、白土井、董家庄、小西沟诸池井,亦运自蒙地之雅布赖池,诺尔土布鲁池,均原无引地,亦无额课。光绪元年(1875)起,由宗棠开征土盐税,计高台县每年一百六十八两零,永昌县四十三两零,镇番县二百五十三两零。西宁府属食盐,产自青海,亦向无引地额课,至同治年间,始由宗棠开征厘金,视如药物,与药材并收,然每年不过数十两。②

　　陕西北境之花马大池,产盐甚旺,此外尚有波罗、哇哇、红崖等池,以及界连陕甘之烂泥、莲花两池。光绪初,宗棠奏准,于定边县设花定盐局,抽厘助饷。地属陕西,而由甘肃委员督办,于是陕西盐利归于甘肃。③

---

　　①　《中国盐政史》页24。《申报》光绪四年(1878)五月二十九日《甘肃省清理财政说明书——盐课、盐厘、商课、漳县盐井、惠安堡盐池、盐关盐井》。《谭文勤公奏稿》卷十一页26—27《遵照部议各条逐款声叙折》。

　　②　《申报》光绪四年(1878)五月二十九日《甘肃省清理财政说明书——白墩子池、青盐、甘凉肃三处盐池》。

　　③　《左文襄公奏稿》卷三十一页51《沥陈饷事窘迫片》。《申报》光绪四年(1878)五月二十九日《甘肃省清理财政说明书——花马大池》。《清史稿》卷一百二十九《食货志·盐法(志一百四)》。《续陕西通志稿》卷六十二页19。

陕西南境食蒙盐,产于阿拉善境内:青色者,为擦汉布鲁克池盐;白色者,为同湖池盐;红色者,为红盐池盐。其先仅由蒙民就甘肃沿边以易粮食,后乃逐步运销内地。咸丰八年(1858),经陕甘总督奏准,由官招商承销,每年缴税一万六千两(每百斤八两)。同治初,汉回肇衅,交通梗阻,承商亏欠税银十三万三千余两,无法继续。至同治十一年(1872),乃由宗棠一面将旧商撤销,并免其积欠;一面另招新商,按下列办法承销:

(一)限定蒙盐从一条山、五方山等两处,至毕兰、靖远、修城,经会宁、陇西、宁远、秦州,转运汉中、南阳销售。不得改道,以免侵灌漳盐引地。

(二)规定蒙盐每一百斤收税银八分,又收厘银八分。盖较漳盐在产地照缴引税外,复在甘肃运销,每斤抽厘钱十文者,为低。俾商人不致抑勒蒙人贱售。并规定税由总商缴纳,厘由向总商贩盐之商人缴纳,与蒙人无关,以免妨碍边民生计。

按阿拉善之蒙盐输入甘肃,每岁不下五万驼,每驼二百四五十斤。故依宗棠估计,每年可共收税厘银约二万两。[①]

综括宗棠在陕甘整理盐政,凡为两种:原有课税者,并入厘金征收;原无课税者,酌征税厘。然以人口稀少,且鲜知腌制,故销盐不多。除阿拉善蒙盐外,其实际收入,自同治十一年(1872)终,讫光绪六年(1880)终,仅得六万零八百一十六两。而原有引课者,以后仍渐摊入丁粮焉。

两淮盐课最巨,而盐务亦最坏。当嘉庆、道光年间,经陶澍整顿一次,至太平军兴而复败坏。太平军平定后,国藩与宗棠先后任两江总督,均有所规画。所谓两淮者,盐区以淮河为界,北为淮北,南为淮南也。[②]

淮南盐在各省之引地,为安徽、江西、湖北、湖南四省之一部分,即所谓扬子四岸。当太平军时期,因运道梗阻,安徽借销淮北盐与浙江盐,江西借销浙江盐与广东盐,湖北借销四川盐,湖南借销四川盐与广东盐。此四省当

---

① 《申报》光绪四年(1878)五月二十九日《甘肃省清理财政说明书——擦汉布鲁克盐池》。《甘宁青史略》正编卷二十页6。《清史稿》卷一百二十九《食货志·盐法(志一百四)》。《杨勇悫公奏议》卷十二页7—11《兰州奏前盐税请暂行缓征折》。《左文襄公奏稿》卷四十二页7—11《恳豁免蒙盐商人积欠并拟变通试办折》。《谭文勤公奏稿》卷十一页37《遵照部议各条逐款声叙折》。

② 《中国盐政史》页25、页58。

局只求有盐可资抽厘以给饷,自不暇顾及淮南之引地,国家之盐课。同治三年(1864),太平军肃清,国藩两任两江总督,悉心整理,一面改引制为票制,一面收回原有引地。后者除安徽、江西两省因属两江总督辖境自无问题外,湖北、湖南两省借销川粤盐已历十年,在盐商因利其销路,在官吏尤利其厘金,故不愿遽将川粤盐取缔,并将淮盐原有引地交还。坐是,淮南盐在此两省,仍大受打击,而在湖北为尤甚,以淮南盐运销湖北者原占全部引额十分之六也。惟川盐质味较佳,运输较近,自难与竞争。国藩数度力争不得,当与议定:暂以若干部分,容川盐与淮盐并销;又以若干部分专销淮盐,其川盐颗粒不容侵入。及宗棠到任,查得咸丰元年(1851)淮南盐在湖北与湖南引额原为四十一万三千四百五十六引(每引六百斤),同治三年(1864)以后只行二十七万二千引,不足十四万一千四百五十六引;在安徽引额原为十一万四千八百五十八引,只行七万二千引,不足四万二千八百五十八引。惟在江西引额原为十四万五千一百二十引者,反增至十七万引者。当奏陈应力图兴复原引额,而注意四事:

一曰讲求盐质也。淮盐约有两种:淮北晒盐,借风日之力而成,色白而味佳;淮南煎盐,取卤注锅镬,火煮而成,色黯而味微涩。北盐较南盐利于销售。惟场分无多,产盐不盛,不如南盐产地多而配销引岸又远且广也。川粤之盐,略与淮北相近,色味均较淮南为佳。引地之被其侵占,虽由成本之轻,亦由盐质高于淮南之故。从来办理盐务,莫要于缉私。而欲私净官销,莫先于减价。诚以价平则销数自畅也。然盐价虽较私为减,而官盐色味不如私盐之佳,则其势不足敌私,民食终难舍彼而就此。故收回引地,从前官商未尝不意度及之,而终不免怀疑自阻者,以色味不逮也。臣按煮海成盐,既资人力,则色味高下,自由人力致之。访知扬垣存盐之向称上色者,曰真梁、正梁、顶梁三种。尤贵者,重淋一种,其色味与淮北无异。重淋云者,盖即取场灶存盐,重加水淋,滤出而成者。取至验视,色白味佳,较蜀粤所产,殆有过之,而其价每斤不过增钱一文有奇而已。现饬场员、垣商仪征挈验委员通照重淋一色煎收,严禁搀和混杂,为正本清源之计。盖无论能否敌私,而讲求盐质,裕课便民,本盐政应办之事也。

一曰裁减杂款规费也。盐务本腥膻之场,自盐政、运司,至掣验、分司、经历、大使、知事、文武印委各衙门,例有公费外,善举有费,供应杂差有费,以及挂名差使薪水干脩,凡取之盐务,并入票本积算者,繁巨日增。兹拟善举有益地方,准随时酌议加增;此外应裁者裁,应减者减,逐加厘定备案。嗣后不准别立名色,违章巧取。以身先之,期于共济。庶几成本可轻,而减价敌私之效可睹也。

一曰缉私宜严也。私盐之侵鄂岸者,川盐为大宗。其借岸行销者,不必论。近由荆州、监利而上,浸至借岸之外,而武(昌)、汉(阳)、黄(州)、德(安)一带并受其患矣。私之浸湘岸者,粤为大宗。其专岸行销者不必论,近越衡(州)、永(州)、宝(庆)三郡之外,浸至专岸之外,而长沙各属并受其患矣。此犹下游之患在意中者也。其意外之私,如浙江岱山所出之晒盐,价极廉而产极旺,宁波钓船、夹板洋船公然装载,由海口驶入长江,插用洋旗,不服盘诘。内地轮船亦然,而直隶、福建采办米粮之船,各省差遣来江轮船皆将装盐上运,非预示阻截,徒责之局卡员弁临时讥禁,势有未能。此犹外来之患也。至枭匪私中之私,票贩官中之私,难以数计,尤为境内之患,防不胜防。臣现饬水陆各营沿途巡缉,一面张示晓谕,先清外来及本境官私隐患,以清其源;一面函致四川督臣、湘北督抚臣,请其助复引地,仍挑选臣部亲军水、陆各一营,赴湖北、四川交界引地,备巡缉之用。庶几同心共助,于大局有所裨益。

一曰先行官运以导商也。收回引地,本商贩所至愿。然骤议通行,事同创举,商情有不能遽释者,不能不行官运,以导其先。兹拟遴委妥员领五千引,运赴湖北荆州借岸,由螺山、监利渐入试销。所有领运成本,销售价值,均与商贩一律办理,略无异同。意在借悉运销出款、售盐入款,了然心目,然后量其赢缩,定为永远章程。庶几裕课便民、恤商二者兼权并计,推行尽利,其法乃可大而尚久。

同时,与各商接洽增引。计湖南、北增复十五万引,每引一次收票费银十两,先收四两(每五百引为一票),安徽增复四万二千五百八十八引,每引一次收票费银十六两,先收八两。共增复十九万二千八百五十八引,预算每年可增收正课银十七万两有奇,厘金一百二十万两有奇。此外湖南之衡州、永州、宝庆三府淮南盐原引地，有人请认旧额四万六千八百余引；辰州专岸有人请认一万二千引；永绥苗疆专岸有人请认一千七百十二引；又岳州府属之平江专岸近年曾销盐片一万引，至是有人请加二千引。顾宗棠之计画，一阻于户部，再阻于湖广总督，三阻于淮南旧盐商。户部责宗棠未先与湖北、四川两省商得同意，认为窒碍难行。湖广总督仅允每月先复一二百引，又反对宗棠自派水陆部队前往缉私。淮南旧盐商因宗棠严厉禁止夹带重斤及虚报淹销诸弊，又因彼等原执盐票，平日买卖，可每张索价银一万数千两，而新发盐票每张仅收银数千两，致旧票无人过问；遂设计倾轧，谣诼纷起。且当时宗棠办理此案，本人虽清白乃心，而部下不免上下其手，致引起弹劾（另详七十六节）。结果，清廷改定一种增引减少与票费加多之政策，以为折衷。于是湖南、北所增十五万引减为三万引，以二万引归湖北，一万引归湖南，共收票费银六十万两；安徽所增四万二千八百五十八引，减为一万七千七百六十引，共收票费银三十五万七千一百六十两。至湖南衡州等各引地专岸，其后仅核定平江增加二千引，共收票费银四万两。[①]

　　淮北盐在客省之引地，为河南及安徽两省毗连江苏之一带。自道光年间，因引制废堕，由陶澍改行票制，销数日旺，由原额二十九万六千九百二十八引（每引四百斤），渐增至四十六万引。及捻军窜扰，防剿部队饷无所出，各自提盐营运，以给军食，票制亦崩溃。后经国藩设法整理，恢复陶澍旧规。惟国藩以军事初定，闾阎未尽复元，暂照原额二十九万六千九百二十八引行盐。国藩以后历任两江总督，深虑增引后，纲分不能提前，不图回复至四十六万引原额。逮宗棠莅任，认为引地肃清已久，户口日繁，销盐自必日旺，断无销畅引滞之理，劝导各商增复十六万三千十八引，每引一次收票费银二两，共三十二万六千三十六两。并将下列两种淮北盐受病之原，予以解除：

　　（一）盐河以西坝至安东县之傅家堰六十里，河身高仰，势若建瓴，一遇水浅，则商人运盐，起驳既艰，抛耗又巨，遂致运迟费重，累日增加。宗棠饬

---

　　①　《左文襄公奏稿》卷五十九页 11—16《筹办淮醶力图兴复引岸折》，页 42—54《四川咨商限年划还淮岸谨拟办法折》，页 54—56《增复各岸引额及收缴票费数目片》，卷六十页 8—9《鄂湘引盐另招新商接办折》，卷六十一页 48《经理两淮盐务著有微效折》。《彭刚直公奏议》卷三页 43—49《查覆两江营务处被参各员折》。《光绪东华录》卷四十七页 19，卷四十八页 49。《中国盐政史》页 28。

挑浚深通,俾盐艘畅行,运输无阻。

(二)垣盐出场,票贩最重盐色。欲求上色而不可多得,遂向池商暗中贴价,名白贴色。甚至商伙勾串,卖放重斤。前者暗增商本,后者有占国课。宗棠饬盐运司转饬分司亲赴盐场履验,遇犯必惩。卒将数十年积弊,一扫而除。①

光绪九年(1883),宗棠因病去两江总督任,在任凡二十一个月,其间兼管两淮盐务之成效,据所奏报:"淮南部分,解过实银五百数十万两。比较前任,自同治三年(1864)至今,岁入均不过二百数十万两,收至三百万两以上者,不过偶一二年,兹光绪八年(1882)收数已二百八十九万余两。淮北部分,全纲四十六万引,亦早经运竣。"总之,经宗棠整理后,淮南盐共增四万七千七百六十引,淮北盐共增十六万三千十八引,共收票费银一百三十二万三千一百九十六两。每年可共收课厘银八十余万两。②

---

① 《左文襄公奏稿》卷五十九页 17《淮北加引片》,卷六十一页 49《经理两淮盐务著有微效折》。

② 《左文襄公奏稿》卷六十一页 48—49《经理两淮盐务著有微效折》。《左文襄公说帖》页 7《时务说帖》。

# 五十三　茶务之解人

茶之课税，由来已久。惟如食盐之按引收课，在清代，惟有四川之边茶与甘肃之湖茶。此种茶引，向由总商承领，领某地引，销某地茶若干斤，纳正课若干，杂课若干，均有定数。其资本不足者，一商名下，数家朋充，或领引转卖与人，正商但雇伙营运，领引分销，坐享其利，亦与盐商略同。

甘肃茶务，其初由清廷岁差御史一员，在巩昌府经理，分为洮、河、西、庄、甘五司。其茶税即归洮州知州、河州知州、西宁府知府、庄浪之茶马厅同知及甘肃省城之皋兰县知县征收。乾隆年间，以洮、河两司地处偏僻，销茶有限；又距省城窎远，拨运非易，先后奏准将洮、河二司额引，各半改归甘、庄二司。自此，只有西、甘、庄三司。同时，将茶务由巩昌府移至甘肃省城，归兰州道经理。嗣陕西茶引亦改归甘肃。于是甘肃茶引共有二万八千九百九十六道，西司行九千七百十二道，庄司行九千三百二道，甘司行九千九百八十二道，每引正茶一百斤。惟庄司地属弹丸，销茶无几，故复有通融告改之例，岁共纳正课银八万六千九百余两，杂课四万一千九百余两，共计十二万八千九百余两。其茶则来自湖南之安化一带。自太平军兴，湖南道梗，自汉回肇事,陕甘遍地寇氛;于是甘肃官茶引课全废,而私茶则逐渐充斥。① 同治四年(1865),陕甘总督恩麟拟订整理办法两项:(一)将旧欠之引责由旧商认销;(二)将以后之引,另招新商认销。五年(1866),杨岳斌继任,复拟整理办法三要项:(一)在陕设立官茶总分店;(二)撤销各省局卡茶厘;(三)就古城估抽茶厘。顾均仅有其说,未有其事。左宗棠任陕甘总督后,审察恩、杨两督办法,均难实现,当于同治十一年(1872),另奏陈整理办法三项:(一)暂行试改票制;(二)豁免积欠旧课;(三)停征杂课。而户部仍执恩、杨原议:(一)旧引责之原领商人;(二)新引另行招商认领;(三)杂课可暂展缓,未准遽停;(四)令商人于陕西先开官茶店,试办新引。宗棠当饬兰州道姑按此意旨进行。越一年,殊无成效。至十三年(1874),宗棠据实奏报:

(一)旧商委实无力再领旧引。且旧欠不下银四十余万两,无法追缴。

(二)新引无人承受,勉强招致,仅领去二千数百道,按之原额不过十分之一。委因旧商欠课未免,惟恐一经充商,获利与否尚未可知,而责令认赔旧欠,代人受累。

(三)在陕西设总分店,意在向茶贩收买,化私为官。然地远人众,稽查难周,一疏检校,便致亏折。

(四)撤销各省茶厘,意在减轻茶商负担,俾能有力缴课。然各省厘金,茶向与百货并征。专兑茶厘,易启夹带偷漏之弊。且隔省厘金,自有该管督抚主持,无由甘肃裁撤之理。

(五)就古城抽收茶厘,意在取缔私茶侵灌塞外。惟此项私茶系由山西出口,应由山西巡抚饬设局卡,以清其源,始免偷漏,一至古城,则形势散漫,难期周密。

基此原因,仍请试办票制。附陈办法八项,对于上述各问题,均予以解决。兹节录其中六项:

(一)试办之初,以督印官茶票代引,不分何省商贩,均准领票运销,

---

① 《申报》光绪四年(1878)五月二十九日《甘肃省清理财政说明书——茶》。《续陕西通志稿》卷六十二页27。《左文襄公书牍》卷十八页51《答曾沅浦(国荃)》。

不复责成总商。惟恐散而无稽,遇有零星欠课,无凭追缴,不得不预防其弊。兹拟陕、甘两省,凡商贩领票,均令先纳正课,始准给票。或一时不能搭齐,准觅的实保户或本地殷商的保,取具"届期欠课不缴,惟保户着赔"切结备案,亦准一律领票。

(二)甘肃行销口外之茶,以湖南所产为大宗,湖北次之,四川、江西又次之。近时,陕西石泉亦产茶,然味苦性寒,品劣价减,蒙番不之尚也。茶字不见六经。《禹贡》:三邦底贡厥名,隶于荆州。先儒以名即古茗字。后人加草于名,故为茗。是两湖产茶,由来旧矣。兹既因东、西两柜茶商无人承充,应即添设南柜,招徕南茶商贩,为异时充商张本。(按东柜茶商均籍山西与陕西。西柜则皆回民充商,而陕西籍尤众。)

(三)按茶务正课,每引征银三两;外征养廉银四钱三分六厘,捐助银七钱三分二厘八毫,西、庄、甘各司征收九成改折银二两七钱,官礼银二钱四分。内如捐助一条,本系雍正初,征准噶尔时,茶商捐银十二万两,六年分缴之款。事平,仍接续征收,遂成课额。其他各款,多应外销,名目既繁,易滋流弊。承平时,商力已苦难支。试办之初,不大加厘剔,正课势必虚悬。且陕甘厘局,茶斤已与百货同征。若于正课外,加入杂课,又加入厘税,是一物三征,杂课、厘税所定,翻多于正课,于事体非宜。姑弗论成本过昂,商累已甚也。兹拟将杂课并归厘税项下征收。其行销内地者,照纳正课银三两外,于行销地面,仿照厘局章程,在陕甘境内行销,均各一起一验,完纳税厘。大率每引以收银一两数钱为度,至多不得过二两。由陕西藩司、甘肃藩司按照各厘局现行章程,分别酌议增减,以归划一,而免重征。其出口之茶,则另于边境所设局卡,加完厘一次,以示区分而昭平允。杂课既归厘局征收,所有各项名色概予删除,以清款目,而杜影射。是杂课虽蠲,仍于厘税项下完缴,课额不致虚悬,而茶务得归简易。中饱之弊,庶可免矣。

(四)官茶行销口外,西讫回、番、海、藏,北达蒙古各旗。按引征课,本有定章。即内地行销茶斤,如陕西西安、同州、凤翔、汉中各府,皆有额引。其湖茶私入陕境,本干例禁。乾隆、嘉庆年间,先后将陕西茶引一千零三十二道悉数拨归甘商带销完课。于是陕西各府所行,皆无引私茶。湖贩日益充斥,浸假溢占甘引。甘商受困,实基于此。杨岳斌所以有在陕开设总分茶店,化私为官之请也。而所拟三等协济茶课,既不及正课三分之一,所称弥补欠课,已属空谈。而溢占甘引之弊,仍难杜绝。兹拟于湖茶、川茶入陕、入甘首站及各通行间道,饬陕西、甘肃两藩司遴委妥员,设卡盘验,以清来源。遇有无票私茶,即行截留,令其补领官票,赴行销地方纳课,经过厘局验票完厘。其有票官茶过卡,卡员验明茶票斤重相符,即予放行,毋准需索留难。违者,撤参科罪。较之开设总分店,访范易周,课额易足。

(五)向例:官茶由商领引,赴湖南产茶地方采办,运销口外,经过湖南、湖北入陕达甘。各省既无厘局,并无茶厘。自海口通商以来,洋商雇人分赴产茶各省地方,收买红茶,行销各国,议价颇昂。茶之出海者,不可胜计。而由产茶地方出海口,均一水可通。脚价减省,商贩争趋。各省始设局卡,兼抽茶厘,以佐军用。而陕甘官茶经由湖北襄阳入陕,取道潼关,必须舍舟而车;问途荆子关,必须舍舟而驮。出口行销,又动辄数千里。茶本既因洋人竞买而高,脚价又因陆程迢递而耗。于是山、陕茶商渐多亏折。值粤逆猖獗,道路多梗,茶利更微。迨关陇回逆烽起,片引不行。蒙族、回部、番众不能无茶,均仰给于私贩,而私贩遂伺隙偷运行销,以牟厚利。国家利权下移,徒资中饱,良可惜也。兹拟挽回课额,渐复旧章,应咨两湖督抚臣,凡由水路出售各省海口茶斤,本系无课之茶,照旧抽厘,应无异议;其领陕甘官茶票行销口外,茶马有专司,正杂课有定额,本非行销海口者可比。又陆路脚费繁巨,成本畸重,必碍行销,若照行销海口章程抽厘,商贩必形裹足,于事体亦属非宜。凡遇陕甘商贩运茶,经过沿途地方,应完税厘,概按照行销海口茶厘,减纳十成之八,只抽两成,所有减纳八成厘银,各省划抵积欠甘饷作解,甘肃以划抵欠饷作收,年终由陕甘督臣咨部,以清款目。如此,则两湖茶厘虽只抽两成,而所余八成仍划抵欠饷,于款项并无出入,陕甘茶务成本稍轻,销路易畅,即可就此本有利源,稍供把注,两利之策也。

(六)口外官茶,向由陕甘茶商领引行销北口、西口。行北口者,陕西由榆林府定边、靖边、神木等县;甘肃由宁夏府中卫、平罗等县。其销西口者,由肃州、西宁等府州各属。承引纳课,均责之官商。道光初年,奸商请领理藩院印票,贩茶至新疆等处,销售甘肃,甘司引地被其侵占。当时,伊犁将军庆祥、陕甘总督那彦成奏准,在古城设局收税,每年估抽银八千两,拨归甘肃茶商,年终汇报,以补课额,而课额终悬。所领理藩院茶票原止运销白毫、武彝、香片、珠兰、大叶、普洱六色杂茶,皆产自闽、滇,并非湖南所产,亦非藩服所尚。该商因茶少价贵,难于销售,潜用湖茶,改名千两、百两、红分、蓝分、帽盒、桶子、大小砖茶出售,以欺藩服而取厚利,实则皆用湖茶编名诡混也。杨岳斌原奏,请照甘商课额,每茶八十斤,以四两四钱四分为率,一体纳税,未将何处纳税指明,本系空言。又请将古城每年所纳茶税,悉归兰州道入于额征茶课,汇报奏销。古城设局收税,从前既未举行,此时又何从商办。窃维榷茶一事,不仅国家本有之利,亦抚驭藩服一端。如果理藩院照陕甘茶课一律征收每引四两四钱四分,先课后票,则商贩采运闽、滇之茶前往销售,尚无不可。即潜贩湖茶,侵占甘引,而按引纳课,与甘商并无不同;是正课失之甘肃,犹于理藩院补之,于国库无所损,亦可任其行销。惟查该商等所纳税银,每百斤多者仅一两,少者六钱及三钱。较之甘商课额,彼此相形,多少悬绝。而所销湖茶,又系甘商例销之引,甘商被其侵占,得以有词。且茶价一贵一贱,无以取信于人,于政体实亦不协。兹拟咨请理藩院,照甘省现拟通行先课后引章程,一律缴纳正课,经过地方,照章完厘两次,于票内明晰晓示。由山西归绥道设卡稽察,验票放行。所缴正课,即归理藩院验收。其归绥道所收茶厘罚款,解由绥远城将军验收。各于年终,汇案分别咨奏,以杜弊混。遇有夹带走私情弊,由归绥道随时核明惩办,均无庸由甘肃汇报。庶国库无亏,商情亦协,奸猾之徒无所施其伎俩矣。

**至茶务办公经费,向均在杂课项下支销。现既拟将杂课撤销,并入厘金,此**

项办公经费,亦由宗棠规定,在厘金项下支销。①

当日,宗棠尚有与陕西布政使谭钟麟一书,商榷整顿甘肃茶务问题。书中叙述湖茶历史,颇有趣味,可与上述办法相印证:

……湖茶之销售回、番、蒙古,大约元以前即如此。明初踵而行之,以茶易马,其意盖欲以致番马耳。国朝用北马,得察哈尔地为牧场,马大蕃息。北马娇健,易于调驯。虽形状毛片不如西产之伟,而战阵可恃,能转旋于路径曲隘之处,其筋骨健于西马。朝廷以西马意态状貌可观,宜于进御立仗,故例有选充天厩之举。至战阵所尚,则非北口所产不宜。西马既不见重于时,从前以茶易马之制遂废。总督衔系茶马,乃专意榷茶,以佐军储之急。而实则茶务一事,并无解人,百数十年,任其废弛。弟以老农出预世事,属有兼管茶马之责,故欲一为检校。茶务奏事,于试办之始,不敢为过尽之论。实则以后润色,此稿大略已具矣。

来书所称茶以包计,似系湖茶之下者。三十年前,馆小淹陶文毅里第,即山、陕茶商聚积之所。当时曾留心考察,知安化夙称产茶,而小淹前后百余里所产为佳,亦最多。商之挟资来者,多购求砖茶上品、中品,最下则卷包客售,其价之最贱者(不及砖茶十之一)。安化后乡老小,届时打草充茶,踩成上篓,其中杂真茶,不过十之一二而已。所谓草者,柳叶、茅、栗之属。且界刈凡草入之。县志有云:"宁采安化草,不买新化好。"言新化真茶,尚不如安化草之易售。上冬,拆库存陈茶一封试看,果皆草也。山、陕商贩不能办真茶,即高价所采,亦多是粗叶,亦挽有杂草。但得真茶七八分,即称上品。至新芽初出,如谷雨前摘者,即小淹亦难得。每斤黑茶,至贱亦非二三百文,不可得也。

近时,海口畅销红茶。红茶不能挽草,又必新出嫩芽,始能踩成条索,其价亦实较行销西北之茶贵可数倍。此次湖茶之图畅销西北,盖以

① 《左文襄公奏稿》卷四十二页38—39《恳豁免茶商积欠课银并拟变通试办折》,卷四十五页5—13《甘肃茶务久废请变通办理折》。《杨勇悫公奏议》卷十二页12—18《茶务废弛拟暂行变通办理折》。《申报》光绪四年(1878)五月二十九日《甘肃省清理财政说明书——茶厘》。庆祥,姓图博特氏。蒙古正白旗人,道光六年(1826)殉喀什噶尔之难,谥壮直。那彦成,姓章佳氏,字韶九,一字东甫,号绎堂。满洲正白旗人。乾隆五十四年(1789)进士,官至直隶总督,道光十三年(1833)卒,谥文毅。中卫、平罗,今属宁夏回族自治区。

头茶、二茶、新嫩、阳芽均售海口；而三茶及剪园茶无可销之路，不若仍作黑茶，可以获利也。除安化茶不计外，湖南、北、江西之茶，何可胜纪。如果黑茶销路通畅，即头、二番新茶亦有改作黑茶者。即安化现作红茶出售者，亦将渐改黑茶。而海市一日不绝，茶利亦一日不绝，中土之利也。

　　陕西销茶之多，非尽销之陕境，盖侵入甘境出口者实多。本地所销之茶，不过香片、珠兰等等名色，未成封者（此未做成封之茶，乃私茶也）。其价每斤贵至数钱，分上、中、下三等完厘。以成本计之，盖较包茶、砖茶为轻矣。其已做成封之茶，则无所分别，只能按引抽厘，照正杂课计之，每引已暗减数钱，又奏减湖南、北厘银十成之八，本尚不重耳。……①

资江流域，为湖南黑茶之主要产地，而小淹尤为茶市之中心，宗棠早岁居此八年，耳熟能详，不谓晚年乃犹得本所知识，施诸西北茶务也。

　　案经清廷核准，即于同治十二年（1873）起实行。综括宗棠之办法，为以票代引，减定课额，随票完纳，沿途各省验票放行，不再征税。每票配茶五十引，计成封正茶四千斤，每一百斤为一包，分装四十包；另加副茶每包二十五斤，凡一千斤，以备弥补诸种损失。每票征税银一百五十两，厘金七十二两，是为往时正杂两课之和，后又加厘金二十一两六钱，于是甘肃境内之官茶，每票合缴税厘二百四十三两六钱。运销新疆，先于过肃州出境时，每票加征厘金二十两（嗣经茶商呈奉宗棠核准，改在哈密交纳），抵新后，另征每票税银八十两，后又加厘金二十两，于是新疆境内之官茶，每票合缴税厘三百六十三两六钱。此第一次所发茶票，凡八百三十五张。领票者，仅有东柜与南柜，而尤以南柜为多。南柜领袖为湖南籍道员朱昌琳。结果在甘肃省库，诚获得二十万三千四百零六两之收入，在茶商则以销路未能如宗棠理想中之畅遂，赔累不堪。其故自因战后地方元气未复，与夫湖南人士不善经商，而最大之症结，仍在走私之猖獗。在陕甘境内，虽稽缉甚严，然穷山僻径，随处可通，不但兰州以东，尽领私茶，即在甘州、凉州亦多侵灌；在归化方面，则官

---

　　①　《左文襄公书牍》卷十四页 13—15《答谭文勤（钟麟）》。

吏受每年数万元陋规之诱惑,更坐视私茶经过蒙古草地,再运新疆之古城子,源源不绝,宗棠亦无如何也。①

---

① 《申报》光绪四年(1878)五月二十九日《甘肃省清理财政说明书——茶》。《新疆图志》卷三十一页 4。《左文襄公书牍》卷十八页 46《与张朗斋(曜)》。

# 五十四　举办外债

在清代平定太平军之过程中,主兵大员同时须自负筹饷之责。长江流域与沿海诸省社会富力充裕,挹注尚易。陕西、甘肃与新疆等省,以本身收入短绌,在平日尚赖他省协款,一至兵事发生,自更难设措。故左宗棠督师西北十三年,几无一日不在窘乡。虽经清廷严令某省应解若干,某关应解若干,否则应予处分,然仍非为愆期,即属短数。故在青黄不接时,惟有乞灵于外债。清代最初以政府地位向外商借款,为上海防剿太平军所用。宗棠在福建时,亦曾仿行。其法系由海关监督出印票,由本省督抚盖印,乃付给洋商拨款,以后由洋商凭印票在海关提回本息。当宗棠之离福建而赴陕西也,闽海关税务司布浪尝向表示:如需筹画军饷,外商可以承借。其时,宗棠实无意于此。嗣后迫不得已,始奏准向外商借款,先后六次,由所派上海采办转运局委员福建补用道胡光墉经理其事。①

第一次借款成立于同治六年(1867)三月。总额关平银一百二十万两,利率按月一分三厘。上海防剿借款利率本为按月一分。此次承借之外商借口时值丝茧上市,银根甚紧,要求增加三厘。自同治六年(1867)七月至十二

---

① 《左文襄公书牍》卷七页 38《答杨少铭(鼎勋)》,页 56《答徐树人(宗幹)》。《左文襄公奏稿》卷二十一页 64《遵旨宽筹饷项以支危局折》。

月,匀分六个月归还。指定闽海关认明二十四万两,粤海关二十四万两,浙海关四十二万两,江汉关十二万两,江海关十八万两,由各该海关监督出具印票,税务司签署,各该省督抚加盖关防,交债权人收执。至规定时期,凭向海关取还本息。此项本息,在本省协拨甘肃军饷之海关,即在该项协饷内扣拨。其余由各该省布政使即就应行协拨甘肃军饷内划解海关,其来源则大抵取自厘金。所有利息及以库平折合关平不足之数之所谓补平,统在协饷内扣算。故在各省关初无额外之负担。①

第二次借款成立于同治六年(1867)十二月。总额关平银一百万两。利率未详,大致与第一次借款相若。盖宗棠原请借二百万两,后清廷另筹拨一百万两,仅借一百万两,正以其息太重也。自同治七年(1868)二月至十一月,连闰月在内匀分十个月归还。由江海关认明三十万两,浙海关七十万两,闽海关四十万两,江汉关二十万两,粤海关四十万两。一切手续与第一次借款同。惟第一次借款时,江海关税务司对于监督所出印票初不肯签署,经过再三熟商,始行勉允。嗣总税务司赫德又以利率太高为言。故此次借款,由宗棠奏请即饬赫德会办。②

第三次借款成立于光绪元年(1875)三月。总额关平银三百万两,系由英商怡和洋行承借一百万两,英商丽如洋行承借二百万两。利率均常年一分零五毫。期间定为三年,每半年偿付本息一次。由浙海关、粤海关、江海关认保。其手续与第一、二次借款同,惟须先由总理各国事务衙门分别照会英国驻华公使转知驻沪总领事,命令总税务司转饬各海关。又议定:怡和借款准三月初一日提银,丽如借款准四月十五日提银,如至期印票不到,仍先如期起利,并分别罚银五万两与十万两。③

第四次借款成立于光绪三年(1877)五月。总额关平银五百万两,系由汇丰银行承借。利率按月一分。惟汇丰仅允借金镑(一百六十万四千二百

---

① 《左文襄公奏稿》卷二十一页64—65《宽筹饷项折》,卷二十二页73《洋商借款请敕各省督抚速发印票片》。《左文襄公书牍》卷九页16—17《答杨石泉(昌濬)》。

② 《左文襄公奏稿》卷二十四页34—37《援案借用洋款折》。

③ 《左文襄公奏稿》卷四十五页69—72《饷源顿涸筹借洋款折》,卷四十六页55—56《筹借洋款片》。

七十六镑),故又由德商泰来洋行(Telge & Co.)认合关平,按月加息二厘五毫。换言之,借款时,债权人以金镑交款,由泰来折足关平五百万两,还款时,债务人以关平交款,由泰来折足应付金镑之数,其间金镑与关平兑价之上落,债务人不复问也。期间定为七年,每半年偿付本息一次。由浙海关、粤海关、江海关与江汉关认保,其手续与第一、二、三次借款同。另由总理各国事务衙门正式照会英国驻华公使转知驻沪总领事及汇丰银行。又议定在订约后三个月内,如债务人不将关票交齐,或债权人不将借款交齐,各罚银三十万两。大抵以此次借款,系供用兵天山南路,而英国为欲保持安集延人在彼处地位,不愿中国进攻,然对于此项借款权利,又不甘放弃,故特提较苛条件。而清廷感于种种办法复杂,曾声明以后不得再借外债。①

第五次借款成立于光绪四年(1878)九月。总额关平银一百七十五万两。先是,第四次借款成立后,清廷既不欲再举外债,不得不向华商挪动。然内地华商能力有限,宗棠因令胡光墉在上海商劝富商自组公司承借。外商闻之,要求加入,遂成华洋合借之局。上述之数,即外商之一半。其经过详情可引宗棠奏疏以明之:

> ……臣前因山东、山西库款未能应手,即函商上海采运局道员胡光墉,嘱其向华商议借巨款,并准照泰西章程,设立公司洋行,纠集众商,措资待借。意楚弓楚得,利益归之中华,而取携又较便也。旋据胡光墉覆称:即日赴沪,创设乾泰公司,招集华商,议以五千两为一股,听华商各自拼凑,合成巨款以待。而华商颇以商与官交,事属创行,终多疑虑为词。经胡光墉再三譬晓,以来札准一切照洋款成案,事本一律,别无可疑。各华商虽允以一百七十五万两出借,而心尚犹豫,未能释然。维时,汇丰洋行商人见创设乾泰公司已有成议,自请以洋款一百七十五万两附入华款出借,合成三百五十万两,不居洋款之名。胡光墉比以来札设立公司,系专指华款,如羼入洋款,未免歧互,与札意不符,婉词回覆。而洋商又称:此次如允洋商附股,并可不由总理衙门暨税务司行文印

① 《左文襄公奏稿》卷四十七页 55—56《筹借洋款恳照台防办法片》,卷五十页 68—70《陈明借定洋款折》,卷五十一页 10—12《查明息借洋款情形折》。《左文襄公书牍》卷十八页 42、页 47,均《与胡雪岩(光墉)》,页 56《上总理各国事务衙门》。

押,以免周折。胡光墉察其情词真切,并可使华商释然无疑,遂飞禀请示。一面援照向章,各备信银交存公司,定议按月一分二厘五毫起息,由粤海、浙海、江海、闽海、江汉五关出票,督抚盖印。六年本息齐还,清款每年两次,每次以六个月为一期。以六年十二期合计,每年需银五十万两。五关匀摊,每期不过增银数万两,并清还前次借用洋款本息。仍由各省应协西征饷项内划抵。请示前来。臣维此次议借华商巨款,本拟停借洋款,以息群疑。洋商之闻风坚请附入华款出借,实出意外。然既由洋商自愿拼凑附股,实非华商招致而来。且据汇丰洋行自请,不必总理衙门暨税务司行文印押,可省周折,与华款无所区分。似其倾诚许与,出自本怀,非图分华商息银起见。而华商以洋商附股,益坚其信,可期迅速集事。现值新疆拟置省份,设郡县,已有成议,一俟借款解齐,便可次第开办,不至稽延。一时所耗息银尚少,而将来所省良多。伏恳天恩敕下各(该省关)将军、督抚、监督查照向章,出票盖印,交胡光墉祗领遵办,俾得所藉手,迅赴事机。……

从此次借款中,华商不信任自己政府之心理与英人多财善贾之情状,均灼然如见。胡光墉之禀,宗棠之奏疏,当均属装饰门面之语。抑有一点可注意者:此次借款,一部分用以偿付上次外债,几于借债还债。当时,清廷虽核准,然谕旨中仍有"此次姑念左宗棠筹办各务,事在垂成,准照所议办理。嗣后无论何项急需,不得动辄息借商款,致贻后累"等语,词多不满。①

第六次借款成立于光绪七年(1881)四月。总额库平银四百万两。先是,宗棠在兰州省城,雇德商泰来洋行之福克(Focke)经营织呢局,福克告宗棠:彼国亦有商款可借,条件务从优惠。宗棠当拟向借银四百万两。会奉召入京,未有成议。嗣继任之杨昌濬、刘锦棠等以甫经接任,筹饷艰难,仍请宗棠借筹。宗棠义难坐视,复饬胡光墉在上海洽借外债。此次情形,亦颇曲折,仍节宗棠奏疏以明之:

　　……兹幸胡光墉偕同德国泰来洋行伙福克及英国汇丰行伙勘密伦

----

① 《左文襄公奏稿》卷五十三页 19—24《筹借商款以济要需折》。《左文襄公书牍》卷十九页60,卷二十页 51—52,均《与胡雪岩(光墉)》。

先后来见。据称：业经向汇丰银行议定，听其招股借库平足色宝银四百万两，作六年还清，周年九厘七毫五丝行息。其息银六个月一付，分六年十二期付清。其本银则先两年停还，至第三、四、五、六等年，每年还银一百万两。还本减息，仍作四年完结。如期由上海采运局经手交还。如上海无银，应准其向户部如期先取。臣窃以此次借用洋款，不须海关出票，各省督抚经手，可免周折。事体尚无不合。即以息耗言之，从前以一分二厘五毫为定。此次议借，按月计息只八厘有零，周年尚不满一分，较为减轻。而先两年停还本银，比三、四、五、六等年本息齐还，则各省关代还前欠洋款之数且停且减，专筹新饷本息，其力尚纾，并无窘迫之患。已饬胡光墉、福克、勘密伦即依照定议。应仰恳天恩敕下总理衙门札饬道员胡光墉及照会英国使臣转行汇丰银行一体遵照，以便陕甘出票提银，俾资接济。……

此次借款，因德商与英商竞争关系，故利率特低，手续亦简便。惟借款成立后，光墉先扣存十余万两，宗棠留支带在直隶各营饷四十六万两，又划还以前借用本利二万余两，故实在解至甘肃者仅三百三十余万两。①

宗棠西征举借外债，统共一千二百九十五万两。其先甚鲜有人注意，后乃议者纷纷。光绪元年(1875)，宗棠奏请饬下两江总督沈葆桢照台防办法，筹借洋款一千万两。所谓台防办法者，即日本侵入台湾时，葆桢奉派驰往筹办防务，奏准订借外债六百万两，每岁给息八厘。嗣台湾事件和平解决，仅提借二百万两，尚有四百万两停止未借。清廷下其议于葆桢，葆桢覆奏持不可；而另片自请将江防应购之西洋炮械，姑从缓办，由湖北将协济江防未解之十万两，湖南将协济江防未解之八万两，移解宗棠，先赴西征之急，由此酿成当日一大纠纷。葆桢之原奏曰：

窃臣等承准军机大臣字寄：光绪二年(1876)正月初七日，奉上谕：左宗棠因出关饷需紧迫，拟借洋款一千万两，事非得已。若不准如所请，诚恐该大臣无所措手，于西陲大局，殊有关系。着沈葆桢即照左宗

---

① 《左文襄公奏稿》卷五十八页 8—10《西饷支绌筹借洋款接济折》。《左文襄公书牍》卷二十四页 71《与胡雪岩(光墉)》，页 74《答杨石泉(昌濬)》，页 82—83《答胡雪岩(光墉)》，页 84、卷二十五页 3，均《答杨石泉(昌濬)》。

棠所奏，妥速筹议奏明办理等因。钦此。仰见朝廷轸念西陲，救民水火之至意。查左宗棠原奏，沥陈饷源枯竭，万不得已而议借洋款；在该督臣劳心焦思，独撑危局，抚士卒于饥疲创病之余，筹馈运于雪海冰天之界，仔肩艰巨，冠绝一时。臣等忝任封圻，谊均休戚，如果于事有济，曷敢稍存推诿。况上海为洋商精华荟萃之地，关道所属多洞悉洋情之员，以利招之，百呼一诺。江南自兵燹后，宜修举废坠，刻不容缓者殊多。特以度支匮于转输，驯致迁延岁月。关陇暂有巨款支拄，协济稍松，江南及是时为自顾之谋，计亦诚得。而臣等夙夜不寐，反复再四，窃虑此举有病于国，关系綦大。即西陲军事，稍纾目前之急，更贻日后之忧。不敢不将实在情形，为皇太后、皇上缕晰陈之。伏维国债之说，遍行于西洋，而西洋各国受利受病，相去悬绝，则以举债之故不同，而所举之债亦不同也。夫开矿、造路、挖河，巨费也，而西洋各国不惜称贷以应之者，盖刻期集事，课税出焉，本息之外，尚有奇赢，所谓以轻利博重利，故英美等国有国债而不失为富强。若以国用难支，姑为腾挪之计，后此息无所出，且将借本银以还息，岁额所入，尽付漏卮。目下如西班牙、土耳其皆将以债倾国，日本亦骎骎乎蹈其覆辙矣。此举债之故之不同也。英美举债于本国之商，国虽病而富藏于民，有急尚可同患。若西班牙等国输息于邻封，一去不能复返。此所举之债之不同也。昔岁台湾之役，本省罗掘一空，外省无丝毫可以协济，急何能择，出此下策。然以新疆较之，局面之广狭，事体之难易，相悬奚啻霄壤。台地东西二三百里，南北千有余里，日本贸贸然深入绝地，虽有必死之志，而无可久之资。坚与相恃，情见势屈。倘照原议，借款六百万，则善后之事，以次备举，煤矿、茶山所出，渐足馈军，一借断无须再借。嗣因借过二百万，倭事业已定局，部议饬令停止，臣葆桢即不敢再申前议。新疆广袤数万里，戈壁参半。回部本其土著，根深蒂固。既无尽剿之理，又无乞抚之情。似非一二年间所能就绪。即使事机至顺，逆回驱首，诸城尽复；与俄为邻，互市设防，正重烦朝廷擘画，而非放牛归马之时也。洋人肯以巨款借我者，恃有海关坐扣，如取如携也。洋人取之海关，海关仍待济于各省。向日各省仅筹协饷，已催解不齐；今令兼筹协饷之息，能如期以应乎。

协饷愆期而海关病;海关无可弥补,不得不亏解部之款,而部库病。虽曰取各省督、抚、藩司而劾之,饷项只有此数,此盈则彼绌,朝取则暮涸,坐待严谴,而无可如何。前届左宗棠借洋款三百万,计息盖七十万。若以此七十万供西征之饷,未必不少有裨补。今以一千万照台湾成案八厘起息,十年清还计之,耗息约近六百万,不几虚掷一年之饷乎。若照数乘除,则西征仅得四百余万实饷耳。前届之三百万,至光绪四年(1878)始清;而续借之一千万,今年即须起息,明年即须还本,海关应接不暇,而西陲之士饱马腾,不及两年,涸可立待。进兵愈远,转运愈难,需饷亦将愈巨。将半途而废乎,势必不可。将责各省于还债之外,另筹解济乎,势又不能。将再借洋款乎,海关更无坐扣之资。呼亦不应,徒令中兴元老困于绝域,事岂忍言者。此臣等所以反复再四,而不敢为孤注之一掷者也。夫以出关之事之急,左宗棠筹借洋款,本有成案,不遽委员径向洋人定议,而谋之于臣葆桢,谕旨又饬臣葆桢妥速筹议,奏明办理,则万难尽善之处,已在圣明洞鉴,二三老成烛照数计之中。如臣等博不分畛域之名,罔顾事后之无可收束,于心窃有所未安。然谓西征可停,则臣等又断断以为不可。何者,我退则敌进,关陇且因而不靖,徒弃祖宗辛苦艰难缔造之地,而列戍防秋,劳费亦复相等。顾臣等窃以为左宗棠此行,不当效霍去病之扫穴犁庭,而当师赵充国之养成负重。将帅无赫赫之功,而国家受万全之福。诚能扼其冲要,坚壁清野,开水利,广屯田,考畜牧,关外多一分之产,关内即省一分之运。反客为主,胁从者稽首归命,渠魁亦束手就缚,较之靡血肉于坚城之下,求万有一然之胜,其得失可同日语耶。夫甘饷之巨,困于馈运耳。运省则一年之饷可支两年。目前不能不饬各省勉力筹济,臣请朝廷发旷代之德音,以内库为之倡。皇太后、皇上躬行节俭,度越寻常,岂复有不急之需,可以议裁议减者。然其数不在多,但得明诏数言,足以激将士敌忾之心,而生疆吏同仇之感。左宗棠原奏,深言甘饷为海防所占。维江西、浙江两省尚能力顾大局。查海防专款,奉拨瞬将经年。臣葆桢恐分之则为数愈微,咨请各省尽解北洋,冀可借资集事。而去岁所报解者,亦仅江西十万,浙江十万。他省涓滴俱无。可见各省非有所偏倚于其间,限于力耳。

此时,各省未必尚有留存巨款,以待添拨。各省原拨陕甘之款,有解不及半者,虽添拨亦徒拥虚名。应恳敕下部臣熟权缓急,将有着之款,移稍缓者于最急之区,庶几各省关可以勉强从事。如江苏协甘之款内,有每月一万,归陕西抚臣收放。窃计陕西肃清多年,本省防军,不难自筹一万,此款似应归之西征。江西派协云、贵之兵饷、勇饷为数颇巨,夫云、贵未尝不急,然较之西征,则缓矣。凡类此者,似宜由部臣通盘比较,酌量匀拨。至遣师之举,已有成议。然数道并出,则所费不赀。应请除已奉谕旨者准行外,其余且作缓图,俾部库得以周转。军兴以来,各路军营亦殊难得满饷。如果部拨之款,能解至八成以上,以左宗棠之恩义附循之,大局必不至决裂。臣等鳃鳃过虑,何当机宜。窃欲以责难之忱,上吁君父;而以共济之念,求谅大臣。……

葆桢与宗棠素交好,何以遽持此异议? 按曾国藩弟子,久在江苏服官之洪汝奎,后在光绪十二年(1886),与书方自欧洲回国之曾纪泽曰:

……左文襄奏明责成南洋续借洋款,某以前债未清,碍难续借,赞成文肃力阻不行。盖此事剜肉补疮,吃亏过重,堂堂中国,历年利息耗者公款洋数千百万之多,是真一大漏卮也。……

或可稍释其谜。时清廷复下其议于宗棠,宗棠复抗辩:

臣之奏借洋款,原因各省应协款项积欠成巨,陈陈相因。驯至洋防议起,照常年又减至一半以外,频催罔应,计无复之,万不得已而有此请,非不知借用洋款非正办也。沈葆桢与臣素相契洽,其清强有执,臣常自愧不如。原奏义正词严,复举两湖应解江防银两移拨西征,亦实情理两得。然其代为臣谋,究不如臣之自为谋也。姑就其论国债一说详之:泰西各国经常用度,原有定数。其格外之费,均由其国富商酌度承认,自出资本经营,由公司抽收课税,以裕国用,如开矿、治水诸大工作,原奏所谓轻利博重利者是也。下非放债,上非借债,不得概以国债名之。间有由其官中授意兴办,如英吉利开印度通缅甸达滇边山路,图就近销售鸦片,则官主谋而商应募,不在此例。至各国用兵,除报怨雪仇外,均为其国商贾争利起见,兵费例由绅士商民认定,计期取偿于官,则为国债。非臣臆说也。原奏英、美有国债不失为富强,西班牙、土耳其以债倾国，日本蹈其覆辙；而谓英、美举债于本国，犹是藏富于民，非西班牙等国输息邻封之比，是矣。至论各国举债攸殊，有同异之分，尚非探原之论。夫英、美富强，甲于海国，由来已久。兵费借其本国之债，不待求助邻封，自然之理。西班牙不善经营，土耳其耽吸鸦片，日本因欲去其大将军之逼，举国以奉西人，割地以给俄人，出其额征为质。各国衰亡之征，由其自致。若谓借本国之债者，必富且强；借邻封之债者，自贻困惫，而引之为借用各国洋款之戒，非定论也。就日本借用洋款而言，因其国有逞志朝鲜，取偿国债之心，洋人遂以此蛊人，阴为各国外海总埠头之计。日本未尝不知，只缘既与定议，不敢复有异同，隐忍迁就，勉而出此，非所论于西征一局。夫西征用兵，以复旧疆为义，非有争夺之心。借千万巨款，济目前急需，可免悬军待饷。十年计息，所耗虽多，而借本于前，得以迅赴事机，事之应办者可以速办，如减撤防军以省糜费，筹设新制以浚利源，随时随处，加意收束。计十年中所耗之息，可取偿十年之中，非日本之寻衅举兵，与洋人共利可比。至西班牙举债经商，本奸商骗赖之类也；土耳其举债倾国，本纨袴败家之类也，乌可同年而语哉。以海疆按年应协之饷，以还按年应还陕甘借款本息，不必得半而已足，是大有造于塞防而无所损于洋防。原奏谓洋款取偿于海关，海关仍待济于各省，各省仅筹协饷，已催解不齐，令兼筹协饷之息，何能如期以应。查借用洋款向章，海关出票定数，督抚钤印归款。此次办法，自亦如此。各省关印票之数，原划定各省关应协之款；并非于协饷外，兼筹协饷之息。事理著明，非可隐占。其与解部之款，本不相涉。原奏所称海关病、部库病者，其源在各省协饷之愆期。现奉谕旨：自光绪二年(1876)起，如不能照原拨添拨数目，解至八成以上，即将该藩司、监督照贻误京饷例，由该部指名严参。此后海关自可不至代人受过。平心而言，借用洋款，实于中国有益无损。泰西各国兴废存亡，并非因借债与不借债之故，其理易明。即以现在局势言之，臣非先后借用洋款，则此军不能延至今日。上年，李鸿章有二千万待借之奏。即沈葆桢办理台防，亦曾借用洋款六百万两，嗣因倭事速定，部议停止四百万。今倭患息而西事殷，重理旧说，似非不可。应请旨饬下两江督臣，即代臣借洋款四百万两,迅解来甘。臣得此款,清还新借陕、鄂、上海各款一百二十万两,当可余二百数十万两,暂资敷衍。如各省关自本年正月起,协款能解足八成以上,臣军有的饷源源而来,苟可设法腾挪,何肯以催饷频烦,自取憎厌。倘各省关未能如数报解,微臣计无复之。洋款既不能借,则非息借华商巨款不可,而息借华商巨款,若不谋之两江,则又无从着想,此臣之苦衷,不得不预为陈明者也。……

于是清廷折衷定议,饬由户部借拨二百万两,由各省关将应协西征款提前拨解三百万两,由宗棠自行筹借外债五百万两,仍合成一千万两之数。而于葆桢所请由内帑拨助,竟一毛不拔。同时对于葆桢移拨他款之议,亦未接纳,仅令将江苏原协陕西一万两可否移拨,由宗棠径与陕西巡抚商办。其户部拨借之二百万两,户部原仍责望各省关在应协西征款内扣还;而清廷以为如此则西征饷需仍难周转,饬改由议拨南北洋海防经费内按年酌提一半归还。宗棠固常怪各省关欠解西征协款,由于议拨海防经费,而葆桢犹为辨明各省关对于海防经费亦多欠解,今清廷仍牺牲海防经费二百万两,以成全宗棠之西征,宗棠亦可踌躇满志矣。至此,一场争议于以解决。而宗棠第四次西征外债之五百万两,即由此发生。所尚可研究者:宗棠西征举借外债,已有三次,均系自行办理。何以其后续借一千万两,不援本身之成案,而反请以援台防办法,责之葆桢?依宗棠在他一奏疏中自陈:"所以必商之两江者,上海为中外商贾银洋汇萃之所,商借洋债,恒必由之,而现任督臣原有借定未用之款,重理旧说,息耗断不至顿增。"惟此说也,窃意非宗棠由衷之言。其关键殆在利率之一点。宗棠第一次外债,月息一分三厘;第二次息率如何,虽未能考定,要与第一次相若。第三次年息一分零五毫。然葆桢之台防外债,为年息八厘。相形之下,出入甚巨,宗棠当心有所不安,遂请由葆桢代借,故原奏有曰:"至其息银多寡及一切办法,请由沈葆桢酌定,臣不与闻。"嗣清廷既准其自借五百万两,则又陈明:"惟借少则期近息重,恐未能如台防十年八厘之轻耳",实为第四次之五百万两外债利息预留地步。其后五百万两借款订成,合算利息,果仍有每月一分二厘五毫之巨。[①]

总之,当时朝野对于宗棠举办外债从事西征,多不谓然,而尤以其息重为病。如举借一千万两议初起,福建巡抚丁日昌并有洋债不宜多借之奏。李鸿章亦颇同情于葆桢,而不满于宗棠。其时与葆桢一札曰:

> ……左帅拟借洋款千万,以图西域,可谓豪举。但冀利息稍轻,至多不过七厘。各省由额协项下分还,亦未免吃力。何可独诿诸执事耶。……

又一札曰:

> ……左相西饷,仍准借洋款五百万,无须尊处代筹。若由胡雪岩等经手,利息必重。且恐洋人因规复新疆,居奇勒掯。……[②]

在纪泽《使西日记》中,又有数则论及第三次借款。光绪五年(1879)三月二十四日云:

> 新报言:左相借洋款三百五十万,以供西北饷项,不知确否。此事有可为长叹息者二焉:一则八厘洋息,西洋无此比例。以中华之脂,暗填重息,以饱他人。一则中国借民债往往脱空欺骗,使蚩蚩之氓闻风畏惧,遇有缓急,不得不贷诸洋商。夫洋商岂真运海外之银,以济吾华之窘哉。仍购募股份,取诸华民耳。一转移间,而使中国之巨款,公私皆不获其利;顾以子母之息,归诸居间之洋商,谓之得计乎。

五月初十日云:

> 与清臣一谈。清臣言:英法两国借贷子息常例三厘有半,重者不过四厘。中国借洋款子息一分,银行经手者得用费二厘,债主得八厘,盖子息之最重者。其故有二:一则经手不得其人,无为国省费之心;二则借得之财,以供军饷,而不甚讲求矿务、铁路兴利之政;西人以为有借无入,故不敢放手借出;非贪重息者,不放债也。其说良是。

---

① 《左文襄公奏稿》卷四十八页 36—42、页 46—47《覆陈借用洋款折》,卷 48 页 55《拟缓借洋款折》。《沈文肃公政书》卷六页 9—13《筹议出关饷需碍难借用洋款折》。魏家骅《泾舟老人年谱》。洪汝奎,字莲舫,号琴西,安徽泾县人。道光二十四年(1844)举人,官至两淮盐运使。光绪十二年(1886)十二月卒。著述有《四洪年谱》等。

② 《李文忠公朋僚函稿》卷十六页 4、页 12,均《覆沈幼丹(葆桢)》。

十二月初二日云：

> 葛立德言及胡雪岩之代借洋款，洋人得息八厘，而胡道报一分五厘。奸商谋利，痛民蠹国，虽籍没其资财，科以汉奸之罪，殆不为枉。而或委任之，良可慨已。①

而《申报》则有"左帅饷绌拟借西债"一则，亦系就一千万两一案立言：

> 谚云：三军未动，粮草先行。夫士饱马腾，必由于饷糈充裕也。左相统师关陇，出关远剿，为期将十载，欠饷至千数百万，目前又有饷溃兵变之谣。然复知师有不能不用，师有未可久用也。夫汉武承文景之盛，海内富庶，勒兵单于台，时不过五年，众不过二十万，左藏空虚，虽有卜式之急公，桑宏羊之聚敛，卒致匮乏。诸葛武侯经营中原，必先兴屯政。嗣后羊叔子(祜)图东吴，宋太祖取江南，非寓兵于农，即因粮于敌。断无常筹千百万之饷，营师千万里之外，而能不匮不蹶，久相支撑者也。道光末、咸丰初，发逆起事，至同治中，始行肃清，蹂躏十余省，兵勇数十万，迁延二十载，军务之大且久，无过于此。顾皆腹内财富之区，复一城，即有一城之物产；非若塞外不毛之地，得一处，尚须一处之费用也。然则力有不支，势又难已，非借西债不可。惟是法无异饥食漏脯，渴饮鸩酒，饥渴未疗，而身将先殒矣。昔周赧王曾向咸阳大贾借债，不能偿，至筑台避之，故谥法曰赧，言其无颜也。盖借款千万，转瞬十年，即变为一千六百万；二十年，变为三千二百万矣。数十年后，竭中国之帑项，不敷还债。设遇金饥木穰，意外动用，又将若何。故借债虽纾目下之急，实不顾将来父子切骨之灾也。

虽其言是否得当，殊有疑问，要未尝不可反映一般社会之感想。②

所谓利息过重，由经手人分肥一点，按清臣与葛立德均为英人（清臣其时为纪泽客卿），其言债主实得八厘，当属可信。又按汤象龙著《民国以前关税担保之外债》一文，对于宗棠第三次与第四次借款引 H. B. Morse：The

---

① 《申报》光绪二年(1876)四月二十七。

② 曾纪泽：《使西日记》卷二页5、页9、页15。马格里(Holliday Marcartney)，字清臣，英国苏格兰人。

International Relations of Chinse Empire,谓利率均常年八厘,尤为史实。[①]
是则超过常年八厘之数,即谓为被胡光墉等所分肥可耳。

中法为越南启衅,宗棠督办福建军务,又尝举借外债,计英金一百万镑,
合规平三百九十三万四千四百二十六两二钱三分。利率仅为常年九厘。自
光绪十一年(1885)起,于十年内还清,半年一期,共二十期,经户部奏准,分
摊于下列三海关:

闽海关　本二百万两　息一百二十三万七千零六十八两有奇

江海关　本一百二十万两　息七十四万二千二百四十一两有奇

浙海关　本七十三万四千四百二十六两二钱三分　息四十五万四千二
百六十七两有奇

均于期前六十日,由各关解由福建汇还。[②]

---

① 《中国近代经济史研究集刊》三卷一期。
② 《申报》光绪十一年(1885)六月十二日。

# 五十五　五年计画之造船

　　吾人皆知在一百年前之鸦片战争中，林则徐第一个主战，不知则徐第一个明了不能作战，又第一个明了如何备战。道光二十二年(1842)八月，则徐赴戍新疆，道出兰州省城，有书致姚春木、王冬寿：

　　……窃谓剿夷而不谋船炮水军，是自取败也。沿海口岸，防之已不胜防，况又入长江与内河乎。逆夷以舟为窟宅，本不能离水。所以狼奔豕突，频陷郡邑城垣者，以水中无剿御之人，战胜之具，故无所用其却顾耳。侧闻议军务者，皆曰不可攻其所长，故不与水战，而专于陆守。此说在前一二年犹可，今则岸兵之溃更甚于水，又安得其短而攻之。况岸上之城郭、廛庐、弁兵、营垒，皆有定位者也，水中之船，无定位者也。彼以无定攻有定，便无一炮虚发。我以有定攻无定，舟一躲闪，则炮子落水矣。彼之炮火，远及十里内外，若我炮不能及彼，彼炮先已及我，是器不良也。彼之放炮，如内地之放排抢，连声不断，我放一炮后，须辗转移时，再放一炮，是技不熟也。求其良且熟焉，亦无他缪巧耳。不此之务，即远调百万貔貅，恐只供临敌之一哄。况逆船朝南暮北，惟水军始能尾追，岸兵能顷刻移动否？盖内地将弁、兵丁虽不乏久历戎行之人，而皆觌面接仗，似此之相距十里八里，彼此不见面而接仗者，未之前闻，故所谋往往相左。徐尝谓剿夷有八字要言："器良技熟，胆壮心齐"是已。第一要大炮得用。今此一物置之不讲，真令岳、韩束手，奈何奈何！前曾觅一炮书，铸法、练法皆与外洋相同。精之，则不患无以制敌。徐前年获谴之后，尚力陈船炮事。若彼时专务此具，今日亦不至如是棘手。

按所谓力陈船炮事，见《密陈夷务不能歇手片》：

> ……议者以为内地船炮非外夷之敌。与其旷日持久，何如设法羁縻。抑知夷性无厌，得一步又进一步。若使威不能克，即恐患无已时。且他国效尤，更不可不虑。即以船炮而言，本为海防必需之物。虽一时难以猝办，而为长久计，亦不得不先事筹维。且广东利在通商，自道光元年(1821)至今，粤海关已征银三千余万两。收其利者，必须预防其害。若前此以关税十分之一，制炮、造船，则制夷已可裕如，何至尚形棘手。粤东关税既比他省丰饶，则以通夷之银，量为防夷之用，从此制炮必求极利，造船必求极精，似经费可以酌筹，即裨益实非浅鲜。……

可见则徐在当时所持见解。则徐在广数年，颇留心外国情形，尝译成《四洲志》一书，一面觅取泰西制造兵器图籍，且目睹往来广州之各国轮船与其所设备之炮械，知彼知己，自属自愧不如也。①

是年，魏源作《海国图志》一书，即据则徐之《四洲志》。其所主张"师夷长技以制夷"，亦即则徐制炮造船之议也，故书中于此二者，有图有说，言之尤详。日本之明治维新，亦即由是书启其端绪(参阅六节)。然则徐与魏源之主张，在中国，直至同治初年，方由曾国藩、左宗棠与李鸿章诸人而实现。此则太平军之战，有以唤起其认识也；英法联军之役，有以增加其刺激也。而宗棠夙崇信则徐，则徐御夷之意见，或即为当日两人在长沙舟中纵谈所及，亦未可知。②

太平军之作，长江上下游成一片战场，商贾时为阻隔。然外轮往来自如，绝无窒碍。英法联军北上，艨艟巨舰，瞬息而直下津沽，长驱京都，势如破竹。其后国藩在安庆调派鸿章督率淮军，援应上海，亦即利用外轮，取道长江，太平军虽在中间据有江宁省城，未如之何。反之，外轮潜运粮食接济

---

① 《道咸同光四朝名人手札》集二册一。《林文忠公政书》，两广总督奏折。

② 《海国图志》卷一《筹海篇》页5。《左文襄公书牍》卷一页53《唁林镜帆(汝舟)》。

太平军者,清军亦未如之何。因外国轮船有如此之威力,乃有下一则之佚
事:

> 楚军之围安庆也,(胡)文忠(林翼)曾往视师,策马登龙山,瞻盼形
> 势,喜曰:此处俯视安庆,如在釜底,贼虽强,不足忧也。既复驰至江滨,
> 忽见二洋船鼓轮而上,迅如奔马,疾如飘风。文忠变色不语,勒马回营。
> 中途呕血,几至坠马。文忠前已得疾,自是益笃。不数月,薨于军中。
> 盖粤贼之必灭,文忠已有成算。及见洋人之势方炽,则膏肓之症,着手
> 为难。虽欲不忧,而不可得矣。①

宗棠之入浙,征伐太平军也,鸿章拨英兵一枝,由上海乘轮至宁波,助复
宁波府属。及宗棠之入闽扫荡太平军余党也,一军由宁波乘轮船至福州省
城,鸿章之援师,则由上海乘轮船至厦门。其转运之敏捷,已信而有征。于
是益觉中国必自有轮船,方能抗外国之侵略。所谓"师夷长技以制夷"之原
则,开始发生作用。其途径则有二:一为向外国购买或租赁,一为自行学习
制造。时国藩在安庆省城,试造小轮。宗棠在杭州省城,亦仿制小轮,试行
于西湖。宗棠之主张颇偏向于自行学习制造。尝有函致宁绍台道史致谔
云:"……轮舟为海战利器,岛人每以此傲我。将来必须仿制,为防洋缉盗之
用。中土智慧,岂逊西人。如果留心仿造,自然愈推愈精。如宣城之历学,
及近时粤东、扬州之制造钟表、枪炮,皆能得西法而渐进于精意。十年之后,
彼人所恃以傲我者,我亦有以应之矣。……"又云:"……毕竟沿海各郡长久
之计,仍非仿制轮舟不可。欲仿制,必先买其船,访得覃思研求之人,一一拆
看摹拟。既成,雇洋匠驾驶而以华人试学之,乃可冀其有成。为此者,始有
所费而终必享其利,始有所难而终必有所获。……"

时清廷亦注意及此,命各省督抚核议。宗棠力主"借不如雇,雇不如买,
买不如自造"。② 及太平军荡平,宗棠奏上《购机器雇洋匠试造轮船》一折:

> ……窃维东南大利,在水而不在陆。自广东、福建而浙江、江南、山
> 东、直隶、盛京,以迄东北,大海环其三面。江河以外,万水朝宗。无事

---

① 薛福成《庸盦笔记·苟臣忧国》。
② 《左文襄公年谱》卷三页 27。阳湖史氏家藏《左文襄公手札》册二。

之时，以之筹转漕则千里犹在户庭，以之筹懋迁，则百货萃诸廛肆。匪独鱼盐蒲蛤足以业贫民，舵艄水手足以安游众也。有事之时，以之筹调发，则百粤之旅可集三韩，以之筹转输，则七省之储可通一水，非特巡洋缉盗，有必设之防，用兵出奇，有必争之道也。况我国家建都于燕，津沽实为要镇。自海上用兵以来，泰西各国火轮兵船直达天津，藩篱竟成虚设，星驰飙举，无足当之。自洋船准载北货，行销各口，北地货价腾贵，江浙大商以海船为业者，往北置货，价本愈增。比及回南，费重行迟，不能减价，以敌洋商。日久消耗愈甚，不惟亏折货本，浸至歇其旧业。滨海之区，四民中商居什之六七。坐此，阛阓萧条，税厘减色；富商变为窭人，游手驱为人役。并恐海船搁杇，目前江浙海运即有无船之虑，而漕政益难措手。是非设局急造轮船不为功。从前中外臣工屡议雇买代造，而未敢轻议设局制造者，一则船厂择地之难也；一则轮船机器购觅之难也；一则外国师匠要约之难也；一则筹集巨款之难也；一则中国之人不习管驾，船成仍须雇用洋人之难也；一则轮船既成，煤炭薪工需费不资，月需支给，又时须修造之难也；一则非常之举，谤议易兴，创议者一人，任事者一人，旁观者一人，事败垂成，公私均害之难也。有此数难，毋怪执咎无人，不敢一抒筹策，以徇公家之急。

臣愚以为欲防海之害而收其利，非整理水师不可。欲整理水师，非设局监造轮船不可。泰西巧而中国不必安于拙也，泰西有而中国不能微以无也。虽善作者不必其善成，而善因者究易于善创。如虑船厂择地之难，则福建海口罗星塔一带，开槽浚渠，水清土实，为粤、浙、江苏所无。臣在浙时，即闻洋人之论如此。昨回福州，参以众论，亦复相同。是船厂固有其地也。如虑机器购觅之难，则先购机器一具，巨细毕备，觅雇西洋师匠，与之俱来。以机器制造机器，积微成巨，化一为百。机器既备，成一船之轮机，即成一船；成一船，即成一船之兵。比及五年，成船稍多，可以布置沿海各省，遥卫津沽。由此更添机器，触类旁通，凡制造枪炮、炸弹、铸钱、治水，有适民生日用者，均可次第为之。惟事属创始，中国无能赴各国购觅之人，且机器良苦，亦难骤辨，仍须托洋人购觅，宽给其值，但求其良，则亦非必不可得也。如虑外国师匠要约之难，则先立条约,定其薪水。到厂后,由局挑选内地各项匠作之少壮明白者,随同学习。其性慧夙有巧思者,无论官绅士庶一体入局讲习,拙者惰者随时更补。西洋师匠尽心教艺者,总办洋员薪水全给,如靳不传授者,罚扣薪水,似亦易有把握。如虑筹集巨款之难,就闽而论,海关结款既完,则此款应可划项支应。不足,则提取厘税益之。又臣曾函浙江抚臣马新贻,新授广东抚臣蒋益澧,均以此为必不容缓,愿凑集巨款以观其成。计造船厂、购机器、募师匠,须费三十余万两。开工集料,支给中外匠作薪水,每月约需五六万两。以一年计之,需费六十余万两。创始两年,成船少而费极多。迨三、四、五年,则工以熟而速,成船多而费亦渐减。通计五年所费,不过三百余万两。五年之中,国家损此数百万之入,合虽见多,分亦见少,似尚未为难也。如虑船成以后,中国无人堪作船主,看盘、管车诸事,均须雇倩洋人,则定议之初,即先与订明,教习造船,即兼教习驾驶,船成即令随同出洋周历各海口。无论兵弁各色人等,有讲习精通,能为船主者,即给予武职千把、都守,由虚衔浮补实职,俾领水师,则材技之士争起赴之,将来讲习益精,水师人才固不可胜用矣。且臣访闻浙江宁波一带,现亦有粗知管轮船之人。如选调入局,船成即令其管驾,似得力更速也。如虑煤炭薪工按月支给,所费不资,及修造之费为难,则以新造轮船运漕,而以雇沙船之价给之。漕务毕,则听受商雇,薄取其值,以为修造之费。海疆有警,专听调遣,随贼所在,络绎奔赴,分攻合剿,克期可至。大凡水师宜常川任船操练,俾其服习风涛,长其筋力,深其阅历,然后可恃为常胜之军。近观海口各国所驻兵船,每月操演数次,俨临大敌。遇有盗艇,即踊跃攫击,以试其能。所以防其恶劳好逸者如此。且船械机器废搁不用,则朽钝堪虞,时加淬厉,则晶莹益出。故船成之后,则不妨装载商货,借以捕盗而护商,兼可习劳而集费,似岁修经费,无俟别筹也。至非常之举,谤议易兴,始则忧其无成,继则议其多费,或更讥其失体,皆意中必有之事。然臣愚窃有说焉:防海必用海船,海船不敌轮船之灵捷。西洋各国与俄罗斯、咪利坚,数十年来,讲求轮船之制,互相师法,制作日精。东洋日本始购轮船拆视,仿造未成。近乃遣人赴英吉利,学其文字,究其篆数,为仿制轮船张本。不数年后，东洋轮船亦必有成。独中国因频年军务繁兴，未暇议及。虽前此有代造之举，近复奉谕购雇轮船，然皆未为了局。彼此同以大海为利，彼有所挟，我独无之，譬如渡河，人操舟而我结筏，譬犹使马，人跨骏而我骑驴，可乎？均是人也，聪明睿知相近者性，而所习不能无殊。中国之睿知，运于虚；外国之聪明，寄于实。中国以义理为本，艺事为末；外国以艺事为重，义理为轻。彼此各是其是，两不相喻，姑置弗论可耳。谓执艺事者舍其精，讲义理者必遗其粗，不可也。谓我之长，不如外国，借外国导其先，可也。谓我之长，不如外国，让外国擅其能，不可也。此事理之较著者也。如拟创造轮船，即豫虑难成而自阻，然则治河者虑合龙之无期，即罢畚筑，治军者虑藏蕨役之无日，即罢征调乎？如虑糜费之多，则自道光十九年(1839)以来，所糜之费已难数计。昔因无轮船，致所费不可得而节矣，今仿造轮船，正所以预节异时之费，而尚容靳乎？天下事，始有所损者，终有所益。轮船成，则漕政兴，军政举，商民之困纾，海关之税旺。一时之费，数世之利也。纵令所制不及各国之工，究之慰情胜无，仓卒赖有所恃。且由钝而巧，由粗而精，尚可期诸异日，孰如羡鱼而无网也。计闽、浙、粤东三省通力合作，五年之久，费数百万，尚非力所难能。疆臣谊在体国奉公，何敢惜小费而忘至计。

　　至以中国仿制轮船，或拟失体，则尤不然。无论礼失而求诸野，自古已然。即以枪炮言之，中国古无范金为炮，施放药弹之制，所谓炮者，以车发石而已。至明中叶，始有佛郎机之名。国初，始有红衣大将军之名。当时，得其国之器，即被以其国之名。谓佛郎机者，即法兰西音之转。谓红衣者，即红夷音之转，盖指红毛也。近时洋枪、开花炮等器之制，中国仿洋式制造，亦皆能之。炮可仿制，船独不可仿制乎？安在其为失体也。臣自道光十九年(1839)海上事起，凡唐宋以来史传、别录、说部及国朝志乘、载记、官私各书，有关海国故事者，每涉猎及之，粗悉梗概。大约火轮兵船之制，不过近数十年事，于前无征也。前在杭州时，曾觅匠仿造小轮船，形模粗具，试之西湖，驰行不速。以示洋将德克碑、税务司日意格，据云大致不差，惟轮机须从西洋购觅，乃臻捷便。因出法国制船图册相示，并请代为监造，以西法传之中土。适发逆陷漳州,臣入闽督剿,未暇及也。嗣德克碑归国,绘具图式船厂图册,并将购觅轮机,招延洋匠各事宜,逐款开载,寄由日意格转送漳州行营。德克碑旋来漳州接见,臣时方赴粤东督剿,未暇定议。德克碑辞赴暹罗,属日意格候信。彼此往返讲论,渐得要领。日意格闻臣由粤凯旋,拟来闽面订一切。臣原拟俟其来闽商妥后,再具折详陈请旨。因日意格尚未前来,适奉购雇轮船寄谕,应先将拟造轮船缘由,据实驰陈,伏乞皇太后、皇上圣鉴训示。至设局、开厂、购料、兴工一切事宜,极为繁重,俟奉到谕旨允行后,再当条举件系,恭呈御览,合并声明。……

折中所反复说明者,无非归结于自造轮船之必要与可能,以祛大众之疑虑。盖怀之三年,始披沥一陈。宗棠此议,立为清廷采纳,降旨宣示:

> ……中国自强之道,全在振奋精神,破除耳目近习,讲求利用实际。该督现拟于闽省择地设厂,购置机器,募雇洋匠,试造火轮船只,实系当今应办急务。所需经费,即着在闽海关税内酌量提用。至海关结款虽完,而库储支绌,仍须将此项扣款按年解赴部库,闽省不得辄行留用。如有不敷,准由该督提取本省厘税应用。左宗棠务当拣派妥员,认真讲求,必尽悉洋人制造、驾驶之法,方不致虚糜帑项。所陈各条,均着照议办理。一切未尽事宜,仍着详晰具奏。……

此为同治五年(1866)五六月间事。①

造船原则已确定,经费又有着落,宗棠进而与德克碑、日意格二人商洽一应办法。会同亲往马尾,勘视地址,宽一百三十丈,长一百十丈,水深可十二丈,潮上倍之,水底沙多泥少,认为确实可用。又将应需器材,开单估定价格,先筹拨银十三万三千余两,以供订购。其时宗棠适奉调陕甘总督,然不欲此事中辍,因奏请简派丁忧在籍之前江西巡抚沈葆桢为总理船政大臣,负责主持。葆桢,则徐婿也。清廷如所议,并准以后船政奏报,仍会宗棠衔名,以示始终参预其事。② 至十一月临行,宗棠将详议创设船政章程、购器、募

---

① 《左文襄公书牍》卷八页45—47《上总理各国事务衙门》。《左文襄公奏稿》卷十八页1—6《拟购机器雇洋匠试造轮船折》,页10—12《筹议洋务事宜折》。

② 《左文襄公奏稿》卷十九页26—28《请简重臣接管轮船局务折》,页57—58《筹款购置轮船机器请令沈葆桢仍管船政折》,卷二十页69《船局事件仍必会衔具陈以昭大信片》。

匠、教习诸端，专折具报，可认为福建船政之具体方案：

　　……臣前议习造轮船，曾将应办情形，及请简总理船政大臣接管，筹发购器募匠银两各缘由，业经叠次陈明。臣于交卸督、盐两篆后，驻营城外东教场，严装以待洋员之至。本月二十三日，道员胡光墉偕日意格、德克碑来闽。据日意格等禀呈保约、条议、清折、合同、规约各件，业经法国总领事官白来尼印押担保。臣逐加覆核，均尚妥洽。所有铁厂、船槽、船厂、学堂及中外公廨、工匠住屋、筑基砌岸，一切工程，经日意格等觅中外殷商包办。由臣核定，计共需银二十四万余两。船槽尤为通局最要之件，应用法国新法购办铁板运来船厂，嵌造成槽。此外一切局中应用什物，由护抚臣周开锡委员估置。日意格、德克碑俟厂工估定，即回法国，购买机器、轮机、钢铁等件，并购大铁船槽一具，募雇员匠来闽。一面开设学堂，延致熟习中外语言文字洋师，教习英、法两国语言、文字、算法、画法，名曰求是堂艺局。挑选本地资性聪颖，粗通文义子弟入局肄习。并采办铜、铁、木料，一俟船厂造成，即先修造船身。庶来年机器轮机运到时，可先就现成轮机，配成大、小轮船各一只。此后机器轮机可令中国匠作学造。约计五年限内，可得大轮船十一只，小轮船五只。大轮船一百五十四马力，可装载百万斤。小轮船八十四马力，可装载三四十万斤。均照外洋兵船式样。总计所费，不逾三百万两。惟采买物料一切，有此月需多，彼月需少者，势难划一。应将关税每月协拨兵饷五万两，划提四万两，归军需局库另款存储，以便随时随付，而前后牵计仍不得逾每月四万之数，以示限制。抑区区之愚，有不敢不尽者：兹局之设，所重在学造西洋机器，以成轮船，俾中国得转相授受，为永远之利也，非如雇买轮船之徒取济一时可比。其事比雇买为难，其费较雇买为巨。臣德薄能浅，不足为其难。又去闽在即，不能为其难。当此绌举盈之际，凡费宜惜，巨费尤宜惜。而欲断断于此者，窃谓海疆非此，兵不能强，民不能富。雇募仅济一时之需，自造实擅无穷之利也。于是则虽难有所不避，虽费有所不辞。然而时需五载，银需二百数十万两，事属创举，成否未可预知。幸而学造有成，纵局外议论纷纷，微臣尚有以自解。设学造未能尽洋技之奇，即能造轮船，不能自作船主，曲尽驾驶之法，则费此五年之时日，二百数十万之帑金，仅得大、小轮船十六号、机器一分、铁厂、船槽、船厂及各房屋，虽所造轮船较寻常购买各色轮船精坚适用，而估计所费多于买价一倍，于大局仍少裨益，责以糜帑，咎无可辞。凡此皆宜预为绸缪，而不能预为期必者。故此局之定，爱臣者多以异时之咎责为臣虑，局外阻挠为臣疑。即日意格亦言：此时局面既更，势难兼顾，如欲停止，愿将已领之银仍缴回。臣答以事在必行，万无中止之理。但愿一一谨守条约，尽心经画，共观厥成。如有差谬，当自请朝廷严加议处而已。察看情形，尚可望其有成。今将日意格、德克碑会禀保约，条议清折、合同、规约，照抄咨呈军机处、总理各国事务衙门存案外，谨胪举船政事宜十条，另缮清单，恭呈御览。……

《船政事宜》十条如下：

一、洋员应分正副监督也。日意格、德克碑各有所长，臣前折曾陈及之。现经上海总领事白来尼以日意格通晓官话、汉字，办事安详，令德克碑推日意格为正监督，德克碑为之副。各咨商允洽，均无异词。一切事务均责成该两员承办。

一、宜优待艺局生徒，以拔人材也。艺局之设，必习英、法两国语言、文字，精研算学，乃能依书绘图，深明制造之法，并通船主之学，堪任驾驶。是艺局为造就人才之地，非厚给月廪，不能严定课程；非优予登进，则秀良者无由进用。此项学成制造驾驶之人，为将来水师将材所自出。拟请凡学成船主及能按图监造者，准授水师官职。如系文职、文生入局学习者，仍准保举文职官阶，用之水营，以昭奖劝，庶登进广而人材自奋矣。

一、限期程期应分别酌定也。轮船一局，实专为习造轮机而设。俟铁厂开设，即为习造轮机之日。故五年之限，应以铁厂开厂之日为始。一面造铁厂房屋，一面购运铁厂机器。计自法国购运来闽，约须十个月、十一个月不等。日意格、德克碑两员回国后，一员约五个月带船厂洋匠来闽，开船厂，造船槽；一员俟机器等件齐备，交铁厂洋匠管解起程后，先趁轮船来闽，八九个月可到。

一、定轮机马力，并搭造小轮船也。大轮船轮机马力以一百五十匹为准,除拟买现成轮机两副外,其余九副皆开厂自造。铁厂造轮船颇费时日,船厂配造成船转为迅速。恐船厂闲旷,虚糜辛工,因议于大轮船十一只外,另购八十匹马力轮机五副,其式与外国梗婆子(gunboat)兵船相近,乘船厂闲工,加造小轮船五只。

一、饬洋员与洋匠要约也。洋人共事,必立合同。船局延洋匠至三十余名之多,其中赏罚、进退、辛工、路费,非明定规约,无以示信。已饬日意格等拟定合同规约,由法国总领事钤印画押,令洋匠一律遵守。

一、宜预定奖格以示鼓励也。洋员及师匠人等须优定奖格,庶期尽心教导,可有成效。现已与日意格等议定:五年限满,教习中国员匠能自按图监造,并能自行驾驶;加奖德克碑、日意格银各二万四千两,加奖各师匠等共银六万两,计定奖格银共十万八千两。如果有成,则日意格、德克碑之忠顺,尤为昭著,应更恳天恩再加奖励,以示优异。

一、购运机器等件来闽,须筹小费也。各项器具物料由外洋运载来闽,非按洋法包扎,恐多损坏,非交洋行保险,难免疏虞。此项包扎、保险银两已一并议给。

一、凡需用纹银之项,应准开销银水也。闽省通行银色,向较江、浙、广东为低。番银到闽,无论官民皆不辨花样,但用铁錾烙印,以辨真假。行之他省、外洋,即减程色。船局支发各款,除在闽境采办物料,无庸补水外,其采办洋料等用款,应准将补水银两作正开销。

一、宜讲求采铁之法也。轮机水缸需铁甚多。据日意格云:中国所产之铁,与外国同。但开矿之时,锻炼不得法,故不合用。现拟于所雇师匠中,择一兼明采铁之人,就煤铁兼产之处,开炉提炼,庶几省费适用。此事须临时斟酌办理。

一、轮船中必需之物宜筹备也。轮船中应用星宿盘、量天尺、风雨镜、寒暑镜、罗盘、水气表、千里镜、玻璃管,以及垫轮机之软皮即音陈勒索等件,现饬日意格等回国探问制造器具价值。如所费不过数千金,即由日意格等筹购一分,约募工匠一人同来,一并教造。

**教练学生办法,具见《船政事宜》第二条。此外另有《艺局章程》八条:**

一、各子弟到局学习后,每逢端午、中秋,给假三日。度岁时,于封印日回家,开印日到局。凡遇外国礼拜日,亦不给假。每日晨起、夜眠、听教习洋员训课,不准在外嬉游,致荒学业。不准侮慢教师,欺凌同学。

一、各子弟到局后,饭食及患病医药之费均由局中给发。患病较重者,监督验其病果沉重,送回本家调理。病痊后,即行销假。

一、各子弟饭食既由艺局供给,仍每名月给银四两,俾赡其家,以昭体恤。

一、开艺局之日起,每三个月考试一次,由教习洋员分别等第。其学有进境,考列一等者,赏洋银十圆;二等者,无赏无罚;三等者,记过惰一次。两次连考三等者,戒责;三次连考三等者,斥出。其三次连考一等者,于照章奖赏外,另赏衣料,以示鼓舞。

一、子弟入局肄习,总以五年为限。于入局时,取具其父、兄及本人甘结。限内不得告请长假,不得改习别业,以取专精。

一、艺局内宜拣派明正干绅,常川住局,稽察师徒勤惰,亦便剽学艺事,以扩见闻。其委绅等应由总理船政大臣遴选给委。

一、各子弟学成后,准以水师、员弁擢用。惟学习监工、船主等事,非资性颖敏人不能。其有由文职、文生入局者,亦未便概保武职,应准照军功人员例议奖。

一、各子弟之学成监造者,学成船主者,即令作监工,作船主。每月薪水,照外国监工、船主、辛工银数发给。特加优擢,以奖异能。①

宗棠创设福建船政,至此为止。以后均为葆桢所经营。葆桢在任八年,大体一仍宗棠计画,惟稍有损益。

所谓福建船政,包括三部分:一为船坞,二为工厂,三为艺局。其所在地为马尾山麓之中岐。葆桢到任后,首往察看形势,有一奏报,可略见其概:

……马尾一区,上抵省垣南台,水程四十里;下抵五虎门海口,水程八十里有奇。自五虎门而上,黄埔、壶江、双龟、金牌、馆形、亭形、闽安,皆形势之区,而金牌为最要。自闽安而上,洋屿、罗星塔、乌龙江、林浦,皆形势之区,而罗星塔为最要。马尾地隶闽县,踞罗星塔之上流,三江

---

① 《左文襄公奏稿》卷二十页62—67《详议创造船政章程购器募匠教习折》。

交汇。中间港汊,旁通长乐、福清、连江等县。重山环抱,层层锁钥。当候潮盛涨,海门以上岛屿皆浮。潮归而后,洲渚礁砂,萦回毕露。所以数十年来,外国轮船、夹板船常泊海口,非土人及久住口岸之洋人引港,不能自达。……全局沿江,上下数十里,风帆沙鸟,如在几前。……

船坞周围约四百五十丈。建船台三座,每座长各二十四丈;船亭五座;船槽一座,长三十丈,阔十五丈,可以进修二千五百吨之轮船。

工厂原议铸铁为一厂,打铁为一厂,模子为一厂,水缸兼打铜为一厂,轮机兼合拢为一厂,合共五厂。后增拉铁、捶铁、钟表、帆缆、火砖、舢板六厂,而打铁、轮机、钟表又各有分厂。故凡为厂一十有四。

艺局原议设学堂两所:一课法文,称前学堂;一课英文,称后学堂。后添设绘事院一所,分两部:一绘船壳,一绘机器;艺圃一所,由各厂分招年在十五以上,十八以下有膂力悟性者,或十余人,或数十人,而统隶焉。又后添设驾驶学堂与管轮学堂各一所。[①]

造船原议建大轮一百五十匹马力者十一艘,小轮八十匹马力者五艘,共十六艘。后有一艘改用二百五十匹马力,因将大轮减少一艘,合为十五艘。又各船原议,均照兵轮型式制造。后以养船费用,每艘每月少则一千数百元,多则三千数百元,开支浩大;故将最后四艘改依商船规制制造,将房间移建上层,俾中舱与底舱地位宽阔,多装货物,以便招商试行领运。各船列表如下:[②]

| 号次 | 下水日期 | 船名 | 种类 | 造价两 | 船长丈 | 船宽丈 | 舱深丈 | 吃水尺 | 排水量吨 | 马力匹 | 每小时速率海里 | 樯数 | 炮位 | 人数 |
|---|---|---|---|---|---|---|---|---|---|---|---|---|---|---|
| 一 | 1869年6月10日(同治八年五月初一日) | 万年青 | 运船 | 一六三,〇〇〇 | 二三.八 | 二.七八 | 一.六 | 一四.二 | 一,三七〇 | 一五〇 | 一〇 | 一支半 | 六 | 一〇〇 |

①　《沈文肃公政书》卷四页5—6《察看船坞折》,页10—11《洋将购器雇工折》,页17《船厂情形折》,页27—29《船厂现在情形折》,页53—54《船政经费支绌折》。

②　《沈文肃公政书》卷四页51—52《酌改船式折》,页55《船政经费支绌折》。表合《沈文肃公政书》卷四《福建通志·福建船政志·成船表》,池仲祐《海军实记》,陈其田《左宗棠》(Giode Chen: Tso Tsung Tang, Pioneer Promoter of the Modern Dockyard and the Wollen Mill in China)四种资料合编而成,记录互歧者,并列之。

（续）

| 号次 | 下水日期 | 船名 | 种类 | 造价两 | 船长丈 | 船宽丈 | 舱深丈 | 吃水尺 | 排水量吨 | 马力匹 | 每小时速率海里 | 樯数 | 炮位 | 人数 |
|---|---|---|---|---|---|---|---|---|---|---|---|---|---|---|
| 二 | 1869年12月6日（同治八年十一月初四日） | 湄云 | 炮船 | 一〇六,〇〇〇 | 一六.二一 | 二.三四 | 一.四三 | 一〇.六 | 五一五 | 八〇 | 九 | 一支半 | 三 | 七〇 |
| 三 | 1870年5月30日（同治九年五月初一日） | 福星 | 炮船 | 一〇六,〇〇〇 | 一六.二一 | 二.三四 | 一.四三 | 一〇.六 | 五一五 | 八〇 | 九 | 一支半 | 三 | 七〇 |
| 四 | 1870年12月22日（同治九年十一月初四日） | 伏波 | 运船 | 一六〇,〇〇〇 | 二一.七八 | 三.五 | 一.六五 | 一三 | 一,二五八 | 一五〇 | 一〇 | 二支 | 五 | 一〇〇 |
| 五 | 1871年6月18日（同治十年五月初一日） | 安澜 | 运船 | 一六五,〇〇〇 | 二一.七八 | 三.五 | 一.六五 | 一三 | 一,二五八 | 一五〇 | 一〇 | 二支 | 五 | 一〇〇 |
| 六 | 1871年11月28日（同治十年十月十六日） | 镇海 | 炮船 | 一〇九,〇〇〇 | 一六.六 | 二.六 | 一.四 | 一.八 | 五七二 | 八〇 | 九 | 一支半 | 六 | 七〇 |
| 七 | 1872年4月23日（同治十一年三月十六日） | 扬武 | 炮船 | 二五四,〇〇〇 | 一九 | 三.六 | 二.一 | 一七.九 | 一,五六〇 | 二五〇 | 一二 | 三支 | 一三 | 二〇〇 |
| 八 | 1872年6月3日（同治十一年四月二十八日） | 飞云 | 运船炮船 | 一六三,〇〇〇 | 二〇.八 | 三.二 | 一.六五 | 一三 | 一,二五八 | 一五〇 | 一〇 | 二支 | 五 | 一〇〇 |
| 九 | 1872年8月21日（同治十一年七月十八日） | 靖远 | 炮船 | 二〇〇,〇〇〇 | 一六.六 | 二.六 | 一.四 | 一.八 | 五七二 | 八〇 | 九 | 一支半 | 六 | 七〇 |
| 十 | 1872年12月11日（同治十一年十一月十一日） | 振威 | 炮船 | 一一〇,〇〇〇 | 一六.六 | 二.六 | 一.四 | 一.八 | 五七二 | 八〇 | 九 | 一支半 | 六 | 七〇 |

（续）

| 号次 | 下水日期 | 船名 | 种类 | 造价两 | 船长丈 | 船宽丈 | 舱深丈 | 吃水尺 | 排水量吨 | 马力匹 | 每小时速率海里 | 樯数 | 炮位 | 人数 |
|---|---|---|---|---|---|---|---|---|---|---|---|---|---|---|
| 十一 | 1873年1月2日（同治十一年十二月初四日） | 济安 | 运船炮船 | 一三,○○○ | 二○.八 | 三.二 | 一.六五 | 一三 | 一,二五八 | 一五○ | 一○ | 二支 | 五 | 一○○ |
| 十二 | 1873年8月10日（同治十二年闰六月十八日） | 永保 | 运船 | 一七,○○○ | 二○.八 | 三.二 | 一.六五 | 一三.九 | 一,三五三 | 一五○ | 一○ | 二支 | 三 | 一○○ |
| 十三 | 1873年11月8日（同治十二年九月十九日） | 海镜 | 运船 | 一六,五○○ | 二○.八 | 三.二 | 一.六五 | 一三.九 | 一,三五八 | 一五○ | 一○ | 二支 | 三 | 一○○ |
| 十四 | 1873年12月末（同治十二年十一月） | 琛航 | 运船 | 一六,四○○ | 二○.八 | 三.二 | 一.六五 | 一三.九 | 一,三五八 | 一五○ | 一○ | 二支 | 三 | 一○○ |
| 十五 | 1874年2月末（同治十三年正月） | 大雅 | 运船 | 一六二,○○○ | 二○.八 | 三.二 | 一.六五 | 一三.九 | 一,三五八 | 一五○ | 一○ | 二支 | 三 | 一○○ |

每一艘下水，葆桢必诹取吉日良辰，整其衣冠，祭告天后（局中祀有天后，其殿材俱运自外洋，葆桢题联云："惟神天禀聪明，愿千秋灵爽式凭，俾倕倕巧班工，同城宝筏，此地海疆门户，看万顷沧波不动，有冰夷洛女，虔拜云旗。"江神、土神与海神虽属迷信，然此种中国风之下水礼，似较掷香槟瓶为尤饶意趣）。①

---

① 《沈文肃公政书》卷四页35《第一号轮船下水折》。《古今联语汇选》集二《祠庙三》页12。

万年青为造成最先之一艘，于同治八年（1869）八月二十日由葆桢亲临作处女航，事后奏报航行情形：

> ……二十日申刻，臣亲督日意格暨各员绅，将领登舟出港。向晚，寄碇熨斗内洋。二十一日丑刻，东北风大作，潮声甚壮。逆风冲潮，径出大洋，以试轮机之坚脆，驾驶之巧拙。星月在天，一望无际。银涛万叠，起落如山。臣不胜眩晕，而在事人等皆动合自然。随于大洋中饬将船上巨炮周回轰放。察看船身似尚牢固，轮机似尚轻灵。掌舵、管轮、炮手、水手人等亦尚进退合度。由正东转向福宁洋面，绕南茭、北茭各岛而归。……

继是，葆桢叙述船身与轮机情形：

> ……谨按部颁营造尺核计，船身长二十三丈八尺有奇，广二丈七尺八寸有奇，船头高二丈六尺一寸有奇，船尾高二丈三尺三寸有奇。其吃水也：虚船则船头五尺五寸有奇，船尾八尺四寸有奇；重船则船头一丈二尺六寸有奇，船尾一丈四尺五寸有奇。其任重也，除汽炉、机器、官舱、煤舱外，可装货七十万斤。煤舱两所，可装煤二十五万余斤。煤舱之间，为前后汽炉两座：前炉火门五，高一丈六寸有奇，深九尺九寸有奇，广一丈五尺七寸有奇；后炉火门四，高深均如前炉，广一丈二尺五寸有奇。炉后机器承之，器高一丈二尺有奇，座广九尺有奇，长一丈有奇。火炎汤沸，蒸气盘郁匣中。船尾暗轮，每一时转九千三百六十余遍。其出也，逆风逆水，一时行七十里而遥；逮乘风潮折回，一时行九十里而近。以风平浪静计之，盖阅一时以八十里为准云。……①

又扬武为马力最大之一艘，葆桢曾奏报其炮之配备情形：

> ……兵船之用，则以扬武为长。炉座轮机仅与水面相平。烟筒三节，可以随意升降，利于避敌。本船配大炮十有三尊，利于攻敌。马力加多，行驶尤速。
>
> 扬武所用，多英国之前膛炮，摧坚及远，迥异寻常。而灵巧则不如飞云所用之布国后膛炮。盖前膛炮筑药、装子、洗炮，均须人出舱外，身

---

① 《沈文肃公政书》卷四页38—39《轮船监驶入津折》。

当炮口。既虑敌炮见伤,又防余药遗患。后膛炮则装放之时,敌人无从望见。而内膛螺丝中,有无渣滓黏滞,从后窥之,便一目了然。惟打放数十次之后,即须暂停。否则恐其热而炸烈。盖灵巧与坚实互有短长。在熟知其性者,舍所短而用所长,庶几收其利,不受其害。……[1]

铁厂系同治八年(1869)正月完工,而第十五号船则系于十三年(1874)春造成,差如五年之限。机器实有四艘购自外国,其余均系自制。[2]

然宗棠创办福建船政之主要目的,不重在造,而重在学。学者学造船,学造机,学行船,学管机。葆桢亦深切认识此旨,故尝正告日意格:"……限满之日,洋匠必尽数遣散,不得以船工未毕,酌留数人。如中国匠徒实能按图仿造,虽轮船未尽下水,即为教导功成。奖励优加,犒金如数,必不负其苦心。倘洋匠西归,中国匠徒仍复茫然,就令如数成船,究于中国何益。则调度无方,教导不力,总理船政大臣与监督均难辞其咎。"日意格唯唯听命。[3]葆桢更指定两船供实习驾驶与管机之用。两船之中,其一系向德国购置,取名建威,其一即扬武。北历宁波、上海、烟台、天津而至牛庄;南历厦门、香港、星加坡而至槟榔屿。实习开始于同治十年(1871),练习生中第一名为严宗光,即后以译《天演论》等著名之严复也。扬武且尝开赴日本,备受欢迎:

……福建船政局所造扬武轮船,招集中国愿学水师事宜者至船肄业,游历各国,所以熟海道,练水军也。前自东洋回沪,停泊高昌庙船厂修理。竣功后,上月驶回福建。开行之前一日,本报特遣人至船上遍阅一切。规模居然与外国上等轮船无异。船中洁净,毫无纤尘。服饰鲜明,机器光亮。水手均极严肃。上船栏杆门口,有兵一名,持械拱立。下舱亦有人伺察。每遇拉篷等事,号铃一响,五六十人一齐出舱。大炮八尊,置于船之上面。弹子大者,重有七十磅。此乃英国顶新之炮,名威活。后面一尊,较前八尊为大。行至船底舱后,见一切住房,除船主各官外,余皆统舱,并无隔间。问其水手等住处,云晚间皆用帆布铁钩挂在舱上,早起则将帆布卷好,每人一箱收贮。两边悬挂木桶。其余打

---

[1] 《沈文肃公政书》卷四页50—52《七号轮船出洋折》。
[2] 《沈文肃公政书》卷四页33—34《铁厂教造起限折》。
[3] 《沈文肃公政书》卷四页59《挑验匠徒试令自造折》。

水动用各物,一概收藏。故愈见开阔明敞也。船后另有一房,为肄业者所居,约有三十多人。每人有一本经历外洋之书,并有测量太阳、地球等图。出海之时,将经行之路,画在图上。每日两次至船面,以机器窥测度数,便知行抵何处。每晚,船主与教授之人将各人所画度数地理查对,俱系外国字,甚为清楚。应对进退,言谈礼貌,均极周到。闻其前到东洋时,彼处接待甚殷云。

当扬武轮抵东洋时,船泊横滨,开放二十一炮,以示敬。东洋水师提督邀请肄业诸人饮宴,又坐火轮车到东京。此乃中国兵船第一次出洋,俱各欢喜踊跃也。复至外国船主之房间闲谈,方知船主本是英国水师官员,名叫推随。言及中国水师,大有指望,将来必能与日俱进。肄业诸人颇为聪明,水手亦均灵便,身体强健,能耐劳苦。并言肄业者有大家子弟在内,非纯为贫苦之辈。船主隔壁,则为管带提督蔡国祥之房。然一切事务,皆不专政。统计船内二百五十人。船大可载一千七百吨,实是极大之船。其船材料,均极坚固。且构造又极新式。航海每点钟可行五十里。船内机器,据说是中国人所造,无外国货。管理机器亦是中国人并无外国人在内。闻回至福建,要绕走欧罗巴一次。先到英属国阿斯的里。此船实为中国向来所无。即肄业规模,亦甚整肃。将来艺成以后,分带水师船,则中国水师必大有可观矣。至水手工资分为三等:上等九两,次等七两,再次等六两,伙食在内,殊不费也。前谣传此船木料不佳,构造极劣,不久即难免损坏,均系诽谤之语。今日本馆见此船之坚固,即数十年亦无须大修。且此次在惊涛骇浪中远渡重洋,亦足见其耐风浪矣。[①]

同治十二年(1873)十二月,葆桢于是奏报其成效:

……自本年六月起,该监督日意格逐厂考校,挑出中国工匠、艺徒之精熟技艺,通晓图说者,为正匠头,次者为副匠头。洋师付与全图,即不复入厂,一任中国匠头督率中国匠徒,放手自造。并令前学堂之学

---

① 《沈文肃公政书》卷四页 62—63《练船经历南北各洋折》,页 64—65《船工将竣请筹善后折》。池仲祐《海军大事记》。《申报》同治十一年(1872)。严复,字又陵,号几道,福建闽侯人。

生,给事院之画童分厂监之。数月以来,验其工程,均能一一吻合。此教导制造之成效也。

　　后堂学生既习天文、地舆、算法,就船教练,俾试风涛。出洋两次而后,教习挑学生二名,令自行驾驶。当台飓猝起,巨浪如山之时,徐觇其胆识。现保堪胜驾驶者,已十余人。管轮学生,凡新造之轮船机器,皆所经手合拢。分派各船管车者,已十四名。此教导驾驶之成效也。……①

吾人于此,可知以后我国海军何以几悉在福建人士之掌握,实造端于福建船政。惟葆桢在当日,犹不以此为满足,故复尝建议,遴选学生中天资颖异,学有根柢者,分别遣赴法国,精究造船之方及其推陈出新之理;英国,精究驶船之方及其练兵制胜之理。速则三年,迟则五年,以求深造。当时所派凡五人。然此犹仅游历性质。其正式派遣留学,所考者凡四次:第一次三十一名,时在光绪元年(1875),严宗光、萨镇冰均在其列。第二次十名,时在光绪七年(1881)。第三次三十四名,时在光绪十一年(1885),惟此次有北洋舰队及学堂学生十名在内,刘冠雄即其一也。第四次六名,时在光绪二十二年(1896)。②

　　夫马尾仅山陬海澨间一荒地;宗棠与葆桢仅八股出身之人才;乃于五六年间,竟能为中国构成一如此破天荒之造船之新局面,不能不谓非奇迹。然在五六年之过程中,非无艰阻也。最先,继宗棠为闽浙总督之吴棠雅不以造船为然,向福州将军昌言:"即有船政,未必有成,虽成亦何益。"于是诸事掣肘,对宗棠所保兼充船政局提调之福建布政使周开锡,强令因病续假,兼充船政局员之延平府知府李庆霖,借词奏请革职。宗棠为之愤慨,而葆桢为之争直于朝。中间,于同治十一年(1872)三月,有内阁学士宋晋者,以造船糜费太重,奏请暂行停止。清廷交福州将军文煜与福建巡抚王凯泰斟酌情形奏明办理。两人奏称:"原限五年内,成船十六艘,现已竣工者,仅六艘,已开工者亦仅三艘;经费不逾三百万两,现已实支三百十五万两。至造成之船,

---

① 《沈文肃公政书》卷四页66—67《船政教导功成折》。
② 池仲祐《海军大事记》。

虽均灵便,较之外洋兵船,尚多不及。"大有附和停止之意。宗棠剀切疏陈:

> ……经费超溢预算,由于范围较原计画扩大,并未浪费。惟如遽停
> 止,则已投资本与未满期限仍须支付之洋员、洋匠薪工,回国盘川,及加
> 奖银两等,均为虚掷。五年之期,尚有三分之二,安知不能造足原议之
> 船数。至船之构造,原拟配炮三尊,今可配炮八尊;且一艘改造二百五
> 十匹马力,可配新式大洋炮十三尊;足征已在进步。且外国造船已历数
> 十年,中国尚仅三年,一时自难竞胜。惟有继续深求,可冀后效。……

鸿章亦力言必须维持,以为:"该局已成不可弃置之势,苟或停止,则前功尽
弃,后效难图,而所费之项,转成虚糜。"葆桢更疏驳宋晋所称,痛陈该局为自
强所必要,"不特不能即时裁撤,即五年后,亦无可停,所当与我国家亿万年
有道之长,永垂不朽"。清廷遂置不议,且令于造足预计之船数后,继续办
理。其后,每月经费短缺,无法挹注。宗棠又自请于福建协援陕甘饷项内,
每月减少二万两,移拨船政局,以为弥补。故宗棠于福建船政确可谓始终其
事者。①

---

① 《沈文肃公政书》卷四页 12—13《船政创始需才折》,页 14—15《李庆霖留局差遣片》。《左
文襄公书牍》卷十二页 59,卷十四页 2—3,均《答沈幼丹(葆桢)》。《左文襄公奏稿》卷四十一页 30—
35《福建轮船局务不可停止折》,卷四十二页 40《请敕闽省酌拨轮船经费片》。《李文忠公奏稿》卷十
九页 45《筹议制造轮船未可裁撤折》。宋晋,见二十四节。文煜,字星岩,满洲人,官至大学士。光
绪十年(1884)十月卒,谥文达。

# 五十六　自给自足之制炮计画

　　左宗棠之认识以制炮御外侮，后于造轮船；然其从事制炮以作战，则先于造轮船。按用弹药发射之新式枪炮，来自外国，且其来犹在元明之朝，然国人徒知其猛烈而已，鲜有注意研究者。惟宗棠于其制造，其使用，其效力，无不颇有深切之探究，且常别有会心。宗棠一生在军事上之成功，善于运用此种武器，当为一大原因。惟所持以与作战之对方，非西方之外国而为太平军与安集延人。彼等同有枪炮，均购诸外国，前者大抵由沿海各口偷运而来，后者则至自印度，或即为英国阴助以支持，殊未可知。至宗棠方面之来源，非无购自外国者，然由宗棠经营而自行制造者，实不在少数。①

　　清军之用炮对付太平军，早始于长沙省城之役。太平天国之西王萧朝贵穿黄袍在城南前线督战，即为清军之炮所轰毙。及太平军窜入长江，宗棠以为东南泽国，利用舟楫，自武汉以下至于大海，地势步步低洼，为湖泽巨陂者无数，仅恃陆军，断难制胜；非另编水师，互相联络不为功。曾国藩与郭嵩焘等同抱此见解。于是衡阳、湘潭与长沙三处分别赶制大批船舶，每艘大率配炮两尊。此种炮其先系经广东向外国购致，但以供不应求，由宗棠协助巡

--------

　　① 《左文襄公奏稿》卷十二页60—61《舟师缉获通贼洋匪折》，页63—64《拿获通逆洋匪折》，卷十五页11—12《搜获洋人济逆军火折》。《左文襄公书牍》卷七页21《答美里登》。《中国经营西域史》页328。

抚骆秉章,约同湖南士绅捐款设局自造,以黄冕主其事。冕前在甘肃监制炮械出力,曾为林则徐所保奖。冕以熟铁造炮,炮身轻而膛口大,轰远有准。但比较以生铁铸炮,不免价贵而工迟,故其后皆改用生铁。[①]

宗棠别出新意,铸造一种劈山炮,有如致刘蓉函中所述:

> ……近命制劈山百尊。式如大抬炮,而身只五尺,能吃半斤,群子可致远四五里。……铁模大小四副,大者千三百余斤,次减半,又次减半,小者仅百数十斤。拟先照铸三百余及百余斤铁模数副,模多则炮可速得矣。……

此种劈山炮先本装于水师船,旋并用于陆军,故国藩与宗棠书曰:

> 阁下制劈山炮,为陆军利器,似不能不另立劈山炮哨官,而以小枪刀矛护之。

盖炮在吾国军队,此时渐进于有一种组织之阶段矣。[②] 及宗棠奉命征剿西捻,复以劈山炮配用于车。以为古人塞上之战多用车,车足以制敌骑,倘更配以炮,当益足慑敌之悍。于是命造双轮与独轮车四百辆,用半节劈山炮(一称短劈山炮)架其上。每营编给三十八辆,每辆以五人推放。出战则列步队之前(参阅四十四节)。

但宗棠所制者,不止劈山炮也。在福建省城时,见广东军队所用无壳抬枪,又名线枪,三人管放两支,一发可洞五人,可开连环,可用群子,力大而致远,因加意制造,延广东人之精此者,专任教练。又尝仿泰西新法讲求子腔药膛火门之秘,诏匠作造来福炮,亦甚合用。泰西所谓硼炮者,又称开花炮、天炮,宗棠并加仿造。用生铁铸成者,重可百余斤,可放十余斤炮子。用熟铁制成者,重四十五斤,亦可放十斤零炮子。均射远可三里许,落地而始开花。[③]

宗棠西征,先就西安省城设立制造局。其时在同治八年(1869)春。因所指挥部队,不下一百二十营,所用洋炮、洋枪、洋弹、洋药,均须远从上海购

---

① 《骆文忠公奏稿》卷一页 70—74《筹备战船折》,页 97—98《饬委绅士监造炮位片》。

② 《左文襄公书牍》卷二页 26《与刘霞仙(蓉)》。《曾文正公书札》卷七《覆左季高(宗棠)》。

③ 《左文襄公奏稿》卷十八页 11—12《覆陈洋务事宜折》。《左文襄公书牍》卷十四页 22《上总理各国事务衙门》。

运而来，爰雇匠购机，自行修造，以省购运之费。其后宗棠用兵愈远，运自西安之局，犹觉艰巨，更就兰州省城，设立制造局。其时在同治十二年(1873)春。宗棠对于此举，垂注殷切，指示周详，可由下录所与总办驻陕军需局之沈应奎两函，见其梗概：

> ……上海匠先造铜冒，自来火，开花子(能造丁子火，最好)，修理洋枪(能自造螺丝洋枪，最好。若能仿后膛七响快枪，尤妙矣。请询问有能者否?)，是为至要。车轮小开花炮，体制较田鸡炮为长，为重。然田鸡炮一尊，配子药，可一键骡载之。车轮炮则必须两套、三套，尚须人力招呼，行亦不速，又其致远不过三四里。(吃药半斤，弹子十二磅。若远，则无准矣。)大营现有一尊，即布路斯新出之后膛，是螺丝纹，极为精致。将来有用处，惜尚不能远击十里外。如上海匠能造弟上年带到之后膛开花炮，斤重减半，再合邠(州)、长(武)以上车辙，用三骡架之(并搭子药各件)，实为合用。未审其能否，试一询之。所用各炮式，皆外洋旧有者。然由粗入精，由形器而窥神妙，亦非做不到之事，不过要细心耐烦耳。……

此函言西安局经始步骤。其论炮之造作与性能，均从体验得来。且欲使适应西北之交通工具，尤为独具只眼。嗣后西安局制成短劈山炮，式系后膛，子用开花，宗棠许为精妙合用，令更访购专门机器，讲求制造螺旋纹。其质先本用铜，取其省工。宗棠以铜不若铁之坚固耐用，主张将来当用纯钢。

> ……赖长到，并携所造螺丝炮及小机器，尚可用。惟需授意制造，庶便利耳。弟本拟令其回陕制造。据云：局用以石炭为最要，所需最多，阿干镇所产既佳，价值运脚亦省，较之陕省为宜。至铜铁则就近或可采办。与其由陕制办成器再解，亦须运脚，尚不如就近采办为省。弟当允其在兰设局矣。赖长现调带工匠来兰，并各机器想能速到。至陈明刚所带匠作，自可毋庸前来。尊意拟在兰安顿，事不可行。或即留陕省可耳。开花子以铜旋为最要。木引之病甚多。且西安局所造，尤不得窍，当饬赖长就兰办理。……

此函言兰州局成立原委。赖长为左氏在东南平定太平军时所属粤军部将，素谙机器制造,此次系自福建调来,主兰州局。其陈明刚当是主西安局者。①

两局当日规模,又可以河南巡抚所委经理嵩武军军需人员客观之记录,见其梗概:

> ……至制造处机器局见火蒸汽机一座,轮轳旋转,专制洋炮、洋枪,使枪自转,旁伺以刃。凡修膛、退光,迎刃而解,削铁如泥。更有磨刀机,自转磨刀,极为省力。机关精巧,见所未见。工匠系广东、宁波人居多。……

此为同治十二年(1873)十二月在西安局所见。

> ……至南关外左节相营制造局。工匠约二百人,皆粤人,各司一事。目下专造后膛开花炮,极为精巧,与泰西所制无异。用火炉蒸汽,激轮自转,层递相接,工省制精。此炉甫于三月自长安移来,即予去腊在陕所见制造局炉也。……

此为同治十三年(1874)六月在兰州局所见。创办半年间工匠即达二百名之多,蒸汽机又自西安局运来,疑西安局即迁并兰州局也。② 其后兰州局之制作,斐然可观。除仍自造铜帽大小开花子外,能仿造布国后膛进子螺丝炮,后膛七响枪,又仿造二百余斤重炮,用车轮架施放;改造劈山炮,用鸡脚架,用合膛开花子。又改造广东无壳抬枪,宝塔嘴,用铜帽子,亦用合膛开花子。以总兵赖长主其事,并派副将崇志教练督标演习,俾制器之人知用器之法,用器之人通制器之意。惜工匠对于窍要,每秘而不宣,故所知仅为大略。劈山炮从前用十三人管放一支,至是只用五人。无壳抬枪从前以三人管放二支,至是一人可以管放一支,且更捷便。宗棠自言:"欲参中西之法,而用其长,纵未能如西人之精致,而其利足以相当。"常以地学自诩,而为宗棠所折

---

① 《左文襄公奏稿》卷三十页 42《请于陕甘饷项外敕拨实饷作为专款折》。《游陇日记》(不著撰人姓名,未刊本)。《左宗棠与沈应奎手札》(吴县诸仲芳藏)同治八年(1869)四月初三日,十年(1871)三月初十日、四月初三日,十二年(1873)四月十九日。

② 《左文襄公书牍》卷十四页 45—49《上总理各国事务衙门》,卷十五页 33—34《与谭文卿(钟麟)》,页 41—42《答胡雪岩(光墉)》,卷十六页 13、页 20,均《答刘克庵(典)》,卷二十二页 42,卷二十三页 62,均《与杨石泉(昌濬)》。崇志,满洲人,官至浙江衢州镇总兵。《甘宁青史略》正编卷二十四页 8。

服之帝俄军官索思诺福齐(参阅三十节),对宗棠又每夸彼国火器之精。宗棠徐语以"新设制造局,亦能制枪炮,与贵国及布洛斯相近"。索思诺福齐笑而不答。宗棠使人导视。归后,询以何如。索思诺福齐与同行诸人齐声赞好。惟诧铁质精莹,意必从西洋购来。闻宗棠告以确系土产,则以为大奇。后乌史漫达米劳伏来观,亦赞好不绝,言伊国亦不能多有。此为宗棠一大得意事。宗棠攻克肃州,用开花子至二千四百余枚,即为此制造局所产。其后用兵天山南路,复就哈密、喀喇沙尔、阿克苏设局,就地制造军火,以广储积。[①]

然宗棠自师行抵浙江、福建,多与当时助攻太平军之法国军官如德克碑及日意格等,后与常共外商往来之国人如胡光墉等接触,知外国枪炮新奇之程度,尚远过于宗棠向所闻见。同时,与外人开始种种交涉,深恶其种种刁悍,并深悟其刁悍之背后,无非仗有此种新奇之枪炮。但宗棠自知彼所制造兵器,仅足应付太平军之流。若欲以抵御外人,非更求精不可。宗棠自鸦片战争失败,深恶痛绝于外人,认为欲报此仇,非以子之矛攻子之盾不可。至同治与光绪间,帝俄于西北,英法等国于东南,益狁焉思启,塞防与海防同时紧张,宗棠感觉对于制造新兵器非急起直追不可,于是在其致总理各国事务衙门书有曰:

　　……尝叹泰西开花炮子及大炮之入中国,自明已然。现在凤翔府城楼尚存开花炮子二百余枚;平凉府城现有大洋炮,上镌万历及总制胡等字,余剥蚀。然则利器之入中国,三百余年矣。使当时有人留心及此,何至岛族纵横海上数十年,挟此傲我,索一解人不得也。……

又有一书曰:

　　……忆及道光年间,粤绅潘仕成曾以洋人雷壬士所制水雷进。朝命天津镇向荣监同演试,比经覆陈有案。不知后此谈洋防者何以无一语道及。……[②]

皆深有慨于国人不知著祖生之鞭也。故当宗棠复两江总督任后,筹备海防,

---

①　《刘襄勤公奏稿》卷五。《左文襄公书牍》卷二十一页 24《答张朗斋(曜)》。

②　《左文襄公书牍》卷十三页 40,卷二十四页 58,均《上总理各国事务衙门》。

于补充轮船外,并注意于添置炮机,惟系购自外洋,或取给于国藩与鸿章所办江南、金陵两制造局,尚无扩大制造企图(参阅四十一节)。

法越交涉决裂,法海军孤拔受巴黎政府命,导舰驶入闽江。于是在猛烈无情之炮火下,宗棠苦心经营之船厂等等,悉付劫灰,停泊及维修之轮船多被轰击,损失浩大(参阅四十二节)。及宗棠奉命督师福建,渡台与法军战,又未能取胜,犹忆同治十三年(1874)日本侵略台湾,宗棠即以福建船政专事造船,未暇计及制炮为一憾。[①] 至是宗棠益感觉向之所图为未能"尽以夷器制夷"之能事,复有拓增船炮大厂以图久远之奏:

> ……窃维海防以船炮为先,船炮以自制为便,此一定不易之理也。臣于同治五年(1866),奏设船政于福建,仿造外国兵船,甫蒙俞允,即拜西征之命。一切制造,经历任船政大臣斟酌办理,不敢耗费财力,所制各船多仿半兵半商旧式。近年虽造铁胁快船,较旧式为稍利,然方之外洋铁甲,仍觉强弱悬殊。船中枪炮概系购配外洋所用,又有多寡利钝之分。所以夷衅一开,皆谓水战不足恃也。夫中国之地,东南滨海,外有台(湾)、澎(湖)、金(门)、厦(门)、琼州、定海、崇明各岛屿之散布,内有长江、津、沪、闽、粤各港口之洪通。敌船一来,处处皆为危地。战固为难,守亦非易。敌人纵横海上,不加痛创,则彼逸我劳,彼省我费,难为持久;欲加痛创,则船炮不逮。况现今守口之炮,率购自外洋,子弹火药形式杂出,各炮各弹。南北洋虽能酌补,而炮身、枪管久必损缺。各国既守公法,一概停卖;将来由杂而少,由少而无,诚有不堪设想者。臣去冬布置闽海防务,亲历长门、金牌,察看炮台,饬将马江被敌击沉之炮,起出安配,粗足自固。然炮位少而海口多,陆师仍不能省。兵多饷巨,司库难支。不得已而有商借洋款之举。夫借款必还,且耗巨息。幸而军务顺手,尚不失为权宜。倘夷焰日张,海防日棘,而徒剜肉医疮,勉强支拄,何以剿强寇而靖海疆。

> 臣愚以为攘夷之策,断宜先战后和。修战之备,不可因陋就简。彼挟所长以凌我,我必谋所以制之。因于船政局旧班出洋学生内,询考制

---

① 《左文襄公书牍》卷十四页 22《上总理各国事务衙门》。

炮大略。据称："泰西炮厂不一,当以法华士厂、克虏伯厂、安蒙士唐厂、好雨莺厂四处为最。法、克两厂炮身、炮筒、炮箍,皆炼成全钢。安蒙士唐厂筒用精钢,身用熟铁。好雨莺厂筒箍用精钢,身用铸铁。皆擅专长。然半钢半铁,制费虽减,终有用久裂缝之虞。不如纯用全钢,价虽贵而无弊。参观比较,仍以德国克虏伯、英国法华士作法为妙。故中外各国用该两厂之炮为最多。中国欲兴炮政,必于此两厂择一取法。雇其上等工匠,定购制炮机器。就船政造船旧厂,开拓加增,克日兴工铸造。虽经始之费需银五六十万两,而从此不向外洋买炮,即以买炮经费津贴炮厂,当亦有盈无绌。惟制炮之铁与常用铁器,炼法不同,必须另开大矿,添机炼冶,始免向外洋购铁。查福州穆源矿苗极佳,闽中官民屡议开采,以销路不旺而止。若用以制炮,取之甚便。如能筹得二三百万金,矿炮并举,不惟炮可自制,推之铁甲兵船与夫火车铁路一切大政,皆可次第举办。较向外洋购买,终岁以银易铁,得失显然。泰西各国于此等工程,断不贪购买之便而自省烦劳,良有以也。"各等语,禀由船政局提调道员周懋琦转禀前来。

臣查西洋各国,二十年前尚无铁舰。所有兵船,与中国船政局现制相埒。即炮位、药弹,亦多前膛笨重之物。论其昔年兵力、物力,本非能与我为难。孰料该夷逐渐讲求,日新月异。兵船铁甲厚至一尺有余,更以一二尺厚之阴丁鲁泊如象皮胶者贴衬其里。以故刚柔摩荡,坚韧异常。其后膛巨炮全重能力,突过从前。上洋制造局所译克虏克炮准心法及兵船海岸炮位炮架图说,言之甚详。《申报》所载英国新造巨炮,可受药弹一千余磅之重,能洞穿五尺余厚之铁甲,闻者莫不咋舌,而自泰西各国视之,亦寻常工作耳。该夷务修战具,不惜财力至于如此。此次法夷犯顺,游弋重洋,不过恃其船坚炮利。而我以船炮悬殊之故,非独不能海上交绥,即台湾数百里水程亦苦难于渡涉。及时开厂制办,补牢顾犬,已觉其迟;若更畏难惜费,不思振作,何以谋自强而息外患耶?穆源铁矿,臣接见闽省官绅,均谓便于开采,似应委员试办;并拓马江船厂,兴工铸炮。臣又闻江南徐州铁矿矿苗之旺,甲五大洲。若能筹款开办,即于吴、楚交界之处择要设立船政炮厂,专造铁甲兵船,后膛巨炮,实国家武备第一要义。臣老矣,无深谋至计,可分圣主忧劳。目睹时艰,不胜愧愤。惟念开铁矿、制船炮各节,事虽重大,实系刻不容缓。理合请旨敕下内外臣工迅速妥议具奏,伏乞宸衷独断,期于必行,天下幸甚。……

同时,商同福建船政大臣裴荫森建议:(一)在红山麓兴建大船坞,估银十万两,期以三个月或四个月完工;(二)创造双机钢甲兵船三艘,每艘吃水一丈二尺二寸,载重一万八千吨,实马力一千七百匹,每小时速率八十华里,估共银一百二十万两,期以三十六个月完工;(三)以银四千元,购置长一百四十尺,宽三十一尺三,舱深十七尺,载重四百五十七吨之二枝半桅船一艘,以供练船,冀制炮制船双方并进。惜折上不久,宗棠倏焉长逝,一腔孤愤,适成为尾声耳。①

---

① 《左文襄公奏稿》卷六十四页6—8《拓增船炮大厂折》。《申报》光绪十一年(1885)七月七日《请拨款制船折》,二十六日《购置练船折》。裴荫森,字樾岑,江苏阜宁人,咸丰十年(1860)进士。

# 五十七　中国第一所机制国货工厂

我华以西洋机器制造日用货品，一般人皆以光绪八年（1882）李鸿章在上海创办织布局为最早。其实，先五年（1877），左宗棠已在兰州省城筹设一织呢局，此诚为中国第一所机制国货工厂矣。①

甘肃织呢总局之设，创议于光绪三年（1877）冬，较日本于 1878 年夏开始以二百万元投资毛织工业尚约早一年。但购运机器到达兰州省城，已在光绪五年（1879）。是年冬，宗棠为讨论与帝俄通商案，致书总理各国事务衙门，述其缘起：

> ……羊毛一种，有粗有细，内地人不甚区别，但取以织褐，织毡毯，价不甚高，业之者少。羊毛每斤值银一钱几分，每年可剪两次。民间畜牧之利，以毛为上。盖取其毛之利长，非若皮肉，利只一次也。近制造局委员赖总兵长以意拣好羊毛，用所制水轮机，织成呢片，与洋中大呢无殊，但质底微松。又织成缎面呢里之绒缎，亦甚雅观。自以水轮机不及洋制火轮为速，意欲购致一具仿造，而苦难骤致。宗棠适以陕甘旱灾，宜思患预防，饬胡道光墉觅开河、凿井诸机器，并雇匠同来，以资教

---

① 《李文忠公奏稿》卷四十三页 43—48《试办织布局折》。

习,遂并致胡道购织呢、织布机器,现可到兰州,须数年后始睹其利。拟先内地,而后关外,与棉利同规久远。……

由此函观之,宗棠当时固尚拟规办机织棉布,诚以宗棠在西北禁种罂粟,导民改植木棉也。然其后仅成织呢一端。①

织呢机器系由上海德商泰来洋行(Telege & Co.)承办。光绪五年(1879)由德海运至上海,更由招商局轮船江运至汉口,大小一千二百件。然自汉口经老河口、龙驹寨与西安省城而至兰州省城,仅能用木船装载,或以夫仔肩挑,或用四轮大车,以十八匹、十二匹马拖运。盖以各机器类多,伟大沉重,转运至为艰难。其体积过巨者,寻常舟车不能容,则为改造放大;其尺度过长者,山中峡道不能通过,则为加工凿宽;其锅炉则先拆为数部分,然后搬运。按由汉口至兰州全程,在彼时本约须三个月。而机器总数有四千箱之多,故轮流运转,其最后一批之到达,已距最初一批之到达,历八个月之久。此确为晚清伟大企业之一,颇引起外人兴趣,而吾国记载反颇寥寥,惟《申报》曾著说称许。②

在上海刊行,为 F. H. Baltoui 所编之 Celestial Empire,曾于 1879 年(光绪四年)一月四日,有记事一则:

> 比者,中国政府决定采用西方发明,现正在实施之中。议论已久之兰州织呢局,不久可成为事实。此项企业系委托德人经办。其中一人,系久居上海;两人方于数日前至自德国。有名 Franz Storm 者,为 Aixla—Chapelle 地方之毛织商。又有名 Theodor Ancke 者,为一建筑师。所需机器,即由 Storm 带至。现信此两人已在前赴兰州途中,度其三个月辛劳之行程。其所以选择此极西之一城市以经营此企业者,显因在此境内有丰富之羊毛而至今未尽其用,就地设局织呢,自远胜于将此原料输运至其口岸也。

---

① 《左文襄公书牍》卷十九页 59《与胡雪岩(光墉)》,卷二十二页 19—20《上总理各国事务衙门》。《申报》光绪四年(1878)五月二十九日《甘肃省清理财政说明书——织呢局》。

② 《申报》光绪五年(1879)二月十五日《羊毛可织绒毡以兴大利说》,三月十八日《织呢机器来沪》。《左文襄公批札》卷七页 27《赖镇长橐改造屋厂由》。《左文襄公书牍》卷二十二页 36《答杨石泉(昌濬)》。

按此处所谓 Storm,中文的译名为石德洛米。宗棠当时指定主持设局事务者,即为赖长,赖长不欲多雇德人,宗棠尝批其禀云:"兹据禀查悉织呢机器每日成纱数目,有石德米一人,足资教习,请札止续来织呢洋匠等情,具见该镇遇事撙节,实为嘉许。惟据上海关道申报,本年二月初四日,缮给德国洋匠克礼克白、翁肯思、泰卫宜格等三名来甘护照三纸,是该工匠业已起行在途,无庸札止。……"①

光绪六年(1880)冬,织呢局开工。Celestial Empire 有一记者在兰州,调查其事,后在 1881 年(光绪六年)1 月 3 日之 Celestial Empire 刊布其报告:

> 本报于 1879 年(光绪五年)一月,曾就甘肃兰州用外国机器与外人管理建设织呢局一事,作一简要之记事。当地官员以为此举所以利用本国资源,代替向外国购用之毛织物。此似为一种爱国思想。顾其实施,显未能如预期之成功。要非外人之过,彼等在已往之两年中,固已就雇兰州,主持厂屋与机器之建立,监督并指授土著以毛织技术也。
>
> 此项机器由 Storm 购自欧洲,运至中国。其人至今居织呢局监督之职。然主持此企业之中国官员,颇为懒散,致建屋工程为之迟误。彼等欲为织呢局觅取一良好之地址。然先得一处,而 Storm 以为不宜。嗣复得一处,而 Storm 以为给水不足。彼等则以为不虞无法取水,Storm 不得不从。于是局址位在离城二华里之地方。局中雇用德人十三名,其中两名则为译员。1880 年(光绪六年),厂屋落成,工作开始。顾犹有障碍:第一,此地所产羊毛太粗,又间以杂毛,须每日专雇四十人,从事分析工作,而每日仅能共选出羊毛两磅。故羊毛之成本,在织成呢绒之前,已甚昂贵。就品质言:其堪织成第一等之呢绒者,仅居百分之十;第二等者,百分之二十;其百分之五十尚可织为毡毯,然在内地需要甚少;至其余百分之二十,多为杂毛与废物,几无可利用。第二,给水不足。即有水,亦含咸味,致使染色不能鲜明。且因缺水,每日仅能织呢绒十匹,每匹长十八码。苟能得水,自尚可增加。然中国官员,视

---

① 陈其田《左宗棠》。《左文襄公批札》卷七页 20《赖镇长禀请札止续来洋匠由》。

之淡然。请其将井凿深,答称:"若然,将使井底水竭。"局中开用之织机,现为一千二百锭子。有时用驼毛织呢,此固良好之原料也。惟无论就品质言,就价格言,此局出品,均不能与外国出品竞争。以之运至沿海一带,较之运自欧洲者,其值犹巨。

故至次年外籍人员满约解雇时,此局大有即成过去之可能也。

按此处所谓局址在离城二华里之地方,系兰州省城东关通远门外之前路后营基址。当时,宗棠据赖长禀报后,曾批云:"所拟甚好。盖造房屋,总以暂时能容机匠并够匠夫住止为准。如果试办有成,将来自可推广。据洋匠所议丈尺,前后悬殊。是所称不能再减分毫,亦难信为定论。惟据鄂台禀开:机器件目繁重,已拟改造舟、车运解来甘,足知机器屋厂规模亦不可过于褊狭。仰即择要兴工,余屋可陆续添盖,只取坚实,不在美观,是为至要。……"①

光绪七年(1881)春,有 William Mesny 者,游于兰州省城,对织呢局亦有一报告,先载于 China Mail,嗣载于《字林西报》(North-China Herald)。大致与 Celestial Empire 记者所报告相仿,而措词颇引起局中德人之不满,由 PH. Leider 与 H. Mandel 两人,以监督名义,于七月二十五日致函《字林西报》辨正。该报当于九月二日为之刊布报端:

闻之友人:有 Mesny 者,曾于数月前,将其对于本局之观察,揭载于贵报。内容如何,虽不知其详,惟悉对于局中在事华洋人员,颇多讥评。故请假贵报宝贵之篇幅,披露数行,俾读者对于此项企业获知其真相。

我人以为论中国羊毛品质,固不但不足与 Cape 及澳洲羊毛比,亦不足与德国所产比,此固众所共知。故本局之出品,甚难希望其能如外国所输入。

四千箱机器中之最后一座机器,方于 1880 年(光绪六年)五月到此,而本局即于九月十六日开工,是全部装置完成于五个月之中,不能谓为迟缓。盖机器中有数件已破裂,更因沿途遭受雨与霜,全部机器均

---

① 陈其田《左宗棠》。《左文襄公批札》卷七页 27《赖镇长禀改造屋厂由》。

多少有损也。

德国技师受雇者五人,又有首领一人,均负责以新工业传入中国。其首领因合同期满,业已回国。

本局机器,系分别以两架二十四匹马力与三十二匹马力之蒸汽机发动。在纺线部中,有自动纺机三架,每架三百六十锭。更有梳毛机三套,织机二十架。其余次要之机器,姑不述及。

羊毛之洗、染、整理,均用染色、砑光等机为之。

当 Mersny 之于二月十日过此也,见本局工作照常,而织品之生产有限,此为临时缺水之故。嗣经掘成一甚深之井,故此项缺点,业已克服。自彼时(1881 年底)起,每日可出八匹(每匹长五十华尺,阔五华尺)。我人敢侈言:此项成就,颇为左宗棠及现任陕甘总督杨昌濬两公所称许。同时,我人坦白声明:对于当地官员,并无不满之理由;因彼等遇事尽力推进,且常适应我人之需求也。

Mensny 在此,当地官员及外人均未予以彼所期望之优待,故彼之批评,其目的本不在表示正确之记载,仅欲发泄其恶感。如置而不答,正可予我人以不利也。

Mesny 年十六,即离去其本国。最后二十年,在云南与贵州,训练中国军队。

于是我人不知将如何解释:彼系于何处、何时获得贯彻之学识,特别对于毛织之学识,乃能使其在留此短期之二十日中,仅两次便道参观本局之后,对于此一题目,即作为详实之报告,以贻读者也。

待 Mesny 函到,我人当再请求允许我人尽情答复也。

按此处所谓 Leider,中文译名为李德,Mandel 为满德。两人均能操华语,当即上引 Celestial Empire 第一次记事中所称译人。而两人所称首领,当指石德洛米。石德洛米原任织呢局监督,殆因合同期满回国,而由两人继任也。其设备之机器据《中央银行兰州之工商业与金融》所载,则为梳毛机四套,五尺宽大织呢机二十台,二尺四寸宽提花织呢机二台,来复式纺机二部,七百纱锭固定式纺机一部。与此所述,略有出入。①

兹更综 Celestial Empire 所载文件中,对于织呢局之指摘各点一论之:

其一,羊毛质粗且杂。中国记载,从无提及。毛质较逊,为德国两监督所承认,然非谓不能织呢,仅谓其成品不能与外国所产媲美。苏联克拉米息夫调查甘肃羊毛情形,略谓:西宁毛以纤维长及线细密,年可产十万担。甘州毛质较粗,年可产七万担。平番及武威毛宜织地毯,年可产八万担。可见选材正有余地,而产量又如此丰富,故宗棠当日规办机器织呢,确有远见。至毛中夹有杂毛等废物,为国人通常售货陋习,固不仅羊毛为然。②

其二,水量不足与水质不佳。中国记载,亦从无提及。惟德国两监督承认水量不足。至所谓中国官员蔑视此点,当有其事,盖科学知识不敷也。

其三,在事中外人员不融洽。此为德国两监督所否认。然关于建筑厂屋之大小与雇用德籍技师之多少,就上引宗棠批答赖长之语观之,意见参差,固属显然。同时,宗棠为此二事,又有答帮办甘肃新疆善后事宜杨昌濬一书,略谓:"尊论局面不宜大,洋匠不宜多,殊为中肯。实则局面本不大,洋匠本不多,而先从规摹说起,已错了路径也"云云,亦可互观。③

其四,出品价值太贵,不能与外国出品竞争。此当为不争之事实,殆亦以后停顿后难以恢复之一因欤。

至在宗棠眼中之兰州织呢局,一见于光绪六年(1880)十二月之一片:

……兰州织呢局结构宏敞,安设机器二十具,现开织者尚只十具。所成之呢,渐至精致。中外师匠及本地艺徒率作兴事,日起有功。……④

时宗棠正在由哈密回京觐见途中也。再见于光绪七年(1881)五月之一折:

……现在呢已织成多匹,虽尚不如外洋之精致,大致已有可观。从此日求精密,不难媲美。共设洋机二十架,现开机六架,余俟艺徒习熟,乃可按机分派织造。开齐后,通计每年可成呢六千匹。甘省羊毛价值

---

① 陈其田《左宗棠》。《申报》光绪七年(1881)九月(Mesny 译成美思尼)。
② 王心旺《中国西北部之经济状况》(商务印书馆本)页 94。
③ 《左文襄公书牍》卷二十二页 36《答杨石泉(昌濬)》。
④ 《左文襄公奏稿》卷五十七页 47《甘肃气象更新折》。

尚廉，数年之后，不但可以收回本银，而西陲创此利源，于地方不无裨益。……

文中谓"现开机六架"，而在半年前则报"现开织者尚只十具"，疑必有一误。折后则声叙用款数目而请在军需款内报销：

> ……除淘金机器价银由胡光墉捐购外，总计购买织呢、开河、掘井机器价值，并照章入口完税等项，湘平银一十一万八千八百三十二两零；并由德运沪，由沪运鄂，再由鄂递运到甘，保险及水陆运费，共湘平银七万二千九百七十五两零；起造局屋、洋匠、通事委员、司事各项薪粮局费，制办器具，共湘平银一十一万三百五两零。皆是实用实销，亦无例案可循。恳恩归入本年九月以前军需案内一并开单报部，以昭核实……。

此机器总价等项，凡共湘平银三十万二千一百十二两，既包括开河凿井部分费用，自未能作为织呢局开办费，亦无法加以分析。①

当采购机器时，宗棠有一主张，见致胡光墉书：

> ……开河、掘井、织呢机器，请先购其小者解来。哆喱吧所说，以舍小用大为合算，本是实话。然弟不欲用其大者，一则机器重大，陆运极艰，不如用其小者，令华匠仿制，将来增拓其式，亦可得力。一则弟已望七，精力智虑日渐不如，断难久妨贤路。异时嗣事之人，设或意见各殊，不但废绪难寻，且恐徒滋口舌。而现在西域重定，各省关协饷难望如前。频年饱尝苦况，事后犹为心寒。正拟及时缩敛规摹，以图永久，何敢为恢宏阔大之举，致无收束。……

其后乃购中号者，亦尝告赖长等，如果合用，再购大号。盖宗棠此际之手面，已非创办福州船政局时之手面矣。②

宗棠对于局中选取艺徒，有一主张，其批赖长禀云：

> ……所部陕甘勇丁，有赋性灵敏，堪资学习者，应令其挑赴该局专心学习，由该镇派人指示，俾其相观而善，将来有成，尤为此邦师匠所自

①　《光绪东华录》卷三十九页4。《左文襄公奏稿》卷五十七页47《甘肃气象更新折》。
②　《左文襄公书牍》卷二十页34—35《答胡雪岩（光墉）》。《左文襄公批札》卷七页24《赖镇长禀建盖厂屋情形由》，页26《刘道璈禀建造机器房屋由》。

出，不但数世之利也。……

又尝于致昌濬书中申其说：

> ……勇丁之聪慧者，可留心挑选拨入。将来必有可用之材，正不必于士流中求之。人见西士技巧卓绝古今，以为华人学制，必须聪颖俊达之士。不知彼中均由匠人推择，并非于士类求之。况中华学制，本执柯伐柯，较之天工开物，又自有别。……

则宗棠此际之见解，亦犹创办福州船政局时之见解也。①

光绪七年（1881）正月，宗棠在北京，函昌濬问："（织呢局）现有成效可睹否？十年业屡，只今犹魂梦不忘。"留恋之情，抑何其深切也。② 然越二年而织呢局遽停办，其寿命不足五年。停办之原因，可观继任陕甘总督谭钟麟之奏报：

> 甘肃省设立织呢局，前督臣左宗棠欲为地方兴利，其意甚美。无如甘省所出，只羊毛一项，此外织呢机器、颜料各物，皆购自外洋，其价固昂，转运尤艰。且洋匠薪工甚贵。计自六年（1880）八月开办起，至八年（1882）八月止，用费七八万。织成粗细呢毯一千数百匹，质厚而松，叠经减价出售，无人过问。臣于八年（1882）八月，咨遣各洋匠回国，将制造机器局归并织呢局，责成原办机器委员总兵赖长率同广匠接办。自去年九月起至今年八月，织成呢毯千余匹，较前稍为精致，分运各府厘局出售，而民贫货贵，购者绝少。本年九月，因机器锅破，又饬令裁减工匠，就现有毛货上紧织完，未染之呢悉数染好，以便撤局。兹据左宗棠咨称：甘省呢毯，苦无销路，金陵为各省通商之区，招商集股，开办织呢，易于集事，采办各项亦便，应饬赖长率同艺徒将局用机器赴运江南等因，当饬赖长将未织未染各件，赶紧办竣，即将织呢局裁撤，以省浮费。……

时宗棠方在两江总督任，挟其垂老不衰之勇气，犹图挽救其首创之机器织呢之危局。顾其后乃未成事实，其缘由尚无文件可考。以意揣之，当不外两

---

① 《左文襄公批札》卷七页 24《赖镇长禀验收后路粮台能到各项机器由》，页 26《刘道璈禀建造机器房屋由》。《左文襄公书牍》卷二十二页 36—37《答杨石泉（昌濬）》。

② 《左文襄公书牍》卷二十五页 15《与杨石泉（昌濬）》。

点：一为宗棠去任，无由贯彻其主张；二为远道迁建，需费不资，而迁建后能否维持，仍无把握，或者因此知难而退。于是此套机器织呢设备偃卧于兰州省城者，凡历二十四年。至光绪三十二年（1906）始恢复为织呢局，补充若干机器，另聘比国匠师传授。中华民国元年（1912），由官商集股承办，更名为甘肃织呢公司，四年（1915）停止。十五年（1926），改名为甘肃织呢厂，重行开办，未几又停止。至二十三年（1934），甘肃建设厅始议规复而无成。二十七年（1938）军政部接办，专织军毯。二十八年（1939），敌机炸坏停工，次年修复。三十二年起，改与甘肃省政府合办，称兰州织呢厂。[①]

---

① 《谭文勤公奏稿》卷十页9《裁撤织呢局片》。作者于三十二年（1943）在兰州参观时调查所得。《申报》光绪四年（1878）五月二十九日《甘肃省清理财政说明书——织呢局》。

# 五十八　急宜仿效之泰西机器

　　左宗棠西征,先后将陕西、甘肃、新疆次第肃清,而兵后残黎,殊为困乏。会陕西、甘肃又大旱,益致力于利济民生之事业,尝与书朋僚云:

　　　　……陇中寒苦荒俭,地方数千里,不及东南一富郡。新疆南北两路,夙号腴区,从未经理。兵燹以后,更难覆按。现筹开河、凿井、制呢诸务,以浚利源,阜民即所以裕国。购运泰西机器,延致师匠,试行内地有效,则渐推之关外,以暨新疆。劳费虽巨,亦有所不辞耳。……①

又云:

　　　　……大抵泰西水器,有裨实用,为中土急宜仿效之事。此时仿效制造,必选材质与之相近,学艺已有几分者,为之先导,庶几易睹成功。将来传其法于中土华人,可以互相师法,无须洋匠教习。……②

吾人于此,可得两点:其一,宗棠欲利用西洋机器,解决中国之民生问题;其二,欲利用西洋技师,传习华人,俾以后自能仿制。

　　吾国采用泰西浚河起泥机器治水,当同治年间,早已有之。惟行之于内地,当以宗棠为最开风气之先。宗棠先在陕甘总督署后园,用机器凿池,后

_____

① 《左文襄公书牍》卷二十二页33《答王夔石(文韶)》。
② 《左文襄公批札》卷七页26《刘道璈禀建造机器房屋由》。

乃正式以之浚河。河名泾水，为关中八川之一，亦为关中水利所资。源出甘肃化平县西南大关山麓。东流至泾川县，入陕西境。经长武、邠州、醴泉、泾阳、高陵，而入于渭水。引泾灌田，自推郑、白两渠。其后河流日下，不能仰灌入渠，则将渠口逐步移至上游高处，至明代而直上至泾峡极高处，无可再改，而日久泾流又下，仍不能仰灌。惟沿河山脚下，有泉大小百余口，至清代遂改用泉水灌田，不复引泾。诸泉以龙洞为首，渠用以龙洞名，而屡修屡坏。宗棠西征，屯田泾渭之间，陕西巡抚刘典，督办西征粮台袁保恒相将修复龙洞，而灌田殊不能多。宗棠久驻平凉，研究泾水，尝派员赴上游勘察。保恒颇拟于郑国旧渠引泾处河心筑坝，提高泾水使平流入渠，恢复往日之利。①宗棠与书讨论云：

> ……筑坝引渠，可复郑白之旧。然弟意颇欲于上源着手，为关陇创此水利，未审能否？平凉西北数十里，为泾水发源处，南数十里为汭水发源处，至泾川合流，水势渐壮。若开渠灌田，可得腴壤数百万顷。节节作闸蓄水，并可通小筏。吾乡湘资之水，均可于源头通舟楫。醴陵渌水，水筏可至插岭关下。平凉郭外泾流大可用，若浚导得宜，何以异乎？……②

时尚在同治九年（1870），戎马仓皇，未遑从事也。光绪五年（1879），陕甘大旱，平庆泾固化道魏光焘拟借以工代赈之法，大治泾水。因宗棠已向德国订购一批浚河凿井机器，在运兰途中，爰命稍缓以待。③光绪六年（1880）秋，始设局平凉，以平凉府知府廖溥明经理其事，而由两德人运用机器，同时教导士兵学习其技。然泾水多石，施工困难。两德人因请另购取石挖土机器，宗棠亟命照办，以为"如果用力少而成功多，自当不惜工本，以竟其事"。④

然施工地段，其始颇有争议。宗棠本其往日主张，欲治泾之源，与书刘典言之：

---

① 《袁文诚公奏稿》卷三页 16《筹办农田水利片》。

② 《左文襄公书牍》卷十一页 19《答袁筱午（保恒）》。

③ 《左文襄公书牍》卷二十三页 10《答杨石泉（昌濬）》。

④ 廖浦明，字晓东，四川富顺人。县学生。

……泾水自郑白渠后屡经修筑,旋复就下,不得其利,反受其害。弟颇谓前人修渠,均慕郑、白故迹,但拟治其委而置来源于不问。以泾流之悍激性成,自高趋下,宜非人力所能施。盖来源既长,收合众流,水势愈大,但于其委治之,断难望其俯受约束。若从其发源之瓦亭、平凉、白水、泾州一带,节节作坝蓄水,横开沟洫,引水灌平畴,则平凉、白水、泾州一带,原地皆成沃壤。而泾之正流受水既少,自可因而用之。泾州以下均属陕辖,再能节节导引溉地,则聚之为患者散之即足为利,而原田变为水田,泾阳南乡可无潦灾。……①

时刘典方以帮办甘肃新疆军务驻兰州省城,主持后方政事也。光焘不以为然,复与书刘典辨之:

……先治泾水上源,午庄意不谓然,以流深岸高故耳。不知从上源下手,多开沟洫,则不患岸高。此水能治,关陇均利。纵有所费,亦不当惜。若能设闸启用(如运河及湘中斗河法)以通舟楫,尤省人畜负载劳费。而国计民生,所益不小。……②

卒依宗棠议施工,浚河与开渠并进。宗棠又指示:

……正渠长二百里。若以机器间段开掘坎井(即回言坎尔)用工力不过百里,足令渠多容纳,亦为备旱潦之宜。……③

岁底,宗棠应诏入都,行次平凉,亲往勘视,则见渠工已成四十余里,河工已开成三百五十余丈,勖德国师匠努力从工,复嘱将新河展宽,并加开数渠,以资容纳。以为上流宽缓后,则下无急溜,两利之道。并奏报清廷,表示其期望:

……现复加浚泾上水源,取西洋机器,酾渠导流,蓄引灌溉,冀成永利。昔之郑、白,治泾之委。兹之工作,治泾之原。如其有成,则长武、邠州,以下暨三水、高陵诸县境,均资灌溉。旱灾克而水潦亦可无虞。

① 《左文襄公书牍》卷十九页 42《答刘克庵(典)》。
② 《左文襄公书牍》卷二十二页 31《与刘克庵(典)》。
③ 《左文襄公书牍》卷二十三页 20《答杨石泉(昌濬)》。

较古昔治泾,其利更溥也。……①

不幸光绪七年(1881)四月,泾源暴涨,渠工冲毁,昌濬意主停工,承办浚河机器之德人福克亦主放弃(福克于上年西行时即言"地底尽系大石块,兼山水冲下力猛,易于阻塞,恐不易成功,大约非数百万金,断难收效"),宗棠不以为然:

> ……西北水性悍浊,不但泾川。平凉受患之烈,较他处为最甚者,由于干流狭急,无支渠宣泄,以杀其势;故遇涨发,则泛滥无涯涘,积潦难销,足以害稼。前议速开支渠,治其上源者,以此。何图肇兴工作,猝遇此灾,致从前已成干渠,一并湮塞,盖见支渠开浚之工不可缓也。福克所说,大约谓泾源纷杂,治之劳而见利少,主利之赢缩而言。若从养民之义设想,则多开支渠,以资宣泄,实事之不可缓者。……②

于是继续兴工,期以光绪八年(1882)冬藏事。顾其后绩效如何,弗复可考,殆终于未有所成也。而此项浚河机器,至光绪三十四年,尚弃置于无用之地,宁夏府知府赵惟熙拟招商承办宁夏垦牧公司,有所利用。③

与机器治水同时并进者,为机器采矿。上海采办转运局委员胡光墉捐购采金小机一副,并介绍外国矿师米海厘(Mikhaetios)与蓝滋泗西来查勘。米海厘之待遇特优,供给膳宿而外,月薪英金一百镑,而未有若何结果,宗棠深为不满。当日经过,略见于宗棠下列之牍:

> ……米海厘到肃,阅其随带机器只两件:一测地势,一辨方向,皆认矿所需,非开矿机器。现看距肃城不远文牲口横进八百余里无人烟地方,觅得金沙尚旺之山,共只三处,冰雪淤洹,暂难动工。询之本地私挖金沙之人,须四月半入山,八月大雪封山,不能复采。是为时无几,官采

---

① 《左文襄公书牍》卷二十四页80《与杨石泉(昌濬)》。《左文襄公奏稿》卷五十七页57《行抵西安起程北上折》。

② 《左文襄公书牍》卷二十五页17《答杨石泉(昌濬)》。《申报》光绪六年(1880)十二月十日《福克西行琐录》。

③ 《甘肃官报》光绪三十四年(1908)四月分期六页10。赵惟熙,字芝珊,江西南丰人,光绪十六年(1890)进士,官至甘肃都督。《左文襄公批札》卷七页26《刘道璈禀建造机器房屋由》。

不能获利,徒耗采本,应作罢论,拟改向玉门赤金峡勘视也。……①

米海厘亦尝有文记述此行,其关于勘矿一段曰:

  ……至于矿务,则刘天山一带诸山,大半为砂为石,或有产煤者。惟离平凉八十里地方所出之煤,则甚精美。余复下山,向北而至黄河,约宽七百尺,较兰州府黄流更疾,而大船亦不能往来。今闻兰州府山中之黄泥内,即从前挖采金苗之处,地亦甚肥。若从兰州府而出,则有两大路:一向西而至榆林府,华人相传及西书所记,皆谓此间有金铜各矿,若欲查勘,固自易易,且不必旷日持久也。一向西北,沿南山相离百里,而至肃州,则须两过高山,山约九千尺,而南山则约高一万七千尺,积雪经夏不消。揆其情形,极可开矿。盖内有上好之煤,盛于英德各国。且煤内多出火油,即此一物,一省已可致大富,惜运费太贵耳。余查上海每年进口火油,不下四十万箱,约计银六十万两。诚能取出此油而用之,亦何致有银钱日流外洋之叹哉。至于煤及火油之外,又有五金各物,如指南铁石及铁矿不等,余皆亲见。另有白色五金,或系银,或系英语泼替纳。惜当地不能查定,而左侯帅又不准矿子金子等样存留余处,无奈中止。再查韩山一区,山底本系花岗石,西语窟兰乃脱,似已将上层砂石、黄泥等揭开,即见各层煤石。此煤有时与矿子和杂。然矿子似即藏金之所。若将矿子捶碎,即成为砂,淘砂即见金。又有数地,离肃州五百里,或在山顶之上,约高海面一万三千尺。又有嘉峪关以西各地,高七千尺。余在山脚一带,见袤延甚广,山顶之雪亦经夏不消。各地惟卡拍普兰一区,甚易查勘。其下有藏金一层,仅深九尺至十尺而已。又查忒松摇一地藏金,约深百尺。如往忒松摇一查,果有藏金,即应采机器往采。而余翻译传左侯帅之命,催余速试,故议定不如即在卡拍普兰一试,故只查大略如此。又有一地,已查出其下约深六尺,横沿约宽一万尺,东西约长二万尺。中有小河数道界之。矿下皆有肥黄泥一层,半系粗重之砂及矿子。曾有一矿重至二担者,俱为历代流水磨

---

洗，其间毫无棱角。金则似在此层之下，大抵皆细小扁块，或有大如蚕豆者。惟此层上之黄泥，及此层下之红泥，俱无金在内。其与金同处者，亦有指南铁石及铁、铁矿子及银，及英语拨替纳等。余所查之沙，则藏金不甚多；如有一地，金仅六十万分之一；又有一地，仅四十万分之一。余曾洗出金两，竟为人窃去，为可惜也。余观此处金不甚多，不能大试。且地势甚高，一年内不过三阅月可以动工，似不合于开采。总之，遍查山形及所出各矿子等，此间甚似旧金山。夫天下出金最富之区，莫旧金山若也。然各山出金多少，亦不能一律而论。今余试各矿，虽不见多，亦不能作为定论也。深惜不准余另试他处，故虽地不爱宝而人莫能知。若蒙左侯帅准余细查，予以一年之限，得以遍查，何快如之。①

似米海厘对于宗棠，亦有所不满也。次年德人福克谒宗棠于哈密，追记米海厘探矿情形：

……离（嘉峪）关二百余里，名玉门县。西北直至哈密。正西去约七八十里，名天孙桥，产无数煤油。并名赤金峡，专产金砂，咸丰年间，曾设官厂，淘金者有二千余名。产煤油之处，去年系德国人蜜海利寻得，已带回上海，计十分中有五分煤油，三分系上上烛蜡，止有二分无用。……嘉峪关一边靠南山……山内虽有金砂而不旺。野兽极多，野牛成群来往。去年蜜海利南山探金矿时，所见成群者约有数十起……所以单人入山者危也。……②

于是机器采金，终于无成。而机器采煤油，亦迟至六十余年后，始实现。

初宗棠在福州省城创办船政局，是为宗棠知利用外国机器之始。福州海关税务司美里登因建议用机器铸币，宗棠嘉其意而虞赔本，未果采纳。③新疆底定，宗棠乃得一用机器铸币之机会，现引宗棠奏报，以见其概：

……回民市易，旧用制钱，渐专用银，而程色高低，分量轻重，骤难明晰，奸伪日滋。阿古柏窃据南八城，创铸银钱，名天罡，式圆如饼，中

---

① 《申报》光绪五年（1879）十一月十三日《译西人米尺利论陕甘矿务书》。
② 《申报》光绪六年（1880）十二月初十日《西行琐录》。
③ 《左文襄公书牍》卷七页21—22《答美里登》。

无方孔，不类钱形。其程色分量，任意减低，图售其奸。故市价相权不能允协，民以为苦。应改造银钱，以平市价而利民用。惟改造银钱，宜先制模式，较准一律，交官设局经理。然后私造与赝伪易于辨认，而行使可规久远。臣饬兰州制造新式铜模，交张曜督局依法试制，范银为钱。用银片捶成，不须熔铸。枚重一钱，外圆内方，轮廓分明，字迹显朗，大小厚薄如一。与制钱相权，银为母，铜为子。市廛通用，可免畸重畸轻之患。而新模精巧，由官改造，工速费节。私赝不致混淆，人知宝贵。……①

此项银币，两面仍铸回字：一面曰"阿布丹喀木须"，回语所谓好银子也；一面曰"热斯伯尔木斯哈立"，回语所谓实足一钱也。天罡原为每枚五分，今则合两枚为一钱，其后复铸二钱、三钱、四钱、五钱，民以为便。此当为中国自己发行之第一种银币。先在阿克苏改铸，后复推及于库车。光绪七年（1881）二月，主办人员报告：每匠一人，炉一座，需帮工五六人，每日只能铸造银钱二十两之谱，合计工炭火耗，每二十两，共费银四两。盖仍属赔本，遂告停止。②

以上为宗棠在西北思利用机器之情形。后移东南，东南为西洋物质文明输入之枢纽，见闻弥广，益致力焉。惟旨趣稍有不同，在西北专为民生，在东南侧重为国防觅资源。

光绪八年（1882），宗棠在两江总督任，奏委候选知府胡恩燮招商以机器开采利国驿煤铁矿。利国驿在铜山县东北七十里。其煤矿之发现甚早，在汉时已有开掘，并为奏请减税，以示鼓励。恩燮奉委承办，集资银五十万两，以三十万两订购机械。据估每日可出生熟铁七十吨，出煤称是。建厂屋甚巨。会中法越南事起，暂告停顿。已而再举，先在青山地方采煤，因煤质不良，未能推销，移至贾汪。此乃以后贾汪煤矿公司之嚆矢，而贾汪煤矿公司

---

① 《左文襄公奏稿》卷五十六页 23《办理新疆善后事宜折》。《左文襄公批札》卷七页 3—4《库车善后局禀库车使用银钱各情由》。

② 《新疆图志·食货志》卷四页 17—18。

又为华东煤矿公司之前身也。[1]

同时,宗棠修治运河,在马棚湾亦用机器挖泥。此次成绩自较治泾为优。故其后又拟以此项挖泥机器浚治长沙省城北门外便河,以利商船收泊。[2]

光绪十年(1884),宗棠之重莅福建也,本为对法战事,然仍与关系各方策划以机器开铁矿,开铅矿,而尤有意义者,为拟以机器制糖而裕饷源之一奏:

……十闽山多田少,素称硗瘠,民食多取给于外洋。而滨海各处,颇有淤壤,土少沙多,隆冬不霜,物其土宜,惟甘蔗尤茂。故海滨之农,种蔗熬糖者,十居七八。昔年中国自为贸易,衣食粗足。外洋通商以来,岁购红白糖数十万石,民当增富,讵农日加勤,其贫犹昔。考厥缘由,证诸西艺,盖中国贫农制器不精,熬煎失法,不能与外夷比,而朴拙同安,虽无利,犹觉无害。今外夷互市,彼精我粗,彼巧我拙,虽购华糖,并非自食,香港等处,已广设机厂,提红糖变为白糖(按英商怡和洋行于光绪四年〔1878〕在香港设中华精糖公司),以其半载回彼国,半仍卖还华商,皆获重利。中国贫农之辛苦,不能自享其膏腴。岁产徒饶,利权外属,无如之何。

适有条陈糖利者,据称:洋人煮糖之法,精于中国。出糖之数,加多一二倍。由红提白之法,中国亦可自行。不夺民间固有之利,收回洋人夺去之利,更尽民间未尽之利。他口不计,仅举省垣贸易考之:年售仙游白糖七万余石,福州红糖三万余石。土人作糖,每蔗十三石,得糖一石。大约有蔗一百七十余万石,若用西法制之,可得糖三十余万石,较民间制造可多二十余万石。每石作价银四两,可长八十余万两。除去机厂人工及一切杂用,应可长银四五十万两。此项长银,或提补借息,或再倡别利,为益滋大,实属有利无害。

臣等覆核所陈,不为无见。证诸舆论,亦皆翕然。但事属创办,不

---

① 《左文襄公奏稿》卷五十九页 72《开采铜山煤铁请减税银折》。杨大金《近代中国实业通志》页 94—96。

② 《左文襄公与曾国荃书》(未刊)。

敢不慎。拟先派熟知糖务之员,亲赴美国产糖之区,参观做法,购小厂机器,兼雇洋工数名,来华试制。俟考定得糖实数,另议章程。或购蔗制糖,或代民煮熬。民利仍还之民,官止收其多出之数。著有成效,即行扩充。不惟内地各口可以一律照办,台湾产蔗尤多,军务一平,即须加意仿办。果如西书所载,利益与盐相埒,惟以官经商,可暂而不可久,如官倡其利,民必羡之,有的实之户不搭洋股者,呈资入股,应准承课充商,官本既还,止收岁课,不必派员管厂,一切章程,届时再议。……①

不久,宗棠薨逝,此议无成。然可见宗棠对于推广机器制造商品一事,视前尤为积极。且知自行派员实地调查,不仅系耳目于在华外侨或其居间人。而其更拟先由官倡办,以后径归人民经营,则较李鸿章官督商办之议,尤为进步。

---

① 《左文襄公奏稿》卷六十三页 54—55《试办台糖遗利折》,卷六十四页 8《拓增船炮大厂折》。《申报》光绪十一年(1885)七月八日《闽省请办铅矿折》。

# 五十九　对于洋务之一般观念

　　中国自经鸦片战争与英法联军之役,中外互市之局于焉确立。于是政事上产生所谓洋务。洋务一名词,颇难下一圆满之定义。抽象言之:曰应付洋人之事务,曰模仿洋人之事务。具体言之:曰交涉,曰军备,曰商务。前一者属于应付之范围,后二者属于模仿之范围。

　　鸦片战争时,左宗棠犹在安化小淹陶氏书塾,已颇留心洋务。及至巡抚浙江,已而总督闽浙,始因英、法两国协剿太平军,并因两国私人阴助太平军,与外人发生交涉。更因目睹西洋轮船、枪炮之锐利,自问不如,思有所以模仿。其时,李鸿章巡抚江苏,对外人有同样之接触,有同样之感想。故两人原可同为主持洋务之领袖。然宗棠不久衔命西征,一去十余年,于外洋情形,比较隔膜;而鸿章则始终在东南沿海,对于洋务所见所闻,自更透彻,见之设施者,尤为繁赜。故举洋务首领,不能不归之鸿章,而宗棠不与焉。然清廷以宗棠为老臣,时将洋务问题,征询其意见,宗棠不肯示弱,亦颇有所主张。而宗棠晚年两度在总理各国事务衙门行走,一度以两江总督兼办理南洋通商事务大臣,虽时期颇短,要与洋务设施亦多关系(参阅四十一节)。兹综宗棠一生对于洋务之思想概括述之。

　　宗棠对于与各国交涉之思想何如乎? 一次,鸿章与曾国藩讨论外交,颇涉谐趣:

　　……从前,我老师(按我为鸿章自称,老师指国藩)从北洋调到南洋,我来接替北洋,当然要先去拜谒,请教的。老师见面之后,不待开口,就先向我问话道:"少荃,你现在到了此地,是外交第一冲要的关键,我今国势消弱,外人方协以谋我,小有错误,即贻害大局,你与洋人交涉,打算作何主意呢?"我道:"门生只是为此,特来求教。"老师道:"你既来此,当然必有主意,且先说与我听。"我道:"门生也没有打什么主意。我想与洋人交涉,不管什么,我只同他打痞子腔。"(原注:痞子腔盖皖中土语,即油腔滑调之意。)老师乃以五指将须,良久不语,徐徐启口曰:"啊!痞子腔!痞子腔!我不懂得,如何打法?你试打与我听听。"我想不对,这话老师一定不以为然,急忙改口曰:"门生信口胡说,错了,还求老师指教。"他又将须不已,久久始以目视我曰:"依我看来,还是用一个诚字,诚能动物。我想洋人,亦同此人情。圣人言,忠信可行于蛮貊,这断不会有错的。我现在既没有力量,尽你如何虚强造作,他是看得明明白白,都是不中用的。不如老老实实,推诚相见,与他平情说理,虽不能占到便宜,也或不至过于吃亏。无论如何,我的信用身份,总是站得住的。脚踏实地,蹉跌亦不至过远。想来比痞子腔总靠得住一点。"我碰了这钉子,受了这一番教训,脸上着实不下去。然回心细想,我老师的话,实在有理,是颠扑不破的。……①

宗棠对于与洋人交涉之思想,恰与国藩所言相似。宗棠初次在浙,应付英法参战军人之要求,即奏陈其所见曰:

　　……人无中外,其好恶同,则其情理一,忠信笃敬,蛮貊可行。……

时英法参战军麇集宁波一带,当交涉之冲者为宁绍台道史致谔,宗棠致书诫之云:

　　……泰西人情最崇信义,最慕廉洁。性情嗜好,与中国虽殊,然遇操守廉谨之人,亦知敬重。若为所轻视,则靡所不为矣。凡与彼人交涉事件,最宜留意点检,不可假手旁人。与之议论,可可否否,不可轻率含

---

① 《庚子西狩丛谈》卷四上页 37—38。

糊。俗云："先明，后不争"五字，正用着也。……①

以后在新疆应付英国保存安集延酋阿古柏之要求，后奏陈其方略曰：

> ……邦交之道，诚信为先。彼此实意交孚，而后情顺理周，推之皆准。其一切权变作用，牢笼驾驭之说，非所尚也。诚信立矣，而又加之以明，济之以恕，则刚柔协节，彼此均在情理之中。不必以口舌取胜而事得其平，终可要诸久远。……②

然宗棠于伊犁事件，与书总理各国事务衙门则又曰：

> ……邦交之道，论理而亦论势。势之所在，即理亦因之而长，无理亦说成有理。势所不存，则仰面承人，不能自为轩轾，有理亦说成无理。古今成败之迹，大抵皆然。……

何以存其势，要有充实之军备。故曰："古人交邻之道，以实边为先。"又曰："自古谈边防者，不外守、战与和。而就三者言之，亦有次第：必能守，而后能战；能战，而后能和。斯古今不易之局也。"此种主张，固国藩与鸿章所共有，即所谓自强。惟宗棠对洋人，始终为主战分子，与鸿章常异其趣。宗棠于鸦片战争时尝作感事诗，有句云："和戎自昔非长策，为尔豺狼不可驯"，犹是轻视洋人之成见。③

宗棠对于军备之思想又何如乎？在鸦片战争前，中国自以为天下莫强焉。既一败于鸦片战争，再败于英法联军之役，始承认洋人之轮船枪炮，迥非中国所能敌。则以为如中国亦有轮船与枪炮，便可以制洋人而有余。于是国藩与鸿章在上海、南京倡始成立制造局，造炮并造船。宗棠继起，经始福建船政局、西安及甘肃制造局，同一导源于此种思想。然船炮而外，其他洋人利器，仍不愿仿办。宗棠在答覆总理各国事务衙门咨询修约事宜函中，对于洋人要求敷设电线及铁路两点，发表其反对之主张：

> ……铜线铁路信线一事，前年宗棠在福建时，法国美里登即以为

---

① 《左文襄公奏稿》卷三页4—19《发给勒伯勤东札凭片》。阳湖史氏家藏《左文襄公手札》。

② 《左文襄公奏稿》卷五十一页86《确查中外交涉案件折》。

③ 《左文襄公书牍》卷二十三页43《上总理各国事务衙门》。《左文襄公奏稿》卷五十五页36《覆陈交收伊犁事宜折》，卷六十页3—6《筹办海防布置机宜折》。《左文襄公诗集》页4《感事四首》之一。

请。宗棠面加辩驳,大意即谓:安设地方,或妨民间出入,或近田畴,或近坟墓,必非民情所愿。民人拆毁,牲畜撞损,必有之事,官司万难禁制。且尔意不过为贸易争先起见。不知一商因信线置货、卸货,各商即从而效之。彼此齐同置货、卸货,究竟不能独得便宜。于商无益,徒招民怨。伊无可言,但求给价,其事遂止。至铁路原因火轮车而设。外国造铁路,抽火车之税,利归国家。我无火车,顾安用此。应宝时七不可之说,此间未曾见过。如复议及,自可据此驳之。大抵西洋各国争新斗奇,因以为利。我如立意不行,或以民情不便,或以事多窒碍为词,彼亦不能强也。……①

此段言论,颇为可笑。彼时宗棠当未尝目睹电讯与铁道之实物及其实用,原自无从置议,只能强作解人。盖不及枪炮与轮船已亲见之而深识其利害也。而于此却可知当日国藩与宗棠等士大夫所欲以夷器制夷者,还在直接足供作战之器。

如何使中国亦有轮船与枪炮?其始仅知向洋人稗贩。及知自行仿造,其思想已为进步。然其材料仍几完全购自外洋。如宗棠所办福建船政局,其应用之钢板与木材等,由外洋购运而来,固无论矣。即燃发蒸汽之煤亦来自外洋。稍后始知其非计。故鸿章力主采用西洋机械开发煤、铁、铜、铅等矿,徐图自给;并创办电讯与铁路,以利交通。宗棠莅任两江总督,亦招商开采铜山县属利国驿等处煤铁矿(参阅五十八节)。同时,创议由上海沿长江至汉口,自行敷设电线。而于督办福建军务时,复建议增拓船炮大厂;而同时请开采福州穆源等处铁矿,自炼钢铁应用。临终遗疏,更请乾纲独断,及早兴办路矿诸大政(详见四十二节)。宗棠之洋务思想,似颇随时代而前进。然对于有人声请开采青龙山煤铁矿,仍徇顽固士绅之要求,以其地接近江宁省城,又有从前坟墓为理由,而竟予制止。则似其洋务思想,仍未透彻。电讯、铁路、矿冶,在外洋本非纯属军备范围。然中国当日之敷设电线、铁路、开矿,无不导因于欲充实军备以抵制洋人。换言之,为欲使军报敏捷,故办

① 《左文襄公书牍》卷九页54《上总理各国事务衙门》。应宝时,字敏斋,浙江永康人,道光二十四年(1844)举人,官至江苏按察使,著述有《射雕集》等。

电讯；为欲使行军迅速，故办铁路；为欲制造船炮有材料与燃料，故开矿。凡此皆当时洋务人员所谓自强之基也。[①]

然仿造工作进行缓而程度幼稚，无论如何，一时总难自给自足，其势仍不能不取给于外国。于是采购一事，发生两大问题：一为各国各厂争在中国兜售其所产，各省各营亦向外商选取其所需，而其中枪炮部门、种类既多，子弹不能相互为用，即有有心人士感觉其在国防上之危险。于是由鸿章建议：应向外国调查，就其精良，选定若干种类，以后补充，应限于此范围，此今日所谓标准化也。又采购之途径，先则假手于洋行买办若掮客，嗣则假手于客卿如海关外籍税务司之辈，而国人则始终未窥其底蕴，流弊无穷。于是鸿章又建议：以后应统归驻外使臣或其他人员，就近向各厂家洽办察验，此今日所谓集中制也。[②] 惟宗棠对此，尚属茫然。其在两江总督任内，于是有下列一段故事，由鸿章报告于总理各国事务衙门：

> ……李丹崖函称：左相现令德商福克在溪耳订造快船两艘，只求工速价贱，不问其他，海部以为笑柄。又令泰来洋行（即福克）订造鱼雷十二尾，要多机行用。又托上海耶松、祥生两船厂代造浮炮台四艘。均系确论。鸿章过宁沪时，闻人言啧啧。左相偏信德商福克之言，不求甚解。福克只知赚钱，于船械精奥之处，素无分晓。从前胡光墉荐至西征大营，承购军械，已骗多金。近来胡道因其领款浮冒，亦不敢担保。现办船械，皆由福克径赴金陵面订，不较价值，不问精粗，江南财赋虽充实，不免如丹崖所称，枉掷巨资，贻笑外人之处。可否请钧署节钞丹崖函，作为访闻，谆嘱左相：在德国订购之件，径行咨缄丹崖从严考究，是否得用，汇款转发，勿经奸商之手，致贻德人嘲笑，庶于海防军实及中国声名有裨。……[③]

丹崖，当日清廷出使德国大臣也。总理各国事务衙门如议，致函宗棠。宗棠覆函，于声叙上述三事办理经过情形外，其结论乃云：

---

　① 《左文襄公奏稿》卷六十页 26《商人请开青龙山煤矿业经先期禁止折》，卷六十一页 8《筹办沿江陆路电线片》。

　② 《李文忠公奏稿》卷三十二页 5—9《军火划一办法折》。

　③ 《李文忠公译署函稿》卷十四页 24《论购器宜加考究》。李凤苞，字丹崖，江苏崇明人。

……刻下法越之事，和战未定，沿海沿江防务，不能不预为布置。所造之船炮军械，尤望早日成功，俾得分布各口，稍壮声威。法人一闻中国造船购炮，遂多方造谣阻挠。福克原议八个月可成，兹据电禀，本年十二月方可造成，难保非法人暗中嘱托所致。宗棠已责其失信，催令赶造来华。至福克承办西陲军火，历有年所，毫无贻误，曾经保奏赏戴四品花翎。此次监造轮船，招中外之忌，宗棠亦虑其人过于长厚，难免被人欺蒙，又经札委陈兆翱会同监造，谅无讹误。即使将来船不合用，照原约退用，并无异说。今奉函询前因，具征指示周详，莫名钦感。惟其中委曲多端，不但外国浮言最多，即福建轮船局诸学生之于陈兆翱，亦难无猜忌之意，盖皆以染指为快也。语云：近日人心被一利字蚀尽，言之慨然。此时惟有以不睹不闻之法处之而已。……①

按晚清政府向外国采购军需乃至一切工业机械设备，早已成为弊薮。鸿章所报告，其中定多不尽事实之处，自甚显然。宗棠所声辩，亦自有若干真相。惟以宗棠之明察，不知此辈稗贩良心即已被一利字蚀尽，乃欲以不睹不闻之法处之，迹类遁辞护短，且正见其犹昧于洋务。抑宗棠对于德商，原颇信任，在陕、甘、新所用兵器与机械，几全为德商所承办。以是因缘，德商在我国西北，自早已有较大之势力，且尝藏有极大之野心，一面欲由已攫得之胶济路，更要求承造高徐铁路（由胶济线上之高密至徐州）与陇海铁路（经过徐州），一面欲由计划中之三B铁路更经波斯与阿富汗以达新疆西界，此亦研究晚清洋务者所不可不知也。②

宗棠于商务之思想又何如乎？有一点宜先说明者：当日之商务，不仅指贸易而言，实包含两层意义：一为因充实军备而财无所出，因欲模仿西洋方法，开辟财源，充裕国库；一为中外互市后，中国现银大量流出，而中国工商业受洋人之压迫剥夺，日形衰落，因欲模仿西洋方法，挽回利权，救济民生。如上所述，其先中国以为欲抵制洋人，只须充实军备，即亦有西洋船炮；稍后始发觉洋人之船炮，质量精进不已；且欲造船、炮，须开煤、铁等矿；而与军备

---

① 《左文襄公书牍》卷二十六页40—41。

② 《中国经营西域史》。

相辅者,尚有电讯与铁路等等。——模仿举办,无此巨额资本。同时,发现自洋商在中国沿海与沿江行驶轮船,航业悉被垄断,机制货物源源而来,土货为之滞销,真有民穷财尽之概。于是中国政治社会虽向讳言利,而若干先知先觉者至是不得不模仿洋人所为,开辟利源,挽回利权,而混括其名曰商务,由图自强而进于求致富。然宗棠于商务,无甚建树,仅在兰州省城时实行用机器织呢(参阅五十七节),第二次在福州省城时倡议用机器制糖而已(参阅五十八节)。在江宁省城时,则曾于具报善后事宜折中,表现其如下之思想:

> ……水次船户专以揽载为生。自轮船行驶长江,各省亦置备洋轮,以资运用。于是出入江海,华洋相杂,往返如织,贾客争趋,而江船水手尽失其业,无以谋生。故谓兵燹之后,富变而贫,贫者转为极贫,而末流将有不可胜言者。若不亟筹养民之政,专以赈恤为仁,是以乞丐视民,非惟无此政体,亦将何以为继。……①

顾宗棠所筹养民之政,仅限制典当取息,以轻平民负担;广栽林木,供平民燃料,建筑简单房舍,供平民租住而已(参阅六十一节)。诚以中国所患在贫,所谓养民之政无财莫举也。至充实军备所需经费,宗棠仅取给于整理盐务,所得殊有限,并未采用西洋方法,别辟财源。

中外互市后,办理洋务最困难之问题,为缺乏谙习洋务人才。清代官吏之来源:一为皇族;一为门荫;一为科举;一为捐纳;而以科举为正途,为数最多。然科举规定,文员所考试,仅为经义、诗赋,乃至旧时所谓经济之策论。在当时政事性质比较单纯,由科举出身之人,尚堪应付。其刑名与钱谷则因别有幕友所谓师爷者为之,犹今之于专门事务,畀之专家也。至武员所考试,尤为简单,仅有弓矢刀石之表演,向不足重。然办理洋务,则一须谙习外国语言与文字,二须谙习外国技术与制度。中国闭关数千年,宗教与历算而外,向少接受外国学术思想,将安所取得此项人才乎。于是始则用客卿,继则用客卿教习中国人士。宗棠创办福建船政,附设艺局,实为日后学校之雏型。是宗棠对于洋务之思想,颇为敏锐。后在南京,复就妙相庵,创设同文

---

① 《左文襄公奏稿》卷五十九页19《筹办善后事宜折》。

馆,正取学生二十名,副取六名,每名月给薪资正银三两,副半之,以冀养成通晓外国语文之人才。然于此仍有一困难之问题,即中国人之出身,既惟有科举为正途,则大多数人仍惟科举是趋。对于学习西洋之语言、文字、技术与制度,往往夷然不屑。欲移转此观念,于是激烈者主张废止科举;缓和者主张修正科举,在考试科目中,加入洋务科目。宗棠则主张将谙习洋务者之登进,别为一种考试:

> ……登进之初,必先由学臣考取录送,咨部行司注册,然后分发各海口效用差委,补署职官,乃凭考核。立法之初,应由海疆督、抚饬委海关道及候补道员专司察验考生三代籍贯,具册开报:一呈送督、抚,一由督、抚咨送学政。其愿就文、武两途,由各考生自行呈明注册,听候学政考试,分别去取,移明督、抚传验,会同出榜晓示,一面饬司注册,由司饬考生本籍州、县传知各考生知照;其流寓各考生,即呈由寄籍各州、县开列加结具文,申送备案。其取中文、武两科艺事各生,均由各考生自呈愿就何项差使,填注试卷面,旁钤用文科艺事、武科艺事戳记,以便识别。大约艺事以语言、文字、制造三者为要。能通中、西语言文字,则能兼中、西之长,旁推交通,自成日新盛业。其有取于语言、文字者,为其明制造之理与数,虽不能亲手制器,尚可口授匠师令其制造也。其能制造而不谙文理者,即以武科开列,以之充当末弁,深其历练,究胜于趋跄应对,以弓箭枪炮得差缺补署之流也。至于取中额数,以应考名数为断。大约学额十名,取录艺事两三名。于学额无所损,而于人才则大有益。省虚文而收实效,自强之策,固无有急于此者。……

宗棠所谓艺事,以为“系形而下者之称。然志道据德,依仁游艺,为形而上者所不废。经称工执艺事以谏,其有位于朝,与百尔并无同异。”[①]中国人心理每是古非今,故文人学士欲发表其新异之思想或主张,必须托之于古,以为于古有征,即可间执反对者之口。康有为之作《孔子改制考》,无非思借重孔子亦尝变法之说,以达其变法之目的而已。

然办理洋务,尤有一最困难之问题:即当时之政治制度,不合于洋务,非

---

① 《申报》光绪九年(1883)七月十八日。《左文襄公艺学说帖》页11—12。

改弦更张不可。顾中国政治社会最反对变更所谓祖宗成法,以为大逆不道。总理各国事务衙门系被迫设置,其始犹以为临时机关,敷衍洋人。乃日复一日,无形中反在政治上占一最重要之地位,浸假而超越军机处之上。各国之交涉,固集中于此;即模仿外国之军备与商务,亦特设海防股与总税务司,不归之兵、户两部,而集中于此。其间又分设办理南北洋通商事务大臣,为京外办理洋务之中心。南洋由两江总督兼任。(掌中外交涉之总务。专辖上海入长江以上各口。其闽、粤、浙三府则兼顾。)北洋由直隶总督兼任。(掌北洋洋务海防之政令,凡津海、东海、山海各关政悉归统治。)中日台湾事件,中法越南事件发生,朝野一致要求编练海军,宗棠应诏陈言,竟主张建树办理海军之中心,修正现行制度。其扼要之言曰:"慎选贤能,总提大纲,名曰海防全政大臣,或名曰海部大臣。凡一切有关海防之政,悉由该大臣统筹全局,奏明办理。畀以选将、练兵、制船、造炮之全权。特建衙署,驻扎长江,南拱闽粤,北卫畿辅。该大臣或驻署办事,或周历巡阅,因时制宜,不为遥制。另择副臣,居则赞襄庶务,出则留守督工。权有专属,责无旁贷。"后清廷将总理各国事务衙门中之海防股(原掌南北洋海防之事。凡长江水师;沿海炮台、船厂;购置轮船、枪炮、药弹、创造机器、电线、铁路,及各省矿务,均属之)划出,特设管理海军事务衙门,且将办理铁路等洋务仍悉归管辖(其机关名矿务铁路总局),以醇亲王主其事而副之以鸿章,正如宗棠之主张。其后之陆、海军部,农工商部与邮传部亦即由此蜕化而出。①

---

① 《申报》光绪十一年(1885)八月二十二日《拟设海防全政大臣以一事权疏》(并见《经世文三编》)。

# 六十　澄清吏治

左宗棠由浙江巡抚而闽浙总督，而陕甘总督，而两江总督，先后膺疆寄者二十余年，究以致力军事者为多，致力吏治者稍逊，顾此乃环境有以限之，而其所以整饬官方者，要未尝无所措注。

在军事时期，为一地方之官吏者，自以守土为最高责任。乃当宗棠之督师入浙也，全省几在太平军手，清廷所命官吏，大都弃职而走，其中地位最高者，为浙江布政使林福祥。宗棠为肃军律、正人心计，先就此公开刀。然福祥之出走，非无词也。据其亲供：

咸丰十一年(1861)八月十九日，至杭州省城，接浙江布政使印。二十七日，奉派赴诸暨督师。

九月二十三日，太平军围杭州省城。

二十八日，回师援应，扎营江口。

二十九日，带亲兵入城。

十月初二日，太平军城围合，与江口营盘隔绝。

十一月二十八日，城陷，入满城。先十日，奉浙江巡抚王有龄密札，以杭城粮尽援绝，事无可为，惟江口水陆各营，尚有一万数千人，城陷之后，应即出城，收集溃散，会合援师，迅图恢复。

十二月初一日，满城又陷，由钱塘门绕出武林门，至海塘五堡地方，闻知江口营盘已溃散。

初九日,由五堡小路绕道而行。

十六日,至余杭、德清交界之处。

二十六日,抵桐乡。二十八日,至屠田镇。

同治元年(1862)正月十六日,由屠田镇奔至江南提督曾秉忠五索营盘。

二十五日,到上海。

三月二十八日,由上海起程。

五月二十七日,抵衢州。

宗棠之勘语曰:

……查林福祥以本任藩司,募勇赴浙,贼未围杭之前,未能扼贼奔冲,贼既围杭之后,未能背城一战,徒借前抚臣十一月十八日设法出城,收辑溃卒一札,预为逃免之计。后十日,杭城陷,巡抚王有龄死之,林福祥不死,复入满营。十二月初一日,满城陷,将军瑞昌、副都统杰纯死之,林福祥不死。江口营盘溃卒,不可得而收矣,海宁、湖州不可得而至矣。出浙一步,便非死所,犹复展转逃匿,始奔江南提督曾秉忠营,继奔江南上海,时逾四月,而后行抵衢州,几忘其身为浙江方面大员,几忘当官有死事之义。主兵有失律之诛,竟忍死偷生,希求苟免至此。咸丰四年(1854),武昌失守,巡抚青麟率溃军至湖南,绕道荆州府,奉旨正法。文宗显皇帝非不知鄂省援尽食绝,青麟之情,亦有可原,只以名义攸关,纪纲所系,未可屈法宥之,慈怀恻然,千载如见,相应请旨,将已革浙江布政使林福祥立正典刑,以肃法纪。……

奏上,奉旨即着在衢州军营正法。同时伏诛者,尚有浙江提督朱兴朝等数人。[1]犹忆宗棠初入湖南巡抚张亮基幕府,即言:

……军兴以来,未尝诛一失律之偏裨,退缩之将领,自是将弁均不

---

① 《左文襄公奏稿》卷二页 49—53《遵查失守文武谨将情罪较重之大员先行定拟折》。曾秉忠,广东吴川人,官至福建陆路提督,卒谥壮果。王有龄,字雪轩,福建侯官人,谥壮愍。瑞昌,姓钮祜禄氏,字云阁,满洲镶黄旗人,谥忠壮。杰纯,姓布库鲁氏,蒙古正白旗人,谥果毅。青麟,姓图们氏,字墨卿,满洲正白旗人,道光二十一年(1841)进士。

畏法而畏贼。《书》云："威克厥爱，允济，爱克厥威，允罔功。"古今用兵得失，尽此二语……

盖其治军尚严，早有鲜明之表示。① 同时，两江总督何桂清于丹阳失守后，由常州退至苏州省城，旋亦走上海，既就逮，供称，彼之由丹阳退苏州，因于江苏按察使、江宁布政使等公禀请求。清廷交曾国藩彻查。国藩覆奏之结语曰："疆吏以城守为大节，不宜以僚属之一言为进退。大臣以心迹定罪状，不必以公禀之有无为权衡。"②桂清遂句决。皆诛心之论，固为大快人心之举。清廷之卒获中兴，犹赖上下有此执法无私之精神也。

又浙江当军事糜烂时，一部分官吏均裹足不前。一种为出差不返，如宁绍台道梁恭辰，于咸丰十一年（1861）八月，经前任浙江巡抚派往福建催饷，遄回原籍，逗留七八月，所催之饷，有无着落，无只字报告，即由宗棠奏劾革职。③ 一种为受命不到，如恒山于咸丰十年（1860）九月，授金衢严道，刘熙盛于咸丰十一年（1861）十一月，授处州府知府，均至同治元年（1862）七月，尚未到浙。宗棠奏准限一年报到，逾期一律革职。又一种为运动他调，如原派浙江人员，干求他省督抚奏留差委，宗棠奏请一律不准，以为此辈坐视浙事之成败，以便进止之私图，居心殊不可问，自宜概予裁抑，以杜规避。④ 此诚于振作官方，挽回人心，大有关系也。

宗棠平时整饬吏治之主张，约可括为三端：

……吏治之振新，全在上司精神贯注，除贪鄙、吸烟及全无知觉运动之人，断不宜用外，余皆随材器使，亦可渐收转移之效。大抵中人之资，可与为善，可与为恶，吾之好恶一端，斯吏之趋向定矣。长沙一猾吏曾语人云："吾辈所工者，揣摩风气耳。使上司所尚者，果是廉干一路，吾亦何乐而贪庸乎。"此言虽谐，却亦近理。今日道府以至督抚，均言察吏，不知察吏之外，尚有训吏、恤吏两端。训之使不至为恶，恤之使可以

---

① 《张大司马奏稿》卷一页7—8《筹办军务据实直陈折》。

② 《曾文正公奏稿》卷十六《查覆何桂清退守情形折》。何桂清，字根云，云南昆明人，道光十五年（1835）进士。

③ 《左文襄公奏稿》卷二页28《道员借差回籍逗留请旨革职片》。梁恭辰，字敬叔，福建长乐人，道光十七年（1837）举人，著述有《劝戒近录》。

④ 《左文襄公奏稿》卷二页41—42《请饬催道府各员迅速赴浙折》。

为善,斯其成就者多,而转移自速也。由前言之,表端则影自正,修身以上之事也;由后言之,以人治人,改而止,忠恕之道,齐家以下之事也。
……

训以理,恤以情,察以法,合此三端,以言吏治,吏治自未有不善者已。①

宗棠于同治三年(1864)三月,甄别浙江不职知县,奏云:

……臣莅任以来,凡遇属官之来见者,无不以屏除官场积习,勉作好官,时加勖勉。公事禀牍,无不亲手批答,冀其时加省览,有动于心。……②

时加勖勉,可作为口头之训;亲手批答,可作为书面之训。口头之训,固不能详,书面之训,可引两例。批陕西临潼县知县伊允桢禀报接印视事云:

……做官要认真,遇事耐烦体察。久之,无不晓之事,无不通之情。一片心肠,都在百姓身上。如慈母抚幼子,寒暖饥饱,不待幼子啼笑,般般都在慈母心中。有时自己寒暖饥饱,翻不觉得,如此用心,可谓真心矣。有一等人,其平日作人好,居心好,一旦做官,便不见好,甚或信任官亲、幕友、门丁、差役,不但人说不好,即自己亦觉做得不好。旁人谓其无才,上司亦惜其无才,实则非仅无才,还是不认真耳。如果认真,则保赤之道,心诚求之。天下无不知爱之慈母,故无不能爱子之慈母也,今以百姓之事,交付官亲、幕友、门丁、差役,若辈本非官,官既非真,心安得真耶。诗曰:"弗躬弗亲,庶民弗信",当引为大戒。因来禀虽是到任例禀,而其中有东国迂儒,及自愧疏庸,难膺繁巨等语,预以无才自命,觉其用心非真也,姑书此箴之。……③

又批甘肃阶州州判刘立诚禀陈地方情形云:

……官莫嫌小,由小可以至大。地方莫嫌瘠苦,惟瘠苦,益足显其措施。民莫嫌刁顽,惟刁顽,赖官为训导。昔王文成曾为龙场驿丞,卒为有明一代名臣,良由动心忍性,增益其所不能,故后来之成就大也。下马关虽陋,较龙场驿为胜,该倅果能实心实力,为民谋生全,为民广教

---

① 《左文襄公书牍》卷八页17《与周受三(开锡)》。
② 《左文襄公奏稿》卷八页23《甄别不职知县折》。
③ 《左文襄公批札》卷二页45《临潼伊令允桢禀接印视事情形由》。

化，安见瘠苦不可致富厚，刁顽不可迁善良哉。……该倅自知忠信笃敬，生平所短，即宜切实体认此四字，念念不忘，自有进境。盖作事不可荒唐，语言不可荒唐，心能主一无适，自然罄无不宜。该倅前在保甲局办事，便想做官，莅任不过数月，又想回省听差，希冀寸阶，此是志不专一，便是念虑荒唐也，能弗返己自省哉。……①

皆针对其缺点，作切实之纠正。

宗棠在福州省城时，尝刻陈宏谋纂《从政遗规》、《在官法戒录》二书，发地方官讽诵。移陕甘总督后，常劝僚属读汪辉祖著《佐治药言》、《在官法戒录》二书，又曾辑刊《学治要言》，颁发甘肃属吏。其札甘肃布政使文云：

> 服古入官，学优而仕，往训攸章，未有不学而临民者。近世士夫，竞习帖括，尚词章记诵，而经术早荒，骛利禄功名，而儒修罕觐。甲科之选，已不古若。军兴捐例频开，保叙辈出，官途日益猥杂，求仕风之进于古，不已难哉。治军余暇，搜前人书论，有关吏事者，都为一编，题曰《学治要言》，付手民镵诸木，颁诸寅僚。自惭德薄能鲜，于诸老先无能为役，冀同志诸君子玩索是编，而有得焉。发为经猷，见诸事业，岂惟关陇子遗实受厥赐，善气所召，休祥应之，造福于民者，己必兴焉。即不佞亦可借寡愆尤矣。因公接晤时，当即是编相与考订往复，以求一是，幸勿泛常视之。

此亦为书面之训，而及至相与考订往复，则又为口头之训矣。②

宗棠所谓恤吏，包含体惜之意，或为精神上之慰藉，或为物质上之补济，或为法令上之宽假。如陕西绥德州知州成定康剿匪党，办善后，竭忠尽智，宗棠于其禀报攻克霍家沟寨时，批答云：

> ……该守积劳成疾，实深挂念，血性男子，遇事不肯放过，不肯随人，固是本色。然当百忙之中，亦须稍存暇豫之意，庶心神和适，不致竭蹶。古人云："爱其身，以有待也。"又云："能事不受人迫促"，乃为入粗入细经纶好手。愿贤者百尺竿头，再加进步。……

---

① 《左文襄公批札》卷六页40《白马关州判刘倅立诚禀陈地方情形由》。
② 《左文襄公书牍》卷十四页57《答吴清卿(大澂)》。《左文襄公咨札》页33《札甘肃藩司发学治要言》。《左文襄公批札》卷四页10《翁藩司同爵禀呈四种遗规等书由》。

甘肃阶州知州洪惟善因省母遄归,宗棠于其禀报交卸时,批答:

> 该守自权阶篆以来,捕匪安良,尽心民事,实牧令中出色之员,已于肃清案内附片保奖矣。此次以急于省侍,于交代清楚出结后,未及禀辞,遽先回籍,念其望云情切,勉如所请。惟愿高堂康适如常,早日度陇,以慰遥盼。……①

是为精神上之慰藉之一例。又如云:

> 林守发深在泾年久,老成谨厚,素所深知。今因患病请假,回籍医调,景况萧条,殊为悯念。候饬藩司酌发川资银五百两,以示体恤之意。为该守急于言旋,即由该道先行筹垫,俾趁新凉天气,早日治装可也。

又如云:

> ……张介卿(宗翰)署西宁道,光景甚窘,须议给津,每月非百金不可,肃州镇委陈春万,亦非每月津贴五十两不行。……新授镇迪道福裕……旅橐萧条,计此时已可行抵西安,弟已飞致沈吉田(应奎),妥为照料,抵兰州后,希于无碍款项内,拨给盘川。……②

是为物质上之补济之一例。又如云:

> ……地方初定,一切均宜从新整顿。若不准地方印官便宜从事,必致为文法所拘,不能登时了结,甚或酿成事端。本爵大臣督部堂所莅,皆系残破之区,每鉴近时守丞牧令深畏办案之烦,文法之密,至不能自举其职,往往假以便宜,从未稍涉苛细。……③

是为法令上之宽假之一例。

与恤吏尤有关系者,莫如一面严格裁革陋规,一面宽筹公费办法。宗棠

① 《左文襄公批札》卷二页30《绥德州成守定康禀攻克霍家沟寨由》,卷六页5《署阶州洪守惟善禀交卸后即由汉回籍由》。陈宏谋,字汝咨,号榕门,广西临桂人。雍正元年(1723)进士,官至东阁大学士,乾隆三十六年(1771)六月卒,著述有《培远堂存稿》、《五种遗规》等。汪辉祖,字焕曾,号龙庄,浙江萧山人。乾隆三十六年(1771)进士,官湖南宁远县知县,著述有《元史本证》、《史姓韵编》、《九史同姓名录》、《二十四史同姓名录》、《都姓录》等。洪惟善,字葆卿,湖南宁乡人。

② 《左文襄公书牍》卷十七页41《与刘克庵(典)》、《与崇峻峰(保)》。《左文襄公批札》卷六页6—7《平庆泾固魏道光焘禀林守发深请假回籍就医由》。张宗翰,字介卿,湖南湘阴人,光绪七年(1881)九月卒。福裕,姓乌齐格里氏,字余庵,蒙古正红旗人。

③ 《左文襄公批札》卷四页46《河州知州潘牧效苏禀河州新抚地方命盗案件可否就地处治请示由》。

认为：

> ……惩贪奖廉，必先将义利之辨，剖析至精，毫无假借，而后纪纲正而士风清，法戒昭然。纤鳞虽遗，吞舟必期无漏，官之薪廉，应得者也。此外如相沿之陋规，或借以办公，或取以充交际之用，尚可谓为应得之款。至因巧取而创立名色，因营私而潜通请托，则赃款也。若亦指为应得，而以陋规宽之，是夷跖可同科，贪夫多幸免，法未立而弊已滋矣。……①

然宗棠主张仍当有以维持主官之生计，故周开锡任浙江温州知府兼温处道时，宗棠戒之云：

> ……盐厘事，可细心察看，应减者减，应免者免。局卡各员，应参者参，应撤者撤。速将钱粮弊窦剔除，以惠农民也。要州县过得下去，不可太过太尽，庶几善政得民财之说欤。……

又一函，其言尤为透彻：

> ……减征一节，最为当今急务，各处情形不同，不能一律，亦自然之理。湖南所以胜于湖北，湖北所以胜于江西者，同一减征，而施为自别也。若概定一章，则巨屦小屦同价，苦乐不均，事必难成，成亦不久耳。永嘉章程，于县令尚无过当，而道府两署，一举而空之。吾侄作温处道、温州府，或尚勉强可行，若别人为之，则难以终日，必别生枝节，巧立名色，向县令索钱。其贤者，则惟有襆被而走耳。林听孙（聪彝）来衢，一如侄之在温，尽革新参、节寿及一切陋规，惟支养廉，以充用度。然仅数百金，万不济用。仆鉴其苦，而姑以两局薪水畀之，计亦不过数百金，将来仍须为渠打算。另曰："苦节不可贞"，至哉言乎。永嘉二百八十文，留八十文，不为过。侄宜审图之，毋仅取快一时也。……

于是而有另给公费之计，有通省规定者，则尝行之于福建。后福建巡抚岑毓英尝称善其事：

> ……闽省各衙门陋规，经前督臣左宗棠于同治五年（1866）奏准，概行裁革，并将各州县私茶之茶叶起运税，耗验箱经费，提归公用。即由

---

① 《左文襄公书牍》卷二十六页29《答阎丹初（敬铭）》。

此杂款,及闽安等关税余,与洋药、百货一成厘金盈余,按各缺分之繁简,用费之多寡,提给公费,不再扰及民间,亦毋庸另动正款。出纳一正其名,予取各得其实,于吏治、民生两有裨益。……①

有特别规定者,例如刘思询任甘肃凉州府知府时,宗棠指示云:

> 官评以操守为重。属吏馈赠,官价派买,与衙门一切陋规,不准收受,例禁綦严。晚近以来,仕风不正,道府取之州县,州县取之民间,上下交征,吏事遂不可问。该守权篆剧郡,莅任之始,即将一切陋规概行裁革,具见清白传家,志趣不苟,深为嘉悦。做官不要钱,是本分事,但能不要钱,不能为地方兴利除弊,讲求长治久安之道,于国计民生,终鲜裨补,则亦不足贵。所望于该守者,固犹有进也。然非操守清严,画定界限,大本不立,其见诸事为之末者,又安足道哉? 自应先将本任内出入实数,通盘合算,按月划清,令界限内常有赢余,庶自受篆日起,至交卸日止,毫无亏累,乃能进退绰然。据禀自四月廿六日到任起,至五月廿六日止,一月之内,征收畜税银一百六十余两,商税银二百九十余两,西税银二十余两,三项共银四百八十余两。内除畜税一项,前已批饬,实征实报,不准稍有侵欺,商税、西税两项,每月照依正额,应报解银一百五十余两外,只可余银一百七十余两。而遵照旧章,该府支发各处饭食、册费、津贴、本署书役工食、纸张,供支幕友薪水、家丁口粮,以及伙食、油烛、纸张等项,每月应需银四百八十余两。合该署守满年应领半廉,并奉公役食等项,除照章折扣外,实应领银一千六百余两。一并通盘合计,每月仍不敷银一百七八十两。该署守纵甘心赔垫,以后莅斯任者,恐难为继。查畜税一项,现既清厘明晰,余羡解归厘局,应于此项内,每月划出银二百两,作为该府津贴。如所收尚不足敷,仍准随时禀明,以凭再提津贴。如此以税余为津贴,奉文指给,受之者无惭,而税余由除弊而来,划款开销,官款仍归有着,无损于上,有益于下,较为得之。

---

① 《京报》。岑毓英,字彦卿,广西西林人,县学生,官至云贵总督,光绪十五年(1889)年卒,谥襄勤。

……①

陋规之存在,本为吾国澄清吏治上一大障碍,根本解决,惟有明定足敷之薪费。而在未能根本解决以前,则宗棠此种处置,自较为合理也。

唐刘晏造江淮运船,价五百贯者,辄给一千贯,或议其枉费,晏曰:"大国不可以小道理。凡所创制,须使人有余润。私用不窘,则官物牢固。"故转运五十余年,船无破败。宗棠最服膺其说。创办福建船政局时,与日意格、德克碑订约,委托其采办机器等等,即主不惜小费,使有利润。但仍与声明约束,条约外,勿多说一字,条约内,勿私取一文。② 抑凡宗棠有所经营,无不用此方式,是亦恤吏之一端也。

宗棠于同治二年(1863)十二月,奏报闽、浙两省提镇司道府各官年终密考结果,略谓:

> ……饬藩臬及各巡道,密察各府县,饬各府县,密察所属丞倅牧令,饬各县密察所辖之教职佐杂,以操守、性情、才具、缉捕四条为课,令各详其事实、声名,分注各条下,以资考证。……③

此可作为察吏方法之一种。又尝曰:

> ……州县最须得人,朴勤者为上,安静者为中,沾染近时习气者,不可留也。……

> ……官无论大小,总要有爱民之心,总要以民事为急。随时随处,切实体贴,所欲与聚,所恶勿施。久之官民浃洽,如家人父子一般,斯循良之选矣。勤理案牍,操守端谨者次之。专讲应酬,不干正事,沾染官场习气者为下。其因循粉饰,痿痹不仁,甚或倚任丁役,专营私利者,则断不姑容也。……④

此则可作为察吏之标准。大概贪官污吏,宗棠必劾之不稍姑息。范仲淹所谓一家哭,何如一路哭也。

---

① 《左文襄公批札》卷七页 29—30《凉州府刘守思询禀裁革陋规由》。刘思询,字考轩,湖南新宁人。

② 《左文襄公书牍》卷八页 64《上总理各国事务衙门》。

③ 《左文襄公奏稿》卷七页 10《闽浙两省提镇司道府各官年终密考折》。

④ 《左文襄公批札》卷五页 28《陕安三道寿禀白河会匪滋事情形由》,卷六页 66《陕西延榆绥道禀考察官吏由》。

宗棠之所谓训吏、恤吏、察吏，即以其平日议论释之，行动证之，大抵如此。然宗棠又尝曰：

> ……欲知民事，必先亲民，欲知吏事，亦须亲吏。今人但言察吏，而不知训吏，但言课吏，而不知亲吏，故贤否混淆，而属吏亦无所观感。所谓亲者，不在勤接见，通声气，要有一副勤恳心肠，与之贯注，见善则奖，见过则规，宽其不逮，体其艰苦，则中材自奋者必多，而吏治乃有蒸蒸日上之意。各属壅蔽悉去，彼此诚意交孚，何为不成，何事不办，百姓有不被其泽者哉。……①

似宗棠于吏事，在训吏、恤吏、察吏三端而外，更有课吏、亲吏二端。其实课吏，即是训吏，而亲吏亦在恤吏范围之内。汉宣帝之为治，曰综核名实。欲综核名实，必先扫除一切浮文与俗套。宗棠亦三致意于是。剿捻回师，初入陕境，即批耀州知州王讯禀候文云：

> ……本爵大臣已行抵临潼矣。日接阅各属来禀，所陈地方利弊，贼情地势，无不随时批答。惟一切称颂贺候套禀，概置不览，且拉杂烧之。该署牧初权耀州，地方事宜，岂无应行禀白者，仅以书启套语上渎，徒烦省览，何耶？原禀掷还。②

入甘后，又批宁夏府知府李藻禀报接篆文云：

> ……谢禀用骈语，殊可不必，此即所谓官气懒残，所谓为他人拾涕者，于实事无益。……③

到肃州，督办新疆军务时，又通饬文武印委员弁云：

> 新疆军务未竣，本大臣爵阁部堂驻节肃州，启处不遑，所有关内外文武及营局各员，凡遇庆贺礼节，概应删除，即谓长属分义有关，宜随时通候，以表虔恭之意，禀启将意，亦无不可，断不准擅离职守，来辕晋谒，致旷职守。其有专差呈送礼物者，尤干例禁，已早饬文武摈弃不收。各

---

①　《左文襄公批札》卷四页 34《陕西凤翔府原守峰峻禀陈到任察看地方情形由》。

②　《左文襄公批札》卷二页 26《耀州王牧讯禀候由》。

③　《左文襄公批札》卷四页 7《李守藻禀接署宁夏府篆并陈一切情形由》。李藻，字湘川，湖南平江人。

文武印委均应勤思职业,毋得非分相干,自取咎戾。凛之。①
人之精力与时间,均有限度。为吏者,于浮文俗套上,多费一分精力与时间,即于为政致治上,减少一分精力与时间。且习于浮文俗套,直接启夤缘奔竞之渐,间接开营私舞弊之门,为害于吏治者无穷。故宗棠凡此所为,虽若末节,不可不谓能见其大。

① 《左文襄公咨札》页 49《通饬文武印委员弁删除庆贺礼节勤思职守》。

# 六十一 政在养民

《洪范》有言:"政在养民,正德利用厚生。"左宗棠早岁,即颇究心及此。年二十七,会试北上,道经直隶之栾城,偶游市上,见知县桂超万所张示谕,劝民耕种,并示以种植木棉、薯芋之宜,及备荒之策,颇为详备,心焉仪之。报罢南归,益留意古今农书,探讨甚勤,且欲有所著述。徙家柳庄,与家人躬亲农事,栽桑、养蚕、缫丝、种茶、莳竹,凡为土地气候所宜,而足以资生者,无所不及。居长沙省城时,仍令家人种蔬、养鱼,借以自赡。固以后宦辙所经,无不以教民治生为先,而尤侧重于农事,固以兴趣所在,亦阅历有得也。①

宗棠始过甘肃各属,见民间所植谷类,仅有大小麦、黄白粟、糜子、油麻、包谷诸种,虽终岁勤动,得获再收,而皆穗短苗单,颗粒细小。计问一亩之地,不过收百余斤,其价又贱,除留自食,易钱必不能多。宜其人生日用所需,异常困乏。因思东南之稻,利似过之,何不教以植禾。既驻军平凉,首令所部兵士试植一种晚稻,初甚秀发,终竟无成,则以为土性非宜,已作罢想。已而平凉知县试种稻,所得每亩可四五百斤,民间效之,收获亦丰。宗棠得

---

① 《左文襄公奏稿》卷七页 3《故员政绩卓著恳敕下国史馆立传折》。《左文襄公书牍》卷一页 37—38《答罗研生(汝怀)》,页 38《上贺蔗农(熙龄)》,卷十九页 61,卷二十二页 1,均《与谭文卿(钟麟)》。桂超万,字丹盟,安徽贵池人,道光十三年(1833)进士,官至福建按察使,同治二年(1863)八月卒,著述有《惇裕堂文集》、《养浩斋文集》、《诗集》、《宦游纪略》。

悉其事,大喜过望,令传之他县。惟以为甘肃天寒较早,所择种子,宜取栽植后经六七十日即可收成者,否则一至露结为霜,即有秀而不实之虑。其后敦煌等县均报试种有成。①

甘肃民间,向以栽植罂粟取利,每亩可出烟土,多者七八十两,少者三四十两。宗棠以其流毒甚大,斥为妖卉,严令各地限期禁绝(详六十六节)。顾又以为既夺其罂粟之利,自当另觅一种其利相当之农作物代之,方于生计无损,易于乐从。乃审土之宜,提倡种植草棉。盖棉之收成,佳者一亩可二百余斤,每斤约值钱一千文,而其工力翻省于种罂粟之劚果刮浆也。且甘肃丝缕布匹,太少生产,远从湖北、四川购运而至,价值又太昂,宜其人民常多衣不被体,寒冻可怜。如能由自植棉而进于自织布,则民衣问题,亦且随而解决。于是刊成《种棉十要》及《棉书》,分发所属,令向民间劝说。其在西路,同治十二年(1873)宗棠赴肃州,道出山丹、抚彝、东乐各处,目击田间多已种棉,正值成熟。传询农民,亦认利益不下于罂粟。甘肃外来棉花,每净花一斤,本售价钱七八百文,后降至四百文左右,殆即本省棉产渐盈之证。其在东路,如宁州、正宁等处,种棉亦著成效。且购觅纺车、织具,雇倩民妇,教习纺织。光绪四年(1878),宗棠在兰州省城,亦特设纺织局,为民间妇女传习,惜甘肃不尚女红,未几即辍。至陕西经宗棠刊书劝种,关内渐遍,后竟蔚为出货大宗。②

吾人行于甘肃之原野,偶见畎亩间,积砾累累,疑为石田。其实非也,是名铺砂,为甘肃特有之一种农法。用井砂、河砂、洼砂或沟砂,平铺地面,既可解消土中碱性,同时保持土层湿润,增高地底温度。铺砂以后前二十年,谓之新砂地,中二十年,谓之半两砂地,或中年砂地,末二十年,谓之老砂地,须换铺新砂矣。其发明,乃出于偶然,距今尚不过百余年。某岁,甘肃大旱,赤地千里,会有田鼠窃麦遗地,又于往来间,带砂砾覆其上。次岁,发苗蓬

① 《左文襄公咨札》页25《札陕甘各州县试种稻谷桑棉》。《左文襄公批札》卷七页42《敦煌县蒋令其章禀覆试种稻谷由》。

② 《左文襄公咨札》页26《札陕甘各州县试种稻谷桑棉》。《左文襄公书牍》卷十四页13《答谭文卿(钟麟)》,卷二十二页19《上总理各国事务衙门》。《左文襄公奏稿》卷四十五页21《请奖励劝教兼施各州县折》。《重修皋兰县志》(光绪十八年〔1892〕纂)卷十二页37。《甘宁青史略》正编卷五十四页33。《续陕西通志稿》卷一百九十二页2。

勃,结实繁盛。农人惊异而则效之,亦有意外之收获。盖甘肃地质,常含碱性,雨水不多,灌溉维艰,天气严寒,又历时甚长。此三者,皆不利农产,而此农法恰可弥补其缺憾也。宗棠既定甘肃,招徕耕垦,遂贷款农民,使广行铺砂,改良土地;尤盛于皋兰、景泰、永靖、平番、沙、靖远等县,使荒滩僻壤,悉成良田。鼎革而后,砂地衰老,益以天灾人祸,政繁赋重,农逃田荒,至今皋、景交界,百里无人烟。回忆当年宗棠之政绩,辄兴殷墟之感喟。光绪六年(1880)宗棠为伊犁交涉,出关驰赴哈密,一路所见,以告帮办甘肃新疆善后事宜杨昌濬:

> ……戈壁乏水草,不能度地以居民,固也。然凭轼观之,亦有不得于心者。沙石间杂,中含润气,虽无涌见之泉源,雨露之滋润,其足荫嘉谷,一也。兰州北山秦王川,昔称五谷不生者,近则产粮最多,省会民食,取给于此,老砂、新砂、翻砂,时形争讼,其明征也。惠回堡迤西而北,沙碛尚杂石片,安西前后沙滩,则石子相间,并少块片,疑可仿秦王川法,用种嘉禾,就中大小沙头,遍生野草,间有芦苇丛杂,既产草,则必宜禾,奚仅宜畜牧,不宜耕垦乎?至沙滩戈壁,虽乏树木,然近水各处,亦见榆柳,疑下湿之地,皆可种植,奚仅宜榆柳,不宜蔬果乎?凡此皆旬日往来,胸中未能少释者。……

此时宗棠又思将铺砂之法,推之于关外。虽在戎马倥偬之际,其不忘开发地利以惠民,盖如此。[①]

新疆原产桑,但民间仅取葚代粮,或以充药材。蚕丝之业,间有而未广,衣被庐帐之制造,取材于毡片。其参用蚕丝,和毛弹织者,亦颇精致,售获善价。顾以与内地交通不便,未能广销。而俄人在新疆购丝,实多采之四川。宗棠调查新疆境内,有桑八十万六千余株,叶大质厚,确宜于蚕。验所产丝,色洁质韧,亦不下中土。惟土人于栽培、养育、缫织等技术,多不谙练。爰特从浙江之湖州,雇募工于蚕桑者六十名,并携带桑秧蚕种(计三百九十四张),以及缫织应用器具至新,就阿克苏设立蚕织总局。并在哈密、吐鲁番、

---

① 魏宝珏《甘肃之碱地铺砂》,《中农月刊》卷四期二。《左文襄公书牍》卷二十四页 32《与杨石泉(昌濬)》。沙县,今洮沙。

库尔勒、库车、英吉沙尔、喀什噶尔、和阗、叶尔羌、阿依克等地,各设立蚕织分局,大事劝导传习。当时制成线绉绸缎,颇与浙产差同,献之宫府,皆诧为奇。嗣逐渐推广于天山北路。虽蚕织局不久以办理未尽完善,卒至停办,然新疆蚕丝之业,究由是而始兴。逮光绪末叶,有司重加倡导,犹利用宗棠当时引入之工匠与器具,彼时约计每年可产茧一百二十六万斤,丝六十四万斤,和阗、叶尔羌、河浦、皮山等处居民多有以此为业者。①

宗棠在甘肃,亦颇提倡蚕桑,湖州桑秧初至,分一部留甘肃,时宗棠尚驻节肃州,躬在嘉峪关内外督植,并贻书昌濬,同在兰州省城行之:

> ……莲花池(按即今小西湖)种桑千余,东校场、河壖及节园隙地,均可植之。尊处所留桑秧,宜尽数分种,将来种葚、接枝、压条,均可取给于此。十年之后,可衣被陇中矣,幸何如之。此间于清明日,分栽数百株,急令匠师出关,分种玉门、安西、敦煌诸处,细察根条,尚含生意,或不至无成。移浙之桑,种于西域,亦开辟奇谈。古今美利,非书愚孰与图成者,吾曹勉为十稔之留可耳。一笑。……

嗣并在安西、敦煌两处,设立蚕织局,教民缫织。而当湖桑之运甘而经陕也,发生一被西安转运局委员截留之趣闻。宗棠致书陕西按察使沈应奎论之:

> ……瞿丞(良份)事,前函罢其转运局务,委署相当之缺,想已照办。此君廉隅自守,心存利济,人所共知,以之作简僻地方官,必于百姓有益。海忠介(瑞)宰淳安,人称其不晓事,于清端(成龙)宰罗山,人呼为醉汉,悠悠之口,其足信耶!涂中丞(宗瀛)责其擅越,瞿丞固无以自解,惟亦须分别观之。若如瞿丞之截留浙桑,遍植各州县,成活颇多,此等擅越之咎,恐天下亦不多见也。……

瞿丞殆亦书愚之流,宜以截留桑秧,及受宗棠赏识。而宗棠之自喜于蚕桑,更可见矣。② 谭钟麟为陕西巡抚时,亦颇提倡蚕桑,尝以所刊言蚕桑之书相

---

① 《左文襄公奏稿》卷五十五页81《革员祝应焘恳恩注销永不叙用片》,卷五十六页24《办理新疆善后事宜折》。《刘襄勤公奏稿》卷五页64《关外善后台局一切应发款目缮请立案折》。《左文襄公书牍》卷二十四页39、页79,卷二十五页15,均《与杨石泉(昌濬)》。《新疆图志》卷二十八页6。萧雄《西疆杂述诗》卷三《蚕桑一首注》。

② 《左文襄公书牍》卷二十四页17《答杨石泉(昌濬)》,卷二十四页68《与沈吉田(应奎)》。《左文襄公奏稿》卷五十七页47《甘肃气象更新折》。瞿良份,原名良斌,字敬庵,甘肃宁翔人。

赠,宗棠报以一笺:

> ……承示《蚕桑辑要》一编,与近代杨崇峰中丞(名飏)所刻《蚕桑简
> 编》略同,而采撷尤备,其为民生计者至周,庶复古齤之旧。关中草棉桑
> 柘,地无不宜,陇则山高气寒,不能一律,而民情窳惰,其有过之。上年,
> 符檄频催,郡县多以风土不宜为辞,实则向阳之地,未尝不可栽种,即育
> 蚕天气,亦可缓俟大眠节候,总以桑叶如钱时为度,自无不宜,何至坐失
> 美利,甘为冻鬼?盖自周初王迹以次东指,二千余年,不沾圣化,陇右沦
> 于戎狄,遂致别为风气耳。崔寔《五原纪事》谓:"穷民自土穴出,下体不
> 蔽。"今甘凉一带,及笄之女,且无襦裤,犹如昔时,吁!可骇也。大抵官
> 如传舍,得地不能得人,无以久远之计存于胸臆者,因循相沿,遂至此
> 极,亦非仅风土之不宜。披览此编,但增慨叹。……①

宗棠又考知陈宏谋为陕西巡抚,尝劝民养山蚕,因举下列诸种树,其叶可饲
山蚕者:

> 槲树　大者为大叶槲,小者为小叶槲。
>
> 橡树　叶多棱,结子上圆下尖,状如莲子,名曰橡子,橡子落地,以
> 土掩之,即可成树。
>
> 青杠树　类橡叶而小,结子与槲树同。
>
> 柞树　红皮者名红柞,白皮者名白柞,叶皆青色,似柳叶而较宽,经
> 霜不落,结子与青杠同而较大。　以上喂养山蚕。
>
> 椿树　即臭椿,嫩芽时,红色,成叶后,青色,似香椿而微臭,子结瓣
> 中,如目之有珠,名凤眼草。　喂养椿蚕,全赖此种。

揭告民间,俾当地有其树者,知所从事。②

宗棠于蚕桑,确有特殊之兴趣,后在两江总督任,又广采湖州桑秧二百
余万株,分栽于江宁省城之公私隙地,以广蚕利。南京丝织业之发展,宗棠
当与有力。嗣更发三十万株于海州、淮安两属,并刊布种植法则,冀推之于

---

① 《左文襄公书牍》卷十三页5《答谭文卿(钟麟)》。
② 《左文襄公咨札》页27《札陕西各州县试种稻谷桑棉》。

江北。上元廪生罗某，提供桑树去蠹方法，宗棠亦欣然通饬，依以指示种户。①

宗棠以为西北地方宜于畜牧，固矣。要以羊之利为最。羊之皮，可为裘，羊之肉，可为食，而羊之毛，尤宜为织料。每年剪毛两次，每斤可值银一钱数分，故既设织呢局（详五十七节），又颇提倡畜羊。光绪二年（1876），宗棠在兰州省城，拨银六千八百二十八两，贷与农民，自购种羊孳牧，三年归本。然贫民得钱，多以购食，并未购羊。于是宗棠修正其办法，令各属径以种羊，如耕牛例，贷与民间。至安西州时，捐廉银二千两，交地方官协买种羊，分给民户与兵丁，各事畜牧。而甘凉道属散布种羊三千头，孳生繁息，尤睹成效。盖凉州之畜为天下饶，自昔有然也。新疆收复后，宗棠亦命所属，择水草便宜处所，查明户口，散发羊种，责成乡保连环结保，将所领成本，分三年摊还，不取息耗。②

如上所述，虽属片段，而宗棠之一片热忱，谋所以为民生利者，固灼然如见。其尤可称者，在决心复兴我国西北荒僻之一隅。宗棠以为《诗经·豳风》："执筐采桑，元黄载绩。"豳即当今陕西之邠州与甘肃之泾州，足征西北蚕丝业，早已肇兴于二千年前。又以为《禹贡》载雍州贡织皮，雍即当今陕甘两省之一部分，亦足征西北毛织业，早已肇始于二千年前。我汉族文化，本发祥于西北，既逐渐向东南移徙，竟弃之如遗，浸至西北成为边陲，文化逐渐落后。宗棠鉴于其人民之鄙陋与贫苦，思有以复兴之，则一以教养为先。教之事，为设义塾，为设书院，为甘肃别设学政，为甘肃乡试分闱（详五十七节）。养之事，即上述种桑、养蚕、织丝、育羊、织呢、植棉、织布。夫地方教养之事，吏之稍有良心者，类优为之。惟谓将以复兴西北，则不能不谓为宗棠

---

① 《左文襄公奏稿》卷五十九页68《广筹裁种折》。《清史稿》卷四百五十七铁珊本传（列传二百三十八）。《申报》光绪九年（1883）四月初三日。

② 《重修皋兰县志》。《左文襄公批札》卷七页10《镇迪周道崇传禀乌桓等处善后事宜由》，页37《黄令长周禀察看喀喇沙尔应行开办事宜由》，页39《黄令长周禀查明罗布淖尔河道由》，页41《安西州龚牧恺申覆奉饬提拨羊种银两由》。《左文襄公书牍》卷十六页10《与刘克庵（典）》，卷二十二页20《上总理各国事务衙门》，卷二十四页30《与谭心可（碧理）》，页32《与杨石泉（昌濬）》。《左文襄公奏稿》卷五十九页47《甘肃气象更新折》。《甘宁青史略》正编卷二十四页43。

之创见。①

宗棠任两江总督为时不久,顾于民生之措施,亦有一二可纪者。

当铺之设,原为取便穷民,而江苏、安徽各典取息之轻重,与满期之长短,参差不一。宗棠因为酌中定议:

(一)无论抵当衣饰或农具,凡资本银一两,一律由每月取息二分五厘,减至二分。以前遇每岁隆冬与灾欠年份,官厅常令减息,此后可毋庸再减。如仍有自愿至时让减者,是各典商好行其德,官厅只宜代请奖励,不必加以诱勒,更不准从而要挟,以阻其乐善之心。其有地方情形特别,典商获利确属微薄者,得由官厅查明,请拨官款作本,不取利息,仅将该款分年拨还,或于闭歇交替之际,照数呈缴,其取之于当户之利率,与以下规定之期限,概不得增减。

(二)抵当物赎取期间,原仅十八个月,改以连闰二十四个月计算,仍放宽三个月,统以二十七个月为满。

同时规定:

(一)每年除典税照常完纳外,城典每月只准捐钱二十千文,乡典十千文,此外公事,一概免捐。

(二)官厅发典生息公款,无论何项,利率每月不准超过一分(按当时尚无银行,地方如有公款,往往发典存放,生息取用)。

(三)官厅向来取自各典之陋规,概行裁革。

宗棠向主张,官厅欲令人少取于民,必使官厅先少取于人。以上对于典商之两种办法,犹此旨也。至上海租界多质押铺,其取息之重,定期之短,尤甚于当铺,宗棠当令一律改为当铺。②

江宁省城,向多林木,自经太平军之战,所在濯濯,生气索然。一日,宗棠外出,偶见一童山,问左右:"此为何山?"左右对以"山名狮子"。宗棠笑曰:"狮子无毛,无以壮观。"且省城民间炊事所需薪柴,坐是无由取给,所赖以火食,仅有苇柴。虽有煤炭,自江船运至,然以只能远泊下关,距城闉三十

① 《左文襄公书牍》卷十三页5《与谭文卿(钟麟)》,页45《答曹镜初(耀湘)》。
② 《左文襄公奏稿》卷五十九页65—66《核减典当利息折》。《申报》光绪九年(1883)三月二十六日《左爵帅札饬英会审委员禁止质押铺一律改为当铺》。

余里,起卸所费,几与成本相埒,非锱铢必较之平民所能享用。苇柴火力,既不如煤炭之猛烈耐久,且每一百斤,需钱二百余文,估计一家每日两餐,即共需一百斤之数,贫户尤以为苦。宗棠恻然悯之,斥资购买松杉秧苗数百万株,布种隙地,听民樵采,并为异日营造取材之助。①

同时,宗棠以城中荒地犹多,房舍不给需要,饬保甲总局查明各房屋基地,如其业主有力起造,责令即行兴建,其业主无力,与本无业主者,由官拨款兴建。分闹市、中市与僻静处所,为上中下三等,一俟落成,核定某屋工料价若干,榜示通衢,注明册籍。其屋先由官出租,俟工料价在房租内收足,其屋便交原业主领去执管,不须再行缴价。其无业主者,仍由官收取租息。办法既定,先将城北花牌楼及吉祥街一带兴工,专造迎街门面,其余空地,随后次第兴作。当先后造成千百间,此犹今之平民住宅也。②

此外如设公济局以治疾病,设因利局以便周转,设掩埋局以免暴露,设救生局以拯覆溺,设义渡以利行旅,皆爱民之惠政,利益之昭著者。③

管仲云:“治天下,至纤至细也。”故凡此者,虽若薄物细故,以宗棠之雄才大略,要未尝稍忽视焉。然因此有受人愚弄者。安徽绅士徐绍基为言,中国油烛,价值日昂,外商贩运洋油营利,沿海一带,行销日广,渐夺民间日用之利,宜广栽乌桕,以保利源。宗棠欣然从之,为通令所属遵办,并于奏报中具言,乌桕一种,东南各处,遍地种植,土人呼为木子,取子榨油,足供灯烛之用。嗣因麻、豆、棉花、桐楂各色之油,广产旺销,桕利遂微,几于无人过问。外商以桕油贩售中土,土人但知其从外洋来,呼为洋油,不知中土素产之桕油,察其功用,与麻、豆各色同,当通行所属,一律广劝栽种云云。误以外国之石油,为中国之桕油,自是笑谈。惟现代科学发达,我国近在桐油中,提炼代用汽油,已告成功,安知桕油中不可提炼代用石油耶?④

至宗棠督办福建军务,适值延平、建宁一带,产茶日旺(按宗棠奏报,闽

① 《左文襄公奏稿》卷五十九页67《广筹栽种折》。《申报》光绪八年(1882)二月初七日。

② 《曾忠襄公奏议》卷二十八页18《请在宁捐建左文襄专祠疏》。《申报》光绪八年(1882)二月初四日。

③ 《曾忠襄公奏议》卷二十八页19《请在宁捐建左文襄专祠疏》。

④ 《左文襄公奏稿》卷五十九页69《广筹栽种折》。

省出产茶叶,先仅崇安县属之武彝山一带地方,故有武彝茶之名,其后共有七处,为建宁府属之浦城、建阳、瓯宁、建安,延平府属之沙县,邵武府属之邵武、崇安),外来做茶人,愈聚愈众。益以此时大军云集,食指更繁,而福建山多田少,当地产米,本不敷食,江西之米,则以运转艰难,不能多致,且福建地气潮湿,亦不能多积,民食军糈,均大可虑。宗棠因令在南台设立官米局,规定海运米船入口,由局平价量为收买,城乡各铺,愿赴官局领买者,准予发兑,推陈易新,随时酌留储备,以供军食。以为如此则在公家筹垫价值,不过一次,而辘轳周转,市侩已无可居奇,商船随卸,且得现银,自更乐于贩运,军民并有裨益,与今日粮食统制,用意相仿。①

宗棠所宗管仲"治天下至纤且细"之说,又可以一事为证。前文不言乎,陇民常歌无襦,宗棠自入关,每发民寒衣,甘州、凉州,发至十万之多。先是粮运艰难,里无余车,布棉贵逾常,宗棠则每发新营帐,令缴旧,乃以其布作寒衣,即棚筋布条,亦令军士织屦,给无屦者。由此更可见宗棠能随时随地随事,运用其缜密之思想,故能实现其治天下至纤且细之理想也。②

---

① 《左文襄公奏稿》卷十九页 60《闽省征收起运运销茶税折》。《左文襄公奏稿》(上海古香阁石印本)三编卷六页 3《设局采米平价接济片》。延平,今南平。
② 《左文襄公诔词》册二《挽诗》页 6(易方)。

# 六十二　治水

我国政事，向以水利与农田并重。水大抵以江河湖沼为主，其余则井泉，农作物所恃以灌溉也。而在火车与汽车未传入我国以前，船舶乃最适当之大量交通工具，故河流为尤要，农产物之所恃以运输也。然水之为物，有利有害，淤浅阻塞，固不足以资灌溉、利运输，而泛滥横溢，则不但无补于灌溉与运输，且将毁灭一切农田与农民之所有。至海仅利运输，与灌溉无关。而海上风潮之为害于农民生命财产者尤烈。因我国人民至今大多数以农为业，而我国国库收入，在从前又大部分依赖于田赋，故因水利失治而引起之荒歉，影响于国计民生者，非常重大。此我国历史上有名政治家之所谓经济之学，所以常引水利与农田为主要也。于是左宗棠之为政，既致力于农田之设施（参阅四十九节、六十一节），更从事于水利之措注。

浙江为泽国，亦为农事发达之区，水利自尤关重要。惟宗棠莅浙未久，即去福建，故其治水之工作，仅具于临行之一奏：

……浙江全辖土田，近山者瘠，近水者腴，民田赋重，更赖蚕桑为生理。蚕桑之利，惟浙西最饶。民之治桑，其栽培灌溉，与治水田无异，故自古治浙有声者，莫不以水利为重也。海塘关系吴越两省农田，寇乱以来，石工坍卸，欲及时修复，估计非百余万两不可。臣前奏先办土塘，暂御咸潮，亦需银二十万两，其工由绅捐办，而乱后人稀，料贱工贵，一时尚难迅期蒇事。至杭州西湖，为仁和、海宁水利所关，余杭南湖，为仁和、钱塘水利所关，省城中河，为民商炊汲舟楫之利。今虽中河修浚完工，南湖草草毕事，而西湖则淤垫已高，莳长水枯，未遑议浚，此修复之事尚须经理者也。……

幸继任者为旧部蒋益澧、杨昌濬，尚得萧规曹随，完其未竟之志业。①

西北河流湍急，鲜舟楫之利，亦以田高水低，鲜灌溉之利，农田所需，必另辟渠道，引河水或山水。山水者，山巅积雪，夏日融化下注者也，宗棠经营西北十余年，尝谓：

> ……西北素缺雨泽荫溉，禾稼蔬棉，专赖渠水，渠之来源，惟恃积雪及泉流而已。地亩价值高下，在水分之多少，水足则地价贵，水绌则地价贱。盖自凉州、甘州、安西、肃州，以达新疆，大致相若。治西北者，宜先修水利，兴水利者，宜先沟洫，不易之理。惟沟洫宜分次第，先干而后支，先总而后散，然后条理秩如，事不劳而功易见。……

宗棠此一见解，自属准确。② 其以机器疏浚泾水之源，殆即欲作为一种试验，惜未有成功（详五十八节）。兹将宗棠在西北时期，各地兴修各渠，概述于次：

泾州 疏通头道磨沟，引泾水，灌田三百余顷，原名利民渠，至是改称因民。

狄道 开凿岚关坪渠，引抹邦河水，灌田数十万坰——每坰二亩半。此为一伟大之工程，正渠长七十里，广十六尺，堤高三十五尺，宽二百尺，支渠十八道，历时十一个月，用钱四百万串，耗硝磺二千六百石。又疏浚旧渠两道。

秦州 引渭河水，开陈家渠、毛猴家渠、张杨家渠、河边渠。

平罗 重修七星渠。

中卫 重修羚羊寿渠、羚羊夹渠、柳青渠、贻渠、李家滩、孔家滩、田家滩、康家滩、通清渠、黄宰滩、柳茂滩各渠。创开永清、顺水各渠。

---

① 《左文襄公奏稿》卷十一页 65—66《敬陈浙江善后事宜片》。
② 《左文襄公书牍》卷二十一页 9《与刘毅斋（锦棠）》。

金积　兴修汉伯各渠。

西宁　修复城西渠道一里许。

碾伯　创修栖鸾堡一带沟渠二十余里。

河州　新挖三甲集水渠四十余里，又兴修祁家集水渠一道。

张掖　开渠七道，又修复马子渠五十六里，灌田六千八百亩。

酒泉　就临水河，治七大坝，并以均差徭[1]

哈密　兴修石城子渠，引天山雪水，灌田二万亩。此亦为伟大之工程，渠底铺毡条十万张，以防渗漏，系张曜经营。又兴修榆树沟渠，亦引天山雪水，灌地五千亩。又兴修渠二道，一由黑溪阪至大泉；一由拔木登至小杨下，后者长六十余里，亦均引天山雪水。

巴里坤　兴修大泉东渠一道，系从东沟渠分支，引南山雪水，长二十里。

古城子　兴修官民各渠。

乌鲁木齐　兴修永丰渠三道，引大西沟水，东渠长三十里，支渠二，中渠长三十里，西渠长六十里。又兴修太平渠三道，亦引大西沟水，一长八十里，支渠二，二长五十里，三长三十里。又兴修工兴渠。又开辟大地窝堡渠，小地窝堡渠，与九家湾支渠，均引乌拉摆水，共长二十余里。

玛纳斯　兴修大顺渠一道。

奇台　兴修各渠。

吐鲁番　兴修官民各渠。又挖掘坎井一百八十五处。

喀喇沙尔　兴修官渠十道。又开辟上户渠一道，引哈蟒河水，长三十里。

库车　兴修阿柯寺塘渠，系从新托依堡渠分支，引渭干河水，长十里。又兴修塞巴里柯渠。

库尔勒　兴修官民渠各一道。

--------

[1]　《左文襄公奏稿》卷五十六页 27—28《防营承修各工程折》。《左文襄公批札》卷三页 34《宁夏陶道斯咏禀拟办汉渠工程由》，卷四页 44《宁夏府李守藻禀陈渠工各情形由》。《申报》光绪四年(1878)五月二十九日《甘肃省清理财政说明书——水利》。王德榜《龙王庙碑记》(原刻拓本)。《朔方道志》(中华民国十四年〔1925〕纂)卷六页 25。彭洵《彝军纪略》页 52。《甘宁青史略》正编卷二十三页 26，卷二十四页 5。宋伯鲁《西辕琐记》卷二页 18。

车尔楚　兴修河道四十里归渠。

叶尔羌　堵截葱岭南北河洪流，并修复沿河各渠，添开支渠。

巴尔楚克　开凿大连、小连、萼拉合齐、老南四渠，引大海水，共长一百六十里。

喀什噶尔　修浚英阿瓦提渠，引推满河水，长八十里，支渠二，喀拉东渠长五里，小英阿瓦提渠长六十里。又修浚牌素巴特渠，引乌兰乌苏河水，长一百二十里，支渠格密桑，长五里。

此项工程，皆由各防营将领督导兵勇，轮替作成，其兼用民力者，酌给雇值。①

西北灌田，亦恃于井，然土厚水深，凿之甚难，且水多碱质，尤非尽适于灌溉。光绪三年（1877），西北大旱成灾，宗棠商同陕西巡抚谭钟麟，倡导凿井。宗棠与书钟麟曰：

> ……民间开井，虽可以工代赈，不必另为筹给，然愚民无知，无乐事赴工之意，则宜察酌情形，于赈粮之外，议加给银钱，每井一眼，给银一两，或钱一千数百文。验其深浅大小，以增减之，俾精壮之农，得沾实惠。而目前之救奇荒，异时之永水利，均在于此。计开数万井，所费不过数万金。如经费难筹，弟当独任之。……

于是华州办赈章程规定，每凿一井，给钱二十千缗。然新凿者寥寥无几，即旧有井者，浇种无十分之一，缘土厚水深，于力倍艰也。《续陕西通志稿·井利篇》亦谓：

> ……陕西凿井，在康熙、乾隆间，确曾大兴，惟自嘉庆、同治、光绪以来，开井缺如，盖以地无余利，而风气既开，民自为谋，无待上焉者之督催，或地中多砂石，井工过巨，贫民不能办而利未行。如光绪丁丑（三年，1877）、戊寅（四年，1878），岁奇荒，大荔知县周铭旗导民凿井，津贴工资，开新井三千有奇，然水浅土松，旋开旋淤，非砖石砌成，不能经久，非殷实有力之家，未易举办也。……

---

① 《左文襄公奏稿》卷五十六页 20《办理新疆善后事宜折》，页 29《防营承修各工程折》。《刘襄勤公奏稿》卷二页 52—54《新疆南路西四城兴修各工完竣折》。《左文襄公书牍》卷十五页 11—12《答张朗斋（曜）》。王廷襄《叶枬记程》卷上页 32—40。

按铭旗之贴费开井，自为奉行功令，然其效如此，则陕西凿井在彼时，殆已成强弩之末矣。[①] 宗棠又与书帮办甘肃新疆军务刘典曰：

> ……甘肃各州县，除滨河及高原各地方，向有河流、泉水，足资灌润外，惟现在办赈之庆阳、宁州、正宁等处，川地较多，尤易凿井，劝有力之家，一律捐资开井。计富者出资，贫者出力，两得其益。……

庆、宁毗连陕西，地质或较宜于凿井，其他甘肃各地，可举抚彝厅通判之报告为例：

> ……南乡路近响山，地势高亢，土脉坚厚。其较平之处，或一二丈，或三四丈，始可得水，工力维艰，费用较巨，但水由山出，偶尔缺雨，便形干旱。请俟春暖之时，于平川之处，试为开凿。东南至北乡一带，均借黑河，水源充溢，向不缺乏，民间只有汲饮之井，似勿烦再议开凿，以顺舆情。东二十里铺，地势低下，土脉滋润，开凿尚易为力。但地旷民少，其泉水亦足资灌溉，请俟春融，亦试行开凿，如果水盈费省，更可防天道雨泽之缺……

文中自多为顾全功令，婉转其词，然在地方，或不能凿井，或无需凿井之情，亦可推见矣。[②]

林则徐戍新疆时，尝广凿坎井。其制先选地下有水处，而又为立土者，先于低处试掘，如得水，则向前丈许，更掘一井，深度略减，如此再前再浅，至地面为止。复于试掘之井后，亦掘一井，深过之，如此再后再深，另掘阴沟一道，沟通各井之底，则水自能从最浅之井，流出地面，用以灌溉。此种坎井，以吐鲁番为最多，以其地地质为最宜也。宗棠平新疆后，亦凿坎井，计有吐鲁番之一百八十五口。[③]

宗棠之由陕甘总督应召入都，本为伊犁事件，因备防御帝俄，携有马步各队约三千人，驻屯张家口，后移怀来。已，帝俄交涉重开，不须用兵，因奏

---

① 《左文襄公书牍》卷十九页40《答谭文卿（钟麟）》。《谭文勤公奏稿》卷五页10《劝办区种并饬属开井片》。《续陕西通志稿》卷六十一《井利篇》，卷一百二十七页17《华州办赈章程》。周铭旗，字懋臣，山东即墨人，同治四年（1865）进士，著述有《出山草》。

② 《左文襄公书牍》卷十九页42《与刘克庵（典）》。《抚彝厅通判文牍》（稿本）。

③ 《左文襄公奏稿》卷五十六页20《办理新疆善后事宜折》。《新疆图志》卷二《建置志》页8。

请以其军教练健锐及火器各营之旗兵,并修治顺天与直隶之水利。嗣以练兵难期实现(参阅四十六节),复请先修治水利。初奏治水之意见:

> ……畿甸地方,年来旱潦频仍,虽经多方修浚,尚无明效。臣前由井陉、获鹿,过正定、定州、保定,入顺天府属之房山、良乡、宛平各境,道旁冰凌层积,多未融化,其附近高地,则沙尘没辙,或石径荦确,不能容趾,人马均以为苦。回忆道光十三年(1833)初次会试入都,及同治七年(1868)剿捕捻逆,经过各处,俨若隔世,不得水之利,徒受水之害。窃虑及今不治,则旱潦相寻,民生日蹙,其患将有不可胜言者。治水之要,须源流并治,下游宜令深广,以资吐纳,上游宜多开沟洫,以利灌溉。臣自度陇以来,治军办贼而外,力务为此。所部均南方农民,素习工作,而营哨各官,又皆勤朴之选,于分防护运之暇,亦各以耕垦、种树、沟洫为课程。上冬北行,按视各属,实已目睹成效。窃念若移所部,治顺天、直隶上源,其下游津沽各处,仍由直隶督臣经理,通力合作,当必有益。其军饷仍资之甘肃、新疆,不烦另款支销,于顺天、直隶,并无所损。此开浚水利上源大略也。……

继奏治水之顺序,则先为桑乾河,次滹沱河。桑乾河者,源出山西朔州之马邑,东入直隶境,经北京南卢沟桥下,流入大清河,即古灢水,一名芦河,俗名浑河,以其河流无定,一称无定河。康熙间,命于成龙疏浚,起良乡,至东安,赐名永定。宗棠之计,拟即从驻军所在之怀来,顺流而下,节节疏导,以至卢沟桥。滹沱河者,一作嘑河,源出山西繁峙县东之泰戏山,由代县、崞县、定襄、五台、盂县,入直隶境,历平山、正定、深泽、安平、饶阳、献县,东北流为子牙河,至天津,会北运河入海。宗棠之计,由下流而溯上源,无论支干,无分地段,不惜劳费,择要而图。案既奏定,以恭亲王奕䜣、醇亲王奕譞主其事,由宗棠与顺天府尹,及直隶总督商办。[①] 会拒马河在涿州呈险象,直隶总督李鸿章因请先移军治此处河工。拒马河即涞水,一曰渠水,晋刘琨拒石勒于此水,故称拒马。发源直隶之广昌县,至容城县东北,合白沟河,大清河之北

---

① 《左文襄公奏稿》卷五十七页49—51《请训练旗兵折》,卷五十八页5—7《拟调随带各营商办教练旗兵兴修水利折》,页11—13《敬筹现调各营先修水利折》。《光绪东华录》卷四十页20《奕譞奏》。

支。当日工程,凡三部,一为就下游永济桥,至永乐村一带河道挑淤,面宽二十余丈,深八尺余,计程六七里;二为开浚桥南小减河,长可里许;三为修筑北面斜堤,束泛滥之水,令出桥下,长约一百丈,高与桥齐,用三合土,坚同铁石,并开涵洞,以利宣泄。起光绪七年(1881)四月底,讫闰七月中,大溜东趋,举十余年积患,一扫而空之。其由永济桥达胡良桥,驿道低洼,并增厚加高,行旅自是无褰裳涉足之苦。①

宗棠亲赴工次勘视,并赴天津,与鸿章磋商,其时滹沱河所行古洋河之大溜,已全由鸿章新开之减河入子牙河故道,达天津入海,遂置滹沱河不论,专议永定河,大致详上恭亲王书:

……比到天津,得晤李相及在事诸员,意见均合,李相即札饬永定河游道智开董其事。兹据游道所禀,永定河难治之故有三,一曰河身积高,一曰河面窄狭,一曰下口高仰,而以疏浚下口一策为然。又称现届大汛期内,河水涨落无定,秋后再行详勘,估计兴办,李相亦以为然。谨按游道所拟治河三难,皆习见习闻之语。夫治水以疏浚为急,乃千古不易之经。水所经过,虽极清且驶,亦必稍有淤积,如东南各水,入海均是清流,而潮退留淤,测约一叶之厚,随时设法施治,尚易为功,日积月累,则人力所不及。吴越时,于海口设撩浅军,而水利以兴。贾似道废之,而海口渐梗,稻田失收,职此故也。淤初起时,人力掘之,水力刷之,可耳。若积年老淤,沉在水底,非舟载机器,往返爬搔,仍借水势冲刷不可。宗棠在陇,觅机器于沪上,自造船载之,比去冬经过,睹其起土较速,惟所用之洋人,似非熟手,尚须选募,俾逞其奇。昨次天津,溯流而上,亦见此种机器,其驾驶亦欠灵敏,与陇正同。将来束水攻沙一策,必兼资机器之助,如得数具,舟载以行;乘涨往复,则淤随水下,荡涤一空,自无河底积高之患也。至以河面窄狭为难治,则尤不然。河水挟泥沙以行,利于迅急奔赴,若遇平夷宽阔之区,荡漾游衍,则水浮沙落,而积淤之势成。是故刷沙之功,必先束水,束漫流使之急,束浊浪使之趋,则

① 《左文襄公奏稿》卷五十八页18《前赴涿州履勘水利工程商定修浚事宜折》,页19—21《覆陈涿州工作已可就绪折》。《光绪东华录》卷四十八页24《张树声奏》。

挟泥沙以来者,仍即挟泥沙以去。以水治水,顺水之性,不必与之相守,不必与之相争。但使河身淤净,水由地中以行,则河面窄狭,可得其径达之力,而免泛滥之虞。以深抵宽,而往者过,来者续,无一息之停,庶淤去水行,同归无事,而其效将有可睹也。再永定河难治之故,由上源挟泥沙以行,昏浊悍激,异于常流。自来有事于此者,皆从下游着意,见病治病,未暇探源,通工各员,既视溃决为固然,每以集料鸠工为利薮,蔽锢日深,久且成不治之症,因循不改,贻患不知所届。抑思天下古今固无不办之事,河之受病,既在上源,自应从上源施治,乃可图成。若从卢沟西北,步源而上,详为履勘,就近伐石,叠成盘磴,旁留罅隙,分酾其流,俾上源节节停潴,层递下注,则昏波可清,而急湍可息。每岁秋后,按段挑淤,致力较易,而下游险工尽化,劳费节省,更不待言。宗棠驻军张家口时,即主此说,昨次由津回涿,与各员弁会食,详询治法。适直隶委员邹振岳亦以此为言,并详陈办法,缘其游宦颇久,于宣化地形,最为熟习,故能了然心口也。惟凿石叠磴,工繁费巨,事本创举,无可因依,现拟委员赴宣郡各属,偕邹牧等详勘桑乾上源,报候核酌,如确有把握,即分营移驻,妥为办理。……

旋将修治永定河事,分两部分进行。下游由宗棠派王诗正,与智开等商定,自霍家场、卢家铺、曹家场、径向安家坟一带,裁湾截直,分作十段,估计通工长六千一百余丈,土方四十六万有奇。挑出之土,平铺两岸三十丈外,酌留缺口,以泄盛涨。诗正督楚军一千五百余名,担任由下溯流而上之第七段至第十段,约为土方十二万五千余。宗棠另拨马五百匹,递运掘出泥沙,借省勇夫之力。于光绪七年(1881)八月二十九日开工。原期三个月完成,适以宗棠奉调两江总督,诸军皆愿从行,并力工作,夜间亦列炬从事。故迄十月初一日而已竣事,前后才一阅月。上游由宗棠派王德榜主办,而以振岳为之佐。由卢沟桥溯源而上,历石景山、三家店,曲折入山,越乾隆年间所遗沿河口玲珑坝废址,于距京师二百余里地方,傍岩沿流而下。勘得峡中应建石坝者,共有五处,其地为丁家滩、下尾店、西河滩、野西河滩、城子村。宗棠于楚军外,复在涿州房山,选募石匠二百余名助其工,均就地伐石,砌坝凿渠。于光绪七年(1881)八月下旬开始,至十月中,已成坝五座。时沿河农民,以宣化一带,自嘉庆六年(1801)被水成灾,半成石田,半成沙阜,积困甚深。今见此种渠坝工程,认为足化砂积为膏腴,一经全工完成,可得沃土二十余万亩,美利无穷。闻宗棠将去之两江总督新任,则皆皇皇然公推耆硕申请,务必始终其事。并谓此后愿每亩每岁取利钱数十文,二十余万亩可得大钱数万千缗,足资修理,维持不敝。宗棠为色然喜,一如其请。其地为麻峪,为西梁庄,明年四月工成。计建筑杀水坝五道,迎水坝十三道,共长七百九十三丈五尺,顺水墙三道,共长二百五十七丈,顺水堤一道,长九百二十丈,石渠二道,共长二百八十丈,正渠支渠三十余道,迎水、束水涵洞、石桥六道,过路石桥二十余道,过水磴槽八道,渠身腰闸三十余道,可引水灌淤地二三万亩。而宗棠在江宁省城,别有事于江苏之水利,不及目睹桑乾之功矣。[①]

宗棠在两江总督任,以致力于行盐、海防、水利为三大政纲。防海所以御外(参阅四十一节),水利所以安内,行盐(参阅五十二节)则所以宽筹经费,以供两者之用也。

运河之在江苏北境者,淮安以北曰中运河,以南曰里运河。因上有沂水、泗水、淮水、旧黄河,左有洪泽湖、白马湖、宝应湖、高邮湖、邵伯湖,每当夏秋之交,极易泛滥,实为东南一巨害。宗棠之修治工作,约为三端:(一)加固周家庄、马棚湾等处西堤、六安闸、铁牛湾、崇家湾、八堡腰铺、宝应、氾水、甘江等东堤,俾免水涨时之溃决。(二)浚深杨庄以东之旧黄河,并加固口门迤南之挑坝及对面之托坝,又添筑挑坝一道,俾能合力逼迫运河暴涨时之水,尽量分泄旧黄河。(三)疏导里下河(按里下河为里运河以东之通称,地势较低)、各州县支河,以资引溉。同时,将邵伯西岸至瓦窑铺已坏纤道二千丈,完全培修,便利舟楫来往。按运河水高至一丈四尺,照章便可开坝,惟光绪九年(1883),待涨至一丈六尺四寸,始行开坝,其时则里下河农田已告收

---

① 《左文襄公书牍》卷二十五页29《与杨石泉(昌濬)》,页29—33《上恭亲王》,页34—35《与邹岱东》,页41《答李少荃(鸿章)》。《左文襄公奏稿》卷五十八页26《委员履勘永定河上源片》,页36—38《永定河下游工程告竣折》。《修永定河上源兴办水利全案》。东安,今安次。广昌,今涞源。奕訢,宣宗第六子,孝贞、孝钦皇太后垂帘,称议政王,后罢。寻复起为军机大臣,总理各国事务衙门,光绪二十四年(1898)四月卒,谥忠。游智开,字子代,湖南新化人,咸丰元年(1851)举人,官至广西布政使,光绪二十六年(1900)卒。

获,故未受若何损失,皆宗棠此番修复之功也。①

　　缘通州、泰兴两属二十盐场之海滨,旧有长堤一道,为宋范仲淹所建,自昔呼为范公堤。由盐城北接阜宁,南抵海门,亘六百余里,灶户萃居其下。又有潮墩数百座,俾风潮猝至,盐民得所趋避。堤积久侵毁,潮墩亦坍毁殆尽。光绪七年(1881)夏,飓风大作,海潮挟势奔腾,灶户多被漂没,盐民淹毙者,尤不可数计。次年,宗棠为大加修治。就墩言,以海势日见东趋,新涨沙滩,绵延数千里,原有墩址,已觉距海太远,不能适应需要,因酌就盐场与海距离,向外迁移。凡在通属之丰利、掘港、吕四、余东、余西、角斜、拼茶等七场,筑成五十座。泰属之伍祐、新兴、草堰、庙湾、丁溪等五场,筑成四十四座。就堤言,泰属旧堤,距海已远,可不再修。惟通属旧堤,距海犹近,爰将丰利、拼茶、角斜、掘港、吕四等五场各堤,一律兴复,长一万一千七百八十余丈,土方十九万七千六百二十九强,两者共用工料银十万五千五百九十五两。②

　　安徽之滁州、来安、全椒,众山环绕,山水三面下注,兼受定远、合肥之水,至三汊河汇流,绕六合二百余里,而达于长江,所谓滁河者也。每当山水陡发,因河流迂缓,不能骤泄,致滁州、来安、全椒、江浦、六合五属圩田数十万顷,常被淹没。补救之法,惟有自张家堡天然河,开朱家山,杀水势,由浦口宣化桥入长江。顾自明至清,经雍正、乾隆、嘉庆年间历任两江总督,先后规办十数次,均未有成。光绪初,沈葆桢以兵工任其事,已历两年,以统帅他调而寝。此举之困难有二:一为朱家山中段石脊,须挖深二十余丈,方能通水,而石根内蟠,坚凝如铁,连成一片,推凿之力两穷;一为下游宣化桥泄水之处,庐墓相杂,一经施工,节节阻碍。宗棠不以其为艰巨,毅然调湘淮军三十余营,再赴其工,以用火药轰开石脊之方法,解决第一困难,以另辟河道,避开宣化桥之方法,解决第二困难。此新河道系由马家桥,历晒布场,以至浦口康家圩,而达长江,凡二十余里,合三千八百四十余丈,历时两年,竟告厥成。统计土工三百三十一万五千一百九十余方,石工二十五万六千二百

①　《左文襄公奏稿》卷六十页 18《筹修运河堤工折》,卷六十一页 53—55《防守运河堤工折》。
②　《左文襄公奏稿》卷六十页 15—16《查勘范堤工程折》,卷六十一页 51—52《范堤工竣折》。

余方,用银十七万七千八百八十余两。当掘淤泥至八九丈许,发现一碑,为嘉庆七年(1802)江宁布政使康基田所立碧泉碑,言治河方略,正宗棠所取方略也。工成之明年,江北大水,五州县圩田恃以无患。越二年,江北亢旱,又资以灌溉,收效之速,捷如影响。①

句容之东,赤山湖汇茅山诸水,流经溧水,以入秦淮河。湖底既高,圩堤亦薄,旱干水溢,均受其灾,民间苦之。宗棠将湖与河同时浚治,并由东之道士坝起,历蟹子坝而西,至麻培桥,加筑圩堤,凡二十余里,合三千九百余丈。复修下游桥闸,令相洞注,弭壅溃之患。此工亦以所属部队为之,逾年而成,共挑土十七万五千八百八十余方。又修建陈家闸一座,长七丈六尺,宽一丈,高一丈二尺,重建陈家村石座木桥一座,长十二丈二尺,宽九丈,高二丈二尺,共用银二万八千四百六十余两。又秦淮河流至江宁省城之通济门外,分两支,一沿城壕,绕至江东桥入江,一由东水关入城,与珍珠河、青溪诸水会流,出西水关入江。春夏水涨,兼江潮灌输,朝夕不断。至秋冬水涸流停,舟楫难通,即汲饮亦皆秽浊。宗棠乃为就中和桥下,建立石闸,秋冬闭之蓄水,修复东西两水关闸,相时启闭,开东关闸以灌清流,启西关闸以泄蓄水。历十月而工成,命曰通济闸,计长二十四丈,宽三丈六尺,高三丈六尺,闸门五道,上建屋五楹,存闸板,派员专司启闭。于是水源以清,又无碍舟楫,共糜银四万数千两。②

朱家山之开凿,使滁河由浦口直达长江。赤山湖之疏浚,与通济闸之建置,使秦淮河由江宁省城畅达长江,二者因发生一种联带关系。先是,安徽之庐江、凤阳一带,产豆、麦、谷、米甚丰,徒以粮食笨重,不利行远,转有谷贱伤农之象。反之,江宁省城,则以缺乏粮食,而人民待哺情殷。至是,以两河互通,而粮舶络绎,庐凤之粮,得其销路,而江宁省城粮价,随之平减,直接造福平民生计,间接有益地方治安,均非浅鲜。③

① 《左文襄公奏稿》卷六十页13《出省勘收水利工程折》,卷六十一页85《验收水利工程折》,卷六十二页34—35《朱家山等处水利工程告成折》。《曾忠襄公奏议》卷二十八页18—19《请在江宁捐建左文襄专祠疏》。

② 《左文襄公奏稿》卷六十二页35—36《朱家山等处水利工程告成折》。《左文襄公文集》卷四页12—13《新建通济门外石闸碑记》。《光绪句容县志》。

③ 《左文襄公奏稿》卷六十三页33《朱家山河工奖案折》。

光绪九年(1883)秋,山东山水骤发,波及江苏北境,邳与宿迁两县之官堤与民堰,均被伤损。官堤先由漕运总督杨昌濬负责修补,其余民堰与缺口等,则由宗棠用官督民办,以工代赈方式,分别兴修。在邳县境内者,一为修补自山东交界之黄林庄起至邳汛猫儿窝止运河两岸民堰、缺口、水沟及残毁卑薄之处,共四十段。二为修补城乡民堰及武河、沂河缺口,共十七段。三为展挑淤积之艾山河。四为疏通城内之文曲沟,及城外之玉带河。在宿迁县境内者,为堵筑六塘河周长八十余里民堰中最要之二十五段,悉按河工成法,层坯层碱,以期坚实耐久。①

宗棠于江苏水利之治绩,大致如上,统共用银三十六万余两,均于盐票之费项下开支。未治之前,先往察勘,已治之后,复往验看,同时则检阅军队与海防设备。综其在任两年,几常仆仆道途,勤劳殆不下于大禹。兹再将临行时规划之导淮大计,叙以为殿。

淮水为古四渎之一,源出河南省之桐柏山,东流入安徽境,潴于与江苏境毗连之洪泽湖。其下游本由江苏安东县入海。金、元以来,黄河自清河县西南清口入淮,淮水下游,遂为黄河所占。咸丰初,黄河北徙,淮水下游亦淤,其干流自清河县合于运河,于是向之入海口一变而入江。故江北之水患,淮水之先与黄河合流,后与运河合流,亦为一因。欲弭江北之水患,对于导淮一事,有种种建议。宗棠亦尝亲往观察研究。会安徽学政徐郙奏请排泗、沂导淮,由大通口入海,盖以两河虽在山东,先本入淮,今又入运也。清廷下宗棠议,宗棠覆奏曰:

......臣于光绪九年(1883)十二月三十日,接准军机大臣字寄十二月二十二日奉上谕:"徐郙奏,敬陈导淮办法,以弭江皖水灾,绘图呈览一折。据称江皖两省,水患频仍,亟须排泗、沂为导淮先路,仿照从前抽沟之法,循序疏治,并由大通口引河入海,泄水较易。等语,着左宗棠、杨昌濬按照所奏各节,悉心会商,妥筹办理等因。钦此"查复淮一案,臣宗棠于上年曾经奏明,指拨专款,并委署淮扬海道徐文达、徐州道程国熙勘明禀覆,批令候臣等亲历覆勘,再行商办。正在料理起程间,钦奉

---

① 《左文襄公奏稿》卷六十一页33—36《各属被灾折》。

前因，臣宗棠即于正月初五日出省，十二日行抵清江，次日会同臣昌濬及徐文达、程国熙，并臣宗棠所带熟悉水利各员，先将湖水出路之张福口河、天然引河、碎石河（按洪泽湖东岸与运河西岸间，开河数道，由西而东，名曰引河，碎石河为张福口河之分支）、吴城、七堡、顺清河等处，周历阅视。再由杨庄循旧黄河，沿途察看至云梯关，并由大通口至响水口，查勘引河入海道路。于二十日回至清江，详加考究，悉心妥筹。窃以北江运河，北受泗、沂之水，西受淮水，其间可以分导入海之处，仅有一旧黄河，本为淮水东趋之故道，亦即今日宣泄泗、沂之要区也。导淮之议，发于前大学士两江总督臣曾国藩。同治六年（1867）七月间，因绅士之禀，奏明试办。光绪六、七等年（1880—1881），前署督臣吴元炳，前督臣刘坤一，踵而行之，而前漕臣张之万抽挑旧黄河及张福、碎石等河，实为导淮权舆。治水必先下游，旧河不通海，则尾闾壅遏，泗、沂不入旧河，则湖水中梗，虽欲出清口、入运河而不能，遑论归海。安徽学政臣徐郙所奏，排泗、沂为导淮先路，洵为确论，与近年所办，大略相同。

查旧河自同治六年（1867）抽挑以后，又经择挑数次，渐疏渐远，河底甚宽，断不能挑至老滩，又多飞沙、陷沙，兼有稀淤，水少之时，易于阻塞。同治十三年（1874）所挑杨庄河头三百余丈，至光绪六年（1880），已经淤高数尺。惟光绪七年（1881）所挑河身，适逢连年大水，冲刷得力，自杨庄至安东佃湖一带，尚属通畅，可以行舟，泗、沂之水，赖以分泄。八、九两年（1882—1883）非常汛涨，犹得从容启坝，以保里下河秋成者，未始不由于此。拟将杨庄以下至汤陈工四十余里，再行展宽加深，并将安东以下湾洲积淤地方，间段开辟。又佃湖营以下至云梯关一带河道较窄，亦应加辟宽深，俾溜势激荡，刷沙攻淤，河身可期渐通。其云梯关下二百余里，河形高仰，且有远年沙滩，昔以全黄之力所不能通者，今欲以泗、沂分流通之，其势良难。查大通口在云梯关下十余里旧黄河北岸，系嘉庆年间漫口，东北流四十里，至响水口，接连潮河，出灌河口入海，河形已具，但嫌浅狭，就此加挑阔深，途捷而工省，两面各有宽滩，容易堤防。旧河既通，出海又便，泗、沂来源，自当大为分减，淮未复而运河已可少安，淮已复而归海无虞阻滞，此排泗沂以为导淮先路，工之宜先办者也。

淮水挟两省众流，汇为洪泽湖，本系江皖巨浸。自道光年间，为黄水所淤，北高南下，形如侧釜，由礼字河，趋高邮、宝应湖以入运河者，垂三十年，已成自然之势。今欲导之复故，不啻挽之逆流。自张福口引河起，至大通响水口入海，计程三百五十余里，节节窒碍，非于下游畅其去路，上游塞其漏卮，其不能舍下就高，入黄归海也，明甚。然事在人为，不惜费，不惜劳，天下无不办之事。工事渐施而不可求速，水可分泄而难以全移。查湖边引渠，一为张福口河，一为天然引河，皆北趋陈家集之大冲，至碎石河，以达吴城、七堡，又北而至顺清河口，以接杨庄旧黄河，张福口河六千余丈，宜加宽深，天然引河仅存形迹，更须疏瀹，而吴城、七堡一带，且高于张福口河底一丈六七尺，地势湾曲，又必大加挑挖，以顺其势。诸河既修，湖水果能入黄，然后可堵礼字河，以截旁趋之出路，堵顺清河，以杜运河之夺流。此引淮入海工程，当以次接办者也。

湖水不高，不能入黄，太高，不但高家堰、盱眙石工可虑（按在洪泽湖东岸，与运河西岸间，自高家堰至盱眙县界，筑坝数处），运口闸坝难支，且于盱眙五河近湖民田有碍，拟将堰盱智、信、林（家西）等三坝，修复坚整，以泄湖涨。更拟建闸于陈家集下大冲地方，俾湖水操纵由人，多入淮而少入运。但其地沙泥松浮，植基不易，尚须临时察看情形，酌量办理。此又复淮案内宜预筹以善其后者也。

臣等详览形势，博访周咨，施治之法，大抵不外乎此。天下无有利无害之水，泗、沂、淮之注于江北，里下河最患苦之。然当播种之际，则又惜水如金，每相争竞，借令涓滴悉归于海，害则去矣。如灌溉何。臣愚以为疏旧黄河，分减泗、沂已著微效，自当加挖宽深，兼疏大通口，以畅出海之途。复淮各工，仍分年分段，察酌兴办，去其太甚之害，留其本然之利，不急复淮之美名，但求减涨之实效。江北于皖省为下游，下游利，上游自无不利矣。前曾国藩原奏内称，"复渎之大利，不敢必其遽兴，淮扬之大患，不可不思稍减"老成谋国，计虑深远。前署督臣吴元炳，前督臣刘坤一等，奏办导淮，亦皆以循序程功为主，与学臣徐郙所陈，臣等所拟，均相符合。臣宗棠现蒙恩准开缺赏假，但此等要工，何敢漠视,现商定于清江设立复淮局,遴派大员,驻局提调,一面派员估计工程,次第举办,容俟署督臣曾国荃到江,告以所勘情形,以冀事在必成,仰副朝廷轸念东南兴修水利之至意。……

至导淮工程费,经规定将淮北新增盐运十六万引之课厘,全部拨充,并以十年为完成期云。[①] 然国荃既到任,即奏陈:

……导河复淮,本系应办之事,只以时有缓急之不同,费有盈绌之各别,臣钦遵二月初十日圣训,饬令到任后传谕:"如未兴工,则毋庸遽办,如已兴工,则立即停止。"臣比宣扬圣意,不准兴办,而各处绅商士民,莫不欢欣鼓舞。……

似朝野皆不乐此事之有成,亦可异矣。顾《新京备乘》载有治淮先论一则:

淮北一带,承洪泽之下流,为淮河所浸灌,十年岁事,八九祲凶,告祟告振,岁靡公私巨款无算。清光绪壬午(八年,1882),左文襄督江,有淮绅入谒,文襄喟然告曰:"淮北水灾,始于黄河之夺淮,成于黄河之北徙。自黄夺淮,于是淮水无入海之途。自黄北徙,于是河槽淤垫,淮水不能为故道之归。此虽地势之变迁,然苟以人工挽救,且以历年振款,移作工程之费,一劳永逸,百年之计,无过于此。"某绅亦大题左议,怂恿左据以入告,其后卒革于部议而止。使当时左议实行,则浚淮复流,已早告成于数十年前,不独振款可省,而淮北且悉为沃壤矣。[②]

岂所谓是非久而后定者欤。

---

① 《左文襄公奏稿》卷六十二页 9—11《淮工提用淮北课厘片》,页 20—23《会勘引淮入海河道分别缓急办理折》。徐郙,字颂阁,江苏嘉定人,同治元年(1862)一甲一名进士,官至协办大学士。吴元炳,字子健,河南固始人,咸丰十年(1860)进士,官至安徽巡抚,光绪十二年(1886)卒。张之万,字子青,直隶南皮人,道光二十七年(1847)一甲一名进士及第,官至东阁大学士,光绪二十三年(1897)卒,谥文达,著述有《张文达公遗集》。

② 《光绪东华录》卷五十九页 5。陈西勋《新京备乘》卷中页 14。

# 六十三　兴教劝学

左宗棠一生事业,自以武功为著,而于文教亦非无重要之设施,然以在西北为多。

西北为吾国文化发祥之地,至于晚世,转为文化落伍之区。其间陕西尚较优,而甘肃为最逊,新疆则归吾版图既未久,且多异民族杂处,尤鲜有所谓文化。于是左宗棠西征,颇致力焉。举其设施,以书院教士子,以义塾课童蒙,以科举振学风,以礼刑训齐民。

宋以后之书院,公认为吾国最良之研究学术机关,宗棠亦尝言:

> ……校官位卑禄薄,所课者士,而士亦轻之,与之道古,久已鲜能,则思选士而冀其有成,非求之书院不可。……①

同治九年(1870)春,宗棠驻节平凉,督攻金积堡,然犹命甘肃布政使崇保代发兰州兰山书院膏火,崇保以院生禀牍转陈,宗棠命笔批答:

> 览呈诸生之禀,文理尚可,殊为欣然。本爵大臣四十年前,一贫士耳,然颇好读书,日有粗粝两盂,夜有灯油一盏,即思无负此光景。今年垂耳顺,一知半解,都从此时得来,筋骨体肤,都从此时练就。边方无奇书可借,惟就四书、五经及传注,昼夕潜心咀嚼,便一生受用不尽。诸生

---

① 《左文襄公书牍》卷二十六页 22《答黄漱兰(体芳)》。

勉旃，事平至兰州，当课诸生背诵也。可录此示监院，以晓诸生。①嗣宗棠又规定院中正课四十名，每名每月给膏火银三两，副课五十名，每名每月给膏火银一两五钱，均自捐廉俸，或酌助公款。亦常躬亲命题阅卷。②由是到处兵戈乍销，弦歌继起。有新设之书院，有重建之书院，鄙塞已久之甘肃，复见一片开明景象。

新设之书院，有如下列：

襄武书院　在陇西县城，同治十一年（1872），知县吴本烈创设。

文明书院　在岷州厅城，同治十一年（1872），同知吴恕创设。

庆兴书院　在安化县董志原，光绪二年（1876），县丞某创设。

凤池书院　在灵州惠安堡，盐捕通判喻长铭创设。

钟灵书院　在宁灵厅城，同治十二年（1873），同知赵承隽创设。

五峰书院　在西宁府城，光绪二年（1876），西宁办事大臣豫师创设。

湟中书院　在西宁府城，光绪二年（1876），西宁士民就礼拜寺创设，原拟为宗棠设生祠，宗棠不许，遂改设书院。

阿阴书院　在贵德厅城，同治十三年（1874），西宁府知府龙锡庆创设。

文社书院　在镇番县城，光绪初年，知县钱崇基创设。

尊经书院　在隆德县庄浪，同治八年（1869），县丞王季寅创设。

南华书院　在甘州府城，同治十三年（1874），甘州士民为宗棠建生祠，宗棠不许，亦遂改设书院。

金山书院　在山丹县红水堡，同治十二年（1873），山丹士民张廷赞等创设。

陇南书院　在秦州城，光绪元年（1875），巩秦阶道董文涣创设。

鹤峰书院　在秦州三岔镇，州判薛佩兰创设。

归儒书院　在化平川厅城，同治十三年（1874），提督喻胜荣创设，专收回民，宗棠为题名归儒。

此外会宁知县萧汝霖于光绪五年（1879），通渭知县夏金声于同治间，镇

---

① 《左文襄公批札》卷三页 43—44《崇藩司保禀遵札垫给书院膏火由》。
② 《重修皋兰县志》卷十五页 10。《左文襄公书牍》卷二十四页 76《与沈吉田（应奎）》。

原知县左寿棠于同治十一年(1872),徽县知县杨国光于同治间,均尝于本县创设书院,惟未详其院名耳。①

其重建之书院,更如下列:

洮阳书院　在狄道州城,兵事中毁,同治十三年(1874),知州喻光荣重建。

河阳书院　在静宁州城,兵事中毁,同治十一年(1872),知州余泽春重建。

育英书院　在安定县城,兵事中毁,光绪元年(1875),提督刘端冕重建。

银川书院　在宁夏府城,兵事中毁,同治十年(1871),知府李藻重建。

又新书院　在平罗县城,兵事中毁,光绪三年(1877),知县宋维孜重建。

灵文书院　在灵州城,原有魁(奎)文书院,毁于兵事,光绪二年(1876),知州孙承弼重建,易今名。

崇山书院　在大通县城,原有大雅书院,毁于兵事,同治十二年(1873),知县黄仁治重建,易今名。

仰止书院　在张掖县东乐,原有天山书院,毁于兵事,同治十年(1871),士民张文美等重建,宗棠为易今名。

蓼泉书院　在抚彝厅城,兵事中毁,同治十三年(1874),通判孙承弼重建。

凤鸣书院　在崇信县城,兵事中毁,光绪四年(1878),训导孙寿山重建。

鹑觚书院　在灵台县城,原有金台书院,毁于兵事,同治十二年(1873),知县彭光炼重建,宗棠以灵台在秦为鹑觚,为易今名。

正明书院　在阶州城,地震时毁,光绪五年(1879),知州文治重建。

酒泉书院　在肃州城,原有金泉书院,毁于兵事,同治十三年(1874),安肃道史念祖重建,易今名。宗棠驻节肃州有年,常亲往与师生商讨学问,并

---

① 《甘肃新通志·书院、名宦》。《朔方道志》卷十《书院》页1—3。《甘宁青史略》正编卷二十三。《左文襄公批札》卷六页49《西宁张道宗翰详西宁礼拜寺改建书院情形由》。吴恕,字子青,湖南益阳人。喻长铭,字新康,湖南人。赵承隽,湖南湘乡人。董文涣,字尧章,山西洪洞人,咸丰六年(1856)进士。薛佩兰,直隶永平人,举人。萧汝霖,字又岩,浙江萧山人,举人。夏金声,字子骏,江苏丹阳人。左寿棠,字子谦,湖南长沙人,举人。杨国光,四川简州人。甘时化,字雨农,湖南湘阴人。贵德,今属青海省。

捐助膏火。

陇川书院　在秦安县城，原有景权书院，毁于兵事，知县程履丰重建，易今名。

鸣沙书院　在敦煌县城，兵事中毁，光绪六年(1880)，知县苏俊吉重建。

其就原有书院为之修整者，则有如兰州知府铁珊，于同治十二年(1873)修整五泉书院。陇西县丞袁范，于光绪五年(1879)修整武阳书院。提督邓荣佳，于同治、光绪间修整洮州厅中部之洮滨书院。而如平庆泾固化道魏光焘修整平凉之柳湖书院，宗棠誉为"规模宏敞，间架整齐，新植嘉树成林，尤称胜境"。[1]甘肃各地书院，即在宗棠一番热诚鼓舞中，逐渐成长而发达。

宗棠于陕西，虽为兼辖省，然于其境内书院，亦尝直接间予以赞助。其因是而得成立、恢复与维持者：

渭阳书院　在西安省城，光绪四年(1878)，咸阳县知县马毓华等扩建。

槐里书院　在兴平县城，同治十三年(1874)，知县侯鸣珂重修。

玉山书院　在蓝田县城，同治九年(1870)，知县吕懋勋改建。

瀛州书院　在泾阳县城，同治四年(1865)，知县黄傅绅重修。

泾干学舍　在泾阳县城，同治八年(1869)，士民姚德等创设，宗棠为亲题舍额。

味经书院　在泾阳县城，同治十二年(1873)，陕甘学政许振祎创设。

渭川书院　在渭南县城，光绪三年(1877)，知县张国钧改建。

丰登书院　在同州府城，同治中，知府余庚阳重修。

少华书院　在华州城，同治十年(1871)，知州胡焘改建。

彭衙书院　在白水县城，同治十一年(1872)，知县李廷钰重修。

天台书院　在汉中府城，光绪五年(1879)，南郑县知县罗诚之重修。

---

[1]　《甘肃新通志·书院、名宦》。《朔方道志》卷十《书院》页1—3。《灵台县志》(中华民国二十四年〔1935〕纂)。《甘宁青史略》正编卷二十四。《左文襄公书牍》卷二十四页80《与杨石泉(昌濬)》。《左文襄公批札》卷六页2《刘提督端冕禀请发育英书院书籍由》。余泽春，字二田，浙江遂安人。黄仁治，湖南人。孙承彨，字玉田，汉军正白旗人。彭光炼，湖北恩施人，举人。史念祖，字绳之，江苏江都人，官至广西巡抚，宣统二年(1910)卒，著述有《俞俞斋文集》、《诗集》、《毁庵随笔》。程履丰，字苣田，安徽婺源人，同治三年(1864)优贡生，著述有《陇上鸿泥》。铁珊，姓徐氏，字绍裘，汉军正白旗人，官至河南河陕汝道，光绪十六年(1890)四月卒。邓荣佳，湖南人。大通，今属青海省。

武康书院　在洋县城,光绪元年(1875),知县范荣光就定淳书院重修易名。

振文书院　在宁羌州城,同治十年(1871),知州罗骧重修。

烛峰书院　在砖坪厅城,同治四年(1865),通判高箕承就岚河书院重修易名。

三山书院　在平利县镇坪,光绪三年(1877),县丞谢敬庄创设。

苹笙书院　在安塞县城,光绪二年(1876),知县吴光霁重修。

定阳书院　在甘泉县城,光绪元年(1875),由省拨款重修。

定阳书院　在定边县城,同治十三年(1874),知县李世瑛重修。

新城书院　在靖边县城,光绪元年(1875),知县孔广晋重修。

榆阳书院　在榆林府城,同治中,提督刘厚基扩建,宗棠捐银二百两,并为题"北学其先"四字。

翠屏书院　在永寿县城,光绪二年(1876),知县张培之扩建。

紫薇书院　在邠州城,同治间,知州吴钦曾扩建。

石门书院　在三水县城,同治八年(1869),知县姜桐冈重建。

云阳书院　在淳化县城,光绪初年,官绅创设。

龙文书院　在绥德州城,同治十二年(1873),知州成定康创设。

陕甘学政吴大澂,亦留意书院,尝慨延安府属各书院经费支绌,商由宗棠致意陕西当局,筹拨银二万两,普加膏火,增聘名师。[①]

宗棠督师平凉时,亦即在崇信县创设义学一处,讲师月薪三两,命由平凉收入厘金项下拨给,是为宗棠在陕甘倡办义学之先声。同治十三年(1874),宗棠始命地方一律兴办义学。光绪元年(1875),宗棠又拨北山荒绝田七百七十五亩,收租供省城内外各官学经费。兹录其可考者:

兰州省城　十一处,同治十年(1871),宗棠命创设育英、造秀二处,光绪元年(1875),创设正德、序贤、养正、存城四处,后二处,专收回民子弟,光绪

---

① 《续陕西通志稿》卷三十六—三十七。《左文襄公批札》卷二页63《泾阳绅士姚德禀捐建泾干学舍由》。《左文襄公书牍》卷十四页35《与谭文卿(钟麟)》。姚德,字玉如。许振祎,字仙屏,江西奉新人,拔贡生,官至广东巡抚,光绪二十五年(1899)卒。宁羌,今宁强。砖坪,今岚皋。镇坪,今为县。

三年(1877)，创设崇文、讲义二处。光绪五年(1879)创设红花一处。此外地方士民创设迎恩、柳泉二处。

　　皋兰县　乡镇五处，同治十年(1871)，宗棠命在阿干镇设一处，光绪三年(1877)，在张家河口，创设河口、三门、古城三处；又在阿干镇创设一处。

　　狄道州　乡镇四处，同治十三年(1874)，知州喻光容创设。

　　河州　三处，总兵凌春台创设，在三甲集。

　　平凉县　六处，同治十年(1871)，本县士民创设。

　　合水县　城厢二处，光绪五年(1879)，知县曾纪安创设。

　　西宁府　城厢二处，乡镇二十二处，同治十三年(1874)，知府龙锡庆创设。又一百二十处，光绪二年(1876)，府学教谕慕暲到任后创设。

　　大通县　十三处，同治十三年(1874)，知县黄仁治创设。

　　贵德厅　六处，光绪二年(1876)，同知甘时化创设。

　　丹噶尔厅　乡镇十处，光绪二年(1876)，西宁府知府邓承伟创设。

　　崇信县　城厢二处，同治八年(1869)，知县张照晸创设。

　　平远县　五处，光绪六年(1880)，知县英麟创设。

　　海城县　六处，光绪六年(1880)，创设。

　　文县　九处，同治十二年(1873)，知县陶模创设振文、敷文、培风三处，光绪初，知县长赟创设育英、崇雅、端习、崇正、龙津、化俗六处。

　　秦州　五十四处，同治中，知州王镇墉创设。

　　秦安县　十六处，同治九年(1870)，知县程履丰创设。

　　肃州　城厢四处，知州某创设。宗棠督师肃州时，间往视察，乐与学童问答。

　　徽县　八处，知县李裕泽创设。

　　两当县　二处，知县喻炎丙创设，一在扬家店，一在泰山庙。

化平川厅　十二处,同治十一年(1872),通判左寿崑创设。①

此外如两当知县萧良庆,于同治十一年(1872),整顿学田佃钱,兴设义学。会宁知县许茂光,于同治十二年(1873),请指拨荒绝地亩,筹办义学。敦煌知县蒋其章,于光绪六年(1880),请筹捐社粮,取息充义学经费。类此者,当尚甚多,惟其数量与名称,无可稽耳。②

陕西义塾,系由布政使谭钟麟颁发条规,通饬办理。同治十三年(1874)六月,陕甘学政吴大澂奏报,每一州县,少者五六处,多者三十余处,盖亦相当发达。③

宗棠以为欲使回民与汉人同化,须先使识汉文,故如上所述,在兰州,即有为回民专设之义学。及平定新疆,于此更三致意焉,列为办理新疆善后事宜之一。

> ……以义塾言之,新疆戡定已久,而汉回彼此扞格不入,官民隔阂,政令难施,一切条教,均借回目传宣,壅蔽特甚。将欲化彼殊俗,同我华风,非分建义塾,令回童读书识字,通晓语言不可。臣与南北两路在事诸臣筹商,饬各局员防营多设义塾,并刊发《千字文》、《三字经》、《百家姓》、《四字韵语》及杂字各本,以训蒙童。续发《孝经》、《小学》课之诵读,兼印楷书印本,令其摹写。拟诸本读毕,再颁行六经,俾与讲求经义。叠据防营局员禀,兴建义塾,已三十七处,入学回童,聪颖者多,甫一年而所颁诸本已读毕矣。其父兄竟以子弟读书为荣,群相矜宠,并请增建学舍,颁发《诗经》、《论》、《孟》,资其讲习。局员送阅各塾蒙童临摹仿本,笔姿颇秀,并称蒙童试诵告示,皆能上口,教以幼仪,亦知领会,盖读书既可识字,而由音声以通言语,自易为功也。……

---

① 《甘肃新通志·义学、名宦》。《重修皋兰县志》卷十五页30—34。喻光容,字仙桥,湖南宁乡人。慕暲,字霁堂,甘肃镇原人,光绪二年(1876)举人。邓承伟,字厚斋,四川人。陶模,字方之,一字子方,浙江秀水人,同治七年(1868)进士,官至两广总督,光绪二十八年(1902)六月卒,谥勤肃,著述有《陶勤肃公奏议遗稿》。长赟,字心斋,满洲镶黄旗人,举人。王镇墉,字协亭,湖南湘乡人。李裕泽,字问樵,河南信阳人,进士。喻炎丙,字健秋,湖南郴州人。左寿崑,字美斋,湖南长沙人。

② 《甘肃新通志·名宦》。《左文襄公批札》卷五页17《会宁许令茂光禀指拨荒绝地亩筹办养济孤贫及义学由》,卷七页42《敦煌蒋令其章禀覆试种稻谷由》。

③ 《续陕西通志稿》卷三十七页4。《申报》同治十三年(1874)六月初四日。

其后复陆续添设,多至七十七处,分布于下列各地:

迪化六处　　　阜康二处　　　奇台四处

济木萨三处　　昌吉二处　　　巴里坤四处

绥来四处　　　呼图壁二处　　吐鲁番六处

哈密五处　　　阿克苏五处　　库车五处

喀库四处　　　喀什噶尔五处　叶尔羌七处

乌什三处　　　英吉沙尔三处　玛纳巴什三处

和阗四处

每处教师一员,月支薪水银二十两,加给津贴朱墨油脂银四两,跟丁一名。然学生并不发达,每处仅十五六名至二十名,因回教阿訇多方阻止回民读汉文,回民亦以入学为当差,读汉文为苦事,富有者且雇贫苦者为代。而教师待遇既优,钻营者有如官缺,既得之,亦视如当官,未能尽心教读。且教师多为湖南人,以湖南土语教回民,而新疆土著多甘陕籍,回民通汉语后,仍不能与汉人交谈也。此则为回民义学之障碍,而非宗棠所及知矣。①

清圣祖尝撰颁教民之道十六条:(一)敦孝悌以重人伦;(二)笃宗族以昭雍睦;(三)和乡党以息争讼;(四)重农桑以足衣食;(五)尚节俭以惜财用;(六)隆学校以端士习;(七)黜异端以崇正学;(八)讲法律以儆愚顽;(九)明礼让以厚风俗;(十)务本业以定民志;(十一)训子弟以禁非为;(十二)息诬告以全善良;(十三)诫逃匿以免株连;(十四)完钱粮以省催科;(十五)联保甲以弭盗贼;(十六)解仇忿以重身命。是曰圣谕。清世宗复就每条意义,用白话文加以发挥,是曰广训,颁布全国,令地方官吏为人民宣讲解说。其后安徽婺源县教谕夏炘,复用其为人民宣讲之资料,辑为一编,题曰《圣谕十六条附律易解》。宗棠在浙江时,曾为刊行。及至西北,亦尝以此劝谕人民,且附译回文,便利回民之阅读。而于第七、第八、第九各条,尤为致意。盖陕、甘、新三省,回教甚盛,在儒家视之,自为异端,故宗棠特将"黜异端以崇正学"一条,加引宣宗所作韵文,出示晓谕,散布民间。又以中国治民之道,不

① 《左文襄公批札》卷六页18《狄道州喻牧光容禀举办地方各事由》。《左文襄公奏稿》卷五十六页22—23《办理新疆善后事宜折》。《刘襄勤公奏稿》卷五页64—65《关内善后台局一切应发款目缮请立案折》。《新疆图志》卷三十八页4。《清稗类钞》卷二十页6。

外礼刑两端,宗棠将吴荣光所编《吾学录》,节取其婚礼、祭礼、丧礼三门,刊发各处,并如《圣谕十六条》例,于每条礼节之后,附列违反礼节应处之罪刑,所谓使民易知易从,以合于讲法律、明礼让之义,而收儆愚顽、厚风俗之效。[①]

甘肃自陕西分省,历二百年,提督虽已别置,而学政仍由陕西兼任,驻于三原。乡试武闱,虽已单独举行,而文闱仍并在西安省城。于是宗棠决欲弥补此政治设施上之缺憾,以为劝诱人民向学、转移风化之一种助力,同治十二年(1873)十二月,奏请分甘肃乡闱,并分设学政:

> ……窃维甘肃地处西北边荒,旧隶陕西行省统辖。康熙年间,拓地日广,始设甘肃巡抚,驻临洮。乾隆年间,又改临洮为兰州府,后设总督驻之,兼管巡抚事。地当西陲冲要,南北界连藩服,汉蒙回番,杂处其间,谣俗异宜,习尚各别。汉敦儒术,回习天方,蒙番崇信佛教,亘古至今,未之有改。置省以来,诸凡建设,或创或因,于武备尚详,而文治独略,其异于各省者,两大端。各省除壤地毗连,一水可通之安徽一省,乡试并归江南取中,士子久习为常。此外均就全省适中,督抚驻扎处所,设立贡院,届期考官入闱校阅,照额取中。独甘省距陕,道阻且长,而乡试必须赴陕,陕甘学政远驻陕西三原,三年一度,按临甘肃,举行岁科两试,均与各省不同。故自改建省治以来,甘肃士人,经明行修,能自淑其乡里者,尚不乏人。至掇科登第,以文章经济取重当世者,概不多见,非各省皆知稽古之力,争自濯磨,甘肃士人,独安固陋,不求闻达也。计甘肃府厅州县,距陕近者,平庆泾、巩秦阶两道,约八九百里、千里;兰州一道,近者一千三四百里,远者一千六七百里;兰州迤西,凉州、甘州、西宁,迤北宁夏,远或二千余里,或三千里;至肃州、安西一道,则三千里,或四千里;镇迪一道,更五六千里不等。边塞路程悠远,又兼惊沙乱石,足碍驰驱,较中原行路之难,奚啻倍蓰,士人赴陕应试,非月余、两月之久不达。所需车驮雇价、饮食、刍秣诸费,旅费、卷费,少者数十金,多者

---

① 《左文襄公奏稿》卷五十四页 35《已故军务人员志节可传恳宣付史馆折》,卷三十八页 26《安插回众折》。《左文襄公批札》卷三页 68《泰安县程令履丰禀发书籍由》。《左文襄公文集》卷一页 20《重刊吾学录叙》。《刘襄勤公奏稿》卷二页 33《新疆命盗案件请暂行变通办理折》。

百数十金。其赴乡试,盖与东南各省举人赴会试,劳费相等。故诸生附府厅州县学籍后,竟有毕生不能赴乡试者,穷经皓首,一试无缘,良可慨矣。军兴以来,学臣不按临甘肃者,已逾十稔,幸前学臣许振祎不避难险,以次按试,生童踊跃欢呼,迎拜马首,计补行各届岁科诸试,取入新生,不下万人。而从前取进生员,尚不在内,徒以资斧无措,不能远行,加之夏秋暑雨水潦纵横,有无从问津者,有中道迍邅,致误场期,废然而返者,有资斧耗尽,抑郁成疾以殁者,其得抵陕完试事者,不及三千人。然则甘肃士子之赴乡试者,合新旧诸生计之,不过十之二三而已。臣自肃州凯旋,历甘、凉各郡,途间见诸生迎谒道左,初疑其秋试被放者,比询以试事,则佥称无力赴陕,不知其详,言已,欷歔不绝,慰喻遣之。前接准学臣许振祎咨送甘肃赴试士子公恳分闱呈词,当行两司详议。昨由肃凯旋后,又据绅士前刑部主事滕烜,道员曹炯,及汉回士绅等联名呈称,捐建贡院,择定袖川门外地基,筹备砖瓦材木,已有头绪,请援照湖广、云贵乡试分闱取中前来,并称甘肃武试本系分闱,文试宜可仿照,恳求具奏。臣维湖广、云贵等省乡试,道路险远,历蒙列圣恩旨,分闱取中,士林感颂至今。兹甘肃赴陕乡试,道路险远,较各省数倍有加。皇上一视同仁,轸念士人赴试维艰,恩允分闱取中,俾边徼寒微,得照各省一律就近应试,则投戈讲艺,士气奋兴,文治之隆,可计日而待也。……遇简放主考学政之年,另简甘肃正副考官各一员,甘肃学政一员,俾合省士子得以就近乡试。而岁科按届举行,学臣得免跋涉之劳,生童得以时亲承训迪,习旧学而启新知,不独边方士习,可期丕振已也。臣自西征以来,目睹民俗凌夷,泯棼日甚,不但劫杀争夺,视为故常,动辄啸聚多人,恣为不法。而民间伦纪不明,礼教久敚,干名犯义之案,诛不胜诛,缘地杂华夷,习俗渐染日深,恐夏变为夷,靡所止极。不得已,设局鄂省,影刻四书、五经、小学善本,分布各府厅州县。师行所至,饬设立汉回义塾,分司训课,冀耳濡目染,渐移陋习,仍复华风。迩来汉民敦崇儒术,诵习六经,回民亦颇知向慕,争请设立义塾,延师课读儒书。前学臣许振祎次第按临,多方激劝,回生得附学籍,贡成均者,均在所不乏。益欣欣然以得附宫墙为意外荣幸,食桑黮而怀好音,斯其时乎。若荷皇恩,允其分闱就试,届时简派学政,按期校阅,则经正民兴,边氓长治久安之效,基于此矣。……

案既奉准,于是以银五十万两,建成可容四千人之贡院,基址纵一百四十丈,横九十丈,规模宏伟,最于各省。① 光绪元年(1875)八月,举行首次甘肃分闱乡试,宗棠循例入闱监临。与试者四千余人,榜发,第一名举人,恰为宗棠属望之安维峻,于是与书陕甘学政吴大澂,记述其事:

> ……榜首安生,文行均美,闻其先世贫苦嗜学,为乡邦所重,意其报在此。弟于甄别书院,及月课、录科,均拔置第一;意其不仅为科名中人,闱中秋宵,尝倚杖桥边,忽仰视而言,若此生得元,亦不负此举。不虞监水官在后窃闻,为(杨)庆伯廉访(重雅)言之。弟初不自觉。写榜日,两主试先以闱墨见示,掀髯一笑,乃如四十年前获隽之乐。频日谳集,必叙此为佳话,觉度陇以来,无此兴也。来示亦及之,然则老伧所赏,固非谬耶……②

至乡试中额,按陕甘合闱时,原共六十二名,至同治八年(1869)乡试,始由宗棠奏准,以二十一名为甘肃中额。此次分闱,宗棠再请援各省乡试中额之贵州,定为四十名,旗营另定二名。结果仅奉准三十名。嗣以军兴以来,甘省人民各项捐输五千余万两,奏请增加十名,仍为户部所驳。及至光绪二年(1876)第二次分闱乡试,复由宗棠申请,始获特旨允准。由是甘肃乡试,每科中额,确定为四十名。③ 先是,甘肃有若干地方,文化比较落后,试卷另编字号,特定分科中额。如宁夏府编为丁字号,甘州府、西宁府编为聿左字号,均一科分中一名,一科公同取中。安西州、肃州、迪化州,编为聿左字号,均

---

① 《左文襄公奏稿》卷四十四页73—78《请分甘肃乡闱并分设学政折》。《重修皋兰县志》卷十二页33。

② 《左文襄公奏稿》卷四十六页57—59《甘肃地方安静恳恩举行纪元乡试折》,卷四十七页19—20《甘肃乡试通融办理折》。《左文襄公书牍》卷十五页44《答李筱轩》,页67《答吴清卿(大澂)》。曹炯,字南洲,号镜侯,甘肃皋兰人,道光二十年(1840)进士,官至江苏淮扬道。杨重雅,原名元白,字庆伯,江西德兴人,道光二十一年(1841)进士,官至广西巡抚。安维峻,字晓峰,甘肃秦安人,光绪六年(1880)进士,官至御史,中华民国十四年(1925)卒,著述有《四书讲义》、《诗文集》。

③ 《左文襄公奏稿》卷四十四页75—76《请分甘肃乡闱折》,卷四十五页81—83《援案吁恳分闱增额折》,页84《陈明甘肃捐输实数乞广文闱中额折》,卷四十八页18—19《请加甘肃文闱乡试永远中额折》。邵亨豫《雪泥鸿爪》后编页48—51。

每科分中一名。分闱以后,此诸地方士子,不愿为分中名额所限,议定甘州、西宁,取消另编字号,分科取中办法,一律归入总号,公同取中。安西州、肃州、迪化州,则改为一科公同取中,一科仍编号分中。同时,对于回民,则另编良字号,一科分中,一科公同取中。①

甘肃分设学政,于光绪二年(1876)实行。学政衙门在城南,亦系新建。以前陕甘学政常驻三原,每隔三年,始莅甘一次,故岁试、科试,均合并举行。至是,实行岁科分试。惟阶州、肃州、安西州,因路途较远,暂仍岁科并试。数年后,因宁夏、庆阳两府,地方凋敝,应试人稀,回复岁科并试办法,以归简便。②

清制,每隔三年,各省就廪、增、附生中,考拔优生,贡入太学。其名额,大省无过五六名,中省无过三四名,小省无过一名。陕甘原照中省例,定为四名,陕得三名,甘得一名。甘肃既分设学政,由宗棠会同学政,于光绪二年(1876)间,奏准增加二名,合为三名。又狄道早于乾隆五年(1740)由县升为直隶州,然廪、增生学额,犹从县例,亦由宗棠奏准各从二十名加至三十名。③

科举时代士子,以功名为重。甘肃之实行乡试分闱,分设学政,既便利其考试,复扩充其学额。一般士子对于宗棠,自是感戴切至。而甘肃文风亦由是渐盛,兰山书院肄业生,骤增至四五百人,即为一证。宗棠固谓:

> ……圣贤之学,不在科名,士之志于学者,不因科名而始劝。然非科名,无以劝学,非劝学,则无读书明理之人,望其转移风化,同我太平,无以致之。……

其言于此,信而有征矣。

道咸而后,各省自遭兵事,公私图籍,泰半荡然。而当时主兵大员,均属

---

① 《左文襄公奏稿》卷四十六页 61—63《请将安肃五属举额隔科分别编号取中折》,卷四十七页 21《本年乙亥(光绪元年〔1875〕)恩科补行壬戌(同治元年〔1862〕)科请仍照旧编号取中折》。《京报》光绪三年(1877)四月《请将甘州西宁二府聿左号举额注销归入大号取中折》,五月《甘肃回生乡试拟编字号分科取中折》。

② 《京报》光绪三年(1877)《请将学政按试各属分别岁科连考分科折》。《重修皋兰县志》卷十二页 15。《谭文勤公奏稿》卷十页 37《变通宁夏庆阳两府岁科试折》。

③ 《京报》光绪九年(1883)二月十七日《请加甘肃优生额数折》。《狄道州续志》卷十四页 12。

儒者,大局底定,即尽力宣扬教化,于是同光而后,刻书之风,一时颇盛。宗棠亦为倡导刻书之人。然宗棠刻书之志愿,早酝酿于驻军婺源之时,家书致其长子孝威曰:

> ……若我治军之暇,尚有余力,当翻刻《小学》、《孝经》、《四书》、《近思录》……

云云。其后入浙,乃先就宁波雇匠为之。杭州省城克复,正式设立书局,其所刻书之著者,为影刻安徽鲍廷博所刊之六经。其余可考者,有如上所述夏炘纂《圣谕十六条附律易解》,别有倪国琏重编《康济录》。①

在福州省城时,创办正谊堂书局,有告示一通,揭其旨趣:

> ……敬教劝学,卫国于以中兴,察孝举廉,汉治所以近古。曩者仪封张清恪公孝先先生(伯行)之抚闽也,与漳浦蔡文勤公(世远)闻之先生讲明正学,闽学大兴。清恪汇刻《儒先遗书》五十五种,扫异学之氛雾,入宋儒之堂奥。本爵部堂乡举以后,即得是刻残编读之,以未睹全书为歉。兹来清恪旧治,亟询是书,仅存四十四种。而鳌峰书院所藏版本,则蠹蚀无存矣。爰择省会文昌宫,设正谊堂书局,饬司道筹款,就所存本,先付手民开雕,余俟访寻续刻。书成,散之各府县书院,俾吾闽人士,得以日对儒先,商量旧学,以求清恪、文勤遗绪。近年科举频开,得举者多,谅不乏有志问学之士,其愿入局任分校之役者,各赴署报名,本月十六日取齐,定期十八日面试榜示。取入者,月致膏火银五两。本爵部堂判事之暇,亦将来局,与同志之士,共相讨论,倪不以时遇不学而弃之乎。

《儒先遗书》原分立德、立功、立言、气节、名儒粹语、名儒文集六部。宗棠为厘定重刊,增为六十八种,易其名曰《正谊堂全书》。宋儒理学之著作,此为渊海,《正谊堂全书》外,尚刻有陈宏谋《五种遗规》,亦有裨风教。正谊堂书

---

① 《左文襄公家书》卷上页 29。《左文襄公批札》卷四页 8《翁藩司同爵呈赏各种书籍由》。《庸闲斋笔记》。

局后即改为正谊书院,专课举人、贡生,曾由清廷奖给"发藻儒林"匾额。①

宗棠移节西北后,鉴于地方经籍消亡,诵习久废,五经、四书,坊间向无善本,仅由书贾贩自川、汉,抑且供不应求,于是复从事刻书。其刻书之机构,一在武昌之崇文书局,一在西安之关中书院。崇文书局将在浙所刻六经,重行翻刻。关中书院所刻,为《小学》、《孝经》等书,均广为分布于各书院、各义学。新疆收复,后在迪化设立书局,所刻即为前述之《三字经》、《百家姓》、《千字文》、四字韵言、日用杂文等,专供回民义学所需,亦尝将《圣谕广训附律例易解》,附译回文,广为分布。②

金陵书局为曾国藩所创设,光绪七年(1881),宗棠任两江总督,有人建议裁撤。宗棠以为明年乃举行乡试之期,各郡县士子云集,购求图书者必众,正宜多为储备,遂拨款增印,至时果销售大畅云。③

---

① 《左文襄公告示》页 4《创设正谊堂书局告示》。《左文襄公书牍》卷十四页 57《答吴清卿(大澂)》。张伯行,字孝光,号敬庵,河南仪封人,康熙进士,官至礼部尚书,著述有《正谊堂文集》、《困学录》、《续录》。蔡世远,字闻之,号梁村,福建漳浦人,康熙四十八年(1709)进士,官至礼部尚书,著述有《二希堂文集》。鲍廷康,字以文,号禄饮,安徽歙县人,著述有《花韵轩咏物诗存》。《闽侯县志》卷三十三页 10。

② 《左文襄公咨札》页 18《札陕鄂粮台翻刻六经》。《左文襄公批札》卷四页 10《翁藩司同爵禀呈四种遗规由》,页 12《王道加敏禀刊刻六经即附崇文书局办理》。《左文襄公奏稿》卷五十六页 23《办理新疆善后事宜折》。

③ 《申报》光绪八年(1882)九月十八日。

# 六十四　筑路种树

　　左宗棠之楚军,有一特色,为有事作战,无事作工,以本属农民,习于勤劳,能胜力役也。其后他军亦效为之。所谓作工,为垦田(参阅三十九节),为浚河(参阅六十二节),为筑路,为造桥,为种树,为修建公共建筑物,而以在西北为尤著绩效。宗棠之言曰:

　　　　……甘肃内地,自遭兵燹以后,千里萧条,东路各属,地居冲要,如会宁县之翟家所、张陈堡,安定县之王公桥,隆德县之六盘山,固原州之三关口等处,均为著名险隘,其间沟洞深窄,河道沮洳,道路桥梁,率多倾塌,夏潦冬冰,时有阻滞倾覆之患,农商行旅,均以为苦。……①

故其所课于此路驻兵之工作,亦以筑路、造桥、种树为主,以兰州省城为中心,而向东试计之,则在:

　　皋兰县境　修筑木桥一座,种树四千五百余株(以种活者为限,以下均同)。

　　金县境　修筑木石桥三座,种树四千四百余株。

　　安定县境　修筑木桥六座,种树十万六千余株。

　　会宁县境　开筑车路四十三里(县城东至翟家所),修筑大小砖石土木

---

　　①　《左文襄公奏稿》卷五十七页57《行抵西安起程北上折》。

桥十九座(内利济桥长十二丈有奇,宽三丈有奇,履顺桥长十六丈有奇,宽二丈有奇),种树二万一千余株。

固原州境　开筑石路四十余里(三关口经蒿店,至瓦亭,沿泾河筑),修筑大小木石桥十座。

隆德县境　修筑车路二十余里(六盘山上下),修筑大小桥六座。

静宁县境　修筑大小桥七座。

平凉县境　修筑道路二十里(三关口至瓦亭驿),修筑大小木石桥二十九座,种树二千二百余株(平庆泾固道署及柳湖书院内外)。

镇原县境　种树一万二千余株。

泾州境　修筑大小木石桥九座。

环县境　种树一万八千余株。[1]

其中最重要之工程,当推三关口一路,路旁有碑,载此杰作:

> 三关口为古金佛峡,山石荦确,杂以横流,夏潦冬雪,行者苦之。坡南旧通小道,西出瓦亭驿,乱石砠路,车骑弗前。庆泾平固观察使邵阳魏公(光焘),始以光绪元年(1875)三月,开通此路,为道廿余里,凿隘就广,改高即平,部下总兵官萧玉元,副将魏发沅、杨玉兴,参将周冠群、彭桂馥、岳正南、罗吉亮、徐有礼等分督修作,凡用功八千余人,役勇丁四万余工,炭铁畚锸器用功费糜白金千两有奇,是年五月讫功。行人蒙福,去就安稳,督学使者吴大澂采风过此,美公仁惠,勒石记事,以示来者。[2]

次为翟家所一路,程履丰尝记之:

> ……会宁县东数十里,山谿险阻,辙迹不通。光绪丙子(二年,1876)夏,分屯静邑之武威前营郑提督连拔,奉统领平庆泾固道邵阳魏公令,于此辟山通道,创建桥梁,以利行者。乃率所部将士执畚锸以从事,在昔崎岖陡绝者,今已忽成坦途。更于白家沟、黑耶沟,成桥两道。又与新右营合修董家沟一桥,车无濡轨,涉不褰裳,且夹道树官柳以为

---

① 《左文襄公奏稿》卷五十六页 26—27《防营承修各工程折》。

② 原刻拓本。

表。……

盖此地本有"七十二道脚不干"之谚也。①

此外平凉、庆阳、固原各属驿路,固原北至平远,以达惠安堡运盐之路,并修治平坦。② 更自兰州省城而南,则此种工作,又如下列:

狄道州境　修筑道路一百六十里(岚关坪至白林口),修筑桥三座(一桥名永宁,长二十丈,高一丈,宽八尺),种树一万三千三百余株。

碾伯县境　修筑道路二百四十余里(老鸦堡至响镗)。

大通县境　修筑道路三百数十里,种树四万五千余株。

丹噶尔厅境　修筑东路西石峡,峡道十里,南路药水峡,峡道三十里。

平番县境　修筑石桥一座,种树七万八千余株。

至于平番而西,即为河西走廊,亦随在修桥种树,其在红城驿等处所植杨树,有高十余丈者。③

以上为甘肃省内之情形。其在陕西省内,宗棠于同治七年(1868)始入境,即命自潼关以西,修治道路。惟至光绪六年(1880)入京过陕,所见较甘肃远逊,当沿途指示各州县与驻军,一体照办。在西安省城,复晓商巡抚冯誉骥,誉骥欣然从命。由是东起潼关,西讫嘉峪关,全路三千里,车马畅通,路面宽度,由三丈乃至十丈,至少能容大车两辆往来并行,两旁遍植柳树一行、两行,乃至四五行,其厚密有如木城,即世所艳称之左公柳也。于是后人榜于途曰:"昆仑之阴,积雪皑皑,杯酒阳关,马嘶人泣;谁引春风,千里一碧,勿翦勿伐,左侯所植。"惜官厅保护不周,军民樵采无阻,至今摧残殆尽,无复往日葱郁景象也。④

出嘉峪关以达新疆,修筑道路,由张曜发其端。初帝俄占伊犁,清廷图

① 《陇上鸿泥》页48《会宁白家沟福德祠碑记》。任其昌《敦素堂诗集》卷七页9《清平驿早发》。

② 《左文襄公奏稿》卷五十六页27《防营承修各工程折》。

③ 《左文襄公奏稿》卷五十六页27—28《防营承修各工程折》,卷五十七页47《甘肃气象更新折》。袁大化《辛亥抚新纪程》卷上页35。

④ 《左文襄公批札》卷一页67《华州万牧家霖禀运送军装由》。《左文襄公书牍》卷二十四页81、页84,均《答杨石泉(昌濬)》,卷二十五页8、页11、页16,均《答冯展云(誉骥)》。案函中"长武而西",西字似为东字之误。《河海昆仑录》卷二页31。傅增湘《秦游日录》。冯誉骥,字仲良,号展云,广东高要人,道光二十四年(1844)进士。著述有《绿伽楠馆诗存》。

用兵收复,宗棠先遣张曜督嵩武军出屯哈密。自新疆沦陷十年,关外鲜通人迹,第闻狼嗥。宗棠当复命曜缘路修筑,创设塘站,备水草,用便军运。至哈密后,曜更修筑天山过岭之路,通巴里坤,此路正在干仑过峡处,故岭首犹山腰也。自哈密一百二十里入南山口起,在峡中行,上坡路四十五里,登至岭首,尚无险,惟下岭十余里,系直壁仑,身无所挡,塞势陡峻,曩时大山不通车,下岭路窄,危悬于壁,秋后积雪,不知其深,偶失足,即堕落直下。自曜兴工开山,回绕三十六盘,以舒其险,宽一丈五六尺,并刊木为栏,宛转遮护,遂若坦途。宗棠特为铭其功:

> 天山三十有二盘,伐石贯木树扶栏,谁其化险贻之安。嵩武上将惟桓桓。利有攸往万口欢,恪靖铭石字龙蟠,戒毋折损毋钻刓。光绪二年(1876)六月刊。①

其由巴里坤以西而昌吉、而玛纳斯等处,所有道路、桥梁,别由此路驻军逐段修筑。②

天山北路平定后,用兵南路,筑路工作,亦向南展开,有若干要工,特别可记者:

由哈密以达吐鲁番,自瞭墩至七克腾木四驿,分南北两路。南为官道,而妖风时作,砂石俱飞,甚者并人马卷去,渺无踪迹,俗所称风戈壁,《汉书》所谓风灾鬼难之国者也。其北有小路,可避风灾,本为商旅必出之途,然无店宇可资栖息,行旅苦之。因将南路台站移置北路,添备官店,供给水草器用,此患乃免。

由乌鲁木齐以达达阪,当天山南北孔道,山路陡绝,车驮经过,常遭折轮失足之厄,因别凿新路一道,计一里许,自是旅客往来,无复往日之艰阻。

由托克逊以达喀喇沙尔,中隔阿哈布拉地方,两峰壁立,积石峻嶒,一径羊肠,下临无际,厥名苏巴什山口,长一百七十里,《唐书》所谓银山道,车驮临此,辄虞意外,因锤幽凿险,化而为夷。

---

① 《西疆杂述诗》卷四页 28《戈壁》。《左文襄公书牍》卷十五页 11,卷十六页 21,均《答张朗斋(曜)》。《左文襄公文集》卷五页 11《天山扶栏铭》。《西辕琐记》卷四页 6《李云麟记》。

② 《左文襄公批札》卷七页 12《邹镇本全禀督导勇丁修筑桥梁由》,页 13《金提督运昌禀修补沿途道路桥梁由》。

　　由喀喇沙尔而南,在清水河西,有碱滩五六里,泥淖纵横,人马多苦陷溺,因开渠泄浸,垫以巨木,杂覆树枝,土石平铺,始免积淖。

　　由清水河而西,过布古尔,即汉时轮台古地。其间有河,上架一桥,为西通回疆第一要道,《汉书》所谓苇桥之险,因重行加固,俾人马辎重,均易安渡。①

　　以上为新疆北路及南路东西城之情形,其西四路,则在老湘军统领刘锦棠督导之下,更有如次之建设:

　　由玛喇尔巴什至爱吉特虎,筑路五百三十里,造桥二十余座。

　　由玉带里克至龙口桥,所有道路、桥梁,均经修建。

　　在七克托地方,修筑桥梁二座。

　　由喀什噶尔而南,筑路数百里,造桥二十余座。②

　　综上所记,有确实数字可计者:

　　筑路一千三百九十三里,造桥一百三十八座,种树五十六万八千四百株。其无数字可计者,自不止此。吾国自来筑路工作之宏伟,当无逾于秦始皇帝,贾山至言谓其"道广五十步,三丈而树,厚筑其外,隐以金椎,树以青松"。如上所述,宗棠之筑路,其规模殆不下于始皇。今日之西北国际公路,亦以此为始基。

　　而宗棠于种树,更饶有兴趣。无论筑路,或浚河,或兴造房舍,工成,无不遍植树木,其意凡四:固地基,一也;限戎马,二也;增景色,三也;供樵采,四也。

　　至以兵工修造公共建筑物,以各府州厅县城垣、衙署、祠庙等为多。如修造兰州省城祠庙、行馆、书院等十三所,修盖循化厅城铺屋十五间,兴造董志原县丞城、公廨、庙宇、仓廒六所,此修造房屋之可记者。③ 而以修筑城垣之工程为最伟大。如修筑兰州省城外城,凡长一千三百十丈,城根深一丈有奇,宽一丈数尺,城身高三丈七尺,顶宽八尺余,城壕掘宽三丈余,或二丈余,

----

　　① 《左文襄公奏稿》卷五十六页29—30《防营承修各工程折》。《左文襄公书牍》卷十六页31、页45,均《与张朗斋(曜)》。《叶林记程》卷上页4。《西辕琐记》卷四页3、页8。

　　② 《刘襄勤公奏稿》卷二页55《新疆南路西四城兴修各工完竣折》。

　　③ 《左文襄公奏稿》卷五十六页27—28《防营承修各工程折》。

深亦如之。合十一防营之力,历十个月之时间,用材料银三千三百九十七两,悉由宗棠捐廉。同时,在城西龙尾山,修筑坚实宏大之碉堡四座,至今以四方坪驰名。①

在甘南有若干重镇,其城垣于战乱或地震中毁坏者,均先后修复,则有如:

西宁府城　修整东西北三面,长八百八十一丈,高四丈五尺;址宽二丈五尺至三丈,顶宽一丈三四尺,城堞一千二十枚,女墙一座,水槽十六座,城楼三座;新辟南北稍门各一座。

河州城　修整城堞二千二百四十九枚,更房一百四十座。

狄道州城　修整城堞二千零八枚,炮台六十三座。

秦州城　加筑中城,小西关城,西关城炮台,东关城,又在南门外,修筑耤水新堤,长三百五十丈,高八尺,厚二丈,吕二沟新堤,长三百零四丈。缘堤均植柳树。

阶州城　易地重建,长一百余丈,高三丈,宽八尺,城堞一千一百六十八枚;炮台二座,又修筑南堤,长一百二十丈,宽一丈三尺,北堤长四百余丈,宽一丈三尺。环城及沿堤,栽树数十万株。

阶州下马关州判城　重筑石城长二千八百八十一丈,高一丈九尺,城堞四百二十二枚,敌台四座。②

在陇东有若干地方,新设治,此时亦新建城垣,则有如:

化平川厅城　长四百十六丈,高二丈五尺,址宽二丈,顶宽一丈二尺,城堞五百五十四枚,城门四座,炮台十二座。

宁灵厅城　长一千一百三十丈,东西址宽一丈五尺,顶宽七尺,南北址宽一丈,顶宽三四尺,高二丈二尺八寸,女墙高五尺,城堞一千二百十一枚,东西两门。

平远县城　长八百五十丈,高三丈五尺,城堞七百零二枚,炮台八座。

董志原县丞城　长三百九十六丈,高二丈五尺,址宽二丈,顶宽一丈二

---

① 《左文襄公批札》卷六页 38《崇藩司保禀修省垣外城由》。《左文襄公奏稿》卷五十二页96—98《兰州城工经费捐廉归款片》。

② 《甘肃新通志·建置》。

尺,城堞五百三十二枚,城门四座,炮台十二座。①

在河西,则将在围攻中轰毁之肃州城修葺一新,并将塌陷之嘉峪关城缮补完整,关头宗棠亲书"天下第一雄关"为榜。何福堃诗:"左侯昔日受降归,酾酒临关对落晖……额题六字神飞动,想见如椽大笔挥",即咏此也。关外安西州治,地近戈壁,飞沙堆积州城东西两面,高与城齐。宗棠命由城堞逐渐开掘,下至城根,一律净尽,砖石显露,还复旧观,更引疏勒河水成壕,植柳以环之。②

新疆在十年变乱中,所毁城垣,不一而足。收复后,南路如喀什噶尔,如叶尔羌,如英吉沙尔,如和阗,如玛喇尔巴什;北路如乌鲁木齐,如玛纳斯,如巴里坤,如精河,均加修补,而以扩大库车汉城为最。库车,故龟兹国地,汉时归附。班超、班勇父子均曾驻此,唐亦就设安西都护。此时,就旧城东南与东北两部,延长一千三百三十四弓,高一丈八尺,址宽一丈五尺,城楼高四丈八尺,四隅炮台,纵横四丈四尺,洵足扬大汉之声威也。③

新疆境外,布鲁特、浩罕诸部落,均在葱岭之西,与岭东之喀什噶尔,仅一山之隔。故诸部落人至喀什噶尔,动称过山,此本中外天然界画。宗棠平定新疆后,鉴于布鲁特、浩罕等不时入犯,因奏请更自英吉沙尔北至布鲁特界,按照卡伦地址,修筑边墙,并于冲要处,间以碉堡,则行见形势益完固,界划益分明,尤为百世之利。清廷采纳其议,于是秦始皇以后之又一新长城,屹然在我国国土之西南极端出现,亦可谓完成我国经营西域史之一页。④

宗棠凡有兴作,不为粉饰一时,必为规画久远。即如以上诸种工程,宗棠以为在本人与所属任内,固可以役使兵力,然决不能以是期诸来者。故又所在酌划荒绝地亩,招佃承租,指充岁修经费,俾日后易保完固,不致荒废。

　　① 《左文襄公奏稿》卷五十六页 27《防营承修各工程折》。

　　② 《左文襄公奏稿》卷五十六页 28《防营承修各工程折》。《左文襄公批札》卷五页 36—37《肃州李牧宗笏禀请修嘉峪关边情由》。何福堃《午阴清舍诗草》卷七页 22。何福堃,字寿轩,山西灵石人,光绪三年(1877)进士,官至甘肃布政使。

　　③ 《左文襄公奏稿》卷五十六页 29《防营承修各工程折》。《左文襄公批札》卷七页 14《易提督开俊禀整修库车汉城由》。《刘襄勤公奏稿》卷二页 54《新疆南路西四城兴修各工完竣折》。《叶柝记程》卷上页 36—37。

　　④ 《左文襄公奏稿》卷五十二页 57《议筑边墙片》。

尝见今之从事建设者,往往铺张扬厉,仅知如何博一时之名,不问如何善百年之后。于是知宗棠办事之结实,用心之周密,迥不可及。

兰州省城,北濒黄河,两岸往来,冬日利用冰桥,平时利用浮梁,名曰镇远,均易肇事。宗棠颇用上海德商泰来洋行福克议,拟建铁桥,以为一劳永逸计。福克索价六十万两,宗棠以其过昂,未有成。然至光绪晚年,升允为陕甘总督,卒成之,而仍归其造议之功于宗棠焉。①

---

① 《兰州黄河铁桥碑记》(原刻)。升允,字吉甫,蒙古人。

# 六十五　己饥己溺之心情

　　吾华自昔以农立国,顾因灌溉系统窳劣,耕作技术幼稚,故水旱荒歉,已成司空见惯。又因政治不良,各地方大小内乱,几于史不绝书,凡是天灾人祸之结果,恒为田庐颓废,市廛凋残,生物丧亡,疫疠漫布,需要诸般赈济。积前人之经验与思想,作为赈济之书籍,不胜枚举,殆成一种专门学问。且社会上竟有一部分人士,常恃办理赈济以为生活。故在吾国为政治家者,对于赈济一事,不能不有所研究也。

　　左宗棠先世,于赈济事业,多好行其德,故早已耳熟能详(参阅二节)。且尝于未出山前小试于乡里。道光二十八年(1848),湖南于连年苦旱之后,忽患大水,所在饥馑,宗棠就授徒之暇,向富室劝募捐赈。统计在长沙、善化、湘阴、湘潭、宁乡各属所得银钱米谷,不下五十余万。又以其时收获薄而谷愈贱,贫富交困,劝族里储谷以备荒。次年复大水,宗棠预出束脩籴谷,以半佐左家塅族人,半济柳家冲本乡。而柳家冲距湘江仅十里,下游饥民来就食者,日千百计,饿殍相枕藉,宗棠罄仓谷煮粥饲食,病者丸药治之,笃心夫人与家人亲率仆媪,临门监视。不足,则典钗珥、减常餐佐之,全活甚众。又次年,宗棠筹族中备荒谷成,悉捐家中长物,建所居仁风团义仓,择公正之士经理,为立规约,以要久远。①

然宗棠出山后所实施者,则以兵荒之救济为多。最初,用兵浙江,衢州府属肃清,即令每一县设置同善局,择廉干绅士董之,并听其就乡村设分局,作为主办救济之机构,规定其工作凡四:

(一)收养幼孩　遇有被难幼孩,自数岁以至十五岁者,即收入局,立册注明姓名、年岁、籍贯、居址、父母伯叔兄弟姊妹存亡,及有无宗族亲戚。每口日给米半斤,盐菜钱八文,两人共絮被一床。如有亲族来领,须经幼孩自行认明,方准给领,以防冒诈。有拐卖者,事发斩首。或铺户愿领出学习手艺,取具领字,粘卷备案。姿性颖异者,送入义学读书,日后长大,听其归家。其有无家可归,无亲属可依,本地人民愿收留作养子者,援照道光年间两江奏准成案,由官给与执照,作为嗣子,收入族谱,宗族不得以异姓阻挠。

(二)收养妇女　凡遇被难妇女,问明年岁、籍贯、居址、翁姑、丈夫、父母、伯叔、兄弟存亡,及有无内外亲属,详细注册,由局发棉麻,课令纺绩,织成布匹,归局发售,以充经费。十岁以下,如无可依归,本地人民愿收留作女,作媳者,官给执照为凭,以免异时争讼。其余与幼孩同。

(三)恤养孤寡残废　城乡市镇,遇有孤寡残废,报局施赈,并准该地写立缘簿,沿门乞食。

(四)收埋骸骼　尸骸暴露,惨不忍睹,且凶秽薰蒸,易成疫疠,急宜收埋掩葬。凡收埋一尸,掘深四尺者,给钱二百文。每日由局雇人巡视,遇有暴露,不问亲属有无,即予收埋,插立竹标,暂为志识。②

至于经费,每县先筹发钱二百千文,以为之倡。复为规定经常收入来源四项:

(一)增盐茶厘税　盐除官运及零星肩挑负贩,数在三十斤内,不再加征厘税。此外每盐百斤,加厘税钱五百文,茶厘亦然。或于场灶增收,或于水陆口岸各卡局征收,温州、处州境内,总以此为限,专款提充

① 《左文襄公年谱》卷一页23—26。《左文襄公书牍》卷十九页43《答谭文卿(钟麟)》。
② 《平浙纪略》卷十三页3—4。

同善局经费。

（二）增船户厘税　海船出口，除所载货物应征厘税外，每船增船税钱四百文，江船每石加抽船税钱四文，均于载齐之日，收取给票。

（三）劝捐祠庙私租　凡民间宗族祠堂，积存公款，以三分之二赠其本族，地方庙宇所有田土租息，划提三分之二归公，充作经费。

（四）劝捐绅富　凡捐钱八十千者，给予六品功牌，六十千者，给予七品功牌，二十千者，给予九品功牌。每捐至百名，即由局禀县造册，专送本都院行辕，立将各等功牌填给。其已捐领六品功牌，愿换捐从九品者，准赴行辕，换给从九品印收。如现有部照，即发部照。或力不能捐资，而设法能全活百人者，准详明实迹，给予六品功牌。各县官委及局绅，办理妥善，全活最多者，分别核请保奖。

然宗棠又以为地方情形各异，习俗亦殊，故如有应行推广增减之条，准其禀明核夺。其后在浙，每收复一地，即仿此办法，实施救济。[①] 及杭州省城克复，别设赈抚局，专办省城救济，并将《康济录》一书，刊发地方官吏，示以救荒之准绳。[②]

而宗棠于救济，尤有别具会心者：

（一）招集当地原有农民，贷给种籽、农具、耕牛，俾即耕作。其本无田园，或来自客地之难民，则指拨荒绝地亩，亦贷给种籽、农具、耕牛，令从事。或遇抛荒之地，一时无人耕种，则饬所部兵士，先行垦植以招徕之，俟业主来归，仍举以相畀，不取分文。[③] 宗棠认农具、耕牛为农家生存命脉，故尝谓："救人之外，亦须为人救牲畜，救农具。"所部兵士，倘获寇所遗牲畜，辄令给资易之，农具缺乏，则拨款设厂铸之。[④] 以为言救荒，则"赈垦为第一义，赈者，以乞丐养之，不可久也，垦则无穷利赖，为地方长久计"也。[⑤]

---

① 《平浙记略》卷十三页4—5。

② 《平浙记略》卷十三页10。左念恒《诚斋诗钞》页3《吴敬疆师招饮》。蒋中正《重刻康济录序》。

③ 《左文襄公家书》卷上页73。

④ 《左文襄公书牍》卷十九页41《答谭文卿(钟麟)》。

⑤ 《左文襄公批札》卷五页3《龙道锡庆禀办理西宁善后情形由》。

（二）在浙江时，特拨银一万两，作为资本，令难民在各地采集茶叶、竹笋，以及废铁，官为收买，积有成数，运往市场销售。以所得价，再行收买，难民多倚以生活。截至同治三年（1864）六月，赢余银四万四千余两，拨入军费，其利赖可知。[1] 在陕西时，指示并协助难民掘煤炭，伐树木，熬硝，牧羊，均可养活多人。又在甘肃时，尝人与樵采之具，令樵以供军，倍其值以励之，一人樵采，得值可赡数口。复鼓励地方官烧窑，开煤矿、兴种植以活灾黎。[2]

宗棠尝言：

> ……赈务谈何容易，惟将地方可尽之地力，可资之物产，逐一搜索，令灾民得自觅工作，自谋养赡，较之坐食不饱，卒填沟壑，差为得之。……[3]

凡此皆其思想之见于行动者也。

关于天灾之赈济，惟在清光绪三年（1877），尝有一次。时陕西与甘肃东境，均因旱荒，民不得食。当商同陕西巡抚，备款往湖南产米之区，广购米谷。同时，禁止民间窖藏，俾利流通，亦禁止灾民抢粮，俾粮户乐于出售。然吾人须知，西北运输，最为艰巨，用兵运军需为然，救荒运赈粮亦为然。故宗棠当初即切嘱将拨船、车驮，早为准备，无如经理者漫不经心，其后终致赈粮堆积河南之裕州、汝州，缓不济急。[4] 惟同州府知府饶应祺，仿照宗棠运转军米办法，成效最著，其议曰：

> ……南粮由汉江入丹江，可至荆紫关，水盛时，可至龙驹寨，否则至荆紫关，即须用夫，择贫民之丁壮，前往迎运，亦以工代赈之意。惟长运民力难胜，应由潼关至龙驹寨三百二十里，划分八站：（一）大峪；（二）黑章；（三）纸房沟；（四）柴峪沟；（五）照树沟；（六）游方坪；（七）苍龙岭；（八）龙驹寨。由寨至荆紫关二百八十里，划分七站：（一）华王庙；（二）

---

[1] 《庸闲斋笔记》。

[2] 《平凉县志》（中华民国三十三年〔1944〕纂）卷三《杂俎门》。

[3] 《左文襄公批札》卷二页 32《刘守倬云禀挑选难民开挖石炭由》，卷三页 48《何牧林亭禀办理河干复烧窑器情形由》，卷五页 3《龙道锡庆禀办理西宁善后大概情形由》。

[4] 《左文襄公书牍》卷十九页 2《答沈吉田（应奎）》，页 12—13《与谭文卿（钟麟）》，页 15《答刘克庵（典）》，页 17《与谭文卿（钟麟）》，卷二十页 30《答谭文卿（钟麟）》。

武关;(三)试马寨;(四)党家店;(五)青山;(六)小岭观;(七)荆紫关。
每站各四十里,设一小局,收发运米,各驻夫一二百名,多则三四百名,
视来粮衰旺增损。日行四十里,至下站交卸,仍回本站住宿。每人日负
米一包七十斤,合京石五斗,给口食米一斤,钱数十文,穷民得食,力费
亦省。……惟必俟前途来粮积存荆紫关局者果多,始可发夫前往。如
计程可到,而汉江、丹江水涸滞运,则粮不敷运,运夫须以次递退,发夫
再往,又需放空之费。昔殷化行筹此路粮,运夫集而粮未至,粮到而夫
又回,转折劳费,运事弗畅,实为前鉴。若来粮果多,此路行走不开,再
分途设站,一由雒南,出蒿岭,至钓桥;一由商州,出瓮岭,至华阴;一由
黑龙口,出猴子头,至渭南。即雇本地夫负运,费亦相埒,可免拥挤而期
迅速。①

总之,办理赈济,最要为同情心,有此同情心,则自能随时随地,体会入
微,用费少而收效宏。其次为责任心,有此责任心,则自能敏捷而足赴事机,
切实而不涉浮滥。宗棠即富责任心,而又富同情心,故于赈济,颇有建树。

至赈济所需之款,除由公家支拨,亦如常例之取给于劝募,而宗棠尤着
眼于为富不仁之辈,且公然形之奏牍。在浙江时,宗棠奏称:

> ……查有籍隶浙江之富绅杨坊、俞斌、毛象贤等十数员,身拥厚资,
> 坐视邦族奇荒,并无拯恤之意,且有乘机贱置产业以自肥者,为富不仁,
> 莫此为甚。现饬尽力速措巨款,广购米石,运回办赈,以救阽危而昭任
> 恤之谊。……

清廷竟予照准,且谕旨有“如敢不遵行,即行严办”之语。其后事实可考者,
毛象贤认捐米六千石,杨坊则宗棠令捐米五万石。同时,李鸿章亦令捐京米
十万石。杨坊迫不得已,在宗棠处认捐银二万两,以一万两助浙赈,以一万
两请转解京米。宗棠以两处各捐银一万两,按当时米价,对于令捐五万石之
数,仅及三十分之一,对于令捐十万石之数,仅及六十分之一,而以鸿章令捐
京米,在浙报认,尤为取巧,因复奏陈其事,并称:

---

① 《续陕西通志稿》卷一百二十七页18《同州赈荒筹运备考》。饶应祺,字子维,湖北恩施人,
举人,官至新疆巡抚。

……杨坊以市侩依附洋商致富，十数年间，拥资百万，捐纳道员。从前在浙经手洋务，往往从中渔利，人所共知。即如咸丰六年(1856)，为前浙江抚臣借用英商啤喱大轮船一只，未及三月，竟开销洋银七万九千余元，名为供应洋人，实则取归私橐，其昧良私利如此。……

奉旨令鸿章先将京米十万石勒限如数追缴，缴清后，再押赴宗棠处照捐浙米，毋任狡展。至同治十一年(1872)六月，浙江巡抚杨昌濬奏称：

……杨坊现已故世，据伊子鄞县举人杨宝镕禀呈，愿盖父衍，闻甘省肃清在即，饷需紧急，愿措江平银十万两，稍助军饷。

等情，当获清廷允准。旋将所有缴到捐银，陆续搭解赴甘，作抵欠饷。① 夫贪官污吏，不绳之以法，而勒之以捐，一若一捐即可免其贪污之罪，故此举虽若痛快，究乖政体。当陕西与甘肃旱灾时，宗棠又奏称：

……此时筹办赈抚，兵燹之余，何从取给。是非择绅商之稍有力者，劝令捐输不可。就两省而论，甘肃贫瘠著名，素乏殷实之户。至陕西除南山、北山瘠区不计外，富室较多，又经商获利之家，所在皆有。近遭回乱，多散居贸易各省，生计仍完。兹值桑梓奇荒，理宜尽力捐输，以敦任恤之谊。臣现饬甘肃司道劝令官绅量力酌捐，一面咨商陕西抚臣督饬司道劝谕各绅士富商，尽力捐助，其悭鄙太甚者，恐非择尤勒令承捐不可。……

致帮办陕甘军务刘典书，更申其说曰：

……荒政首重劝分，而秦人偏喜悭鄙，无可如何，自非分两种办法不可。两者维何？一劝捐，一勒捐也。劝以行之君子，勒以施之鄙夫，出其有余，为其市义，何用其煦煦孑孑为哉。……

其后据陕西巡抚报告绅民共捐银九十余万两，捐粮二十五万余石。② 宗棠此种办法虽若霸道，殆发于对难民之同情心。夫"朱门酒肉臭，野有饿死骨"，此最人世不平之事，饿夫不敢开罪朱门，宗棠代为打抱不平，自可博得

---

① 《左文襄公奏稿》卷四页31—32《沥陈浙省残黎困敝情形片》，卷六页6—9《请勒追革员京米捐款再押解来浙捐输赈米折》，卷四十五页45《遵旨开单报销折》。

② 《左文襄公奏稿》卷五十一页22—24《筹办陕甘赈务折》。《左文襄公书牍》卷十九页23《答谭文卿(钟麟)》，页25《答刘克庵(典)》。《谭文勤公奏稿》卷六页18《报销陕省赈款折》。

一般社会之好感。

积谷防荒，自昔称善政。宗棠早年，已在本乡着意经营，自经此次旱灾，宗棠于光绪三年（1877）九月，通令劝办义仓，其结果可考者：

皋兰县捐得入粮三千三百四十二石；

洮州厅捐得本粮二千六百十九石，本大钱二百串；

固原州捐得仓粮六千八百石；

平远县捐得秋粮四百石；

崇信县捐得仓斗谷七百六十石；

镇番县捐得仓斗粮二千四百六十五石，又三渠社仓捐得仓斗粮八百二十石，蔡旗堡社仓捐得仓斗粮一百二十一石；

东乐县丞捐得市斗小麦一千零二十七石；

丹噶尔厅捐得三包市石粮四百三十九石；

泾阳县捐得京斗麦一万六千一百二十一石。

先于同治十一年（1872），陕西延安府禀设社仓，宗棠批云：

……社仓，善举也。每因经理不得其人，遂废不举，甚或反以为累。然古今无不敝之良法，人存政举，徒法不能自行，虽圣贤立法，亦不能保其不敝。惟于所属良愿士民，留心采择，令各司其社仓之出入，地方官但按年稽核，不令吏胥涉手，稍可留遗久远，与古人当社立仓之意有合。惟士民不尽良愿，而地方亦有无可举充社长者，是用士民一法，有时而穷，安得留心造士之贤有司，俾善气熏陶，比户可封乎。……

此次通令劝办义仓，其经理殆即采用官督绅办方式。如崇信县，每仓遴派正副四人，两年一换。如东乐县，各以仓正管理。如洮州，选正副殷实之家经理，大致仍不出宗棠之主张也。①

---

①　《左文襄公书牍》卷十九页32《答刘克庵（典）》。《重修皋兰县志》（光绪十八年〔1892〕纂）。《洮州厅志》（光绪三十三年〔1907〕纂）。《新修固原直隶州志》（宣统元年〔1909〕纂）。《平远县志》（光绪五年〔1879〕纂）。《重修崇信县志》（中华民国十五年〔1926〕纂）。《续修镇番县志》（中华民国八年〔1919〕纂）。《东乐县志》（中华民国十二年〔1923〕纂）。《西宁府续志》（中华民国二十七年〔1938〕纂）。《重修泾阳县志》（宣统三年〔1911〕纂）卷一页13。《左文襄公批札》卷四页24—25《延安府宫守尔铎禀拟设社仓由》。平远，今同心，属宁夏回族自治区。

# 六十六　拔除妖卉

　　左宗棠痛鸦片战争失败，对于鸦片，素主贯彻禁止。顾自出山以后，仅于军中禁吸，虽亲戚有嗜好者，亦不惜逐回，独于地方未有若何举动。至其在西北十四年中，则所目营心注者，禁烟亦为一要政也。[①]

　　陕西与甘肃诚所谓荒徼之区，一切文化，较之内地，均未免见绌。独罂粟遍地，蔚为大观，竟占人先。罂粟既盛产，吸烟者比户皆然。依宗棠当日调查，如陕西之三原一县，烟户多至乡居其五，城居其七。且凡吸烟之徒，无不尫瘠异于常人，陕甘刚强之民气，一变而为暗懦不可名状，坐令回族纵横，莫能抵抗。而土地既满种罂粟，谷类之生产减少，平日已不敷民食，一遇地方荒歉，无不饿莩载道，浸至死亡累累。故宗棠尝言：

　　　　……论关陇治法，必以禁鸦片为第一义。欲禁断鸦片，必先令州县少吸烟之人，欲吸烟之人少，必先禁种罂粟，欲禁种罂粟，必先思一种可夺其利，然后民知种罂粟之无甚得利，而后贪心可塞也。……

宗棠所思可夺罂粟之利者，为草棉，因先积极提倡种棉（参阅六十一节），然

---

　　① 《左文襄公家书》卷上页13。

后积极禁种罂粟。①

同治八年(1869)宗棠发布《禁种罂粟四字谕》,是为在西北禁烟之第一声:

> 谕尔农民,勿种罂粟。外洋奸谋,害我华俗。借言疗病,实以纵欲。吁我华民,甘彼鸩毒。广土南土,吸食不足。蔓连秦晋,施于陇蜀。土敝不长,荣必肥沃。恶卉繁滋,废我嘉谷。红花白花,间以紫绿。劙果取浆,兼金一束。欹枕燃灯,俾夜作昼。可衣无棉,可食无肉。盎可无粮,栈可无豆。惟腥是闻,惟臭是逐。农辍未耜,士休卷轴。工商游嬉,男妇瑟缩。小贩零沽,蜷聚破屋。家败人亡,财倾命促。乱后年荒,民生愈蹙。俵赈督耕,散种给犊。移粟移民,役车接毂。言念时艰,有泪含目。勉搜颗粒,聊实尔腹。尔不谋长,自求饘粥。乃植恶卉,奸利是鹜。我行其野,异华芳郁。五谷美种,仍忧不熟。亦越生菜,家尝野蕨。葱韭葵苋,菘芥菜菔。宜食宜饲,如彼苜蓿。钼种壅溉,饔飧可续。胡此不勤,而忘旨蓄。饥与馑臻,天靳尔禄。大命曷延,生聚曷卜。尚耽鸦片,槁死荒谷。乃如之人,宁可赦宥。自今以往,是用大告。罂粟拔除,祸根永劚。张示邮亭,刊发村塾。起死肉骨,匪诅伊祝。听我藐藐,则有大戮。发言成韵,其曰可读。

然在军事倥偬中,尚未遑积极。同治十年、十一年(1871—1872)间,清廷严禁种植罂粟。光绪二年(1876),陕甘全定,又奉旨重申烟禁,明定官吏考成。始复檄饬布政、按察两使,遴委妥员四出,会同印官,周历乡村。本管道府督同厅县营汛,随时轻骑赴乡搜查,月凡数至,遇整段地亩种罂粟者,一律翻犁灌水,其杂植豆麦间者,亦且锄且拔,俾无遗蘖。光绪三年(1877),陕甘旱荒,赈粮不济,死亡甚众。宗棠归咎于境内种植罂粟太多,致谷产锐减,吸户激增,而烟瘾愈深,又身体愈弱,不耐饿寒,易沦沟壑,始更采严厉手段。及新疆平定,见天山南北路亦有种植罂粟者,土人谓之花花子,禁之一如在陕

---

① 《左文襄公书牍》卷十一页9《答沈幼丹(葆桢)》,卷十四页13,卷十七页45,均《答谭文卿(钟麟)》。《左文襄公奏稿》卷五十三页8《甘肃禁种罂粟折》,页13《办理禁种罂粟未能悉合部章片》。

甘，然仍以致力于甘肃者为多。[1]

宁夏府辖境，土质肥沃，最宜罂粟。河东每亩竟可出烟土七八十两，河西稍次，每亩亦可出烟土三四十两，致广泛种植，无所底止。责令拔除，则诿称积重难返，或以农户将拒纳田赋为词。宗棠大怒，宁夏府知府，先已因案撤任，至是更革职查办。宁夏县知县先已奏请升补阶州直隶州知州，至是撤任，并注销升补原案。平罗县知县、灵州知州、中卫县知县，先以另案撤任，均仍并案查办。宁朔县知县，本与宗棠有深切关系，而宗棠致书帮办甘肃新疆军务刘典曰：

> ……贺少农（升运）与弟有世谊、年谊、姻谊，弟亦何忍恝然。顾在官言官，伊在任已久，竟无觉察，于宁夏广种罂粟一事，始终无只字启告，则咎有应得，岂可以私废公。……

于是亦被撤任。盖宁夏一府六厅州县，仅宁灵厅通判幸免于处分。自此一番整顿，宁夏将军、副都统，其始不无借武力庇纵者，咸告敛迹。于是阖境罂粟根株，一律锄拔净尽。各地方官出力者，亦优加奖叙。宗棠又发银二万两，以供耕垦之用。[2]

河西四郡土质亦宜罂粟，种植甚广。甘州所产，号曰西土，与广土、云土齐名。因四郡首长，能认真查禁，故如高台等县，均渐著成效。惟抚彝厅通判，先报亲身下乡遍查，后因办理不严撤任。古浪县知县，先则一味颟顸，逮烟苗长发时，转又具禀请示，遂革职永不叙用。[3]

甘南各属，于栽种罂粟一事，并不禁于未种之先，临花色结成时，乃派差

① 《左文襄公告示》页9《禁种罂粟四字谕》。《左文襄公咨札》页36《扎陕甘藩司通饬各属禁种罂粟》。《左文襄公奏稿》卷五十三页8《甘肃禁种罂粟折》。《左文襄公书牍》卷二十页12—13《与吴清卿（大澂）》，页45—46《答朱茗生（智）》，页47《与谭文卿（钟麟）》。《左文襄公批札》卷七页11《署镇迪周道崇传禀乌垣善后事宜由》。

② 《左文襄公咨札》页51《扎甘肃两司及宁夏镇道府查办偷种罂粟》。《左文襄公批札》卷七页6—7《甘肃司道详覆宁夏偷种罂粟由》。《左文襄公奏稿》卷五十三页9—11《甘肃禁种罂粟折》。《左文襄公书牍》卷二十页47—48《答刘克庵（典）》，卷二十一页50《答善厚斋（庆）》。贺升运，字少农，湖南善化人。

③ 《同治实录》卷三百六十五页20。《左文襄公批札》卷七页9《高台县吴令恩荣禀毛目一带有偷种罂粟情形由》。《左文襄公书牍》卷二十三页15《上总理各国事务衙门》。《抚彝厅通判文牍》（稿本）。

役下乡勒拔,借此索贿,得贿即放。政府禁令,转成为官吏胥役讹索之具。宗棠闻之,曾严切纠正。久之,积习相沿,仍未能悉革。其后如成县,既未禁止,但借词罚修庙宇。宁远县虽派员查勘,仍许罚钱免拔。伏羌县派员下乡,竟收受规费。于是宗棠将三知县均革职永不叙用。西和县知县派员,亦有科敛情事,降为佐杂。嗣谭继洵为巩秦阶道,通饬各属,先禁冬种,后禁春种,又于二三月间,命各州县官亲率乡总,历行查勘,始渐肃清。①

至对于偷种罂粟者,宗棠命人杖责枷号,地则充公。然如其人后能勤种棉谷,其地仍可发还。宗棠又指示地方官曰:"法在必行,不宽绅富。"②

然则宗棠在西北禁种罂粟之成绩,果何如耶?宗棠自言:

> ……甘之查拔罂粟,最为切实,陕西政令虽严,奉行未能一律,除大道两旁,尚无偷种,余则不免,而南山郡县尤多。……

缘陕西虽为陕甘总督辖境,而别有陕西巡抚主政,故不免参差也。至新疆方面,宗棠以为南八城烟禁尚严,罂粟不拔自断。若北路能一律办理,而奸贩屏迹。缘南八城大部为宗棠直系部属所统治,而北路犹有其他统属,故亦参差不齐也。更由南八城缠回为多,而伊斯兰教规素戒吸鸦片也。③

我人今皆知西北与西南各省,民间种罂粟,官厅公然按亩收税。不意当宗棠时代,陕西、甘肃,早有其事,惟宗棠以为罂粟既在禁种,断无再行收税之理,概予停止。④

宗棠在西北禁烟之第二声,为对于输入陕甘境内之四川土、云南土等国产鸦片,不准收厘,一律焚毁。对于外国烟土,当时所谓洋药,则不准入境。亦有人对于此项办法,认为操切,陈之清廷。宗棠乃改于甘省入境首站出示,如有烟贩入境,勒令折回,其已落行栈者,由官封存,由烟贩自行看守,如

---

① 《左文襄公批札》卷四页14《署巩昌府汤道聘珍禀禁种罂粟由》。《同治实录》卷三百六十五页20。《秦州直隶州新志》(光绪十五年〔1889〕纂)。谭继洵,字敬甫,湖南浏阳人,进士,官至湖北巡抚。

② 《左文襄公奏稿》卷五十三页13《办理禁种罂粟未能悉合部章片》。《左文襄公咨札》页26《札陕甘各州县试种稻谷桑棉》。

③ 《左文襄公书牍》卷二十四页55《与福余庵(裕)》,页66《上总理各国事务衙门》,卷二十五页23、页36,均《答冯展云(誉骥)》。

④ 《左文襄公咨札》页36—37《札陕甘藩司通饬各属禁种罂粟》。《左文襄公书牍》卷十一页27、页36《答刘克庵(典)》,卷十二页57《与谭文卿(钟麟)》,卷十六页27《答刘克庵(典)》。

敢偷越腹地销售,即概予焚毁。[①]

宗棠在西北禁烟之第三声,为传布戒烟药方,劝导吸户,自行配服,亦鼓励有钱者,广为配制赠送,视为善举,其为数较多者,并按捐赈章程,给予奖励。其后果戒吸者多,而烟价亦落。[②]

然宗棠在西北禁烟,虽甚严,对于吸户,却并未予以若何制裁。盖以为吸户可在深房密室,稽查难周,必欲深入搜寻,流弊无穷。故宗棠独着意于消灭其来源,一方对境内罂粟,禁止种植,一方对境外烟土,禁止输入,以为鸦片之来源既少,鸦片之价值自高,而人民无力再吸,将不禁而自除也。[③]

惟所谓洋药进口,既格于国际条约,无法禁绝。如一任其流通各地,不加阻遏,则欲求烟禁增大效力,确甚困难。且洋药税厘并征,已列入与英国所订《烟台条约》。故宗棠于入赞枢要后,建议采取一种寓禁于征之政策:

> ……窃维鸦片产自泰西印度地方,由英国商人转贩而来,流毒中国,名为洋药。其患先中于市廛、衙署,凡中人温饱之家,佚游燕僻,子弟聚处而嬉,用以遣日,比吸食有癖,积渐成瘾。瘾重而形神交瘁,于是资倾家破,而身命随之。内地罢民抛宜谷、宜蔬、宜瓜果腴地,以种罂粟,劚果取浆,名为土药。其患先中于镇集、乡村,凡食贫力作之人,游人无聊之辈,久且视为寻常日用所需,不知禁令为何事。于是吸食者多,更成积重之势。华民之吸烟者多,洋药之销路亦日益畅。……臣前督陕甘,先以禁种罂粟为务,饬各属随时查拔,以清其源,遇有洋药入境,则标识封存行栈,勒由原路折回,不准在地销售。其故违者,查出焚之通衢,已著成效。惟此法行之一方为宜。若统筹全局,则令其由原路折回,绌于此者,或销于彼,仍为不了之局。详察事宜,断非加洋药土烟税捐不可。税捐加则洋土药之价必贵,价贵则瘾轻者必戒,瘾重者必

---

① 《左文襄公书牍》卷二十三页 35《答王雩轩(思沂)》,页 63《答杨石泉(昌濬)》。《左文襄公批札》卷七页 25《安定厘局禀查获烟土情形由》。《左文襄公奏稿》卷五十八页 15《严禁鸦片请先增洋药土烟税捐折》。

② 《左文襄公咨札》页 55《通饬陕甘各属州县发戒烟药方》。《左文襄公批札》卷七页 25《安定厘局蒋令益劫禀查获烟土情形由》。《左文襄公书牍》卷二十三页 36《答王雩轩(思沂)》。

③ 《左文襄公奏稿》卷五十三页 13《办理禁种罂粟未能悉合部章片》。

减，由减吸以至断瘾，当有可期。若徒恃空文禁制，则丁役之弊索，官吏之欺隐，由此而生，案牍纷繁，讼狱纠绕。窃恐政令不行，而闾里骚然，未睹禁烟之效，而先受其弊也。自古整齐世宙，不能无借乎政刑，政刑之用穷，不能不济之以罚。周课田功，有里布夫家之罚。汉重酒禁，有误酤免侯之罚，其明征也。近如海国土产出口，辄按其成本而征之，英人于嗜好之物，更加征两倍，亦与赎刑遗意相近。况加征洋药土烟税捐，意在加价减瘾，以期坊民正俗，复厥本初，多取亦不为虑。且议加者，中国吸食之价，非取之出产之地，与外国兴贩之徒，权自吾操，谁能过问。稽经诹律，理有同然，而措正施行，又无烦再计决也。臣奉命与闻各国事务，责无可辞，曾于接晤英使威妥玛时，论及鸦片宜加征税厘，冀可减瘾，威妥玛亦无以难之。适李鸿章至，臣偕赴总署，与威妥玛会商二次。李鸿章又独与威妥玛晤商一次，威妥玛意见不同，语多反复，而于加价一节，犹斳斳然若重有所惜者。……加数甚微，不但瘾无由断，适足为兴贩洋药者广其销路。而内地种罂粟、贩土烟者，得以借口，并加征捐厘，亦多窒碍。是与拟增税捐，期收实效本谋，大相刺谬，而其事且有若难行。……若内地私种罂粟，所造土烟，行销浸广，应即照洋药税则，加捐示罚。惟土烟味淡气薄，吸者弗尚，其价值亦较洋药为轻，税厘之加，未宜与洋药一律，须按其斤重价值，准洋药推销议加，乃与罚捐之意允协。而贫难之民，因惜费而减瘾，其实效亦复相同。区区之意，窃谓严禁吸食鸦片，本坊民正俗要图，近因市价日减，吸者日多，为患亦愈积而愈甚。于此而思禁制之方，实非加洋药土烟税捐不可。其所议加税捐者，非仅为聚敛丰财起见。古者取民有制，征敛固宜从其轻，而由今之道，思变古之俗，道在禁民为非，则税捐示罚，有不得不从其重者。迨疵俗涤除，民无夭折，弊尽而利自生，其效将有可睹，奚取于富强之术，功利之谋也……①

此议由清廷先交各省关将军、督抚、监督研讨，及各省关覆到，复交宗棠阅

---

① 《左文襄公奏稿》卷五十八页 14—17《严禁鸦片请先增洋药土烟税捐折》。《左文襄公牍》卷二十五页 17《答杨石泉（昌濬）》，页 23《答冯展云（誉骥）》。

看。宗棠归纳为数点，而其中最主要者，为洋药征税厘，究为多少，事关外交，非片面所能决定。据宗棠调查，洋药输入，每年本仅三万余箱，嗣增为五万余箱，其时又增至七万余箱。而每箱之价格，从前需银七百余两，其时则减至五百余两。惟其价格既降，斯销路益畅。故宗棠务欲加重税厘，抬高其价。按洋药税厘，入口时，每一百斤征税银三十两，运销各省时，再征厘约及入口税之半。同治七年（1868），曾议增税二十两，为印度商会所格。宗棠议于入口税，仍按每一百斤征银三十两外，运销内地加征厘银一百二十两，即每洋药一百斤，运入中国销售，共收税厘银一百五十两。其土烟厘捐，拟于各省就地征收。无论本地所产，与外来烟土，总以每百斤征银五十两为率。在威妥玛，则以税厘过重，价格骤高，有碍洋药在中国之销路，仅允每一百斤共缴税厘银八十两，相差悬殊。经总理各国事务衙门迭与交涉，总无结果。① 其后此案乃移伦敦交涉。曾纪泽为中国驻英使臣，深知宗棠原议，非专为税收起见，欲借提高价值，使民间吸食渐少。当与英国外交部力争，卒定为一百十两，于光绪十三年（1887）起实行。时为光绪十二年（1886）之六月，先宗棠之薨一月也。其实当初宗棠之倡议，确为意在禁烟，然附议者，只认为筹款之一途，故遽愿以每百斤抽厘八十两定议。按同治十二年（1873）至光绪五年（1879），海关贸易总册，每年入口洋药，约有九万箱，每箱税厘并课一百十两，总收数且达一千万两，不失为晚清收入之大宗。②

---

① 《左文襄公奏稿》卷五十八页 30—33《覆陈增收洋药土烟税厘折》。《左文襄公书牍》卷二十五页 25—27《答威妥玛》。

② 《曾惠敏公全集·奏稿》卷五页 81《遵议烟台续增专款疏》。《曾惠敏公全集·文集》卷五页 4《伦敦覆左中堂（宗棠）》，页 8《再致张香涛（之洞）》。

# 六十七　能访人才而不容人才

用人最难，如何用人，平日颇能知之、言之；而临事每不能完全实践其所知、所言者，固比比皆是，乃至于一反其所知、所言者，亦复有之。抑岂惟用人最难，即批评人如何用人，亦岂易易。

同治中兴，人才鼎盛，曾国藩素著知人之鉴，幕府宾从，自极一时之选。胡林翼不甘示弱，在湖北设宝善堂，专揽俊杰，自言欲与国藩争贤才之多寡，各奔前程。左宗棠卓立其间，于用人尤自负，且自视胜于国藩、林翼，尝与林翼书云：

> ……楚才之经涤公唾弃，及自鄂归者，一经训勉，便各扬眉吐气，亦不可解。……

又一书云：

> ……林天直、刘富成，皆老兄不甚许可者，然弟用之，则无不如志矣。……

浸至士之不得志于国藩所者，以就宗棠，宗棠无不特加重用，而士之为宗棠所赏识者，以就国藩，国藩则迟疑不敢果用，是中虽不无意气作用，要因两人性情不同,故衡量人才亦不无殊异。①

宗棠对于用人之道,议论颇多,择其尤透彻者著录之,则如云:

……人才极乏之时,再不宽以录之,则凡需激厉而后成,需磨练而后出者,举遭屈抑矣。只要其人天良未尽汩没,便有可用。我察人颇严,用人颇缓,信人颇笃,此中稍有分寸也。……厨丁作食,肴果都是此种,味之旨否分焉。解此,便可知用人之道。凡用人用其朝气,用其所长,常令其喜悦,忠告善道,使知意向所在,勿穷以所短,迫以所不能,则得才之用矣……。

又云:

……人各有才,才各有用。尝试譬之:草皆药也,能尝之,试之,而确知其性所宜。炮之,炙之,而各得其性之正,则专用,杂用,均无不可。否则必之山而求榛,必之隰而求苓,乌乎可,且乌乎能也。……非知人,不能善其任,非善任,不能谓之知人。非开诚心,布公道,不能得人之心。非奖其长,护其短,不能尽人之力。非用人之朝气,不用人之暮气,不能尽人之才。非令其优劣得所,不能尽人之用。仲叔圉治宾客,祝鮀治宗庙,王孙贾治军旅,夫如是,奚其丧,此圣人示人用人之法也。……自来用人之道,固尽于此矣。②

然宗棠本人之用人,果何如乎? 其在幕府时期,并不直接用人,仅处举荐地位。则塔齐布当为宗棠第一选拔之人才,由一候补都司,擢权湖南抚标中军参将,嗣于两年之中,叠经张亮基、国藩奏保,遽官至提督。王鑫亦为宗棠当时所最赏识,罗泽南课徒长沙省城,王鑫与李续宜、李杏春均从,后又皆参与泽南戎事。宗棠尝访泽南于定王台,遂与相识,其题泽南遗像诗,所谓"省识旧游如昨日,春风归咏定王台"者也。宗棠赞骆秉章肃清湖南四境,王

① 李元度《天岳山馆文钞》卷十页 20《胡文忠公(林翼)别传》。《胡文忠公遗集》卷六十一页 5《覆李次青(元度)》。《左文襄公书牍》卷三页 2,卷四页 51,均《与胡润之(林翼)》。
② 《左文襄公书牍》卷二页 54《与李希庵(续宜)》,卷三页 47《与胡润之(林翼)》。

鑫之功居多,与塔齐布皆可列为征讨太平军前期名将。①

及宗棠奉诏襄办国藩军务,募勇五千以行,始自有直接用人之权。而其后用人之情状,王闿运尝与书论之:

> ……屡闻雨苍、保之、孟星言,公每与人言,辄虑贤才不登,而自叹衰老孤立,何大臣深思之贤乎。闿运行天下,见王公大人众矣,皆无能求贤者。涤丈收人材,不求人材,节下用人材,不求人材,其余皆不足论。以胡文忠公(林翼)之明果向道,尚不足知人材,何从而收之、用之。今姑以节下用人论之,严受庵才气跅弛,欲以死发其狂,今得备一卒,死锋刃,将百人,偿其志,等死也。而故靳之,使发狂疾自缢而死,岂闽粤营哨诸弁,犹胜受庵乎。此节下欲成全人材,而反夭枉人材者,一也。邓保之一善论说文人,本非吏材,而节下使之为营务,作府道,卒又不悦而遣之,岂保之先则胜受庵,而后则不若受山乎。此节下欲奖拔人材,而又不鉴别人材者,二也。孟辛负气好奇,其锐敏不可多得,节下既赏之矣,而不留之,不调之;欲其自投而后收之,此欲笼络人材,而卒坐失人材者,三也。蒋抚、杨督,皆以荐起。蒋则粗官,杨乃阴鸷,均不得终席。节下徒知文人之非远器,而不知辩士之非远模,徒知马谡之违节度,而不知魏延之非驯扰,此欲别拔人材,而不知遏抑人材者,四也。委克庵以关中,留寿山于福建,一则非宏通之选,一则为客气之尤,节下久与游而不知,是不智也。无以易之,是无贤也。将兵十年,读书四纪,居百僚之上,受五等之封,不能如周公朝接百贤,亦不能如淳于之日进七士,而焦劳于旦暮,目营于四海,恐求士而士益裹足耳。……

又光绪五年(1879)己卯正月四日日记云:

> ……昔余言,胡文忠能求人才而不知人才,曾文正能收人才而不用人才,左季高能访人才而不容人才,此皆天下所谓贤豪,乃无得人才之用者,天下事尚有望耶。……(按同时尚有一书致丁宝桢,亦作如是语,

---

① 《左文襄公书牍》卷二页25《答胡润之(林翼)》。《左文襄公诗集》页9《题罗忠节公(泽南)遗像》。塔齐布,姓托尔佳氏,字智亭,满洲镶黄旗人,官至湖南提督,咸丰五年(1855)七月,卒于九江军次,谥忠武。李杏春,原名光焯,字石仙,湖南湘乡人,廪生,叙功至直隶州知州,咸丰九年(1859)在武昌羊楼司阵亡。

惟其间又加一句曰："刘荫公〔长佑〕、丁稚公乃能知人才而不能任人才。")①

闿运自负其才,而不见用于曾、胡、左诸人,不无耿耿。对诸人措施,常致不满,故凡所云云,自不足遽认为定论。且即其所论,先后歧异,足征其初无的见。惟按此致宗棠书中所提诸人事迹言之,确可窥见宗棠用人之一斑。

严受庵,名咸,湖南溆浦人,十七岁中式举人,词章沉博雄鸷,喜论兵,愿慷慨为烈士。邓保之,名绎,湖南武冈人,通贯经史,考求古今得失,又潜心理学,以酌其宜,所著《云山读书记》五十卷,宏通精密,言多可行。孟辛,左枢字,湖南湘乡人,才气纵横,好谈经济,年二十余时,已诗文浩瀚,卓厉不可一世。严咸、邓绎,均为宗棠入浙时所特保。当宗棠去闽赴陕时,左枢尝与一度通讯,宗棠覆函,备致嘉勉,后从席宝田西南军中,竟客死异域。此三人者,均未尝得志于宗棠所。②

蒋抚指蒋益澧,杨督指杨昌濬,克庵,刘典字,受山,周开锡字。此四人者,合之为宗棠总理营务之王开化,及为宗棠主办粮台之王加敏,均不失为宗棠东征时期中之干部人才(详四十八节、六十八节)。至入于西征时期,则宗棠之干部人才,刘典、开锡、昌濬、加敏,仍先后追随外,可益以刘松山、刘锦棠(详六十九节),然而何其寂寥也。大抵宗棠为人,予智自雄,诸事一手包揽,故凡有才气,有主张,以及真有学问之人才,不但不易为宗棠所容,即彼等本人亦不欲久为所用。此严咸、邓绎、左枢辈之终不获在宗棠所展其抱负也。宗棠尝与刘典书云:

> ……弟与营务诸君,皆以情意孚洽,至于大事大疑,则颇取独断。除王贞介(开化)一人,为生平所推服,未尝一语违忤外,如阁下及石泉(昌濬),则间有可否,不嫌异同。……

此为宗棠自视甚高,遇事专断之自白。不第对于军政大计如是,即对于奏咨

---

① 《湘绮楼笺启》卷一页22。《湘绮楼日记》册八页2。李云麟,字雨苍,汉军正白旗人,官至托伦托海办事大臣,著述有《西陲记略》、《旷游闲笔》。

② 《左文襄公奏稿》卷一页36《请敕调各员赴营差委片》。《左文襄公书牍》卷八页60《与左枢》。《湘绮楼文集》卷五页30—32《严咸传》。丁宝桢,字稚璜,贵州平远人,咸丰三年(1853)进士,官至协办大学士,光绪十二年(1886)四月卒,谥文诚,著述有《丁文诚公奏议》。

书牍批札,亦亲自削草,不假手他人。故宗棠幕府之中,可谓绝少奇材异能之士。①

刘典为宗棠所特别器重,而刘典对宗棠尤阒切,然当刘典署陕西巡抚时,尝与宗棠失和。此事见于吴大廷自订年谱,同治八年(1869)记云:

> 二月十三日,同子俊赴三原县,留行李于西安,令张小齐守之。次日,谒克庵中丞于大营,时方因公与左公相忤,人颇惶惶,余力为解之。……十六日,辞赴乾州。次日,抵营,左公极依依故人之意。……住营十日,左公亦时以克翁不能和衷为言,余又力解之。二十七日,辞赴三原,反复关说,督抚之嫌尽释。……

夫以刘典与宗棠,公私情谊平日甚深切者,犹且如此,其他可知。于是更可见宗棠为人之难与相处。② 益澧入浙,克复一省城、四府城,与十余县城,有助于宗棠甚巨,而宗棠遇之苛。益澧尝为郭嵩焘言,生平受左君挫折甚多,始犹相与争胜,继乃一力周旋,勿论其他。是又可见宗棠为人,及如何方可与相处。③

国藩固罗致人才甚多,然尝谓彼募练湘军,而如泽南、王鑫、李续宜、杨岳斌辈,皆思自立门户,不肯寄人篱下,不愿在彼与胡林翼、骆秉章等脚下盘旋。因怪李鸿章募练淮军,而如刘铭传、潘鼎新辈,气非不盛,乃无自辟乾坤之志,甘在鸿章脚下盘旋,以为鸿章之善于驾驭,在彼之上。④ 余谓此非国藩之不善驾驭,正见国藩度量渊弘,足以听人并助人之自由发展。即宗棠在国藩处,亦岂不如是。若宗棠之器度,不免褊浅,未足以语此。如益澧在宗棠干部中,才气最大,以是开锡、昌濬既不得志于福建、浙江,仍走依宗棠,不惜在宗棠脚下盘旋。益澧则虽不得志于广东,虽清廷尝饬往宗棠军营,而竟未往。又如加敏在宗棠处,经理军需,始终仅为一勤谨之账房先生,至晚年方放补道缺。若李瀚章在国藩处,初亦经理军需,而后则回翔疆寄。由是而言,闿运谓宗棠不能容人才,似尚非无的放矢。且宗棠对于有才之士,喜先

① 《左文襄公书牍》卷十页43《与刘克庵(典)》。
② 《小西腴山馆自订年谱》卷二页2—3。
③ 《道咸同光名人手札》集一册二《郭嵩焘致沈葆桢书》。
④ 《曾文正公全集书札》卷二十五《覆李宫保(鸿章)》、《覆刘霞仙(蓉)》。

加摧抑,而后拔擢。此在古人自有行之者,意在敛才就范,然必欲强之惟命是听,则是敛才就己,绝非有才之士所甘。且此种术数,当仅可施之其人未有作为之时,若施之于已有名位之人,殆难收效。即如鲍超为人素高亢,剿捻之役,惧归宗棠调度,称病不行。宗棠亲往视之,责以大义,陈之清廷,冀其因清廷之压力,乐为己用,而超卒不屈。[①] 又施补华尝与人书,论宗棠遇李云麟事:

> ……雨苍都护,磊落光明,八旗人杰,在营与兄甚契合,将来西北之事,或当寄之。相国有意磨折之,虽有成就之雅,而用意太迂。人生四十余,材具识见,进益亦复有限,及其朝气而用之,可收目前之效。若蹉跎岁月,至于精力减而元气隳,是非成就,实糟蹋也,好汉惜好汉,颇为太息也。……[②]

后云麟果以不肯仳仳伲伲,怫然而去,凡此又为宗棠不善容人才之例。

宗棠此种用人方式,当其精力壮盛之时,诚能手挥五弦,目营四表,照顾周到,应付裕如,否则易有弊病发生。故宗棠晚年,向所倚赖之周开锡、刘典,既已先后谢世,昌濬、锦棠,已独当一面,加敏则又已补缺,均不能再为宗棠分劳。于是总督两江,而以王诗正总理营务处,诗正则宗棠四子孝同之妻弟也。督办福建军务而以黎福昌总办江西粮台,福昌又宗棠三女孝琳之婿也。宗棠于福昌之变产捐官,向所鄙薄,而此时奏报之词,则许为"廉慎勤干,办事实心"。宗棠于诗正,固尝认为"性情挥霍",嗜欲太重,而仍进之要职,盖已不免流入引用及偏信私亲之一途。[③] 后诗正便为宗棠引致一严重之参案,彭玉麟奉旨查办,亦颇责备宗棠用人之不当。此则尤为宗棠平日不能容人,寻致无人可用之失也(参阅七十六节)。

在宗棠西征之后期,多引用湖南同乡,此其故,固亦有可得而言者。甘肃本属边陲,当地人才寥落,复经十年"回乱",内地人士咸不乐往,当大军逐

---

① 《左文襄公奏稿》卷二十一页78—80《鲍超伤病情形片》。《庸盦笔记·霆军洛河之战》。李瀚章,字筱荃,安徽合肥人,道光二十九年(1849)拔贡,官至两广总督,光绪二十五年(1899)卒,谥勤恪,著述有《李勤恪公政书》。

② 《冬暄草堂师友笺存》册四。

③ 《左文襄公家书》卷下页55。《左文襄公奏稿》卷六十三页35《派员设立粮台折》。《左文襄公书牍》卷二十一页5《答刘克庵(典)》。

步前进,须有人办理运输等务。及各郡县收复,又须有人办理善后等务。本省正规候补人员既鲜可调遣,惟有就军中幕僚遴派,不特相知有素,可以信赖,且此辈万里长征,无非希图寸进,追随有年,亦自不能不有以慰其意。不幸其中多数为湖南人士,于是反感丛生。如陶斯咏以浙江会稽人,为宁夏道,以故为宗棠所罢免,而代之以湖南桂阳人魏喻义。同时,余士毅以江西南城人,为甘州府知府,亦不得志于宗棠,因案罢免,而代之以湖南安化人龙锡庆。故斯咏致书士毅,发为慨叹曰:

> ……今日陇头,非楚产不足见珍,谚云:"惟楚有材。"若吾辈三江,备员宇下,宜乎摈弃。……

此种情绪,弥漫于官场,积之既久,形诸歌咏:

> 数载听鼙鼓,于今尽盖锅,囊中无白镪,地下有黄河。绝学将焉用,奇勋又若何,不能生在楚,只好见阎罗。

盖悲愤之气深矣。逮大军出关,而湖南人士更布满天山南北路职位。宗棠虽常却湖南同乡之求官者曰,此间非仕国,顾在旁人视之,甘新实已成楚国。即论宗棠之用湖南同乡,确尝考量才能,并非无所区别,要亦未必无滥竽其间者,即如上述之龙锡庆,自不失为贤能之吏,而魏喻义则难称循良之选矣。[1]

抑清代用人,文武考试,均统于礼部,文职铨叙,统于吏部,武职铨叙,统于兵部,均有一定则例。其意固在以用人之权壹归之皇帝,实含有专制色彩,要其主于集中统一,尚不背于人事行政之原则。顾自太平军兴,而此种则例,稍稍破除矣。循旧则例登进之人才,未能应付事变,不足于用,而不能不变通办理也。自洋务兴而此种则例,则更大破除矣。循旧则例登进之人才,不通外国语文,不谙外国法典,及一切科学,不足于用,而不能不变通办理也。于是上下均不惜破格用人,而凡有一才一艺之长者,不拘进身之阶,无不脱颖而出。如宗棠,即以一举人而骤为巡抚者也。向以防止营私植党,不容任意调用与保举者,至是准许自由调用。如开锡、加敏,即经宗棠一再调用,由浙江而福建,由福建而甘肃。而加敏则更由甘肃而江苏者也。亦准

---

[1]　陶斯咏函为赵世暹所藏。王之春《椒生随笔》卷四页7。陶斯咏,字子缜。余士毅,字季佩。

许自由保举,且可保封疆大吏,如益澧,即由宗棠先保督办军务,而后擢督抚者也。然行之既久,流弊滋生,诚以当事者苟无大公无我之心,不免有用情徇私之处。故自太平军平定,而又渐加裁制矣。宗棠颇不以为然,在陕甘总督任内,曾有以申其说:

> ……治乱安危,虽关气数,而拨乱反治,扶危就安,则必人事有以致之。人事既尽,虽气数之天,亦退处于无权,而旋转之机,始有可验者,所谓干戈起而文法废,文法废而人才出,人才出而事功成也。安常习故时,刀笔筐箧之士,奉行例案,亦可从容各奏其能。至事故叠生,则非其人其材,不足以当之。天之生才不易,人之应运非偶,古今以奇才异能著闻,而大名盛业,足重当时,传于后世者,亦有几人。苟能补救世局,卓然有所表见,则不得谓非一时之选,然即此已不易得。矧时会方殷,待人而理,需才之亟且众。如今之陕甘,甚于各省,今之新疆,又甚于陕甘,岂可刻以相绳也。将营广厦,须购众材,将合群力,必呼邪许,不蓄三年之艾,何以治七年之疾,不挈旧侣,何以为万里之行乎。……①

所谓不挈旧侣,何以为万里之行,亦宗棠解释其所以多用湖南同乡也。在两江总督任内,又有以申其说:

> ……制治以文,勘乱以武,为政首在得人,则求才宜亟矣。循资格以求之,可免幸进之弊。而美玉耻于炫采,无由自献其奇,采虚誉以致之,虽博好士之名,而鱼目每以混珠,无以济时局之用。自非限以资格,无以肃铨政而慎登庸,亦非兼用荐举,无以拔殊尤而备时用。从来世运之隆替,系乎人材之进退,大抵然也。顾言语气类攸分,见同难确,吏、兵两部司进退人材之柄,既拘于例案,而爱憎又不能无偏。如是,不肖者不必遽退,所进者,不必皆贤,而士气销靡,人材因之不振。至知人尤贵善任,廷臣纵虚怀好善,能明而不能远,非责成督抚因材器使,何能使长短各称其任,铢两悉称其施,而怀才者不能各尽其才,在所难免。……②

---

① 《左文襄公奏稿》卷五十二页 19《请变通部章广搜人才折》。
② 《左文襄公奏稿》卷六十一页 40《保举人才恳敕吏兵两部通融资格录用折》。

当时清廷对于前一折,则批留中,对于后一折,则批另有旨,旨意如何,今无可考,或竟无复下文,亦未可知。(按宗棠奏稿,凡奉有批回者,均录有原文。)清廷欲限制各省破格用人之意,灼然可见。虽然,积重难返,清廷此种愿望,诚难贯彻。太平军以后,勇营代制兵而兴,由是兵权在典兵大员私人,而不在政府,浸至酿成中华民国之军阀。人事行政,一经破除则例,用人之权,亦不复集中政府,而各省督抚得操其柄。驯至清亡,几无可挽救,既入中华民国,仍复铨政难以建树,其理一也。

# 六十八　寥寥之干部

　　左宗棠诔刘典云："奉命讨贼三人从，鞭弭周旋云与龙。"三人者，其一即刘典，其余则为王开化、杨昌濬，均最初为宗棠管理营务者也。是为宗棠最初之干部，亦为最后之干部。开化为王鑫从弟，从王鑫军，而王鑫、昌濬，皆罗泽南弟子，又尝随泽南作战者也。刘典亦尝隶泽南部下，并居王鑫营中，宗棠夙重泽南、王鑫。两人之参与讨伐太平军事，宗棠实在湖南巡抚幕中左右之。而刘典、昌濬，又宗棠故交也，其已往关系，盖如此，然不久开化卒于军，于是三人者，仅得二人焉。①

　　刘典，字克庵，湖南宁乡人。初以诸生，伏处沩山，不求闻达，读书养亲，立志以古人自期，时究经世之略。太平军起，从泽南攻南昌省城，王鑫亦许其才识通达，邀至军中，于是宗棠亟称其贤于湖南巡抚骆秉章。及宗棠出山，更自罗致于麾下，而其间合而离，离而合者，凡四阶段。刘典从宗棠之战功，先在浮梁、乐平、婺源间，嗣在衢州、严州、金华间，卒又回师皖赣之交，击太平军之由江苏南下者。所将五千人，皆纪纲之仆，以其字名之曰克勇，所至秋毫无犯，箪食壶浆，不绝于道。会以父丧，固请罢归，是为一阶段。其从宗棠者，凡三年四阅月。江浙既定，太平军余股窜江西，窜福建，复窜广东。

--------

① 《左文襄公文集》卷五页7—8《刘果敏公（典）诔》。《左文襄公年谱》卷二页36。

宗棠先已奏起刘典募新军，在江西助剿，旋覆奏令帮办福建军务。宗棠由闽入粤，所携亲军，仅五千人。刘典至南雄，语黄少春曰："尾贼而追，非计也。观贼返奔甚急，脱左公遇之，必不支，奈何。"少春曰："计将安出。"刘典曰："裹二旬粮，取道大岭之脊，昼夜趱行，犹可及也。"诸将皆称善。比宗棠抵大埔，而刘典已先一日率诸军至。宗棠乃安，卒下嘉应州城。而刘典以父丧将终，母年已老，再固请罢归，临行缴还截旷银六万两，不以自私，是为又一阶段。其从宗棠者，仅三阅月。宗棠西征，覆奏令刘典募军往，并帮办陕甘军务。西捻东渡，宗棠躬自追剿，留刘典专征讨，刘典旋署陕西巡抚，殚诚竭虑，剿抚兼施。诸回西窜入甘，宗棠回师，更戮力同心，定三路进攻之策。后以母病乞终养，是为又一阶段。其从宗棠者，凡四年九阅月。刘典归侍三载，间为宗棠处理家事，而每念西事艰难，不忍宗棠独任劳苦，朝嘘夕唶，至忘寝食。初母恐其远离，时遣诸孙谨视之。后察其情，许再出，第要以事毕须速归。于时关内已肃清，宗棠将驻节肃州，经略新疆，则令以帮办甘肃新疆军务名义，留守兰州省城。刘典提挈纲维，剔秽嘘枯，隐幽毕达，而遇事咨请以行，不自张大其名。大军西行万余里，周庐止宿，时其缓急，资食与兵应若咫尺，而饷源至绌，刘典更多方撙节，自任其怨，不使同人集矢宗棠，免伤军中和气。故宗棠屡疏言，使臣壹志经营关外，无内顾忧，刘某之功为多。新疆既定，如约乞归，其从宗棠又已三年矣，是为最后一阶段。乃解职不久，未及成行，猝以寒喘殁，其母年且百龄，竟不复相见，时为光绪四年（1878）三月。官终通政使司通政使，谥曰果敏。宗棠哭之恸，挽以联曰："北阙君恩，南陔母养，西域戎机，忠孝合经权，好与圣贤论出处；廿年交固，万里功成，九原梦断，死生关气数，忍看箕尾唾光芒。"颇能概括两人生平。刘典性清严，而稍流于刻薄寡恩，自奉俭约，人以为难堪，而处之怡然。昌濬尝诣刘典，登堂拜母，见所居环堵萧然，一如寒素之旧，寓书宗棠，称道不已。①

---

① 《左文襄公文集》卷一页 14—20《送刘克庵（典）南归宁亲序》，卷五页 7—8《刘果敏公（典）诔》。《左文襄公书牍》卷十五页 27—28《与刘克庵（典）》，卷二十二页 8《答杨石泉（昌濬）》。《左文襄公联语》页 12《挽刘果敏公（典）》，《清史稿》卷四百六十本传（列传二百四十一）。《中兴将帅别传》卷二十二页 4—6《刘果敏公典别传》。《养知书屋文集》卷十九页 13—15《光禄大夫刘公墓志铭》。

昌濬，字石泉，湖南湘乡人。宗棠督师东下，昌濬从征，屡辞保举。中间葬亲暂假归，宗棠赠银二百两，不受，只取四十两作盘费。故宗棠亟许以性情恬淡，尤为可敬。昌濬从宗棠，不甚以战功显，而以助理政事，著其忠勤。宗棠入闽，昌濬以浙江布政使，留杭州省城，为善其后。嗣擢浙江巡抚，以杨乃武风流案免。宗棠西征，军饷取给于各省，而各省报解不时，惟浙江报解较多，则昌濬力也。昌濬又尝捐廉银一万两，备宗棠犒军，宗棠姑受之，逮昌濬罢官，知其官囊非丰，复还之。昌濬家居有时，刘典最后乞休，宗棠奏调入甘，以代刘典。昌濬过潼关而西，见路旁宗棠命所植柳毵毵长矣，乃吟诗云："上将西征尚未还，湖湘子弟满天山。新栽杨柳三千里，引得春风度玉关。"传入肃州大营，宗棠掀髯大乐。宗棠应召入京，昌濬以甘肃布政使护理陕甘总督，留兰州省城，为善其后。宗棠出为两江总督，昌濬亦调漕运总督。中法越南之役，宗棠督办福建军务，昌濬亦调闽浙总督，帮办福建军务。宗棠卒于福州省城，昌濬复为善其后。嗣又调陕甘总督，尚能继宗棠遗绪。不幸光绪二十年(1894)，河州、西宁等处回复大作乱，昌濬不能制，坐是革职，二十三年(1897)卒于家。昌濬尝主编《平浙记略》《平定关陇记略》二书，推挹宗棠备至。[①]

宗棠之奏起昌濬继刘典也，追述其最初奉旨讨贼，延致素交，襄理营务情事，而加以结语曰："道义相知，患难与偕，实非寻常可比，虽异时悲欢离合，踪迹不同，而彼此气谊交孚，至今犹堪覆按。"持此以观，如上所记，殆非虚语。[②]

当刘典已去陕，而昌濬尚留浙也。宗棠干部，阒焉无人。然而陇上军事方殷，需才綦切，于是有两人焉，适承其乏。周开锡经营甘南，陈湜周旋甘北。

开锡，字受三，湖南益阳人。父名扬之，宗棠再度入都会试，尝主其家。宗棠授徒长沙省城，开锡尝从问学。太平军兴，治团练本县，已从胡林翼官于湖北。林翼许为美才奇士，以与刘蓉、沈葆桢等十人，同荐于清廷。林翼

<hr />

① 《左文襄公家书》卷上页11。《左文襄公书牍》卷十七页72，卷十八页20，卷二十页43—44，均《与杨石泉(昌濬)》。《河海昆仑录》。《清史稿》卷四百五十三本传(列传二百三十四)。

② 《左文襄公奏稿》卷五十二页94《请敕杨昌濬帮办甘肃新疆善后事宜片》。

殁后,入曾国藩幕,宗棠巡抚浙江,奏调开锡署温州府知府,兼摄温处道,嗣迁浙江粮储道。宗棠总督闽浙,复调办福建军需局,旋署福建布政使,护理福建巡抚。宗棠去闽,善后事宜,壹以责开锡。开锡佐宗棠,以筹给军食为主。先是,浙江沦陷,遍地疮痍,宗棠一军,辄窘于饷。及浙东肃清,开锡始经营温处,恃此差完之区,剚剔爬梳,转饷大营,无虚日。既至福建,岁综山海之入课估,骤增饷四百万两,凡所规划,必权利害轻重,使可经久,其私取便利者,悉刮去之,造端宏大,人见者惊疑怯顾,而断行不疑,其终翕然称便。宗棠西征,留开锡于福建,本欲其如昌濬之在浙江,为济饷之便利,顾为忌者所阻,未获久其任,复往侪宗棠。宗棠方趣攻回于甘肃北路,而南路甘军,挫于狄道,士气销靡,不可终日,将士无足任者。开锡言于宗棠曰:"母老多病,而远从公,恬然挟刀笔,赞方略,何以为心,请为公前杀贼。"宗棠大喜,命总统甘南诸军,兼理民事。开锡至,罢各军捐粮之令,汰冗卒,勤耕垦,定课税,革陋规,踔厉风发,谤者甚于在浙闽,然卒得民和,一时称治。旋用兵复狄道、渭源两城,进规洮、岷、河州,适黑头勇丁溃变,擒其凶逆磔之,贷附和者死,反侧以安。宗棠之得藏功北路,开锡之镇抚南路,与有力焉。同治十年(1871)五月,因公由巩昌赴秦州,途次病革,舁回遽卒,临终口号曰:"国事中兴日,家亲垂暮时。"闻者悲之。清廷得报,赠内阁学士,后秦人祠于天靖山,宗棠为作碑文,系以歌词,有云:"谤喙短兮讴吟长。"盖实录也。①

　　陈湜,字舫仙,湖南湘乡人,宗棠始因蒋益澧而识之。石达开之由江西窜湖南也,宗棠欲命陈湜助防剿,而陈湜从益澧留广西,宗棠促之,乃归。长滩桥之战,宗棠誉以谋勇兼擅,旋又去从曾国荃军中,参与江宁省城之光复。同治四年(1865),积功授山西按察使。陕乱如鼎沸,清廷命陈湜防守黄河。宗棠西征,又命节制河防,遂复与陈湜相晤,盖契阔已十年矣。西捻张总愚突渡河而东,陈湜以疏于防范,受革职留任处分。嗣论戍新疆,奉免发遣,交宗棠差委,宗棠命募勇五营往。九年(1870)七月,行抵平凉大营,即被委总

---

　　① 《左文襄公年谱》卷一页 15。《养知书屋文集》卷十九页 19—20《署理福建巡抚周公墓志铭》。《左文襄公奏稿》卷三十八页 41—44《周开锡办理甘南军务情形片》,卷三十九页 32—33《周开锡积劳病故请恤折》。《左文襄公文集》卷三页 9—11《赠内阁学士周君祠碑》。《胡文忠公遗集》卷七十九页 9《致李希庵(续宜)》。周扬之,字华甫,道光八年(1828)举人,官户部主事。

理营务处,适大军进攻金积堡,经年不下,清廷严旨诘责,其实此时已垂克矣。而居前敌者,有湘军,有蜀军,有皖军,不无各怀意见,专思利己,于是宗棠遣陈湜驰往,联络疏通。已而诸回酋降,其善后诸端,亦由宗棠指示陈湜与诸军将给办。事定,陈湜得开复原官原衔。继是,宗棠进攻河州,而开锡病故后,甘南又无人料量,于是陈湜衔命返旆而西,作大军渡河之诸种准备。已而傅先宗、徐文秀阵亡,两军败退,陈湜接统徐军。诸回酋降,又洽办善后,如在金积。刘锦棠克西宁、循化,陈湜亦督师复巴燕戎格,诸回酋降,又洽办善后,如在河州。所谓善后者,收缴马械,遣送至指定区域,发给耕牛籽种,从事耕垦,头绪万端。与宗棠书札往复咨商,殆无虚日。时宗棠长子孝威随侍在军,与陈湜颇称莫逆,欲以陈湜女偶其子,宗棠亟赞成之。由是以缟纾之交,重申茑萝之谊。(后陈女夭,未成婚。)十二年(1873)七月,陈湜假归,原以六个月为期,然终于未返,过长沙省城,为宗棠与当道商增收厘金,资西征,亦未有成议。①

开锡既逝,陈湜不归,于是宗棠干部,又阒焉无人。而经营新疆,后方不可无亲信坐镇,乃又邀致刘典,刘典乞罢,而更邀致昌濬,如上所述。

至宗棠移督两江,并督办福建军务时,虽犹有昌濬相随,然位分已高,似关系转浅,宗棠之干部,益觉寂寞。在两江,曾以王诗正总理营务,在福建,曾以黄少春总理营务。诗正,字莼农,候补道员,先在陕甘总督营务处。少春,字芍岩,刘典部将,尝官浙江提督,虽关系颇深,而资望犹浅,对于宗棠,似少裨赞。

---

① 《清史稿》卷四百三十八本传(列传二百十九)。《濂受堂文集》卷十页 34—38《江西布政使陈公墓志铭》。《左文襄公奏稿》卷三十六页 42《陈湜到营委办总理营务片》,卷三十八页 13《请开复陈湜原官原衔片》。《左文襄公书牍》卷十四页 25《答沈吉田(应奎)》,页 58《答陈舫仙(湜)》,卷十五页 39《答曾沅甫(国荃)》。陈湜《病榻述旧录》。《左太傅与陈少保书》(石印本)。《左文襄公诔词》册一《祭文》页 21—23(陈湜)。

# 六十九　诸将

左宗棠募练楚军,在并世湖南诸统帅中,最为后起。将才先被各军朝取暮取,已空其群。宗棠久居湖南巡抚戎幕,所识武人,自是甚众,然宗棠决意不选调现成将领,故宗棠最初用兵江西、安徽之交,其部属多非上等,即中等亦不多。[1] 就中惟王开化最称健将。

开化,字梅村,湖南湘乡人,年十七,即随从兄王鑫于行阵,王鑫殁,分统其军。宗棠东征,所募楚军,一部分本王鑫旧部,故以开化总理营务。开化转战建德、婺源、乐平、德兴间,所向有功。乐平之役,太平军如蚊如蝇,联亘十余里,西门一路尤密集,宗棠自当之。开化忽奋起,跃马驰去,而密嘱刘典从宗棠出中路,意不欲宗棠以主帅躬冒危险,而甘以己身当之。开化厚重沉毅,行军常以寡击众,虽在矢石如雨中,意态安闲,不异平常,至其摧锋陷阵,飘忽电举,则贲育不足喻其勇。咸丰十一年(1861)九月,因病告归,不幸行抵广信,遽卒,谥曰贞介。同时,开化族叔文瑞,族兄弟开琳、开来,与刘典、张声恒,均以王鑫旧部,从宗棠著战绩。王鑫威名,太平军畏之如虎,号称王

---

① 《左文襄公书牍》卷五十七页 57《答曾涤帅(国藩)》,页 59《答刘荫渠(长佑)》,页 70《与郭意城(崑焘)》。

老虎。文瑞战法，一如王鑫，亦号虎云。① 至宗棠平定浙江，则以蒋益澧之功为独多，然益澧亦王鑫旧部也。

益澧，字芗泉，湖南安福人。少颇跅弛，不为乡里所容，逃之四方。罗泽南、王鑫治军，与太平军战，益澧曾往依之。泽南殁，与同僚失欢告归，悒悒不得志。久之，广西重苦匪乱，乞援于湖南，益澧用宗棠推毂，由巡抚骆秉章命率一千八百人往，转战四年，广西以安。宗棠入浙，曾国藩为奏调以助，时益澧已官至广西布政使矣。仍与同僚失欢，未能尽发抒其意思。益澧将八千人，驰抵衢州，宗棠委以当一面，由是进取汤溪，克金华，拔诸暨，复富阳，宗棠军势益振，以次平定浙中郡县，卒下杭州省城，获太平军窖金数十万，悉散为善举。宗棠入闽，益澧为浙江布政使，廉明果决，吏治一新。旋以宗棠奏保，督办广东军务，未久，授广东巡抚。自裁巡抚衙门陋规，每年二万五千八百两，又裁省内外文武衙门陋规，每年一万两；顾终以与同僚失欢降官，自此乞病归，不再出山。纵清廷命统兵一千名，以按察使候补，派赴宗棠军营差委，宗棠亦一度相招，均未果往。宗棠于益澧，时而誉之，时而贬之。如益澧在广西，克兴安，复灵州时，宗棠与书胡林翼曰："芗泉在湘，盖亦二三等人才耳。"后又与书曰："芗泉克复平乐府，首逆就擒，杀贼总在两万以上，此才亦颇难得，惟心地不纯净，才气太露，则少读书之故也。"及疏荐益澧督办广东军务，则许为"才气无双，识略高臣数等"。但后又以益澧在杭所为，斥为打把式。大抵益澧天姿豪迈，不为人下，而宗棠则亦不甘下人者，此两人所以落落寡合欤。抑宗棠尝訾益澧少读书，而益澧功名既成，竟折节延杭州二贡生，在廨讲论，躬师事之，憾少年失学，未习科举文，乃日课一篇，词义卓然，后二人以公事干请，益澧许之，而告荐者曰："师命固不敢违，然恐后来难继，为我敬谢先生。"于是二人辞去，益澧厚赠焉。同治十三年（1874），清廷诏益澧入觐，抵京，未奉后命而殁。浙人士欲宗棠为请谥，宗棠辞之，然卒仍获谥果敏。益澧部下有两健将，曰熊建益，在富阳阵亡，曰高连升，后由宗棠

---

① 《曾文正公奏稿》卷一百四十一《王开化请恤片》。《中兴将帅别传》卷八《王贞介公（开化）别传》。《天岳山馆文钞》卷四页 44—45《王壮武公（松山）别传》。

调从西征。①

　　李鸿章征太平军,用外国军将助战,知名者,有美人华尔,英人戈登。在宁波者,一部分为法籍,其渠有曰日意格,曰德克碑者,后归宗棠节制。日意格初以法参将,与英美兵会防上海,后充浙海关税务司,统法志愿兵,复宁波府城,复会官兵,攻慈溪、上虞、奉化均有功。德克碑为法国总兵,亦尝参与奉化之役。已而将受代归,谒宗棠于龙游。宗棠善遇之,德克碑感服,愿留为中国,继续效力,且自去其虬髯,易中国服色,守中国法令。其后会攻富阳、杭州省城,均有功。宗棠欲效泰西自制轮船,命日、德两人先试造一小船,行驶西湖中。既平福建,遂大规模经营船政,以日意格为正监督,德克碑副之。船政功成,日意格加提督衔,赏花翎,德克碑亦赏花翎。②

　　宗棠入陕,于自领楚军外,以刘典带克勇,高连升带果勇,为两大枝,其时更有先已在陕甘之诸军将,如:

　　　　都兴阿入甘时所带胡世英等;

　　　　多隆阿入陕时所带雷正绾、陶茂林、曹克忠、穆图善、金顺等;

　　　　杨岳斌入甘时所带杨占鳌等;

　　　　刘蓉入陕时所带刘厚基、黄鼎等;

　　　　曾国藩所遣刘松山等;

　　　　乔松年入陕时所带郭宝昌等。

渡黄击捻时,又有清廷指归节制之诸军将,如嵩武军统领张曜,毅军统领宋庆,皖军统领程文炳等。③ 然论驰驱前敌,摧锋陷阵,以刘松山之功为最大。

　　松山,字寿卿,湖南湘乡人,亦王鑫旧部,所属号老湘营。松山行军,笃

---

　　① 《清史稿》卷四百十四本传(列传一百九十五)。《中兴将帅别传》卷二十二《蒋果敏公(典)别传》。《谦受堂集》卷八页12—15《蒋果敏公(典)家传》。《左文襄公书牍》卷四页43、页51,卷十六页41,均《答刘克庵(典)》,卷十七页36《答杨石泉(昌濬)》。《左文襄公奏稿》卷十六页41《陈明广东兵事饷事片》。《左文襄公批札》卷六页43—44《浙绅李品芳等呈请奏予前浙江蒋升司谥典由》。《越缦堂日记》同治十三年(1874)十二月二十八日。

　　② 《清史稿》卷四百四十一日意格本传(列传二百二十二)。《中兴将帅别传》卷三十《勒伯勒东传》。《左文襄公书牍》卷六页35《上总理各国事务衙门》。

　　③ 都兴阿,姓阿郭贝尔氏,字直夫,满洲正白旗人,官至盛京将军,光绪元年(1875)二月卒,谥清悫。陶茂林,字鹤亭,湖南长沙人,原任甘肃提督,以"剿回"督师不力,革职,嗣起复,署贵州古州镇总兵,光绪十六年(1890)九月卒。

守王鑫家法。将战,先召诸将集谋,各手一图以示奇正分合。次日战,无不如约者,因是知诸将才否。国藩尝令他将效之。江宁省城光复,国藩悉裁湘军,独留老湘营,移以剿捻。捻既西窜入陕,松山亦西,屡击有功。宗棠至,受宗棠节制。捻东走畿南,松山亦东。冒雪兼程,日踔数十里,先入援。捻平,仍从宗棠回陕,征北山土匪,竭六昼夜之力,降匪十七万有奇。乃入甘攻回酋马化隆老巢金积堡,连下五十余寨。会亲督兵举薪烧马五一寨,左乳中飞弹,落马,军士负入破屋,诸将闻主帅受创,皆奔视环泣,松山叱出战,诸将奋怒陷阵,立俘马五,平其寨,以报松山。松山曰:"我伤重,不复生,汝等杀贼报国,我不死矣。"遂绝。时为同治九年(1870)正月,谥忠壮。松山年已三十余,聘妇未取,妇翁送女过洛阳相遇,始成婚礼。国藩初拟为奏请给假数月,则闻居旬余后,已卷旆而西,盖其忠义奋发,绝不以身家为念,故所至常足以激士气而励军心也。时宗棠与国藩积隙甚深,国藩部将均不愿受宗棠指挥,松山独曰:"帅不同,而杀贼捍国,则同也。"谨视宗棠无忤。以故宗棠亦极礼重松山。西捻之平,宗棠特疏以功归之,金积堡既下,宗棠追念松山遗烈,请以奉赏一等骑都尉世职,合之松山原得三等轻车都尉世职,畀松山嗣子承袭。清廷却其议,而特赐祭松山一坛。及甘肃肃清,加赏一等轻车骑都尉,并原得世职为男爵,由其嗣子袭焉。松山既仓卒殁于军,宗棠引其侄锦棠接统其众,继续作战。[①]

锦棠,字毅斋,父从王鑫战殁,锦棠年方九岁,即有灭贼之誓。年十六,随松山军中,转战南北,其西征陕甘回也,数临前敌,为贼所伤,然锐进不少退,故回中呼为"大闯"。松山阵亡,形势险恶,宗棠密书,以坚守退屯为嘱,锦棠以为不可,必齐致死,而后此军可全。秘其书,果迭败金积堡突出之回,更大破由河州、狄道来援之回,军势复振,宗棠于是奏陈其可大用。论老湘军中诸将资望,当推黄万友,而宗棠特擢锦棠继为统领,屈万友为帮办。万友率先推奉,一如子皮之于子产,绝无怨怼,君子多之。锦常既嗣事,矢为松

---

① 《清史稿》卷四百十五本传(列传一百九十六)。《中兴将帅别传》卷二十《刘忠壮公(松山)别传》。《天岳山馆文钞》卷四页22—26《刘忠壮公(松山)祠碑》(按此文用宗棠名),卷九页18—23《刘忠壮公(松山)别传》。《近代名人小传》卷中页147。《左文襄公奏稿》卷二十八页29《刘松山转战出力片》,卷三十八页45—47《恳追奖劳臣折》,卷四十四页58—59《恳追奖刘松山片》。

山复仇,卒夷金积堡,马化隆就逮,宗棠犹欲贷其一死,锦棠力争之。其启宗棠文中有句云:"义不共天,难效宽洪之量;时维正月,群闻欢笑之声。"实效宋夏竦句也。马化隆遂伏诛,锦棠又搜获加害松山之马八条,剖心以祭,则虽快意而太忍矣。由是宗棠先后肃清关内,平定天山南北路,皆以锦棠之老湘军为主力。锦棠善抚循士卒,当鏖战冰天雪窖中,月黑风号,军士多相向而泣,锦棠一巡师,则又皆如挟纩。功成论赏,清廷酬以男爵。宗棠入都,锦棠继为钦差大臣,督办新疆军务。新疆建省,为第一任巡抚。翁同龢赠联曰:"齐名曾左无前绩,开府疏勒第一人。"信无溢美。在新疆十余年,以祖母老病,乞归省,时祖母已耄年,不省家人子弟,锦棠亦须髯盈颊,不类少时。锦棠登堂拜见,祖母以为上客,锦棠持之大号,终不可辨识。锦棠尝言:"我将兵三十年,卤获无虑巨万,家无余财,谁实信之,我身后乃知耳。"光绪十七年(1891)七月,锦常卒,谥襄勤,家人发其笥,所存清廷赐物数事,奏牍丛残而已。居乡俭约,庐舍萧然,不知为达官贵人也。锦常部将著者,为黄万鹏,为余虎恩,在平定新疆中有功,各得男爵。[①]

老湘军外,诸军将作战有声者:

张曜,字亮臣,号朗斋,原籍浙江钱塘,因肄业国子监,占顺天大兴籍。少倜傥不羁,有亲旧为河南固始知县,往依焉。时防捻,张曜为督团勇三百,日训练之,以剿捻,辄有功。久之,成一军,号曰嵩武。宗棠追剿西捻而东,张曜曾与共戮力。捻平,宗棠调屯陕甘北边讨回,由是转战而西,以达天山南路。宗棠之筹画新疆军务也,所苦厥惟远道馈粮,劳费万状,则以张曜率先出屯哈密,大兴水利,垦熟荒地二万亩,岁获数千石,又修建嘉峪关外经戈壁至哈密过天山大道,以利军运。宗棠以是为基础,始济师成大勋。先是,张曜以剿捻积功,洊擢至河南布政使,御史刘毓相劾其目不识丁,诏改总兵。张曜耻之,镌此四字为印章,记公牍稿草末。自以少时失学,益延通儒问经

①　《清史稿》卷四百六十本传(列传二百四十一)。《中兴将帅别传》卷二十《刘襄勤公(锦棠)别传》。《甘宁青史略》正编卷二三页1(按时在同治十年〔1871〕正月)。《左文襄公奏稿》卷三十四页65—66《请赏刘锦棠京衔接统老湘军并派黄万友帮办片》。《左文襄公批札》卷六页53《湘军刘总统禀清建黄故提督万友专祠由》。《翁文恭日记》。黄万友,字杰轩,湖南湘乡人,积功保至提督,同治九年(1870)八月,卒于金积堡军中,谥果毅。

义,诗文斐然可观,字仿颜真卿,遒劲逼真,旋以功授广东陆路提督。新疆平,宗棠为奏请仍改文职,既辨其并非目不识丁,益许其器识宏远。逾时,授山东巡抚,声闻卓著,光绪十七年(1891)七月,卒于官,谥勤果。张曜与锦棠同在新疆作战,同主南路东西各四城,今乃同年同月下世,亦巧合也。①

金运昌,字景亭,安徽盱眙人。少孤贫,郭宝昌母抚之长,遂姓郭氏。宝昌领卓胜军,剿太平军,剿捻,运昌皆从,西捻渡河,宗棠命宝昌与松山同追击。捻平,运昌迁提督,复姓金氏,随宝昌还陕。同治八年(1867),宝昌病归,运昌代领其众,调防绥德。松山进攻金积堡,运昌亦缘陕北而西,与松山会师。宁灵悉定,移驻缠金,旋又移驻包头。宗棠用兵关外,运昌数请自效。光绪二年(1876),北路诸军南下,宗棠遂奏调卓胜军驰往填防,运昌授乌鲁木齐提督。地方丧乱频年,户口减耗,运昌兴水利,课农桑,建桥梁,皆割俸自任之,在任八载,民众蒙麻。十一年(1885),谢病归,逾年卒。②

徐占彪,字昆山,四川西充人。彝营统领黄鼎部将,素骁勇,从征金积堡。金积堡平,清廷命准备收复新疆,宗棠遂分彝营之八营,命占彪率以先赴肃州,谓其所部多百战之余,堪当一路之寄也。乃马四复据肃州叛,占彪与苦战,伤其足。肃州平,大军出关,宗棠命占彪驻防巴里坤,已而进攻吐鲁番,占彪受命移师南下,会锦棠、张曜军克之,补巴里坤总兵,光绪十六年(1890)卒。③

宗棠西征,入潼关,出嘉峪关,绵延数千里,一路前进,每肃清一地区,即留军驻焉,其任务重在镇抚。于是陕西肃清,而以刘厚基驻陕北,李辉武驻陕南。陇北肃清,而以黄鼎驻宁夏。甘南肃清而以王德榜驻狄道。同时,更以魏光焘驻陇东,此诸将者,其事功亦可得而述焉。

厚基,字福堂,湖南耒阳人。萧启江部将,蓝大顺等扰四川,厚基随军驰援,同治二年(1863),始带湘果营五百人,独当一队。蓝大顺党入陕,与太平

---

① 《清史稿》卷四百六十本传(列传二百四十一)。《中兴将帅别传》卷二十六上《张勤果公(曜)别传》。《续碑传》卷二十八页22—25谭廷襄《山东巡抚予谥勤果张公(曜)神道碑》。《西疆杂述诗》卷四《戈壁一首》注。《左文襄公奏稿》卷五十二页61《提督张曜恳仍改文职片》。

② 《清史稿》卷四百六十一本传(列传二百四十二)。

③ 《彝军记略》页53—54。《左文襄公奏稿》卷三十九《派兵前赴肃州片》。

军,与捻,与回合势,厚基又奉命驰援,转战陕南、甘南。陕西巡抚刘蓉将抚标马步五千余指归总统。六年(1867)二月,移师陕北,陕西巡抚乔松年将驻在鄜州之义字军指归统辖。宗棠入陕,知厚基所部犹不敷防剿,复将驻在宜君之镇西军指归接统,自是兵力益宏,战功益著。桥扶峪之役,以二千人,破土匪首张幅满及其党万余。云岩镇之役,破土匪首袁大魁老巢。清涧之役,降土匪首扈彰。七年(1868)八月,始任延榆绥镇总兵。光绪三年(1877)正月,卒于任,先后于役陕北者且十年。宗棠所以维絷之者,凡三次。厚基有母,迎养在陕,病水土不服,厚基寝馈难安,力请给假侍奉,宗棠称为孝子。徒以军事方得手,不允所请,特奏准清廷赏给人参慰藉之。秦陇肃清,厚基奏请入觐,宗棠以地方犹待绥靖,特奏准暂缓北行。光绪二年(1876)二月,丁母忧,厚基力请奔丧,宗棠又以关外方用兵,蒙边紧要,特奏准夺情,遂至殁于王事,年才三十有八。延榆绥镇控制边陲,统辖三十六营堡,纵横二千余里,厚基东与绥远城将军,北与鄂尔多斯诸蒙旗,善事联络,山西、蒙古胥赖以安。榆林城坍废者已三十余载,厚基以兵勇修之,于半年间,成工七百丈。其总兵署、校场、武库、堆房,亦先后修复。城西北河决,城根积水丈余,城内普患,北海子两泉,以无由宣泄,亦汇为巨浸。厚基请于宗棠,资以库款,成堤两道,都长一千五百数十丈。厚基于武备外,亦留意文教,尝修复榆阳书院,捐廉千缗,生息充膏火,宗棠亦助银二百两,并题"北学其先"四字为赠。设义学四所,以课兵民子弟,就西安省城,建榆林试馆,以便赴乡试之士子栖止,赴试士子之贫寒者,更助以资斧。①

辉武,字荔友,湖南衡山人。本周达武部将,转战湖南、北,嗣从征四川。同治六年(1867),西捻窜陕,辉武率步队五营赴援,又扑灭汧阳、陇州、宝鸡等处叛回。八年(1869),补汉中镇总兵,十一年(1872),简授甘肃提督,宗棠因汉中地方重要,奏准暂留总兵署任。辉武于治军之暇,颇致力于地方公

---

① 《武功纪略》。《左文襄公奏稿》卷二十二页 52—53《请赏给刘厚基母氏参枝珍药片》,卷五十页 2—3《延榆绥镇总兵刘厚基病故请恤片》。《左文襄公批札》卷一百五十《刘提督厚基禀请回籍省亲由》。《左文襄公书牍》卷十六页 10《与刘克庵(典)》。《图开胜迹》卷二页 18—20,卷三页 40—44《修筑榆林城垣碑记》、《重修榆林镇城记》,页 56—59《建固城堤记》,卷四页 5—7《重修镇署记》,页 14—16《重修武库记》,页 23—24《重修校场碑记》,页 27—28《展修左营堆房记》。萧启江,字澄川,湖南湘乡人,官至广西按察使,咸丰十年(1860)卒,谥壮果。

益,汉中府城东,河道淤塞,每值夏秋,雨水暴涨,浸漫田庐,辉武亲率士卒,疏通浚瀹,直达汉川。复旁引沟渠,以资灌溉,褒斜道倾圮,行旅裹足,众议修理,而需费浩繁,辉武知民力维艰,独率将士修复。光绪四年(1878),积劳致疾,两次牍请宗棠转奏,恳准开缺回籍调养。宗棠鉴于汉中毗连川境,辉武在任久,深得民心;益以时值旱灾,赈务方殷,正资镇压,多方慰留。不意辉武伤病举发,竟至不起,盖留镇汉中者,亦且十年矣。①

黄鼎,字彝封,四川崇庆人,为何绍基弟子,以县学生从戎。同治二年(1863),松潘藏人作乱,四川总督骆秉章命布政使刘蓉,就川人中物色知兵者,蓉以黄鼎应。遂命募五百人,自成一营,是为彝字军之始。正进兵松潘,而陕乱剧,随蓉驰援。西捻闯入潼关,冀直下西安省城,灞桥会战,在刘蓉指挥下各军,溃败者三十营,独彝字军卓立不动,省城赖以全。宗棠由陕入甘,檄赴秦陇之交,大破陕回于三不通,克其老巢董志原,大破土匪于庄小河川,降其渠魁张贵。官军进攻金积堡,宗棠命黄鼎总理营务,全权指挥中路各军,遂会峡口之师。金积堡下后,先驻四百户,嗣驻胜金关,留办宁灵、中卫一带善后。黄鼎修旧渠,浚新渠,以利农田,贷军饷,购牛籽,以兴屯垦,设月课,给膏火,以奖士子。又由西安省城广购经典及古今诗文,普遍传布。如是者,由同治十年(1871)以迄十三年(1874),先后凡四载。会厚基病殁,陕西北山防军统领谭仁芳继任,宗棠知黄鼎能,移往填防,黄鼎镇抚,一如在宁夏。尤足称道者,尝于山西平遥一带,采买耕牛一千余头,羊八百余只,农具千余件,大规模兴垦,北山由是复兴。惟宗棠对于黄鼎与其旧部徐占彪,均颇嫌其利心太重,故未欲大用。光绪三年(1877)宗棠拟调黄鼎出关,而忽为叛弁所戕。②

德榜,字朗青,湖南江华人。初,太平军窜江华,兄吉昌散家资,募勇自

① 《清史稿》卷四百三十六本传(列传二百十七)。《左文襄公书牍》卷十九页25《答刘克庵(典)》。《左文襄公奏稿》卷五十二页89—90《甘肃提督李辉武出缺恳请优恤片》。《京报》光绪五年(1879)七月十日《左宗棠奏请准在汉中府城及宝鸡县城建李辉武专祠折》。周达武,字梦熊,号渭臣,湖南宁乡人,官至甘肃提督,光绪二十年(1894)正月卒,著述有《剑水诗钞》、《武军记略》。

② 《清史稿》卷四百九十五本传(列传二百七十六)。《中兴将帅别传》卷二十六下《黄按察别传》。《彝军记略》。何绍基,字子贞,号蝯叟,湖南道州人,道光十六年(1836)进士,同治十三年(1874)七月卒,著述有《东洲草堂集》。谭仁芳,字兰亭,湖南人。

卫,德榜从焉。嗣转战湖南、江西间,吉昌殁,代领其众。宗棠东征,德榜在
江西东路作战。浙江平,太平军南窜,德榜入闽,会各军攻漳州、南靖。福建
平,德榜复入粤,会各军克嘉应州。时德榜年才三十,已擢授福建布政使,而
清廷虑其少不更事,诏询宗棠,能否胜任,德榜遂告归终养。同治十年
(1871),宗棠调德榜至甘肃,会攻河州,总办前敌营务处,受降回众十余万,
拔出难民数十万,德榜为协同安插。河州平,统甘南四百余营,分驻狄道一
带,实行屯垦。德榜又开洮河酒奠峡,以通岷、狄间运道,济军民之食,辟岚
关坪德远渠,引洮河水,灌田百余万亩,均利用火药,炸裂巨石,以成伟工。
狄、河间荒乱十年,野旷人稀,旅舍无烟,巢禽无树,豺狼千百成群,夜入庵
帐,德榜令军士习猎搜捕,患始灭,自较宗棠之仅以文责城隍神者为尤有效
也。光绪三年(1877),因母丧归,留镇狄道者,盖六载。六年(1880),应宗棠
召,北上防俄。十年(1884),又应宗棠召,南下抗法,镇南关、谅山之战大胜。
十六年(1890),授贵州布政使,十九年(1893),卒于官。①

　　光焘,字午庄,湖南邵阳人。宗棠平定浙江,光焘实与战阵。同治八年
(1869),宗棠在甘肃,规金积堡,调光焘往助,督武威军,常在庆阳、平凉一
带,剿窜回,清后路,旋授平庆固道。自是至光绪六年(1880),久于其任者,
凡十有一年。宗棠肃清甘肃,收复新疆,所有兰州省城东以达陕西之交通,
均由光焘负责维持。光焘筑路、造桥、种树,历久弗懈,筑路工程之尤伟者,
为开辟长达二十里之平凉三关口山道,为平治"七十二道脚不干"之会宁翟
家所车道。宗棠奏准新设宁灵厅、化平川直隶厅、平远县、海城县、董志原县
丞,并将泾州升为直隶州,于是平庆固道亦改称平庆泾固化道,宁灵而外,均
归管辖。此新设各厅县,亦均在光焘督导下,先后成立,并以兵力为修筑城
池。其在平凉修复之柳湖书院,尤为一大学府。光绪六年(1880),始擢甘肃
按察使,由是回翔于西北者,又约十年,卒授陕甘总督。②

---

　　① 《清史稿》卷四百六十五本传(列传二百四十六)。《中兴将帅别传》卷二十三下《王布政别
传》。《湘绮楼文集》卷七页11《贵州布政司使王君(德榜)墓志铭》。《甘宁青史略》正编卷二十三页
26,卷二十四页3,页5。
　　② 《左文襄公奏稿》卷五十六页26—27《防营承修工程请敕部备案折》。《左文襄公书牍》卷二
十四页80《与杨石泉(昌濬)》。《陇上鸿泥》页15、页48。《甘宁青史略》正编卷二十三页8。

　　至宗棠直属楚军，多居后路防剿，无出色之将才，其可指述者，则有刘端冕、周绍濂、邓荣佳诸人。在西征期中，端冕、绍濂即与光焘同驻陇东，荣佳驻甘南，均已积功保至提督。由是可知宗棠兵事上之成功，所恃还是老湘营与湘军，而其统领如王开化，如蒋益澧，如刘松山叔侄，且均为王鑫旧部，及至督办福建军务时，则旧日诸将，或已作古人，或已居方面，犹隶指挥者，惟有刘璈、黄少春诸人而已。

# 七十 四君子

光绪五年(1879)三月,左宗棠已平定新疆,上折言:

> ……窃维治军以求才为急,方略必资儒硕,经武厥赖英才。盖必志节著于平时,其体已立,故事功见于当世,有用必行。善观人者,正不在乎事为之末,彼夫工于论辩,惟知猎其华者,不足以言儒。徒尚气矜,不知养其勇者,不足以言武。功名之际,志节存焉。非华士之彬郁,粗才之猛厉,所可袭而取也。臣湘水寒生,于当世贤豪,少所结识,初参戎幕,继领兵符,自忖学殖荒陋,无补时艰,亦惟借助同心,匡其不逮,所与商略军事,始终攸赖,赍志以没者,约有四人。其成就之大小,志事之显晦,各有不同,而立身本末,均有可观,在臣军营,多有裨赞,虽人往风微,而回首旧时,每耿耿于怀,未尝一日去诸胸臆。……

于是撮举四人行谊,请宣付史馆立传,朝旨允之。[①] 四人者:

内阁中书,安徽颍州府教授夏炘,字心伯,号弢甫,安徽当涂县人,道光五年(1825)举人。

宗棠之言曰:

> ……臣前转战江皖之交,夏炘时官婺源县教谕。以贼势方张,分起

---

① 《左文襄公奏稿》卷五十四页33、页39《已故军务人员志节可传恳宣付史馆折》。

狙至,外无援军,婺源为程朱系出之乡,先世庐墓在焉。士多恪守旧闻,素明礼义,地介江皖,形胜攸关,每驰书告警,臣与刘典躬率所部,星往赴援,击贼安民,婺源幸免蹂躏。夏炘日居营幕,代筹军食,师得宿饱。嗣臣入浙,督办军务,饷源久断,夏炘久官婺源,时遣生徒赴江皖,书券乞银米,饷臣军。比杭城克复,夏炘年已七十余矣,犹时来臣军,详举两浙形势,用兵次第以告。盖乾嘉之间,故大学士阮元,视学浙江,嗣抚浙,平海寇,时夏炘均曾襄事幕中,故山川能说,阅历亦多,所言多协机宜。所著《景紫堂文集》,于朱陆异同,辨析颇精。同治七年(1868),其门人刑部侍郎胡肇智,进呈其《恭绎圣谕十六条附律易解》,暨所撰《檀弓辨证》、《述朱质疑》等书,钦奉谕旨:"该员年届耄耋,笃学不倦,所绎《圣谕十六条附律易解》,得周官与民读法遗意,用于讲约,甚有裨益,着刊刻颁发,其《檀弓辨证》、《述朱质疑》,均留览。"具见其所著述,上契圣衷。臣前督闽浙时,以甫经兵燹,幕学久荒,地方有司,多属新进,不习法律,曾刊发夏炘所绎《圣谕十六条附律易解》,广为传布,移督陕甘,复重刊之。大经大法,易知易从,官吏借有遵循,罔敢失坠,夏炘之学有经术,通知时事,此其征也。……①

按太平军犯婺源,夏炘倡办团练自卫,设局四乡。咸丰十一年(1861)六月,宗棠抵婺,对夏炘颇加礼遇,命在城中设总局,使勇营与团练相联络以为固。同治元年(1862),宗棠入浙,肃清开化,克复遂安,夏炘诚以当慎于前攻,亦慎于后顾,得尺则尺,得寸则寸之道。宗棠嘉纳其言。及宗棠克龙游,更向严州而东下,杭州省城,唾手可得。而皖南太平军势复炽,休、宁、歙危急,夏炘语宗棠:新安不守,虽得杭垣,无益也。宗棠以为然,分兵回援,盖亦贯彻其慎于后顾之主张也。夏炘尝赠宗棠以《小学》、《孝经》、《近思录》、四书,刻本极精,颇启发宗棠刻书之宏愿。入浙后,乃得为之,夏炘亦颇参与其事。如宗棠重刊《康济录》,即为夏炘所校。夏炘著述甚富,先已刊行多种,宗棠主汇为一编,并亲为题签,后亦在杭州省城刻成,此即今行《景紫堂全书》,凡

---

① 《左文襄公奏稿》卷五十四页33—34。阮元,字伯元,江苏仪征人,乾隆五十四年(1789)进士,官至大学士,道光二十九年(1849)卒,谥文达,著述有《揅经室集》。

为十七种。其后成之《大象解义》，宗棠又尝议叙而刊之，然已在夏炘下世后矣。夏炘生朱子之乡，研朱子之学，而宗棠学术，亦素宗朱子，尝言行军用兵之法，皆得力于《四书注》之中，宜两人自有针芥之投也。①

刑部主事王柏心，字子寿，湖北监利县人，道光二十四年(1844)进士。

宗棠之言曰：

> ……王柏心素以文学见重于时，为臣素识。咸丰三年(1853)，臣从已故署湖广总督张亮基在鄂，王柏心与臣同居幕中，见其筹笔从容，算无遗策，心诚倾服。后张亮基调抚山东，臣与王柏心同舟而归，过其所居迈园，王柏心尽发所著录十数种见示，其早年所刻《枢言》一书，于历代兴亡成败得失之故，言之了然，尤多可采。时则东南鼎沸，群盗纵横，王柏心作《漆室吟》，自写忧愤，当事延致戎幕，概辞不赴。胡林翼抚鄂，请主荆州讲席，书函往复虽勤，然未尝一诣省会也。臣在闽浙，音信时通，未得一晤。移督陕甘，师过黄州，邮书订其汉皋营次一见。筑营甫成，王柏心适至，询以关陇山川形势，用兵次第，及时务所宜先者，王柏心罄所知以告。盖尝入前云贵总督林则徐及前陕甘学政侍郎罗文俊幕，遍历关内郡县，舆程日记，历历可稽，其于汉回及种人习俗性情，知之尤审也。维时臣去湘已久，亲故闻臣将有万里之行，来鄂省视，言及入关度陇艰险情状，多为臣危者，王柏心独不谓然，臣为气壮。后此三道进兵，坚持缓进急战之议，亦王柏心有以启之。其学问深邃，识略超群，足达其忠爱之意，非时贤所易及也，旋卒于荆州讲舍。② ……

按柏心好为大计，咸同间，各省军兴，柏心对于各统兵大员，时有献策。宗棠东征，柏心建议中有两点，似于宗棠颇有启发。一为对太平军以计购间，使内自猜疑，无复斗志。当时宗棠是否自动用间，固无明征，然遇各地太平军发生内讧，或表示款附，辄立即迎机以赴，用速成功，则无疑也。一为请清廷

---

① 夏炘《闻见一隅录》(未刊本，北平图书馆藏)。夏炘《景紫堂自订年谱》(同治元年〔1862〕)。《左文襄公家书》卷上页29。《左文襄公书牍》卷十四页26《答刘克庵(典)》。胡肇智，字季临，号霁林，安徽绩溪人，道光拔贡。
② 《左文襄公奏稿》卷五十四页34—35。罗文俊，字泰瞻，号萝村，广东南海人，道光二年(1822)进士。官至工部左侍郎。黄州，今黄冈。荆州，今江陵。

宽省江浙苛重之田赋,收拾人心。其后宗棠在浙,陆续减赋额,去浮收,殆即实现柏心主张,惟柏心更冀清廷自先宣布耳。陕甘变乱,柏心认为平定之道,重在才略处置,不尽在强力战斗。归纳其意见,约有四端:第一,用兵当有先后缓急之分,捻之患在腹地,故宜先肃清。捻灭,再移兵治回;第二,治回当视彼中尤骁黠者诛剪之,余当徐待其畏服请抚,然后因兵力移而分置之。阑之以山河,扼之以屯戍,令弗与汉民杂处。又简彼族良善者,使自相什伍,加之约束,毋得四出滋扰;第三,西北粮缺运艰,宜先事屯田,专务垦辟,力行劝课,与朝廷约,勿责速效,勿遽促战,必食足兵精,乃可进讨,请以三年为度;第四,兰州省城,孤悬极西,当前玉门关外,不绝如缕,无取控制建牙,宜先固秦中根本,勿遽深入,若必先至兰州省城受事,则杨岳斌前车可鉴。后此宗棠西征之言动,均与相合,顾于收复新疆,则柏心未以为然,尝向宗棠提供下列之见解:

……顷间传者谓,俄夷意欲兼并西域,朝廷闻之,遂诏麾下移师出玉门阳关,规复新疆。窃谓此为失策之甚者。佐庙谟者,不能料敌知兵,犹狃于中国全盛之势,以为城郭属国,皆吾祖宗所开拓,岂可令远夷蚕食;一二宵小,又忌麾下澄清关陇,功名太盛,将欲使之困于穷沙荒碛,疲惫匮乏,至溃散而后快,此非为国家谋者也。果有成命,则请抗疏力陈,不可出关,如无此事,亦望先行疏列,置嘉峪关于不问,惟极力守关,保固秦陇内地,此安危所系,不可不先事陈奏者。请为麾下举其大略,而酌采之,为入告张本。

昔者匈奴强盛,则汉武开置西域,断其右臂,匈奴遂弱,汉亦衰矣。至光武则不纳质子,闭玉门以谢使者,而陇民获安。厥后段颎奋其武节,尽灭东西两羌,可为奇快,然未几即阶董卓之乱,曹氏遂起而移祚矣。唐之盛时,亦辟地至安西四镇,后卒沦于吐番。明成化、弘治间,号为盛时,曾弃哈密、吐鲁番,但守嘉峪关,未闻有阑入内地者。明之亡也,乃在流寇,而不在西戎,此往事之宜鉴者也。近十数年前,中原群盗纵横,窃闻新疆南北诸城,若存若亡者久矣。是时有索酋者,窃据僭号,势且逼近甘州。今者俄夷不知与索酋相首尾,抑已掠及南北诸城,且又总吾罪人以临之。有匈奴用中行说,金人用郭药师,俺答用赵全故智,彼反为主，我反为客。俄夷在诸种中，最强且大，谕之以理与词，彼必不应，威之以势，又不足，此近事之宜审者也。且今吾力不能兴师出关与争者，有三：

瓜沙以外，声气久经隔绝，保塞旧部，无为我用命者，水草美地，彼先据之。粮糗安出乎，刍藁安出乎，马牛橐驼安出乎。往时台栈顿舍，大半已废，斥堠道路，荆棘丛生，自嘉峪关至南北诸城，近者七八千里，远者万余里。驱中国壮士，斗之黄沙白草，冰天雪窖，寥阔无人迹之地，吾未见战之必胜也，此其不能者，一也。

兵少不足制敌，兵多又苦飞挽不继，幸而胜，必留兵驻守，设亭候，严烽燧，增垒幕，障水泉，功费不可胜计。彼西戎种落，非吾孝子顺孙，稍不得志，即导夷深入，粮援告断，异时仍不免委而弃之，此其不能者，二也。

中国自军兴以来，垂二十余年矣。海内虚耗，将士凋伤，滇黔尚有未复之郡县，长鲸毒蜃，布满畿甸，未尝一日敢忘戒备。若复举锐士精骑，自顿于轮台、交河之外，腹地有警，不能还顾，譬螳螂不见黄雀在其后也，此其不能者，三也。

奈何中朝之士曾未一涉思及此，而甘为夸父逐日，精卫填海之愚耶。故曰，失策之甚也。麾下不言，更有何人能言哉。……

此自与宗棠之见，大相刺谬，而宗棠亦卒收复新疆，当出柏心所逆料。浙闽初定，柏心致书宗棠曰：

……夫有矫世之见者，必有高世之略，言之遂能行之，信乎明公为中兴以来奇才第一。柏心他无所补助于明公，惟愿自兹以往，勋益盛而心益下，望益峻而量益闳，矻矻忠勤，始终无懈，则超然智略事功之上矣。……

下其心，闳其量，正切中宗棠之病，君子赠人以言，柏心有焉。[①]

员外郎衔中书科中书吴士迈，字巽行，号退庵，湖南巴陵县人。

---

① 《养知书屋文集》卷二十一页20—22《王子寿先生墓志铭》。王柏心《百柱堂全集》卷十七页1—22《与左季高(宗棠)书九通》。

宗棠之言曰：

……吴士迈为诸生时，专心经济之学，家居洞庭湖畔，习见风涛之险，舟行有失，众渔户乘危劫掠货财，其呼号求救者，辄置不顾。吴士迈请于官，设救生船，创敦善堂拯之，全活甚众，劫掠之风遂绝。咸丰二年（1852），粤寇犯湖南，前湖北巡抚常大淳议防江不如防湖，躬赴岳州，延吴士迈主其事。吴士迈倾财誓众，集渔户千数百，分堵入湖诸港口，惟枪炮军械领于官。长沙解围，贼众由湘西犯宁乡、益阳，出临资口，渔户见贼即遁，贼得其空船，水陆并进，遂陷岳州，迅趋武汉。吴士迈收所领枪炮，缴还鄂台，谋入城与共存亡，诅尾贼而行，江路早为贼断，比抵金口，贼众已陷汉阳，合围武昌矣。武昌旋陷，吴士迈以救援不及为憾。实则鄂抚未尝给以文札，委以事权，船户皆仓卒召集，未尝编列队目，无人钤束，亦未发给饷粮，遇贼即溃，非战之罪。吴士迈乃引为私戚，日夜思所以报国雪耻者，深自愧厉，寝处不遑。曾国藩、胡林翼常遣人招之，令选其徒众俱来，旋失意而返。臣入浙时，道员李元度遵前浙江巡抚王有龄檄调赴援，率所部安越军抵衢州，李元度旋擢浙臬。杭城陷，其军无所归，课饷甚急，臣奉命抚浙，兵力甚单，檄调安越军助剿。会战时，见其中有称宗岳营者，旗械鲜明，行列甚整，鏖战甚力。询其营，则吴士迈所召集，与李元度偕行者也。李元度以曾国藩劾去，解军事，吴士迈亦归。臣旋由浙入闽粤讨贼，事平，吴士迈来闽。适臣调督陕甘，嘱其精选壮士，同赋西征，吴士迈星夜驰归，仿古束伍法，募选入格者，以军法部勒之，涤除营伍恶习，身自教督，率以入关。臣令其驻华州，扼渭水南岸。吴士迈斩获探骑，遏贼南窜。捻踪甫飏，回氛复炽。臣于同治六年（1867）冬，追捻北行，吴士迈一军隶前署陕抚刘典，专剿逆回。七年（1868）四月，臣在吴桥行营，得刘典函报，三水大捷，称吴士迈烈士苦心，数战大挫凶锋，厥功尤伟，并录折稿送阅，保奖员外郎衔，赏戴花翎。臣由燕齐回军，调吴士迈度陇，剿秦安逆回，破康平堡，斩贼目周瑞。适逆回纠合大股，由清水窜陕西陇州、宝鸡边界，臣虑前汉中镇李辉武兵力单薄，势将不支，预调吴士迈回军助剿。吴士迈时患气陷腹泄之疾，委顿殊甚，急起赴之，遂获陈村、罗局两大捷，解李辉武之围。陕抚蒋志章上其功,保加四品衔。因罗局之战,所部记名总兵,本任浙江处州镇游击朱德树,违其调度,致渠目漏网,吴士迈愤甚,手刃朱德树,徇于军。臣得报,正饬查办,接吴士迈书,病势增剧;自称殆将不起。旋接其营员飞禀,吴士迈发函次日,已没于军次矣。臣比据实上陈,奉旨:"吴士迈业经病故,其擅杀朱德树之案,免其查参,所请给予恤典,着无庸议,钦此。"吴士迈为人,尚志节而重然诺,治军严整,廉公有威,深自刻厉,在营衣粗食淡,与下卒同其苦,临阵意度安闲,坚不可撼,军名宗岳,盖其征意所向往者也。尝与人言,以洞庭渔户往事为耻,求为憔悴专一之人,借此补咎报国,若复希图利达,是负初心。每当论功叙保,必再三推辞,虽虚衔亦不肯受,其特立独行,有如此者。……[1]

按士迈于岳州土星港设栅,遏上下商船万数,太平军未至营田,士迈已先遁走,太平军遂尽挟此万数商船,顺流东下,锐不可当。而官军尾追,转无船可驶,此乃贻误天下之最大者,为不争之事实。士迈引咎自责,尚为知耻。至士迈经营岳州防务,系自请于大淳,而大淳为奏明清廷,宗棠所谓未尝给以文札,委之事权,又谓遇贼即溃,非战之罪,不免曲笔弥缝。士迈手刃朱德树,宗棠初次奏报,以不免专杀责之,又以实非枉杀宽之。及德树家属向都察院诉冤,宗棠奉旨查覆,复以"是统领以违令杀营官,非中书杀总兵"为解,其言甚辨。而元度以德树为其从姑之子,又尝为部将,素相亲厚,颇于哀辞中,讼言其冤:

　　……同郡吴士迈者……出从左公西征,仍领宗岳营,凡二千余人,夙知君朴忠,请于左公,调君司营务,每战必出力。左公命增马队,翼长周君开锡尤贤之。士迈以君名出己上,颇忌之,君不知也。会川督奏派李提督辉武,帅二千五百人,援秦陇,号武字营,与宗岳营同出一路。士迈素蔑视同人,于武员尤甚,君则倾心结纳焉。(同治)八年(1869)三月十七日,贼围武字营于草柏,势张甚,君帅马队驰救之,力战解围,军民大欢噪。先一夕,士迈令君剿别路,会其地已无贼,贼悉萃武字营,君念

① 《左文襄公奏稿》卷五十四页35—37。常大醇,字兰陔,湖南衡阳人,道光三年(1823)进士,官至湖北巡抚,咸丰二年(1852)十二月,殉难武昌省城,谥文节。

川军众寡不敌，不救，且同尽，遂改道赴援，围既解，众口交美，士迈益忌恶之，君仍不知也。二十二日昧爽，士迈召君，数其违令，出不意斩之，牒总督，诬以违令吞饷罪。总督大骇，顾已无可如何，而各军皆为愤痛。……秦州士民立碑孔道，曰"朱镇军被害处"……

元度与宗棠久交恶，或不无借此以短宗棠之意。而德树家属之京控，宗棠亦指为受元度之怂恿，然当日宗棠曾有致刘典一书，亦可略见本案之真相：

……朱德树事，得其（按指士迈）来牍时，殊为诧异。然思范宣子闻韩献子将斩人，驰救无及，遂令以徇一段，觉古人处此，亦不能专论是非。诚恐是非一明，军情翻因而摇动也。然终疑其别有缘故，不尽因违令致然。日昨见陇州汤牧敏禀称，朱德树上次到陇时，曾以军装布百余卷，向周署牧借领银三百两，又索借一百两。周以人地生疏，托汤转借应付。后吴退庵到陇，向其索还，始犹应允，继则以药材骡头抵算。比请还银，则覆信饬其私相授受为非例，大约退庵之杀朱德树以此。而原禀一字不及，又不知其何故，岂新病后，神智昏迷耶。朱德树保至总兵，实任游击，不宜如此草草。若以侵军饷，贩私货，及强借州县银钱，有犯军律为说，加以军法，亦尚有可原，又何必代为隐饰，专坐以违令之罪。至其军中营哨各官均怀不服一说，此间尚无所闻，然此公若久留军中，必有异变，拟密致受三（按指周开锡），因其病重求归，好为遣之，惟闻其乡人怨之者多，恐归后亦不免异患相干也。……

盖士迈为人，自视甚高，遇事立异，故居恒与人不合，宗棠亦尝屡诤其非，而不谓终以是酿成巨变也。至宗棠谓军中均怀不服一说，此间尚无所闻，似犹为士迈开脱。而如元度所谓秦州士民立碑志德树被害处，则士迈之谬戾，亦有难逃公论者。或曰，士迈从兄吴士敏，为宗棠乡试同年，友好甚笃，故于士迈，不无偏私之见，倘或然欤。[①]

---

① 吴敏树《㭟湖文集》卷六《京师寄曾侍郎（国藩）书》。郭嵩焘、郭崑焘《湘军志平议》页16。《左文襄公奏稿》卷三十六页17—19《吴士迈病故请恤折》，卷三十九页1—4《吴士迈擅杀朱德树情由折》。《天岳山房文钞》卷三十七页14—15《朱儒臣哀辞》。《左文襄公书牍》卷十一页5《答刘克庵（典）》，页21—22《答吴南屏（敏树）》。《左文襄公批札》卷二页46《吴中书士迈禀请速发军火由》，卷三页2《吴中书士迈禀误用关防情形由》，页8—9《吴中书士迈禀陇州牧滥借银两由》。

翰林院编修吴观礼,字子俊,浙江仁和县人。

宗棠之言曰:

> ……臣督闽浙时,闻其潜心书史,内行甚笃,调其入军,练习营务。漳州克复,全闽肃清,吴观礼相从入粤,剿贼嘉应,事毕返闽。归途,治漳、泉、龙岩积匪,整饬吏事,均资其筹策。嗣随赴陕西,复由晋追贼赴燕、齐,相与讲求阵法,所用惟方、圆、仰月、偃月诸式,步兵枪炮刀矛,结阵居中,骑兵斜布于后,张左右翼,贼败则抬阵追之。所至成营,师行平原旷野中,虽夜深天黑,哨队不乱也。吴观礼短衣匹马,辄居臣前,时或并辔徐行,与商战略,传宣进止,臣颇赖之。惟素患肝疾,两目汁流不止,遇尘飙顿起,则蔽翳益甚,中途转剧,两睛且陷,臣劝令少憩就医,吴观礼遂辞臣归。捻平,臣复返秦,吴观礼目疾渐减,尝作书寄臣,询讯兵事,时臣已度陇,驻军平凉。吴观礼以回势尚张,急请赴陇襄事,臣念其目疾虽幸少愈,而陇右寒苦,风尘时起,实非所宜,商其暂驻西安,督办采运饷需局务,聊资养息,俟全愈赴营未晚。吴观礼以从军而避劳就逸,于义不可,乃注销所保道员官阶,以原资赴试,复成进士,入翰林,臣闻喜甚,冀其有所建立。吴观礼心系西事利钝,深以臣担荷日重,衰疾渐臻,无分任劳勤之人为忧,臣每详举近事告之,或杂以谐语,释其念虑。吴观礼自典蜀试归,应诏陈言,多蒙采择,虽局外论事,容有未及详审者,而直抒所见,要本于忠爱之忱,固非建言要誉比也。旋闻肝疾举发,殉于邸寓。检其寄函时日,相距不过旬许,而议辨之切,意念之深,无殊平昔,惜夫未见其止,遽赍志以殒也。……①

按当日观礼对于宗棠之阻其去陇,似不无介介,故宗棠语杨昌濬曰:

> ……吴子俊,浙士之良,弟欲其官秦,不欲其度陇,盖以其体气素弱,目疾尤畏风寒,与陇不宜也。渠并不赴陕,未达愚衷。……

观礼入都,见翁同龢,故同龢记云:

> ……吴子俊观礼,一别十余年矣。其人识力才分皆好,在左营五六年,待以上宾,不合而去,今来会试。……

---

① 《左文襄公奏稿》卷五页 37—38。

会试榜发,果然获中,宗棠以书贺之,而仍置念于其目疾,劝常服白水海参,以为"曾见人服之二十年,盲而能视,老犹炯然,足知滋阴之功也"。光绪三年(1877),观礼典试四川归,以记行之作寄宗棠,宗棠覆书喜其"细字长篇,知目力犹能及百里"。次年,北方旱灾,观礼应诏陈言,颇有多起。其与左氏有关者,一请召募山西、河南流民,以其入陕西者,分发玉门关外垦荒,此件清廷以为恐多窒碍,是否可行,交宗棠酌度办理;二请详计新疆善后,盖深虑大功既蒇,将士思归,则相度形势,督理屯垦,安设郡邑,布置营汛,将无所措手,请悬懋赏,以期人人急于赴功,此件清廷认为所筹不为无见,交左氏加意图维,凡办理善后各员,务使始终其事,见诸实效,此殆即宗棠所谓本于忠爱之忱者也。惜同时观礼承命办理京畿振济,积劳染疫不治。陈宝琛,观礼至友也,时方赴甘典试,以告宗棠,宗棠与书,即有入一文字之约,乃复逾年而践之,并寓书朱智云:

> ……子俊夫人处,已拨三百金。由儿辈交何伯源(伯源,庆涵字,绍基子,盖观礼为绍基女夫也)转寄,尚未得回信。此次将夏、王、两吴四君宣付史馆立传,正值黎简棠(培敬)、刘岘庄(坤一)两奉严谕之后,恐不能邀允。惟愚衷如结,实非无病呻吟,亦有不得不然者。所惜四君后嗣凋零,难期表章先德,故妄意干渎,以存其人耳。……①

由此可知宗棠上疏动机,最初原为观礼一人,临文乃并及于夏炘、柏心、士迈。所谓培敬、坤一两奉严谕,系指为已革云贵总督贺长龄请求恤典,大受申斥。宗棠所请为四人立传,情事本不相同,惟四人中,夏炘于学术,自多贡献,尚有立传之价值,柏心迹近策士,立传已较勉强,士迈、观礼均属无当,而士迈尤不可取。苟非清廷当时顾念宗棠新有收复新疆之功,决不能邀俞允,而宗棠所以迟至此时着笔者,似亦正欲择一有利之时机。抑今考《清史

---

① 《左文襄公书牍》卷十一页11《答杨石泉(昌濬)》,页51—52、卷十九页53—54,均《与吴子俊(观礼)》,卷二十二页22—23《答朱茗生(智)》,卷二十四页46《与李仲云(概)》。《光绪实录》卷六十九页2—3。《左文襄公覆陈宝琛函》(陈氏家藏)。翁同龢《翁文恭公日记》(同治十年〔1871〕二月二十四日)。陈宝琛,字敬嘉,号伯潜,又号弢庵,福建闽侯人。同治七年(1868)进士,宣统师傅,中华民国二十四年(1935)正月卒,著述有《陈文忠公奏议》、《沧趣楼诗》。黎培敬,字简堂,湖南湘潭人,咸丰十年(1860)进士,官至江苏巡抚,光绪八年(1882)卒,谥文肃。朱智,字敏生,浙江仁和人,咸丰元年(1851)举人,以户部主事久任军机章京,官至兵部右侍郎。

稿》,竟未为四人立传,不识何故,仅柏心《百柱堂全集》卷首,列有国史本传一篇,亦不知伊谁之拟稿也。

# 七十一　左氏浮夸

左宗棠不乐为文人，而颇以文自负。所谓少年狂态者，见诸文字，则为浮夸，亦垂老而不衰。宗棠尝寓书曹耀湘，综述西北战功：

> ……西事总是实干，或可图数十百年之安，家言中颇详之，可就孝威索观也。周文、武以来，王迹日趋日东，遂视西极为荒裔禽兽之居，数千年未沾圣人之化，戎羌杂处，益以种人，其不能与十五国同风并治，亦固其所。然蚩蚩者何非人类，可鄙夷之耶。度陇以后，渐思效法古治，度可为者，见诸措施，而年徂智耗，又时患疾病，不能称其意，行自悲耳。阁下见此，得毋笑左氏浮夸乎。……

是宗棠亦自认浮夸也。然宗棠之自认浮夸，正宗棠之自鸣得意耳。①

宗棠殁后六年，诸子编纂遗著，于光绪十八年（1892）刊版行世，所谓《左文襄公全集》者，包括下列各种：

张大司马（亮基）奏稿四卷，每卷一本。

骆文忠公（秉章）奏稿十卷，每卷一本。

奏稿六十六卷，每卷一本，附目录一本。

书牍二十六卷，每卷一本，附说帖两篇。

---

① 《左文襄公书牍》卷十三页 45《答曹镜初（耀湘）》。曹耀湘，字镜初，湖南长沙人。

批札七卷,每卷一本。

咨札一卷,一本,附告示。

文集五卷,二本,附诗及联语。

合卷首一本,都一百十八本。奏稿、批札、咨札,均为公牍文字,即书牍中亦多言公务之作,而以奏稿为多,约占四分之三。按宗棠好自削牍,疏咨函札,取办一手,即小校寸禀,亦常亲笔批答。仅例行官书,委之文案幕友,故宗棠之全集,不啻为其一生事功之记录。然犹未尽也。即如书牍,以今由湘阴郭氏,湘乡杨氏、陈氏,阳湖史氏,以及南京国学图书馆,商务印书馆等刻印者校之,已多全集所未录,如此丰富之资料,可谓前无古人,后无来者。[①]

宗棠于奏稿,颇为重视,生前曾自纂辑。如在肃州时,告其家人曰:"近饬排钉疏稿一百七十余本,分年月编成",且自谓:"有关国故,当俟身后刊行。"[②]然生前亦曾自行酌刻,如创办福建船政诸折,印成《轮船奏稿》一帙。又曾发生一小交涉,当宗棠在总理各国事务衙门时,与英国驻华使臣威妥玛议增洋药税厘,具陈其事于朝,旨交各省关议覆,宗棠旋将奏稿刊布分寄,而为上海之《申报》所发表。威妥玛据此具函责难,以为:"此折刊入《申报》,不但毫无利益,不免有损国库",宗棠以书覆之:

> ……上海《申报》,遇有新闻,辄便钞刊传布,向无查禁明文,亦无关轻重。此次本爵阁大臣所奏严禁鸦片,先加洋药土烟税厘一折,系奉旨通行各省关之件,《申报》从何处传钞得来,无从查禁,实则本非密折,亦可无庸查禁也。……

又于致杨昌濬书中,述其刊布奏稿之旨趣,及反对外交文件不公开之主张:

> ……疏稿惟关地方利害,民生疾苦者,始随时刊布。外间牧令,奉有文檄,每不留心省览,付之幕吏,而文书由院行司道,司道行府厅州

---

① 《左文襄公书牍》卷十四页64《答吴清卿(大澂)》。罗大春《左恪靖伯奏议序》。郭氏木刻印《八贤手札》(宗棠致郭崑焘)。杨氏木刻拓本(宗棠致杨昌濬)。陈氏石印《左太傅与陈少保书》(宗棠致陈湜)。史氏石印阳湖史氏家藏《左文襄公手札》(宗棠致史致谔)。南京国学图书馆石印《晨风楼藏名人书札》(宗棠致王柏心、致夏献鋆)。

② 《左文襄公家书》卷下页64。《左文襄公书牍》卷十二页11《答杨性农(彝珍)》。

县，遇连篇累牍，帖写厌其冗长，随意删节，漫无文理，其报张贴日期处所，一纸塞责，上下不相检校如是，而望草野周知，政令必达，难矣。愚意湔此陋习，非院司文檄切实详明不可。欲院司切实详明，非细绎原奏，不能了于心而达于口也。（按宗棠同时致李鸿章书：“陈文恭抚秦，以州县不细看文书为戒，意在施之有政，贵行其心之所明，若事理未及莹澈，望其见诸行事，无少差谬，盖亦难矣。”云云，亦是此意。）且所言公，则公言之，原奏所未及审者，外间补其罅漏，原奏之鲜当者，外间纠其阙失，固无不可。即原奏陈义虽是，而外间施行，苦多窒碍，亦可随时澈诸殿陛，听候圣明采择，斟酌损益，衷诸壹是，庶放之皆准，官私均便，而利乐可垂永远。是原奏刊行，借资考订，非有逞其私见，沽取名誉之心，且均是准行之件，本无所庸其秘密也。至洋务公文，向来多取慎密，而各国每先多方窥探得之，反唇相讥，徒增话柄。弟入枢垣，力陈其失，以为不如重门洞开，绝去关防为愈。诚以天下事，当以天下心出之，不宜以私慧小智，示人不广。近如鸦片增加税厘，奉谕通行各省关，弟虑外间照常咨转移行，必多讹脱，议刊行谕旨原奏并发，以取捷速，亦俾外间知朝廷意在必行，齐心振作，冀可日起有功。而主者不察，并以非故事尼之。未几，英使威妥玛乃以《申报》中照钞原疏，还以告我，嗤其无益。弟据实覆之，伊乃嗫不发声，闻弟病假，旋即走问，以致殷勤。然则遇事关防，非徒无益，亦可见也。……

玩此书语气，似昌濬先有所质疑，故宗棠详为剖释，所谓“主者不察，并以非故事尼之”云云，当指总理各国事务衙门诸人。彼等此时已渐知外交惯例，而宗棠向在外任，辄不顾一切。“伊乃嗫不发声”以下数语，又是宗棠之浮夸。惟其论院司要求州县推行政令，必先使于本案事理先行莹澈，确为精当。昔王守仁办理十家牌，派张继芳遍历各县督责，在公文中有曰：“务要不失本院立法初意，仍先将牌谕所开事理，再四细绎，必须明白透澈，真如出自己心，庶几运用皆有脉络，而施为得其调理。”派胡松督查所属，在公文中又曰：“务将牌谕讲究明白，必使胸中透澈，沛然若出己意，然后施行，庶几事有条理，而功可责成。”诚以不如是，则奉行者非敷衍搪塞，即鲁莽灭裂，或更曲解条文,因缘为利,虽有良好之政令,往往发生恶劣之经过。①

宗棠之奏稿,于其在日,亦已有人钞刻。如罗大春尝就其在浙总督任内各折片,刻成《左恪靖伯奏议》三十八卷。王先谦尝就同治十年(1871)七月至十一年(1872)二月各折片,钞成《左相国恪靖疏稿》八册,送请李慈铭校阅。慈铭特提出其中三疏——陈金积堡战事一疏、陈军饷奇绌一疏、陈抚绥诸番僧俗一疏——为可取。盖宗棠奏议文字,在当时已被推为大手笔。胡林翼尝言:"天下奏牍三把手,而均在洞庭以南,此三子者,名次高下,尚待千秋。"此三把手,乃指宗棠、曾国藩,以及林翼本人也。其后国藩只谓:"目下外间咨来之折,惟浙、沪、湘三处较优,左、李、郭本素称好手也。"左、李、郭,乃指宗棠、鸿章与崑焘也。而宗棠则直谓:"当今善章奏者三人,我居第一。"而以其余二人,数林翼、国藩。② 西宁之役,宗棠颇认为惬心贵当,致书沈应奎云:

　　……西宁捷状,两疏详之,实非唐宋以还所有战事,即赵壮侯当日,恐无此艰苦。十余年天昏地暗,名存实亡,到此乃成崭新世界,疏中限于时式体裁,不能如古章奏,然多读史,知史法者,或尚能细绎而自得之也。……

并答袁保恒云:

　　……西宁进兵六十余日,血战五十余次,其间二十余夜,未曾收队,将士植立雪窖中,号寒之声,与柝声相应,良可念也。弟未与前敌诸公分此劳苦,亦何忍壅不上闻。疏稿字字踏实,只微有未能抒写尽致者,论战事之苦,劳烈之最,则固汉唐以还所无也。……③

---

① 《左文襄公书牍》卷二十五页 18《答李少荃(鸿章)》,页 25—26《答英国使臣威妥玛》,页 38—39《答杨石泉(昌濬)》,《王文成公(阳明)全书》(世界书局排印本)卷十八《别录十》页 298《揭阳县主簿季本乡约呈》,卷三十《续编五》页 553《行廉州府清查十家牌法》。

② 罗大春《左恪靖伯奏议序》。《越缦堂日记》册三十六页 77 光绪七年(1881)十月初一日、初十日。《胡文忠公遗集》卷六十页 4《致左季高(宗棠)》。《曾文正公家书》卷九,同治二年(1863)七月初一日。吴汝纶《桐城吴先生全书》(家刻本)卷二页 73《左文襄公神道碑》。王先谦,字益吾,号葵园,湖南善化人,同治四年(1865)进士,官至江苏学政,中华民国六年(1917)十一月卒,著述有《虚受堂文集》。李慈铭,字炁伯,号莼客,浙江会稽人,光绪六年(1880)进士,官御史,光绪二十年(1894)十一月卒,著述有《越缦堂文集》、《白华绛跗阁诗集》、《越缦堂日记》。

③ 《左文襄公书牍》卷十二页 64—65《与沈吉田(应奎)》、《答袁小午(保恒)》。

盖自喜其功,且自喜其文。然时人批评宗棠奏议文字者,即如崑焘,则谓:"左氏文章尚气,而不尽衷于理。"薛福成则谓:"文襄出笔太易,乃其习惯使然。"又林翼尝诫宗棠:"言事太尽。"实则皆浮夸之所由致也。①

宗棠诗文,寥寥可数,盖宗棠读书,志在经世,务力行,不乐为寻常缩纟,视时贤矜骜诗古文家派标榜之习,尤不屑屑然也。出山后所作,间命胥吏录存副本,则署其检曰《盾鼻余瀋》。尝举以告杨彝珍:

> ……弟学殖久荒,近更畏寻文字,计横戈跃马,与壮儿处者,又已廿年。绛灌之武,固鲜足称,随陆之文,更知难逮。……诗文仅《盾鼻余瀋》约可百余首,皆不足传。……

虽曰自谦,亦常自夸。如作华岳庙碑成,致吴观礼一札云:

> ……近作西岳碑文,颇似不俗,以径二寸,篆副之,成当寄览,先取锓行者附阅,吴桐云(大廷)亦当谓于彼法有合耶。……

又致吴敏树一札云:

> ……近作华山碑,似周秦人语,谬以拙篆副之,拟俟刻完,奉质左右,因未便急迫,先以钞本请教,幸加圈点,缀批语,勿有所吝可乎。……

更如作《饮和池记》成,别函敏树云:

> ……饮和池一篇,实陇中一奇。其事盖数千年未有举之者。愚因金城缺水,居民艰汲,恐一旦有事,汲道断,而城弗守。浑流重浊,挟泥与沙,饮之者,多愚鲁悍鸷,遂决为此。二十年后,兹邦其昌乎。拓本奉寄,老人见之,又将谓此作乃仿子厚也。……

大廷、敏树,皆当时以古文鸣者,而宗棠亦尝与敏树论文,申其见解:

> ……文无所谓古也。经者,后人尊之之词,尊者,尊其道,尊所言之皆道。圣者之作,经也,明者之述,亦经,此不可以朝代拘也。文无所谓派别也,就所习与其性所近言之,或刚或柔,或醇或肆,或褥或琐,或简或陋,根心生色,此不可以家数拘也。世有升降,升降者,运数使然,非

---

① 《云卧山庄尺牍》卷六页16《覆高碧湄(心夔)》。《庸盦笔记》。《左文襄公书牍》卷一页40《上贺蔗农(熙龄)》。

道有隆污也。气有强弱,强弱者,禀赋使然,非道有异同也。是故就文而言,则朝代家数之分有之,至语夫道,则其原出于天,其是衷诸圣,亘古今未之易也。不若于道者,词工弗取,诸子百家,废之可也。有见于道者,词俚必录,夫妇知能,弗之忘也。夫是之谓经,若限于朝代,则《易》、《书》、《诗》、《礼》,奚以侪乎《春秋》,若限于家数,则言文者,当断自唐宋,而后之有述者,将不得与于斯也,庸有当乎,否也。愚谓学者当由枝叶以寻其本,由其声以窥其心,心圣贤之心,自能言圣贤之言,不必自命为文人也。论文者,当以明理习事为尚,理不悖而能餍乎人人之心,言事物而于本末终始,罔所遗缺差谬,返诸身,无言责,放诸天下古今,无异议,不必文而文,不必古而古矣。何必等而上之为昌黎学经,等而下之为熙甫手笔耶。……

宗棠此段议论,自颇精辟,其实亦只是文以载道说之演绎,因宗棠早年浸染性理之遗教甚深,故虽天姿豪迈,自负能文,而其对于文之观点,仍不能摆脱儒者之窠臼,此《盾鼻余瀋》,即为后此全集中诗文集之所本。[①]

宗棠之古文,周同愈评为:"导源史记,其气之雄,横绝一世。"又谓:"自汉到今,直入史记之室,能得其精奥者,韩退之、王介甫、左季高与戴潜虚先生而已。"[②]

宗棠之诗,钱萼孙评为:"如龙城飞将,豪气凌云。"[③]

宗棠家书,未列入全集以内,后由四子孝同别刊,其时已在中华民国九年(1920),书中亦多浮夸之语。

宗棠书法,以小篆著,其习篆经过,如崑焘告李元度之言:

　　……往岁与左季老同习小篆,季老取法何氏(绍基),务以磅礴为能,仆则守虔礼之言,初学分布,但求平正,季老尝用见笑。……

其好作篆原因,又如宗棠自告敏树之言:

　　① 左孝同《左文襄公诗文别集跋》。《左文襄公书牍》卷十一页 51《与吴子俊(观礼)》,卷十二页 26《答吴南屏(敏树)》,卷十三页 28—29,均《答吴南屏(敏树)》。卷二十二页 15《答杨性农(彝珍)》。杨彝珍,字湘涵,一字性农,湖南武陵人,道光三十年(1850)进士,官兵部主事,著述有《移芝室文集》、《尺牍》、《沅湘耆旧录续编》。

　　② 《删亭文集》卷一页 7《书盾鼻余瀋后》,页 18《戴潜虚先生文集序》。

　　③ 徐珂《闻见日钞》页 46。

……五十以后，患脾泻，饭后辄欲睡，乃取古法作篆驱魔，而誉我者，即以为有异于人，愚亦欲窃能文章，善小篆之号，以自娱也。……今甘肃省政府内，有宗棠篆书刻石四种，一《履霜操》第十二本，一《东铭》第五本，一《西铭》第十本，一《正气歌》第十本，殆即为平日作篆之成绩，而所作必尚甚夥也。又宗棠与书谭钟麟云：

> 弟近年遇倦怠欲睡时，辄即端坐作楷，以遣睡魔，必不可止，乃就胡床假寝片时，小慰魇意，以此为常。楷、行亦有进境，人谓其有异，实则以驱遣为葆练耳。……

是宗棠平日作书，固不限于小篆，亦有楷、行，惟以后流传者，则以小篆为多耳。①

各家批评宗棠书法：

康有为："文襄篆书，笔法如董宣强项，虽为令长，故自不凡。"

向桑："文襄小篆，学李阳冰，卓然可传。"

章炳麟："宗棠篆书遒劲。"

符铸："文襄好作小篆，笔力殊健，行草有傲岸之气，霸才亦自见也。"

《霎岳楼笔谈》："文襄行书，出清臣诚悬，而稍参率更，北碑亦时凑其笔端，故肃栝森立，劲中见厚。篆书则得力于霍真语台，有渟有峙，不矜姿作势，自然苍挺，清代专以篆名家者，未能或之先也。"

王潜刚："左季高篆书有功，书楹帖颇有古意，行书不称。"②

胡林翼尝与书李续宜曰："公欲以书法压倒诸葛，诸葛仍说公瞻甚大。"诸葛者，朋侪戏呼宗棠也。是宗棠于书，即在早年，亦已自负，然宗棠之书名、文名，同为功名所掩。③

综括宗棠诗文书法，似有相同之一点，即气势浩瀚，卓然不群，此亦其个性之表现，所谓言为心声，字为心画者也。

---

① 《云卧山庄尺牍》卷六页12《答李次青（元度）》。

② 《左文襄公书牍》卷十三页29《答吴南屏（敏树）》，卷二十二页42《答谭文卿（钟麟）》。张鸣珂《寒松阁谈艺琐录》。王潜刚《清人书评》页31。

③ 《胡文忠公遗集》卷七十一页24《致李希庵（续宜）》。

# 七十二　田园乐境

　　左宗棠习于农家生活,故于所居止,颇好辟圃、凿池、养鱼、种树,其早岁所营柳庄,固纯粹田园风味,尝作《柳庄春景图》,其次女孝琪题诗云:"绘事谁能在笔初,依依风物见空虚。云烟半作风云态,认取先生五柳居。"即可窥见柳庄形态之一斑。而宗棠《催杨紫卿画梅》诗所谓:"柳庄一十二梅树,腊底春前花满枝"者,此中正复不知饱含几许雅人深致。以后遁迹白水洞,则更完全度其山村之岁月,而徙居长沙省城司马桥时,喜其地在半村半郭之间,仍莳蔬数十畦,畜鱼数百尾,饶有城市山林之胜。晚年,应诏入都,浼友预觅寓屋,郑重嘱以宅旁须有隙地,可以畦蔬,一生酷嗜田园,老而弥笃。[1]

　　惟宗棠自被命襄办曾国藩军务出山后,在东南则驰驱于赣、皖、浙、闽、粤;在西北则往返于陕、晋、豫、冀、鲁,戎马关山,靡有宁息。同治十一年(1872),行抵兰州省城,始寝处稍定。公暇,修葺陕甘总督署后园,将烈妃、义士坟庙废址,辟为菜畦,晨夕徜徉其间,间或躬自汲水种菜,榜于园门曰:"闭门种菜,开阁延宾。"幕府施补华《节园种菜》诗:"湘阴老耕夫,功名抗伊吕。河陇春风生,种菜开后圃。"即咏此也。西北本少菜蔬,蒙人、藏人、回人

---

　　① 《左文襄公书牍》卷二十二页 1《与谭文卿(钟麟)》,卷二十四页 63《与徐小云》。《左文襄公诗集》页 5《催杨紫卿画梅》。《慈云阁诗钞·猗兰室诗草》页 6《题柳庄春景图》。杨季鸾,字紫卿,湖南宁远人,孝廉方正,著述有《春星阁诗钞》。

均不喜蔬食,其种子皆宗棠命自湖南故乡采运而来。[1]

陕甘总督署为明肃王故邸,基宇壮阔,园亭之胜最各省。后园北倚兰州城垣,相传为秦长城遗址,城外即黄河。肃王时,就城巅筑拂云楼,高出霄汉,宗棠为重新之,易名曰"望河",于河滨起建汲水设备二,一为利用水力之旧式水车,一为利用火力之西式抽水机,引水渡木槽入园,冬日冰冻用机,春日冰解用车。而宗棠之经营全园,系肖西北形势,可以宗棠所撰《饮和池记》释之:

> ……园西北阜叠石峻嶒,高逾仞,疑积石也。阜下……剂为三池。……绕澄清阁……池溢北出少东,迤西而南,绕瑞谷亭,如经三受降城,曲折银夏间也。又南趋隆阜下,如出壶口,过龙门,而面二华,渠中石起,上立数石,则砥柱然。遵射堂东而南,清流汨汨,注大池中,命曰饮和,与古之大陆,何以异也。……

中流砥柱,殆宗棠所以自况,而阁名"澄清",自更寓揽辔之志焉。澄清阁南,筑屋如舟,号曰"槎亭",相传此为宗棠之签押房。亭前凿石二,一肖耕牛,一肖支机,题曰"一系",复系以跋:

> 余以湘上农人,谬任军事,持节秦陇。边事略定,以病乞休未得,于节园开畦种菜,颇得故乡风味。阜间隙地,劣容栖止,乃缚苇为屋,其形如槎,以博望故事实之,回首躬耕,如在天上也。

故楹帖亦曰:

> 八月槎横天上水,
>
> 连畦菜长故园春。

抑老杜有诗:"丛菊两开他日泪,孤舟一系故园心。"宗棠倘亦身在陇上,而心在湘上,不忘柳庄田园之乐乎?[2]

光绪二年(1876),宗棠为用兵关外,规复新疆,移节肃州,驻此先后亘六载。面祁连山而营,又辟田十数亩,以为蔬圃,而令材官为之佣。宗棠早起,

---

① 谢彬《新疆游记》。《左文襄公书牍》卷二十一页47《答杨石泉(昌濬)》。《泽雅堂诗集》卷二页20。

② 《左文襄公文集》页6—8《饮和池记》、《甘肃督署园池记》。《左文襄公联语·槎亭》页7。许元方《忆兰州》。张维《兰州古今注》。龚橚《蜕庵诗集》卷八页17。

治文书,接宾客,倦则扶杖游于圃。宗棠尝自言:"闲趣清尚,与众有别。"洵非夸也。①

四年(1878),新疆还我版图,宗棠就肃州城东,浚酒泉为湖。周可三里许,环堤种花树,构亭湖心,亦名曰"槎",建阁湖上,亦名曰"澄清",中造小舟,以便游眺。堤外拓出腴田百亩,为园圃,落成日,宗棠有诗咏之,其末曰:

> ……西顾幸无他,我归事钱镈。水国足鱼稻,笋蕨耐咀嚼。梓洞泉柳庄,况旧有邱壑。……

则又回想故乡田园,期待于将来下野后之享受也。②

七年(1881),宗棠出关,驻节哈密凤凰台,时伊犁交涉紧张,而宗棠好整以暇,不忘其老圃之生涯,仍辟地种菜,昕夕督视,诏诸子曰:

> ……请心可兄速买红萝卜子,及天鹅蛋种子寄来,以便散给各营哨,愈多愈妙,此间地脉甚厚,种蔬最妙。……

《新疆实业志》云:

> ……蔬菜品汇特繁,军兴以后,湘人之从征者,捆载芽荄,移植兹土。……

皆宗棠教之也。③ 昔张骞通西域,以彼处苜蓿、葡萄等传入中国,今宗棠西征,复以南中菜蔬,繁殖塞外,可谓后先媲美者矣。

宗棠之嗜好田园风味,亦可于其家书中见之。周夫人及长子孝威夫妇既逝世,家人治墓地于山中,宗棠命:

> ……大约山场均须广栽树竹,池塘均须畜养鱼苗,择勤朴佃农,俾其安心耕种,则田产常熟,岁租无减,可为久远计。……

盖犹是经营柳庄成法,其用意则梁启超《跋周大烈藏宗棠手札》尝发明之:

> ……其泰半乃家人语,谋所以治生产作业,计农畜出入,至纤悉。昔刘玄德论人物,以为求田问舍,为陈元龙所羞,而躬耕之孔明,则三顾

---

① 《泽雅堂文集》卷一页 6《防诈》,卷七页 10《书左侯墨迹后》。
② 《左文襄公书牍》卷二十二页 42、页 47,均《答杨石泉(昌濬)》。《左文襄公诗集》页 9《秋日泛舟泉湖作》。
③ 《清稗类钞》卷四十四页 11。《左文襄公家书》卷下页 75。《新疆图志》卷二十八页 4。谭碧理,字心可,湖南湘潭人,官至江南提督,光绪二十四年(1898)卒。

之,抑何以称焉。我又尝读曾文正公(国藩)家书,其训属子弟以治生产作业,计农畜出入,至纤悉,殆更甚于左公书,又何以称焉。盖恒产恒心之义,岂惟民哉。士亦有然。士不至以家计撄虑,乃可以养廉,可以壹志;恃太仓之米,以自赡畜者,其于进退之间,既鲜余裕矣。……噫,是堪深长思矣。吾人即谓宗棠清廉贞干之人格,陶成于田园环境,亦无不可也。①

宗棠不仅耽田园,且嗜食蔬菜,尤嗜家制小菜。此其情趣,表现于亲旧之通讯中,最为浓厚。彭光藻,宗棠在福建时属吏也。宗棠剿捻直隶,光藻寄以干蔬,宗棠欣然作覆曰:"正军中求之不得者,饱啖之余,留香齿颊。"杨昌濬,宗棠布衣交也。西行至兰州省城,带有宗棠家人所托寄物,宗棠自肃州驰书曰:

> ……明春三月,边关始见青草,与君到酒泉痛饮一场,而以自种园蔬下之,乐当何极。四儿求带三木匣,当是腌荠及菜种,遇有便差,可将腌荠先寄,春暖再寄菜种,庶免冻坏。……

已又函告诸子曰:

> ……前寄三板箱,杨石翁已转到。诸品均佳,盐姜尤妙。惟虾卤瓜一种,非家制,我不尚也。诸儿妇知我所嗜,制以奉进,亦见孝思,且能留此家风,不忝先姑,尤可嘉也。……

鼓励家人,利用农产,自制小菜,国藩亦有此作风。逾时,昌濬既自肃州回兰州省城,宗棠于书函中又特笔曰:

> ……节园新蔬,度已青青入口。从天上俯视积石龙门,河流萦带,树石皆仙,与牛郎织女,日日晤对,胜博望多矣。惜老我移封酒泉,不复共此池堂乐意也。……

更逾年,宗棠仍驻节肃州,昌濬仍坐镇兰州省城,宗棠贻书曰:

> ……春日和淑宜人,园蔬甫有出土者,树叶含青欲吐,乃一夜寒风,竟日雪厚两寸许,檐滴冰,欲盼青青入口,不可得矣。移封于此,故不如

---

① 《饮冰室文集》册十六页29。周印昆藏《左文襄公书牍》。周大烈,字印昆,湖南湘潭人,官至杀虎口关盐督,宗棠妻再侄。《左文襄公批札》卷二页9《彭丞光藻禀开浚城河工程由》。

归卧故园之得也。……

极言园蔬之留恋，醲醲有味，读之亦令人悠然意远。及宗棠入京，又忆及节园所种菜，为函昌濬：

> ……节园蔬长，能晾干见饷，许识故乡风味，亦至幸耳。……

身处庙堂，口甘藜藿，其淡泊有如此者。

宗棠殁后，罗镇嵩挽联云："食性我能谙，白菜满园供祭馔。"宗棠地下有灵，当许为知己也。①

宗棠晚年，有菟裘之营。就长沙省城司马桥旧居，购入李氏屋而展拓之，对于布置，家书屡有指示，其一通曰：

> ……司马桥李氏屋，可通为本宅前进，方向一式，惟头门宜改向西，中空一夹道，由头门进夹道，由夹道进前栋正屋大门。大门以内，中为大厅，左为夹室，储书籍，厅右为我会客之所，旁为住屋，前植花木，后为厨，足供栖止，夏不热，冬不寒，明窗净几，起居自适足矣。……

余在长沙省城时，尝访友至宗棠故居，由头门而入，仿佛即如是规模。又与书谭钟麟曰：

> ……弟旧居之前，隔街李氏，有屋求售，约及老屋三之一，以千金得之。拟改为一堂一宅，堂可会宾友，宅可利栖息，拟为退休之所。将来以堂为祠，不必营造，以宅储书籍祭器及奏稿版片。隙地植花木，备庖湢，但取粗具已足，吾子若孙，其永歌哭于斯乎。朝廷轸念劳臣，逸之以老，然后能毕余年于此，否则海上神仙窟宅，可望不可即，只留作画图夸耳。……

钟麟亦湖南人，时在长沙省城，筑一密园，与宗棠居密迩，故有偕隐之约。所惜王事靡盬，宗棠之言，不幸而中，后竟客死福州省城，司马桥侯邸，终成神仙窟宅。然宗棠之魂魄，倘犹留恋于其花木间乎？②

---

① 《左文襄公书牍》卷二十一页42，卷二十二页29、页30，卷二十四页17，卷二十五页66，均《与杨名泉（昌濬）》。《左文襄公家书》卷下页62。《左文襄公诔词》册三《挽联》页1。彭光藻，字静轩，湖南武陵人，后官甘肃泾州直隶州知州。罗镇嵩，字穆倩，湖南湘乡人，县学生，官甘肃固原直隶州知州。

② 《左文襄公家书》卷下页60。《左文襄公书牍》卷二十二页1《与谭文卿（钟麟）》。

# 七十三　惟崇俭能广惠

　　左宗棠为人颇省啬,同时又颇慷慨,省啬者处己,慷慨者待人。

　　宗棠家世寒素(参阅第二节),食无求美,衣无求华,诚已习之。然至出山督师,居处较崇,仍仅限定岁以银二百两供家用,在家书中屡以为言。如咸丰十年(1860)十月与长子孝威云:

> ……家中用度,及延师之费,每年由营中付二百金归,省啬用之,足矣。此外断不准多用,断不能多寄,致损我介节。……

十一年(1861)五月,又与孝威云:

> ……每岁我于薪水中,存二百金,为宁家课子之费,上年曾见之公牍,不可多取欺人。家中一切,均从简省,断不可浪用,致失寒素之风,启汰侈之渐。……

是年,家中教师欲他就,十月,又与孝威云:

> ……先生加束脩留之,每年百金为度,如必欲就江西三百金之馆,亦可听便。我每年只取二百金薪水付家,不能请三百金先生也。……

其维持每年二百金寄家费用之坚决如此。然此二百金之数,总属不敷,如以一百金奉师,则所余仅一百金矣。故同治元年(1862)九月,又与孝威云:

> ……我在外每年以二百两寄家,不敷家用,今拟明岁以后,多寄二

百两归可耳。……①

其后虽官至兼圻,而对于家人费用,仍斤斤计较。孝威中式湖南本省乡试举人,仅允刊发朱卷数十本。后知孝威印一千五百本,以为未免太多。其谒祠扫墓之费,仅限用钱数十缗。筼心夫人殁后,不许发讣,严责诸子治丧所费太奢,以为"恐家中已有官气矣"。宗棠年六十,次子孝宽在家建屋,拟为治筋,宗棠与孝威书,大加申斥:

> ……家中加盖后栋,已觉劳费,现又改作轿厅,合买地基及工料等费,又须六百余两。孝宽竟不禀命,妄自举动,托言尔伯父所命。无论旧屋改作非宜,且当此西事未宁,廉项将竭之时,兴此可已不已之工,但求观美,不顾事理,殊非我意料所及。据称欲为我作六十生辰,似亦古人洗腆之义,但不知孝宽果能一日仰承亲训,默体亲心否?养口体,不如养心志,况数千里外张筵受祝,亦忆及黄沙远塞,长征未归之苦况否?贫寒家儿,忽染脑满肠肥习气,令人笑骂,惹我恼恨。计尔到家,工已成矣。成事不说,可出此谕,与尔诸弟共读之。今年满甲之日,不准宴客开筵,亲好中有来祝者,照常款以酒面,不准下帖,至要至要!②

四子孝同尝奉母挈侄,省宗棠兰州省城,宗棠与书为约:

> ……在督署住家,要照住家规模,不可沾染官场气习,少爷排场,一切简约为主。署中大厨房,只准改两灶,一煮饭,一熬菜,厨子一,打杂一,水火夫一,此外不宜多用一人。③

其间刘典告宗棠,家中尚有债负,且家用委实支绌,宗棠答以书曰:

> ……舍下亏欠积项,或系二儿前次修造住屋所致,因弟责其不禀命而行,妄费多金,于是儿辈不敢复以还债为请。又值连年眷口丧残,丧葬一切,耗费过多,不但无可弥补,遂致难于结束,未可知也。承示宽为寄付,极承厚谊。但恐无底之橐,年复一年,他时投老还乡,一贫如故,只赢得身后萧条四字耳。④

---

① 《左文襄公家书》卷上页9、页17、页28。
② 《左文襄公家书》卷上页37、页69,卷下页21、页24、页29。
③ 《左文襄公家书》卷下页72。
④ 《左文襄公书牍》卷十六页51《与刘克庵(典)》。

宗棠处己之省啬,大抵如此。

宗棠任恤之心,虽在寒微,已甚浓厚。如初度会试北上,旅费无着,筼心夫人出奁资银一百两治行。会归朱氏姐贫不能举火,竟悉以遗之。又如伯兄宗棫早逝,尽以家传遗产畀其孤。又如仲兄宗植在日,岁奉银二百两为甘旨。又如道光末,湖南连年水旱,就馆谷所入,在柳庄施粥施药(参阅二节),[1]皆其例也。从仕后,禄入加丰,于公益事业,益悉力以赴。如同治二年(1863),以银八百两在长沙省城购旧祠。越三年,复以银一千六百两,建成左氏通族试馆,此对于本族者也。五年(1866),以银六千两,捐充湘阴义举,此对于本乡者也。八年(1869),以银一万两,捐办湖南灾赈,此对于本省者也。[2] 此外于师友故旧亲戚邻里,生前贫困,身后萧条者,无不或给以赡养,或资其丧葬,少则十金百金,多则千金数千金,绝无所吝。宗棠待人之慷慨,又大抵如此。

余尝推论宗棠此种处己省啬,待人慷慨之心情,当发生于下列五种因素:

(一)宗棠之先世,皆好行其德(参阅二节)。宗棠或秉有遗传性,或欲无忝家风,故恒以为善,最乐自期,而家人亦以是化之。即如道光二十八、九年(1848—1849),柳庄办赈时,筼心夫人及张夫人均躬与其役,且典质衣物为助,可谓刑于寡妻。又同治九年(1870),孝威借谷四百石俵散,以救乡里之饥荒,赴义如恐不及,可谓善继善述。[3]

(二)宗棠念父母在日,仅获勉度清苦之生活,故不忍自身与家人享受过分。当同治元年(1862)孝威中式举人时,宗棠与书述先世苦况相戒勉:

> ……吾家积代寒素,先世苦况,百纸不能详。尔母归我时,我已举于乡,境遇较前稍异,然我与汝母言及先世艰窘之状,未尝不泣下沾襟也。我二十九初度时,在小淹馆中,曾作诗八首,中一首述及我父母贫苦之状,有四句云:"研田终岁营儿哺,糠屑经时当夕飧。乾坤忧痛何时

---

① 《左文襄公年谱》卷一页 10—11、页 25—26。《左文襄公家书》卷下页 27。《左文襄公书牍》卷二十页 55《与王莼农(诗正)》。

② 《左文襄公家书》卷上页 47、页 68、页 72,卷下页 17。

③ 《左文襄公年谱》卷一页 24。《左文襄公家书》卷下页 24。

毕,恐属儿孙咬菜根。"至今每一讽咏及之,犹悲怆不能自已。自入军以来,非宴客不用海菜,穷冬犹衣缊袍,冀与士卒同此苦趣,亦念享受不可丰,恐先世所贻余福,至我身而折尽耳。古人训子弟以"咬得菜根,百事可作"。若我家则更宜有进于此者。菜根视糠屑,则已为可口矣,尔曹念之,忍效纨绔所为乎。……

三年(1864),孝威得子,又与书曰:

> ……新得一孙,足慰老怀,乳足则无须雇用乳母,不可过于爱之。我家本寒素,尔父生而吮米汁,日夜啼声不绝,脐为突出,至今腹大而脐不深。我母尝言育我之艰,嚼米为汁之苦,至今每一念及,犹如闻其声也。尔生时,我家已小康,亦未雇乳媪,我盖有念于此。……

又光绪四年(1878),因孝威夫妇病中及殁后耗费太甚,为家训致孝宽等三子曰:

> ……我本寒生,骤致通显,四十年前,艰苦窘迫之状,今犹往来胸中。汝祖母病剧时,求珍药不得,购西洋参、高丽参数钱,蒸勺许以进。丧葬一切,竭诚经理,不过二百数十两,所举之债,直至壬辰(1832)乡闱获隽,乃克还款。今汝兄嫂医药丧葬之费,不啻十倍过之。(按孝威妇医药棺敛一切费用,至二千数百两,参价已一千数百两。)尔曹以为如此,庶几理得而心安,自我视之,则昔时不得十一以奉我亲者,今什倍以赔我子若妇,于心何以为安,徒怛痛耳。自今以后,均宜从俭,不得援照尔兄嫂往事为例。此纸可装订成册,以示后人。……

宗棠此种情绪,至为深刻,故尝寓书彭玉麟,以为:"不知者谓其矫,爱我者称其廉,要皆不得弟之心耳。"[①]

(三)宗棠本人饱尝贫乏之痛苦,故对于处境相似者,不禁发生同情心,不惜予以援助,俾不再如己之饱尝痛苦。宗棠平生所受痛苦,最深切者,殆莫如三次会试北上,及报罢南旋。故以后对寒生赴试,辄欲以资斧。如在甘肃时,同治十二年(1873)尝以养廉银二千两,光绪元、二年(1875—1876)各

① 《左文襄公家书》卷上页 40—41、页 55、页 58。《左文襄公书牍》卷八页 68《答彭雪琴(玉麟)》,卷二十页 46《与刘克庵(典)》。

以三千两,分赠本省入都会试、朝考之士子。同治十三年(1874),于本省会试士子,亦每人赠银二十两,更以八百两分赠朝考拔贡,以为"四十余年前,金尽裘敝,人困驴嘶景况,犹在目前也"。又光绪二年(1876),甘肃乡试,宗棠方督师肃州,对于本州及安西士子之赴兰州省城与试者,每人赠与试费票银八两,六十二人共四百九十六两。而孝威会试时,斥金助同试者,宗棠亦作书嘉之:

> ……下第公车,多寒苦之士,又值道途不靖,车马难雇,思之恻然。我当三次下第时,策蹇归来,尚值清平无事之际,而饥渴窘迫,劳顿疲乏之状,至今每一忆及,如在目前。儿体我意,分送五百余金,可见儿之志趣,异于寻常纨绔。……

后总督两江,以江宁府七属公车费款少人多,沾溉无几,捐廉银五千两,发商生息,永资补助。① 而宗棠生平又一最苦痛之境遇,尝写以告郭崑焘:

> ……道光二十八年(1848),柳庄耕田,遭淫雨之害,谷尽发芽,典质罄尽,而一家十二口,无不患病者,尝吟杜老《同谷歌》"男呻女吟四壁静"之句,戏语孺人曰:"我欲改静为空,始与此时情事相合也。"……

然宗棠与筠心夫人于斯时,固犹竭力施赈也。同治八年(1869),湖南又大水为灾,宗棠以家书述捐廉助赈之意:

> ……今岁湖南水灾过重,灾象叠见,我捐廉万两,并不入奏。回思道光二十八、九年(1848—1849),柳庄散米散药,情景如昨。彼时,我以寒士为此,人以为义可也。至今时位至总督,掌握钦符,养廉岁得二万两,区区之赈,为德于乡,亦何足云,有道及此,谨谢之。我常言,士人居乡里,能救一命,即一功德,以其无活人之权也。若居然高官厚禄,则所托命者,奚止数万,数百万,数千万,纵能时存活人之心,时作活人之事,未知所活几何。其求活未能,求救不得者,皆罪过也,况敢以之为功乎。是以入关陇以来,首以赈抚为急,总不致令我目中见一饿毙之人,我耳

---

① 《左文襄公书牍》卷十三页58《与沈吉田(应奎)》,卷十五页60《答李筱轩》,卷十六页74《答刘克庵(典)》,卷十七页46《与安晓峰(维峻)》。《左文襄公家书》卷下页9—10。《曾忠襄公奏议》卷二十八页18《请在江宁捐建左文襄公专祠疏》。

中闻一饿毙之事。……①

观此两事,可知宗棠之同情心,实系推己及人,故尤为恳挚。

(四)宗棠感觉国家多难,不欲以室家自肥。如同治元年(1862)六月,与孝威书云:

> ……今年秋初,吴都司归,曾寄薪水银二百两,此次未免又增一番用度。除却应用各项,不宜太省,此外衣服等事,概宜节之又节,免我远地牵挂。如实不敷,亦只准再寄百两。兵已缺饷七月,我岂可多寄银归耶。……

宗棠治军,常与士卒同苦,亦犹此意。②

(五)宗棠欲子弟习于节约,能受劳苦,不以富厚生活,损短志气。如同治八年(1869)家书与孝威云:

> ……我一介寒儒,忝窃方面,功名事业,兼而有之,岂不能增置田产,以为子孙之计。然子弟欲其成人,总要从寒苦艰难做起,尔为家督,须与诸弟及弟妇,加意刻省,菲衣薄食,早作夜思,各勤职业。撙节有余,除奉母外,润赡宗族,再有余,则济穷乏孤苦,其自奉也至薄,其待人也必厚。……

又十二年(1873)一书云:

> ……古人教子,必有义方,以鄙吝为务者,仅足供子孙浪费而已。我之不以廉俸多寄尔曹者,未为无见。尔曹能谨慎持家,不致困饿,若任意花销,以豪华为体面,恣情流荡,以沉溺为欢娱,则我积多金,尔曹但多积过,所损不已大哉。……

而曾国藩记宗棠语云:

> ……凡人须从吃苦中来,收积银钱货物,固无益于子孙,即收积书籍字画,亦未必不为子孙之累云云,多见道之语。……

皆可显示宗棠旨趣所在。③

省啬与慷慨,本属相背,宗棠则同时并举。一般人处己多慷慨,所谓千

---

① 《左文襄公书牍》卷五页69《与郭意城(嵩焘)》。《左文襄公家书》卷下页17。

② 《左文襄公家书》卷上页38。

③ 《左文襄公家书》卷下页13、页45—46。《曾文正公日记》咸丰十年(1860)四月初四日。

金一掷；待人恒省啬，所谓一毛不拔。宗棠则一反其道。且在宗棠，固以为省啬与慷慨，可以相因，即上述所谓"其自奉也至薄，其待人也必厚"。又同治二年(1863)，家书与孝威云：

> ……家用虽不饶，却比我当初十几岁时好多些，但不可乱用一文，有余则散诸宗亲之贫者，惟崇俭乃广惠也。……①

崇俭犹之自奉至薄，广惠犹之待人必厚，此数语，实为千古不刊之论。夫人之好善，谁不如我，凡遇可以悲悯之事，而漠然恝置者，究占极少数，只以平日素无余蓄，乃致力不从心，或一念及私人生活之负担，为善之勇气，亦辄少馁，此皆人情之常，不庸深责。故我人欲充分发挥待人慷慨之精神，必自处己十分省啬始，宗棠之言行，可为师法。

———————

① 《左文襄公家书》卷上页 46。

# 七十四　尽其在我

魏光焘挽左宗棠联云：

　　平生作事，独为其难，大业佐中兴，遗疏犹烦天下计；

　　一息尚存，此志不懈，斯言尝自道，千秋共见老臣心。

其语可更引宗棠子孙所作哀启为注脚：

　　……以书生位至将相，任封圻，且三十年，而无一日居处安享用之厚。举艰险盘错，人所却避者，辄坚忍刻厉，肩任不辞。生平以诸葛武侯自勖，卒之淡泊宁静，鞠躬尽瘁，皆如所言。疾革之时，犹以君恩未报，夙愿未偿，和局不可长恃，战备不可缓筹，晤及僚友，谆语将佐，冀共同心戮力，共济时艰，而无一语及家事。……①

一言蔽之，忠而已矣。光焘追随宗棠二十余年，此联所道，亦自有以知其深也。

范仲淹曰："我知为之自我者当如是，其成与否，有不在我者，虽圣贤不能必，我岂苟哉。"此诸葛亮"谋事在人，成事在天"之意，无非谓凡事应尽其在我，而成败利钝，可置不顾，亦犹谓"只问耕耘，不问收获"。宗棠既常以诸葛亮自勖，而遇事辄好援引仲淹"为之自我者当如是"一言，表示其一往无前

---

① 《左文襄公谏词》册三《挽联》页8（魏光焘）。《左文襄公荣哀录》页27（哀启）。

之气概,盖尽其在我,即忠之极则。[1]

宗棠之忠于事,先于教读见之。陶澍之丧,遗孤桄方七岁,陶氏族人多觊觎其产,以独富之家,处众贫之地,其势诚颇危险。故贺熙龄、胡林翼之议以宗棠为陶桄师,意固不仅在作育陶氏之遗孤,且在保全陶氏之遗业。宗棠对于前一点,主张不必定欲使桄与贵介子弟争功名,仅须使其不染纨绔习气,克承其家。对于后一点,主张先自分陶澍之家产若干,以贻族人,俾无所借口,而于其非分要求,则婉辞以谢。遇有地方公益事业,宗棠又劝陶氏以世家大族地位,率先捐输,博取社会之同情。陶氏夫人之丧葬,宗棠亦为经纪。太平军起时,宗棠又策画徙陶氏于安全之地。于是陶桄固不失为佳子弟,而陶澍之业更赖以不坠,所谓"受人之托,终人之事",即忠之表显。[2]

宗棠之忠于所事,复于游幕见之。其参赞湖南巡抚、湖广总督军事,鉴于太平军之恣横,大局之危殆,以各尽心力挽救,与侪辈相期,如函李续宜云:

> ……天下纷纷,吾曹适丁其阨,武乡不云乎,"成败利钝,非所逆睹",则亦惟殚其心力,尽其职,俟之而已。……

函王开化云:

> ……方今时会艰难,正赖贤杰挺身任事,共与维持,救得一分,是一分,干得一事,是一事,岂可遇事推让,置天下大局于不顾。……

又函林翼云:

> ……时局至此,不能不挺身任事,成与不成,非人谋所及,亦尽其心力所至者而已。……

然斯时宗棠仅一幕客也。而宗棠与人论幕职,则谓:

> ……幕之职,原以助官为理,既为人役,自不得不殚精竭虑为之。……

又谓:

> ……本地人居大府幕中,任是天生孔子,亦必多招嫌忌,既为时势

---

[1] 《左文襄公书牍》卷十六页 36《答彭雪琴(玉麟)》,页 67《与吴清卿(大澂)》,卷十七页 53《答陈俊臣(士杰)》,卷二十四页 38《上总理各国事务衙门》。

[2] 《左文襄公书牍》卷一页 9、页 30—32,均《上贺蔗农(熙龄)》。《左文襄公年谱》卷一页 21。

所迫,不得已而就此席,惟有殚诚竭虑,本吾心所谓是者为之。若多所畏避,反于事体无补,究亦未能执谗慝之口。幕所办之事,本是官事,若是避揽权之嫌,则除是不办事也。……①

此宗棠自道其作幕之见解,亦即忠之表显。

逮宗棠出而督师从政,益以忠于所事自励。在赣皖时,尝一再告家人曰:

……时局方艰,未知攸济,亦惟有竭尽心力所能到者为之,期无负平生之志而已。……

……现在主少国危,左右之人,未必能肩此艰巨。时局殆不堪设想,且各尽其心力所能到者为之,求无负吾君以负平生耳。……②

入浙后,并以此与僚属交勉,不问恩怨,以为:

……任事无不任怨,只要自己无错,那管背后议论。……

……自古任事之人,无不任怨之理,自反而缩,心中差安,岂有闻谤而遽自表白,与群小争曲直乎。无论吾辈肝肠如雪,不能因此扰其淡定之天,且操存因此益加邃密,愈觉受益不浅耳。……③

不问毁誉,以为:

……身入仕途,即宜立定主义,毁誉听之人,升沉付之命,惟做一日官,尽一日心,庶不负己以负斯民也。……

……毁誉不足道,功名不足道,能尽我心力,以善我事,斯可矣。……④

不问事之成不成,以为:

……凡事只能尽我心力图之,利钝固未能逆料也。……

……利害生死之际,庸人畏避而不敢前,且或托为明哲保身,以文

---

① 《左文襄公书牍》卷二页53《与李希庵(续宜)》,卷四页50《答王梅村(开化)》,卷五页34、页44,均《与胡润之(林翼)》,页64《与郭意成(崑焘)》。

② 《左文襄公家书》卷上页18、页26。

③ 《左文襄公批札》卷五页26《肃州李牧宗筠禀州属五方杂处请严密巡缉由》。《左文襄公书牍》卷九页10《答夏小涛(献纶)》。

④ 《左文襄公批札》卷七页47《巴燕戎格通判龙倅崑禀恳交卸随节各情由》。《左文襄公书牍》卷二页29《与王璞山(鑫)》。

其懦。独慷慨仗节之士,义愤所激,其事之克济与否,举非所知,而必不肯澜认韬晦,以求免其难,夫亦尽我心之所安而已。……①

亦不问成之迟与速,以为:

    ……功成迟速,定数成焉,不能由人迫促,然必人事尽到十分,乃可听之天。……②

而益以实干为依归。故认为:

    ……天下事,无不可为,如果实心实力去干,必有治效可睹。……

更进而认为:

    ……天下事总是要干,要干事,最是要一部实心。……③

夫子曰:"狂者进取。"狂者之进取,即忠者之实干。宗棠素有狂名,乃适成其为忠。故陕甘"平回",人皆视为畏途,宗棠一手担当,收复金积堡后,宗棠尝慨然语其子曰:

    ……我移督陕甘,有代为忧者,有快心者,有料其必了此事者,有怪其迟久无功者,我概不介意。天下事,总要人干,国家不可无陕甘,陕甘不可无总督,一介书生,数年任兼圻,岂可避难就易哉。……

进攻肃州时,又语其友曰:

    ……西事甫有头绪,玉关以东,年内或冀澄清,然胜残去杀,必期诸善人,期诸百年以后,则又何能释诸念虑间乎。弟之不以衰疾为讳,又不早决引退之计,盖欲俟可退之时,再作区处耳。使我身退而心安,亦奚取郁郁居此。……④

其忠勇真挚精神,跃然如见。至于用兵新疆,更为如何艰险之工作,宗棠亦一手担当,以谓:

    ……西事尚有可图,衰朽虽未堪负荷,不敢他诿。……

及其收复,则又曰:

---

① 《左文襄公批札》卷一页 31《蒋藩司益澧禀连日苦战获胜情形由》。《左文襄公文集》卷二页 9《善化张氏笃光堂题额跋尾》。

② 《左文襄公批札》卷三页 63《黄道鼎禀金积贼势由》。

③ 《左文襄公批札》卷四页 7《李守藻禀接署宁夏府篆由》。《左文襄公书牍》卷十二页 39《答杨石泉(昌濬)》。

④ 《左文襄公家书》卷下页 27。《左文襄公书牍》卷十二页 41《答彭雪琴(玉麟)》。

> ……吾辈数书痴,一意孤行,独肩艰巨,始愿亦何曾及此。而幸能致之者,无私利之见,无忌嫉之心,苟利社稷,死生以之耳。……①

盖自其西征,即誓与西事相终始,务求实践所言。至当伊犁交涉之急,虽在盛夏,仍甘于西出玉门,陈兵哈密,越南交涉之急,虽时在隆冬,亦急欲东渡台湾,力战孤拔,绝不以高年多病之身,临事稍有回虑却顾。"炎风朔雪天王地,惟在忠良翊圣朝。"可为宗棠咏也。②

宗棠固亦尝以衰疾乞退,然非为畏难,而为恐贻误,且表示卸职后,仍当有所尽力,其意义乃积极而非消极。如同治十一年(1872)十二月,请简员接任陕甘总督钦差大臣时奏明:

> ……陇事不外剿抚兼施,然其中头绪纷繁,情伪百出,接任之员,虽才力十倍于臣,亦难遽悉底里,臣自当暂留此间,以备谘访,断不敢以事权不属,遽请放归,自耽安逸。……

光绪七年(1881)在北京,两次请交卸各项差使时,亦陈明"仍当以闲散留居京师,以备顾问"。光绪九、十年间(1883—1884),宗棠再三请开两江总督及兼办理南洋通商事务大臣之缺,清廷先已准其给假四个月,回籍调养,旋又命其不必拘定假期,一俟稍愈,即行销假。于是宗棠复沥陈其衷曲:

> ……臣自奉命出督两江,即自矢一息尚存,不敢辄萌退志。既因衰病日迫,目疾浸深,尚思勉强支持,仰承委任。原拟于交卸后,再留三个月,俟海防就绪,再恳恩旨归籍,以养衰躯。……兹复蒙天语谆谆,微臣素怀,岂敢自逸,窃拟假期内,海防有事,固当照常经理,不敢稍存诿卸,致负恩知。即三个月外,海防如有变更,臣亦当力任其难,断不稍形推诿。良以频年讲求有素,与在防将士,相信颇深,较之生手从新交涉,事体稍易,而营务、支应、文案诸幕僚,均系旧人,所部统领营哨官队目,均相孚洽,遇事较易措手耳。……③

① 《左文襄公书牍》卷二十页5《答刘克庵(典)》。

② 《左文襄公书牍》卷二十三页42《答崇峻峰(保)》。《左文襄公奏稿》卷五十六页44《督师出屯哈密折》。《申报》光绪十年(1884)十二月一日。

③ 《平定陕甘新疆回匪方略》卷二百七十二页17—19。《左文襄公奏稿》卷五十八页24—25《病难速痊恳恩开缺折》,页28《仍恳天恩开缺折》,卷六十二页15《恭谢天恩沥陈下悃折》。

宗棠之志,洵乎诸葛亮"鞠躬尽瘁,死而后已"之志也。

抑推论宗棠之忠,尤在求不负。一曰不负己,尝谓:

> ……吾辈言事,但论理之是非,不计准驳,如其发必当理,则问心自安,不求胜于人,先己无负乎己也。……

言事如此,治事亦然,无负乎己,即尽其在我也。二曰不负人,尝谓:

> ……人不可负心,亦不可负人之知。……彼受我之知者,竟不如我心中所期,此即负心之甚,以此责人,以此自责。……①

于是受知于陶澍,而以作成陶桄,保全陶产,如所期。受知于张亮基、骆秉章,而以内安全省,外援四邻,如所期。受知于清廷,而以荡平东南,规复西北,如所期。至如何而后不负人,亦惟有先尽其在我耳。

宗棠欲以忠自谥,可谓自知明而绝非虚妄者矣。

---

① 《左文襄公书牍》卷二页 25《答胡润之(林翼)》,卷二十三页 36《答王雯轩(思沂)》。

# 七十五　不欲以一丝一粟自污素节

左宗棠微时，一贫彻骨，而居恒耻言贫字。由是一点推之，表现于其性行者，正面为介，反面为不贪。且不第对于非义之财，一介不取，即于应得之财，亦不欲厚自封殖。故宗棠自任疆圻，所支廉俸，恒举以充赒恤，或作公共事业。同治三年(1864)五月，家书与长子孝威云：

> ……我应得浙抚养廉，拟呈缴万两入官，其总督养廉，则以之修葺浙抚署矣。……

八月，又与孝威云：

> ……带兵五年，不私一钱，任疆圻三年，所余养廉，不过一万数千金，我尚拟缴一万两作京饷，则存者不过数千两已耳。……

至五年(1866)十二月，去闽浙总督时，与书仲兄宗植云：

> ……昨抵章门，遣石清携汇票八千两，以六千金捐入湘阴作义举，以一千五百金建试馆，余以买史陂墓田，闽浙廉银用尽，留三千两，作家眷回湘之资，此八千，乃预支陕甘廉也。……①

曰"闽浙廉银用尽"，则宗棠之宦囊，可知矣。

光绪二年(1876)五月，宗棠任陕甘总督且十年矣，乃家书与长子孝威

---

① 《左文襄公家书》卷上页52、页56、页72。

云：

> ……我家积世寒素，近乃称巨室，虽屡申儆，不许沾染世宦积习，而家用日增，已有不能撙节之势。我廉金不以肥家，有余辄随手散去，尔曹宜早自为谋。大约廉余拟作五分，以一为爵田，余作四分，均给尔曹，已与勋、同言之，每分不过五千两也。爵田以授宗子袭爵者，凡公用均于此取之。……

四年(1878)二月，致书王加敏，又申其说：

> ……弟自咸丰十年(1860)出山以来，拮据戎马间，未尝以余粟余财，自污素节。即应受廉俸，通计亦成巨款，然捐输义举，在官在籍，至今无倦。其因家运屯蹇，买药营斋，寄归舍间，实不及一岁之入。近始略查大概，归计茫然，子孙食指渐繁，不能不早为之所。四儿各拟以五千金畀之，令其各谋生业。弟归后，亦须过活，每年非数百金不可，拟以五千金，为养老之资。身后之用，置买薄田，食其租息，将来即作爵田，为承爵之人奉祀当差费用。……①

又越年余，宗棠始去陕甘总督。然宦囊之不能更逾于此，自可想见。陕西布政使王思沂，知其窘乏，商之按察使沈应奎，拟以陕西经收甘肃捐输尾款，奉备使用。宗棠与书应奎力却之：

> ……陕西甘捐尾款，积存有项，尊意与雪轩方伯，拟将此数，移济都寓之乏，并示及官私无碍，廉惠不伤，与者受者，均有以自处，尤见用情之挚，实倍寻常，感戢下怀，曷可言喻。惟愚衷尚有难于尽释者，请卒言之。仆早岁甘于农圃，不乐仕进，所求易足，无营于外，心亦安焉。入世卅年，渐违素愿，而无负于官私，始终犹可覆按也。兹于时事迫促，勉玷朝班，羁縻麋鹿以文牺，束缚蹉跎，奚裨大局；而酬应纷纭，徒增私累，良可哂矣。幸外侮渐平，伏戾尚少，长揖归田，自有其会，已预拟封存归途舟车之费，曳杖而还，盖可止则止，可速则速，衰病余年，尚能自立耳。近时于别敬，概不敢受，至好新契之例赠者，亦概谢之。非惟介节自将，人己本无二致，亦俸外不收果实，义有攸宜。至甘捐尾款，储为关陇不时

---

① 《左文襄公家书》卷下页53。《左文襄公书牍》卷二十页16《与王若农(加敏)》。

之需,以公济公,于事为合。弟已去任,不能指为可取之数。若因一时匮乏,遽议及之,将人知己知之谓何,断有不可。且此间虽无入款,而出款非不可节,省啬用之,得过且过,正复无须乎此。幸与雪轩方伯道及,俾释念虑。……①

洵乎清风亮节,垂老不变,能守孔子戒得之训。

尝有人调查同治中兴将帅财产,曾国藩、国荃兄弟,身后各有田一千亩,其房屋则国藩所有,值十万两弱,国荃所有,值十万两强。李鸿章遗产约一千万两,而其兄瀚章则为六七十万两。郭松林约有四百万两。席宝田、陈湜稍次,宋庆五十万两,董福祥不及一百万两,其余积资百余万两、数十万两者,不一而足。② 至宗棠遗产,究有若干,无可稽考。就家书所载,约略可计者,动产部分,即上述之二万五千两,不动产部分,在长沙省城,有司马桥第宅一所,原为骆秉章、胡林翼所购赠,值五百两,后改造后栋,并添造轿厅,所费二千余两。后又购入毗邻李姓地,直三四丈,横十余丈,改造前栋,并添造大厅与夹室。又有府城隍庙地基一方,值三百两。在乡间,有柳庄田屋、石湖田屋、板桥田屋各一处,有板石坳墓地一处,即筠心夫人葬所,似值一千两,岁租三十余石。又有天鹅池墓地一处,为孝威夫妇葬所。此外似又有河西田一处。③ 统共计之,以意揣测,其值当不能超越十万两。然柳庄田(二百余亩)与屋,均积课徒束脩所购,尚非游幕与出仕后之收益也。

后安维峻奏参李鸿章、岑毓英子侄捐保取巧,犹称述宗棠之廉介,以作比较,略谓:

> ……故大学士左宗棠,其功业倍于岑毓英,而名望高于李鸿章,当其病故也,朝廷赐恤之典,不为不优,但其平生清白传家。在陕甘总督任内,督办军务,虽用数千万之饷,无丝毫染指,廉俸所入,则又随手散用,故没世未几,家遂困穷。其嫡长孙左念谦,由世袭侯爵,官通政使司副使,前年病故都门,至贫不能殓,经其同乡京官徐树铭、龙湛霖为之告

---

① 《左文襄公书牍》卷二十五页12《答沈吉田(应奎)》。王思沂,字雪轩,浙江归安人。
② 徐珂《可言》。
③ 《左文襄公书牍》卷二十二页1《与谭文卿(钟麟)》。《左文襄公家书》卷下页29、页50、页57、页59、页63、页65、页70。

帮,始得归葬湘阴。近闻其子左孝宽、左孝勋俱死,只余举人左孝同一人。至其庶子,尚不乏人,然臣遍查搢绅,其子孙并无服官者。假令左宗棠生前以所得廉俸,为其子孙捐官,固自易易,又使假手于人,为其子孙保举,如李鸿章诸臣之所为,亦未见其不能,而左宗棠不为也。今岑、李两家,贵盛如此,而左氏子孙,衰微如彼。然则以左宗棠与李鸿章诸臣比较,孰清孰浊,谁公谁私,自有不容掩者。……①

且宗棠之介,至为透彻,即在小小节目,亦极公私分明。如筠心夫人曾请将家中阍人,给以勇饷,夫人殁后,宗棠与孝威书云:

> ……何三在家看门久,老实而晚景不好。在闽时,尔母曾说过,给与一名勇价,我已诺之。惟念勇之口粮,不可给家人,是以久未给予,亦且忘之。今寄信(王)若农观察(加敏),请其划拨二百十两零六钱,交尔给何三,以了此项,盖四年勇费之数也。……②

即此一端,其他可知。

又清代政治场中惯例,上官行经各处,一切供应,责之地方官吏,名曰办差。浸至上官之家属过境,亦复如是。宗棠则不然,在福建时,曾迎筠心夫人及诸子至福州省城,经过南昌,江西巡抚刘坤一饬属照料,旋以书报宗棠曰:

> ……世兄奉其母夫人及各眷口,于日前抵江,询悉旌麾入粤,刻难回闽,拟暂寄寓此间。晚生亦劝令小住,已于昨日移装登岸,赁居城内新建县署后公馆,世兄称奉先生之命,不许费地方官一钱,晚生未敢相强。……

坤一盖亦能了解宗棠介节而成人之美者。

在甘肃时,三、四两子省之肃州,既别回里,宗棠与书刘典云:

> ……两儿启程,已给盘费百两,到兰后,请饬支应处给盘费百两,到陕后,请沈观察(应奎)给盘费百两,均从养廉还款。沿途水陆防营,均

---

① 《京报》。徐树铭,字伯澂,一字寿蘅,号澂园,湖南长沙人,道光二十七年(1847)进士,官至工部尚书,著述有《澂园遗集》。龙湛霖,字芝生,湖南攸县人,同治元年(1862)进士,官至刑部右侍郎。

② 《左文襄公家书》卷下页28。

请其照护,州县则概不关白也。……①

此札说明二点,一为川资自备,一为不通知州县,即不欲地方官吏招待也。

宗棠于僚属馈遗,向所谢绝,在肃州时,且书面通饬文武印委员弁,不得呈送礼物。特殊情形之下,则受而偿以原值,或报以他物,如答福建布政使张铨庆云:

> ……昨袁弁归时,该护中军曾寄福圆膏及印色,已谕其开帐领价。

数虽无多,然弟于僚属馈遗,向不收受,亦不欲自破其例。……

批闽侯县丞彭光藻云:

> ……所赠燕菜二斤,知捐清俸不少,现以分赠病将,亦古者投醪之意,迟仍照价缴还。……

答上海采办转运局委员胡光墉云:

> ……承远惠多仪,谨已拜登。荷珠玉之奇珍,领山海之异味,关陲得此,尤感隆情。惟金座珊瑚顶并大参二件,品重价高,断不敢领,平生享用,未敢过厚,硁硁之性使然,谨原璧奉赵,即祈验收。乘便寄呈诸品,非敢言赠,亦投桃报李之微意耳。……②

其情义两全,往往如此。

尤有一事,足见宗棠在金钱上之真实,丝毫不苟。宗棠既为樊燮参案被牵,拟北上而治装无资,以正值忧谗畏讥,亲友馈赠,均不欲受。有李榘者,贷以银三百两。后二十二年,宗棠回里,榘已前卒,宗棠祭于其墓而还银于其家。③

夫子曰:"狷者有所不为。"宗棠欲自谥曰介,亦狷者类也。

---

① 《左文襄公家书》卷上页71。《左文襄公书牍》卷十六页36《与刘克庵(典)》。刘坤一《刘忠诚公书牍》卷十二页18《致左季高》。

② 《左文襄公咨札》页49《通饬文武印委员弁删除庆贺礼节》。《左文襄公书牍》卷六页41《与张佑之(铨庆)》,卷二十页3《答胡雪岩(光墉)》。《左文襄公批札》卷二页9《彭丞光藻禀开浚城河工程由》。

③ 《左文襄公联语》页30《挽李仲云(榘)跋语》。李榘,字仲云,号庸斋,湖南湘潭人,举人,盐提举衔,光绪七年(1881)七月卒。

# 七十六　暮年抑塞

左宗棠自新疆奉召回京，功盖古今，誉隆中外，朝廷倚畀之深，社会责望之切，自在意中。然入赞枢机，曾不逾年，即出为两江总督。仅余二年，遽复内调，未及半年，又匆匆出督福建军务，越一年而谢世。五年之间，席不暇暖，虽劳瘁有加，而声望骤落，终于屡病，以至不起。此固高年所必至之境，而其晚岁之郁怫不如意，实有以致之，顾亦非无因也。试尝论之，其故盖有数端。

西北交通闭塞，消息隔膜，宗棠盘桓其间者，前后殆有十年之久，思想落伍，一旦东归，对于沿海各省与国际情形，认识不足，而以在军事上低估各国之实力，专事主战，尤为危险。

北京素称宦海，人与人之关系，有利害，而少是非，江南局面，尤为复杂，宗棠向在军中，予智自雄，且性本伉值，自属不合时宜，直道而行，触处荆棘。

当用兵之时，朝廷所望于各统兵大员者，杀敌致果，用人用钱，多所宽假。及其事定，文网渐密。宗棠治军二十年，用人用钱，自由已惯，晚年在江苏，在福建，处处为法律所持，不能放手做事，偶尔独断独行，辄为朝野所指摘。

宗棠往日作事，一手独揽，左右鲜有良佐。自西北回来，年事已高，精神衰荼；记忆薄弱，遇事不能自行照顾周匝，势不得不委诸手下，而幕府并无贤俊，魁柄渐移，代人受过。

宗棠自幼有夸大狂，发言为文，恒渲染过甚。晚岁纵不至恃功骄塞，而憬憧往日勋业，不免好自我宣传，此种表演，为一般人所不喜。

于是宗棠在短促之五年中，三次被人弹劾，两次受清廷诘责，其处境之狼狈，为从前所未有。

第一次弹劾，在光绪七年（1881）五月，提出者，内阁侍读学士文硕也。原奏略谓：

> ……奴才于五月初七日，在初六日刻邸报中，看得湖南巡抚李明墀代奏前任陕甘总督杨岳斌为前剿办巩昌等回匪，札委已革道员王梦熊就地劝捐，接济军粮，迄今十余年，尚未核奖换照，恳恩饬下现任督臣查案给奖一折。敬悉军机大臣奉旨："着李明墀咨行陕甘总督查明办理，该部知道。钦此。"奴才因见此案初非难办之事，何至十五六年之久，悬而未结。其时在左宗棠任内之日为多，尤堪诧异，事属离奇，情殊障目，意其易结不结，必非无因而致。爰就杨岳斌原文所叙情节，悉心玩索，前后推勘，乃觉此案所以多年未结之故，正由左宗棠在任日久，若与杨岳斌夙相龃龉，有意积压，借以示权掣肘之所致。其致衅之由，不可得知。然此案必因二人各持门户之私，压搁乃至如此之甚，则确有可征也。……查此案据杨岳斌所称，前派王梦熊就地劝捐，供应各营军食，历时不过七八阅月，既已截清造册核奖，抑又何难。乃杨岳斌移交穆图善，穆图善又递交左宗棠，直至今日，案悬未结。虽当时该省军书旁午，或者兼顾未遑，然亦何致辗转迁延，一至于此。况左宗棠素称勇于有为，莅任又复年久……底缺并未出署，犹恐经制藩代拆代行，日久不足倚任，是以破格奏请，指名历举贤员，驻省会办。……似此易结之案，岂有阘茸因循，无故久稽之理，此奴才所谓事属离奇者也。奴才乃骇然以为离奇，而左宗棠坦然不以为离奇，且侈然自讳其离奇，此奴才所谓情殊障目者也。至谓左宗棠敢挟私嫌，压搁公事之说，则此案本甘肃应办之事，王梦熊又甘肃本省之人，既已造册呈经原委上司，移交后任总督有案，日久未蒙核奖，理应具呈本省总督或藩司衙门，恳请速办，何必远赴邻疆，仍求原委上司代为申理？推其不惮跋涉之劳，必有稔知二人有

隙,左宗棠之有意积压,为所素窥,明知于事无济,不肯进省具呈,否则必已具呈本省,因遭遏抑,隐忍多年。兹幸左宗棠进京之际,前往湖南,仍求杨岳斌主持其事,以冀沉沦海底之苦,犹有死灰复炽之机。此就王梦熊之舍彼就此,已可旁征左宗棠之有意压搁掣肘矣。而杨岳斌若与左宗棠果无夙怨,此案初不由左宗棠有意积压,则当王梦熊恳催之日,与其咨请湖南巡抚请旨,何若备文径移陕甘总督之为直捷了当。顾乃舍捷径而就迂途,则是其客气用事,不特有憾于左宗棠,且并疑及杨昌濬,惟恐为彼私人,或仍望风希旨,所谓门户之见也。……

此案自是咎不在宗棠,岳斌去职后,穆图善署陕甘总督,梦熊之请奖,尚属穆任内事。其后宗棠查得梦熊有通匪吞捐情事,奏准将梦熊革职归案讯办,而梦熊避匿不到。又其后静宁州之捐输,并入通省捐输,奏准增广甘肃乡试名额,梦熊之捐案,已无从特别给奖。文硕之参案,虽曰未明源委,要亦无非借以打击宗棠也。[①]

第二次弹劾在光绪八年(1882)六月,提出者,御史李鸿逵也。清廷将命彭玉麟彻查,玉麟与宗棠为至好,然覆奏悉陈其事实无隐:

……臣于光绪八年(1882)七月十四日,在江南江阴县巡次,承准军机大臣字寄,六月十九日,奉上谕:"有人奏劣员招权纳贿,有损勋臣声望,请旨饬查一折。据称两江营务处道员王诗正、知县柳葆元,狎妓浪游,权势熏灼,贿赂公行。又有游客道员张自牧、知府郭庆藩,内外串通,招摇撞骗,捏报商名,请引渔利等语。着彭玉麟确切查明,据实奏参,无稍徇隐。原折着钞给阅看,将此谕令知之。钦此。"臣跪读之下,仰见圣主信任勋臣,扶正黜邪,以示保全之至意,曷胜钦悚。

臣伏思自古君明臣良之世,上下相与以诚,臣责难于君,君责善于臣,开诚布公,尽言无隐,此所以上下交而为泰也。左宗棠忠直性成,勋绩卓著,久在圣明洞鉴之中。方今海宇清平,封疆任重,皇上以两使相分为南北洋大臣,如周召之分陕而治,知人善任,媲美成周。左宗棠职

① 《光绪东华录》卷四十一页 18。《左文襄公书牍》卷二十五页 39、页 43,均《答杨石泉(昌濬)》。李明墀,字玉阶,江西德化人。

任两江总督，兼奉命为南洋大臣，则察吏安民，筹饷练兵，盐漕河务，江海防营，地大事殷，固皆责无旁贷。然年逾七旬，虽尽瘁竭诚，而一人之精神，自难周密。况到任未久，人地生疏，须用向来亲信得力之员，以资任使，此亦势所宜然。惟朝廷贵慎简大臣，而大臣亦必慎简僚吏，得其人，庶足以资佐理，不得其人，即难免受欺蒙。昔尹吉甫佐周中兴，成功之后，必以孝友之张仲为宾僚，然后足以受多祉，此前世勋臣之法则也。

道员王诗正，系前道员王鑫之子。王鑫以诸生首练湘军，历树战绩，后以带勇进剿江西吉安、抚州、瑞州、临江等处，受伤病亡。蒙文宗显皇帝赐谥壮武，优予荫恤，而其所遗老湘营，东征西剿，勋劳大著于天下。王诗正以难荫从戎陕甘，左宗棠以其年少有才，久习戎事，又以其为忠荩后嗣，派委总办两江营务处，以造就之，出于公忠之忱，无私意也。两江营务繁难，为吏治军政上下公事之枢纽，文武员弁交涉事多，权势所在，趋承者半，谤议者亦半。王诗正初到江南，资望本浅，少年意气，难免骄矜，言者谓其浪游狎妓，招权纳贿，臣查尚无确据，然举措颇多轻率，言语不无放诞，矜才使气，行事不检，用致物议沸腾，不得谓其无因而至。

前知县柳葆元，系留甘补用之员。左宗棠以其娴于词章，派司文案，带至两江，用资熟手，此不过随才器使，无甚事权。查柳葆元文采翩翩，不至如言者之所诋。惟江南风土景物，素号繁华。左宗棠巡阅之时，署中文案事少，柳葆元偶尔闲游，事亦有之。不思节署关防甚严，何得任意游览，致生疑谤。是二员者，皆不免负左宗棠之任使。

至道员张自牧，知府郭庆藩，均在湖南本籍，且郭庆藩有奉使参赞日本之行，臣再四访查，实未来游两江，则串通内外，请引渔利之说，系言者得诸传闻之误。

惟查有广西候补知府，闻于贵州案内保升道员之张崇澍，少年寡学，贪鄙性成，惯事蝇营，放达不检。当左宗棠整顿鹾纲，奏请添票添引之时，张崇澍闻之，意图买票充商渔利，遂在长沙商同饶太和钱铺，代向银号挪借银六十万两，汇兑亲来两江，捏报贺全福盐商牌名，请运湘鄂盐三百票，每票银五千两，设法钻谋，先交现银六十万两，希图掣票到手,在外招摇,加价卖票与人,不须真运盐行销,而本利先已俱获,然后缴清票银,归还钱铺,而彼收无本之利。左宗棠筹划军国大计,盐政系其职分所当经营,整饬盐纲,收回楚岸引地,添票添引,皆前督臣曾国藩、沈葆桢等所欲为而不能遽为者。左宗棠曾面奉皇太后谕旨,并非不候旨遵行,故见有来案禀请买票行盐者,先交现银,后交欠银,似在情理之中,自应照例批准,毫无私见也。惟求效太急,奸巧小人,乘间而入,从中渔利,左宗棠被其欺蒙,所谓君子可欺以其方耳。

又查有武巡捕、参将柳国瑞,前投效甘肃,充当勇丁,打仗尚能出力,左宗棠保至今职,派充巡捕,原冀其感激知遇,实心从公。不意小人得志,昧良丧心,与稿案门丁唐钧,阳为谨慎,阴肆鬼蜮。又有游客附贡生王代英,湘潭县人,附生蔡熙霖,长沙县人,至两江图谋馆地。宗棠念系故旧子弟,留食署中,并未授之以事,乃乘左宗棠阅兵外府,遽勾引交游少年子弟,肆行不谨,在外招摇,原奏所谓狎妓浪游,内外串通渔利者,实皆张宗澍、柳国瑞诸人之所为。言者因姓氏多同,故风闻不无讹串,现在诸人多已为左宗棠查知屏逐矣。

臣维近君子,远小人,自古圣君贤相,莫不守此为兢兢。然岂有知其为君子而不近,知其为小人而不远之理。大抵君子多直,小人多佞,君子多正大,小人多回邪。左宗棠勋高望重,齿邵位崇,苟非有硕德耆儒,参其幕府,直节正士,为其佐僚,而又虚心访求,奖进直谅,则用人行政之是非,孰敢尽言无隐。彼二三小人,或貌为谨愿于其前,或外似有才,故作忠言至计,以投其所好,而实假公以营私,所以左宗棠受其蒙而不觉。昔汉臣诸葛亮下教参佐曰:"愿诸君勤攻我短。"明王守仁悬牌示众曰:"求通下情,愿闻己过。"古之名臣大儒,深防壅蔽也如此。即前两江督臣曾国藩,亦谕僚佐曰:"愿诸君常攻我短,勿事迎合,以坏公事,两江幸甚。"王诗正职司营务,为左宗棠信任之人,当如何感激报效,乃如张崇澍之奸巧营谋,柳葆元之外出游览,柳国瑞、唐钧等之昧良丧心,王代英、蔡熙霖之在外招摇游荡,岂得委为不知,而互为蒙隐,实孤左宗棠裁成委任之心。言者为令左宗棠数十年重望,为之顿损。查左宗棠清操大节,伟烈丰功,信及豚鱼,忠贯金石,固已中外咸仰,士庶皆知,即令僚庶一时行检有亏,而左宗棠生平,心迹双清,仍皎如白日。然不即遵旨参奏,则不惟虑损勋臣之声望,诚恐堕我国家之屏藩。

道员王诗正,以忠荩子孙,不知自重,年少气轻,致招物议,应请旨恩施格外,暂行革职,撤去营务处差使,交左宗棠严加管束,不假事权,如能降心读书改过,谨言慎行,再准左宗棠奏明候旨,加恩录用,以示曲全。知县柳葆元,职司文案,虽无狎妓纳贿情事,究不应私出闲游,应屏出督署,仍至甘省候补,以示薄惩。知府张崇澍,既作奸商,巧谋渔利,参将柳国瑞,身充巡捕,贪鄙卑污,昧良之极,皆有玷缙绅,均应革职,永不叙用,以儆官邪。附贡生王代英,附贡生蔡熙霖,既居督署,何得浪游招摇,虽经左宗棠斥逐,不足示警,王代英应革除附贡生,蔡熙霖革去附贡生衣衿,以端士习。门丁唐钧,已经左宗棠严办,递解回籍,应不准其再至江南,文武衙署均不准收用,以生弊窦。道员张自牧,知府郭庆藩,查明实在事外,应均免置议。并请谕令左宗棠广求贤才,以为辅佐,采纳直言,以通下情。凡僚属、仆隶、游客,有似此类者,皆屏出勿用,俾勋臣之令誉永终,而国家之封圻永固,庶圣主贤臣之颂,万世垂型矣。

……

清廷据是降旨云:

……前据御史李鸿逵奏,两江营务处道员王诗正等,招权纳贿各款,当经谕令彭玉麟查奏。兹据彭玉麟奏,遵旨确切查明,据实覆陈各折片,览奏均悉。道员王诗正,知县柳葆元,虽无狎妓浪游,招权纳贿确据,惟王诗正总办两江营务,举止轻率,意气骄矜,行事不检,致招物议,实属不知自爱,着即行革职,勒令回籍。柳葆元职司文案,身处关防严密之地,何得任意私出闲游,着以府经历县丞降补,以示惩儆。其道员张自牧、知府郭庆藩,被参各节,现据查明,该员等均在湖南本籍,并未前赴两江,即着毋置议。又据查出广西候补知府张崇澍,贪鄙性成,在两江捏报商名,请领盐票,从中渔利;参将柳国瑞,经左宗棠派充巡捕,竟敢与门丁阴肆鬼蜮,实属贪鄙卑污。张崇澍、柳国瑞,均着即行革职,永不叙用。余着照所议办理。左宗棠勋望素著,向来办事认真,上年陛辞时,钦承懿旨,谕令随事整顿,不可轻议更张。盐务为两江要政,即使为规复旧制起见,亦应将拟办情形,奏明请旨,何得率意径行,致多窒碍。嗣后左宗棠惟当遇事虚衷,屏除成见,于一切用人听言,尤当加意详慎,抉去壅蔽,以期政通人和,用副朝廷倚任至意。……

此案自予宗棠以最大之难堪,而尤足以关其口者,为张崇澍捏报贺全福商名,蒙请鄂湘两岸盐票渔利一点。宗棠于是年七月二十九日,在奏报增复各岸引额及收缴票费案中,犹谓:"凡出示行文,批发呈词,均由臣一手料理。曾不逾时,一一犹堪覆按,而批发新商认捐各禀,又正值出省阅伍之时,舟次递禀,埠头看批,较之衙署,重门洞开,尤觉毫无障隔。"初不料八月一日玉麟之覆奏,已将张崇澍黑幕和盘托出。至次年正月,户部咨商减引加费,宗棠乃以众商意见参差,无力承运为词,将贺全福撤销,另归和致祥等接办。且张崇澍即张自牧之子,自牧与本案亦有关系,玉麟同属湘人,断无不知之理。殆以不欲牵累多人,故以并未前赴两江,一笔轻轻了事。然次年事发,经湖南巡抚卞宝第查明,奏请拿办,时自牧在扬州,命由宗棠押解结案。平心论之,宗棠本人,诚如玉麟所谓心迹双清,要总不能不谓失察耳。①

清廷谕旨中所谓"上年陛辞时,钦承懿旨,谕令随时整顿,不可轻议更张"。似为针对玉麟覆奏中"曾面奉皇太后谕旨,并非不候旨遵行"而发。好更张,亦为宗棠之本性,而原于轻视他人所为,及好与人立异两点。今试数宗棠足迹所至,对于当道设施,几无一满意。莅任闽浙总督后,与人书云:

　　……闽中吏事、兵事,败坏莫支,环顾九州,鲜有其比。中丞(按福建巡抚时为徐宗幹)廉慈而少刳割之才,虽遇事规益,不必尽纳,司道无能任事者,知府中仅有两人称职,余皆庸猥不堪。……

督师抵嘉应州时,与子书云:

　　……此方土匪遍地,非良吏猛将,错落布置其间,不能望其改变也。

────────

① 《光绪东华录》卷四十八页 15,卷四十九页 70。《彭刚直公奏议》卷三页 43—49《查覆两江营务处被参各员折》。《左文襄公奏稿》卷五十九页 55《增复各岸引额及收缴票费数目片》。柳葆元,湖南长沙人,官新疆疏勒县知县。张自牧,字力臣,湖南湘阴人,县学生,积功保至布政使衔,著述有《蠡测卮言》、《瀛海论》。郭庆藩,字子瀞,原名立瑔,字孟纪,湖南湘阴人,廪生,江苏候补道,光绪二十二年(1896)四月卒,著述有《泊然斋文集》、《梅花书屋诗集》、《瀞园剩稿》及《尺牍》等。李鸿逵,字达九,号小川,江西德安人,同治四年(1865)进士,官至奉天府府丞。卞宝第,字颂臣,江苏仪征人,咸丰元年(1851)举人,官至闽浙总督,光绪十九年(1893)卒,著述有《卞中丞奏议附政书》。

（按广东巡抚时为郭嵩焘，两广总督则为瑞麟。）……

剿捻过山西，与人书云：

> ……晋虽完善，吏事、军事、民风，窳惰已极，非大有更张不可。

……

过直隶，与人书云：

> ……直省吏事、军事，全无可观。……而民风之凶悍好利，竟非意想所到。（按直隶总督时为官文。）

又云：

> ……刘荫渠（长佑）作直督数年，弟意流风余韵，必有异乎人，而所见州县，多阘茸不堪，所过地方，亦与三十年前迥异。……

"剿回"入甘后，与人书云：

> ……此间公务废弛，自设行省以来，因陋就简，驯至于今，则并其简陋而亡之矣。（按宗棠为陕甘总督之前任，乃杨岳斌，中间由穆图善暂代。）……

宗棠此种议论，料必不止笔之于书，犹且腾之于口，则其见恶于人，自在意中。而如嵩焘、长佑、岳斌辈，固尝共戎事者也。其履两江总督任后与人书，则云：

> ……江南克复廿年，而城邑萧条，田野不辟，劫窃之案频闻。金陵向非贸易埠头，人烟寥落，近则破瓦颓垣，蒿莱满目，虽非荒歉之年，而待赈者恒至二万数千之多，较四十余年前光景，判若霄壤。而河务、盐务，败坏不振，农田、漕运，均无益而有害，向有所闻，今则又有所见矣。

……

将曾国藩、李鸿章、马新贻、李宗羲、沈葆桢、刘坤一等太平军平定以来历任两江总督，一概骂倒。坤一，宗棠前任也。鸿章尝与书云：

> ……左相威望才略，自以外任为宜。近因年高，精神似稍散漫，江南自文正创造规模，可大可久，诸贤接踵，萧规曹随，士民钦服，望交替时详告而谆劝之，勿过更张为幸。……

鸿章目中所见之江南，适与宗棠相反。然不欲多所更张，则鸿章所主张，恰与清廷同之。尔时，南洋方议整刷海防，而苦经费无所出，宗棠则毅然以此

自任,意即在以整理淮盐,为筹款法门。鸿章又与书四川总督丁宝桢云:

> ……左相自谓到任自有办法,其近名而多意气,政府同事靡不深
> 知,若更张过骤,锐意复淮,不但川鄂必须力持,农部亦断不能顺手也。
> ……

所谓"近名而多意气",殆为宗棠一生好轻视人,与好更张之原因。果也,宗棠之恢复淮盐引额,上不直于朝廷,中不谅于四川、湖北两省督抚,下不满于一般盐商。惟其一往无前之勇气,自属可佩。而究其结果,于收入确有增益,惜乎诚如玉麟所云:"求效太急,不免为奸巧小人所累。"①

第三次弹劾,在光绪十年(1884)七月,提出者,礼部尚书延煦也。《东华续录》载:"乙巳,谕:'延煦奏,六月二十六日万寿圣节行礼,左宗棠秩居文职首列,并不随班叩贺,据实纠参一折,左宗棠着交部议处。'"

己酉,奕譞奏:"本月初三日,内阁奉上谕:'延煦奏,六月二十六日万寿圣节行礼,左宗棠秩居文职首列,并不随班叩拜,据实纠参一折,左宗棠着交部议处。钦此。'臣初以为纠弹失仪,事所常有。昨阅发下各封奏,始见延煦原折,其饰词倾轧,殊属荒谬。窃思延煦有纠仪之职,左宗棠有失仪之愆,该尚书若照常就事论事,谁曰不宜? 乃借端訾毁,竟没其数十年战阵勋劳,并诋其不由进士出身,甚至斥为蔑礼不臣,肆意妄陈,任情颠倒。此时皇太后垂帘听政,凡在廷臣工之居心行事,无不在洞烛之中,自不能为所摇动。特恐将来亲政之始,诸未深悉,此风一开,流弊滋大。臣奕譞于同治年间,条陈宗人府值班新章,虽蒙俞允所请,仍因措词过当,当奉旨申饬。今延煦之疏,较臣当日之冒昧不合,似犹过之,谨恭折陈奏。"上谕:"钦奉慈禧端佑康颐昭豫庄诚皇太后懿旨:兹据延煦奏,万寿圣节行礼,左宗棠并不随班叩拜,当将左宗棠交部议处。兹据醇亲王奕譞奏称,延煦纠参左宗棠,并不就事论事,饰词倾轧,借端訾毁,甚至斥为蔑礼不臣,肆意妄陈,任情颠倒,恐此风一开,

---

① 《左文襄公书牍》卷十页 3《与蒋芗泉(益澧)》,卷十三页 19《答谭文卿(钟麟)》,卷二十五页 52《与徐小云》。《道咸同光名人手札》集一册三《与夏芝岑(献云)》。《左文襄公家书》卷上页 68。《李文忠公朋僚函稿》卷二十页 20《覆刘岘庄(坤一)》,页 22《覆丁稚璜(宝桢)》。瑞麟,姓叶赫那拉氏,满洲正蓝旗人,官至大学士,同治十三年(1874)九月卒,谥文庄。李宗羲,字雨亭,四川开县人,道光二十七年(1847)进士,官至两江总督,光绪十年(1884)闰五月卒,著述有《李尚书政书》。

流弊滋大等语。延煦着交部议处。"吏议上,延煦应得降三级调用处分,加恩改为革职留任,仍罚俸一年。宗棠亦受罚俸一年之处分。①

此案自属延煦吹毛求疵,借题发挥。所可注意者,第一次参奏之文硕,为旗人,第三次参奏之延煦,亦为旗人,则殆因宗棠与旗人积有恶感之故。

宗棠在湖南巡抚幕府,见恶于湖广总督官文,为樊燮参案,官文竟欲置宗棠于死地。官文,汉军旗人也(参阅十四节)。宗棠继耆龄为闽浙总督,直陈:"前督臣耆龄所辖各军,亦统领乏力,急须分别去留,约以营制,乃收饷节兵精之效。"耆龄,满洲旗人也。郭嵩焘参奏两广总督瑞麟及其幕友徐灏,宗棠奉旨查办,覆奏不满瑞麟所为,清廷为令瑞麟驱逐徐灏。瑞麟,满洲旗人也。

至宗棠西征,益与满洲大吏,形成正面之冲突。在太平军发生以前,各省督抚,本多用满人。甘肃、新疆高级官吏,尤例用满人。及太平军势张,清廷自知满员之无用,欲倚仗汉人平乱,于是各省督抚,始多用汉人。西北"回乱",本亦以满员负责征剿,因满员无功,先后以征讨太平军人物杨岳斌为陕甘总督,刘蓉为陕西巡抚,岳斌去任而宗棠继之。时穆图善以宁夏将军权陕甘总督,对回壹主抚,而宗棠则壹主剿,至少先剿后抚,意见已相左,屡讦于清廷,而宗棠获胜。嗣穆图善以陕甘总督任务移交宗棠,清廷令出关剿新疆回,而宗棠奏陈其无用。清廷为饬留驻泾州,并悉撤冗杂之步队。乌鲁木齐都统成禄,被命出关"剿回",而逗留甘肃之高台七年,借词不行。宗棠一劾其兵额不足,虚糜饷糈,既截留省粮,反蒙奏知县私卖仓粮,既指发粮价,反蒙奏道员虚报粮数;再劾其在高台七年,苛敛捐输银三十万两,诬民为逆,纵兵枉杀二百余命,成禄遂被旨拿问。原任乌鲁木齐都统景廉,清廷旨询宗棠,其为人如何。宗棠直陈人地不宜,清廷即将景廉召回。张曜出屯哈密,宗棠奏准分垦哈密办事大臣前后任文麟、明春认为己部所有之地,并遣撤其所部冗杂之威仪军。伊犁将军金顺所部马步四十营,宗棠奏陈其缺不足额,请准裁并为二十营。穆图善、成禄、景廉、文麟、明春、金顺等,皆以丰镐世

---

① 《光绪东华录》卷六十三页2、页4。《申报》光绪十年(1884)七月初九日。延煦,字育卿,号树南,满洲正蓝旗人,咸丰六年(1856)进士,官至礼部尚书。

族,在天高皇帝远之甘新一带,久恣威福,而宗棠务裁抑之。虽宗棠所持,词严义正,但彼等之不快于宗棠,亦属人情之常。不特此也,迪化道于法本应归陕甘总督节制,而事实则禀承于乌鲁木齐都统。宗棠奏争,奉准回复旧制。及新疆如宗棠初议建省,而向日位置满员之办事大臣、参赞大臣等名目,一扫而空,且由是而陕甘总督,而新疆巡抚,均由汉员递嬗,满员不与焉。则彼等之不快于宗棠,更可想见。其驻节肃州也,与僚属会餐,辄詈及旗人"没寸",淋漓嬉笑。"没寸",湖南土语"无用"也。此种议论,传入旗人之耳,其反响如何,亦不问可知。故文硕、延煦之遽以小事弹劾宗棠,当有作用,或竟为旗人图报复。①

第一次受清廷诘责,系在光绪十年(1884)闰五月,为黄少春募勇准备应付法侵越南事。时宗棠已交卸两江总督,乃不关白继任之曾国荃,径札江宁筹防局发给经费银四百两,清廷据国荃奏报,急诏宗棠速回京供职。乃至京,又以擅用内阁印文,经上谕作如下之指斥:

> ……左宗棠请调黄少春带营赴粤,未经奏定,即用内阁印文,照会该提督,殊属非是。嗣后务当随时审慎,不得稍逾体制。所取备用印封,均着交回内阁。本日已谕令黄少春带营驰赴广西关外,与潘鼎新会办防务,该大学士在京供职,所请调度之处,着毋庸议。……②

此两端,自为宗棠越轨之行动,贻京内外之话柄。

第二次受诘责,乃在光绪十一年(1885)六月,为刘铭传弃守基隆事。上谕:

> ……钦差大臣督办福建军务左宗棠奏,覆陈刘铭传退弃基隆实在情形,得旨:刘铭传仓猝赴台,兵单粮绌,虽失基隆,尚能勉支危局,功罪

---

① 《左文襄公奏稿》卷五页43《截剿富阳新城折》,卷十五页64《覆陈广东贻误情形折》,卷四十一页54—56《成禄出关难期振作片》,卷四十二页82—85《武职大员苛敛捐输诬民为盗纵兵攻堡请旨察办折》,卷四十四页56—57《请敕穆图善驻扎泾州撤遣所部马队片》,卷四十六页42—45《遵旨密陈片》,卷四十八页1—3《哈密办事大臣裁并营伍折》,页89—90《哈密威仪军应行汰并折》,卷四十九页68—70《请裁汰北路征军折》。《弢园随笔》页28《收复肃州随营大略》。耆龄,字九峰,姓觉罗氏,道光十七年(1837)举人,官至福州将军,同治二年(1863)十月卒,谥恪慎。文麟,字端圃。明春,字锦泉,蒙古正红旗人,官至塔尔巴哈台参赞大臣,光绪十三年(1887)二月卒。

② 《曾忠襄公奏稿》卷二十二页3—5《请饬停募勇丁疏》。《光绪实录》卷一百八十五页7。

　　自不相掩。该大臣辄谓其罪远过于徐延旭、唐炯,实属意存周纳,拟于

　　不伦,左宗棠着传旨申饬,原折掷还。……①

此案当为楚淮两军冲突之表面化。原折如何措词,今无可稽,想必非常深刻,致被将原折掷还。宗棠从未蒙清廷如此严厉之申饬,实为一生最大之难堪,于是不阅月而宗棠亦奄忽长逝矣。

　　咸丰十年(1860)闰三月,宗棠与曾国藩、胡林翼等会于英山,国藩于十七日之夜谈记曰:

　　　　……季高言及姚石甫(莹)晚年颓唐之状,谓人老精力日衰,以不出

　　而任事为妙,闻之悚然汗下,盖余精力已衰也。……

时宗棠将出山而未出山,其言固甚为切至。

　　其在两江时,在与人书中亦云:

　　　　……案牍劳形,实所难堪,山鸟自爱其羽毛,晚节如有疏误,悔将何

　　及,何能婆娑以俟,供人刻画乎。……②

　　知之又颇自愆。顾使其思退者,乃其聪明也,使其不能退者,乃其环境也。而其好胜争名之一念,亦有以致之。此宗棠晚境之所以大可怜也。

---

　　①　《光绪实录》卷二百十页11。

　　②　《曾文正公日记》。《左文襄公书牍》卷二十六页12《与郭筠仙(嵩焘)》。姚莹,字石甫,安徽桐城人,嘉庆进士,官至湖南按察使,著述有《东槎纪略》、《康輶记行》、《东溟文集》等。

# 七十七　寂寞身后事

左宗棠以一幕客督师，方一年，遽擢浙江巡抚，未四年，封一等伯爵，后又封二等侯爵，诚可谓奇迹。以一举人竟官至大学士，且得谥以文，亦可谓异数，典兵垂节历二十四年，遍于江西、安徽、浙江、福建、广东、陕西、山西、河南、直隶、山东、甘肃、新疆等十二省，尤为古今稀有之事。殁后，清廷给予恤典，极为优崇：

（一）追赐太傅；

（二）照大学士例赐恤；

（三）赏银三千两治丧；

（四）赐祭一坛（光绪十五年〔1889〕亲政时，又赐祭一坛）；

（五）加恩予谥（文襄）；

（六）入祀京师昭忠祠、贤良祠，并于湖南原籍及立功省份建立专祠（其后长沙、南昌、江宁、杭州、福州、西安、兰州、迪化各省城，及婺源、衢州、甘州、肃州、哈密、巴里坤各郡县城，均建立专祠。先在宗棠东征时，即有皖南与金华士民，欲为建生祠，宗棠以事干例禁，且谓"今日祝我之人，安知非异日诅我之人"，力阻其议。西征时，甘人于同治十一年〔1872〕就兰州省城之五泉山麓建一生祠，时宗棠犹未到省也。既至，别题祠榜，改祀泉龟神。然越三年，甘人复在省城贡院之西北隅，建一报德祠，每值宗棠生辰，齐诣庆

祝。此外西宁、甘州亦尝为宗棠建生祠,均命改为书院);

(七)生平政绩事实,宣付史馆;

(八)灵柩回籍时,着沿途地方官妥为照料;

(九)赐御制墓碑文;

(十)长孙念谦,袭侯爵,赏给太常寺少卿,次子主事孝宽,赏给郎中,三子附贡生孝勋,赏给主事,四子廪贡生孝同,赏给举人,准其一体会试。①

闽浙总督杨昌濬、新疆巡抚刘锦棠,先后胪陈宗棠事实,奉准宣付史馆。昌濬原折略云:

> ……窃大学士、军机大臣、二等恪靖侯左宗棠,因病出缺,臣与福州将军臣穆图善会衔具奏,并声明生前勋绩,由臣昌濬另折详晰续陈在案。嗣奉到恩旨,备极优隆,左宗棠有知,固已毫发无憾。其历年战功政绩,均有奏报可查,本无俟微臣赘述。惟臣与左宗棠,为同乡布衣之交,共事日久,相知最真,其立心行事,有为人所不尽知者,谨举其梗概,为皇太后、皇上陈之。
>
> 左宗棠由道光壬辰(1832)恩科举人,三试礼部不第,遂绝意仕进,究心经世之学,伏处田里十余年,课徒自给,已隐然具公辅之望。前两江总督臣陶澍,前云贵总督臣林则徐、贺长龄,交相推重。咸丰之初,粤逆窜湖南,犯长沙,抚臣张亮基、骆秉章素知左宗棠诚有匡时之略,先后延佐军幕。是时,民不知兵,兵不经战,左宗棠以为欲遏贼势,先固民心,欲固民心,须先使民知兵。适朝命在籍侍郎、故大学士臣曾国藩练团御寇,乃就商,意见甚合,遂各举平素知名之士,召练乡勇,激以忠义,晓以利害。一时民气兴奋,踊跃争先,先清本省,复分援邻省,所向有功。湖南之得为上游根本,湘楚军之用能杀贼者,曾国藩主之,骆秉章助之,左宗棠实力成之。
>
> 左宗棠敢于任事,劳怨不辞。居抚幕日久,猜疑易起,而忌之者中以蜚语,几危及其身。幸蒙文宗显皇帝圣明洞察,特命以四品京堂,襄

---

① 《左文襄公诔词》册一页1—2。《左文襄公批札》卷一页32《金华府刘守汝璆禀合郡绅民呈请建立生祠由》,卷六页49《西宁张道宗翰评西宁礼拜寺改建生祠情形由》。

办两江军务。左宗棠感激思奋,募五千人,立为楚军,以赴江西。其时,曾国藩驻军祁门,以景德镇、乐平为后路,徽州新失,江西边境皆贼,左宗棠以新集之卒,往来驰援,所至克捷,而乐平一战,尤为著名。既而谕军中曰:"始贼以重围困我,贼众我寡,其锋锐甚,不可战也。贼见我不动,以为怯,故数挑战,贼骄也。骄极必怠,俟其怠而击之,用力少而成功倍也。"军中咸服其善于审贼如此。

至其由太常寺卿任浙抚也,值全浙沦胥,仅余衢州一城,亦岌岌可危。就地无可筹之饷、可采之粮,孤军深入,士卒有竟日不得食,至采棕榈子以充饥者。左宗棠以忠义誓师,岁除,由皖南间道入浙,节节扫荡,先解衢州之围,然后分道进捣金(华)、严(州),取建瓴之势。迨浙东肃清,机局较顺,乃会师以规杭省。故杭省之复,与苏州、金陵相后先。

同治甲子(1864)秋,全浙底定,移师入闽,先以一军由海道赴漳州,而自率所部由延平进剿。未几,闽事告竣,复追贼及于广东嘉应州之黄沙嶂。举十余年剧寇,一鼓荡平,若非坚忍耐苦,洞烛几光,何能克期奏功,如此之易也。

其督师入关也,关中回乱有年,当事者狃于抚议,加以回捻交讧,遂至糜烂而不可收拾。左宗棠力持先陕后陇,先剿后抚之议。师次渭南,值捻逆张总愚乘间涉冰桥窜晋,乃转旆渡河而北,追及于燕齐之郊,破平之。事毕入觐。复振旅入关,分三路并进,以提督刘松山,由北山趋金积堡,取马化漋;以翼长周开锡,趋秦州、巩昌,以剿甘南之贼,自由邠州、泾州趋平凉为中路,两面策应。同治九年(1870),克金积堡,诛马化漋,北路定,南路亦平。左宗棠进次安定,规河州,迫河回就抚,然后进省,遣军剿西宁,磔马桂源兄弟,乃移军以捣肃州。同治十二年(1873),肃州克复,马四伏诛,关内大定。方戊辰(1868)召见之日,左宗棠面奏,西事以五年为期,人或以骄讥之。至此,果如所言。询其故,则云:"天威咫尺,何骄也。新命甫下,思及进兵,运粮之难,合山川道里计,非二三年所能蒇事,天语垂询,应声而对,实自发于不觉,今之如期,亦幸耳。"以此见其成功不居,即辞爵之疏一再上,盖皆出于至诚也。

光武用兵,兼课吏治,左宗棠颇师其意。故克一城,复一郡,即简守令,以善其后。于浙则核减漕赋,裁革陋规,修治海塘。于闽则创设船政,裁定兵制,剔盐课厘捐等弊,立为定章,至今赖之。于陇请分甘闱,增学政,以作士气,禁罂粟,修河渠,以重农功,皆卓卓在人耳目者。用人因材器使,不循资格,为政因时制宜,不拘成例,设卡榷厘,主用士人,则又参以唐臣刘晏之法。扬历中外,久任巨艰,凡有利于国家之事,知无不言,言无不尽,见无不为,为无不力,其果敢之气,刚介之风,足以动鬼神而振顽懦。论者不察,或以专擅少之,以褊急目之,殆亦未知其用意之所在耳。

左宗棠外严厉而内慈祥,所至之处,威惠并行。迹其治关陇,平新疆,桀黠者诛之,不遗余力,归义者待之,不设疑心,甘省安插回众十余万,至今耦居无猜,不闻复有叛者,固由措置之得宜,实亦恩信之久孚也。

方其督师出关也,筹兵、筹饷、筹粮、筹转,无一不难,人莫不以为危,而左宗棠精心独运,算无遗策。不数年,卒将全疆恢复,用畅皇威,强邻闻之,亦帖然敛手。兵事略定,即请设郡县,俾穷荒黎庶,同我华风,臣每诵其疏稿,见其精神力量,贯彻始终,诚非侥幸成功者可比也。

至于廉不言贫,勤不言劳,绾钦符十余稔,从未开支公费,官中所入,则以给出力将士及亲故之贫者。岁寄家用,不过二十分之一,自奉俭约,而于孑遗之民,救之惟恐弗及。每岁施寒衣,施药饵,施馈粥,所费以巨万计,曾不少惜。军务倥偬之际,章奏书牍,从不假手于人,往往至夜分不倦。公余稍暇,则临书翰以为乐,尤喜写西铭、太极、正气歌、琴操诸篇,遒劲之中,自饶逸气。督两江时,年已七十余矣,仍时检校簿书,审视军械,事事亲裁,或劝以节劳,则答以"平生习惯自然,敢因老而稍懈乎"。

自各国通商以来,洋务最为难办。左宗棠则言洋务要诀,不外论语"言忠信,行笃敬"六字。物必相反,而后能相克,西人贪利而尚廉,多诈而尚信,彼亦人耳,未必不可以诚动,以理喻也,旨哉斯言矣。

居尝以汉臣诸葛亮自命,观其宅心澹泊,临事谨慎,鞠躬尽瘁,以终王事,可谓如出一辙。至其遭际圣明,荷三朝知遇之恩,以成其不世之

勋,百尔观型,九边慑威,则度量过前贤远矣。……①

锦棠原疏略云:

……原任大学士臣左宗棠,上年七月在闽病故,渥荷圣慈,优加褒恤,其生平战功政绩,经杨昌濬据实胪陈,臣亦何容烦渎。惟念臣与左宗棠,有乡子弟之谊,自束发从戎,即随同该故大学士转战晋、豫、燕、齐、关、陇间,相从万数千里,历事二十余年,其于左宗棠平日立心行事,亲炙日久,相知最深,谨就见闻所及,为皇太后,皇上敬陈之。

伏查左宗棠廉正果毅,学问深纯。道光末年,里居不仕,授徒自给,旋于邑中柳庄置薄田,躬自稼穑,澹泊明志,啸歌陶然,乡人士咸以汉臣诸葛亮目之。会粤西发逆肇变,湘楚戒严,原任湖广督臣张亮基,湖南抚臣骆秉章,先后强起入幕。左宗棠遇事持正,不避嫌怨,遂为言者所摘,荷蒙文宗显皇帝特达之知,感激奋发,以身许国,遭逢殊遇,由举人擢升卿寺,历任疆圻,襄赞纶扉,赏延世爵,宠任倚畀,蔑有以加,而蹇蹇臣心,确有万变不渝者。

其莅事也,无精粗巨细,必从根本做起,而要以力行,如师行万里砂碛之地,虽酷暑严寒,必居营帐,与士卒同甘苦。民房官舍,从不少即休止,垒旁隙地,悉令军士开垦,荒芜既辟,招户承种,民至如归。城堡、桥梁、沟渠、官舍,每乘战事余暇,修事完善,官道两旁,树株遍植,迄今数千里,柳荫夹道,行旅便之。蚕织、畜牧诸政,罔不因势利导,有开必先,而襟怀浩荡,绝无凝滞。公余,辄徒步出营,循畦流览,或作书适意。在兰州督署时,尝就阁后凿池引流,同民汲饮。家私一无所营,玩好一无所嗜,其历任廉俸,除置田供祭祀,与岁给同胞兄嫂外,余悉以充义举。军兴日久,教泽浸衰,该故大学士身在行间,讲学不辍,尝手书孝经、东西铭、正气歌之类,付手民刊布。每克复一城,招徕抚绥,兴教劝学,尝以为士者民之望也,不作士气,无以劝民,故于甘肃乡试,请旨分闱,鼓舞振兴,常如不及。俄官索斯诺福斯齐游历过甘,携带教师,沿途阐说西教,逮至兰州,该故大学士接见如仪,饮食酬酢,备极款曲,与讲孟子

---

① 《左文襄公谍词》册一页14—20。

三必自反之义，俄官为之敛容。臣时在座，拱默而已。后语臣曰："忠信笃敬，蛮貊可行，彼亦人也，心知气血，不甚相远，但能积诚相与，久将自感，无他道也。"索斯诺福斯齐自请由在山诺尔，代购面粮，以济军食，订约而去。其遇事善存国体，持名教类如此。素性嗜学，博通经史，旁及舆地掌故，罔不追宗探颐，得其指归。凡有设施，援古证今，不泥不悖。虽入官以来，夙夜宣勤，于著述未暇旁及，然军书旁午，批答如流，章奏书牍，悉由手出，连篇累牍，何啻等身，其所发明，多出人意表。

治军严整，好谋而成。自荡平发逆，由闽浙总督，调任陕甘，值逆回、捻匪，内外交讧。该故大学士自度生平足迹，未涉关陇，所部南方将士，于西北风土，捻回伎俩，毫无闻见，陇土残敝尤甚，弥望蒿芜，师行艰难，百倍他省，非熟审主客长短之势，饥饱劳逸之情，权其轻重，察其缓急，虑善以动，随机立应，莫要厥成。乃定议进兵次第，先捻后回，先陕后陇，分道并进，剿抚兼施，必清后路，然后进驻兰州，必清河湟，定肃州，然后及于关外。议既定，犹未及行，适捻逆张总愚全股，渡河狂窜，凶焰甚炽，该故大学士遵旨北向。臣时随侍臣叔父原任广东陆路提督臣刘松山，率步队从之，常以步当马，日驰二三百里，截剿骑贼。左宗棠日在行间，亲自督战。捻患平，奉旨陛见，返旆入关，专讨回逆。同治八年（1869）冬，肃清陕北。逾年，荡平金积堡老巢，肃清宁（夏）、灵（州）。十一年（1872）冬，克复西宁、定河（州）狄（道）。十二年（1873）冬，肃州平，传檄至关以西，皇威丕畅。其间叛将、溃弁、土匪、游勇，以及就抚复叛之逆回等，随时追捕，各伏其辜，关陇全境肃清，以时奏绩，皆如其言。其奉命进规新疆也，虑粮运万分不给，乃创为分起出师之议。先派张曜，置屯哈密，金顺晋驻古城，远自晋边俄境，近而甘（州）、凉（州）、肃州，四路筹策，军储备足，然后檄臣率大军出关，与金顺会师，先清北路，以固根本。既定吐鲁番、辟展，然后遣师南向，势如破竹，南路八城，一鼓戡定。虽帕夏残党五次寇边，随即扑灭。不数年，全疆底定，收还伊犁，谋出万全，故能奏功迅速。师行所至，罔不仰体皇仁，切禁枉杀，于关内收抚降回，拨地安插，所全活甚众。

关内外自遭兵燹，田地荒芜，无所得食。左宗棠筹发籽种，使兵民杂耕,收获有余,以市价官为收买。尝自谓筹防边地,莫要于屯田,然兴屯必多筹经费,今度支告绌,安可复以此上烦朝廷。故行军以来,未尝一言显及于屯政,其实力所能行,无非屯田遗意也。其言如此,故兵民相劝,耕者日多,民务盖藏,而军无匮乏。

其与人也,开诚布公,取长略短,奖励诱掖,惟恐不至。于旧僚宿将,与共患难者,念之尤不能忘。待降将一出以坦白,以故随从征剿,均能得其死力。爱人而不流于姑息,疾恶而不伤于苛细,精察明断,不为已甚,非独性情之正,抑亦学术有以济之。及新疆既平,乃议设行省,以规久远。臣愚不学,猥承其后,所以展转数年,尚无遗误者,皆左宗棠先事预筹之力也。……①

对于宗棠功业,昌濬折详于东南,锦棠折详于西北,合之可略窥全豹。至对于宗棠人格,则两折互有发明,亦约可概括平生。

宗棠家书与长子孝威云:

……士君子立身行己,出而任事,但求无愧此心,不负所学,名之传不传,声称之美不美,何足计较。"吁嗟没世名,寂寞身后事。"古人盖见及矣。尔母在日曾言:"我不喜华士,日后恐无人作佳传。"我笑答云:"自有我在,求在我,不求之人也。……"②

斯言也,可谓宗棠自信之深,亦可谓宗棠自知之明。窃尝综论同治中兴名臣,宗棠武功,实在胡林翼、曾国藩、李鸿章诸人上,文治亦不弱,才略为任何人所不如,德操堪与林翼、国藩相比,而优于鸿章。气度则不特迥不及国藩,即以林翼、鸿章视之,犹觉远逊。惟其气度不足,浸至由褊浅而时或流于忮刻,故在宗棠固不喜华士,即华士亦不喜宗棠,遂使一代伟人,常不为士论所许与,可胜慨哉!

---

① 《左文襄公谋词》册一页 21—25。
② 《左文襄公家书》卷下页 36。

# 左宗棠年表

本表除年历与年岁外，分为三部门，每部门之范围及根据大致如下：

一　私生活及家庭大事　记左宗棠本人与家人动态，以及其他家事之有纪念价值者，取材以《左文襄公年谱》为主，而参以《左文襄公全集·书牍》及《左文襄公家书》。

二　本人事功及关系大事　记左宗棠对于社会国家之功业，以及其寅僚共任一事之情形，取材以全集（主要为奏稿，其次为书牍与批札）为主，而参以年谱并引用同时人物之年谱与著作。

三　清廷及国际大事　记直接间接与左宗棠功业有因果关系之事，取材以一般史籍为主，而参以年谱。

帝后与朋僚生卒时期等宜备参考者，分列附注中。

凡事实有月份可稽者，按月分列，无月份可稽者，列于年尾。其有宜列日期，确切显示进行之动态者，并酌列日期，无日期可稽者，从阙。

凡事之成果，有确实时期可指者，系于成果发生之年月日，其不能有确实时期可指者，系于其事创始之年月日，记述公文书，则系于实在公布之年月日。

| 公历 | 清历 | 年龄 | 私生活及家庭大事 | 本人事功及关系大事 | 清廷及国际大事 | 附注 |
|---|---|---|---|---|---|---|
| 1812 | 仁宗嘉庆十七年（壬申） | 一岁 | 十月初七日寅时诞生于湖南省湘阴县东乡左家塅。 | | | 罗泽南五岁，曾国藩一岁，六月，胡林翼生，江忠源生。 |
| 1813 | 嘉庆十八年（癸酉） | 二岁 | | | | 洪秀全生。 |
| 1814 | 嘉庆十九年（甲戌） | 三岁 | 五月，祖母杨氏卒（年八十）。 | | 十一月，河南捻军起。 | |
| 1815 | 嘉庆二十年（乙亥） | 四岁 | 从祖父人锦读书梧塘。外父周系舆（字立斋）卒（年二十八）。 | | | |
| 1816 | 嘉庆二十一年（丙子） | 五岁 | 随仲兄宗植，从父观澜读书长沙省城宗祠（在贡院东）。仲兄入县学，长姊寿清适湘阴朱震旸。 | | | 彭玉麟生，刘蓉生。 |
| 1817 | 嘉庆二十二年（丁丑） | 六岁 | 九月，祖父卒（年八十）。读《论语》与《孟子》。 | | | |
| 1818 | 嘉庆二十三年（戊寅） | 七岁 | | | | 三月，郭嵩焘生。刘长佑生，李续宾生。 |
| 1819 | 嘉庆二十四年（己卯） | 八岁 | 父补廪膳生。伯兄宗棫入县学。 | | | 刘典生。 |

（续）

| 公历 | 清历 | 年龄 | 私生活及<br>家庭大事 | 本人事功及<br>关系大事 | 清廷及<br>国际大事 | 附　注 |
|---|---|---|---|---|---|---|
| 1820 | 嘉庆二十五年（庚辰） | 九岁 | 初学为制艺，间读史。 | | | 七月，仁宗卒。沈葆桢生。 |
| 1821 | 宣宗道光元年（辛巳） | 十岁 | | | | 李元度生。 |
| 1822 | 道光二年（壬午） | 十一岁 | 族人议迁长沙省城宗祠于湘阴。 | | | |
| 1823 | 道光三年（癸未） | 十二岁 | 始留意书法。伯兄补廪膳生，二月卒（年二十五）。 | | | 正月，李鸿章生。郭崑焘生，李续宜生。 |
| 1824 | 道光四年（甲申） | 十三岁 | | | | 八月，曾国荃生。 |
| 1825 | 道光五年（乙酉） | 十四岁 | 仲兄充拔贡生。 | | | 王鑫生。 |
| 1826 | 道光六年（丙戌） | 十五岁 | 始应童子试。仲兄应朝考，列二等，选授新化训导。 | | | |
| 1827 | 道光七年（丁亥） | 十六岁 | 三月，应府试，列第二，以母病未与院试而归。十月，母余氏卒（年五十三）。 | | | |
| 1828 | 道光八年（戊子） | 十七岁 | 居母忧，益勉于学。 | | | |

（续）

| 公历 | 清历 | 年龄 | 私生活及家庭大事 | 本人事功及关系大事 | 清廷及国际大事 | 附 注 |
|---|---|---|---|---|---|---|
| 1829 | 道光九年（己丑） | 十八岁 | 始读《天下郡国利病书》与《方舆纪要》诸书，为札记。 | | | |
| 1830 | 道光十年（庚寅） | 十九岁 | 正月，父卒（年五十三）。始与贺长龄相见。纂《广区田图说》。 | | | |
| 1831 | 道光十一年（辛卯） | 二十岁 | 从贺熙龄读书长沙省城城南书院。参与湘水校经堂课试，屡列高等。始交罗泽南、丁叙忠。 | | | |
| 1832 | 道光十二年（壬辰） | 二十一岁 | 四月，纳资为监生，与仲兄同应湖南本省乡试，中式第十八名举人，仲兄中式第一名。八月，就婚湘潭周氏（名诒端，字筠心，嘉庆十七年〔一八一二〕五月二十一日生）。 | | | |

（续）

| 公历 | 清历 | 年龄 | 私生活及<br>家庭大事 | 本人事功及<br>关系大事 | 清廷及<br>国际大事 | 附　注 |
|------|------|------|------|------|------|------|
| 1833 | 道光十三年（癸巳） | 二十二岁 | 正月，入京会试，报罢。南旋，举先世遗产畀伯兄嗣子世延，自偕居湘潭周氏。八月，长女孝瑜生。手抄陆氏《读朱随笔》。始交胡林翼。 | | | |
| 1834 | 道光十四年（甲午） | 二十三岁 | 居湘潭周氏。十二月，次女孝琪生。 | | | |
| 1835 | 道光十五年（乙未） | 二十四岁 | 居湘潭周氏。入京会试，额满见遗，挑取誊录。 | | | |
| 1836 | 道光十六年（丙申） | 二十五岁 | 居湘潭周氏。肇事方舆家言。纳妾张夫人（嘉庆十九年〔一八一四〕八月初三日生）。 | | | |
| 1837 | 道光十七年（丁酉） | 二十六岁 | 居湘潭周氏。五月，长姊卒。八月，三女孝琳生。九月，四女孝瑸生。主讲醴陵渌江书院。始与陶澍相见。 | | | |

（续）

| 公历 | 清历 | 年龄 | 私生活及家庭大事 | 本人事功及关系大事 | 清廷及国际大事 | 附 注 |
|---|---|---|---|---|---|---|
| 1838 | 道光十八年（戊戌） | 二十七岁 | 居湘潭周氏。正月,入京会试,报罢。南旋,取道江宁省城,谒陶澍于两江总督任。始留意农书。分类抄录方舆家言。 | | | |
| 1839 | 道光十九年（己亥） | 二十八岁 | 居湘潭周氏。为舆地图说。始就所居种桑、饲蚕、治丝。始交邓显鹤、邹汉勋。 | | 四月,林则徐在广州省城焚毁英商所缴鸦片烟土。 | 六月,陶澍卒。 |
| 1840 | 道光二十年（庚子） | 二十九岁 | 居湘潭周氏。九月,贺长龄在贵州巡抚任相邀,不赴。就馆安化小淹,课陶澍子桄、侄世延。重订往作舆图,考览海防记载。族中修谱成。 | | 六月,鸦片战争作,英国舰队第一次北上攻陷浙江之定海,进逼直隶之海河。八月,中英议定停战。十二月,中英和议决裂。 | |
| 1841 | 道光二十一年（辛丑） | 三十岁 | 居湘潭周氏。馆安化陶氏。 | | 六月,英国舰队第二次北上,于攻陷福建之厦门、浙江之定海、镇海、宁波与江苏之吴淞后,直抵江宁省城。七月,中英和议成,签订《南京条约》。 | |

（续）

| 公历 | 清历 | 年龄 | 私生活及<br>家庭大事 | 本人事功及<br>关系大事 | 清廷及<br>国际大事 | 附　注 |
|---|---|---|---|---|---|---|
| 1842 | 道光二十二年（壬寅） | 三十一岁 | 居湘潭周氏。馆安化陶氏。 | | | |
| 1843 | 道光二十三年（癸卯） | 三十二岁 | 居湘潭周氏。馆安化陶氏。始买田湘阴东乡柳庄。 | | | |
| 1844 | 道光二十四年（甲辰） | 三十三岁 | 居湘潭周氏。九月，始移家柳庄。馆安化陶氏。 | | | |
| 1845 | 道光二十五年（乙巳） | 三十四岁 | 馆安化陶氏。纂《朴存阁农书》。 | | | |
| 1846 | 道光二十六年（丙午） | 三十五岁 | 馆安化陶氏。八月，长子孝威生，始以古农法耕柳庄田，种茶，植桑竹。 | | | 十月，贺熙龄卒。 |
| 1847 | 道光二十七年（丁未） | 三十六岁 | 馆安化陶氏。四月，次子孝宽生。八月，长女孝瑜适陶桄。 | | | |
| 1848 | 道光二十八年（戊申） | 三十七岁 | 林则徐在云贵总督任相邀，不赴。 | 为本乡水灾劝赈积谷。 | | |
| 1849 | 道光二十九年（己酉） | 三十八岁 | 十一月，始与林则徐相见。就长沙省城朱文公祠课徒。 | 为本乡水灾散米、俵食、给丸药。 | | |

（续）

| 公历 | 清历 | 年龄 | 私生活及家庭大事 | 本人事功及关系大事 | 清廷及国际大事 | 附注 |
|---|---|---|---|---|---|---|
| 1850 | 道光三十年(庚戌) | 三十九岁 | 与郭嵩焘周历湘阴东山,为游地之约。 | 在本乡建仁风堂义仓。 | 六月,洪秀全在广西桂平县之金田村举事。闰八月,洪秀全入永安,建号太平天国。捻盛河南与安徽间。 | 正月,宣宗卒。十一月,林则徐卒。 |
| 1851 | 文宗咸丰元年(辛亥) | 四十岁 | 九月,三女孝琳适湘潭黎福昌。举孝廉方正科,不赴。始交李续宜、王鑫、李杏春。 | | | |
| 1852 | 咸丰二年(壬子) | 四十一岁 | 八月,徙居湘阴东山白水洞。 | 八月,始入湖南巡抚张亮基幕府。(授计江忠源,剿除浏阳征义堂土寇,檄调罗泽南等督带湘乡勇营至长沙省城防守。湘军始起。) | 三月,太平军攻桂林省城,旋解围去。七月,太平军攻长沙省城。十月,解围去。十二月,太平军初下武昌省城,曾国藩奉诏帮办湖南本省团练,搜查土匪,始参与征讨太平军事。 | |

（续）

| 公历 | 清历 | 年龄 | 私生活及家庭大事 | 本人事功及关系大事 | 清廷及国际大事 | 附　注 |
|------|------|------|------------------|---------------------|----------------|--------|
| 1853 | 咸丰三年（癸丑） | 四十二岁 | 三月，三子孝勋生。 | 正月，张亮基调任湖广总督，随入幕府。（赴黄州设防田家镇，肃清回窜之太平军，举劾湖北与湖南各属将吏三十七人。）亮基以防守湖南功，奏保以知县用，并加同知衔。四月，骆秉章复任湖南巡抚，追叙平浏阳征义堂土寇功，奏保以同知直隶州选用。九月，张亮基调任山东巡抚，遂辞归白水洞，骆秉章相邀不赴。 | 正月，李鸿章奉诏随同侍郎吕贤基回安徽本省办理团练，始参与征讨太平军事。太平军弃武昌省城东走，初下安庆省城，旋亦弃之。二月，太平军复下江宁省城，以为首都。五月，太平军再下安庆省城，攻南昌省城。八月，解围去，攻开封省城，旋解围去。 | 十二月，江忠源卒。 |
| 1854 | 咸丰四年（甲寅） | 四十三岁 | 三月，太平军逸骑至梓木洞，遂亲挈家人送往湘潭周氏。四女孝琪适湘潭周翼标。 | 三月，始入湖南巡抚骆秉章幕府。（肃清回窜湖南之太平军，剿除湖南边境土寇，遣援湖北与广东，设局制造船炮，举劾失守镇道以下十八人。）闰六月，辞幕欲归，骆秉章坚留不许。 | 正月，胡林翼奉调带黔勇行抵湖北通城，受曾国藩节制，始参与征讨太平军事。二月，太平军重入湖南。六月，太平军再下武昌省城。八月，曾国藩复武昌省城。 | |

（续）

| 公历 | 清历 | 年龄 | 私生活及家庭大事 | 本人事功及关系大事 | 清廷及国际大事 | 附　注 |
|------|------|------|-----------------|------------------|-------------|--------|
| 1855 | 咸丰五年（乙卯） | 四十四岁 | | 在湖南巡抚骆秉章幕府。(剿除边境土寇,遣援湖北、贵州,罢户部大钱与钞票、举办百货厘金,整顿漕粮浮折。)十二月,御史宗稷辰奏荐为人才,奉旨由湖南巡抚出具切实考语,送部引见。骆秉章覆奏,候湖南军务告竣,再行送部引见。 | 二月,太平军三下武昌省城。三月,胡林翼署湖北巡抚。 | |
| 1856 | 咸丰六年（丙辰） | 四十五岁 | 六月,以湖南筹办军需得力,赏父母五品封典。 | 在湖南巡抚骆秉章幕府。(遣援江西、湖北、贵州,举办盐茶厘金,保举循良七人。)正月,曾国藩以接济军饷功,奏保以兵部郎中用,并赏戴花翎。二月,湖广总督官文奏调差遣,旨询骆秉章,据覆奏已在幕中,无须咨调。七月,胡林翼奏荐为将才。 | 五月,清军江南大营初陷。十一月,胡林翼复武昌省城。 | 三月,罗泽南卒。 |

（续）

| 公历 | 清历 | 年龄 | 私生活及家庭大事 | 本人事功及关系大事 | 清廷及国际大事 | 附 注 |
|------|------|------|------------------|-------------------|----------------|--------|
| 1857 | 咸丰七年（丁巳） | 四十六岁 | 九月，四子孝同生。始移家长沙省城司马桥。 | 在湖南巡抚骆秉章幕府。（遣援江西、贵州、广西。）五月，清廷谕询骆秉章，左宗棠能否帮同曾国藩办理军务，抑或无意仕进，与人寡合，难以位置？秉章奏留。 | 二月，曾国藩以父丧归。十月，英法两国为要求修改南京条约不成，联军攻陷广州省城。 | 七月，王鑫卒。 |
| 1858 | 咸丰八年（戊午） | 四十七岁 | | 在湖南巡抚骆秉章幕府。（遣援江西、贵州。）九月，骆秉章以运筹功，奏保赏加四品卿衔。 | 七月，曾国藩奉诏复出督师。八月，清军江北大营陷。十月，胡林翼以母丧归，逾月，奉诏复出视师。十一月，英法联军第一次北上，攻陷大沽，迫订《天津条约》。李鸿章留曾国藩江西军中，襄办营务。 | 十月，李续宾卒。 |
| 1859 | 咸丰九年（己未） | 四十八岁 | | 在湖南巡抚骆秉幕府。（遣援江西、贵州，肃清回窜湖南之太平军。）十二月，以骆秉章劾永州镇总兵樊燮案，为湖广总督官文所诬，遂出幕请咨入京会试。 | 四月，太平军下苏州省城。 | |

（续）

| 公历 | 清历 | 年龄 | 私生活及家庭大事 | 本人事功及关系大事 | 清廷及国际大事 | 附 注 |
|------|------|------|----------------|------------------|--------------|-------|
| 1860 | 咸丰十年（庚申） | 四十九岁 | 正月，自长沙北上。三月，行抵襄阳，以胡林翼劝阻折回，访林翼于英山，曾国藩于宿松。五月，回抵长沙省城。 | 三月，潘祖荫奏为雪冤，诏询曾国藩应否令仍在湖南襄办团练事宜，抑或调赴该侍郎军营。国藩覆奏，无论何项差使，但求明降谕旨。胡林翼奏请令募勇救援江西、浙江、安徽。四月，命以四品京堂候补，随同曾国藩襄办军务。五月，曾国藩遂咨请募练六千人，赴援安徽。六月，始在长沙金盆岭训练楚军。会石达开将窜四川，清廷拟令督办四川军务，辞不赴，曾国藩、胡林翼并奏留。八月，督师东行，二十六日抵南昌省城。九月十六日抵乐平。十月二十日抵景德镇，二十七日抵祁门，与曾国藩相见。十一月一日复德兴县城，三 | 二月，太平军初下杭州省城，旋弃不守。三月，清军江南大营再陷。四月，曾国藩署两江总督。越两月实授，并授钦差大臣，督办江南军务。六月，英法联军为清廷欲废天津条约，第二次北上，进据天津，攻陷北京。骆秉章督办四川军务，次月授四川总督。九月，中英、中法和议成，分别签订《北京条约》。 | |

（续）

| 公历 | 清历 | 年龄 | 私生活及<br>家庭大事 | 本人事功及<br>关系大事 | 清廷及<br>国际大事 | 附　注 |
|---|---|---|---|---|---|---|
| | | | | 日复婺源县城，十四日复浮梁县城，十七日复建德县城。十二月以三品京堂候补。 | | |
| 1861 | 咸丰十一年(辛酉) | 五十岁 | 秋病疫。五十生日，婺源、浮梁、乐平与景德镇士民不远数百里冒雨至广信公祝。长子孝威取贺熙龄女，为张起毅(僚婿张声玠之子)刊刻遗集(《过窗遗稿》)。 | 三月，复景德镇。(二月间被太平军袭陷。)四月，赏白玉搬指、翎管、火镰、小刀、荷包。改帮办曾国藩军务。五月二十一日再复建德县城，授太常寺卿。闽浙总督瑞昌、浙江巡抚王有龄奏调援浙，曾国藩奏留，以重徽防。六月，驻婺源。七月，续募楚军。十月，驻广信，曾国藩奏准以徽州与广信防军悉归统辖，督办浙江军务。十二月，授浙江巡抚(前任王有龄)。 | 八月，曾国荃复安庆省城。十一月，太平军再下杭州省城。十二月，曾国藩节制江苏、江西、安徽与浙江四省军务。 | 七月，文宗卒。八月，胡林翼卒。 |

（续）

| 公历 | 清历 | 年龄 | 私生活及家庭大事 | 本人事功及关系大事 | 清廷及国际大事 | 附注 |
|------|------|------|------------------|--------------------|----------------|------|
| 1862 | 穆宗同治元年（壬戌） | 五十一岁 | 长子孝威入县学，应湖南本省乡试，中式第三十二名举人。 | 正月初八日，民团复天台县城。十五日，督师由汪口逾大镛岭。二十日肃清开化，移驻马金街，设粮台于广信，转运局于玉山。二月初九日，复遂安县城，民团复遂昌县城，移驻常山之水南，嗣复进至四都。三月，移驻江山，嗣回开化。四月，遣撤李元度安越军。初三日，民团复仙居县城、太平县城。初八日，宁波军复镇海县城。初九日，民团复台州府城。初十日，民团复缙云县城，又复黄岩县城。十二日，宁波军复宁波府城，福建军复青田县城。十四日，民团复奉化县城。十五日，宁波军复象山县城，民团复宁海县 | 二月，太平军入陕西。三月，李鸿章为江苏巡抚，率淮军抵上海。四川寇蓝大顺入陕西。四月，陕回在渭源与汉民相仇，乱作。五月初三日，湖州府城失守。陕西同州汉人屠回，乱益炽。七月，陕西凤翔"回乱"继作，遂渐被及各地，熙龄为陕甘总督。八月，甘肃固原回始作乱。十月，甘肃河州、金积、狄道回继作乱。十二月，甘肃平凉汉回相屠杀。 | |

| 公历 | 清历 | 年龄 | 私生活及家庭大事 | 本人事功及关系大事 | 清廷及国际大事 | 附 注 |
|------|------|------|------------------|--------------------|----------------|-------|
|  |  |  |  | 城,宁波军复慈溪县城。十九日,福建军复乐清县城。二十日,青田知县等复县城。五月,移驻衢州。初一日,刘培元到浙。十六日,泰顺民团复景宁县城。十九日,民团复云和县城。六月,肃清衢州,府城解严。二十日,福建军复松阳县城。二十二日,福建军复宣平县城,开办减成米捐,充军费。七月,遣撤衢州镇总兵李定太军。初六日,宁波军复余姚县城。十九日,福建军复处州府城。八月初六日,蒋益澧到浙,诛失守杭州省城之浙江布政使林福祥、浙江提督米兴朝。闰八月初六日,复寿昌县城。十八日,宁波军再 |  |  |

（续）

| 公历 | 清历 | 年龄 | 私生活及家庭大事 | 本人事功及关系大事 | 清廷及国际大事 | 附 注 |
|---|---|---|---|---|---|---|
| | | | | 复奉化县城。二十七日，宁波军再复慈溪县城。九月，移驻龙游新凉亭，太平军回窜皖南且图赣东，当分军援剿。十月初一日，宁波军复上虞县城。初五日，民团复新昌县城。初七日，民团复嵊县城。十一月初二日，复绩溪县城。初十日，复祁门县城。十四日，复严州府城。十二月，规定兵灾善后事宜十二条，通饬各县举办。捐资为皖儒夏炘刊行其所著《景紫堂全集》。 | | |
| 1863 | 同治二年（癸亥） | 五十二岁 | 夏秋间病疟两月。次子孝宽娶妇余。 | 正月，移驻严州。令军士并广招邻省农民，就新复州县耕垦，畀以耕牛与种籽。劾道府以下及失守将吏十七人。十一日，复汤溪县城。 | 正月，甘肃西宁回陷府城。七月，刘蓉为陕西巡抚。九月，甘肃宁夏汉回互斗，灵州回亦变。十月二十五日李鸿章复苏州省城。 | 十月，李续宜卒。 |

（续）

| 公历 | 清历 | 年龄 | 私生活及家庭大事 | 本人事功及关系大事 | 清廷及国际大事 | 附 注 |
|---|---|---|---|---|---|---|
| | | | | 十二日复龙游县城、兰溪县城、金华府城。十三日，福建军复武义县城，民团复永康县城、东阳县城、义乌县城。十八日，复浦江县城。二十二日复诸暨县城。二十六日，宁波军复绍兴府城。二十九日复桐庐县城。二月初二日，宁波军复萧山县城。三月十七日，会江西军复黟县县城。四月，授闽浙总督，仍兼浙江巡抚。二十四日，接受闽浙总督关防（前任耆龄）。更定厘金规约，温州行运瓯盐，留宁波新关税以裕军食，裁汰福建军。五月，肃清窜入浮梁、鄱阳、彭泽等处之太平军。六月十九日，再复黟县县城，设闽浙总 | | |

（续）

| 公历 | 清历 | 年龄 | 私生活及家庭大事 | 本人事功及关系大事 | 清廷及国际大事 | 附 注 |
|---|---|---|---|---|---|---|
| | | | | 粮台于衢州，转运局于浦城。八月初八日，复富阳县城。十一月，移驻富阳。初八日，淮军复平湖县城。十二日，淮军复乍浦县城。十三日，淮军复海盐县城。二十八日，淮军复嘉善县城。十二月，减浙东地丁南米浮收，并缓征本年额赋。二十七日，复海宁州城。在宁波刻书。京察异等。 | | |
| 1864 | 同治三年（甲子） | 五十三岁 | 四月，外姑王卒（年七十五）。十月，长子孝威至杭州省城相见。旋赴北京会试。冢孙念谦生。 | 正月初八日，复桐乡县城。二月十八日，会淮军复嘉兴府城。二十四日，复杭州省城、余杭县城，设赈抚局，收养难民。招商开市。禁军士毋得入民居，蠲浙江全省本年额赋。筹资收购茶、笋、废铁，使民资以为生，修浚河 | 三月，甘肃庆阳回陷府城。四月，新疆库车回叛。五月，太平军攻西安省城，旋被扑灭。杨岳斌为陕甘总督。六月十六日，曾国荃复江宁省城，新疆叶尔羌回叛，奇台回叛。八月，新疆喀什噶尔回叛，和阗回叛。九 | 五月，洪秀全卒。 |

（续）

| 公历 | 清历 | 年龄 | 私生活及家庭大事 | 本人事功及关系大事 | 清廷及国际大事 | 附注 |
|------|------|------|------------------|--------------------|----------------|------|
|  |  |  |  | 道,设书局刊刻经籍。三月初二日,进驻杭州省城,加太子少保衔,赏穿黄马褂。初四日,复武康县城。初五日,复德清县城、石门县城。四月,筹修海塘。太平军窜入江西,分军援剿。五月二十四日,淮军复长兴县城。六月初四日,复孝丰县城,核减宁波府属浮粮。七月初十日,复崇仁县城与东乡县城。十二日,复宜黄县城。二十七日,会淮军复湖州府城。二十八日,复安吉县城。八月,浙江全省肃清。设清赋局,核减杭州、嘉兴、湖州三府属浮粮。九月,仿造小轮船,在西湖试行。十月,杭州、嘉兴、绍兴、松江四府商盐改行 | 月,新疆乌鲁木齐回叛,拥妥明为清真王。十月,太平天国幼主洪福瑱在江西被逮。新疆伊犁回叛。 |  |

（续）

| 公历 | 清历 | 年龄 | 私生活及<br>家庭大事 | 本人事功及<br>关系大事 | 清廷及<br>国际大事 | 附　注 |
|---|---|---|---|---|---|---|
| | | | | 票运,停征杭州南北新关税,提拨厘金每年十万两,补充织造经费。二十四日,交卸浙江巡抚任(继任马新贻,先由浙江布政使蒋益澧护理)。二十八日,以太平军窜入福建,自杭州省城启行,驰往督剿。封一等伯爵赐号恪靖。十一月十六日,行抵浦城。二十七日,进驻延平。十二月二十一日,复长泰县城。二十九日,会广东军复永定县城。查考孔子南宗承祀,修理衢州庙庭,赎还庙田。修治桐乡明儒张履祥墓。重刻《康济录》,颁发地方官吏。制止金华府人士建立生祠。 | | |

（续）

| 公历 | 清历 | 年龄 | 私生活及家庭大事 | 本人事功及关系大事 | 清廷及国际大事 | 附　注 |
|------|------|------|------------------|--------------------|----------------|--------|
| 1865 | 同治四年（乙丑） | 五十四岁 | 三月，长子孝威以三品荫生试优等，特赏主事。 | 正月二十四日，复龙岩州城。三月，淮军抵厦门援剿。四月十五日，进驻福州省城。二十一日，会淮军复漳州府城。二十二日复南靖县城。二十七日，复平和县城，淮军复漳浦县城。二十八日复云霄厅城。二十九日移驻兴化。五月初一日，淮军复诏安县城。初四日，移驻泉州。初十日，移驻漳州。太平军窜入广东，分军援剿。福建全省肃清。更定厘金规约，停补额兵。六月，盐法改行票运，淮军撤回。七月初十日，复镇平县城。八月，奉诏节制福建、广东及江西三省援粤各军。十月十一日，由平和县之琯溪赴粤督师。 | 正月，新疆塔尔巴哈台回叛。二月，肃州回踞城叛，凉州、甘州回亦乱作。三月，安集延帕夏阿古柏入新疆。五月，曾国藩奉诏督师北上剿捻。八月，赵长龄为陕西巡抚。 | |

（续）

| 公历 | 清历 | 年龄 | 私生活及家庭大事 | 本人事功及关系大事 | 清廷及国际大事 | 附注 |
|------|------|------|------------------|--------------------|----------------|------|
| | | | | 十一月二十八日，进驻大埔。十二月二十二日，复嘉应州城。捐养廉银八千两办福建平粜。宣布治闽六禁（一禁抗官拒捕，二禁徇庇匪盗，三禁拜会结党，四禁主唆械斗，五禁开场诱赌，六禁抗粮）。访求漳州黄道周、蓝鼎元二家子孙。 | | |
| 1866 | 同治五年（丙寅） | 五十五岁 | 四月，长子孝威奉周夫人等至福州省城相见。十二月，家人由海道回长沙省城，道出汉口相见，仲兄亦自长沙省城至汉口相见。 | 正月二十四日，班师。二月十八日，回抵福州省城。赏戴双眼花翎。三月，平定陷踞崇安、建阳两县城之"斋匪"。开蚕棉馆，设正谊堂书局，刊刻《儒先遗书》。令州县增积贮备荒。厘定赋税，整理制兵。五月，始议创设福建船政局，整顿台湾军政。八月，肃清兴化、泉 | 三月，兰州省城督标兵叛变，旋平。八月，乔松年为陕西巡抚。九月，捻首张总愚窜陕西，是为西捻，任柱与赖文光为东捻。十月，曾国藩请罢，以李鸿章剿东捻。十一月，曾国藩派刘松山督老湘军入陕援剿。十二月，西捻围西安省城。 | |

（续）

| 公历 | 清历 | 年龄 | 私生活及家庭大事 | 本人事功及关系大事 | 清廷及国际大事 | 附　注 |
|---|---|---|---|---|---|---|
| | | | | 州、汀州、漳州各属土匪。调陕甘总督，治陕甘"回乱"。十月十七日，交卸闽浙总督任（继任吴棠，先由福州将军英桂兼署）。奏准停止武职捐例。十一月初十日，自福州省城启行，途次奉诏先入陕西剿捻。十二月十六日，抵九江。二十三日，抵黄州。二十六日，抵武昌省城，营于汉口后湖，京察异等。 | | |
| 1867 | 同治六年（丁卯） | 五十六岁 | 置义田湘阴。购回并修建长沙省城故宗祠，为族中士人试馆。 | 正月，驻汉口，授钦差大臣，督办陕甘军务。以刘典帮办军务。二十六日，接受钦差大臣关防。创置独轮炮车，募练马队。设陕甘后路粮台于汉口。二月二十四日，自汉口启行入陕，沿途截击窜入湖北之东捻。三月，初借洋债银一百 | 二月，西安省城解围。三月，穆图善署陕甘总督。十月，淮军在赣榆击毙捻首任柱。十二月十一日淮军在瓦窑铺阵擒捻首赖文光，东捻平。刘典与西安将军库吉泰、陕西巡抚督办陕西军务。阿古柏尽有新疆南八城，称毕条勒特汗。 | 十二月，骆秉章卒。 |

（续）

| 公历 | 清历 | 年龄 | 私生活及家庭大事 | 本人事功及关系大事 | 清廷及国际大事 | 附　注 |
|---|---|---|---|---|---|---|
| | | | | 二十万两充军费。六日，抵双庙。十六日，抵德安。二十七日抵随州。四月初五日，抵枣阳。初八日抵樊城。十三日抵瓦店。五月六日抵新野。十九日过南阳。六月十三日抵灵宝。十八日抵潼关。整饬河防，设采办转运局于上海。八月初三日移驻临潼，开办陕甘米捐，充军费。九月初六日复宁条梁城。十一日赴泾西与各军将商作战机宜。十五日回临潼。十月，以西捻迭陷延川、绥德，革职留任。初九日复正宁县城。十六日复宝鸡县城。二十五日复宜君县城。二十八日复延川县城，复安塞县城。十一月初十日复绥德州 | | |

（续）

| 公历 | 清历 | 年龄 | 私生活及家庭大事 | 本人事功及关系大事 | 清廷及国际大事 | 附 注 |
|---|---|---|---|---|---|---|
| | | | | 城。二十三日,西捻渡河,窜入山西,经河南趋京畿。遣刘松山、郭宝昌、喜昌等步马各军追击。二十六日复吉州县城。二十七日复中部县城。十二月十八日自临潼启行,应诏东征,陕甘军务交刘典代办。二十一日抵潼关。二十三日继进,再借洋债银一百万两充军费。 | | |
| 1868 | 同治七年（戊辰） | 五十七岁 | 次子孝宽入府学。《左恪靖伯奏议》刻于福州省城（罗大春编刊）。 | 正月十六日抵寿阳,过平定州,拨款修南天门山径。二十二日抵获鹿,奉诏总统前敌各军。二月初七日抵保定省城,自请身赴前敌,由是南下追剿,复狄道州城。三月,西捻窜入山东,奉诏专防直运,以李鸿章总统各军。四月十四日抵吴桥,由 | 二月,刘典为陕西巡抚。 | |

（续）

| 公历 | 清历 | 年龄 | 私生活及<br>家庭大事 | 本人事功及<br>关系大事 | 清廷及<br>国际大事 | 附　注 |
|---|---|---|---|---|---|---|
|  |  |  |  | 是常川往来吴桥与连镇间，督同刘松山等所部协剿。五月，攻克留陕西捻集中之宜川云岩镇。六月，攻剿陕西北山回略尽。二十八日，捻首张总愚在茌平南投徒骇河死，西捻平。七月，降陕北土匪扈彰。晋太子太保，开复迭次处分，照一等军功议叙。八月初十日至北京。十二日，赏紫禁城骑马。十五日陛见。二十六日出京。九月十八日抵河南孟县。十月十三日至西安省城，驻延秋门外。十二月，平定镇靖堡，延安府、榆林府与绥德州属悉定。 |  |  |

（续）

| 公历 | 清历 | 年龄 | 私生活及家庭大事 | 本人事功及关系大事 | 清廷及国际大事 | 附 注 |
|------|------|------|------------------|--------------------|----------------|-------|
| 1869 | 同治八年（己巳） | 五十八岁 | | 正月，就西安省城设西征粮台。招募浙匠至西安制造枪弹子药。二月初十日移驻乾州。二十三日，平定董志原。二十四日复镇原县城。二十五日复庆阳府城。泾州及庆阳府属悉定。教民以区田代田法耕种。始禁种罂粟。四月，移驻邠州，陕西全省肃清。分三路进剿甘回，首取灵州、宁夏。五月十九日移驻泾州，办理赈恤，招集流亡，劝种秋粮，秦州属悉定。兰州省城以东运道始通。六月，刻发《禁种罂粟四字谕》。九月二十九日，复灵州城。十月二十五日受陕甘总督关防（前任穆图善署），复降德县城与静宁县城。十一月初 | | |

（续）

| 公历 | 清历 | 年龄 | 私生活及家庭大事 | 本人事功及关系大事 | 清廷及国际大事 | 附 注 |
|---|---|---|---|---|---|---|
| | | | | 一日,移驻平凉。以周开锡总统秦州诸军,并整理甘南庶政。修治泾阳徐法绩墓（在城外土门徐村）。修治灵台左丘明墓。京察异等。 | | |
| 1870 | 同治九年（庚午） | 五十九岁 | 正月二十三日四女孝瑸殉夫卒（年三十三）。二月初二日周夫人卒（年五十九）。 | 正月十五日,总统老湘军刘松山攻金积堡阵亡。诸回窜陕西,当以刘锦棠继统老湘军,分军驰往陕西截击。清廷更饬李鸿章以淮军援剿。四月十二日淮军抵同州。二十七日李鸿章抵西安省城,因天津教案,奉诏折回。安置降回于平凉。五月十九日复渭源县城。六月初三日复狄道州城。十月,重建西岳庙成（六年十月开工）。十二月十六日,平定金积堡,宁夏府与灵州属悉 | 三月,署陕西巡抚刘典告养归,蒋志章继任。妥明与阿古柏战败乞降,阿古柏进踞迪化并有新疆北路大部分地。 | |

（续）

| 公历 | 清历 | 年龄 | 私生活及家庭大事 | 本人事功及关系大事 | 清廷及国际大事 | 附 注 |
|---|---|---|---|---|---|---|
| | | | | 定。浚平凉暖泉池。重刻《圣谕十六条附律易解》，颁发各州县教官。建左丘明祠（在泾州城西南四十里楸社庄）。 | | |
| 1871 | 同治十年（辛未） | 六十岁 | 十月，六十生辰，奉旨赐寿，并奉赏御书"旂常懋绩"匾额及尚方珍物。长子孝威至安定相见。长沙省城住屋加盖后栋。 | 正月，安置降回于化平川，设化平川厅，置通判，化平营都司。诏赏加一骑都尉世职。四月，就武昌省城、西安省城，刊刻经籍，分发陕甘各书院义学。五月十七日俄国取伊犁，并扬言更取迪化，奉诏分军进驻肃州，接应新疆诸军，会肃州回踞城叛，即以此军攻剿。七月十二日，移驻静宁，筹取河湟。八月初二日，移驻安定。设制造局于兰州省城。 | 十一月，翁同爵为陕西巡抚。十二月，与俄订北京条约（其中一部分划定新疆边界）。邵亨豫为陕西巡抚。 | 四月，张亮基卒。 |

（续）

| 公历 | 清历 | 年龄 | 私生活及家庭大事 | 本人事功及关系大事 | 清廷及国际大事 | 附 注 |
|---|---|---|---|---|---|---|
| 1872 | 同治十一年（壬申） | 六十一岁 | 五月初六日仲兄卒（年六十九）。 | 正月，遣撤甘南诸军。二月，复河州城，豁免同治元年至八年间甘肃被灾最重各属丁粮。改宁夏府水利同知为宁灵厅抚民同知，移驻金积堡，增设灵武营参将。三月，循化厅撒拉回归诚。四月，内阁学士宋晋议撤福建船政局，奏主维持。五月，安置降回于平凉会宁、静宁、安定。七月十五日进驻兰州省城。十月十九日复西宁府城，恢复蒙盐规制，整理陕甘茶务，改为票运。十二月，辑刻《学治要言》，分发各官。葺陕甘总督署后园，建明肃王烈妃庙，建忠义祠，凿饮和池（在陕甘总督署东）。定兰山书院正课副课名额及膏火 | | 二月，曾国藩卒。 |

（续）

| 公历 | 清历 | 年龄 | 私生活及<br>家庭大事 | 本人事功及<br>关系大事 | 清廷及<br>国际大事 | 附　注 |
|---|---|---|---|---|---|---|
| | | | | 额。命将上年甘人士在五泉山所建生祠,改为泉雹两神祠。京察异等。刊发禁信邪教示谕。 | | |
| 1873 | 同治十二年(癸酉) | 六十二岁 | 二月十三日,二女孝琪卒(年四十)。七月十四日长子孝威卒(年二十七)。为外母周夫人姊妹及诸女作品刊成《慈云阁诗钞》。 | 正月初八日复大通县城。安顿降回于西宁。清厘地亩,查编保甲,兴建义学。二月初四日复巴燕戎格厅城。四月初六日复循化厅城,河州、西宁府属悉定。五月,升固原州为直隶州,增设通判于销河城,平远县于下马关,巡检于同心城。改盐茶厅为海城县,增设县丞于打拉城,销毁户部及甘肃布政司已往所发腐烂钞票。七月十九日自兰州省城启行,赴肃州督师。八月十二日,抵肃州。九月二十四日,复肃州府城。十月安置肃州客回 | 六月,陕回白彦虎窜新疆与阿古柏结合。十一月法国攻越南。 | |

（续）

| 公历 | 清历 | 年龄 | 私生活及家庭大事 | 本人事功及关系大事 | 清廷及国际大事 | 附　注 |
|------|------|------|------------------|--------------------|----------------|--------|
|  |  |  |  | 于兰州省城。巡视嘉峪关，回至兰州省城，甘肃全省肃清。十二月，以陕西总督协办大学士，改骑都尉世职为一等轻车都尉世职。遣撤前署陕甘总督穆图善步队，奏准甘肃乡试分闱，并分设学政。遣张曜督嵩武军赴哈密以垦荒贮军粮。捐养廉银八百两，充甘肃皋兰县恤嫠经费。置甘肃军装局。凿挹清池（在陕甘总督署西）。饬设恤嫠局于西安省城。裁撤按亩出车、按粮摊费之各县承办兵差办法。给皋兰农民骡马、骆驼，以代耕牛。 |  |  |

（续）

| 公历 | 清历 | 年龄 | 私生活及家庭大事 | 本人事功及关系大事 | 清廷及国际大事 | 附 注 |
|---|---|---|---|---|---|---|
| 1874 | 同治十三年（甲戌） | 六十三岁 | 四月，长子孝威以往尝割臂肉和药治母病，奉旌孝行。三子孝勋取妇夏。四子孝同入县学。 | 正月，辑刻《种棉十要》及《棉书》，通饬陕甘各属设局教民纺织。二月，蠲免甘肃本年以前积欠钱粮。三月，三借洋债银三百万两充军费。四月十三日起开放陕甘总督署后园三天。七月，晋东阁大学士。八月，命督办出关各军粮饷转运事宜。十一月，奏准甘肃分闱乡试增中额为四十名。十二月，平定河州回闵殿臣之变。通饬甘肃各县恢复义学，捐资为皖儒夏炘刊行所著《大象解义》。 | 正月，法国与越南订和亲条约。二月，谭钟麟为陕西巡抚。三月，日本借口台湾生番杀死琉球船户，并杀死日本人民，派兵踞台湾。十一月，日本自台湾撤兵。 | 十二月，蒋益澧卒，穆宗卒。 |
| 1875 | 德宗光绪元年（乙亥） | 六十四岁 | 三子孝勋入县学。为仲兄遗著刊成《慎庵文钞》与《诗钞》。 | 正月，改循化厅，置吾八族番民隶洮州。二月，李鸿章奏请专营海防，停止塞防，应诏核议。覆奏辨其非。三月，授钦差大臣，督办关外 | 二月，英国翻译官马嘉里在腾越被杀害。 | 二月，嘉顺皇后卒。 |

（续）

| 公历 | 清历 | 年龄 | 私生活及家庭大事 | 本人事功及关系大事 | 清廷及国际大事 | 附注 |
|------|------|------|------|------|------|------|
| | | | | 剿匪事宜。八月，甘肃始分闱乡试，入闱监临。置甘肃火药局。京察异等。 | | |
| 1876 | 光绪二年（丙子） | 六十五岁 | 三子孝勋与四子孝同到肃州相见。 | 正月，遣刘锦棠总统老湘军出关。二月初八日，帮办甘肃新疆军务刘典抵兰州省城。二十一日祭旗启行。三月十三日抵肃州。四月初三日，刘锦棠军由肃州出发。六月二十八日复古牧地城。二十九日复迪化州城、昌吉县城、呼图壁县城与玛纳斯北城。八月，英国请以喀什噶尔地居安集延人，为中国属国。九月二十一日复玛纳斯南城，天山北路悉定。裁并哈密办事大臣文仪威仪军。十一月，裁并伊犁将军金顺军。就天山北路人烟稀 | 始分设甘肃学政。 | |

（续）

| 公历 | 清历 | 年龄 | 私生活及家庭大事 | 本人事功及关系大事 | 清廷及国际大事 | 附 注 |
|---|---|---|---|---|---|---|
| | | | | 落地方,招集流亡开垦,给皋兰农民种羊、贷款。 | | |
| 1877 | 光绪三年(丁丑) | 六十六岁 | | 二月,福建船政局始派学生留学英法两国。三月初七日复达坂城。初九日复辟展城。十三日复托克逊城,吐鲁番悉定。始奏陈新疆建省之议。五月,四借洋债银五百万两,充军费。六月,英国复为安集延人请降,并许其在喀什噶尔立国。奏陈驳斥之议。九月初一日复喀喇沙尔城。初三日复库尔勒城。十八日复阿克苏城,白彦虎窜俄国境。二十日复乌什城。通令所属劝办义仓。十月,遣撤古城领队大臣额尔庆额马队。十一月十三日,复喀什噶尔城。十七 | | |

| 公历 | 清历 | 年龄 | 私生活及<br>家庭大事 | 本人事功及<br>关系大事 | 清廷及<br>国际大事 | 附　注 |
|---|---|---|---|---|---|---|
| | | | | 日复叶尔羌城。二十日复和阗城。二十二日复英吉沙尔城，天山南路悉定。制止西宁府城礼拜寺作为生祠，仅准改设书院。刊发陕儒王心敬著《井泉区田圃田说》。 | | |
| 1878 | 光绪四年（戊寅） | 六十七岁 | 正月初三日冢妇贺卒（年三十三）。次子孝宽到肃州相见，四子孝同补廪生。 | 正月，由一等伯晋为二等侯。七月，裁并征营为防营，改行饷为坐饷。八月，击破入寇乌什、阿克苏之白彦虎余党。九月，五借洋债华债各银一百七十五万两充军费。十月，平定阿克苏地方"回乱"。击破入寇英吉沙尔之安集延人，并诛其酋阿里达什。十二月，新任帮办新疆善后事宜杨昌濬抵兰州省城，刘典交卸。就天山南北路，开征厘金，开河引 | 十月，崇厚至帝俄，交涉收回伊犁事宜。 | 十二月刘典卒。 |

（续）

| 公历 | 清历 | 年龄 | 私生活及家庭大事 | 本人事功及关系大事 | 清廷及国际大事 | 附 注 |
|------|------|------|------------------|--------------------|----------------|-------|
| | | | | 渠,铸银圆,兴建义塾,教民种桑育蚕,并设局传习缫织。设织纺局于兰州省城。京察异等。 | | |
| 1879 | 光绪五年（己卯） | 六十八岁 | 十二月,四子孝同奉张夫人到兰州省城。长沙居屋添购邻地,加建厅斋。捐银三千两,助修宗祠。 | 正月,击破入寇乌帕尔博斯特勒克等处之安集延人与布鲁特人。三月,清丈天山南北路地亩,并定地丁赋则规约,厘定关内外兵制。四月,击破入寇色勒库尔之爱克木汗与阿布都勒哈玛。九月,奏准甘肃狄道直隶州学廪生、增生,各加十名为三十名,俾符定制。十月,刻发《黜异端以崇正学》谕。设织呢总局于兰州省城。修治肃州酒泉。 | 八月,崇厚未得清廷批准,遽与帝俄签定《伊犁条约》。冯誉骥为陕西巡抚,日本并琉球。 | 三月,沈葆桢卒。 |

（续）

| 公历 | 清历 | 年龄 | 私生活及家庭大事 | 本人事功及关系大事 | 清廷及国际大事 | 附 注 |
|------|------|------|----------------|------------------|--------------|--------|
| 1880 | 光绪六年（庚辰） | 六十九岁 | 四子孝同奉张夫人到肃州相见，旋返兰州省城。冢妇贺以往尝割臂治夫病，并于抚成遗孤后殉夫，奉旌节孝。始议以所积廉俸分给诸子，人得银五千两。为三子孝勋捐附贡，四子孝同捐廪贡。在北京东华门内购置住宅一所。 | 正月，奉诏统筹天山南北路战守，备应付帝俄。三月，平定洮岷番乱。四月十八日舆榇启行出关。五月初八日抵哈密。七月，奉诏来京陛见，备顾问。十月初六日，新任督办新疆军务刘锦棠抵哈密。十二日，移交钦差大臣关防，即日启行入关。十一月二十一日，回抵兰州省城。十二月初三日，交卸陕甘总督（甘肃布政使杨昌濬护理）。初四日，自兰州省城启行，酌遣楚军赴屯张家口。二十一日，抵西安省城。二十四，重复启行。以机器治泾川。以机器探文殊山金矿及肃州油矿。刻《吾学录》，颁行各塾。捐购水雷二百枚，鱼雷二十枚，助固浙江、福建海防。 | 闰二月，曾纪泽至帝俄，商改《伊犁条约》。五月，帝俄增兵伊犁，别以兵舰至海上。 | |

（续）

| 公历 | 清历 | 年龄 | 私生活及家庭大事 | 本人事功及关系大事 | 清廷及国际大事 | 附　注 |
|------|------|------|------------------|---------------------|----------------|--------|
| 1881 | 光绪七年（辛巳） | 七十岁 | 秋触暑致疾，乞退未准，先后给假四个月。冢孙念谦娶陶桃女。张夫人等随侍在京。北京邸第产玉芝七本。《盾鼻余瀋》始刻于西安省城（沈应奎刻），增刻于北京（石本清等编刻）。指捐每岁三十石河斛谷，充湘阴左氏家塾膏火。 | 正月，抵京陛见，管理兵部事务，在军机大臣上行走，并在总理各国事务衙门行走，行走班次定在李鸿章之次。二月，楚军抵张家口，会中俄和议成，奏请助修顺直水利，奉命于管理处所免其带领引见。四月，六借洋债银四百万两，充陕甘新军费。五月，始奏陈严禁鸦片，先增洋药土烟税捐之议，嗣将此项疏稿刊行。十二日赴涿州勘视滹沱河工。十六日赴天津，晤直隶总督李鸿章，商楚淮两军分浚永定河下游办法。六月初四日还京。七月，委员履勘永定河上游。闰七月十三日楚军办理滹沱河永济桥筑堤浚河工程完 | 正月，曾纪泽《修订伊犁条约》成。 | 三月，慈安皇太后卒。 |

（续）

| 公历 | 清历 | 年龄 | 私生活及家庭大事 | 本人事功及关系大事 | 清廷及国际大事 | 附注 |
|------|------|------|------------------|--------------------|----------------|------|
| | | | | 成。九月初六日，授两江总督，兼充办理南洋通商事务大臣。十月十六日，出京。楚军修浚永定河下游工程完成。十一月二十五日抵长沙省城，旋至湘阴省墓。十二月初八日启行，取道长江东下，沿途察看水师安营处所，并与各省总督、巡抚、提督会商布置事宜。二十二日抵江宁省城，二十四日接任两江总督（前任刘坤一）。京察异等。 | | |
| 1882 | 光绪八年（壬午） | 七十一岁 | 冬，旧疾增剧，乞退未准，给假三个月。张夫人等随侍在任。 | 正月二十五日在省阅兵。二十六日出省，历瓜洲、扬州、清江阅兵并巡视河工。二月二十五日，回省。楚军治永定河上游工程完成。三月，立清丈局，整理江宁省城内荒地。发官 | 八月，朝鲜内乱，清廷遣兵定之，执其朝鲜王生父李昰应以归。 | 十月，郭嵩焘卒。 |

（续）

| 公历 | 清历 | 年龄 | 私生活及<br>家庭大事 | 本人事功及<br>关系大事 | 清廷及<br>国际大事 | 附　注 |
|---|---|---|---|---|---|---|
| | | | | 钱，就江宁省城北建屋赁民居住。四月，始整顿两淮盐务，兴复引岸，并增加引数。初十日，出省，历镇江、常州、福山、苏州、吴淞阅兵。二十七日回省。七月，始整顿海防，增造快船五艘与小轮船十艘。九月，奏促新疆建省。十月，核减典商利率，酌定赎限，并借拨官本。十一月，招商开采铜山利国驿煤铁矿。设公济局以治疾病，设因利局以便周转，设掩埋局以免暴露，设救生局以拯覆溺。重建江宁省城明靖难忠臣祠。 | | |
| 1883 | 光绪九年（癸未） | 七十二岁 | 冬，旧疾复发，左目渐致失明，乞退未准，给假两个月。张夫人等随侍在任。 | 正月二十四日，出省巡视上元、丹徒、丹阳、江阴、靖江、宝山、上海、仪征、江都、甘泉、泰 | 四月，天山南路试设州县。七月，法国复攻安南，强订《顺化条约》，认为法保护国。 | |

（续）

| 公历 | 清历 | 年龄 | 私生活及家庭大事 | 本人事功及关系大事 | 清廷及国际大事 | 附注 |
|------|------|------|------------------|--------------------|----------------|------|
|  |  |  |  | 州、如皋、通州、东台、盐城、高邮、宝应各属。二月十八日回省，便道阅视朱家山河工。二十七日出省，阅视赤山湖工程。二十九日回省。三月，平定海州、沭阳、安东境内"教匪"。五月，整理南通、泰兴各盐场，范堤完成。江宁省城建待质公所落成。六月，举办沿江陆路电报，创设渔团。七月，命王德榜在湖南募练恪靖定边军，并拨军火运存桂林省城，以赴越南之急。江宁省城设同文馆开学。九月十九日出省校阅渔团，勘验沿江新造水炮台，并察看运河堤工。十月初三日，回省。十二月江宁省城通济闸完成。遵旨拨湘淮军 |  |  |

（续）

| 公历 | 清历 | 年龄 | 私生活及<br>家庭大事 | 本人事功及<br>关系大事 | 清廷及<br>国际大事 | 附 注 |
|------|------|------|------------------|------------------|------------------|--------|
| | | | | 四营归台湾道刘璈调遣。建江宁省城陶（澍）林（则徐）二公祠。 | | |
| 1884 | 光绪十年（甲申） | 七十三岁 | 正月，以病乞退未准，给假四个月，回籍安心调理，交卸后，仍在江宁省城居住。张夫人等随侍在任，《盾鼻余渖》再增刻。 | 正月初五日出省，赴清江勘视淮工，并赴长江下游察阅渔团。初十日开始兴修邳与宿迁两县境内水利。二月初三日回省。始定引淮入海办法。王德榜恪靖定边军开抵南宁。三月，整理朱家山、赤山湖工程完成，聘洋人在江阴设局教习水雷。十三日，交卸两江总督任（继任曾国荃）。四月初二日，因越南事急提前销假，奉诏来京陛见。二十一日，由江宁省城启行。五月二十日抵京陛见，仍在军机大臣上行走，并管理神机营事务。七月十八日，授钦差大臣， | 七月，法攻福州（击毁马尾船政局）、台湾，清廷下令宣战。杨昌濬调闽浙总督，与福州将军穆图善均帮办福建军务。十月，新疆实行建省。刘锦棠为首任巡抚。 | |

（续）

| 公历 | 清历 | 年龄 | 私生活及家庭大事 | 本人事功及关系大事 | 清廷及国际大事 | 附注 |
|---|---|---|---|---|---|---|
| | | | | 督办福建军务。二十六日出京。八月二十六日抵江宁省城。九月十三日，由江宁省城启行。十九日，抵湖口，就九江、湖口设立粮台，江西之河口与福建之诏安，设立转运分局。十月十四日抵延平暂驻。二十四日启行。二十七日抵福州省城。十一月举办沿海渔团，奉颁"忠忱一德"匾额（因慈禧皇太后五十万寿）。十二月二十六日出省巡视海防，各军陆续渡台。 | | |
| 1885 | 光绪十一年（乙酉） | 七十四岁 | 五月，疾愈剧，乞退未准，给假一个月。六月，疾亟，复乞退，奉准交卸差使。七月二十七日子时，卒于福州省城旅邸（次年十一月，葬湖南善化县八都杨梅河柏竹塘山）。 | 正月借洋债英金一百万镑。就福州省城贡院，会考各书院举贡生监童生。七月裁撤渔团。二十六日交卸钦差大臣关防。 | 一月，法攻陷镇南关。三月，中法停战。四月，中法天津和约成，越南始不属我。六月，曾纪泽与英国议定洋药税厘并征办法。 | |

# 参考书目

（一）左宗棠本人著述

左文襄公全集　家刻本

左恪靖伯奏稿　福建刻本

左文襄公奏疏　湖南刻本

左文襄公家书　中华书局本

盾鼻余沈　北京增刻本

学治要言　甘肃刻本

楚军营制　甘肃刻本

（二）左宗棠家人著述

慈云阁诗钞　周诒端（宗棠妻）　左孝瑜　孝琪　孝琳　孝瑸

（宗棠诸女）

慎庵賸钞　左宗植（宗棠兄）

诚斋诗钞　左念恒（宗棠孙）

（三）记述左宗棠之书

左文襄公年谱

Tso Tsung Tang, Soldier and Stateman of Old China　by W. L. Bales

Tso Tsung Tang, Pioneer Promoter of the Modern Dockyard and the

Woolen Mill in China    by Gioden Chen

左宗棠与新疆问题　日本西田保

左公平甘记(作者姓名不详　未刊本)

左宗棠评传　戴慕真

左宗棠轶事　杨公道

左文襄公大事记——荣哀录

左文襄公诔词

(四)史传

湘军志　王闿运

湘军志平议　郭嵩焘

湘军记　王定安

宰湘节录　刘倬云

湘军新志　罗尔纲

平定粤匪方略(清钦定本)

平定粤匪记略　杜文澜

平浙记略　杨昌濬

庚辛泣杭录　丁丙

嘉应平寇记略　谢国珍

盾鼻余沈(卷二嘉应防剿记略　卷三闽师进剿记略)　朱用孚

贼情汇纂　张德坚

太平天国史纲　罗尔纲

太平天国革命史　王钟麒

太平天国史事论丛　谢兴尧

平定捻匪方略(清钦定本)

淮军平捻记　周世澄

捻之游击战　罗尔纲

平定陕甘新疆回匪方略(清钦定本)

平定关陇记略　杨昌濬

勘定新疆记略　魏光焘

平回志　杨毓秀

征西记略　曾毓瑜

秦陇回祸记略　余澍畴

伊犁定约中俄谈话录　曾纪泽

中国经营西域史　曾问吾

甘宁青史略副编　慕寿祺

豫军记略　尹耕云

霆军记略　陈昌

彝军记略　彭洵

多忠勇公(多隆阿)勤劳录　雷正绾

图开胜绩武功记略

劳薪录　黄云

咸丰、同治、光绪三朝实录

咸丰、同治、光绪三朝东华录　王先谦　朱寿朋

咸丰、同治二朝圣训

清史稿

清朝全史　但焘(日本稻叶君山原著)

清史纲要　吴曾祺

清史记事本末　黄鸿寿

圣武记　魏源

清续文献通考　刘锦藻

光绪政要　沈桐生

德宗遗事　王树枏

清室外纪　陈贻先(美濮兰德克婷司原著)

庚子西狩丛谈　吴永口述　张治襄笔记

中国近代史　陈恭禄

中国近世文化史　陈安仁

近代中国实业通志　杨大金

中国近代工业发展史纲　龚骏

中国近百年史资料　左舜生

近代中国外交史辑要　蒋廷黻

最近之五十年　申报馆

海军实纪　池仲祐

海军大事记　池仲祐

中国田赋史　陈登原

中国厘金史　罗玉东

中国盐政史　曾仰丰

筹饷事例　清户部

浙西减漕记略　戴槃

甘肃清理财政说明书　清度支部

近代中国留学史　舒新城

中国回教史　傅统先

回族记略　聂守仁（未刊本）

清代妇女文学史　梁乙真

帝国主义侵略中国史　黄孝先

续碑传集　缪荃孙

碑传集补　闵尔昌

中兴将帅别传　朱孔彰

历代名人年里碑传表　姜亮夫

近代名人传　费行简

近世人物志　金梁

胡文忠公（林翼）年谱　梅英杰

曾文正公（国藩）年谱　黎庶昌

曾国藩评传　何贻琨

张制军（亮基）年谱　林绍年

骆文忠公（秉章）自订年谱

李鸿章　梁启超

曾忠襄公（国荃）年谱

王壮武公(鑫)年谱　左枢

刘武慎公(长佑)年谱　邓辅纶

王壮愍公(有龄)年谱

马端敏公(新贻)年谱　马新祐

玉池老人自叙　郭嵩焘

静叟自述　仓景瑜(未刊本)

雪泥鸿爪　邵亨豫

张椒云(集馨)自订年谱(未刊本)

阳湖赵惠甫先生(烈文)年谱　陈乃乾

泾舟老人(洪汝奎)年谱　魏家骅

病榻述旧录　陈湜

张文襄公(之洞)年谱　许同莘

潘文勤公(祖荫)年谱　潘祖年

吴愙斋(大澂)先生年谱　顾廷龙

陈石遗先生(衍)年谱　陈声暨

湘潭王莼浦先生(时迈)遗事集　王树枏

崇德老人(聂曾纪芬)年谱　瞿宣颖

(五)地志

湖南通志(光绪十一年——一八八五纂)

重修湘阴县图志(光绪六年——一八八〇纂)

醴陵县志(同治九年——一八七〇纂)

浙江通志厘金门稿　顾家相

重修嘉应州志(光绪二十七年——一九〇一纂)

福建通志(民国十一年——一九二二纂)

闽侯县志(民国二十二年——一九三三纂)

续陕西通志稿

重修泾阳县志(宣统三年——一九一一纂)

甘肃新通志(光绪三十四年——一九〇八纂)

重修皋兰县志(光绪十八年——一八九二纂)

海城县志(光绪三十四年——一九〇八纂)

洮州厅志(光绪三十三年——一九〇七纂)

狄道州续志(宣统元年——一九〇九纂)

秦州直隶州新志(光绪十五年——一八八九纂)

平凉县志(民国三十三年——一九四四纂)

新修固原直隶州志(宣统元年——一九〇九纂)

续修镇番县志(民国八年——一九一九纂)

东乐县志(民国十二年——一九二三纂)

重修崇信县志(民国十五年——一九二六纂)

灵台县志(民国二十四年——一九三五纂)

朔方道志(民国十五年——一九二六纂)

西宁府续志(民国十七年——一九二八纂)

中国之西北角　范长江

忆兰州　许元方

兰州古今注　张维

新疆图志(宣统三年——一九一一纂)

西陲总统事略　松筠

西陲要略　祁韵士

新疆舆图风土考　椿园

西域水道记　徐松

西疆杂述诗　萧雄

新疆游记　谢彬

新疆记游　吴蔼辰

新疆经营论　蒋君章

永定河上源兴办水利全案(未刊本)

新京备乘　陈洒勋

海国图志　魏源

越南　黄泽苍

中国地理新志　葛绥成

中国舆地全图　邹代钧

中华民国新地图　丁文江

(六)奏疏　书牍

陶文毅公(澍)全集(奏稿)

林文忠公(则徐)政书

骆文忠公(秉章)奏稿

胡文忠公(林翼)遗集

胡文忠公(林翼)手翰(致金国琛　由金武祥钞刻)

曾文正公(国藩)全集(奏稿　书札　批牍)

曾文正公(国藩)家书

曾忠襄公(国荃)全集(奏议　书札　批牍)

李文忠公(鸿章)全集

沈文肃公(葆桢)政书

彭刚直公(玉麟)奏稿

杨勇悫公(岳斌)奏议

刘忠诚公(坤一)书牍

郭侍郎(嵩焘)奏议

刘中丞(蓉)奏议

刘壮肃公(铭传)奏议

丁文诚公(宝桢)奏议

袁文诚公(保恒)集(奏议　函牍)

刘果敏公(典)全集(奏稿　书札　批牍)

谭文勤公(钟麟)奏议

刘襄勤公(锦棠)奏稿

陶勤肃公(模)奏议遗稿

云卧山庄尺牍　郭嵩焘

小酉腴山馆集(公牍)　吴大廷

湘绮楼笺启　王闿运

桐城吴先生全书(尺牍)　吴汝纶

涧于集（奏议　书牍）　张佩纶

金鸡谈荟　欧阳利见

八贤手札　郭崑焘家刻

昭代名人尺牍续集　武进陶氏涉园影印

陶风楼藏名贤手札　江苏省立国学图书馆影印

道咸同光名人手札　商务印书馆影印

春暄草堂诗友笺存（陈豪家藏）　中华书局影印

（七）总集　别集

耐庵遗集　贺长龄

寒香馆遗钞　贺熙龄

曾文正公（国藩）全集（文集　诗集　杂著）

江忠烈公（忠源）遗集

罗山遗集　罗泽南

王壮武公（鑫）遗集

李忠武公（续宾）遗书

刘武慎公（长佑）遗书

养知书屋遗集　郭嵩焘

云卧山庄诗钞　郭崑焘

罗华山馆遗集　郭崙焘

养晦堂遗集　刘蓉

彭刚直公（玉麟）诗集

天岳山馆文钞　李元度

铁瓶诗草　张岳龄

小芋香馆遗集　李杭

宝韦斋类稿　李桓

躬耻斋遗钞　宗稷辰

景紫堂文集　夏炘

百柱堂全集　王柏心

晚香堂集　王葆生

移芝室全集　杨彝珍

罘罳草堂诗集　隆观易

古微堂䂬集　魏源

定庵诗文集　龚自珍

思益堂集　周寿昌

小酉腴山馆集　吴大廷

枏湖文集　吴敏树

圭盦诗录　吴观礼

雪门诗钞　许瑶光

冠悔堂诗钞　杨浚

狄云行馆偶刊　王家璧

泽雅堂诗文集　施补华

俞俞斋诗文稿　史念祖

黄鹄山人诗钞　林寿图

严廉访遗稿　严金清

湘绮楼诗文集　王闿运

虚受堂全集　王先谦

曾惠敏公(纪泽)集

庸盦文编　薛福成

桐城吴先生全书(诗集)　吴汝纶

涧于集(诗文集)　张佩纶

携雪堂集　吴可读

省斋全集　牛树梅

六戊诗草　王源瀚

知足斋诗钞　宋兴周

敦素堂诗集　任其昌

清麓集　贺瑞麟

烟霞草堂集　柏景伟

陇上鸿泥　程履丰

思无邪斋賸存　宫尔铎

果园诗钞　郭恩孚

栩园文集　陈鼎熙

翕园賸稿　江孝棠

平养堂文编　王龙文

午阴清舍诗草　何福堃

蜕庵诗集　龚黼

八指头陀诗集　释敬安

春在堂全集　俞樾

渐西村人集　袁昶

灵峰存稿　夏震武

超览楼诗稿　瞿鸿禨

花近楼诗　陈夔龙

沧趣楼诗集　陈宝琛

海藏楼诗　郑孝胥

删亭文集　周同愈

检论　章炳麟

饮冰室集　梁启超

晚清文选　郑振铎

（八）日记

曾文正公（国藩）日记

湘绮楼日记　王闿运

翁文恭公（同龢）日记

越缦堂日记　李慈铭

涧于日记　张佩纶

缘督庐日记钞　叶昌炽

西行日记　冯焌光

游陇日记　（作者姓名不详　未刊本）

使西日记　曾纪泽

辛卯侍行记　陶葆廉

叶栘记程　王廷襄

庚子西行记事　唐晏

西辕琐记　宋伯鲁

辛亥抚新记程　袁大化

河海昆仑录　裴景福

西游日记　徐旭生

秦游日录　傅增湘

（九）笔记

闻见一隅录　夏炘（未刊本）

暝庵杂志　朱克敬

水窗春呓　欧阳兆熊

王志　陈兆奎

庸闲斋笔记　陈其元

庸庵笔记　薛福成

弢园随笔　史念祖

知过轩随录　文廷式

蕙风随笔　况周颐

瀛壖杂志　王韬

雨窗消意录　牛应之

郎潜记闻　陈康祺

行素斋杂记　李佳继昌

苏庵杂志　宋联奎

天咫偶闻　震钧

春冰室野乘　李岳瑞

南亭笔记　李伯元

国闻备乘　胡思敬

九朝新语　胡思敬

旧闻随笔　姚永朴

庄谐选录　夏曾佑

畏庐琐记　林纾

壶天录　百一居士

可言　徐珂

异辞录　刘体仁

清稗类钞　徐珂

清朝野史大观　小横香室主人

清代轶闻　裘毓麟

清朝逸史　蒋志范

新世说　易宗夔

古红梅阁笔记(心太平室集)　张一麐

梵天庐丛录　柴小梵

睇向斋秘录　陈瀣一

樵山杂著　潘敬

花随人圣庵摭忆　黄濬

(十)杂著

练兵实纪　戚继光

经世文㳌编

康济录　倪国琏

圣谕十六条附律易解　夏炘

胡曾左平乱要旨　陈启天

曾胡左兵学纲要　王之平

楹联述录　林庆铨

绮霞江馆联语偶存　吴熙

古今联语汇选　胡君复

平等阁诗话　狄葆贤

石遗室诗话　陈衍

今传是楼诗话　逸塘

寒松阁谈艺琐录　张鸣珂

书林藻鉴　马宗霍

清人书评　黄潜刚

兰州之工商业与金融　潘益民

中国西北部之经济状况　王正旺　（苏联 W. Karamidschet 原著）

安化黑茶　彭光泽

铜官感旧图集　章寿龄家藏影印

疏勒望云图　侯名贵家藏影印

(十一)期刊

京报

申报

星岛日报

新民报

国闻周报

人文月刊

大风

中国经济史研究集刊